Fabian Mainzer

»Retten, was zu retten ist!«

Fabian Mainzer

»Retten, was zu retten ist!«

Grundzüge des nordrhein-westfälischen Naturschutzes 1970–1995

Tectum Verlag

Fabian Mainzer
»Retten, was zu retten ist!«. Grundzüge des nordrhein-westfälischen Naturschutzes 1970–1995

Zugl. Diss., Albert-Ludwigs-Universität Freiburg, 2012
ISBN: 978-3-8288-3339-5

Umschlagabbildung: © taretz | photocase.com
Umschlaggestaltung: Heike Amthor | Tectum Verlag
Satz und Layout: Heike Amthor | Tectum Verlag
Druck und Bindung: CPI buchbücher.de, Birkach
Printed in Germany

Besuchen Sie uns im Internet
www.tectum-verlag.de

MIX
Papier aus verantwortungsvollen Quellen
FSC® C003147
FSC
www.fsc.org

Bibliografische Informationen der Deutschen Nationalbibliothek
Die Deutsche Nationalbibliothek verzeichnet diese Publikation in der Deutschen Nationalbibliografie; detaillierte bibliografische Angaben sind im Internet über http://dnb.ddb.de abrufbar.

Danksagung

Zuallererst möchte ich meinem Doktorvater, Prof. Dr. Dr. Franz-Josef Brüggemeier, herzlich für seine Unterstützung über die vielen Jahre, die ich als Student, studentische Hilfskraft und schließlich als Doktorand bei ihm verbrachte, und seine stets bedingungslose Hilfsbereitschaft in guten wie schwierigen Zeiten dieses Projektes danken. Ebenfalls zu Dank verpflichtet bin ich meinem Zweitkorrektor, Prof. Dr. Willi Oberkrome, und meinem Drittprüfer, Prof. Dr. Jürgen Rüland.

Die Stiftung Naturschutzgeschichte, namentlich Dr. Hans-Werner Frohn und Dr. Jürgen Rosebrock, hat diese Arbeit begleitet. Für diese Unterstützung möchte ich mich ganz herzlich bedanken.

Sich jahrelang mit einem Thema zu beschäftigen kostet Zeit und vor allem Geld, weshalb diese Arbeit nicht ohne die finanzielle Unterstützung und Förderung durch das Landesamt für Natur, Umwelt und Verbraucherschutz Nordrhein-Westfalen entstanden wäre. Hier bedanke ich mich besonders bei Dr. Georg Verbücheln, Dr. Joachim Weiss und Klaus Jesella.

Prof. Albert Schmidt, Dr. Hans-Hermann Bentrup, Dr. Thomas Griese, Thomas Neiss, Dr. Hans-Joachim Dietz, Erwin Bauer und Enno Heidtmann möchte ich für die anregenden Gespräche und wertvollen Hinweise danken.

Dank gebührt auch allen Mitarbeitern des Lehrstuhls für Wirtschafts-, Sozial- und Umweltgeschichte an der Universität

Freiburg und meinen Doktorandenkollegen sowie meinem fleißigsten Korrekturleser, Kai-Achim Klare.

Schlussendlich gehört der größte Dank meinen Eltern, die mich mein ganzes Leben lang bedingungslos und liebevoll unterstützt haben, und Sarah, die alle Höhen und Tiefen dieses Projektes aus nächster Nähe erlebt hat und mich durch ihre Unterstützung und Zuneigung in der Spur gehalten hat. Diesen ganz besonderen Menschen möchte ich dieses Buch widmen.

Inhalt

1 – Einleitung

> Gemessen an der Lage der Natur sind aber auch die bisherigen Anstrengungen nur zu vergleichen mit dem Bemühen, einen mit hoher Geschwindigkeit in eine weitere Naturzerstörung durch menschliche Übernutzung fahrenden Zug zu bremsen und gleichzeitig das wider die Gesetze von Raum und Zeit gehende Kunststück fertigzubringen, vorauseilend die Weichen für eine bessere Zukunft zu stellen.[1]

Der westdeutsche Naturschutz zeichnet sich seit jeher durch ein sehr ambivalentes Verhältnis zu Fragen von Erfolg und Misserfolg aus. Auch das Eingangszitat, Teil einer im Juni 1990 im nordrhein-westfälischen Ministerium für Umwelt, Raumordnung und Landwirtschaft (MURL) formulierten Regierungserklärung, enthält zum einen eine äußerst pessimistische Zustandsbeschreibung. Zum anderen betont sie die bis dahin großen Anstrengungen, die im Bereich Natur- und Umweltschutz geleistet wurden und einer Verstärkung bedurften. Diese „Sisyphus-Legenden"-Bildung, wie Ulrich Beck sie bezeichnet hat[2], lässt sich durch die gesamte Ge-

---

1 IV B 1, Bausteine zu einer Regierungserklärung für die Legislaturperiode 1990 bis 1995, 12.6.1990, Archiv der Stiftung Naturschutzgeschichte, 606.40.00.00.

2 Beck, Ulrich: Ökologischer Machiavellismus? Wie die ökologische zur politischen Frage wird. In: *Jahrbuch Ökologie* 1994, S. 9–20, hier S. 17.

schichte des Naturschutzes und, an der Regierungserklärung veranschaulicht, auch durch die Geschichte des nordrhein-westfälischen behördlichen Naturschutzes verfolgen.

Auch der Titel dieser Untersuchung, „Retten, was zu retten ist!", der Überschrift eines Artikels von Professor Gerd Schulte von der Landesanstalt für Ökologie, Landschaftsentwicklung und Forstplanung Nordrhein-Westfalen (LÖLF) aus dem Jahre 1989 entlehnt,[3] impliziert einen hohen Dringlichkeitsgrad der Rettung der Natur bei gleichzeitiger Vorwegnahme eines möglichen Scheiterns und suggeriert nahezu eine Zwecklosigkeit der Anstrengungen, die nichtsdestotrotz unternommen werden müssen.

In einem Aufsatz aus dem Jahre 2003 hat Frank Uekötter sich mit diesem Missverhältnis zwischen Erfolg, Aufwand und Misserfolg befasst und es als typisches Merkmal des Naturschutzes herausgestellt. Für Uekötter ist diese Haltung Ergebnis erstens der Politikferne des Naturschutzes, zweitens einer für Deutschland typischen Okkupation eines zivilgesellschaftlichen Themas durch den Staat und drittens das im Kern misanthropische Gesellschaftsbild der Naturschützer.[4]

„Der Naturschutz" ist dabei allerdings ein äußerst unscharfer Begriff. Er umfasst drei verschiedene Personengruppen beziehungsweise Institutionen, wird jedoch meist synonym für eine oder mehrere dieser Gruppen verwendet: Den ehrenamtlichen Naturschutz, den (haupt-)amtlichen beziehungsweise behördlichen Naturschutz, und den wissenschaftlichen Naturschutz, also

---

3 SCHULTE, Gerd: Wiesen- und Weidenschutzprogramme in NRW: Retten, was zu retten ist! In: *Mitteilungen der LÖLF* 14.4 (1989), S. 12–17.

4 UEKÖTTER, Frank: Sieger der Geschichte? Überlegungen zum merkwürdigen Verhältnis des Naturschutzes zu seinem eigenen Erfolg. In: DEUTSCHER RAT FÜR LANDESPFLEGE (Hrsg.): *Naturschutz in Deutschland. Eine Erfolgsstory? Gutachtliche Stellungnahme und Ergebnisse eines Symposiums vom 20. bis 21. Mai 2003 in Königswinter.* Bonn 2003 (Schriftenreihe des Deutschen Rates für Landespflege, 75), S. 34–38, hier S. 37.

die Naturschutzforschung.[5] Uekötter hatte mit seiner Einschätzung hauptsächlich die Vertreter des ehrenamtlich organisierten Naturschutzes insbesondere in den 1950er und 1960er Jahren im Blick, deren Habitus ganz entscheidend von den von ihm aufgeführten Charakteristika geprägt war. In Nordrhein-Westfalen sollte dagegen der Naturschutz mit dem Abschluss des Professionalisierungsprozesses und seiner Integration in die Verwaltungsstrukturen im Jahr 1975 auf eine rationale Grundlage gestellt werden. Doch scheint es mit Blick auf die eingangs angeführten Zitate eine gewisse Kontinuität in diesem ambivalenten Verhältnis zu Erfolg bzw. Misserfolg zu geben. In welchem Maße sich solche Kontinuitäten nach Abschluss des Professionalisierungsprozesses auf die Handlungen des behördlich organisierten Naturschutzes ausgewirkt haben, ist eine der zentralen Fragestellungen dieser Studie.

Der Untersuchungsgegenstand dieser Arbeit ist daher der amtliche Naturschutz, der in Nordrhein-Westfalen dreistufig organisiert ist. Die oberste Naturschutzbehörde, gegenwärtig angesiedelt beim Minister für Klimaschutz, Umwelt, Landwirtschaft, Natur- und Verbraucherschutz, steht dabei im Zentrum der Untersuchung, da hier die Leitlinien nordrhein-westfälischer Naturschutzpolitik formuliert wurden. Der amtliche Naturschutz besitzt, im Vergleich zu anderen Bereichen der Verwaltung, ein besonderes Merkmal, das er wahrscheinlich nur mit dem verwandten Bereich des Umweltschutzes gemein hat. Er ist nicht nur Verwaltung, sondern dem Selbstverständnis seiner Vertreter nach auch Naturschützer – und damit Interessenvertreter im Namen der Natur. Der Umstand, dass sich Verwaltungsbeamte zu einem gewissen Grad mit ihrem Fachbereich identifizieren, stellt an sich keine große Besonderheit dar. Beamte zum Beispiel aus der Landwirtschaftsabteilung vertreten häufig auch die Interessen der Landwirtschaft oder versuchen zumindest, diese größtmöglich zu

5 Eser, Uta; Potthast, Thomas: *Naturschutzethik. Eine Einführung in die Praxis*. Baden-Baden 1999, S. 14.

berücksichtigen. Die Natur kann jedoch per se keine Interessen haben oder diese zumindest nicht äußern.

Dem amtlichen Naturschutz kommen somit also nicht nur die Aufgaben zu, den Naturschutz zu verwalten und Anwalt der Interessen der Natur zu sein, sondern er definiert darüber hinaus auch eben diese Interessen. Dieses Aufgabenprofil erfordert bestimmte Strategien. Nach Ulrich Beck gründet sich das Fortwirken einer Institution auf ihrer gesellschaftlichen Anerkennung als „‚permanenter' Lösung eines ‚permanenten' Problems"[6]. Im Falle des amtlichen Naturschutzes bedeutet dies, dass nach außen hin grundsätzlich sowohl ein Problem als auch der amtliche Naturschutz als dessen Lösung präsentiert werden muss. Die von Beck in Anlehnung an Habermas „Diskursgesellschaft" genannte Öffentlichkeit verändert dagegen die Rahmenbedingungen, in der solche Legitimationsstrategien stattfinden. Dadurch werden bisheriges Operations- und Strategiewissen entwertet und neue Handlungs- und Legitimationsformen erzwungen.[7] Es gilt, sich in dieser Arbeit diesen Prozessen zu nähern.

1.1 Zur Stellung der Umweltgeschichte in der Geschichtswissenschaft[8]

Umweltgeschichte als Gattung oder Fachbereich der Geschichtswissenschaft ist immer noch ein recht junger Forschungszweig. Zwar ist seit den ersten umwelthistorischen Untersuchungen bereits über ein Vierteljahrhundert vergangen, doch findet die Umweltgeschichte immer noch relativ wenig Beachtung, insbesondere wenn es darum geht, in den zeithistorischen Kanon aufgenommen zu werden. Die Existenz des Themas „Natur und Umwelt" als eines der

6 Beck, Ökologischer Machiavellismus, S. 10.

7 Ibid., S. 14.

8 Dieses Kapitel basiert zu einem Teil auf einem Vortrag des Autors vor der Natur- und Umweltschutzakademie im Dezember 2009 in Königswinter.

beherrschenden Themen der Zeitgeschichte wird zwar anerkannt, doch bleibt die Berücksichtigung des Natur- und Umweltdiskurses als Erklärungsmuster für die anderen, „klassischen“ Felder der zeithistorischen Forschung, der Politik-, der Wirtschafts- oder der Sozialgeschichte, meist aus.[9]

Was ist Umweltgeschichte? In der Tat gibt es bis heute keine eindeutige Definition von Umweltgeschichte. Eine abschießende Definition scheint auch (noch) nicht angebracht. Auf einer Fachtagung in Freiburg im Breisgau im Jahre 2005 kamen die Teilnehmer daher zu einer pragmatischen Arbeitsdefinition, nach der Umweltgeschichte keine Methode begründe, sondern ein zu beschreibender Gegenstandsbereich sei, der „alle politischen, gesellschaftlichen und publizistischen Aktivitäten umfasst, die den Schutz von Natur, Landschaft und der menschlichen Lebensbedingungen zum Ziel hatten“[10].

In diesem Sinne befasst das junge Forschungsfeld Umweltgeschichte sich nun in vielen Einzelstudien mit Institutionen, Gruppen und Individuen, die der obengenannten Definition entsprechen; hier reiht sich auch diese Studie über den hauptamtlichen Naturschutz in Nordrhein-Westfalen ein. Es unterstreicht die Notwendigkeit, empirische Daten zu sammeln, um eine Vorstellung davon zu bekommen, welchen Einfluss die Sorge um Natur und Umwelt auf politische Entscheidungen und gesellschaftliche Veränderungsprozesse hatte, und die gewonnenen Erkenntnisse entsprechend in die bisherigen Deutungsangebote der Zeitgeschichte zu integrieren oder diese in Frage zu stellen. Ist Umweltgeschichte daher nur ein Anhängsel der klassischen Disziplinen der Geschichtswissenschaft? Die Frage lässt sich in zweierlei Weise beantworten. Einerseits ist eine aus dem gesellschaftlichen

9 Brüggemeier, Franz-Josef; Engels, Jens Ivo: Den Kinderschuhen entwachsen. Einleitende Worte zur Umweltgeschichte der zweiten Hälfte des 20. Jahrhunderts. In: Dies. (Hrsg.): *Natur- und Umweltschutz nach 1945. Konzepte, Konflikte, Kompetenzen.* Frankfurt a.M. 2005 (Geschichte des Natur- und Umweltschutzes, 4), S. 10–19, hier S. 10–11.

10 Ibid., S. 11, Zitat ebd.

Kontext gelöste Umweltgeschichte schlechterdings nicht vorstellbar und wenig zielführend. Andererseits erkennt die Geschichtswissenschaft auch in umwelthistorischen Fragestellungen mehr und mehr eigene Gesetzmäßigkeiten und Entwicklungen, sodass eine eigenständige Theoriebildung und Periodisierung sinnvoll erscheint. So kann man die Perspektive verschieben, mit der man die Dinge betrachtet. Historiker unterteilen und periodisieren gerne. Die Eckdaten und Epochenwenden der politischen Geschichte der Bundesrepublik sind allgemein bekannt und wenig umstritten: 1949–1969–1989. Nimmt man aber einen anderen Standpunkt, eine andere Perspektive ein, so kommt man auf andere Daten und sieht andere Dinge.[11]

Als ein oder sogar *das* Epochenjahr der Umweltgeschichte gilt das Jahr 1970. Die „1970er Diagnose" impliziert einen radikalen Wandel im Verhältnis des Menschen zu seiner Umwelt.[12] Auch der Titel dieser Dissertation nimmt dieses Jahr, das auch das erste Europäische Naturschutzjahr (ENJ) war, zum Ausgangspunkt. Das vom Europarat ausgerufene ENJ und die Verabschiedung eines Sofortprogrammes für Umweltschutz durch die Bundesregierung, aber auch die nur kurz zuvor erfolgte Berufung Bernhard Grzimeks zum Naturschutzbeauftragten der Bundesregierung scheinen symbolhaft für ein neues Zeitalter zu stehen.[13] Lange Zeit war die Vorstellung einer einschneidenden Zäsur in diesem Jahr vorherrschend und die Zeit vor 1970 erschien aus der Sicht des Natur- und Umweltschutzes – Wolfgang Erz sprach von der „Latenzphase"

---

11 Vgl. Engels, Jens Ivo: Umweltgeschichte als Zeitgeschichte. In: *Aus Politik und Zeitgeschichte*, 56 (2006), S. 32–38, hier S. 33–36.

12 Kupper, Patrick: Die „1970er Diagnose". Grundsätzliche Überlegungen zu einem Wendepunkt der Umweltgeschichte. In: *Archiv für Sozialgeschichte*, 43 (2003), S. 325–348, hier S. 328.

13 Hünemörder, Kai F.: *Die Frühgeschichte der globalen Umweltkrise und die Formierung der deutschen Umweltpolitik (1950–1973)*. Zugl. Kiel Univ. Diss. 2002. Stuttgart 2004 (Historische Mitteilungen, Beihefte, 53), S. 154.

des Naturschutzes[14] – qualitativ unterlegen. Dieser Sicht wird zunehmend widersprochen. Neue Arbeiten zur Geschichte des Naturschutzes in Deutschland betonen entweder die Kontinuität und verneinen die Existenz einer „Stunde null"[15] oder sehen die einschneidenden Veränderungen in anderen Zeiträumen und Prozessen, wie zum Beispiel dem in den 1960er Jahren eingeleiteten Professionalisierungsprozess im westdeutschen Naturschutz.[16] Die Forschungskontroversen gehen weiter und bilden sich dementsprechend entlang der Vorstellungen von Kontinuität, Wandel oder Bruch.[17]

In diesem Sinne scheint es angebracht, bezogen auf den Naturschutz in NRW eine neue Sicht auf das Jahr 1970 zu nehmen. Hier soll daher die Auffassung vertreten werden, dass die Ereignisse dieses vermeintlichen Wendejahres lediglich den symbolischen Gipfel für die Entwicklung des deutschen Naturschutzes nach dem Zweiten Weltkrieg darstellen. Ergebnis war die Formierung der gesetzlichen Grundlagen und Institutionen, auf der die heutige Naturschutzarbeit maßgeblich basiert. Dabei scheint für eine Wende 1970 oder zumindest in den 1970er Jahren zunächst doch viel zu sprechen: Der Prozess der Professionalisierung fand in den 1970er Jahren in NRW seinen Abschluss und wurde durch die Neustrukturierung der Naturschutzbehörden im Zuge der Verabschiedung des Landschaftsgesetzes 1975, welches das in vielen Punkten überholte Reichsnaturschutzgesetz von 1935 ablöste,

14 Erz, Wolfgang: Naturschutz im Wandel der Zeit. Eine Bewertung. In: *Geographische Rundschau* 39 (1987), S. 307–315, hier S. 308.

15 Oberkrome, Willi: Kontinuität und Wandel im deutschen Naturschutz 1930 bis 1970. Bemerkungen und Thesen. In: Brüggemeier/Engels (Hrsg.): *Natur- und Umweltschutz nach 1945*, S. 23–37, hier S. 37.

16 Leh, Almut: *Zwischen Heimatschutz und Umweltbewegung. Die Professionalisierung des Naturschutzes in Nordrhein-Westfalen 1945–1975.* Zugl. Hagen Fernuniv. Diss. 2005. Frankfurt a. M. 2006 (Geschichte des Natur- und Umweltschutzes, 5), S. 21 und 456.

17 Uekötter, Frank: *Umweltgeschichte im 19. und 20. Jahrhundert.* München 2007 (Enzyklopädie deutscher Geschichte, 81), S. 74–75.

organisatorisch untermauert. Auch auf Bundesebene wurde mit dem Bundesnaturschutzgesetz 1976 eine neue Rechtsgrundlage geschaffen. Allgemeine Aufbruchsstimmung, Reformoptimismus und ein gestiegenes Bewusstsein für Umweltprobleme in der Gesellschaft bildeten den Rahmen für die neue Rolle des amtlichen Naturschutzes, erstmalig ausgestattet mit ordnungs- und planungsrechtlichen Machtmitteln.

Für die Gegenthese spricht jedoch, dass der Zeitraum von 1950 bis 1980, bezogen auf die Entwicklung der Inhalte, Ziele und Methoden des Naturschutzes, eine Einheit bildete. In diesem Zeitraum fanden zwei maßgebliche Prozesse des Nachkriegsnaturschutzes ihren Abschluss. Der programmatische Wandel vom konservierenden zum gestaltenden Naturschutz[18] sowie die Entwicklung der modernen Landschaftsplanung unter anderem durch Konrad Buchwald[19] bildeten die Grundlage für die Formierung des hauptamtlichen Naturschutzes und entsprachen damit auch dem gesamtgesellschaftlichen Trend, in der Planung eine der Willkür entzogene, sachgerechte und den komplexen Sachverhalten angemessene Entscheidungsinstanz zu sehen.[20] Es wird sich zeigen, dass die Etablierung der ökologisch-naturwissenschaftlichen Komponente des Naturschutzes dementsprechend, neben der unbestritten wichtigen Funktion der Erarbeitung wissenschaftlicher Grundlagen, ebenso in diesem Zusammenhang der Legitimierung des Naturschutzes zu interpretieren ist.[21] In den 1970er Jahren

---

18 Vgl. Leh, *Zwischen Heimatschutz und Umweltbewegung*, S. 22.

19 Vgl. Marschall, Ilke: *Der Landschaftsplan. Geschichte und Perspektiven eines Planungsinstrumentes*. Zugl. Kassel Univ. Habil. 2006. Saarbrücken 2007, S. 89–95.

20 Laak, Dirk van: Planung. Geschichte und Gegenwart des Vorgriffs auf die Zukunft. In: *Geschichte und Gesellschaft* 34 (2008), S. 305–326, hier S. 318.

21 Vgl. Körner, Stefan: Die Entwicklung des Naturschutzes und der Landschaftsplanung nach dem Zweiten Weltkrieg. In: Brüggemeier/Engels (Hrsg.): *Natur- und Umweltschutz nach 1945*, S. 87–102, hier S. 89; Reusswig, Fritz: Lebensstile und Naturorientierung. Gesellschaftli-

kulminierten schließlich die zu einem großen Teil zunächst latent vorhandenen, dann immer stärker sichtbar werdenden Trends und Prozesse.

Bei aller Konzentration auf die 1970er Jahre erfreuten sich die Folgejahrzehnte in der umwelt- und naturschutzhistorischen Forschung bislang wenig bis gar keiner Aufmerksamkeit. Dies ist aufgrund der relativ kurzen Existenz des Bereichs Umweltgeschichte und der für Historiker doch sehr geringen zeitlichen Distanz zum Forschungsgegenstand wenig überraschend. Doch scheint es angebracht, aufgrund der im Folgenden dargelegten wichtigen Entwicklungen, die 1980er und 1990er Jahre in den zu betrachtenden Zeitraum mit aufzunehmen. So ergibt sich nicht nur auf das Jahr 1970 ein neuer Blick. Und in der Tat spricht viel dafür, gerade die 1980er Jahre als Scharnierzeit zwischen dem Nachkriegsnaturschutz und dem heutigen Naturschutz zu sehen.

1.2 Eingrenzung des Themas, Fragestellung und Vorgehensweise

Für jedes (historische) Forschungsprojekt muss die Auswahl des Untersuchungsgegenstands gerechtfertigt werden. Warum also macht es, über den reinen Selbstzweck hinaus, Sinn, sich mit der nordrhein-westfälischen Naturschutzgeschichte zu beschäftigen? Diese Frage schließt zunächst die Frage ein, inwiefern die Länderebene als Bezugsrahmen einer Abhandlung über den Naturschutz überhaupt sinnvoll ist. Naturschutz war und ist – wenn man von der zeitlich kurzen Phase des Nationalsozialismus absieht – im Deutschen Reich wie in der Bundesrepublik Ländersache. Die Länder sind für den Vollzug des Naturschutzrechts und, spätestens seit der Entscheidung des Bundesverfassungsgerichts aus dem Jahr 1958, auch für die Gesetzgebung im Naturschutz zuständig. Der

che Naturbilder und Einstellungen zum Naturschutz. In: Rink, Dieter (Hrsg.): *Lebensstile und Nachhaltigkeit. Konzepte, Befunde und Potentiale.* Opladen 2002 (Reihe Soziologie und Ökologie, 7), S. 156–180, hier S. 170–171.

Bund besitzt lediglich die Rahmengesetzgebungskompetenz. Es sind also die Länder, die die Bedingungen und Inhalte der Naturschutzpolitik setzen und diese durchführen.

Weshalb eignet sich Nordrhein-Westfalen besonders als Untersuchungsrahmen? Almut Leh hat in der Einleitung zu ihrer Untersuchung des nordrhein-westfälischen Naturschutzes nach 1945 festgestellt, dass sich in Nordrhein-Westfalen aufgrund seiner Bevölkerungsdichte, den Ballungsräumen und der Bedeutung der Industrie die Nutzungskonflikte besonders scharf darstellten. Sie vermutete, „dass in Nordrhein-Westfalen, wo Natur und Landschaft knappe Ressourcen waren, die unterschiedlichen Interessen besonders heftig aufeinander prallten“[22]. In Nordrhein-Westfalen bestehe somit eine Vielzahl von Ansprüchen an die verfügbaren Flächen, die den Nutzungsdruck auf die Natur erhöhen und somit die Konflikte zwischen Naturschutz und anderen Nutzungsansprüchen wie unter einem Vergrößerungsglas sichtbar machen.[23] Dieser Analyse ist wenig hinzuzufügen. Nordrhein-Westfalen ist das mit Abstand bevölkerungsreichste Bundesland der Bundesrepublik, mit 34 072 km^2 Fläche jedoch nur das viertgrößte. 1961 zählte das Land 15,9 Millionen Einwohner, bis 1970 stieg diese Zahl auf 16,9 Millionen an. Mitte der 1990er Jahre näherte sich die Einwohnerzahl der 18-Millionen-Marke. Damit leben gut zwanzig Prozent der Bevölkerung der Bundesrepublik auf knapp zehn Prozent der Fläche. Auf jeden Quadratkilometer kommen in Nordrhein-Westfalen damit gut 525 Einwohner. Nur die Stadtstaaten Berlin, Bremen und Hamburg übertreffen das Land in dieser Statistik.[24] Nordrhein-Westfalen hat keinen Schwarzwald und keine Nordseeküste, doch ist es nicht nur Industrie- und Siedlungsland. Zwischen der Eifel und dem Weserbergland, dem Siegerland und dem Niederrhein

---

22 Leh, *Zwischen Heimatschutz und Umweltbewegung*, S. 30.

23 Ibid.

24 Alemann, Ulrich von; Brandenburg, Patrick: *Nordrhein-Westfalen. Ein Land entdeckt sich neu.* Köln 2000 (Schriften zur politischen Landeskunde Nordrhein-Westfalen, 13), S. 41 und 50–51.

existiert eine ganze Reihe unterschiedlicher Landschaften. 1984 wurden noch 54 Prozent der Fläche NRWs landwirtschaftlich genutzt, ein Viertel war Wald.[25]

Diese Besonderheit der nordrhein-westfälischen Gegebenheiten wurde auch von den Verantwortlichen häufig thematisiert. Sie war im Endeffekt die Begründung für einen nordrhein-westfälischen „Sonderweg“, der sich von der Vorgehensweise der anderen Flächenbundesländer unterschied und der von den Akteuren bei nahezu jeder Gelegenheit als wesentliches Merkmal nordrhein-westfälischer Naturschutzpolitik herausgestellt wurde. Die Notwendigkeit zur flächendeckenden Landschaftsplanung ergab sich direkt aus der als prekär empfundenen Situation von Natur und Landschaft in NRW. Darüber hinaus wurde in keinem Bundesland mehr Geld in den Naturschutz investiert als zwischen Rhein und Weser. Diese Alleinstellungsmerkmale scheinen den Nutzen dieser Analyse für eine allgemeine Geschichtsschreibung des Naturschutzes in der Bundesrepublik Deutschland zunächst zu verringern. Doch da bislang keine detaillierteren Einzelstudien zu anderen Bundesländern vorliegen, sieht sich diese Untersuchung insbesondere als Ausgangspunkt für vergleichende Studien der Ländernaturschutzpolitik.

Forschungsgegenstand ist, wie eingangs bereits thematisiert, der amtliche Naturschutz auf Ebene der obersten Naturschutzbehörde, die im Untersuchungszeitraum zunächst bei der Staatskanzlei, dann beim Landwirtschaftsministerium und schließlich beim Umweltministerium angesiedelt war. Da sich diese Untersuchung mit den Grundzügen der Naturschutzpolitik in NRW befasst, ist die Beschränkung auf denjenigen Teil in der Hierarchie gerechtfertigt, in dem die Richtlinien und Inhalte dieser Politik formuliert wurden. Zentrale Fragestellung ist, welche Legitimierungsstrategien der amtliche Naturschutz im Untersuchungszeitraum entwickelte,

25 II A 6 Betr. Landesentwicklungsbericht 1984, hier: Gliederungspunkt 6 „Agrarpolitik“, 12.12.1984, LAV Abt. Rhld. NW 596 Nr. 104.

welche Zielsetzungen er definierte und wie er diese umzusetzen gedachte.

Die Untersuchung wird aus praktischen Gründen auf den Zeitraum von 1970 bis 1995 eingegrenzt. Dieser korreliert mit dem Zeitraum von 25 Jahren, in dem der Naturschutz bei sozialdemokratischen Ministern ressortierte. Er bildet somit eine gewisse Einheit der politischen Rahmenbedingungen, die es erlaubt, am Ende dieser Periode Bilanz zu ziehen. Zudem sind einige Prozesse um das Jahr 1995 herum als abgeschlossen zu betrachten, sodass die zeitgeschichtliche Problematik der Unabgeschlossenheit der Verhältnisse und Verläufe[26] nicht so schwer ins Gewicht fällt. Die gewählten Grenzen sind jedoch nicht als absolut anzusehen. Sie dienen lediglich als Richtschnur für den Fokus dieser Untersuchung. Wo es notwendig ist, werden die Entstehungsbedingungen für die Ausgangslage aus den Jahren vor 1970 analysiert und die Entwicklungen nach 1995 weiterverfolgt.

Der Zeitraum 1970 bis 1995 ist dabei den Fragestellungen entsprechend in drei Teile aufgeteilt, die sich ungefähr an den drei abgebildeten Jahrzehnten orientieren. Auch hier gilt, dass die Grenzen teilweise fließend sind. Der erste Teil befasst sich mit der Etablierung der Landschaftsplanung als zentralem Instrument des Naturschutzes in Nordrhein-Westfalen. Hierbei wird nachverfolgt, welche methodischen und politischen Entwicklungen dazu führten, dass ab 1970 die Verankerung der Landschaftsplanung in die Naturschutzgesetzgebung zur zentralen Forderung im Naturschutz wurde. Die rationale und sachgerechte Institution der Planung sollte, anknüpfend an den Planungsdiskurs in der Bundesrepublik, als eine den Erfordernissen der Zeit angemessene Lösung des Umweltproblems der Naturzerstörung etabliert werden. Dabei wird problematisiert, wie die Protagonisten der Landschaftsplanung die ordnungsrechtliche Durchsetzung von Naturschutzzielen mit

---

26 Hockerts, Hans Günter: Zeitgeschichte in Deutschland. Begriff, Methoden, Themenfelder. In: *Historisches Jahrbuch* 113 (1993), S. 98–127, hier S. 114.

dem freiheitlich-demokratischen Rahmen der Bundesrepublik in Einklang zu bringen dachten. Darüber hinaus wird analysiert, wie sich, vor dem Hintergrund der umweltpolitischen Initiative der Bundesregierung und dem endgültigen Scheitern einer bundeseinheitlichen Lösung, schließlich der politische Prozess der Durchsetzung des Landschaftsgesetzes in Nordrhein-Westfalen vollzog.

Der zweite Teil, der ungefähr die 1980er Jahre umfasst, beschreibt zunächst die Bilanz, die sich nach Abschluss des Gesetzgebungsverfahrens und der ersten Erfahrungen mit den neuen Instrumenten einstellte. Hier wird insbesondere die Genese des sogenannten „Vollzugsdefizits" thematisiert. Die schleppende Umsetzung der Bestimmungen der neuen Naturschutzgesetze führte in der Bundesrepublik, besonders aber in Nordrhein-Westfalen, zu einer umfassenden Reformdiskussion im Naturschutz. Die Instrumente, die in den 1970er Jahren eingeführt worden waren, erwiesen sich in der Praxis als nicht durchsetzungsstark genug, um die angestrebten Ziele zu erreichen. Diese Erkenntnis führte zu einer Reevaluation der bisherigen Strategie des amtlichen Naturschutzes in Nordrhein-Westfalen. Anhand der Entstehung des Vertragsnaturschutzes soll gezeigt werden, wie sich der dieser Prozess der Integration in die politischen Aushandlungsprozesse der Interessenpolitik vollzog. Dabei spielen vor allem die politischen Rahmenbedingungen, die diesen Prozess begleiteten, eine gewichtige Rolle.

Dabei lässt sich ein Wechsel zwischen den von Beck definierten Konstellationen des ökologischen Konflikts[27] – von Blockade- zu Aushandlungsstrategien – feststellen. Der schrittweise Wandel von einer auf ordnungspolitische Maßnahmen gestützten Naturschutzpolitik, die letztendlich nicht den erwarteten Erfolg brachte, zu einer auf Kooperation und Zusammenarbeit ausgerichteten, pragmatischen Politik des „Retten, was zu retten ist", ist die zugrunde liegende Interpretation dieses zweiten Kapitels. Bezogen auf Methodik und Politikstil lässt sich hier der Wandel vom Nach-

27 Beck, Ökologischer Machiavellismus, S. 18–19.

kriegs- zum gegenwärtigen Naturschutz finden. Dies schließt an die Liberalisierungsthese von Ulrich Herbert an, die Modernisierung als „Teil eines Lern-, Anpassungs- und Optimierungsprozesses" versteht.[28] Hieraus ergab sich eine „relative Einheit [...] von der Jahrhundertwende bis in die 60er und 70er Jahre"[29], die sich auch am Beispiel des nordrhein-westfälischen Naturschutzes nachvollziehen lässt und Grundlage einer zentralen These dieser Arbeit bezüglich eines Paradigmenwechsels in den 1980er Jahren ist.

Diese Entwicklung soll im dritten Teil im Sinne eines Ausblicks auf die 1990er Jahre anhand einiger Beispiele nachvollzogen werden. Im Zentrum der Untersuchung steht dabei der Beitrag des Naturschutzes zum Strukturwandel im Ruhrgebiet, aber auch andere Fallbeispiele, an denen sich das veränderte Aufgabenverständnis des amtlichen Naturschutzes in Zeiten eines schrumpfenden Etats illustrieren lässt. Abschließend wird noch ein Blick auf die Relevanz des Prozesses der schrittweisen Europäisierung des Naturschutzes geworfen, der zunächst in Nordrhein-Westfalen eine eher geringfügige Rolle spielte, zum Ende des Jahrzehnts und zu Beginn des 21. Jahrhunderts jedoch immer wichtiger wurde.

Diese Arbeit versteht sich als Beitrag zur Zeitgeschichte, die nach Hockerts nicht als feststehender Begriff anzusehen ist, sondern als „eine Arena der Auseinandersetzung, in die stets auch Fragen der Periodisierung und der Relationenbildung hereinwirken, des Wägens und des Ermessens, der Kriterienbildung für Koordinationssysteme des geschichtlichen Verständnisses".[30] Das hiermit vorliegende Ergebnis dieses Forschungsprojektes baut auf der bisherigen Forschung zur Geschichte des Naturschutzes in Deutschland und in NRW auf, bietet aber durch die Einbeziehung

28 Herbert, Ulrich: Liberalisierung als Lernprozess. Die Bundesrepublik in der deutschen Geschichte – eine Skizze. In: Ders. (Hrsg.): *Wandlungsprozesse in Westdeutschland. Belastung, Integration, Liberalisierung 1945–1980*. Göttingen 2002 (Moderne Zeit, 1), S. 7–49, hier S. 49, Zitat ebd.

29 Ibid.

30 Hockerts, Zeitgeschichte, S. 105, Zitat ebd.

der 1980er und 1990er Jahre neue Ergebnisse, Perspektiven und Anknüpfungspunkte.

1.3 Forschungsstand und Quellenbasis

Ein wichtiger Meilenstein für die Geschichte des Naturschutzes war die 1996 aus Mitteln der Länder Nordrhein-Westfalen und Brandenburg sowie der NRW-Stiftung Naturschutz, Heimat- und Kulturpflege erfolgte Gründung der Stiftung Naturschutzgeschichte, die das Vorhaus von Schloss Drachenburg auf dem Drachenfels im Siebengebirge bei Königswinter am Rhein bezog. Die Stiftung war und ist nicht nur Förderer von Forschungsvorhaben zur Naturschutzgeschichte, sondern vor allem ein Forum für Diskussion und Austausch zwischen den verschiedenen Interessierten an der Geschichte des Naturschutzes.[31]

Die bisherige Forschung zur Geschichte des Naturschutzes in Deutschland ist bislang dadurch gekennzeichnet, dass sie sich entweder mit den Ursprüngen der bürgerlichen Naturschutzbewegung im 19. Jahrhundert und ihrer Entwicklung insbesondere zur Zeit des Nationalsozialismus oder mit der Geschichte von der unmittelbaren Nachkriegszeit bis in die 1970er Jahre befasst. Daneben gibt es einzelne Arbeiten, die nach Kontinuitäten zwischen diesen beiden Epochen forschen und einen Bruch für das Jahr 1945 größtenteils verneinen.

Die Beschäftigung mit der Geschichte des Naturschutzes im Nationalsozialismus begann mit der fachhistorischen Arbeit des

---

31 Zur Chronik der Entstehung der Stiftung Naturschutzgeschichte vgl. Neiss, Thomas: Kairos nicht Chronos. Zur Geschichte der Stiftung Naturschutzgeschichte. In: Stiftung Naturschutzgeschichte (Hrsg.): *Naturschutz hat Geschichte. Grußworte und Festrede des Bundespräsidenten anlässlich der Eröffnung des Museums zur Geschichte des Naturschutzes am 12. März 2002; Beiträge der Fachtagung Naturschutz hat Geschichte am 13. März 2002.* Essen 2003 (Veröffentlichungen der Stiftung Naturschutzgeschichte, 4), S. 28–54.

Landespflegers Joachim Wolschke-Bulmahn und des Landschaftsarchitekten Gert Gröning, die 1987 mit ihrer zur damaligen Zeit provokativen Abrechnung mit der Rolle der Protagonisten ihrer Professionen im nationalsozialistischen Deutschland eine weitere Beschäftigung mit dem Thema herausforderten.[32] In der Folgezeit entstanden einige fachhistorische Arbeiten, wie etwa die des Landschaftsplaners Karsten Runge oder die des Landschaftsarchitekten Stefan Körner, die sich insbesondere mit den Kontinuitäten in den methodischen Ansätzen ihrer Fachrichtungen vor und nach 1945 beschäftigen.[33] Auch die Historiker befassten sich zunehmend mit der NS-Geschichte des Natur- und Umweltschutzes, wie eine Vielzahl von Publikationen, hier – im Gegensatz zum Großteil der übrigen Umweltgeschichte Deutschlands – auch im nicht deutschsprachigen Ausland.[34] Die Frage nach der Vereinbarkeit

32 Gröning, Gert; Wolschke-Bulmahn, Joachim: *Aus Liebe zur Landschaft. Teil III: Der Drang nach Osten. Zur Entwicklung der Landespflege im Nationalsozialismus und während des Zweiten Weltkrieges in den „eingegliederten Ostgebieten“*. München 1987 (Arbeiten zur sozialwissenschaftlich orientierten Freiraumplanung, 9).

33 Körner, Stefan: *Theorie und Methodologie der Landschaftsplanung, Landschaftsarchitektur und sozialwissenschaftlichen Freiraumplanung vom Nationalsozialismus bis zur Gegenwart*. Zugl. Berlin Techn. Univ. Diss. 2000, Berlin 2001 (Landesentwicklung und Umweltforschung, 119); Runge, Karsten: *Entwicklungstendenzen der Landschaftsplanung. Vom frühen Naturschutz bis zur ökologisch nachhaltigen Flächennutzung*. Techn. Univ. Diss. unter dem Titel „Die Entwicklung der Landschaftsplanung in ihrer Konstitutionsphase 1935–1973 (Berlin 1990), Berlin 1998.

34 U.a. sind hier der von Joachim Radkau und Frank Uekötter herausgegebene Sammelband zu Naturschutz und Nationalsozialismus und der von Franz-Josef Brüggemeier herausgegebene Stand der englischsprachigen Forschung zu nennen. Brüggemeier, Franz-Josef; Cioc, Mark et al. (Hrsg.): *How Green Were the Nazis? Nature, Environment and Nation in the Third Reich*. Athens, OH 2005; Rakdau, Joachim; Uekötter, Frank (Hrsg.): *Naturschutz und Nationalsozialismus*. Frankfurt a.M. 2002 (Geschichte des Natur- und Umweltschutzes, 1).

von Natur- und Umweltschutz und Demokratie ist seither einer der Schwerpunkte der Forschung.[35]

Für die Fokussierung auf das Jahr 1970 als Beginn der Umweltpolitik in der Bundesrepublik steht weiterhin die erwähnte Dissertation Kai Hünemörders. Diese Sicht deckt sich auch mit den Retrospektiven einiger prominenter Naturschützer, wie der bereits zitierte Wolfgang Erz oder Hubert Weinzierl, der bereits 1970 das „Jahr der großen Wende" im Naturschutz ausrief.[36] Für den Beginn der Umweltpolitik in der Bundesrepublik Deutschland ist darüber hinaus weiterhin die Studie Edda Müllers maßgeblich.[37] Müller war von 1970 bis 1973 im Bundesinnenministerium und von 1973 bis 1975 in der Planungsabteilung des Bundeskanzleramts tätig und liefert in ihrer 1986 erschienenen Kombination aus wissenschaftlicher Untersuchung und Augenzeugenbericht über die Umweltpolitik der Bundesregierung in diesem Zeitraum eine bis heute aktuelle Analyse und Quellensammlung vor.

Mit der Formierung der Umweltbewegung befasst sich umfassend Jens Ivo Engels in seiner 2006 erschienenen Habilitationsschrift *Naturpolitik in der Bundesrepublik*. Engels untersucht dabei anhand des von ihm entworfenen Konzeptes des politischen Verhaltensstils[38] den von ihm postulierten Wandel vom traditi-

---

35 Gröning, Gert; Wolschke-Bulmahn (Hrsg.): *Naturschutz und Demokratie!? Dokumentation der Beiträge zur Veranstaltung der Stiftung Naturschutzgeschichte und des Zentrums für Gartenkunst und Landschaftsarchitektur (CGL) der Leibniz-Universität Hannover in Kooperation mit dem Institut für Geschichte und Theorie der Gestaltung (GTG) der Universität der Künste Berlin*. München 2006.

36 Weinzierl, Hubert: *Die große Wende im Naturschutz*. Donauwörth 1970.

37 Müller, Edda: *Innenwelt der Umweltpolitik. Sozial-liberale Umweltpolitik – (Ohn)macht durch Organisation?* Opladen 1986.

38 Engels, Jens Ivo: „Politischer Verhaltensstil". Vorschläge für ein Instrumentarium zur Beschreibung politischen Verhaltens am Beispiel des Natur- und Umweltschutzes. In: Brüggemeier/Ders. (Hrsg.): *Natur- und Umweltschutz nach 1945*, S. 184–202.; Engels, Jens Ivo: Umweltprotest und Verhaltensstile. Bausteine zu einer vergleichenden

onellen, konservativ ausgerichteten Naturschutz zur modernen Umweltbewegung, der sich insbesondere in Aktionsformen und Habitus, sprich dem Verhaltensstil, ausdrückte und sich in den Jahren von 1950 bis 1980 vollzog.[39]

Die Geschichte des Natur- und Umweltschutzes nach 1980 war dagegen bislang „eine Domäne der Politik- und Sozialwissenschaften", wie Uekötter in seinem 2007 veröffentlichten, umfassenden Literaturbericht feststellte.[40] Dabei ist es bislang größtenteils geblieben, wenn man zum Beispiel von den Ergebnissen des DFG-Projektes „...und ewig sterben die Wälder" an der Universität Freiburg zum „Waldsterbens"-Diskurs in der Bundesrepublik absieht, dessen erste Einzelstudien bereits veröffentlicht wurden oder in der Entstehungsphase sind. Darüber hinaus zu nennen ist ein 2006 erschienener Artikel von Hans-Werner Frohn, der sich in seiner Darstellung des staatlichen Naturschutzes in Deutschland bis in das Jahr 2006 erstreckt, den Schwerpunkt allerdings ebenfalls deutlich auf die Zeit vor 1970 setzt.[41]

Für die politische Geschichte des Landes Nordrhein-Westfalen bietet sich eine breite Literaturgrundlage; in den letzten Jahren sind vermehrt Sammelbände zu Fragestellungen erschienen, die über die reine Ereignisgeschichte hinausgehen. Erwähnenswert sind hierbei die jeweils von Jürgen Brautmeier herausgegebenen Sammelwerke zur Geschichte Nordrhein-Westfalens, die von

---

Untersuchung von Protestbewegungen. In: *Zeitschrift für Bürgerrechte und Gesellschaftspolitik* 42 (2003), S. 50–58.

39 Engels, Jens Ivo: *Naturpolitik in der Bundesrepublik. Ideenwelt und Verhaltensstile in Naturschutz und Umweltbewegung 1950–1980*. Zugl. Freiburg i.Br. Univ. Habil. 2005, Paderborn 2006.

40 Uekötter, *Umweltgeschichte*, S. 76.

41 Frohn, Hans-Werner: Naturschutz macht Staat – Staat macht Naturschutz. Von der staatlichen Stelle für Naturdenkmalpflege in Preußen bis zum Bundesamt für Naturschutz. Eine Institutionengeschichte. In: Stiftung Naturschutzgeschichte (Hrsg.): *Natur und Staat. Staatlicher Naturschutz in Deutschland 1906–2006*. Bonn-Bad Godesberg 2006 (Naturschutz und biologische Vielfalt, 35), S. 85–313.

einem gesteigerten Interesse seitens der Landesregierung zeugen, die Geschichtsschreibung des Landes auf neue und breitere Füße zu stellen und diesen notwendigen Prozess auch finanziell zu unterstützen.[42] Herauszuheben für die politische Geschichte sind dabei Dieter Düdings Arbeit zum Parlamentarismus in Nordrhein-Westfalen und seine doppelbändige Studie zur SPD-Landtagsfraktion.[43] Für die CDU-Fraktion sind bislang drei Arbeiten erschienen, über die FDP eine.[44] Eine Untersuchung zur Partei der Grünen in NRW steht noch aus. Allen diesen Arbeiten ist gemein, dass sie eine ge-

---

42 BRAUTMEIER, Jürgen et al. (Hrsg.): *Heimat Nordrhein-Westfalen. Identitäten und Regionalität im Wandel.* Essen 2010 (Düsseldorfer Schriften zur Neueren Landesgeschichte und zur Geschichte Nordrhein-Westfalens, 83); BRAUTMEIER, Jürgen; HEINEMANN, Ulrich (Hrsg.): *Mythen – Möglichkeiten – Wirklichkeiten. 60 Jahre Nordrhein-Westfalen.* Essen 2007 (Düsseldorfer Schriften zur Neueren Landesgeschichte und zur Geschichte Nordrhein-Westfalens, 77).

43 DÜDING, Dieter: *Parlamentarismus in Nordrhein-Westfalen 1946–1980. Vom Fünfparteien- zum Zweiparteienlandtag.* Düsseldorf 2008 (Handbuch zur Geschichte des deutschen Parlamentarismus); DÜDING, Dieter: *Volkspartei im Landtag. Die sozialdemokratische Landtagsfraktion in Nordrhein-Westfalen als Regierungsfraktion 1966–1990.* Bonn 1998 (Politik und Gesellschaftsgeschichte, 49); DÜDING, Dieter: *Zwischen Tradition und Innovation. Die sozialdemokratische Landtagsfraktion in Nordrhein-Westfalen 1946–1966.* Bonn 1995 (Politik und Gesellschaftsgeschichte, 37).

44 GRUBER, Ludger: *Die CDU-Landtagsfraktion in Nordrhein-Westfalen 1946–1980. Eine parlamentshistorische Untersuchung.* Zugl. Köln Univ. Diss. 1997. Düsseldorf 1998 (Forschungen und Quellen zur Zeitgeschichte 31); HITZE, Guido: *Verlorene Jahre? Die nordrhein-westfälische CDU in der Opposition 1975–1995.* 3 Bde. Düsseldorf 2010 (Forschungen und Quellen zur Zeitgeschichte, 45); MARX, Stefan: *Heinrich Köppler. Politik aus christlicher Verantwortung.* Düsseldorf 2006 (Forschungen und Quellen zur Zeitgeschichte, 51); PAPKE, Gerhard: *Liberale Ordnungskraft, nationale Sammlungsbewegung oder Mittelstandspartei? Die FDP-Landtagsfraktion in Nordrhein-Westfalen 1946–1966.* Düsseldorf 1998.

wisse parteipolitische Färbung mitunter nicht verhehlen können[45], für das Anliegen dieser Dissertation schwerer wirkt jedoch das nahezu vollständige Ausklammern von Fragen der Umwelt- und Naturschutzpolitik.

Speziell mit der Naturschutzgeschichte des Landes Nordrhein-Westfalen haben sich bislang wenige Arbeiten befasst. Almut Leh hat in ihrer 2006 erschienenen Dissertation über den Professionalisierungsprozess im nordrhein-westfälischen Naturschutz von 1945 bis 1975 hauptsächlich einen Ansatz der *oral history* verfolgt, der auf der Grundlage einer Vielzahl von Zeitzeugeninterviews basierte.[46] Aufgrund der Ehrenamtlichkeit des Naturschutzes in diesem Zeitraum, der deshalb besonderen Bedeutung von Einzelpersonen und der häufig fragmentarischen Aktenüberlieferung überzeugt dieser Ansatz als Zugang zur Naturschutzgeschichte in diesem Zeitraum. Dieser wurde in dem in Zusammenarbeit mit Hans-Joachim Dietz herausgegebenen biographischen Handbuch weiterverfolgt.[47] Die Schwäche dieses Ansatzes besteht dagegen insbesondere darin, dass die Aussagen von Zeitzeugen oft nicht anhand anderer Quellen verifizierbar oder durch die subjektive, rückblickende Wahrnehmung des Interviewpartners verzerrt sein können.[48]

Frank Uekötter illustriert dagegen in seiner Studie die Entwicklungen im nordrhein-westfälischen Naturschutz nach 1945 anhand von ausgewählten Fallbeispielen, an denen Erfolge und

45 Alle diese Arbeiten sind unter der Einschaltung der jeweils parteinahen Stiftung entstanden.

46 Leh, *Zwischen Heimatschutz und Umweltbewegung*, S. 31–32.

47 Leh, Almut; Dietz, Hans-Joachim: *Im Dienst der Natur. Biographisches Lese- und Handbuch zur Naturschutzgeschichte in Nordrhein-Westfalen* (1908–1975). Essen 2009.

48 Zur Problematik der *oral history* siehe u.a. Hockerts, Zeitgeschichte, S. 108–110; Schildt, Axel: Zeitgeschichte. In: Goertz, Hans-Jürgen (Hrsg.): *Geschichte. Ein Grundkurs*. Reinbek 1998, S. 318–330, hier S. 326–327.

Misserfolge, Streitfragen und Konsense aufgezeigt werden sollen.[49] Mit seiner Untersuchung zu Heimat- und Naturschutzbewegungen in Thüringen und Westfalen-Lippe zeigt Willi Oberkrome für den westfälisch-lippischen Landesteil die Kontinuitäten insbesondere in Ideologie und Ideenwelt zwischen 1900 und 1960 auf.[50] Auf Grundlage dieser Arbeiten lässt sich ein gutes Bild über Organisation, Themen und Ideenwelt der Naturschutzbewegung in den Regionen, die später das Land NRW bildeten, zwischen der Jahrhundertwende und dem Jahr 1975 zeichnen. Für den Zeitraum danach gibt es bislang keine historischen Abhandlungen. Die Ausnahme ist eine 2003 von der Stiftung Naturschutzgeschichte herausgegebene Aufsatzsammlung, die sich zum Anlass des 25-jährigen Bestehens mit dem nordrhein-westfälischen Landesverband des Bund für Umwelt und Naturschutz Deutschland (BUND) befasst.[51]

Die vorliegende Studie muss daher in der Geschichte des Naturschutzes nach 1980 häufig Neuland betreten. Sie muss das Geschehene aus den Quellen rekonstruieren. Aus der Tatsache, dass der hauptamtliche Naturschutz ab 1975 vollständig in die Verwaltung eingegliedert worden war, ergibt sich der für den Historiker erfreuliche Umstand, dass Verwaltungen häufig einen relativ großen Bestand an Aktenmaterial hinterlassen. Aus diesem Grund basiert diese Untersuchung zum großen Teil aus Überlieferungen der jeweiligen obersten Naturschutzbehörde des Landes NRW, die größtenteils im Landesarchiv Nordrhein-Westfalen (LAV NRW), Abteilung Rheinland in Düsseldorf, vorhanden sind. Diese umfas-

49 Uekötter, Frank: *Naturschutz im Aufbruch. Eine Geschichte des Natur- und Umweltschutzes in Nordrhein-Westfalen 1945–1980*. Frankfurt a.M. 2004 (Geschichte des Natur- und Umweltschutzes, 3).

50 Oberkrome, Willi: *„Deutsche Heimat“. Nationale Konzeption und regionale Praxis von Naturschutz, Landschaftsgestaltung und Kulturpolitik in Westfalen-Lippe und Thüringen (1900–1960)*. Zugl. Freiburg Univ. Habil. 2002, Paderborn 2004 (Forschungen zur Regionalgeschichte, 47).

51 Stiftung Naturschutzgeschichte (Hrsg.): *„Keine Berufsprotestierer und Schornsteinkletterer“. 25 Jahre BUND in Nordrhein-Westfalen*. Essen 2003 (Veröffentlichungen der Stiftung Naturschutzgeschichte, 3).

sen neben Handakten, Briefen, Entwürfen, Protokollen usw. auch größere Sammlungen von Presseartikeln, die einen reichhaltigen Über- und Einblick in die Lokal- und Regionalpresse des Landes bieten. Weitere Akten und Materialien, insbesondere eine große Sammlung sogenannter „grauer Literatur", das heißt Broschüren, Flugblätter etc., sind im Archiv der Stiftung Naturschutzgeschichte in Königswinter zugänglich. Für die Rekonstruktion der politischen Debatte im Land sind, neben den Artikeln und Kommentaren der lokalen, regionalen und überregionalen Presse, die über die Homepage des Landtages recherchierbaren Parlamentsdokumente, Ausschuss- und Plenarprotokolle seit 1946 sowie die Zeitschrift *Landtag intern* wertvolle Quellen. Dies gilt ebenfalls für die Parlamentsdokumente des Deutschen Bundestages.

Einen weitere Fundstelle für die Ereignisse, Debatten und maßgeblichen Personen im nordrhein-westfälischen Naturschutz ist die von den jeweiligen Landesanstalten herausgegebene Zeitschrift *Mitteilungen der LÖLF* (1975–1994) beziehungsweise *Mitteilungen der LÖBF* (1994–2006) und *Natur in NRW* (seit 2007), in der vierteljährig Politiker, Naturschutzverwaltungsbeamte, ehrenamtliche Naturschützer, Wissenschaftler und Andere sich zu aktuellen Themen äußerten. Darüber hinaus veröffentlichten die *Mitteilungen* die Verhandlungen des nordrhein-westfälischen Naturschutztages. Die *Mitteilungen* wurden daher umfassend ausgewertet.

Darüber hinaus wurden in der Entstehungsphase dieser Untersuchung einige Interviews mit Zeitzeugen geführt, hauptsächlich Personen, die im Untersuchungszeitraum für MELF, MURL oder LÖLF/LÖBF tätig waren. Diese Interviews gaben wertvolle Hinweise über Themen und Schwerpunkte der Naturschutzpolitik in Nordrhein-Westfalen, die vielerorts einen Ausgangspunkt für weitergehende Fragestellungen und Recherchen gaben und etwaige Lücken in der Aktenüberlieferung schlossen.

Für den Naturschutz allgemein auf Bundesebene war die vom Bundesamt für Naturschutz und seinen Vorgängereinrichtungen herausgegebene Zeitschrift *Natur und Landschaft* von Bedeutung sowie das vom Bundesverband Beruflicher Naturschutz (BBN)[52] jährlich herausgegebene *Jahrbuch für Naturschutz und Landschaftspflege*, in dem auch die zweijährig abgehaltenen Deutschen Naturschutztage dokumentiert werden. Ebenfalls einen Einblick in die wichtigsten Themen von Naturschutz und Landespflege bietet die Schriftenreihe des Deutschen Rats für Landespflege (DRL) sowie die verschiedenen Zeitschriften der verwandten Fachbereiche, unter anderem *Natur+Recht*, *Landschaft+Stadt* und *Garten+Landschaft*.

Für die Erarbeitung des gesellschaftlich-politischen Rahmens der Bundesrepublik der 1960er, 1970er, 1980er und 1990er Jahre wurde hauptsächlich Sekundärliteratur herangezogen, erweitert durch verschiedene veröffentlichte Dokumentationen von Zeitzeugen, wie zum Beispiel Zeitungsartikel, Monographien und Zeitschriftenaufsätze. Des Weiteren konnte sich diese Studie je nach Themenkomplex auf eine Vielzahl von Publikationen und Materialien stützen, die für das Thema Naturschutz in Nordrhein-Westfalen herangezogen wurden.

1.4 Anmerkungen zu Begrifflichkeiten im Natur- und Umweltschutz

Die Verwendung der Begriffe Natur- und Umweltschutz unterlag einem häufigen Wandel und ist deshalb für den Leser oftmals verwirrend. Auch die verwandten Fachbereiche und Unterkategorien wie Landespflege, Landschaftspflege, Grünordnung, Ökologie oder technischer und biologischer Umweltschutz wurden regelmäßig unter Vermischung von Ober- und Unterkategorien, je nach Absicht des Benutzers, verwendet.

Ursprünglich gliederten sich die Fachrichtungen je nach Objekt der jeweiligen Schutzbemühungen in Naturschutz (Natur-

52 Bzw. Arbeitsgemeinschaft Deutscher Beauftragter für Naturschutz und Landschaftspflege (ABN 1947–1982) und Arbeitsgemeinschaft Beruflicher und ehrenamtlicher Naturschutz (ABN 1982–1996).

denkmalpflege), Landschaftsschutz und Grünordnung (Grünanlagen in der Stadt). Als Oberbegriff wurde jedoch häufig der Begriff „Naturschutz" verwendet. In den 1920er und 1930er Jahren wurde zwischen einem weitgehend auf die Konservierung wertvoller Naturdenkmäler ausgerichteten Naturschutz im engeren Sinne und einem Naturschutz im weiteren Sinne, der die Entwicklung von Natur und Landschaft zum Ziel hatte, unterschieden. Der letztere Teil verband sich mit der Raumplanung zur neuen Ausrichtung der Landespflege. In den 1960er Jahren wurde dieser Begriff wieder aufgenommen, um Naturschutz und Landschaftspflege einen wissenschaftlicheren Klang zu verleihen. Naturschutz, Landschaftspflege und Grünordnung wurden dagegen zu Unterkategorien des Begriffs Landespflege gemacht. Die Ökologie ist dagegen eine wissenschaftliche Fachrichtung der Biologie, die jedoch ebenfalls insbesondere in ihrer Verwendung als Adjektiv häufig als Synonym für Naturschutz verwendet wurde.

Um die Popularität des Begriffs Umweltschutz für sich zu nutzen, der als übersetztes Lehnwort aus dem Englischen um 1970 in den deutschen Sprachgebrauch Eingang fand, verwendeten viele Naturschützer in den 1970er Jahren für ihre Fachrichtung diese Bezeichnung, die sie als „biologischen" oder „ökologischen" Umweltschutz vom „technischen" Umweltschutz abgrenzten. Als Oberbegriff wurde ebenfalls Umweltschutz verwendet. Seit den 1980er Jahren wurden jedoch wieder vermehrt die Begriffe Natur- und Umweltschutz als zwei voneinander getrennte Bereiche benutzt. Der Autor hofft, dass diese kurze Übersicht einen Leitfaden für die Einordnung der verschiedenen verwendeten Bezeichnungen und ihrer Protagonisten zur Verfügung stellen kann.

Dem aufmerksamen Leser wird nicht entgehen, dass in dieser Arbeit bei den meisten Kollektivbezeichnungen das generische Maskulinum verwendet worden ist. Dies geschieht nicht aus Missachtung der Rolle der Frauen im nordrhein-westfälischen Naturschutz, sondern ist leider, neben der Beschränkung auf eine Form aus Gründen des Leseflusses, darauf zurückzuführen, dass, wie Frohn feststellt, „Frauen [...] im amtlichen Naturschutz letztlich aber bis in die 1970er-Jahre gleichsam unter Artenschutz“[53] standen. Für den nordrhein-westfälischen Naturschutz, amtlich wie ehrenamtlich, hat diese Analyse bis auf wenige Ausnahmen insbesondere in den höheren Ebenen auch noch für die 1980er und den Beginn der 1990er Jahre bestand. Daher ist die Verwendung des generischen Maskulinums in Unkenntnis der genauen Zusammensetzung bestimmter Personengruppen meist präziser und faktisch korrekt. Die Rolle(n) von Frauen im westdeutschen Naturschutz ist jedoch einer der Bereiche, die weitere Forschungstätigkeit herausfordert und Anknüpfungspunkte für eine weitergehende Untersuchung bietet.

53 Frohn, Staat macht Naturschutz, S. 269.

2 – Die Etablierung der Landschaftsplanung als zentrales Instrument des nordrhein-westfälischen Naturschutzes

> Wer Planung durchsetzen will, muß daher im klassischen Sinne ‚politisch' handeln und seinen Plan oder sich selbst an die Stellen befördern, an denen die Entscheidungen fallen.[54]

Die CDU-Mitglieder des Ernährungsausschusses des Düsseldorfer Landtages waren empört: Der nordrhein-westfälische Minister für Landwirtschaft, Ernährung und Forsten, Diether Deneke (SPD), plane ein neues „Ermächtigungsgesetz", verfahre in seinem Entwurf eines Landschaftsgesetzes „nach dem Prinzip des Machiavelli" und verfolge „eindeutig sozialistische Tendenzen". Ein neues Landschaftsschutz- und Pflegegesetz müsse zwar unbedingt geschaffen werden. Dies könne jedoch nicht auf Zwang basieren, sondern müsse auf materiellen und immateriellen Anreizen basieren. Selbst die Forderung des sofortigen Rücktritts des verantwortlichen Ministers kam auf, wurde aber in der finalen Stellungnahme gestrichen.[55] Zu diesem Zeitpunkt hatten die

---

54 Lübbe, Hermann: Herrschaft und Planung. Die veränderte Rolle der Zukunft in der Gegenwart. In: Rombach, Heinrich (Hrsg.): *Die Frage nach dem Menschen. Aufriss einer philosophischen Anthropologie. Festschrift für Max Müller zum 60. Geburtstag.* Freiburg i.Br.; München 1966, S. 188–211, hier S. 211.

55 *Aachener Nachrichten*, 7.2 1974, Zitate ebd.

CDU-Ausschussmitglieder bereits den Saal unter Protest verlassen, nachdem der SPD-Landtagsabgeordnete Richard Kasper den Landwirtschaftskammern „Verketzerung des Volkes“ vorgeworfen hatte[56], „ohne Widerspruch von Landwirtschaftsminister Deneke oder seiner Fraktionskollegen“[57].

Seit dem ersten Bekanntwerden der Pläne des Düsseldorfer Ministeriums liefen Opposition und Bauernverbände gegen das neue Gesetz Sturm. Nicht nur ökonomische Belastungen wurden befürchtet, sondern darüber hinaus die „Planwirtschaft auf Feld und Flur“ und die „Enteignung auf kaltem Wege“[58]. Mit diesem Schreckensszenario sollte das staatliche Eingreifen in die Land- und Forstwirtschaft aus ökologischen Gründen insgesamt in Frage gestellt werden. Der christdemokratische Landtagsabgeordnete und Agrarexperte Heinrich Ostrop formulierte dies in der abschließenden Debatte im Plenum folgendermaßen: „[In Havixbeck] haben die Bauern und der Liebe Gott die Landschaft so schön gemacht, das können wir alle zusammen nicht viel besser machen. Da brauchen sie sowas [das Landschaftsgesetz, F.M.] überhaupt nicht.“[59] Im Übrigen solle man ein Landschaftsgesetz schaffen, „nach dessen Verabschiedung sich nicht Bauern und Erholungssuchende die Paragraphen um die Ohren schlagen, sondern auch fürderhin noch guten Tag sagen“[60]. Ebenso polemisch wie bildreich konterten die Regierungsparteien in Person des liberalen Abgeordneten Herbert Neu die anhaltende Kritik der Opposition am neuen Landschaftsgesetz:

> Als der Gesetzesentwurf 1973 vorgelegt wurde, zog die CDU über Land, ließen Sie, Herr Köppler[61], Ihre Löwen, Ihre

56 Landtag Nordrhein-Westfalen, Ausschussprotokoll 7/1364, S. 21–22, Zitat S. 21.

57 *Düsseldorfer Nachrichten*, 6.3 1974.

58 *Süddeutsche Zeitung*, 11.2.1975, Zitate ebd.

59 Landtag Nordrhein-Westfalen, Plenarprotokoll 7/121, S. 5088.

60 Ibid., S. 5086.

61 Heinrich Köppler, 1970–1980 Vorsitzender der CDU-Landtagsfraktion.

> wilden, los, ließen Sie Ihre listigen Füchse aus dem Sauerland auf die freie Bahn und die flinken Hasen zwischen den münsterländischen Wallhecken laufen und schickten sie von Bauernversammlung zu Bauernversammlung, um dieses Gesetz madig zu machen. […] Und was verkünden Ihre Wanderprediger landauf, landab, Ihre Löwen, Ihre wilden? Grundgesetzwidrigkeit, Eigentumsfeindlichkeit, „Sozialismus kommt über den Bauern“![62]

Am Ende war der Widerstand der Opposition vergebens. SPD und FDP verabschiedeten das *Gesetz zur Sicherung des Naturhaushaltes und zur Entwicklung der Landschaft* (Landschaftsgesetz, LG NW), das zum 1. April 1975 in Kraft trat. Die Schärfe der Diskussion um das neue Gesetz, das auch über die Landesgrenzen hinaus Beachtung fand, illustrierte dessen Bedeutung für den nordrhein-westfälischen Naturschutz. Mit ihm wurden nicht nur die organisatorischen und institutionellen Grundlagen geschaffen, die bis heute fortbestehen, sondern darüber hinaus mit dem Landschaftsplan ein zentrales Instrument von Naturschutz und Landschaftspflege eingeführt.

Die gesellschaftlichen, politischen und fachlichen Entwicklungslinien, die schließlich zur Verabschiedung des Landschaftsgesetzes führten, sollen in diesem Teil nachgezeichnet werden. Hier ist von besonderem Interesse, welche politischen Faktoren Planung zum zentralen Baustein der Reform des staatlichen Naturschutzes werden ließen und welche gesamtgesellschaftlichen und naturschutzinternen Trends diese Entwicklung begünstigten und so die Planung auf die politische Agenda setzten. Dieses Kapitel wird daher in einem Dreischritt zunächst die politischen Rahmenbedingungen sowohl in der Bundesrepublik als auch in Nordrhein-Westfalen nachzeichnen, welche ab 1966 einer deutlichen Akzentverschiebung unterlagen, um darauf folgend sowohl

62 Landtag Nordrhein-Westfalen, Plenarprotokoll 7/121, S. 5090.

den gesellschaftlichen als auch den naturschutzinternen Planungs- und Modernisierungsdiskurs zu analysieren.

Die gesellschaftliche Planungs- und Modernisierungsdebatte entstand in den 1960er Jahren und stellte zunehmend den Nachkriegskonsens auf Basis der sozialen Marktwirtschaft in Frage. Planung wurde in dieser Diskussion zunehmend zum Signalwort für wissensbasiertes, rationales und „modernes“ Handeln, mit dem die Aufgaben von Gegenwart und Zukunft angemessen begegnet werden konnte.

Die naturschutzinterne Diskussion entwickelte sich überwiegend aus sich selbst heraus, indem in den 1950er Jahren einige Akteure den mit dem Kriegsende 1945 unterbrochenen Planungs- und Modernisierungsdiskurs wiederaufgriffen und schließlich innerhalb der Naturschutzbewegung und nach außen die Deutungshoheit erlangten. In dieser Auseinandersetzung rezipierten diese Advokaten der Landschaftsplanung den öffentlichen Modernisierungsdiskurs, blieben jedoch in ihrem im Kern demokratiefernen und modernisierungsskeptischen Weltbild verhaftet, sodass die modernen Methoden der Landschaftsplanung im Besonderen zur Abwehr der Auswirkungen der Moderne auf die Natur propagiert wurden.

Mitte der 1960er Jahre hatten sich die Befürworter der Landschaftsplanung innerhalb des Naturschutzes durchgesetzt, begünstigt durch einen Generationenwechsel und die bewusste schrittweise Professionalisierung des Naturschutzes. Dennoch ließ die rechtliche Verankerung der Landschaftsplanung und die organisatorische Neuordnung der Naturschutzbehörden nicht nur in Nordrhein-Westfalen auf sich warten, was sich hauptsächlich auf den geringen Stellenwert des Naturschutzes im öffentlichen Diskurs zurückführen ließ. Erst im Zuge der umweltpolitischen Offensive der sozial-liberalen Bundesregierung ab 1970 kam die Reform von Naturschutz und Landschaftspflege auf die politische Agenda. Eine bundeseinheitliche Regelung scheiterte jedoch schließlich 1973.

Das Scheitern einer Naturschutzgesetzgebung auf Bundesebene brachte das Thema in Nordrhein-Westfalen auf die

Tagesordnung. Hier wurde der grundsätzliche Konsens über die Reformbedürftigkeit des Naturschutzes und die Unterstützung des zuständigen Ministers von den Referenten für Naturschutz und Landschaftspflege genutzt, um einen weitgehenden Gesetzentwurf zu formulieren, der schließlich vom Parlament verabschiedet wurde. Die Landschaftsplanung wurde durch die Bestimmungen des Landschaftsgesetzes zum zentralen Baustein der Naturschutz- und Landschaftspflegepolitik in Nordrhein-Westfalen. Das Land bestritt damit im Vergleich zu den übrigen Flächenbundesländern einen Sonderweg, der den Naturschutz in NRW in den Folgejahren entscheidend prägen sollte. Mit der Einführung der flächendeckenden, verbindlichen Landschaftsplanung war eine Entwicklung in Naturschutz und Landschaftspflege abgeschlossen, die in der Zwischenkriegszeit ihre Anfänge genommen hatte.

2.1 „Planung" im politischen Diskurs der Bundesrepublik

2.1.1 Regierungswechsel in Bonn und Düsseldorf

Im Jahr 1966 änderten sich die politischen Verhältnisse sowohl im Bund als auch in Nordrhein-Westfalen grundlegend. In der Landtagswahl vom 10. Juli 1966 verfehlte die SPD mit 49,5 Prozent der abgegebenen Stimmen nur knapp die absolute Mehrheit und wurde stärkste Partei im Düsseldorfer Landtag. Die Regierungsmehrheit der amtierenden christlich-liberalen Koalition unter Franz Meyers (CDU) verringerte sich auf 101 Sitze im neuen Landtag gegenüber den 99 Mandaten der SPD. Während die Sozialdemokraten mit ihrem Spitzenkandidaten Heinz Kühn das Wahlergebnis als klaren Regierungsbildungsauftrag durch den Wähler interpretierten, verkündete Meyers, trotz Eingeständnis der Niederlage, noch am Wahlabend, sich erneut für das Amt des Ministerpräsidenten zur Wahl zu stellen. Die FDP blieb, auch mit Blick auf die möglichen Auswirkungen auf die Koalition im Bund, zunächst bei ihrer vor der Wahl getätigten Koalitionsaussage zugunsten der CDU. Meyers wurde also in seinem Amt bestätigt, jedoch erst im zweiten

Wahlgang mit dem knappen Ergebnis von 100 zu 99 Stimmen. Ein Abgeordneter der Regierungskoalition hatte ihm die Stimme verweigert und somit die absolute Mehrheit verhindert.[63]

Trotz des Weiterbestehens der christlich-liberalen Koalition hatte der Wahlausgang in Düsseldorf einen erodierenden Effekt auf die Regierung Erhard in Bonn. Innerhalb der CDU wurde die als Katastrophe empfundene Wahlniederlage besonders dem Kanzler angelastet. Dabei ging es zunehmend um die Person Erhards, dem nicht mehr zugetraut wurde, die CDU auf Dauer an der Macht erhalten zu können. Auch in der FDP mehrten sich Bestrebungen, durch Bruch der Koalition aus dem Abwärtssog des großen Partners zu entkommen. Nachdem vordergründig über die Gestaltung des Haushalts keine Einigung erzielt werden konnte, verließen die FDP-Minister Ende Oktober 1966 schließlich die Bundesregierung. Erhards Machtverfall war nun nicht mehr aufzuhalten.[64] Nachdem sich innerhalb der SPD die Befürworter einer Großen Koalition durchgesetzt hatten, wählte der Bundestag mit Stimmen der CDU/CSU und der SPD den baden-württembergischen Ministerpräsidenten Kurt Georg Kiesinger am 1. Dezember zum neuen Bundeskanzler. Diese Entscheidung war insbesondere innerhalb der SPD nicht unumstritten, da vor allem der SPD-Vorsitzende Willy Brandt eher zu einer Koalition mit der FDP tendierte. Letztendlich setzten sich die Stimmen in der SPD durch, welche zunächst als „Juniorpartner" der Unionsparteien Regierungsfähig-

---

63 Bierbach, Wolf: Machtwechsel in Düsseldorf. Der Beginn der zweiten sozialliberalen Koalition 1966. In: *Geschichte im Westen* 2 (1987), S. 59–70, hier S. 59–60; Düding, Dieter: *Parlamentarismus in Nordrhein-Westfalen 1946–1980. Vom Fünfparteien- zum Zweiparteienlandtag.* Düsseldorf 2008 (Handbuch zur Geschichte des deutschen Parlamentarismus), S. 507 und 523–524.

64 Brunn, Gerhard: „Jungtürken" an die Macht. Die sozialliberalen Koalitionen von 1956 und 1966 in Düsseldorf. Vorspiel für die Bundespolitik? In: Ders. (Hrsg.): *Neuland. Nordrhein-Westfalen und seine Anfänge nach 1945/46.* Essen 1986, S. 123–136, hier: S. 130; Hildebrand, Klaus: *Von Erhard zur Großen Koalition, 1963–1969.* Mannheim 1984 (Geschichte der Bundesrepublik Deutschland, 4), S. 222–224.

keit demonstrieren und sich so eine verbesserte Ausgangsposition für das Wahljahr 1969 verschaffen wollten. Auf diese Weise kamen erstmals in der Geschichte der Bundesrepublik die Sozialdemokraten in die Regierungsverantwortung im Bund.[65]

Die Ereignisse in Bonn hatten durchschlagende Auswirkungen auf die Regierung in Düsseldorf. Parallel zu den Verhandlungen zwischen SPD und CDU/CSU in Bonn führte nun auch Kühn, der bereits mit dem Ziel einer Großen Koalition in die Landtagswahlkämpfe 1962 und 1966 gegangen war, Sondierungsgespräche mit den Christdemokraten, die diese Gespräche „heimlich, hinter dem Rücken des Ministerpräsidenten [Meyers]"[66] initiiert hatten. Über die Vorgänge in Bonn war Kühn als Mitglied des SPD-Bundesparteivorstandes und des SPD-Präsidiums bestens informiert und nahm zeitweise selbst an diesen Verhandlungen teil. Jedoch musste er der Stimmung in der Landes-SPD und der Landtagsfraktion Rechnung tragen. Kühn erinnerte sich in seinen Memoiren an die explosive Stimmung, die den Entscheidungsträgern bewusst wurde:

> Je mehr erkennbar wurde, daß die Entwicklung in Bonn auf eine Große Koalition mit Franz Josef Strauß auf der Ministerbank hinführte, desto mehr verstärkte sich der Widerstand gegen eine Große Koalition in Düsseldorf. […] Die Stimmung brodelte vor Erregung und steigerte sich in lauthalse Empörung gegen die, die noch für die Große Koalition waren, nachdem in Bonn die Mathematik die Politik vergewaltigt und Willy Brandt neben Franz Josef Strauß auf die Regierungsbank gezwungen hatte.[67]

65 Düding, *Parlamentarismus*, S. 527; Hildebrand, *Erhard zur Großen Koalition*, S. 252–254

66 Brunn, „Jungtürken", S. 131.

67 Kühn, Heinz: *Aufbau und Bewährung. Die Jahre 1945–1978*, Hamburg 1981, S. 200.

Die Landtagsfraktion stimmte in einer geheimen Probeabstimmung zu 75 Prozent für eine Koalition mit der FDP. Gegen den Fraktionswillen konnte und wollte die Parteiführung nicht agieren und leitete, nachdem die Bundesparteiführung keine Einwände zeigte, Verhandlungen mit den Liberalen ein.[68] Das Geschehen in Bonn und Düsseldorf verlief nun nahezu parallel. Am selben Tag, an dem der Bundestag Kiesinger zum Bundeskanzler wählte, stimmte die SPD-Landtagsfraktion mit 73 zu 21 Stimmen für ein Regierungsbündnis mit der FDP. Gleichzeitig legten die liberalen Minister ihre Ämter in der Regierung Meyers nieder. Am 8. Dezember 1966 wählte der nordrhein-westfälische Landtag durch ein konstruktives Misstrauensvotum Heinz Kühn zum neuen Ministerpräsidenten. Die SPD sollte dieses Amt für fast 39 Jahre bis 2005 besetzen.[69] „Der politische Machtwechsel war, wenn auch mit mehrmonatiger ‚Verspätung', Realität geworden."[70]

Wie war der Erfolg der SPD Mitte der 1960er Jahre zu erklären? Anders als die spätere Bundestagswahl 1969 kann der Machtwechsel in Düsseldorf 1966 nicht mit einer gefühlten politischen oder „geistig-moralischen" Gezeitenwende gedeutet werden. Eher waren es defensive Gründe der Krisenabwehr, welche die Menschen im Juli 1966 bewogen, der SPD mehrheitlich ihre Stimme zu geben. 1966/67 kam es nach Jahren des Aufschwungs zur ersten Rezession in der Geschichte der Bundesrepublik.[71] In Nordrhein-Westfalen trat zusätzlich die sich seit 1965 dramatisch zuspitzende Kohlenkri-

---

68 Düding, *Parlamentarismus*, S. 527 und 528–529; Vogel, Alois: *60 Jahre Landtag Nordrhein-Westfalen. Das Land und seine Abgeordneten.* Düsseldorf 2006 (Schriftenreihe des Landtags Nordrhein-Westfalen, 17), S. 56.

69 Düding, *Parlamentarismus*, S. 532–33.

70 Ibid., S. 534.

71 Frese, Matthias; Paulus, Julia: Geschwindigkeiten und Faktoren des Wandels. Die 1960er Jahre in der Bundesrepublik. In: Frese, Matthias et al. (Hrsg.): *Demokratischer und gesellschaftlicher Aufbruch. Die sechziger Jahre als Wendezeit der Bundesrepublik.* Paderborn 2003 (Forschungen zur Regionalgeschichte, 44), S. 1–23, hier S. 3.

se im Ruhrgebiet hinzu. „Schwarze Fahnen wehten an der Ruhr“[72], „der Stimmungspegel der Ruhrgebietsbevölkerung näherte sich im Wahljahr einem Tiefpunkt“[73], so wurde die vorherrschende Stimmung vor der Landtagswahl in der Presse kommentiert. Darüber hinaus fiel die Entscheidung der Regierungskoalition ins Gewicht, kurz vor der Wahl in zahlreichen Kreisen und Städten die Mietpreisbindung aufzuheben; eine Entscheidung, die von vielen als unsozial empfunden wurde und in Verbindung mit der steigenden Arbeitslosigkeit soziale Abstiegsängste schürte. Zu diesen wirtschaftlichen Krisensymptomen kam der Fehler der CDU, im Wahlkampf auf eine rein personenbezogene Strategie mit schwacher inhaltlicher Ausgestaltung zu setzen. Der Zuschnitt auf den Ministerpräsidenten Meyers wurde von den Antworten verlangenden Wählern abgestraft, welche angesichts der Probleme des Landes auf den Wahlslogan „Meyers macht es“ nicht mehr vertrauten.[74]

Die SPD hatte sich dagegen seit dem Godesberger Programm zunehmend als Partei der Zukunft positioniert.[75] „[Die Gesellschaftsentwürfe der SPD] waren nicht mehr im Utopischen verankert, sondern zielten auf systemimmanente Veränderung.“[76] Besonders in der Bildungspolitik hatte sich die SPD bereits seit 1958 mit einer bildungs- und forschungspolitischen Initiative („Die Zukunft meistern!“) profiliert und stand für eine von vielen für

72 Zitiert nach: Bierbach, Machtwechsel, S. 60.

73 Zitiert nach: Düding, Dieter: *Zwischen Tradition und Innovation. Die sozialdemokratische Landtagsfraktion in Nordrhein-Westfalen 1946–1966*. Bonn 1995 (Politik und Gesellschaftsgeschichte, 37), S. 245.

74 Bierbach, Machtwechsel, S. 60–61; Düding, *Parlamentarismus*, S.507–509.

75 Potthoff, Heinrich; Miller, Susanne: *Kleine Geschichte der SPD 1848–2002*. 8., aktualisierte und erweiterte Auflage, Bonn 2002, S. 220.

76 Metzler, Gabriele: *Konzeptionen politischen Handelns von Adenauer bis Brandt. Politische Planung in der pluralistischen Gesellschaft*. Paderborn 2005, S. 148.

notwendig gehaltene Bildungsreformpolitik.[77] Dementsprechend schnitt sie den Wahlkampf deutlich themenorientiert zu, um ihre Sachkompetenz herauszustellen.[78] Darüber hinaus verzeichnete die SPD zunehmend auch der bei der katholischen Bevölkerung Erfolg. Die Zugewinne in den katholisch geprägten, ländlichen Wahlkreisen zeigten auf, dass zum einen die konfessionelle Bindung bei der Wahlentscheidung an Bedeutung verlor und zum anderen sich das Verhältnis zwischen Kirche und Sozialdemokraten merklich entspannt hatte oder zumindest nicht mehr von Antagonismus geprägt war.[79] Ebenfalls große Gewinne verzeichnete die SPD in den Großstädten, auch außerhalb des Ruhrgebiets. Neben der betont kommunalfreundlichen Politik der Landtagsfraktion drängte sich hier das „demonstrative Bestreben, mittels moderner Raumordnungs- und Strukturpolitik die Lebensbedingungen der großstädtischen Bevölkerung zu verbessern" als Erklärung für den sozialdemokratischen Erfolg auf.[80]

Es wird deutlich, dass neben den klassischen Elementen einer Protestwahl gegen eine Regierung, welche die ökonomischen Probleme des Landes nicht in den Griff zu bekommen schien und die zudem eine unwirksame Wahlkampfstrategie verfolgte, die „Pfunde der modernen Reformpartei [der SPD, F.M.]"[81] eine wichtige Rolle spielten. Was machte eine „moderne Reformpartei" aus? Betrachtet man die Diskussion um „moderne Politik" beziehungsweise „Reform" und „Modernisierung", so fällt auf, dass diese zunehmend in den 1960er Jahren mit dem Begriff der Planung „axiomatisch

77 Düding, *Parlamentarismus*, S. 514; Metzler, *Konzeptionen*, S. 146.

78 Düding, *Tradition und Innovation*, S. 242.

79 Düding, *Parlamentarismus*, S. 513; Schildt, Axel: Materieller Wohlstand – pragmatische Politik – kulturelle Umbrüche. Die 60er Jahre in der Bundesrepublik. In: Ders. et al. (Hrsg.): *Dynamische Zeiten. Die 60er Jahre in beiden deutschen Gesellschaften*. Hamburg 2000 (Hamburger Beiträge zur Sozial- und Zeitgeschichte, 37), S. 21–53, hier S. 45.

80 Düding, *Tradition und Innovation*, S. 249, Zitat ebd.

81 Ibid., S. 242.

verknüpft"[82] wurden. „Denn die einfache Antwort auf die Frage, was unter ‚modernem Regieren' zu verstehen sei, hieß: Planung."[83]

2.1.2 Planungs- und Modernisierungsdiskurse in der Bundesrepublik Deutschland in den 1960er Jahren

„Planung ist der große Zug unserer Zeit. Planung ist ein gegenwärtig ins allgemeine Bewußtsein aufsteigender *Schlüsselbegriff* unserer Zukunft."[84] Diese vielzitierten Sätze Joseph A. Kaisers zeigen auf, wie „Planung" innerhalb kurzer Zeit einer semantischen Wandlung unterlegen war, vom „spröde[n] Sujet"[85] zur Leitvokabel wurde. In den Anfangsjahren der Bundesrepublik noch als Gegenbegriff der freiheitlichen Demokratie und mit der Wirtschaftsordnung der Sozialen Marktwirtschaft unvereinbar angesehen, avancierte der Planungsbegriff zum „Modebegriff"[86] der 1960er Jahre und wurde „komplementär zur Demokratie als Kennzeichen für moderne Politik und vorausschauende, verantwortliche Handlung verstanden".[87]

Die westdeutsche Diskussion um den Planungsbegriff spielte sich dabei auf mehreren Ebenen und in mehreren Phasen

82 Doering-Manteuffel, Anselm: Ordnung jenseits politischer Systeme. Planung im 20. Jahrhundert. Ein Kommentar. In: *Geschichte und Gesellschaft* 34 (2008), S. 398–406, hier S. 405.

83 Metzler, *Konzeptionen*, S. 146.

84 Kaiser, Joseph A.: Vorwort. In: Ders. (Hrsg.): *Planung I. Recht und Politik der Planung in Wirtschaft und Gesellschaft*. Baden-Baden 1965, S. 7–9, hier S. 7, Hervorhebung im Original.

85 Ruck, Michael: Ein kurzer Sommer der konkreten Utopie. Zur westdeutschen Planungsgeschichte der langen 60er Jahre. In: Schildt et al. (Hrsg.), *Dynamische Zeiten*, S. 362–401, hier S. 374.

86 Ellwein, Thomas: *Krisen und Reformen. Die Bundesrepublik seit den sechziger Jahren*. 2. Auflage, München 1993 (dtv Deutsche Geschichte der neuesten Zeit vom 19. Jahrhundert bis zur Gegenwart, 4529), S. 46.

87 Frese/Paulus, Geschwindigkeiten, S. 17, Zitat ebd.

ab. Zunächst diente „Planung" in den 1950er Jahren vor allem als negativ besetztes Schlagwort, mit der sich die Adenauer-Regierung zum einen historisch von der staatsdirigistischen NS-Politik, zum anderen sowohl innenpolitisch vom Sozialismus der SPD Kurt Schumachers als auch insbesondere außenpolitisch von der Planwirtschaft des SED-Staates abzugrenzen suchte. Dennoch existierte durchaus politische Planung in der Bundesrepublik, besonders in Raumordnungs- sowie Bildungs- und Sozialpolitik, wie unter anderem an den Beispielen Bundesjugendplan (1950), Grüner Plan (1955), dem Programm zur Modernisierung der Landwirtschaft, Bundesfernstraßenplan (1957), dem Bund-Länder-Abkommen zur Koordinierung der Raumordnung (1957) oder dem sogenannten „Lücke-Plan" zum Abbau der Wohnungszwangswirtschaft (1960) gesehen werden kann.[88] „Praktisch war die Bundesrepublik kein planerisches Niemandsland mehr"[89], doch geriet der Planungsbegriff besonders im wirtschaftspolitischen Rahmen „in den polarisierenden Sog der Deutungsmuster des Kalten Krieges".[90] Diese deutlich politische Semantik des Begriffs färbte auch auf andere Bereiche ab, in denen Planung seit jeher eine wichtige Rolle spielte. „[Verkehrs-]Planung ist nicht gleichbedeutend mit Planwirtschaft", musste sich etwa einer der zu seiner Zeit bedeutendsten westdeutschen Verkehrsplaner, Kurt Leibbrand, für seine Tätigkeit rechtfertigen.[91]

Erst mit dem Beginn der 1960er Jahre setzte eine semantische Verschiebung des Planungsbegriffs ein.[92] Das Aufleben des

88 Hockerts, Hans Günter: Einführung. Planung als Reformprinzip. In: Frese et al. (Hrsg.), *Aufbruch*, S. 249–257, hier S. 250; Ruck, Kurzer Sommer, S. 374–375.

89 Ruck, Kurzer Sommer, S. 374.

90 Hockerts, Einführung, S. 250, Zitat ebd.

91 Zitiert nach: Hockerts, Einführung, S. 250–251.

92 Altmann, Georg: Planung in der Marktwirtschaft? Zur Neuausrichtung der westdeutschen Wirtschaftspolitik durch das Stabilitätsgesetz von 1967. In: Haupt, Heinz-Gerhard; Requate, Jörg (Hrsg.): *Aufbruch in die Zukunft. Die 1960er Jahre zwischen Planungseuphorie und kulturel-*

Planungsdiskurses in der Folgezeit lässt sich dabei allerdings nicht allein aus der deutschen Perspektive erklären. „Planung gehört bei uns zum Image des politischen Gegners", beklagte sich 1964 Otto Walter Haseloff, wissenschaftlicher Vorstand des Emnid-Instituts, dabei belege der hohe Entwicklungsstand rationaler Planungsmethoden in den USA, Großbritannien und Frankreich auch politisch die Fragwürdigkeit dieser Stigmatisierung.[93] Während insbesondere wirtschaftliche Planung in der Bundesrepublik weiterhin ein „Anathema"[94] blieb, baute die neue Kennedy-Regierung in den Vereinigten Staaten ab 1961 Planungselemente in ihre Wirtschafts- und Finanzpolitik ein. Die starren Frontlinien des Kalten Krieges verloren anhand der durch die Supermächte nach Berlin- und Kubakrise betriebenen Détente-Politik ihren klaren Bezugsrahmen. Auch auf europäischer Ebene flossen im Rahmen der EWG insbesondere französische und auch niederländische Traditionen in den Planungsdiskurs ein und wirkten in der Bundesrepublik als Stimulus der Debatte.[95] Die *Frankfurter Allgemeine Zeitung* sah im sogenannten „Aktionsprogramm für die zweite Stufe" aus Brüssel mit seinen Richtlinien für die europäische Wirtschaftspolitik, welche „unverkennbar den Geist der französischen Planungsdoktrin [atmeten]"[96], einen „[g]efährliche[n] Brückenkopf für neuen Dirigismus"[97], und die *ZEIT* fragte besorgt, ob sich die Gesellschaft

lem Wandel. DDR, ČSSR und Bundesrepublik Deutschland im Vergleich. 1. Auflage, Göttingen 2004, S. 31–42, hier S. 32.

93 Haseloff, Otto Walter: Strategie und Planung. In: Jungk, Robert; Mundt, Hans Josef (Hrsg.): *Der Griff nach der Zukunft. Planen und Freiheit. Neunzehn Beiträge internationaler Wissenschaftler, Schriftsteller und Publizisten.* München; Wien; Basel 1964 (Modelle für eine neue Welt, 1), S. 122–156, hier S. 152–153, Zitat ebd.

94 Ruck, Michael: Westdeutsche Planungsdiskurse und Planungspraxis der 1960er Jahre im internationalen Kontext. In: Haupt/Requate (Hrsg.), *Aufbruch*, S. 289–325, hier S. 289.

95 Ibid., S. 293–296; Hockerts, Einführung, S. 251.

96 Ruck, Kurzer Sommer, S. 371.

97 *Frankfurter Allgemeine Zeitung*, 30.6.1962.

der Bundesrepublik bereits auf dem „Weg in die Knechtschaft“[98] befände. Die traditionellen bundesrepublikanischen Beißreflexe zeigten sich beim Thema Planung als nach wie vor intakt.

Mit der Initialzündung von außen war die Debatte allerdings endgültig eröffnet. Auffallend war jedoch, dass der eigentliche Streitgegenstand, die Planung, größtenteils unbestimmt blieb und auch die Beispiele aus dem Ausland wenig zur inhaltlichen Ausgestaltung herangezogen wurden. „Jeder Versuch, den Begriff der Planung zu bestimmen“, schrieb der Heidelberger Professor für Religionsphilosophie Georg Picht noch 1967, „ist in Gefahr, in jenem nahezu unentwirrbaren Dickicht von semantischen Unklarheiten stecken zu bleiben“.[99] Die List-Gesellschaft, die dem Thema im Juni 1963 ein *Frankfurter Gespräch* unter dem Titel *Planung ohne Planwirtschaft* mit namhaften Teilnehmern[100] widmete, hielt es für angebracht, „den in der öffentlichen Diskussion allgemein für jede planende Wirtschaftspolitik in einer Marktwirtschaft gebrauchten Terminus ‚Planification‘ zu vermeiden“ und das „ressentimentgeladene Wort ‚Planung‘“ zu umgehen.[101] Beispielhaft für die allgemeine Verunsicherung stand der am Ende der Tagung vom ehemaligen Bundesminister für das Postwesen und für Atomfragen und damaligem Vizepräsidenten der Bundesvereinigung der Arbeitgeberverbände, Siegfried Balke, gerichtete „Appell an die

98 *Die ZEIT*, 19.7.1963.

99 Picht, Georg: *Prognose-Utopie-Planung. Die Situation des Menschen in der Zukunft der technischen Welt.* Stuttgart 1967, S. 48.

100 Unter anderem nahmen der Vorsitzende der Europäischen Kommission, Walter Hallstein, Vorstandsmitglieder aller großen deutschen Wirtschaftsunternehmen und namhafte Wissenschaftler teil.

101 Plitzko, Alfred: Vorwort des Herausgebers. In: Ders. (Hrsg.): *Planung ohne Planwirtschaft. Frankfurter Gespräch der List-Gesellschaft 7.-9. Juni 1963.* Tübingen 1964 (Veröffentlichungen der List-Gesellschaft, 34), S. I-VIII, hier S. VII, Zitate ebd.

Wissenschaft", in dem es hieß: „Helfen Sie uns erst einmal dazu, daß wir wissen, wovon wir sprechen!"[102]

Diese Klärung erfolgte jedoch noch nicht. Stattdessen blieben die hervorgerufenen Bilder eher kryptisch und im Utopischen verhaftet. Planung, schrieb der Sozialphilosoph Günther Anders, sei die „Eroberung der Zeit. [...] Planung verwandelt die Zeit in einen von uns verfügbaren *Zeitraum*"[103]. Robert Jungk, Publizist, Journalist und einer der ersten Zukunftsforscher, suchte einen „Neuen Menschen"[104] in der Gestalt des Planers, und Hans Josef Mundt trat den Weg an, „neugierig vom Gestade aus in die terra planifica vordringend, in die Welt von Morgen, deren Fluch und Segen in unserer Hand liegen"[105]. Die Zukunftsbezogenheit war dabei allen Autoren gemein und das entscheidende konstituierende Kriterium, nachdem „moderne" von veralteten Handlungsweisen zu unterscheiden waren.[106] Dabei spielte die inhaltliche Ausgestaltung des Begriffs eine untergeordnete Rolle.

Dagegen standen die oft ebenso unklaren Befürchtungen der Planungsgegner. Diese waren meist totalitarismustheoretisch motiviert und von Ängsten über die Auswirkungen von Planung auf die Demokratie geprägt. Besonders der Begriff des Totalitarismus wurde bei den Planungskritikern benutzt, um dieser Besorgnis Ausdruck zu verleihen. Hierbei spielt die konservative Technikfeindlichkeit, in der sich die Ängste vor der Unterordnung des Einzelnen unter die Masse wiederspiegelten, eine wichtige Rol-

---

102 Balke, Siegfried in einem Redebeitrag in der Generaldiskussion in: Plitzko (Hrsg.), *Planung ohne Planwirtschaft*, S. 264.

103 Anders, Günther: Was ist Planung? In: Jungk/Mundt (Hrsg.): *Griff nach der Zukunft*, S. 47–50, hier S. 47, Hervorhebung im Original.

104 Jungk, Robert: Gesucht: ein neuer Mensch. Skizze zu einem Modell des Planers. In: Ders./Mundt (Hrsg.): *Griff nach der Zukunft*, S. 505–516, hier S. 505.

105 Mundt, Hans Josef: ‚Die besiegte Zeit. Absicht und Methode der neuen Sammlung. In: Jungk/Ders. (Hrsg.): *Griff nach der Zukunft*, S. 37–44, hier S. 44.

106 Metzler, *Konzeptionen*, S. 146.

le.[107] Der Soziologe Helmut Schelsky befand in seiner Analyse der Argumentation der Planungsbefürworter, Planung sei eine „echte Utopie" im Sinne des Wortes und damit in den Bereich gefährlicher Dogmatik anzusiedeln. Nach Ansicht der Planungsbefürworter sei

> [...] offensichtlich eine möglichst totale Herrschaft einer homogenen Gruppe von Entscheidungsträgern und Kommandostellen mit Planungsmentalität und hohem Informationswissen optimal für eine geplante Zukunft der Menschheit. Man wird verstehen, daß mir diese Ideologie der Planung und ihre ideologische Rationalität politisch genauso gefährlich erscheinen, wie es die Ideologien der Irrationalität gewesen sind.[108]

In seiner Diskussion des modernen Planungsbegriffs begann etwa Hermann Lübbe mit der Thematisierung der Warnungen des Soziologen Hans Freyers aus dem Jahr 1933[109], bevor er konstatierte: „Planung [...] ist zwangsläufig mit Herrschaft identisch, deren totalitäre Struktur dem ‚umfassenden' Charakter des Planungsinhalts präzis entspricht."[110]

Die Sorge um die Freiheit trieb die Planungsbefürworter dazu, den Totalitarismusvorwurf abzuwehren und die integrative Kraft der Planung herauszustellen. Der Zusammenhang zwischen Planung und Herrschaft wurde dabei nicht dementiert, sondern umgedeutet. So wurde in einem Doppelschluss nicht nur die Planung zum Garanten der Freiheit, sondern gerade die Absenz von Planung, die bewusste Nichtplanung, zum Zerstörer der Autonomie des Menschen erklärt. So argumentierte Günther Anders:

---

107 Zur konservativen Technikfeindlichkeit siehe Herbert, Liberalisierung, S. 23–28.

108 Schelsky, Helmut: Planung der Zukunft. Die rationale Utopie und die Ideologie der Rationalität. In: *Soziale Welt* 17 (1966), S. 155–172, hier S. 165.

109 Lübbe, Herrschaft und Planung, S. 188.

110 Ibid., S. 207.

> Wer pro-methisch ist, d.h. vorsehend und vorsorgend, dasjenige Haus entwirft und herstellt, das er erst morgen benötigen wird; wer Materialien einsammelt, die ihn erst übermorgen vor dem Hungertode bewahren werden – und es gibt keine menschlichen Aktionen oder Produktionen, denen dieses Planelement abginge – der beweist durch diese Festlegung der Zukunft wahrhaftig nicht, daß er sich unfrei macht, sondern umgekehrt, daß er, im Unterschied zum nicht-planenden Tiere, seinen festen Stand im Raume der übermächtigen Welt sichern, sich also *frei* machen kann: nämlich frei von morgigem Zufall und morgiger Not.[111]

Georg Picht ging noch einen Schritt weiter und leitete aus dem technischen Fortschritt mit seinen neuen Möglichkeiten eine Pflicht des Menschen zur vorausschauenden Planung ab:

> Die technische Welt der Zukunft ist eine produzierte Welt. Mit dieser Zukunft produziert der Mensch sich selbst. Er reproduziert sich nicht nur durch Fortpflanzung, sondern er produziert die Bedingung seiner eigenen Verwandlung. [...] Der Mensch, der über die gesamte Zukunft der von ihm hervorgebrachten Welt verfügt, trägt für diese Zukunft im Ganzen die Verantwortung. Eine solche Verantwortung konnte es in der bisherigen Geschichte nicht geben.[112]

Diese neue Verantwortung könne vom Menschen nur getragen werden, so Picht weiter, wenn er ein „Wissen von der Zukunft" habe. Auch könne der Mensch als Individuum nicht mehr Subjekt dieser Verantwortung sein, sondern müsse die Planung als gesamtgesellschaftlichen Prozess betreiben.[113] Picht übertrug dies auf die staatliche Planung, die vorausschauend für das Gemeinwohl sorge. Hier wurde besonders deutlich, wie das Ansinnen der Pla-

111 Anders, Was ist Planung? S. 48–49, Hervorhebung im Original.

112 Picht, *Prognose-Utopie-Planung*, S. 11–12.

113 Ibid., S. 11–13, Zitat ebd.

nungsbefürworter sich von der Erhardschen Vorstellung von den selbstheilenden Kräften des freien Marktes unterschied. Stattdessen wurde der Schutz der Gesellschaft vor den Partikularinteressen der Wirtschaft durch den Staat gefordert:

> Planung ist immer das Ausüben von Herrschaft. Wenn Freiheit und Vernunft in der technischen Welt nicht negiert werden sollen, muß man fordern, daß Planung nicht zu einem Herrschaftsmonopol von partikulären Interessengruppen führt. Aus dieser Forderung ergab sich schon in der vortechnischen Welt die klassische Begründung für den Staat als den Garanten der Freiheit, der sozialen Gerechtigkeit und des gemeinen Wohles gegenüber dem Eigennutz partikularer Mächte.[114]

Der Totalitarismusvorwurf sei dagegen falsch, da aufgrund der Informationsfülle der „technischen Welt“ die Reichweite einer zentralen, allumfassenden und allmächtigen Planungszentrale eingeschränkt bliebe. Dies habe zur Folge, dass Planung, um handlungsfähig zu sein, pragmatisch und auf das Machbare beschränkt sein müsse. Es ergebe sich,

> daß bei jeder pragmatischen Planung nicht nur die Formulierung gemeinsamer Ziele [...] als Integrator sozialer Gruppen wirkt, sondern daß der Prozeß der Planung selbst nur als Prozeß sozialer Integration möglich ist.[115]

Dies werde vor allem bei der Finanzierung deutlich, die eine Integration politischer und wirtschaftlicher Kräfte notwendig mache.[116] In die gleiche Richtung argumentierte Klaus von Dohnanyi, damaliger geschäftsführender Gesellschafter des Marktforschungsinstituts Infratest und späterer SPD-Bildungsminister im zweiten Kabinett Brandt sowie Erster Bürgermeister Hamburgs:

---

114 Ibid., S. 56.

115 Ibid., S. 55.

116 Ibid., S. 55–56.

> Nur wenn die Notwendigkeit der Planung politisch verständlich und überzeugend begründet werden kann, werden wir ausreichend Kräfte für langfristige Ziele einsetzen können. Der Wähler bleibt der unerläßliche Verbündete.[117]

Ähnlich sah dies Ernst Friedrich Schumacher. „Staatliche Planung", so der deutsch-britische Ökonom, „reicht nur so weit wie die staatliche Macht, und totale Planung wäre nur möglich bei totaler Macht"[118]. Und auch Lübbe kam am Ende seiner Ausführungen zu dem Schluss: „Die pragmatische Planung ist vom Zwang zur Totalität entlastet."[119]

Für Schelsky war diese Argumentation ein „einzigartiger intellektueller Eiertanz"[120] zur demokratischen Legitimierung der beabsichtigten Machtfülle der Planer. Doch zeigten seine Ausführungen, dass die „mittlerweile geschrumpfte Schar der totalitarismustheoretisch inspirierten Modernisierungsskeptiker"[121] in der öffentlichen Diskussion deutlich in der Defensive war, erkennbar auch an Schelskys kritischen Ausführungen über den von den Planungsbefürwortern verwendeten Diskussionsstil:

> Auf der einen Seite wird der planungsunwillige Gegner charakterisiert als irrational denkender Menschentyp, der an religiöse Schicksalsvorstellungen gebunden ist und an transzendente Mächte glaubt, der politisch autoritär und traditionalistisch konservativ denkt und für „regressive Dogmen"

117 Dohnanyi, Klaus von: Grundlagen des Wählerverständnisses für Planungsaufgaben. In: Jungk/Mundt (Hrsg.): *Griff nach der Zukunft*, S. 497–504, hier S. 497.

118 Schumacher, Ernst Friedrich: Betrachtungen zur Wirtschaftslenkung in Großbritannien. In: Plitzko (Hrsg.), *Planung ohne Planwirtschaft*, S. 22–29, hier S. 26.

119 Lübbe, Herrschaft und Planung, S. 207.

120 Schelsky, Planung der Zukunft, S. 165.

121 Ruck, Michael: Planung als Utopie. Gesellschaftsutopien der 68er und gesellschaftliche Planungseuphorie in den sechziger Jahren. In: *Vorgänge* 47.1 (2008), S. 13–23, hier S. 17.

> eintritt, daher auch den einsam, „instinktiv“ und intuitiv entscheidenden Machthaber unterstützt, ihm wird Mangel an Realitätssinn mit allen politischen Lastern – Opportunismus, Immobilismus, Konformismus, Dezisionismus, glückspielerhafte Verantwortungslosigkeit usw. – bescheinigt. Da so viel Borniertheit schwer zu glauben ist, wird das älteste und naivste Aufklärungselement wieder eingeführt, die Volksverdummung aus Machtgründen, der Priesterbetrug, nur daß sie heute als „unverhüllte Strategie“ der Planungsgegner bezeichnet werden. Auf der anderen Seite steht nun in durchgängiger Schwarz-Weiß-Malerei der rationale, weitsichtige, realitätsnahe, verantwortungsvolle, ideologiefreie Vertreter des Planungsdenkens.[122]

Die liberalen und konservativen Abwehrpositionen gegen die Planungskonzeptionen der „autoritären Hochmoderne“ erschienen jedoch zunehmend als nicht mehr zeitgemäß, auch aufgrund der freiheitlichen Rhetorik der Planungsbefürworter.[123] Die Gegenbewegung zur Planungseuphorie flüchtete sich stattdessen zivilisations- und fortschrittskritisch in düstere bis apokalyptische Zukunftsvisionen. Besonders die Unnatürlichkeit des modernen Lebens wurde in den Mittelpunkt der Kritik gestellt. Stress und Lärm machten den „modernen Menschen“ krank. Statt Zukunftsvision sei eine Rückbesinnung auf alte Werte vonnöten.[124]

---

122 Schelsky, Planung der Zukunft, S. 162–163.

123 Metzler, *Konzeptionen*, S. 357–358.

124 Beispielgebend für die Katastrophenliteratur besonders der 1950er Jahre seien hier genannt: Bodamer, Joachim; *Gesundheit und technische Welt.* Stuttgart 1955; Hass, Ernst: *Des Menschen Thron wankt. Eine naturwissenschaftliche Kritik des modernen Lebens.* München 1955; Hornsmann, Erich: *...sonst Untergang. Die Antwort der Erde auf die Missachtung ihrer* Gesetze. Rheinhausen 1951; mutmaßlich mit dem größten Einfluss: Schwab, Günther: *Der Tanz mit dem Teufel. Ein abenteuerliches Interview.* Hannover 1958, ein fiktives Interview mit dem Teufel über

Für die Mehrheit schuf jedoch die erstmalig in der Nachkriegszeit einsetzende wirtschaftliche Rezession Mitte der 1960er Jahre zunehmend „wirtschaftliche Notwendigkeiten", die nach „aktiver Politik" und „umfassender politischer Gestaltung"[125] und somit nach der Ausrichtung auf die Zukunft verlangten. Angesichts „wildwüchsiger wirtschaftlicher Prozesse" müsse „der Staat in stärkerem Maße die Regie übernehmen".[126] Eine „neue Odyssee" habe begonnen, notierte Haseloff. Man müsse nun entscheiden, „ob wir sie erneut als Passagiere erleiden oder ob wir Lotsen und Steuerleute sein wollen"[127]. Ludwig Erhard warnte hingegen vor einer „nationalökonomischen Modeerscheinung"[128] und empfand die gegenwärtige „Hinneigung zu planwirtschaftlichen Ideen" nach den Erfolgen der Sozialen Marktwirtschaft „fast etwas gespenstisch".[129] Doch dies konnte nicht verhindern, dass die Regierungen Adenauer und Erhard zunehmend als „unmodern" und die Bundesrepublik vor allem gegenüber den anglo-amerikanischen Modellen als rückständig angesehen wurden. „‚Keine Experimente' zu machen", kommentierte Robert Jungk in Anlehnung an einen Wahlkampfslogan Adenauers, „ist vielleicht das gefährlichste aller Experimente. […] Die Zeiten, da die ‚Angelegenheiten von selbst wieder in Ordnung kamen', sind endgültig vorbei."[130] Die gefühlte

---

seinen Plan zur Zerstörung der Erde mit den vermeintlichen Segen der Moderne.

125 Ellwein, *Krisen und Reformen*, S. 47, Zitate ebd.

126 Lauschke, Karl: Von der Krisenbewältigung zur Planungseuphorie. Regionale Strukturpolitik und Landesplanung in Nordrhein-Westfalen. In: Frese et al. (Hrsg.): *Aufbruch*, S. 451–471, hier: S. 452, Zitate ebd.

127 Haseloff, Strategie und Planung, S. 156.

128 Zitiert nach: Ruck, Kurzer Sommer, S. 373.

129 *Handelsblatt*, 21.12.1962, Zitate ebd.

130 Jungk, Robert: Modelle für eine neue Welt. In: Ders./Mundt (Hrsg.): *Griff nach der Zukunft*, S. 23–36, hier S. 34.

politische Stagnation in der „lange[n] Agonie der Ära Adenauer“[131] und ihre vermeintlichen, vor allem psychologischen Auswirkungen beschrieb Klaus von Dohnanyi in den Worten:

> Ein Land, das seine Vergangenheit verlor, ohne die brachliegenden Kräfte eines natürlichen Geschichtsbewußtseins energisch der Zukunft zuzuwenden, muß in seinen ungeduldigeren Bürgern ein lähmendes Gefühl geistloser, gewissermaßen auf die Einnahme der täglichen Mahlzeiten beschränkter Mittelmäßigkeit hervorrufen.[132]

Das neue Schlagwort Planung schien dagegen einen Weg aus dem Gefühl solcher „Mittelmäßigkeit“ zu weisen. Der Planungsbegriff beinhaltete dabei Aufbruchsstimmung, Zukunftsgewissheit und Krisenbewusstheit gleichermaßen, und lieferte multiple Anknüpfungspunkte für unterschiedliche Ideen und Motivationen, auch weil es „zu einem einheitlichen Planungsbegriff oder gar zu einer in sich geschlossenen Planungstheorie [...] zu keiner Zeit gekommen [ist]“.[133] Darüber hinaus wurde der Widerspruch zwischen Rationalität und Utopie der Planung zunehmend durch die Betonung des pragmatischen und begrenzten zukunftsbezogenen Handlungsschemas von Analyse, Prognose, Planung und Umsetzung aufgelöst.[134] Somit verband sich der Planungsdiskurs mit der Modernisierungsdebatte der 1960er Jahre über die Frage, wie zeitgemäßes, eben „modernes“ Regieren auszusehen habe und wie dies zu erreichen sei. In dieser Debatte um Modernisierung und Planung verschmolzen Rationalitäts- und Konvergenzdiskurse zu einer scheinbar einfachen Formel. „Moderne Politik“ müsse auf wissenschaftlichen Erkenntnissen beruhen. Planung sei dabei, in

131 Metzler, *Konzeptionen*, S. 261; die Ära Adenauer schließt hier die Kanzlerschaft Erhards mit ein.

132 Dohnanyi, Grundlagen, S. 498.

133 Metzler, *Konzeptionen*, S. 293, Zitat ebd.

134 Ibid., S. 144–145.

den Worten Kaisers, „der systematische Entwurf einer rationalen Ordnung auf der Grundlage allen verfügbaren Wissens“[135].

Konnte es daher verwundern, dass politische Planung in diesem Zusammenhang zum Schlagwort wurde? „Wissen als Ressource für Politik, für politisches Denken [und] Handeln“[136] stellte eine vordergründig utopie- und ideologiefreie und vor allem den komplexen Aufgaben von Gegenwart und Zukunft angemessene Handlungsgrundlage dar. Planung war gewissermaßen „Signalvokabel“ für eine „vermeintlich sachgerechte, der politischen Willkür entzogenen Politik“, die der „gewachsenen Komplexität der Entscheidungsstrukturen“ gerecht werde,[137] ein „Konstitutivum für die Kontrolle und Beherrschung von Politik“.[138] Nur so schien die Zukunft beherrschbar zu sein. „Die Politik wird ihre Aufgaben ohne Planung [...] nicht erfüllen können“[139], urteilte beispielsweise der SPD-Bildungspolitiker Ulrich Lohmar im Jahr 1965 in seiner Prognose zu *Deutschland 1975*.

Auf dieser Grundlage hielt der planerische Zeitgeist zunehmend Einzug in die Bundesrepublik. Den ersten Planungsstab in einem Bonner Ministerium gab es 1963 im Auswärtigen Amt. Ebenfalls dort wurde mit der Stiftung Wissenschaft und Politik ein erster außenpolitischer *think tank* eingerichtet.[140] Die Diskussion um die Raumordnungs- und Strukturpolitik wurde vorerst mit dem Bundesraumordnungsgesetz (1965) zum Abschluss gebracht. Den endgültigen Durchbruch in der öffentlichen Meinung außerhalb der Expertenzirkel erzielte das Planungswesen allerdings mit der

---

135 Kaiser, Vorwort, S. 7.

136 Metzler, *Konzeptionen*, S. 150.

137 Laak, Planung, S. 317, Zitate ebd.

138 Doering-Manteuffel, Ordnung, S. 403, Zitat ebd.

139 Lohmar, Ulrich: Politik und Planung. In: Ders. (Hrsg.): *Deutschland 1975. Analysen-Prognosen-Perspektiven.* München 1965 (Gesprächskreis Wissenschaft und Politik der Friedrich-Ebert-Stiftung), S. 232–241, hier: S. 235.

140 Metzler, *Konzeptionen*, S. 292.

keynesianisch geprägten Globalsteuerungspolitik des Bundeswirtschaftsministers Karl Schiller (SPD), welcher die Überwindung der Rezession 1966/67 zugeschrieben wurde. Die enge Zusammenarbeit mit Finanzminister Franz Josef Strauß (CSU) ließ beide Politiker als „Plisch und Plum" zu den beliebtesten Mitgliedern der Großen Koalition werden.[141] Spätestens zu diesem Zeitpunkt hatte Planung das „Flair des Fortschrittlichen"[142] inne.

2.1.3 Politische Planung in Nordrhein-Westfalen 1966–1970

Auch in Nordrhein-Westfalen erreichte das Planungsdenken nach dem Regierungswechsel 1966 seinen ersten Höhepunkt. Jedoch waren bereits unter Meyers seit den frühen 1960er Jahren Bestrebungen zu verzeichnen gewesen, die Regierungspolitik und Ressortkoordination neu aufzustellen. Besonders in Energie- sowie Struktur- und Raumpolitik schienen die alten Methoden der Marktwirtschaft nach der Kohlenkrise von 1958 nicht mehr praktikabel zu sein. Damit ergab sich gerade in Nordrhein-Westfalen ein besonderer Handlungsdruck.[143] Allerdings war der mit „wenig Elan" betriebenen Struktur- und Landesplanung unter Meyers nur wenig Erfolg beschieden.[144] Die Erarbeitung der „Ruhrgebiets-Denkschrift", in der Lösungsvorschläge für die Krise der Region vorgestellt werden sollten, dauerte drei Jahre. Zudem waren die Ideen für Raum- und Strukturplanung von einer grundsätzlichen ideologischen Großstadtfeindlichkeit geprägt,

---

141 Altmann, Planung in der Marktwirtschaft, S. 34–35; Ruck, Kurzer Sommer, S. 386.

142 Ruck, Planung als Utopie, S. 19.

143 Pilger, Andreas: Die Entdeckung der politischen Planung in Nordrhein-Westfalen. Entwicklung und Erprobung neuer Sichtweisen und Steuerungskonzepte durch die nordrhein-westfälische Landesregierung in den 60er Jahren. In: *Geschichte im Westen* 21 (2006), S. 63–79, hier S. 64–65.

144 Ibid., S. 66–68, Zitat S. 66.

welche hauptsächlich auf „Entballung" des Ruhrgebiets setzte und die Förderung strukturschwacher ländlicher Regionen vorsah.[145] Die Bergbaukrise wurde eher als Chance begriffen, die durch die Industrialisierung hervorgerufenen wirtschaftlichen und sozialen historischen Fehlentwicklungen zu korrigieren[146] – eine Strategie, die bei vielen Bergbaubeschäftigten und Bewohnern des Ruhrgebiets wenig Anklang fand.

Die Meyers-Regierung konnte nicht verhindern, dass die sich als „Reformelite"[147] stilisierende Opposition ihr bei der Beschäftigung mit diesem Thema „den Rang ab[lief]".[148] Die im Herbst 1966 schließlich anvisierte Umstrukturierung der Staatskanzlei zu einem Koordinierungsinstrument der Regierungstätigkeit kam zu spät. Unter der Regierung Kühn wurde die Staatskanzlei von Staatssekretär Friedrich Halstenberg, zuvor Direktor des Siedlungsverbands Ruhrkohlenbezirk (SVR), schließlich zum Ressortkoordinationsinstrument und zur zentralen Planungsstelle ausgebaut. Kühn wollte die Staatskanzlei zu einer Institution ausbauen, „die den Regierungschef wirklich in die Lage versetzt, zu regieren"[149]. Halstenberg entwickelte sich in der Folgezeit zum „regierenden Staatssekretär"[150]. Im Januar 1967 wurden Landesplanung und

145 NONN, Christoph: *Die Ruhrbergbaukrise. Entindustrialisierung und Politik 1958–1959.* Göttingen 2001 (Kritische Studien zur Geschichtswissenschaft, 149), S. 229, „Entballung" war eine wörtliche Forderung des CDU-Parteitags in Köln im April 1961, zitiert nach ebd., S. 229.

146 LAUSCHKE, Krisenbewältigung zur Planungseuphorie, S. 454–455.

147 DÜDING, Dieter: *Heinz Kühn 1912–1992. Eine politische Biographie.* Essen 2002 (Düsseldorfer Schriften zur Neueren Landesgeschichte und zur Geschichte Nordrhein-Westfalens, 61), S. 213.

148 DÜDING, *Parlamentarismus*, S. 498, Zitat ebd.

149 Kühn, zitiert nach: DÜDING, *Heinz Kühn*, S. 216.

150 Kühn benutzt diesen Ausdruck in seinen Memoiren, siehe KÜHN, Aufbau und Bewahrung, S. 216. Düding schreibt die Verwendung dieses Begriffes – „halb bewundernd, halb monierend" – Innenminister Willi Weyer (FDP) zu, siehe DÜDING, *Heinz Kühn*, S. 215.

Strukturpolitik vom Bau- beziehungsweise Wirtschaftsministerium zur Staatskanzlei ressortiert.[151] Dennoch ist Kühns spätere Aussage, die Staatskanzlei sei vor seinem Amtsantritt ein „reines Justitiariat"[152] gewesen, als nachträgliche Legendenbildung zu betrachten, da vieles in Ansätzen bereits die Vorgängerregierung strukturell in die Wege geleitet hatte.[153]

Was sich vor allem änderte, war die Geschwindigkeit, mit denen die Aufgaben nun angegangen und vor allem, wie die Ergebnisse präsentiert wurden. Aufgrund der drängenden Probleme beschränkte man den „mittelfristige[n] Plan zur Verwirklichung der wesentlichen Zielvorstellungen der Landesregierung" zunächst auf das Ruhrgebiet, konnte jedoch bereits innerhalb eines halben Jahres das erste Konzept zu diesem Entwicklungsprogramm vorstellen. Dabei wurde ausgehend von den oft schon fest im Haushalt verankerten Vorarbeiten der Vorgängerregierung ein pragmatisch ausgerichteter Maßnahmenkatalog abgearbeitet.[154]

Im Frühjahr 1968 begannen die Arbeiten, das Entwicklungsprogramm Ruhr auf das ganze Land auszudehnen. Das im März 1970 schließlich vorgestellte *Nordrhein-Westfalen-Programm 1975* (NWP75) kündigte die Vorhaben der Regierung für die nächste Legislaturperiode an. Wie Ministerpräsident Kühn im Vorwort des Programms darlegte, war das gesamte Programm pragmatisch auf Machbarkeit und Durchsetzbarkeit ausgelegt und sollte gleichermaßen der Zukunft den Weg weisen:

> Die Verantwortung einer Regierung erlaubt ihr nicht, in ihren Programmen eine utopische Fata Morgana der Wünsche an den Horizont der Entwicklung zu malen. Sie muß eine realistische Planung des Notwendigen und Möglichen zur Grundlage ihres Handelns machen. Wir werden in den siebziger Jahren kein Utopia verwirklichen, aber wir werden

151 Pilger, Entdeckung, S. 70–71.

152 Kühn, zitiert nach: Düding, *Parlamentarismus*, S. 535.

153 Ibid.; Pilger, Entdeckung, S. 70.

154 Pilger, Entdeckung, S. 71–72 und 74.

> die Fundamente zu legen haben, von denen die neuen Dimensionen der Gesellschaft im Jahr 2000 gewonnen werden können.[155]

Neu war vor allem, dass die Landesregierung genaue Angaben zur Finanzierung des Maßnahmenkataloges veröffentlichte, und zwar detailliert für jeden einzelnen Posten. Nach dem bekannten Schema Analyse, Prognose, Planung wurden langfristige Ziele zu jedem Politik- und Verwaltungsbereich vorgestellt, die bis 1975 durchzuführenden Maßnahmen benannt und eine Kostenprognose erstellt. Insgesamt umfasste das Programm Ausgaben von 31 Milliarden DM oder etwa 30 Prozent der gesamten Ausgaben des Landes für diesen Zeitraum[156] – eine Summe enormen Ausmaßes für einen aufgrund vieler fester Ausgaben unflexiblen Landeshaushalt mit wenig frei verfügbarer Masse. Im Mittelpunkt des Programms stand vor allem nach Vorbild des Ruhrentwicklungsplans die Standortförderung.[157] Der maßgebliche Architekt des Programms, Friedrich Halstenberg, benannte als Ziel des NWP75, „durch ausgewogene Steuerung aller Entwicklungsfaktoren von Staat und Gesellschaft das wirtschaftliche, soziale und kulturelle Wachstum in optimalem Gleichgewicht zu fördern“[158].

Das zweite große Planungsprojekt der Regierung Kühn neben dem NWP75 war die kommunale Gebietsreform, die ab 1968 durchgeführt wurde und 1974 weitestgehend abgeschlossen war. Umfang und Ergebnis dieser Gemeindereform waren enorm, auch wenn vielerorts noch weitergehende Vorhaben nicht in die Tat umgesetzt wurden: Die Anzahl der kreisangehörigen Städte,

---

155 Kühn, Heinz: Vorwort. In: Landesregierung Nordrhein-Westfalen (Hrsg.): *Nordrhein-Westfalen-Programm 1975*. Düsseldorf 1970, ohne Seitenzahl.

156 *NWP75*, S. 159.

157 Halstenberg, Friedrich: Ein Land plant seine Zukunft. In: Schmacke, Ernst (Hrsg.): *Nordrhein-Westfalen auf dem Weg in das Jahr 2000. Sechzehn Prognosen*. 2. Auflage, Düsseldorf 1970, S. 24–42, hier S. 37–40.

158 Ibid., S. 25.

Gemeinden und Ämter reduzierte sich von 2 324 auf 396 Großgemeinden und kreisangehörige Städte, und aus 57 Landkreisen und 38 kreisfreien Städten wurden 31 Kreise und 23 kreisfreie Städte.[159] Auch diese Reform war bereits von der Regierung Meyers im Oktober 1965 eingeleitet und von der neuen Landesregierung weitergeführt worden.[160]

Ohne die Ergebnisse der westdeutschen Planungen ab Ende der 1960er Jahre vorweg nehmen zu wollen stellt sich dennoch unvermeidlich die Frage, wie viel Substanz der Planungsbegriff und die Diskussion um ihn schließlich inne hatte. In den vorangegangenen Darlegungen ist deutlich geworden, wie polemisch die Debatte teilweise geführt wurde, ohne dass eine Seite Begriff und Inhalt von „Planung" konkretisierte. Wichtig ist festzuhalten, dass vor allem die SPD zunehmend den Planungsbegriff besetzte, als dieser aufgrund der kurzen Rezession 1966/67 in der öffentlichen Meinung in den Fokus rückte. Die CDU/CSU schaffte es am Ende der Ära Adenauer nicht, das Image des Unmodernen abzustreifen, trotz verschiedener Versuche, sich auf die Situation einzustellen.[161] Dabei war der „qualitative Sprung von Erhards ‚Überredungsdirigismus' zu Schillers Globalsteuerung [...] gar nicht so groß"[162]. In Nordrhein-Westfalen übernahm die sozial-liberale Landesregierung viele bereits vorhandene Planungselemente der Vorgängerregierung, konnte sie jedoch im Gegensatz zu dieser entscheidend zum Kernelement ihres Images machen. Planung suggerierte vor allem Handlungsfähigkeit, Orientierung auf die Zukunft, Modernität und Rationalität. Diese Außenwirkung war häufig die zentrale Motivation. Planung war „auch und vor allem als Erklärung für die

159 Gärtner, Wolfgang: Der Landtag NRW und die kommunale Neugliederung in den sechziger und siebziger Jahren des 20. Jahrhunderts. In: Anonym (Hrsg.): *Der Kraftakt. Kommunale Gebietsreform in Nordrhein-Westfalen.* Düsseldorf 2005 (Schriften des Landtags NRW, 16), S. 15–53, hier S. 16 und 47.

160 Gärtner, Kommunale Neugliederung, S. 21–22.

161 Schildt, Materieller Wohlstand, S. 45.

162 Ruck, Planung als Utopie, S. 19.

politische Öffentlichkeit zu nutzen. Nicht die Planung und Kontrollierbarkeit von Maßnahmen standen dabei im Vordergrund, sondern die Vermarktung von Politik, die symbolische Politik".[163]

Dem Planungsdiskurs und den Planungsvorhaben sowohl in Nordrhein-Westfalen als auch in der Bundesrepublik war gemein, dass es selten oder nur am Rande um Umwelt- oder Naturschutzprobleme ging. Zum Beispiel tauchten im *Nordrhein-Westfalen-Programm* Umweltprobleme nur im Kontext ökonomischer Nachteile auf.[164] Dennoch zeigten sich auch in den Diskussionen der 1960er Jahre bereits Gedanken, die später für die Argumentation im Naturschutz und in der Nachhaltigkeitsdebatte eine wichtige Rolle spielten. Hermann Lübbe nahm 1966 die spätere Debatte vorweg, als er die pragmatische Ausrichtung von Planung in den Kontext des Nachhaltigkeitsgedanken setzte: „Was enthusiastisch ‚Griff nach der Zukunft' heißt, erweist sich zumindest als Praxis prospektiver Selbsterhaltung, als langfristig kalkulierende Sicherung von Lebensbedingungen."[165]

Noch deutlicher drückte dies bereits 1963 Ernst Friedrich Schumacher in seinem Vortrag vor der List-Gesellschaft aus:

> Ich glaube, daß sich heute die Erkenntnis immer mehr durchsetzt, daß auch die Vorbedingungen menschlicher Existenz – das heißt Luft, Wasser, Boden und Energie – sorglich und systematisch gepflegt und geschont werden müssen; daß sie nicht einfach „Produktionsfaktoren" darstellen, deren Nutzung man unbekümmert durch irgendwelche Marktgesetze überlassen kann. Sowohl Luft wie Wasser werden in der hochentwickelten Industriegesellschaft zunehmend schutzbedürftig; und was bedeutet ‚schutzbedürftig' anderes als ‚planungsbedürftig'? Eine solche Planung aus ideologischen Gründen abzulehnen, wäre ebenso absurd, wie die Ablehnung von jeder Art von öffentlicher Gesundheitspflege,

163 Pilger, Entdeckung, S. 73, Zitat ebd.

164 Vgl. hierzu Hünemörder, *Frühgeschichte*, S. 301.

165 Lübbe, Herrschaft und Planung, S. 208.

> Förderung der Künste und Wissenschaften, Rechtsprechung usw.[166]

In diesem Kontext und vor dem Hintergrund der allgemeinen Planungskontroverse in der Bundesrepublik in den 1960er Jahren konnte es nicht verwundern, dass auch im deutschen Naturschutz der Planungsbegriff zunehmend in den Mittelpunkt der Debatte rückte.

2.2 Planungs- und Modernisierungsdiskurse im westdeutschen Naturschutz

Das Thema Planung wurde auf dem Deutschen Naturschutztag 1959 in Bayreuth vom Vorsitzenden der Bundesanstalt für Naturschutz und Landschaftspflege (BANL), Gert Kragh, auf die Agenda gesetzt. Das zentrale Thema der Veranstaltung, *Ordnung der Landschaft, Ordnung des Raumes*, verursachte bei vielen Teilnehmern „etwas Verwunderung", wie Kragh während der Themeneinführung bemerkte.[167]

Den außenstehenden Betrachter konnte die Themenauswahl durchaus überraschen. Kragh begründete sie mit dem Bedarf, „eingehender darüber [zu] beraten, auf welche Weise wir unsere Ziele im Naturschutz und in der Landschaftspflege wirksamer als bisher durchsetzen können."[168] Ihm zufolge hatten zwei Problemstellungen das Thema auf die Tagesordnung gebracht:

> 1. Die ständige Klage, daß wir zwar durch das RNG [Reichsnaturschutzgesetz, F.M.] und andere Gesetze

166 Schumacher, Betrachtungen, S. 25.

167 Kragh, Gert: Einführung. In: Ders. (Hrsg.): *Ordnung der Landschaft, Ordnung des Raumes. Bericht über den Deutschen Naturschutztag 1959.* Bonn-Bad Godesberg 1959 (Verhandlungen Deutscher Beauftragter für Naturschutz und Landschaftspflege), S. 31–33, hier S. 31, Zitat ebd.

168 Ibid.

sehr gute rechtliche Möglichkeiten für die Durchsetzung der Ziele des Naturschutzes und der Landschaftspflege haben [...] daß aber die gesetzlichen Bestimmungen nicht eingehalten werden;

2. [...] daß gegenwärtige und künftig zu erwartende Wandlungen im Landschaftsgefüge, in der Wirtschaftsstruktur usw., hervorgerufen durch soziale, wirtschaftliche und technische Maßnahmen zu einem entsprechenden Reagieren seitens des Naturschutzes und der Landschaftspflege Anlaß geben müssen.[169]

Sowohl Mängel im Vollzug der bestehenden Regelungen als auch erfahrene oder erwartete Veränderungen der Rahmenbedingungen für Naturschutz und Landschaftspflege bildeten die Motivationsgrundlage für die angestrebte Modernisierung des westdeutschen Naturschutzes.

2.2.1 Staatlicher Naturschutz und Landschaftsplanung 1906–1959

Neu war die Idee der Integration von Naturschutz und Landschaftspflege in die Raumordnung im deutschen Naturschutz nicht. Die Anfänge des staatlichen Naturschutzes in Deutschland waren allerdings vor allem von einem musealen-konservatorischen Aufgabenverständnis dominiert. Dabei ging es vor allem darum, einzelne besondere Naturdenkmäler unter Schutz zu stellen. Dieser Ansatz baute auf den Vorstellungen der frühen Naturschützer der zweiten Hälfte des 19. Jahrhunderts auf, die sich aus einem distinguierten Naturgenuss in Abgrenzung zur ungebildeten Masse und dem materialistischen Bürgertum speisten.[170]

169 Ibid.

170 Frohn, Hans-Werner: Das Stiefkind der Bewegung. Sozialpolitischer Naturschutz und die Bemühungen um Erholungsvorsorge 1880 bis 1969. In: Ders. et al. (Hrsg.): *„Wenn sich alle in der Natur erholen, wo erholt sich dann die Natur?“ Naturschutz, Freizeitnutzung, Erholungs-*

Als dezidiert wissenschaftlicher Ansatz verstand sich der sogenannte Naturschutz *im engeren Sinne*, nach seinem Hauptvertreter Hugo Conwentz, dem Leiter der Preußischen Staatlichen Stelle für Naturdenkmalpflege von 1906 bis 1922, der ersten Stelle für Naturschutz in Deutschland, oft auch ironisch als sogenannter „conwentzioneller“ Naturschutz bezeichnet. Mit Einrichtung der Staatlichen Stelle erkannte der preußische Staat jedoch erstmals den Naturschutz als Angelegenheit des öffentlichen Interesses an. Conwentz sah darüber hinaus die Möglichkeit, Interessen des Naturschutzes und der Wirtschaft miteinander abzuwägen und so den Naturschutz in den politischen Prozess einzugliedern. Die hierfür benötigte rechtliche und personelle Grundlage war im politischen Umfeld des Kaiserreichs jedoch nicht vorhanden.[171]

---

vorsorge und Sport – gestern, heute, morgen. Tagungsband zum gleichnamigen Symposium veranstaltet von der Stiftung Naturschutzgeschichte am 5. und 6. November. Bonn-Bad Godesberg 2009 (Naturschutz und biologische Vielfalt, 75), S. 31–116, hier S. 33; für Frohn ist dieses elitäre Grundmuster der „Geburtsfehler des staatlichen Naturschutzes“; für eine ausführlichere Darstellung des ideologischen Hintergrunds der Naturschutzelite siehe Kapitel 2.2.2.

171 Frohn, Hans-Werner: Naturschutz macht Staat – Staat macht Naturschutz. Von der staatlichen Stelle für Naturdenkmalpflege in Preußen bis zum Bundesamt für Naturschutz. Eine Institutionengeschichte. In: Stiftung Naturschutzgeschichte (Hrsg.): *Natur und Staat. Staatlicher Naturschutz in Deutschland 1906–2006*. Bonn-Bad Godesberg 2006 (Naturschutz und biologische Vielfalt, 35), S. 85–313, hier S. 120–121; Körner, Stefan; Eisel, Ulrich: Naturschutz als kulturelle Aufgabe. Theoretische Konstruktion und Anregung für eine inhaltliche Erweiterung. In: Körner, Stefan; Nagel, Annemarie et al. (Hrsg.): *Naturschutzbegründungen*. Münster-Hiltrup 2003, S. 5–49, hier S. 20; Milnik, Albrecht: Hugo Conwentz – Zur Geschichte der Staatlichen Stelle für Naturdenkmalpflege in Preußen. In: Stiftung Naturschutzgeschichte (Hrsg.): *Naturschutz hat Geschichte*, S. 131–143, hier S. 136–137; Runge, Karsten: *Entwicklungstendenzen der Landschaftsplanung. Vom frühen Naturschutz bis zur ökologisch nachhaltigen Flächennutzung*. Berlin Techn. Univ. Diss. 1990 u.d.T.: Die Entwicklung der Landschaftsplanung in ihrer Konstitutionsphase 1935 – 1973. Berlin 1998, S. 12–13.

Der Schutz der Natur wurde zwar 1919 als Staatsziel in die Weimarer Verfassung aufgenommen, doch blieb die rechtliche und organisatorische Lage trotz der Novelle des preußischen Feld- und Forstpolizeigesetzes unbefriedigend. In den Jahren nach Conwentz' Tod 1922 blieb der Naturschutz gespalten. Sein Nachfolger Walther Schoenichen, setzte auf einen deutsch-völkischen, pädagogischen Ansatz auf der Basis des traditionellen musealen Naturschutzes, während Hans Klose einen auf Partizipation ausgerichteten, sozialpolitisch motivierten Naturschutz vertrat. Beide Ansätze erreichten in der politisch gespaltenen Weimarer Republik wenig.[172] Auch die hohen Erwartungen an die Nationalsozialisten nach der Machtergreifung erfüllten sich zunächst nicht. Es dauerte bis 1935, bis das Reichsnaturschutzgesetz (RNG) als erstes reichsweites Gesetz für Naturschutz in Deutschland eingeführt wurde. Die Naturschutzkompetenz wurde von den Ländern auf das Reich übertragen. Kompetenz- und Zuständigkeitsstreitigkeiten innerhalb des NS-Regimes resultierten in der Übernahme der Aufgaben des Naturschutzes vom Kultusministerium durch Hermann Görings Reichsforstamt. Ebenfalls übernommen wurde das Conwentzsche System des Dualismus zwischen Ehrenamt und Verwaltung: Der Vollzug wurde durch die allgemeine Verwaltung durchgeführt, beraten von ehrenamtlichen fachkundigen Vertretern des Naturschutzes, die von der jeweils übergeordneten Naturschutzbehörde ernannt wurden. Die Preußische Stelle für Naturschutz wurde zur Reichsstelle für Naturschutz umgewandelt und das bisher in Preußen gültige dreistufige Naturschutzverwaltungssystem auf das ganze Reich übertragen. So unterstanden der Reichsstelle weitere Stellen in den untergeordneten Gebietskörperschaften.[173]

Das RNG erfüllte die lange gestellten Forderungen der Naturschützer nach einer einheitlichen rechtlichen Grundlage für Natur- und

172 Frohn, Naturschutz macht Staat, S. 156; Frohn, Stiefkind, S. 47–48 zu Klose und S. 53–55 zu Schoenichen.

173 Frohn, Staat macht Naturschutz, S. 169–172; Runge, *Entwicklungstendenzen*, S. 17–18.

Landschaftsschutz, war im internationalen Vergleich für seine Zeit als Fortschritt für den Naturschutz anzusehen und wurde von den Zeitgenossen begrüßt.[174] Auf Landschaftspflege oder gar Landschaftsplanung nahm das RNG allerdings nur wenig Bezug. „Von Planung war überhaupt noch nicht die Rede."[175] Dies lag vor allem an den internen Machtstrukturen des Regimes; das bis dahin für die Naherholung zuständige Reichsarbeitsministerium intervenierte und beharrte auf seiner Zuständigkeit.[176] Die von Klose während der Weimarer Zeit angestrebte Anbindung von Naturschutz und Landschaftspflege an die entstehende Raumplanung wurde nicht verwirklicht; seine Vorstellungen einer Öffnung hin zur Arbeiterklasse stieß auf Ressentiments, sein auf Teilhabe ausgerichtetes sozialpolitisches Konzept auf Widerstand sowohl im staatlichen als auch im ehrenamtlichen Naturschutz.[177]

Die Raumplanung entwickelte sich in Deutschland ab den 1920er Jahren – zunächst unter den Bezeichnungen Landesplanung, Siedlungsplanung oder Siedlungswesen. Nach Ende des Ersten Weltkrieges wurde durch die Bestimmungen des Versailler Vertrags eine Ausweitung des Bergbaus im Ruhrgebiet notwendig.[178] Für die Planung und Durchführung dieser Ausweitung und der Gestaltung der wirtschaftlichen Entwicklung des Ruhrgebiets gründete der preußische Landtag im Jahre 1920 den Siedlungs-

174 Closmann, Charles E.: Legalizing a 'Volksgemeinschaft'. Nazi Germany's Reich Nature Protection Law of 1935. In: Brüggemeier, Franz-Josef; Cioc, Mark et al. (Hrsg.): *How Green Were the Nazis? Nature, Environment, and Nation in the Third Reich*. Athens, OH 2005, S. 18–42, hier S. 20–21; Oberkrome, Willi: Hans Klose, Walther Schoenichen und der Erlass des Reichsnaturschutzgesetzes. In: Stiftung Naturschutzgeschichte (Hrsg.): *Naturschutz hat Geschichte*, S. 145–162, hier S. 157–158.

175 Runge, *Entwicklungstendenzen*, S. 19–20, Zitat S. 19.

176 Frohn, Stiefkind, S. 79; Frohn, Staat macht Naturschutz, S. 168–169.

177 Frohn, Staat macht Naturschutz, S. 156; Frohn, Stiefkind, S. 69 und 80.

178 U. a. Reparationsforderungen seitens der Siegermächte und der Verlust der saarländischen und Teile der oberschlesischen Kohlereviere.

verband Ruhrkohlenbezirk (SVR). Dies war jedoch nicht die einzige Aufgabe des Verbands: In den Worten des preußischen Volkswohlfahrtsministers Adam Stegerwald (Zentrum) sollte er die Erweiterung des Ruhrbergbaus „entsprechend der modernen Wissenschaft des Städtebaus"[179] durchführen. Während Stegerwald der Industrie die eigenständige Wahrnehmung ihrer Interessen zutraute, definierte der SVR sich insbesondere als Institution, die die Freiraumansprüche der Öffentlichkeit vertrat. Daher konzentrierte er sich in erster Linie auf Verkehrsstraßen und Erholungsflächen.[180]

In diesem Sinne verfolgte der SVR eine Politik der „Durchgrünung" des Ruhrgebiets und der Schaffung leicht zugänglicher Erholungsgebiete. Im Gegensatz zur Infrastrukturentwicklung stieß der SVR bei dieser Tätigkeit auf Widerstand, da diese mit den wachstumsorientierten Vorstellungen der Industrieplanung nicht in Einklang gebracht werden konnte. Die Grünflächen im Ruhrgebiet konnten jedoch trotz Widerstands von Industrie- und Siedlungsinteressen von 1 413 km^2 (36,8% der Fläche) auf 1 786 km^2 (39,0%) vergrößert werden.[181] Diese „praktikable ökologische Schadensbegrenzung" sollte letztlich trotz der „relative[n] Erfolglosigkeit" des SVR eine bedeutsame wirkungsgeschichtliche Reichweite erzielen. Viele Vorhaben jedoch scheiterten in der Entstehungsphase, vor allem an den fehlenden rechtlichen Möglichkeiten, Enteignungen zum Ankauf von Grundstücken durch-

179 Zitiert nach Hoffacker, Heinz W.: *Entstehung der Raumplanung. Konservative Gesellschaftsreform und das Ruhrgebiet 1918–1933*. Zugl. Bochum Univ. Diss., Essen 1989, S. 90.

180 Petz, Ursula: Robert Schmidt und die Grünflächen-Politik im Ruhrgebiet (1900–1930). In: Kastorff-Viehmann , Renate (Hrsg.): *Die grüne Stadt. Siedlungen, Parks, Wälder, Grünflächen 1860–1960 im Ruhrgebiet*. Essen 1998, S. 25–38, hier S. 35–36.

181 Benedict, Andreas: *80 Jahre im Dienst des Ruhrgebiets. Siedlungsverband Ruhrkohlenbezirk (SVR) und Kommunalverband Ruhrgebiet (KVR) im historischen Überblick 1920–2000*. Essen 2000, S. 43.

zusetzen.[182] Sie bildeten jedoch die Grundlage für die in den 1960er Jahren und 1970er Jahren erfolgte Gründung der sogenannten Revierparks zur Freizeitgestaltung.[183]

Anders verlief die Entwicklung in einem anderen großen Ballungsgebiet Deutschlands, der 1920 durch die Eingemeindung der umliegenden Städte entstandenen vier-Millionen-Stadt (Groß-)Berlin. Hier etablierte sich Ende der 1920er Jahre ein Landesplanungsverband Brandenburg-Mitte, der jedoch die Stadt Berlin ausschloss und sich gegen das „Auswuchern" der Großstadt wandte, das, wie Leendertz darstellt, „auch als ein Vorgehen gegen jene historischen ‚Fehlentwicklungen' verstanden werden [konnte], für die Berlin [...] symbolisch stand: moderne Massengesellschaft, liberale Demokratie, kulturelle Avantgarde"[184]. Doch auch in Teilen der Politik des SVR fanden sich die vielerorts vorherrschende Skepsis gegenüber der industriestaatlichen Entwicklung Deutschlands und der Auswirkungen der Moderne wieder. Zivilisationskritische Vorstellungen bildeten häufig die Grundlage für die Entwicklung der Pläne, mit denen man der Bedrohung der psychischen und physischen Grundlagen menschlichen Daseins in der Großstadt durch Massenkultur, soziale Missstände und Naturzerstörungen Herr werden wollte.[185]

Die Auswirkung der Weltwirtschaftskrise ab 1930 machte diese Elemente in der deutschen Raumplanung weiter populär und verstärkte zunehmend bei manchen Protagonisten Tendenzen der Radikalisierung ihrer wissenschaftlichen Ansätze. Die Raumplanung als „dezidiert politische und anwendungsorientierte Wissenschaft" prägte schließlich nach der Machtübernahme der

182 Leendertz, Ariane: *Ordnung schaffen. Deutsche Raumplanung im 20. Jahrhundert.* Göttingen 2008 (Beiträge zur Geschichte des 20. Jahrhunderts, 7), S. 28; Oberkrome: *„Deutsche Heimat"*, S. 133–134, Zitate S. 133.

183 Petz, Robert Schmidt, S. 37.

184 Leendertz, *Ordnung schaffen*, S. 79–81, Zitat S. 80.

185 Hoffacker, *Entstehung*, S. 230–234 und 251; Leendertz, *Ordnung schaffen*, S. 50–51.

Nationalsozialisten ab 1935 der Agrarwissenschaftler Konrad Meyer, Mitglied in der NSDAP seit 1932 und in der SS seit 1933. Meyer verband den in den 1920er Jahren vorherrschenden Rationalisierungsgedanken und die Kritik an den Auswirkungen der kapitalistischen Wirtschaftsordnung und der modernen Industriegesellschaft mit der nationalsozialistischen Volksgemeinschaftsideologie und sah die Raumplanung als Instrument, die Interessen von Ökonomie und „Volksgemeinschaft" zu vereinbaren. Dies sei nur durch den ordnenden Eingriff des Staates möglich.[186]

Meyers Vorstellungen zur Raumplanung verbanden sich mit den Ideen der in den 1920er und 1930er Jahren entstandenen Landschaftspflege (Naturschutz *im weiteren Sinne*), einer zweiten Ausprägung des Naturschutzes, die sich als gestalterische Ausprägung neben der auf Konservierung ausgerichteten Naturdenkmalpflege verstand, zur neuen Ausrichtung der Landespflege. In ihr verbanden sich wissenschaftliche Inhalte der sich entwickelnden Fachrichtung Ökologie und gestalterisch-künstlerische Elemente der Landschaftsarchitektur zu einem Ansatz, die Probleme der Landschaft im Industriezeitalter ganzheitlich und gestaltend anzugehen. Die Landespflege zeichnete sich wie ihr Vorbild der Meyerschen Raumordnungsplanung durch eine unter dem Mantel rassistischer *Blut und Boden*-Ideologie und dem Bestreben nach einer „Regeneration des Volkstums" betriebene Modernisierungspolitik aus, die die museale Konservierung von einzelnen Denkmälern ablehnte.[187] Dabei entstand eine für viele Bereiche der NS-Ideologie typische Verbindung von antimoderner Ideologie und modernen Instrumenten zu einer Theorie der Landespflege, die „[…] *explizit* sowohl gegen den musealen Konservatismus als auch gegen den romantischen Naturschutz gerichtet war."[188] Stattdessen sollten

186 Ibid., S. 76, 104 und 141–142, Zitat S. 104. Für eine kurze Biographie Meyers siehe S. 117–122.

187 Closmann, Legalizing, S. 27; Körner, *Theorie und Methodologie*, S. 18; Oberkrome, Kontinuität und Wandel, S. 28.

188 Körner, *Theorie und Methodologie*, S. 265, Hervorhebung im Original.

durch aktive Gestaltung der Landschaft nationalsozialistische Ziele umgesetzt werden.[189]

Die „aktivistische Kurskorrektur"[190] im Naturschutz wurde in drei Einrichtungen mit unterschiedlichem Erfolg betrieben: Die *Reichsstelle für Naturschutz* im Reichsforstamt, seit der Entmachtung Schoenichens 1938 unter der Leitung von Hans Klose, versuchte, innerhalb der Möglichkeiten, die das RNG bot, Einfluss zu nehmen, geriet jedoch mit Andauer des Krieges immer weiter in die Defensive, bis die Naturschutzarbeit 1944 faktisch zum Erliegen kam. Schon in den Jahren zuvor war der Naturschutz hier zur „vollkommene[n] Bedeutungslosigkeit"[191] verkommen. Die sogenannte *Organisation der Landschaftsanwälte* begleitete gestalterisch den Bau der Reichsautobahnen in Zusammenarbeit mit dem Reichsarbeitsdienst, konnte jedoch im Zuge anderer NS-Großprojekte keinen Einfluss entwickeln. Wenn die Autarkie- und Kriegsvorbereitungspolitik der Nationalsozialisten berührt war, die hohe Naturzerstörungen nach sich zog, war der Naturschutz auch in Zeiten des RNG machtlos.[192] Im engeren Sinne planerisch tätig wurden schließlich die im von Konrad Meyer geleiteten Planungsamt des sogenannten *Reichskommissariat für die Festigung des deutschen Volkstums* (RKF) angesiedelten Landespfleger, welche direkt dem Reichsführer-SS, Heinrich Himmler, unterstanden und nach Kriegsausbruch die Führungsrolle übernahmen.[193]

Diese Verteilung passierte nicht zufällig. Bei der Landespflege wurden schnell die Defizite des RNG offenbar: „Für eine *positive Gestaltung* ist im Reichsrecht eine materielle Rechtsgrundlage nicht gegeben. Es kann niemand gezwungen werden, einen

189 Closmann, Legalizing, S. 20.

190 Oberkrome, Kontinuität und Wandel, S. 29.

191 Frohn, Naturschutz mach Staat, S. 182–183, Zitat S. 183.

192 Oberkrome, Erlass des Reichsnaturschutzgesetzes, S. 151 und 155.

193 Runge, *Entwicklungstendenzen*, S. 35–36, ausführlicher vgl. S. 17–36. Eine ähnliche Unterteilung lässt sich auch bei Oberkrome finden, vgl. Kontinuität und Wandel, S. 27–32.

Baum zu pflanzen […]", befand etwa Erhard Mäding 1941.[194] Diese „positive Gestaltung" umfasste nach Mäding „nicht die Sicherung von Naturschutzgebieten […] sondern die Sorge um die biologische Gesundheit und deutschgemäße Gestaltung des gesamten Lebensraumes"[195]. Der Jurist Mäding gehörte zusammen mit Konrad Meyer und Heinrich Friedrich Wiepking zu den Protagonisten einer fachlichen Auseinandersetzung mit dem Thema Landschaftspflege und Planung in den 1930er und frühen 1940er Jahren.[196]

> Die neuartige Qualität des Mädingschen Konzepts bestand darin, dass die Landschaftsgestaltung nicht mehr allein als konkrete gestalterisch-planerische Aufgabe beschrieben wurde, […] sondern erstmals auch als Gegenstand eines verwaltungstechnisch organisierten, politischen Handelns.[197]

Der Planungsstab des RKF konnte diese Vorstellungen mit Gewalt in die Tat umsetzen. Die rechtlichen Zwänge entfielen im nahezu rechtsfreien Raum der durch die Wehrmacht besetzten Gebiete im Osten. Hier war eine „totale Planung" möglich, da auf Eigentümer keine Rücksicht genommen werden musste.[198] Das RKF hatte seit dem Überfall auf Polen einen Planungsstab zur völligen Umgestaltung der Landschaft eingerichtet. Neben der Bekämpfung der für einen Großteil der Gebiete typischen Probleme von Waldarmut und Bodenerosionen war es erklärtes Ziel, polnische „Kulturein-

194 Zitiert nach: Marschall, *Landschaftsplan*, S. 41, Hervorhebung im Original.

195 Zitiert nach: Gröning/ Wolschke-Bulmahn, *Aus Liebe zur Landschaft*, S. 25.

196 Siehe Runge, *Entwicklungstendenzen*, S. 23 für eine Übersicht über die fachspezifischen Publikationen in diesem Zeitraum.

197 Körner, *Theorie und Methodologie*, S. 119.

198 Marschall, *Landschaftsplan*, S. 51.

flüsse" in der Landschaft zu beseitigen.[199] Die Aufgaben des Referats Landschaftsgestaltung im RKF wurden in einem „Arbeitsplan" vom 10. Mai 1940 wie folgt aufgestellt:

> I. Aufgaben.
> 1. Totale Landschaftsgestaltung. Nicht ästhetische Spielerei oder ‚Verschönerung', sondern Ineinanderklingen von Schönheit und Wirtschaftlichkeit.
> 2. In der Landschaft: Zurückführen von Kulturbau, Wasserbau, Straßenbau usw. vom rein Technischen zum Natürlichen.
> 3. Ländliches Siedlungswesen: ‚Das Dorf in der Landschaft'.
> 4. Städtebau: ‚Die Stadt kein Fremdkörper in der Landschaft'. ‚Natur in der Stadt'.[200]

Hier gingen Landschaftsplanung und rassistische NS-Ideologie eine tödliche Symbiose ein. Ausgehend von der Vorstellung einer *tabula rasa* sah die „totale Landschaftsgestaltung" unter anderem auch die Deportation ganzer Bevölkerungsgruppen vor.[201] Es ist jedoch wichtig festzuhalten, dass im Planungsstab des RKF erstmals „eine großräumige Zusammenarbeit von Raumordnung und Landschaftspflege zustande kam, die als eine Vorphase heutiger Landschaftsplanung angesehen werden kann"[202].

Dieser methodische Fortschritt stand nach Kriegsende 1945 mehr denn je in Frage. Hierfür lassen sich drei Erklärungsmodelle finden: Gröning und Wolschke-Bulmahn sehen dies in der Irrationalität der fest mit der NS-Ideologie verbundenen Arbeiten Mädings, Meyers und Wiepkings begründet, die sich

199 Vgl. hierzu im Detail Wolschke-Bulmahn, Joachim: Violence as the Basis of National Socialist Landscape Planning. In: Brüggemeier/Cioc et al. (Hrsg): *How Green Were the Nazis?* S. 243–256.

200 Zitiert nach Marschall, *Landschaftsplan*, S. 52.

201 Runge, *Entwicklungstendenzen*, S. 36.

202 Ibid.

durch „eine maßlose Übersteigerung des Aufgabenanspruchs" zu einer „‚totale[n]' Landespflege", „unfähig zur Kompromissbildung, unfähig zu einer Auseinandersetzung als Fachplanung mit anderen Fachplanungen" auszeichnete.[203] Neuere Arbeiten, zum Beispiel von Körner oder Runge, betonen dagegen die Bedeutung der Landschafts- oder Landespflege im Nationalsozialismus für das Selbstverständnis der späteren Landespflege und sehen ihre zeitweilige Unpopularität in den Planungsaspekten verortet, die in der Nachkriegszeit sowohl naturschutzspezifisch als auch allgemein aufgrund ihrer antidemokratischen Implikationen in Verruf geraten waren.[204] Oberkrome indessen sieht die Gründe für den vorläufigen Bruch mit der großräumig agierenden gestaltenden Landespflege vor allem in der konservativen Basis, die aus der engen, vom Heimatschutz dominierten Perspektive nicht für solche von der konkreten Lebenswirklichkeit abgekoppelten Planungen zu mobilisieren waren.[205]

Plausibel erscheinen alle drei Ansätze. Festzuhalten ist, dass die Ansätze Meyers, Mädings und Wiepkings sich nach 1945 gegen die ästhetisch und konservatorisch dominierten Vorstellungen vieler Naturschützer zunächst nicht durchsetzen konnten, auch wenn Klose nach Kriegsende versuchte, an die Methoden der Landschaftsgestaltung und Landschaftspflege anzuknüpfen.[206] Zunächst galt es allerdings, überhaupt den rechtlichen und organisatorischen Besitzstand in einer von Ungewissheit und Mangel geprägten Nachkriegszeit zu retten. Unter anderem waren zum Beispiel Archiv und Bibliothek sowie Karten und Naturinventare der Reichsstelle für Naturschutz zerstört oder verloren gegangen. Die anderen beiden Hauptarme der Natur- und Landschaftspflege

---

203 Vgl. Gröning/Wolschke-Bulmahn: *Liebe zur Landschaft*, S. 198–200, Zitate S. 198 und 199.

204 Vgl. Körner, *Theorie und Methodologie*, S. 76 und 90; Runge, *Entwicklungstendenzen*, S. 65.

205 Vgl. Oberkrome, Kontinuität und Wandel, S. 33–34.

206 Frohn, Naturschutz macht Staat, S. 199–200.

(die Landschaftsanwälte und der Planungsstab im RKF) gab es nicht mehr und viele Naturschützer wurden durch Entnazifizierungsverfahren zumindest zeitweise an der Wiederaufnahme ihrer Tätigkeiten gehindert.[207]

Klose versuchte, die Hinwendung zur Landschaftspflege auch in den neuen politischen Rahmen der Bundesrepublik zu überführen. Doch ging es zunehmend um Fragen der Existenz der *Naturschutzstelle* auf Bundesebene. Der Bundesrat beschloss am 16. März 1951, die inzwischen in *Zentralstelle für Naturschutz und Landschaftspflege* umbenannte Einrichtung mit der Begründung aufzulösen, der Naturschutz behindere den Wiederaufbau. Die darauf folgenden Monate schafften es Klose und andere Naturschützer, durch intensive Lobbyarbeit eine Teilrücknahme der Entscheidung zu erreichen. Naturschutz wurde in der Bundesrepublik schließlich Sache der Länder, doch die Zentralstelle ging am 3. Januar 1953 unter der Bezeichnung *Bundesanstalt für Naturschutz und Landschaftspflege* (BANL) in die Verantwortung des Bundes über.[208]

Unter Kloses Nachfolger Gert Kragh – Klose war 1954 im Alter von bereits 74 Jahren in den Ruhestand getreten – setzte sich der begonnene Weg fort, „die Ausrichtung des Naturschutzes vom weltabgewandten, bewusst romantischen, an Natur- und Heimatideal orientierten, konservierenden Natur- und Landschaftsschutz zu einer planungsorientierten Landschaftspflege zu wandeln“[209]. Hier gab es jedoch Verzögerungen, die den Umständen geschuldet waren. „Das Schwergewicht unseres Bemühens lag auf dem kleineren Teilgebiet: Naturschutz im engeren Sinne“, zog Kragh 1955 Bilanz. Entsprechend seien auf dem „größeren Teilgebiet, der Landschaftsgestaltung, erst sehr schüchterne Gehversuche“

207 FROHN, Naturschutz macht Staat, S. 202–203; LEH: *Zwischen Heimatschutz und Umweltbewegung*, S. 84–85; UEKÖTTER, Frank: *The Green and the Brown. A History of Conservation in Nazi Germany*. Cambridge 2006, S. 185–186.

208 FROHN, Naturschutz macht Staat, S. 211–212.

209 RUNGE, *Entwicklungstendenzen*, S. 68–69, Zitat S. 68.

unternommen worden und man sei „deswegen der stürmischen Entwicklung auf allen Lebensgebieten nicht gerecht" geworden.[210] Neben den fachlichen Gründen erhöhte auch der abermalige Existenzkampf der Bundesanstalt den Modernisierungsdruck: Ein im Frühjahr 1957 dem Bundestag vorgelegtes Gutachten schlug unter anderem die Schließung der Bundesanstalt aus Gründen der Ineffizienz vor. Die *Interparlamentarische Arbeitsgemeinschaft für Nachhaltiges Wirtschaften* (IPA) votierte zwar für ein Weiterbestehen der BANL, drängte aber darauf, dass sich Naturschutz und Landschaftspflege stärker als bisher auch um die Kulturlandschaft und gestalterische, das heißt Planungsfragen, kümmern müssten. Vor diesem Hintergrund suchte Kragh die Offensive und eröffnete auf dem Deutschen Naturschutztag 1959 in Bayreuth einen „mit Brachialgewalt geführten Richtungskampf" mit dem konservativen Flügel des Naturschutzes.[211]

Auf dem Naturschutztag positionierte sich der BANL-Vorsitzende eindeutig zugunsten eines modernen, planerischen und technischen Ansatzes. Wie Kragh es in seiner Einführung des Themas ausdrückte, schwebte ihm vor,

> daß eine der besten Möglichkeiten zur Erreichung [der] Ziele [des Naturschutzes, F.M.] ist, sog. *Landschaftspflegepläne* (nach internationaler Nomenklatur, vielleicht auch Landschaftspläne […]) aufzustellen, die der Ordnung der Landschaft dienen, und aus denen sich durch Teilprojekte *Pläne zur Pflege der Landschaft* entwickeln können.[212]

---

210 Kragh, Gert: Naturschutz und Landschaftsgestaltung. In: Buchwald, Konrad; Ders.; Meusel, Hermann (Hrsg.): *Beiträge zur Frage der Beziehungen zwischen Landschaftsgestaltung und Naturschutz.* Leipzig 1956 (Sitzungsberichte der Deutschen Akademie der Landwirtschaftswissenschaften, 5.4), S. 21–27, hier S. 27, Zitate ebd.

211 Frohn, Naturschutz macht Staat, S. 218–220, Zitat S. 220.

212 Kragh, Einführung, S. 32, Hervorhebungen im Original.

Zur weiteren Erörterung standen zahlreiche Vertreter einer Modernisierung im Naturschutz auf der Rednerliste, unter anderem Konrad Buchwald und Gerhard Olschowy.

2.2.2 Konrad Buchwald und die integrierte Landschaftsplanung

Das „herausragende Ereignis" des Naturschutztages war die Vorstellung von solchen Beispielplänen, welche die unterschiedlichen Ausrichtungen und Zielsetzungen der Landespflege wiederspiegelten. Runge unterteilt die verschiedenen vorgestellten Ansätze in drei Kategorien[213]: Eine konservierend-naturschützende, eine gestaltungsorientierte und eine raumordnungsorientierte Planung.[214] Von besonderem Interesse war hier die raumordnungsorientierte „Landschaftspflegeplanung", vertreten vom damaligen baden-württembergischen Landesbeauftragten Konrad Buchwald, die in Konzeption und Anspruch die Weitestgehende war und deren Autor in der weiteren Entwicklung der Landschaftsplanung und deren Durchsetzung eine maßgebende Rolle spielte. Buchwalds Ansatz und dessen ideengeschichtlicher Hintergrund seien deshalb hier kurz vorgestellt.

Zentrale Motivation Buchwalds war die Krise von Naturschutz und Landschaftspflege, welche er vor allem in Organisation und Durchsetzungsmethoden verortet sah. „Etwas liegt schief! Nicht im Ziel, aber im *Weg* und in der *Arbeitsmethodik* entspricht unsere Arbeit nicht mehr den Erfordernissen der Zeit", begann Buchwald seinen Angriff auf die bisherigen Ansätze des Naturschutzes, um fortzuführen: „Wir kurieren an *Symptomen*, ohne den ausreichenden Versuch zu unternehmen, auf die *Ursachen*, die

213 Neben Buchwald stellten u.a. auch Olschowy und Schwickerath ihre Modellpläne vor. Für eine detaillierte Auflistung siehe Runge, *Entwicklungstendenzen*, S. 82–84.

214 Ibid., S. 81.

zu ihnen führen, planend und gestaltend Einfluss zu nehmen."[215] Stattdessen „eilen [wir] von Brandherd zu Brandherd, um wenigstens dort, wo es am nötigsten ist, zu löschen wie die *Feuerwehr*, die bekanntlich oft *zu spät kommt*".[216] Dieser „Feuerwehr"-Naturschutz sei angesichts der Belastungen für die Natur nicht mehr zeitgemäß. Buchwalds Fazit: „Wir müssen in die *Planung*, in die *Ordnung* und die *Gestaltung* unserer immer enger werdenden, unseres immer dichter besiedelten Lebensraumes mit eingreifen."[217]

Dementsprechend forderte er die Einbindung des Naturschutzes und der Landschaftspflege in die entsprechenden Planungsinstanzen der Landesplanung auf Kreis- und Bezirksebene sowie in Wasserwirtschaft und Flurbereinigung. In seinem eigenen württembergischen Wirkungsbereich sei der Kontakt bereits gesucht worden, auch seien „von unseren Planungen entscheidende Anregungen für die Gesamtplanung" ausgegangen. Dies sei jedoch noch zu wenig.[218] Die organisatorischen und rechtlichen Grundlagen müssten völlig neu gestaltet werden. Buchwald führte weiter aus:

> Aber wir müssen die Dinge fest in der Hand behalten. *Es ist falsch, nur die landespflegerischen Anregungen zu geben, die Durchführung aber anderen Dienststellen zu überlassen, die Landesstellen und Bezirksstellen im Einmann-System oder gar nur mit ehrenamtlicher Besetzung vegetieren zu lassen!* Ich mache niemandem Vorwürfe, aber die Unterbesetzung der Stellen ist heute sachlich nicht mehr zu verantworten. [...] Wir verurteilen uns so selbst zum Feuerwehrhauptmann auf Lebenszeit. [...] Der bewahrende Teil unserer Arbeit fand seine gesetzliche und organisatorische Form durch das RNG

215 Buchwald, Konrad: Der Landschaftspflegeplan in der Praxis einer Landesstelle. In: Kragh (Hrsg.): *Ordnung der Landschaft*, S. 33–36, hier S. 33, Hervorhebungen im Original.

216 Ibid., S. 34, Hervorhebungen im Original.

217 Ibid., Hervorhebungen im Original.

218 Ibid., S. 34–35, Zitat S. 35.

> von 1935, tun Sie nun endlich den zweiten Schritt zur Planung, zur aktiven Gestaltung und Pflege.[219]

In der offiziellen Zusammenfassung der Ergebnisse der Tagung schloss Buchwald mit der nachdrücklichen Forderung nach einem

> ‚Landschaftspflegeplan' auf allen Ebenen vom Landesentwicklungsplan eines ganzen Bundeslandes über Regionalplanungen für größere Räume, Kreisplanungen oder Planungen für eine einzelne Markung bis zu Spezialplanungen für ein Flurbereinigungsverfahren, eine wasserwirtschaftliche Maßnahme usw.[220]

Die schonungslose Kritik Buchwalds zeigte Wirkung. Trotz des Widerstands einer laustarken, doch zahlenmäßig unterlegenen Gruppe entschied der Deutsche Naturschutztag schließlich, in einer Resolution an Parlamente und Regierungen von Bund und Ländern zu fordern, die nötigen Mittel und Stellen zur Entwicklung von „Landschaftspflegeplänen" bereitzustellen.[221]

Konrad Buchwald hatte sich zunächst als Bezirks- und dann als Landesbeauftragter in (Baden-)Württemberg ab Mitte der 1950er Jahre zunehmend mit verschiedenen Planungen auseinandergesetzt, vor allem in Fachbeiträgen zu Flurbereinigungen und verschiedenen Wasserbau- und Verkehrsprojekten. Zunehmend rückte dabei der Anspruch in den Fokus, auf die gesamte Raumordnungsplanung einzuwirken.[222] Der Gesamtplanungsanspruch Buchwalds ging dabei auf zwei Traditionslinien vor 1945 zurück, nämlich Wiepkings gärtnerisch-landeskulturellen Ansatz und

---

219 Ibid., S. 36, Hervorhebungen im Original.

220 Buchwald, Konrad: Zusammenfassung und Folgerung aus den Referaten zum Thema „Landschaftspflegeplan". In: Kragh (Hrsg.): *Ordnung der Landschaft*, S. 90–92, hier S. 90.

221 Deutscher Naturschutztag: Resolution. In: Kragh (Hrsg.): *Ordnung der Landschaft*, S. 92; zum Widerstand um Carl Duve siehe Frohn, Naturschutz macht Staat, S. 222–223.

222 Marschall, *Landschaftsplan*, S. 89.

Mädings volkswirtschaftlich und ideologisch begründetes Landespflegekonzept als übergeordnete staatliche Aufgabe. Diese beiden Autoren hatten in der Nachkriegszeit zunächst versucht, die ideologische Ausrichtung der Landespflege von ihren völkischen Aspekten zu reinigen.[223]

Stattdessen wurden die zivilisationskritischen Positionen in den Mittelpunkt gestellt und ein in die Landesplanung integrierter Naturschutz als Gegenmittel zu Verstädterung und seelischer Verkümmerung propagiert, während analog zu den in der frühen Bundesrepublik vermeintlich gefragten Werten unter anderem das Bauerntum als „Ideal der selbständigen Existenz in seiner reinsten Form“[224] gefeiert wurde. „In dem Zeitalter der Automation“, so Konrad Meyer, der ehemalige Leiter des Planungsamtes des RKF und zu diesem Zeitpunkt ordentlicher Professor für Landesplanung und Raumforschung an der Technischen Universität Hannover, stelle „das Bauerntum in seiner Individualität, Verwurzelung und Gemeinschaft ein unersetzlicher Wertquell gegen die Gefahren der Vermassung und der seelischen Versteppung“[225] dar. Ähnlich argumentierte auch Buchwald: „So prägt jedes Volk, entsprechend seiner völkischen Eigenart, in weit höherem Maße aber noch gemäß seiner Gesellschaftsordnung, seinen Lebensraum, die Landschaft.“[226]

Mit seinem Konzept der integrierten Landschaftsplanung wollte Buchwald vor allem den Auswirkungen des „Ausbruch[s] des grünhungrigen Menschen aus den ungesunden und oft menschenunwürdigen Lebensverhältnissen der Ballungsräume“, dem „Ausverkauf schönster Landschaften“ und der „planlosen Zersie-

223 KÖRNER, *Theorie und Methodologie*, S. 78–79 und 119–120.

224 MEYER, Konrad: Über den Bauern im Leitbild der Raumordnung. In: BUCHWALD, Konrad; LENDHOLT, Werner; DERS. (Hrsg.): *Festschrift für Heinrich Friedrich Wiepking*. Stuttgart 1963 (Beiträge zur Landespflege, 1), S. 119–140, hier S. 120.

225 Ibid., S. 121.

226 BUCHWALD, Konrad: Die Industriegesellschaft und die Landschaft. In: DERS./LENDHOLT/MEYER (Hrsg.): *Festschrift*, S. 23–41, hier S. 26.

delung der freien Landschaft" entgegentreten.[227] Unter Ausschluss der ehemals dominierenden völkischen Komponente gewannen Zivilisationskritik und Erholungsaspekte deutlich an Bedeutung. Buchwald kritisierte dabei die Unnatürlichkeit des modernen Lebens und betonte den Wert der Natur als kurierendes Mittel für den kranken modernen Menschen.[228]

Mit diesem Ansatz vereinigte Buchwald in seiner Person die zivilisationskritisch-konservativen Empfindungen der Basis, wie sie unter anderem in der „Weltuntergangsliteratur" der 1950er Jahre zum Ausdruck kam, mit einer Modernisierung der Methoden nebst Anpassung an den politischen Prozess der Bundesrepublik. Fortschritt wurde als kaum verhinderbares Übel erkannt, das jedoch nur mit modernen Methoden erträglich gestaltet werden könne. „Auf engstem Raum sind wir heute in Westdeutschland zusammengedrängt", beschrieb Buchwald seine Sicht der Lebenssituation in der Bundesrepublik.[229] Der Druck auf die noch unberührte Natur nehme dagegen noch weiter zu, da der Drang der Menschen in die Natur zunehme, „je mehr sich unser modernes Leben von der Natur entfernt".[230] Mit der Betonung der sozialhygienischen Funktion der Natur für die seelische und körperliche Gesundheit bewegte sich Buchwald auf einer Linie mit dem ebenfalls in den 1950er Jahren entwickelten Naturparkkonzept Alfred Toepfers, welches die Schaffung von „Orten der Ruhe" in Verbindung mit der Propagierung bürgerlicher Ideale des Kaiserreiches verband,[231] in

---

227 Buchwald, Industriegesellschaft, S. 28.

228 Buchwald, Konrad: Gesundes Land – gesundes Volk. In: Ders. (Hrsg.): *Festschrift für Hans Schwenkel zum 70. Geburtstag*. Ludwigsburg 1956 (Veröffentlichungen der Landesstelle für Naturschutz und Landschaftspflege Baden-Württemberg, 24), S. 56–71 hier S. 59–60; siehe hierzu auch Körner, *Theorie und Methodologie*, S. 111.

229 Buchwald, Gesundes Land, S. 64.

230 Ibid., S. 68, Zitat ebd.

231 Engels, Jens Ivo: *Naturpolitik in der Bundesrepublik. Ideenwelt und Verhaltensstile in Naturschutz und Umweltbewegung 1950–1980*. Paderborn 2006, S. 97–98, für eine detailliertere Studie des von Toepfer

Buchwalds Worten dem „gesicherte[n] Leben der wilhelminischen Ära".[232] Seine Folgerung aus diesen Vorstellungen war die Betonung des Planungsaspektes für die Entwicklung der Landschaft. Die aus einem falsch verstandenen Fortschrittsgeist folgende „geradezu explosive Umstrukturierung weiter Landschaften und ihre zunehmende Beanspruchung verlangen ein *vorausschauendes Planen in der Landschaft*".[233]

Auch Kragh vertrat diesen Standpunkt. Das Miterleben dieses „interessanten Wandel[s]" sei „bitter erkauf[t] durch Schmerzen und Unannehmlichkeiten, die mit dem Zusammenbruch einer bisherigen Ordnung und dem Suchen nach einer Neuordnung verbunden sind".[234] Die von ihm dargestellte kulturelle Entwicklung des Industriezeitalters – „Vom heimatlichen Volkslied zum internationalen Schlager, vom Volkstanz bis zum formlosen Massentanz, von der Volkstracht zum Massenkleid, vom Ortsdialekt zum Esperanto"[235] – griff die kulturnivellierenden „Vermassungs"-Befürchtungen seiner Kollegen auf und zeichnete ein zutiefst zukunftspessimistisches und fortschrittsskeptisches Weltbild auf. „Passives Erdulden der Schäden" an der Natur müsse ein Ende haben;[236] stattdessen müsse die Methodik des Naturschutzes an die modernen Zeiten angepasst werden, um der „Nivellierungswalze der Zivilisation"[237] Herr werden zu können. „Eine solche Ausrichtung unserer Ziele [...] ist abgestimmt auf die Erfordernisse des

gegründeten Vereins Naturschutzpark siehe das gesamte Kapitel I.2, S. 93–130.

232 Buchwald, Gesundes Land, S. 56.

233 Buchwald, Industriegesellschaft, S. 40, Hervorhebung im Original.

234 Kragh, Gert: Naturschutz und Landschaftspflege in unserer Zeit. In: Buchwald/Lendholt/Meyer (Hrsg): *Festschrift*, S. 57–67, hier S. 57.

235 Ibid.

236 Ibid., S. 58, Zitat ebd.

237 Kragh, Naturschutz und Landschaftsgestaltung, S. 26.

pulsierenden und unter der Fahne des – oft mißverstandenen – Fortschrittsgeist stehenden modernen Lebens [...].“[238]

Dennoch wurde in der Rhetorik der Advokaten der Landschaftsplanung weiterhin die defensive Grundausrichtung deutlich. Kragh zum Beispiel bemühte für seine Begründung eines auf die gesamte Landschaft bezogenen Naturschutzes ein Bild aus der „nicht in guter Erinnerung stehende[n] Kriegszeit“[239], die eher an eine Darstellung der Westfront im Ersten Weltkrieg erinnerte als an ein richtungsweisendes landespflegerisches Konzept:

> Es genügt einem Feldherrn nicht, einzelne Stützpunkte oder Festungen mehr oder weniger inselartig gegen feindliche Eingriffe zu verteidigen, vielmehr müssen diese Stützpunkte und Festungen durch ein verzweigtes Grabensystem, durch besondere Befestigungs- oder Verteidigungslinien und durch eine auf die ganze Zone ausgerichtete Kriegsführung verteilte Armee gesichert werden, um alle feindlichen Eindringlinge abzuwehren und Überrumpelungen der Festungswerke zu verhindern.[240]

Die defensive psychologische Grundhaltung ließe sich kaum bildreicher darstellen. Trotz der Bemühungen, Naturschutz und Landschaftspflege auf die Erfordernisse des Fortschritts einzustellen, blieb die Grundhaltung auf die Abwehr desselben beschränkt. Es ergab sich ein Spannungsverhältnis zwischen Zivilisations- und Fortschrittskritik auf der einen und Rezeption und Einstellung auf die neuen gesellschaftlichen wie technischen Entwicklungen auf der anderen Seite. [241]

---

238 Kragh, Gert: Vom Naturschutz zum Landschaftspflegeplan. In: Ders. (Hrsg.): *Ordnung der Landschaft*, S. 134–140, hier S. 138.

239 Ibid., S. 136.

240 Ibid.

241 Körner, *Theorie und Methodologie*, S. 120.

Dazu gehörten auch Buchwalds Bestrebungen, die ästhetisch-kulturellen Aspekte des Faches zugunsten einer professionell-naturwissenschaftlichen Ausrichtung zu relativieren:

> Unter der *Landschaft* ist hier nicht nur das äußere, sinnlich wahrnehmbare Bild, also ein ästhetischer Wert, verstanden. Vielmehr interessiert uns die Landschaft als Ganzes, als Einheit und vielschichtiges Wirkungsgefüge von Litho-, Hydro-, Aero- und Biosphäre.[242]

Die bisherige Naturschutzargumentation schien überholt und in der pluralistischen politischen Arena der Bundesrepublik nicht mehr zeitgemäß. Erich Dittrich, Institutsdirektor für Raumplanung in Bonn, konstatierte auf dem Naturschutztag 1959: „Ein nur auf das ‚Konservieren' abgestellter Naturschutz könnte heute in die gefährliche Nähe kommen, überholt, ja fast reaktionär zu wirken."[243] Stattdessen berief man sich auf die vermeintlich neutralen, objektiven und rationalen Werte der Naturwissenschaften. Dies zeigte auch die Diskussion um die Begrifflichkeiten, in der Buchwald und Kollegen schließlich die endgültige fachinterne Deutungshoheit erlangten. 1964 präsentierte eine Expertenrunde der führenden westdeutschen Naturschützer und Landschaftspfleger, unter anderem Buchwald, Olschowy, Lendholt und Pflug, den neuen (alten) Oberbegriff der *Landespflege*. Diesen wiederum gliederten sie in die drei Teilbereiche *Landschaftspflege*, *Naturschutz* und *Grünplanung*. Erstes Ziel war dabei die Unterordnung des als zu sehr mit der romantisierenden Tradition verknüpften Begriffs der *Landschaftspflege* unter die *Landespflege* und der damit verbundenen Aufwertung dieser als wissenschaftlicher Disziplin. Die Wahl des Oberbegriffs *Landespflege* fiel dabei nicht zufällig und verdeutlichte die Anknüpfung an den Landespflegebegriff

---

242 Buchwald, Industriegesellschaft, S. 26.

243 Dittrich, Erich: Der Ordnungsgedanke der Landschaft und die Wirklichkeit. In: Kragh (Hrsg.): *Ordnung der Landschaft*, S. 111–134, hier S. 117.

Wiepkings, Mädings und Meyers vor 1945. Darüber hinaus wies der weiter gefasste Begriff auf den Anspruch der Landespflege hin, sich nicht nur auf den Gegenstand der Landschaft zu beschränken, sondern das Aufgabenspektrum deutlich auszuweiten. Buchwald formulierte diesen Anspruch folgendermaßen:

> So, wie unser Lebensraum eine Einheit ist, bedarf auch unsere pflegerische Tätigkeit in ihm der Koordinierung und Einheit einer *umfassenden Landespflege*. In einer zunehmend in ihrer Existenz bedrohten Welt geht es letzten Endes *um die Erhaltung des Lebens*.[244]

Mit dem letztlichen Ziel der „Erhaltung des Lebens" erweiterte Buchwald entscheidend den ursprünglichen Naturschutzgedanken, einzelne besondere oder gefährdete Naturbestandteile zu schützen. Zudem spiegelte dieser Anspruch die ideologische Ausrichtung Buchwalds und der Landespflege wieder, denn letztendlich war die Konsequenz, der Landespflege die anderen gesellschaftlichen Interessen unterzuordnen. Buchwald präzisierte dies in modifizierter (und etwas abgeschwächter) Form in dem seit Ende der 1960er Jahre in mehreren Neuauflagen von ihm herausgegebenen Standardwerk das Aufgabenverständnis der Landespflege:

> Landespflege hat die Aufgabe des Schutzes, der Pflege und der Entwicklung der natürlichen Umwelt für die Gesellschaft. Sie erstrebt hierzu den Ausgleich zwischen dem Naturpotential des Landes und den Erfordernissen der Gesellschaft."[245]

Die Landespflege begründete damit ihre politische Agenda. Um einen Ausgleich zwischen den Interessen der Landespflege und den

244 Buchwald, Konrad; Lendholt, Werner et al.: Was ist Landschaftspflege? In: *Garten + Landschaft* 74 (1964), S. 229–231, hier S. 230.

245 Buchwald, Konrad: Begriff und Stellung von Landschaftspflege. In: Ders.; Engelhardt, Wolfgang (Hrsg.): *Landschaftspflege und Naturschutz in der Praxis. Schutz, Pflege und Entwicklung unserer Wirtschafts- und Erholungslandschaften auf ökologischer Grundlage.* München 1973, S. 41–47, hier S. 42.

Erfordernissen der Gesellschaft herzustellen, war es nötig, sowohl Naturpotential als auch die Bedürfnisse der Gesellschaft zu kennen oder diese selbst zu definieren. In einer Gesellschaft, in der, wie im vorangegangenen Kapitel aufgezeigt wurde,[246] Rationalität und Wissenschaftlichkeit zunehmend zu normativen Schlüsselbegriffen wurden, waren diese Ausrichtungen zwei Seiten derselben Medaille.[247] Daraus folgte, dass sich die Landespflege zunehmend sowohl auf die Erarbeitung wissenschaftlicher Grundlagen als auch die politische Durchsetzung konzentrierte:

> Landespflege wird damit zum Begriff für eine zunehmend *zweckrationale* und um *politische Vermittelbarkeit* ihrer Fachinhalte bemühte Planungsdisziplin. Sie versuchte daher, sich von dem ästhetischen, sinnbezogenen Gehalt des Begriffs Landschaft zu trennen, um nicht im Kampf gegen die Zerstörung der Landschaft in den Ruch idealistischer Träumerei zu geraten, und verstärkte dadurch ihre im Nationalsozialismus begründete *naturwissenschaftliche Ausrichtung.*[248]

Die Umsetzung der landespflegerischen Ziele in konkrete Politik bedurfte der Teilnahme am demokratischen Prozess. Das Demokratieverständnis der meisten Vertreter von Naturschutz und Landschaftspflege war jedoch bestenfalls als demokratieskeptisch zu bezeichnen. Dies war vor allem dem zivilisations- und kulturpessimistischen Weltbild geschuldet, aufgrund dessen die Fähigkeit der breiten Masse der Bevölkerung zum verantwortungsvollen Umgang mit der Natur negativ beurteilt wurde. Von einem elitären Standpunkt aus beanspruchte der Naturschutz weiterhin die Deutungshoheit über ein angemessenes Verhalten in der Natur.[249] Beispielhaft für diese Haltung seien an dieser Stelle die Ausführungen Erich Dittrichs zu diesem Thema auf dem Naturschutztag von 1959

246 Siehe Kapitel 2.1.2.

247 Vgl. Körner, *Theorie und Methodologie*, S. 86–87.

248 Ibid., S. 89.

249 Frohn, Stiefkind, S. 103.

angeführt, der als Raumplanungsexperte wichtiger Bündnispartner für die Planungsausrichtung der Landespflege war:

> Scheinbar ist der Einzelne von sich aus heute nicht mehr imstande, das Erforderliche selbst zu tun, d.h. das natürliche Wirkungsgefüge nach Kräften zu schonen und zu erhalten. Es fehlt die pietas, die man der iustissima tellus schuldig ist. Er muss sich dem Diktat des Staates unterwerfen, von ihm sich sein richtiges Verhalten verordnen lassen.[250]

Der Hang der Landespfleger, in der Landschaftsplanung zu einer von oben durch eine Expertokratie verordneten Maßnahmenregelung zu sehen, zeigte einen grundsätzlichen Gegensatz zwischen Landespflege und demokratischer Grundordnung auf.

Buchwalds Ziel war es, bei der staatlichen Aufgabe Landespflege die Zügel „fest in der Hand“[251] zu behalten. Da es bisher keinen staatlichen Vertreter der gesamten Landschaft gebe und ein Landesplaner aufgrund seiner Aufgabe als koordinierend-abwägender Entscheidungsinstanz die „Anwaltschaft“ für die Landschaft nicht ausfüllen könne, sei es notwendig, den Landschaftsplan in Raumordnung und Landesplanung zu integrieren. Landespflege müsse „heute integrierender Bestandteil jeder umfassenden Raumordnung [sein], die diesen Namen verdient“.[252] „Integration“ bedeutete für Buchwald jedoch nicht eine gleichrangige Stellung des Landschaftsplans zu anderen Fachplanungen, sondern er formulierte einen uneingeschränkten Führungsanspruch: „*Der Landschaftsplan ist [...] nicht irgendein Beitrag zur Raumordnung, sondern seinem Wesen und Inhalt nach deren Grundlage und Voraussetzung.*“[253]

---

250 Dittrich, Ordnungsgedanke, S. 131.

251 Buchwald, Zusammenfassung und Folgerung, S. 90.

252 Buchwald, Konrad: Landschaftsplan und Raumordnungsplan. In: *Garten + Landschaft* 74.7 (1964), S. 228–229, Zitat S. 229.

253 Ibid., S. 228, Hervorhebung im Original.

Diese ideologische Ausrichtung führte jedoch zu einem widersprüchlichen Planungsverständnis. Vordergründig um eine Integration in die demokratischen Entscheidungsprozesse der Bundesrepublik bemüht, behielt die Landschaftsplanung trotz Verwissenschaftlichung und Politisierung ihren umfassenden Anspruch, den sie gemäß ihrem Selbstverständnis auf die gesamte Gesellschaft ausdehnte, was sich im Gesamtplanungsanspruch manifestierte. Damit wurde der Prozess der Demokratisierung postwendend unterlaufen.[254]

Für die Teilhabe am demokratischen Entscheidungsprozess war jedoch eine neue, auf Wissenschaftlichkeit und Überzeugungskraft ausgerichtete Strategie vonnöten, die gleichzeitig eine Professionalisierung im Fach selbst zur Voraussetzung hatte. Wie in den vorangegangenen Ausführungen deutlich geworden ist, suchten Buchwald und Kollegen daher keine Änderung der Naturschutzziele, sondern eine Methoden- und Bezugsrahmenkorrektur. Buchwalds Vorgehen war dabei beispielhaft für die Versuche, dem Naturschutz unter Beibehaltung des ideologischen Rahmens eine moderne Methodik zu geben. Verwissenschaftlichung und Professionalisierung auf der einen und konservative Zivilisationskritik gepaart mit einem gesellschaftlichen Sendungsbewusstsein auf der anderen Seite verbanden sich so zu einem auf die gesamte Gesellschaft und die gesamte Landschaft bezogenen Anspruchsdenken.

Der Ansatz Buchwalds passte zur „zeitgenössischen Aufwertung der Planungsphilosophie“[255]. Tatsächlich war der fachinterne Diskurs Ende der 1950er und Anfang der 1960er Jahre öffentlich bisher auf kaum nennenswerten Widerhall gestoßen, auch weil die von Buchwald geforderte Neuausrichtung intern im Kreis der Naturschützer zunächst nicht unumstritten war. Dies lag auch daran, dass die notwendigen Voraussetzungen zunächst noch fehlten. Neben einem Mangel an geeignetem Personal gab es auch einen „Mangel an geeigneten Planungsmethoden und -instrumenten, mit

254 Körner, *Theorie und Methodologie*, S. 121.

255 Hünemörder, *Frühgeschichte*, S. 39.

denen der politische Kampf zur Durchsetzung des landespflegerischen Konzepts hätte kompetent untermauert werden können“[256]. In den 1960er Jahren mussten demnach die wissenschaftlichen Voraussetzungen geschaffen werden, um die Landschaftsplanung sowohl fachintern als auch öffentlich und schließlich auch rechtlich umzusetzen.

2.2.3 Die „Grüne Charta von der Mainau“ 1961

Aufgrund der verbreiteten Skepsis im Naturschutz war es nicht überraschend, dass die nächsten Impulse zunächst aus anderen Fachbereichen kamen. Auf der Jahrestagung des Deutschen Werkbundes (DWB)[257] 1959 in Marl unter dem Titel „Die große Landzerstörung“ griff dessen Vorsitzender, Walter Rossow, das Thema Landschaftsplanung auf und forderte einen verbindlichen Landschaftsplan als Grundlage für weitere Planungstätigkeit. Dieser Beitrag nahm spätere Forderungen der Verbindlichkeitserklärung der Landschaftsplanung vorweg, fand jedoch wenig Widerhall, weder in der Öffentlichkeit noch in Naturschutzkreisen, vielleicht auch weil der DWB kein ausdrücklicher Naturschutzverband war.[258] Zudem erschien die Forderung Rossows nach einer verbindlichen Landschaftsleitplanung für viele Kollegen als „zu scharf“.[259]

Deutlich größere mediale Aufmerksamkeit erlangte die sogenannte „Grüne Charta von der Mainau“. Auch diese war keine

---

256 Körner, *Theorie und Methodologie*, S. 90–91.

257 Der Deutsche Werkbund (DWB) ist eine wirtschaftskulturelle Vereinigung von Künstlern, Architekten und Unternehmern. Erster Geschäftsführer nach Kriegsende war Theodor Heuss.

258 Runge, *Entwicklungstendenzen*, S. 86–87; Runge führt ebenfalls als einen möglichen Grund auf, dass Rossow, als einer der wenigen Landschaftsgestalter, die nicht in die NSDAP eingetreten waren, nicht die Zugehörigkeit zu den bekannten Landespflegern suchte, siehe hierzu Fußnote auf S. 87 a.a.O.

259 Marschall, *Landschaftsplan*, S. 80, Zitat ebd.

Naturschutzfachveranstaltung, sondern eine Tagung der Deutschen Gartenbaugesellschaft (DGG), zu der deren Präsident Graf Lennart Bernadotte Vertreter von Bundes- und Landesparlamenten sowie Verwaltung, Wirtschaft und Verbänden und prominente Ehrengäste, wie zum Beispiel Altbundespräsident Theodor Heuss, zum „5. Mainauer Rundgespräch" auf die Bodenseeinsel geladen hatte.[260]

Höhepunkt dieser Veranstaltung war die Überreichung eines vor den Gesprächen von einer Sachverständigenkommission entworfenen und vom sogenannten „Grünen Parlament" beratenen und beschlossenen Manifestes, der „Grünen Charta", an Bundespräsident Heinrich Lübke am 20. April 1961. Dieser übernahm auch die Schirmherrschaft für ein bei dieser Angelegenheit zur Durchsetzung der Ziele der Charta neu gegründetes Gremium, bestehend aus Persönlichkeiten des kulturellen, wirtschaftlichen und politischen Lebens: dem Deutschen Rat für Landespflege (DRL).[261] Neben Hauptverfasser Erich Kühn, Professor für Städtebau und Landesplanung in Aachen, waren unter anderem Konrad Buchwald, Gert Kragh, Gerhard Olschowy und Werner Lendholt auf Seiten der Natur- und Landschaftspfleger und Landschaftsgestalter an der Erstellung des Dokuments maßgeblich beteiligt. Walter Rossow, Alwin Seifert, Heinrich Friedrich Wiepking und Alfred Toepfer wirkten beratend an der Charta mit.[262]

Die „Grüne Charta von der Mainau" bestand aus fünf Feststellungen, gefolgt von zwölf Forderungen. Die Feststellungen griffen maßgeblich die Artikel 1 (1), 1 (2), 2 (1), 2 (2) und 14 (2) des Grundgesetzes auf, welche die Unantastbarkeit der Würde des Menschen, die Menschenrechte, das Recht auf freie Entfaltung, das Recht auf Leben und die Sozialpflichtigkeit des Eigentums umfass-

---

260 Runge, *Entwicklungstendenzen*, S. 88–89; Runge findet diese Tatsache „bemerkenswert" und „beispielhaft" für den Verlauf der Diskussion um die Landespflege.

261 Engels, *Naturpolitik*, S. 132–133; Marschall, *Landschaftsplan*, S. 80.

262 Kühn, Erich: Kommentar zur Grünen Charta. In: Ders. (Hrsg.): *Die Grüne Charta von der Mainau. Mit Kommentar.* Bonn 1961, S. 7–13, hier S. 7–8.

ten. Die Charta konstatierte, dass die „Grundlagen unseres Lebens [...] in Gefahr geraten" seien, weil „lebenswichtige Elemente der Natur verschmutzt, vergiftet und vernichtet werden und weil der Lärm uns unerträglich bedrängt". Aufgrund dessen seien die im Grundgesetz festgelegten Rechte des Menschen, zu denen auch „das Recht auf ein gesundes und menschenwürdiges Leben in Stadt und Land" gehöre, gefährdet. Daher sei „um des Menschen willen [...] der Aufbau und die Sicherung einer gesunden Wohn- und Erholungslandschaft, Agrar- und Industrielandschaft unerläßlich". Es gehe „um unser aller Schicksal".[263]

Neu war vor allem der dezidierte Bezug auf das Grundgesetz, zum einen mit der Verbindung von Menschenrechten und gesunder Natur, zum anderen aber auch als Bekenntnis zu den Grundwerten der Bundesrepublik. Die „Grüne Charta von der Mainau" sollte nach Ansicht Bernadottes „eine Art Charta der Menschenrechte" werden, die eine „Neuordnung" der Verhältnisse zur Folge haben werde.[264]

Ausgehend von diesen Prämissen stellten die Unterzeichner zwölf als „Minimalforderungen" verstandene Punkte auf, die sie in naher Zukunft verwirklicht sehen wollten:

1. eine rechtlich durchsetzbare Raumordnung für alle Planungsebenen unter Berücksichtigung der natürlichen Gegebenheiten;
2. die Aufstellung von Landschaftsplänen, von Grünordnungsplänen in allen Gemeinden für Siedlungs-, Industrie- und Verkehrsflächen;
3. ausreichender Erholungsraum durch Bereitstellung von Gartenland, freier Zugang zu Wäldern, Bergen, Seen und Flüssen und sonstigen landschaftlichen Schönheiten, stadtinnerer Freiraum in Wohnungsnähe für die

263 KÜHN, *Charta*, S. 4, Zitate ebd.

264 Engels sieht dies aufgrund der Biographien Wiepkings, Seiferts und Kühns mit ihrer aktiven Rolle im Nationalsozialismus als besonders erwähnenswert an, vgl. ENGELS, *Naturpolitik*, S. 133.

tägliche Erholung, stadtnaher Erholungsraum für das Wochenende und stadtferner Erholungsraum für die Ferien;

4. die Sicherung und der Ausbau eines nachhaltigen fruchtbaren Landbaus und einer geordneten ländlichen Siedlung;
5. verstärkte Maßnahmen zur Erhaltung und Wiederherstellung eines gesunden Naturhaushaltes, insbesondere durch Bodenschutz, Klima- und Wasserschutz;
6. die Schonung und nachhaltige Nutzung des vorhandenen natürlichen oder von Menschenhand geschaffenen Grüns;
7. die Verhinderung vermeidbarer, landschaftsschädigender Eingriffe, z.B. beim Siedlungs- und Industriebau, beim Bergbau, Wasserbau und Straßenbau;
8. die Wiedergutmachung unvermeidbarer Eingriffe, insbesondere die Wiederbegrünung von Unland;
9. eine Umstellung im Denken der gesamten Bevölkerung durch verstärkte Unterrichtung der Öffentlichkeit über die Bedeutung der Landschaft in Stadt und Land und die ihr drohenden Gefahren;
10. die stärkere Berücksichtigung der natur- und landschaftskundlichen Grundlagen im Erziehungs- und Bildungswesen;
11. der Ausbau der Forschung für alle den natürlichen Lebensraum angehenden Disziplinen;
12. ausreichende gesetzgeberische Maßnahmen zur Förderung und Sicherung eines gesunden Lebensraumes.[265]

Besonders die Forderungen eins und zwei zeigten deutlich den Einfluss Buchwalds und der anderen Landespfleger mit ihrer zentralen Forderung nach Integration der Landespflege in die Raumplanung. Wie es im Kommentar zur Charta formuliert wurde, müsse die

265 Kühn, *Charta*, S. 5–6.

„Grundlage aller Raumordnung [...] die Landschaft sein“[266]. Die konkreten Lösungsvorschläge „atmeten durchweg den Geist der Landschaftspflege und zielten auf deren Interessen“ ab.[267] Ebenso fällt die teilweise „pompös[e]“[268] Ausdrucksweise in Teilen der Charta auf, die jedoch verglichen mit der verwendeten Sprache in anderen Publikationen und Vorträgen Buchwalds nicht überrascht.[269]

Buchwald selbst stellte in seinem Vortrag auf der Veranstaltung nochmals den seiner Meinung nach „durch die Hetze des modernen Arbeitslebens“[270] kranken Menschen in den Mittelpunkt, der zur Gesundung in die freie Natur strebe. Doch diese werde in immer größerem Ausmaße zerstört und verbaut und der Mensch zunehmend zu einem „Parasit der Erde“.[271] Die Aufgabe, die Natur zu schützen und zu entwickeln,

> werden wir nur lösen können, wenn wir die Natur in unser ganzes heutiges Dasein wieder einbeziehen. Dazu genügt es nicht, wenn die *Natur in der Stadt* wieder Raum findet. Es wird noch wichtiger sein, den Lebensraum des größten Teiles unserer Menschen, die *Stadt, in der Natur* wieder zu verankern.[272]

Was fehle, sei eine „ökologische Gesetzgebung, die Gesetzgebung zum Schutz und zur Pflege des Lebensraums“, darüber hinaus aber auch eine angemessene personelle und finanzielle Ausstattung der

266 Kühn, Kommentar, S. 10.

267 Engels, *Naturpolitik*, S. 135.

268 Ibid.

269 Siehe das vorherige Kapitel zu Buchwald.

270 Buchwald, Konrad: Die Stadt in der Natur. In: Kühn (Hrsg.): *Charta*, S. 21–32, hier S. 24.

271 Ibid., S. 32, Zitat ebd.

272 Ibid., Hervorhebungen im Original.

Naturschutzstellen, die im Vergleich zu anderen europäischen Ländern lediglich ein „Almosen“ sei.[273]

Insgesamt fiel die „Grüne Charta“ durch ein Naturverständnis auf, welches weg vom traditionellen Naturdenkmalschutz zu ganzheitlichen Gesamtkonzepten strebte. Die liberale Rhetorik der Charta blieb bei genauerer Betrachtung jedoch genau dies: ein Versuch, sich „als Avantgarde ‚am Pulsschlag unserer Zeit‘“[274] zu profilieren, unter Beibehaltung der eigentlichen Agenda. So trat in der „Grünen Charta“ das Paradoxon der von Buchwald vertretenen Ausrichtung der Natur- und Landschaftspflege deutlich zutage: Sie strebte eine Modernisierung der Verhältnisse an, blieb jedoch ideologisch in der Zivilisationskritik verhaftet. Hierbei spielte das „Zauberwort Planung“[275] eine zentrale Rolle. Buchwald und Kollegen suchten in Einklang mit den Werten des politischen Systems der Bundesrepublik einen Ausgleich zwischen den verschiedenen gesellschaftlichen Interessen an der Natur, forderten jedoch mit dem Verweis auf das Gemeinwohl und die Existenzsicherung eine Vorzugsbehandlung für den Naturschutz. Sie wollten die Aufmerksamkeit der Öffentlichkeit, entschieden sich aber für den Rahmen des Expertengremiums in prominenter Runde. Dieses Paradoxon erklärt den „zukunftsweisenden“[276] Charakter der Charta, welche gleichzeitig als wichtiges Dokument der frühen Umweltbewegung mit bis heute aktuellen Forderungen anerkannt wird,[277] jedoch sehr limitierte direkte Auswirkungen hatte. Denn auch die „Grüne Charta“ fand trotz der prominenten Gäste und der eindrucksvollen Inszenierung in der unmittelbaren Folgezeit keine größere öffentliche Resonanz. Die Diskussion der Charta war in den Jahren nach

273 Ibid., S. 31, Zitat ebd.

274 Engels, *Naturpolitik*, S. 135.

275 Ibid.

276 Engels, *Naturpolitik*, S. 135.

277 Brüggemeier, Franz-Josef: *Tschernobyl, 26. April 1986. Die ökologische Herausforderung*. 2. Auflage, München 1999 (20 Tage im 20. Jahrhundert), S. 200.

ihrer Veröffentlichung auf einen kleinen Kreis von Fachleuten und Politikern beschränkt, ohne die breite Öffentlichkeit zu erreichen oder gar einen Diskurs anzustoßen.[278]

Somit blieb die „Grüne Charta“ als Dokument der landespflegerischen Ziele und als „erstes großes umweltpolitisches Manifest“ vor allem in der Rückschau ein zentraler Meilenstein der Umwelt- und Naturschutzbewegung. In der unmittelbaren Zeit danach verdeutlichte jedoch die ausbleibende öffentliche Reaktion, dass weiterhin die rechtliche und organisatorische Verankerung der Landespflege in der staatlichen Behördenorganisation primäres Ziel bleiben musste. Eine wichtige Neuerung in Bezug auf die Landespflege war jedoch die Heranziehung der grundgesetzlichen Sozialpflichtigkeit des Eigentums, welche für die zukünftige Begründung und Legitimierung der Landschaftsplanung zunehmend eine zentrale Rolle spielen sollte. Darüber hinaus stellte der Einbezug der landespflegerischen Ziele in das Dokument einen wichtigen Meilenstein in der internen Durchsetzung des landespflegerischen Programms dar.

2.2.4 Rechtliche und methodische Entwicklung der Landschaftsplanung in den 1960er Jahren

In den Folgejahren konzentrierten sich Buchwald und Kollegen vornehmlich auf die Erarbeitung eines vermittelbaren Konzepts und dessen ökologischen Grundlagen. In der Zeit zwischen Bundesbau-

278 Ibid., S. 201; vgl. DITT, Karl: Die Anfänge der Umweltpolitik in der Bundesrepublik während der 1960er und frühen 1970er Jahre. In: FRESE/PAULUS et al. (Hrsg.): *Aufbruch*, S. 305–348, hier S. 308. DITT vertritt die These, dass die ausbleibende Resonanz in sowohl Naturschutz als auch Öffentlichkeit der Tatsache geschuldet sei, dass die Charta weder etwas Konkretes forderte, noch eine neue Philosophie begründete, sondern sich „ganz im Rahmen traditioneller Zivilisationskritik bewegte.“ Diese Erklärung greift in dem Sinne zu kurz, als dass sie die Bedeutung der traditionellen Zivilisationskritik als ideellen Hintergrund für die Neuausrichtung der Landespflege nicht genügend berücksichtigt.

gesetz (1960) und Bundesraumordnungsgesetz (1965) fand dabei die „wesentliche, bis heute nachwirkende Konzeptumbildung“[279] statt. Wie bereits geschildert, war mit der *Landespflege* ein Begriff gefunden worden, der sich bewusst von romantischen, naturschutzorientierten Werten abgrenzte und den Fokus auf die Wissenschaftlichkeit, das heißt die allgemeine, vermeintlich objektive Nachvollziehbarkeit legte. Landespflege sollte nach Buchwald die Aufgabe als „integrierender Bestandteil der Raumordnung mit Schwerpunkt im ökologisch-gestalterischen Bereich“ erfüllen.[280] Damit grenzte sie sich inhaltlich und methodisch von anderen, rein gestaltungs- oder naturschutzorientierten Planungen ab.[281]

Der mittlerweile nicht mehr als Direktor der BANL amtierende Kragh präzisierte die Aufgaben der Landschaftspflege 1963 in vier Grundkategorien: Inventarisierung, Grundlagenforschung, Diagnose und schließlich Landschaftsplanung.[282] Deutlich wird hierbei der systematische Aufbau, der formal an Planung in anderen Disziplinen angelehnt war. Besondere Bedeutung bekam hierbei die Sammlung und Inventarisierung von Wissen, welches schließlich, nach systematischer Analyse, in die Planung umgesetzt werden sollte. Dabei galt es vor allem, einen allgemeingültigen Rahmen in der Arbeitsmethodik zu finden, um die Landschaftsplanung mit anderen Fachplanungen und der Raumplanung kompatibel machen zu können. Die von Buchwald veröffentlichte Arbeitsmethodik für die Landschaftsplanung verdeutlichte daher den gegliederten und anderen Fachplanungen nachempfundenen Aufbau, konzipiert nach dem bekannten Schema von Analyse, Diagnose und Planung:

1. Problemfeststellung
2. Landschaftsanalyse (als Datenermittlung)
3. Landschaftsdiagnose (als Datenauswertung)

279 Runge, *Entwicklungstendenzen*, S. 124.

280 Buchwald, Begriff und Stellung, S. 42.

281 Runge, *Entwicklungstendenzen*, S. 124.

282 Kragh, Naturschutz und Landschaftspflege, S. 63–64.

4. Erarbeitung des Landschaftsprogrammes/des Landschaftsplanes als landespflegerische Zielvorstellung
5. Aufstellung der gesamtplanerischen Zielvorstellungen (Detaillierung von Einzelmaßnahmen, Überprüfung der Realisierbarkeit)
6. Entscheidung für ein Planziel (politische Entscheidung)
7. Durchführungsprogramm
8. Planvollzug
9. Kontrollen zu verschiedenen Zeitpunkten[283]

Den Landschaftsplan selbst unterteilte Buchwald in einen Grundlagenteil und einen Entwicklungsteil. Der Grundlagenteil bestand dabei größtenteils aus der Darstellung der Beschaffenheit des zu planenden Gebietes, einer Bestandsaufnahme der geologischen, hydrologischen und klimatischen Verhältnisse und der Vorkommen von Fauna und Flora. Der zweite Hauptteil der Darstellung befasste sich mit der bestehenden Flächennutzung des beschriebenen Gebietes, unter anderem landwirtschaftlich, forstwirtschaftlich oder industriell genutzte Flächen, Siedlungs-, Verkehrs- oder Schutzflächen. Darüber hinaus enthielt der Grundlagenteil eine „kritische Stellungnahme zu Eingriffen in Haushalt und Bild der Landschaft, die zu Schädigungen bzw. Beeinträchtigungen der Leistungsfähigkeit der Kulturlandschaft führten oder führen können“ in Karte und Text. Schlussendlich erfolgte eine kurze Darstellung von erwarteten oder geplanten Veränderungen in der Nutzungsstruktur des Gebiets. Im Entwicklungsteil wurden dagegen die gewünschten beziehungsweise geplanten und durchzuführenden Maßnahmen festgeschrieben, mit der das betroffene Gebiet entwickelt werden sollte. Dieser Teil enthielt neben eine Stellungnahme und Vorschlägen zur künftigen Nutzung die Darstellung erforderlicher Schutzflächen, Maßnahmen zur „Sicherung

283 Buchwald, Konrad: Arbeitsmethodik der Landschaftspflege. In: Ders./ Engelhardt (Hrsg.): *Landschaftspflege und Naturschutz in der Praxis*, S. 418–427, hier S. 418.

bzw. Verbesserung des landschaftlichen Potentials und zur Gestaltung der Landschaft". Diese Maßnahmen sollten unter anderem mit Ordnungs- und Schutzmaßnahmen durchgesetzt werden: „Grunderwerb, Entschädigungen, Flächenzusammenlegungen und -tausch (Umlegungen), Enteignungen, Nutzungsbeschränkungen, Erlass von Schutzverordnungen usw." gehörten zum „Arsenal" der Landschaftsplaner.[284]

Hier kann man deutlich die Schwerpunkte der Landschaftsplanung erkennen. Zunächst ging es um die Ermittlung und Darstellung des Status quo, um schließlich auf Grundlage aller verfügbaren Informationen Empfehlungen für die künftige Nutzung auszusprechen. Diese sollten daraufhin mit den genannten Ordnungs- und Schutzmaßnahmen durchgesetzt werden. Dieses Gliederungsmuster blieb auch in den Folgejahren die Grundlage für die Landschaftsplanung in allen Bundesländern.[285]

Problematisch waren weiterhin die fehlenden Forschungsgrundlagen, die fachliche und zeitliche Überforderung der zuständigen Landes- und Bezirksstellen durch mangelnde Qualifikation, mangelnde Ausstattung mit Mitteln und Personal sowie die fehlenden rechtlichen Grundlagen. So zeichnete Wolfram Pflug 1969 in seinem Überblick über die bisherige Bilanz der Landschaftsplanung ein eher pessimistisches Bild. Vielen Landschaftsplänen mangele es an „Aussagekraft", da die Mängelliste lang sei:

> [L]andschaftsökologische Forschungsergebnisse fehlen, eine Quantifizierung von Landschaftsfaktoren mangels Maßstäben und Daten [kann] noch nicht vorgenommen werden und die Übersetzung der ungenügend aufbereiteten wenigen Daten in Planungsgrößen [bereitet] Schwierigkeiten.[286]

---

284 Vgl. Buchwald, Arbeitsmethodik, S. 422–427, Zitate S. 423, S. 425 und S. 426.

285 Bechmann, Arnim: *Grundlagen der Planungstheorie und Planungsmethodik. Eine Darstellung mit Beispielen aus dem Arbeitsfeld der Landschaftsplanung.* Bern 1981, S. 28.

286 Pflug, Wolfram: 200 Jahre Landespflege in Deutschland. Eine Übersicht. In: Boettger, Alfred C. (Hrsg.): *Stadt und Landschaft, Raum und*

Als zentraler Missstand wurde die größtenteils in fast allen Ländern der Bundesrepublik weiterhin bestehende Ehrenamtlichkeit der Naturschutzbeauftragten angeführt; darüber hinaus auch der traditionelle duale Aufbau der Naturschutzverwaltung:

> Nur auf ihren Sachverstand und ihre beratende Funktion angewiesen, in der Ausübung ihrer Tätigkeit durch ihren eigentlichen Beruf gehemmt, ohne Mittel, ohne fachkundige Mitarbeiter und ohne Planungsbüro, abhängig von der Einstellung der Behördenchefs zu den Problemen des Naturschutzes und der Landschaftspflege, waren und sind sie überfordert. Keine andere Fachdisziplin leistete sich einen so unzweckmäßigen, zweigeteilten und damit im Grunde inaktiven organisatorischen Aufbau. Die Frage ist berechtigt, ob nicht mit der aus dem Reichsnaturschutzgesetz hervorgegangenen Naturschutzorganisation ein Irrweg beschritten wurde, unter dem heute die Realisierung landespflegerischer Aufgaben zu leiden hat und der nur mühselig korrigiert werden kann.[287]

Auf einem guten Weg zur Korrektur dieses Irrweges befänden sich Baden-Württemberg, Hamburg, Hessen und Niedersachsen, die bereits Landesämter für eine produktive Grundlagenforschung eingerichtet hatten. Darüber hinaus seien die Landesstellen und auch einige Bezirksstellen für den Naturschutz mit Vollzeitstellen ausgestattet worden.[288]

Doch auch bei der bisherigen Bilanz der Landespflege sah Pflug Defizite. Auf den zweijährlichen Naturschutztagen sei wiederholt versucht worden, die Aufgaben des Naturschutzes auf eine „umfassende Landespflege" zu erweitern. Dies habe jedoch nur „wenig Widerhall in der Öffentlichkeit" gefunden, und auch

Zeit. Festschrift für Heinrich Kühn zur Vollendung seines 65. Lebensjahres, Köln 1969, S. 237–280, hier S. 255–256.

287 Ibid., S. 259.

288 Ibid., S. 260–261.

die Akzeptanz innerhalb der Naturschutzbewegung sei noch nicht zufriedenstellend. Pflug konstatierte abschließend in seiner Analyse des Status quo ein „Versagen“ des Naturschutzes, der zwar „zu den großen kulturellen Taten unseres Volkes“ gehöre, doch „nicht zu dem Instrument entwickelt worden [ist], dessen wir heute so dringend bedürfen“. So müsse das Fazit nach über dreißig Jahren des Bestehens des Reichsnaturschutzgesetzes eindeutig negativ ausfallen:

> Der Verzicht des Naturschutzes auf einen eigenen Behördenaufbau, die ‚Arbeitsstellung‘ der ehrenamtlichen Beauftragten außerhalb der Verwaltung ohne nennenswerte Befugnisse, das Aufgehen […] im Bewahren, sein Blick auf das Einzelne statt auf das Ganze, das Fehlen eines Ausbildungsganges für einen Nachwuchs, die Nichtaufnahme bedeutender Aufgaben in seine Zuständigkeit (wie z.B. die Grünordnung), die mangelhafte Weiterentwicklung des Naturschutzrechtes zu einem umfassenden Landespflegerecht und die unzulängliche landschaftsökologische Forschung sind nur einige Gründe für sein Versagen.[289]

Aufgrund des strukturellen „Versagens“ des Naturschutzes sei es der Landespflege bisher nicht möglich, „die ihr gestellten Aufgaben zu bewältigen und als vollgültiger Partner sowohl der Raumordnung wie auch allen Fachbereichen gegenüber zu gelten“.[290]

Die schließlich von Pflug aufgestellten Forderungen waren deshalb auch Ende der 1960er Jahre ähnlich denen, die anlässlich des Naturschutztages 1959 gestellt worden waren: Bessere Bildungs- und Ausbildungsmöglichkeiten für den fachlichen Nachwuchs, Ausbau der Forschungseinrichtungen sowie Neugestaltung der organisatorischen und rechtlichen Grundlagen, inklusive der

289 Ibid., S. 259.

290 Ibid., S. 272, Zitat ebd.

rechtsverbindlichen Aufstellung von Landschafts- und Grünplänen in Orts-, Regional- und Fachplanung.[291]

In diesem Zusammenhang wurden zunehmend die Ehrenamtlichkeit eines Großteils der Naturschutzstellen und der daraus folgende duale Aufbau der Naturschutzverwaltung als Wurzel des Übels ausgemacht. Das Streben nach Professionalisierung und Eingliederung in die Behördenstruktur wurde daher zu einer der Hauptforderungen. „So hart es klingen mag: die Zeiten des ehrenamtlichen Beauftragten für Naturschutz und Landschaftspflege sind vorbei", urteilten Buchwald und Pflug 1968. Diese seien „zeitlich und fachlich überfordert" und bedürften daher der Ablösung durch eine neu organisierte und vor allem mit professionell ausgebildetem Personal besetzte Verwaltung.[292] Mit diesen Forderungen gerieten die Vertreter der Landespflege allerdings innerhalb der Naturschutzbewegung in Konflikt mit den traditioneller ausgerichteten Mitgliedern. Diese befürchteten im Falle der Eingliederung in die Hierarchien der Verwaltung einen Verlust der Unabhängigkeit der Beauftragten, die nötig sei, um die Interessen der Natur als ihr wirklicher Anwalt zu vertreten.[293] Obwohl man die Probleme, welche die ehrenamtliche Besetzung der Naturschutzbeauftragten mit sich brachte, durchaus erkannte, blieb die Haltung des ehrenamtlichen Naturschutzes zur Hauptamtlichkeit im besten Fall ambivalent, auch weil „eine hauptamtliche Organisation die Frage der Qualifikation [der Beauftragten, F.M.] aufgeworfen hätte"[294], sodass viele Naturschutzbeauftragte ihre ehrenamtliche Stellung unter Umständen hätten aufgeben müssen.

291 Ibid., S. 272–273.

292 Buchwald, Konrad; Pflug, Wolfram: Wer soll in Zukunft Landschaftspflege und Naturschutz betreiben? Zur künftigen Organisation der Landschaftspflege und des Naturschutzes sowie über die erforderliche Ausbildung auf diesen Fachgebieten. In: *NuL* 43 (1968), S. 207–208, hier S. 208, Zitate ebd.

293 Leh, *Zwischen Heimatschutz und Umweltbewegung*, S. 463.

294 Ibid., S. 203.

Beispielhaft auch für die Schärfe, mit der dieser Konflikt ausgetragen wurde, sei die Diskussion in der Zeitschrift *Natur und Landschaft* geschildert. Mit Bezug auf die in der gleichen Zeitschrift aufgestellten Forderungen Buchwalds und Pflugs nahm ein Vertreter des ehrenamtlichen Naturschutzes, Werner Volgmann, gegen diese Stellung. Naturschutz sei eine „Gemeinschaftsaufgabe", so Volgmann, die von Beauftragten vertreten werden müsse, die der „Sache, nicht einer vorgesetzten Dienst- oder Verwaltungsbehörde gegenüber [verantwortlich]" seien. Gerade die Unabhängigkeit und Vielfältigkeit seiner Vertreter mache die Stärke des Naturschutzes aus. Daher dürfe es „in Fragen des Naturschutzes [...] jedoch keinen übergeordneten Berufsstand, sondern sollte es immer möglichst viele in der Sache verbundene Experten verschiedener Fachgebiete geben". Der Naturschutz könne seine Ziele „nur durchsetzen, wenn er frei von Weisungsbefugnissen anderer Ressorts bleibt"[295]. Zusammengefasst sei die Schaffung einer neuen, hauptamtlichen Naturschutzverwaltung „undiskutabel [*sic!*], weil damit keine sachlichen Verbesserungen, sondern lediglich erhöhte Verwaltungskosten verbunden wären", resümierte Volgmann und erteilte damit jeglicher Veränderung in der Struktur der Naturschutzverwaltung eine Absage.[296]

Die Antworten von Buchwald und Pflug ließen nicht lange auf sich warten (sie wurden noch in derselben Ausgabe von *Natur und Landschaft* abgedruckt). Die von Volgmann postulierte Freiheit und Unabhängigkeit der Beauftragten für Naturschutz und Landschaftspflege, so Pflug, sei ein „Danaergeschenk". Die „wahren Fachleute" fühlten sich bislang eher ausgegrenzt als unabhängig, waren sie doch von jeglicher Entscheidungsfindung ausgeschlossen. Angesichts der Bilanz des Naturschutzes „nimmt es Wunder an, daß W. Volgmann diese Aufgaben weiterhin in die Hände von

295 Volgmann, Werner: Naturschutz eine hauptamtliche berufsständige Aufgabe? Stellungnahme zu Beiträgen im Heft 9/68 von *Natur und Landschaft*. In: *NuL* 44 (1969), S. 41–43, hier S. 41, Zitate ebd.

296 Ibid., S. 42–43, Zitat ebd.

Pensionären legen möchte, die von ihm als Experten bezeichnet werden."[297]

In dieselbe Richtung argumentierte Buchwald: „Kein Mensch", so Buchwald, käme auf den Gedanken, „die wasserwirtschaftliche, forstliche oder landwirtschaftliche Verwaltung eines Regierungsbezirks oder Kreises einem berufsfremden, ehrenamtlichen Bearbeiter zu übertragen." Bei Naturschutz und Landschaftspflege werde dagegen immer noch von vielen die Auffassung vertreten, man könne „eine weitaus umfassendere Aufgabe, nämlich Schutz, Pflege und Entwicklung der gesamten Naturausstattung dieser Räume als Hobby-Arbeit linker Hand vergeben".[298] Dabei seien die Fakten unumstößlich: Organisationsform und Stellenbesetzung in Naturschutz und Landschaftspflege seien „eigentlich schon bei Erlass des RNG im Jahre 1935 überholt" gewesen. Eine gegenteilige Meinung zu vertreten, sei dagegen unverantwortlich und gefährlich: „[Volgmann] verkennt die schwierige Situation des Naturschutzes und der Landschaftspflege, verharmlost sie und stellt damit eine Gefährdung der notwendigen Weiterentwicklung dar."[299]

Die mit auffallender Schärfe im Tonfall geführte Diskussion, gepaart mit an Sarkasmus grenzender Ironie, verdeutlichte zum einen, wie unterschiedlich die Protagonisten in ihrer Sicht auf die Dinge waren, zum anderen, welches Gewicht diese Frage für die jeweils angestrebte Zukunft des Naturschutzes und der Landschaftspflege besaß. Zu einem Großteil war es jedoch auch eine Generationenfrage, zu welchem Lager man gehörte, sodass mit dem Ausscheiden der „alten" Generation, das sich im Laufe der 1960er Jahre vollzog, zunehmend die Fraktion der Modernisierer

297 PFLUG, Wolfram: Streit um Naturschutz und Landschaftspflege. In: *NuL* 44 (1969), S. 46–50, hier S. 47, Zitate ebd.

298 BUCHWALD, Konrad: Wird die heutige Arbeit für Naturschutz und Landschaftspflege den Anforderungen unserer Zeit gerecht? Eine notwendige Antwort. In: *NuL* 44 (1969), S. 43–48, hier S. 45, Zitate ebd.

299 Ibid., S. 43.

sich gleichsam von selbst durchsetzte. Dennoch hatte das duale Modell, auch aus Gründen der Einfachheit und relativen Kostenneutralität (ein wichtiges Argument für die Verwaltung), noch weiter Bestand.[300]

Um die Strukturen der Naturschutzverwaltung zu ändern bedurfte es einer Gesetzesänderung, entweder innerhalb der Rahmengesetzgebungskompetenz des Bundes oder auf der in der Bundesrepublik für Naturschutz zuständigen Länderebene; die zweite Option wurde jedoch aufgrund einer befürchteten Zersplitterung des Naturschutzrechtes allgemein für weniger erstrebenswert gehalten. Neben dem Streben nach einer Verwaltungsrestrukturierung stand darüber hinaus die Neufassung des rechtlichen Fundaments für die konkrete landespflegerische Tätigkeit im Mittelpunkt der Bemühungen, da die Neuausrichtung auf die Landespflege in zentralen Anliegen in rechtliche Grauzonen führte, welche ihre Umsetzung vor grundsätzliche Probleme stellte. „Planen und Pflegen bedeuten beide gestalten-wollen", referierte Hans-Gerhart Niemeier Ende der 1960er Jahre über „Recht und Not" in der Landespflege und brachte die Problematik, die sich aus dieser Feststellung ergaben, auf den Punkt: „Das aber kann Eingriffe bedeuten, Eingriffe in das Eigentum anderer".[301] Dies sei jedoch in keinem Gesetzeswerk bisher eindeutig geregelt. „Weder in den Landesplanungsgesetzen noch in den zahlreichen gesetzlichen Bestimmungen, die der Landschaftspflege dienen, ist eindeutig für den Raum festgelegt, was gilt und was nicht."[302]

Die von den Landespflegern seit der „Grünen Charta von der Mainau" zur Begründung von Eingriffen herangezogene, in Artikel 14 des Grundgesetzes verankerte Sozialpflichtigkeit des Eigentums

300 Vgl. Leh, *Zwischen Heimatschutz und Umweltbewegung*, S. 203–204. Für eine weitergehende Diskussion und die Entwicklung in Nordrhein-Westfalen siehe das nächste Kapitel.

301 Niemeier, Hans-Gerhart: Recht und Not in der Landschaftspflege und der Landesplanung. In: Boettger, (Hrsg.): *Stadt und Landschaft*, S. 337–343, hier S. 342, Zitate ebd,

302 Ibid., S. 340.

sei im Rechtssystem ungenügend eingebracht. „Die Not der Landschaftspflege" bestehe daher darin, so Niemeier, „daß sie in einem festgefügten Rechtssystem um die Sozialbindung des Eigentums im konkreten Fall mit den Interessen und deren Verbänden, oft aber auch mit Fachbehörden immer erneut ringen muß"[303]. Die Landespflege habe „längst den enggezogenen Rahmen des Reichsnaturschutzgesetzes verlassen" und entwickle sich „zu einer umfassenden Schau und damit zu gesamtplanerischen Vorstellungen für die Gestaltung unserer Kulturlandschaft"[304]. Aufgrund dieser Entwicklung sei es zwingend notwendig, den gesetzlichen Rahmen der Landespflege neu zu gestalten; jedoch sei noch nicht abzusehen, inwiefern der Bund wie im Falle der Raumordnung von seiner Gesetzgebungskompetenz auch Gebrauch machen werde.[305] Das Streben nach einer gesetzlichen Neuregelung wurde zu einem zentralen Punkt des landespflegerischen Forderungskataloges.

Der Deutsche Rat für Landespflege präzisierte seine Forderungen nach der „Grünen Charta von der Mainau" noch einmal und stellte 1967 neun Leitsätze für die gewünschten gesetzlichen Maßnahmen auf dem Gebiet der Landespflege auf. Darin sprach er sich „im Interesse einer wirksamen Landespflege" für ein gesetzgeberisches Ausschöpfen der staatlichen Befugnisse bei größtmöglicher bundesweiter Rechtseinheit aus. Bund, Länder, Gemeinden und Gemeindeverbände sollten rechtlich den Erfordernissen der Landespflege verpflichtet werden. Neben den bisherigen Schutzkategorien sollte es möglich sein, bestimmte Landschaftsteile zu sogenannten „Landespflegebereichen" zu erklären und auf diesen „zur Erhaltung, Pflege und für die Art der Nutzung der natürlichen Hilfsquellen dem Eigentümer Pflichten" aufzuerlegen. Die Landschaftsplanung sollte gesetzlich zur verpflichtenden Grundlage für

303 Ibid., S. 341.

304 Ibid., S. 342–343.

305 Ibid., S. 337.

Raumordnung, Landesplanung, Fachplanung und städtebauliche Planung werden.[306]

Ein weiterer Leitsatz war die Garantie des freien Zugangs zu Wäldern, Bergen und Gewässern als Eckpfeiler der „Erholung für die Allgemeinheit". Ebenfalls ein zentraler Punkt war Leitsatz Nr. 6, welcher die „Verpflichtung des Eigentümers gegenüber der Landschaft" betonte. Dies nahm die Begründung aus der „Grünen Charta" auf, nach welcher nach Artikel 14 Absatz 2 GG das Eigentum dem Wohle der Allgemeinheit verpflichtet sei. Bei Zuwiderhandlungen sollten Verbände, „die sich satzungsgemäß der Landespflege widmen und von der zuständigen obersten Bundes- oder Landesbehörde als solches anerkannt sind", den Rechtsweg beschreiten können. Dies war die Forderung nach der sogenannten Verbandsklage.[307] Der achte Leitsatz formulierte die Notwendigkeit, „aus politischen, wirtschaftlichen, finanziellen und sonstigen Gründen" gemeinschaftliche Lösungen für landespflegerische Aufgaben in Form von Vereinbarungen, Verwaltungsabkommen oder Zusammenschlüssen zu finden. Dies gelte besonders für Landschaften, die Verwaltungsgrenzen überschreiten. Sollten solche gemeinschaftlichen Lösungen nicht auf freiwilliger Basis zustande kommen, so habe „der Gesetzgeber die notwendigen Voraussetzungen für Zwangszusammenschlüsse zu schaffen". Finaler Leitsatz war der Wunsch nach einer Harmonisierung des europäischen Naturschutz- und Landespflegerechts.[308]

Damit waren die Vorstellungen des DRL für Veränderungen in den gesetzlichen Bestimmungen klar umrissen. In ihnen spiegelte sich der Buchwaldsche Ansatz wieder, die Landschaftsplanung als Grundlage der Landespflege gesetzlich zu verankern. Gleichzei-

306 Deutscher Rat für Landespflege: *Rechtsfragen der Landespflege. Leitsätze für gesetzliche Maßnahmen auf dem Gebiet der Landespflege mit Begründungen*. Bonn-Bad Godesberg 1967 (Schriftenreihe des Deutschen Rates für Landespflege, 8), S. 9–10, Zitate ebd.

307 Zur weiteren Geschichte der Verbandsklage siehe Kapitel 3.6.3.

308 DRL, *Rechtsfragen*, S. 9–10, Zitate ebd.

tig sollten die festgesetzten Maßnahmen mit ordnungsrechtlichen Mitteln zum Wohle der Landschaft durchgesetzt werden. Als zentrale Legitimierung fungierte weiterhin die Sicherstellung der Erholung des Menschen in der Natur, welche unter anderem mit dem in Leitsatz Nr. 5 formulierten Landschaftsbetretungsrecht gefördert werden sollte. Insgesamt gesehen standen die „Leitsätze“ damit stellvertretend für das politische Programm des DRL. Auch wenn die Forderung nach einem neuen Naturschutzrecht nicht ausdrücklich gestellt wurde, drückten die Leitsätze und die Betonung der Notwendigkeit einer bundeseinheitlichen Regelung deutlich den Wunsch nach einer gesetzlichen Neuregelung aus.

Damit behielt die Landespflege ihre politische Agenda. Die Landespflege als integrierter Bestandteil der Raumordnung, wie sie in den 1960er Jahren schließlich entwickelt wurde, war, in den Worten von Walter Mrass, „mehr als nur die Summe von landschaftspflegerischen, naturschützerischen und grünordnerischen Maßnahmen“. Stattdessen gab sie „stets aufs Neue die Ziele für die drei Disziplinen in Übereinstimmung mit den politischen und wirtschaftlichen Zielen der Gesellschaft“ aus.[309]

2.2.5 Methodische und organisatorische Entwicklungen im nordrhein-westfälischen Naturschutz bis 1970

In Nordrhein-Westfalen war der Naturschutz bei der Gründung des Landes dagegen als kulturelle Aufgabe definiert und daher wieder dem Kultusministerium zugeordnet worden. Das Reichsnaturschutzgesetz galt ab 1946 und endgültig nach dem Urteil des Bundesverfassungsgerichts 1958 als Landesrecht weiter. Organisatorisch war die Situation des Naturschutzes „fast die gleiche

309 Mrass, Walter: *Die Organisation des staatlichen Naturschutzes und der Landschaftspflege im Deutschen Reich und in der Bundesrepublik Deutschland seit 1935, gemessen an der Aufgabenstellung in einer modernen Industriegesellschaft.* Stuttgart 1970 (Landschaft+Stadt Beiheft 1), S. 3.

wie 1927", durch eine hohe personelle Kontinuität und das duale System mit für den Vollzug zuständigen Verwaltungsbehörden und zugeschalteten ehrenamtlichen Naturschutzbeauftragten auf Landes-, Bezirks- und Kreisebene gekennzeichnet.[310] Diese Organisation des Naturschutzes stieß jedoch zunehmend auf Kritik. Bereits 1956 berichtete der Landesbeauftragte für Naturschutz und Landschaftspflege, Johannes Sigmond, vom Westfälischen Naturschutztag an den Kultusminister Werner Schütz (CDU), dass sich die versammelten Teilnehmer aufgrund der Aufgabenvermehrung für die Hauptamtlichkeit der Naturschutzbeauftragten ausgesprochen hatten.[311] 1960 appellierten auf dem Westfälischen Naturschutztag in Wiedenbrück „350 Natur- und Heimatkundler an Staat, Kirche und Wirtschaft, die Belange des Natur- und Landschaftsschutzes nach besten Kräften zu fördern". Der Naturschutz sei ein öffentliches Anliegen und müsse von breiten Kreisen der Bevölkerung getragen werden. Dazu müsse ein Ausbau der gesetzlichen und organisatorischen Grundlagen der Naturschutzarbeit erfolgen.[312] Solche Appelle zielten auf die gesamtgesellschaftliche Aufgabe des Naturschutzes, welche durch Aufklärung, Schulung und private Eigeninitiative umgesetzt werden sollte. Dementsprechend erfolgte der an dieser Stelle etwas überraschende Aufruf an die Kirchen, deren Einfluss auf die Meinungsbildung im Lande als nicht zu unterschätzen angesehen wurde.

Größere Auswirkungen auf die unmittelbare Entwicklung des Naturschutzes und der Landschaftspflege hatte jedoch die Einführung der verbindlichen Bauleitplanung in Text und Karte für die Gemeinden durch das Bundesbaugesetz von 1960, welche, wie schon im RNG festgelegt, die Beteiligung der Naturschutzstellen erforderte und so Landespflege und Landschaftsplan weiter in den Fokus rückte. Nicht nur stieg aufgrund der vermehrten Pla-

310 Leh, *Zwischen Heimatschutz und Umweltbewegung*, S. 54–55, Zitat S. 54.

311 Landesbeauftragter Sigmond an Minister Schütz, 15.5.1956, LAV Abt. Rhld. NW 453 Nr. 674.

312 Dpa 28.5.1960, Kopie, LAV Abt. Rhld. NW 453 Nr. 674.

nungstätigkeit die Nachfrage nach begleitenden Landschaftsplänen sprunghaft an, sondern es wurde auch im „Rahmen der Bauleitplanung [...] die Möglichkeit eröffnet, nicht mehr nur punktuell [...] sondern flächendeckend in der Ausdehnung des entsprechenden Bauleitplanes zu arbeiten."[313]

In Düsseldorf wurde die Entwicklung des Naturschutzes in Richtung professioneller Landespflege und deren planerischer Ausrichtung nicht nur bemerkt, sondern auch darauf reagiert. Der Kabinettsausschuss für Organisationsfragen beriet über die weitere Zweckmäßigkeit der Ressortierung des Naturschutzes zum Kultusministerium und veröffentlichte am 1. April 1963 ein Gutachten nebst Empfehlung für eine Reorganisation der Naturschutzverwaltung. Neben dem Kultusminister erhoben der Minister für Ernährung, Landwirtschaft und Forsten und der Minister für Landesplanung, Wohnungsbau und öffentliche Arbeiten Anspruch auf die Übernahme des Naturschutzes in ihr jeweiliges Ressort.

Zunächst formulierte der Ausschussvorsitzende im Gutachten die Aufgabe des Naturschutzes, welcher „heute unter einer mehrfachen Zielsetzung" stehe. Nach seiner „geschichtlichen Entwicklung" habe „ursprünglich die Bewahrung und Pflege der heimatlichen Natur in all ihren Erscheinungsformen im Vordergrund" gestanden. Dieser „konservierende Naturschutz" sei auch heute noch „Leitgedanke des geltenden Naturschutzrechts und der Verwaltungspraxis". Dagegen habe sich im weiteren Verlauf der Entwicklung immer deutlicher eine neue Komponente an Bedeutung gewonnen: der sogenannte „gestaltende Naturschutz", welcher „über den konservierenden Naturschutz hinausgreifend darauf ab[zielt], mit gestalterischen Maßnahmen die Landschaft zu beeinflussen." Dies mache den Naturschutz „zu einem wesentlichen Element der Raumplanung",[314] griff der Ausschuss die Argumentation der Landespflege auf.

---

313 Runge, *Entwicklungstendenzen*, S. 98.

314 Gutachten zur Frage der zweckmäßigen Ressortierung des Naturschutzes, Ausschuss für Organisationsfragen, der Vorsitzende, 1.4 1963 LAV

> […] die Bedingungen des Industriezeitalters zwingen dazu, den Naturschutz heute nicht nur als eine konservierende kulturelle Aufgabe zu sehen, sondern den Erholungsbedürfnissen der auf engstem Raum zusammengedrängt wohnenden Menschen entgegenzukommen und gleichzeitig den natürlichen Reiz und die Schönheit der Landschaft nutzbar zu machen. In ihrer modernen Form münden diese Bestrebungen heute in der Schaffung von Naturparks und Erholungsgebieten. […]
> Diese Entwicklung macht bereits deutlich, wie sehr sich in einem entscheidenden Punkt die Aufgabe des Naturschutzes gewandelt hat. Stellte sie sich früher als einen mehr oder weniger eng begrenzten, aber dennoch verhältnismäßig eigenständigen Auftrag an die Verwaltung dar, vorhandene Erscheinungsformen der Natur zu bewahren und zu schützen, so ist heute die Aufgabenstellung ihrem sachlichen Inhalt nach wesentlich weiter gesteckt. Gleichzeitig ist damit aber eine enge Verzahnung auf allen auf den Raum wirkenden Faktoren verbunden (z.B. Städtebau, Straßen- und Wasserbau, Verkehr, Landwirtschaft, industrielle Aufschließung usw.), die dem Naturschutz im Rahmen einer koordinierten Raum- und Landesplanung die Funktion eines gleichberechtigten Ordnungselements neben anderen zuweist.[315]

Der Ausschuss nahm somit die seit einigen Jahren unter anderem von Buchwald und Kragh sowie den anderen „Modernisierern" in Naturschutz und Landschaftspflege hervorgebrachten Argumente auf und formulierte ein Aufgabenverständnis des Naturschutzes, welches bereits deutlich machte, dass der „kulturelle Gedanke" seinen „ressortbestimmenden Charakter" verloren habe. Dementsprechend sprach sich der Ausschuss auch nicht positiv für einen Verbleib des Naturschutzes beim Kultusministerium aus. Für die-

Abt. Rhld. NW 453 Nr. 25, Zitate ebd.

315 Ibid.

ses sprächen lediglich „die geschichtliche Entwicklung" und „eine gewisse Neutralität", da es mit anderen Nutzungsinteressen an der Natur nur wenige Verbindungen habe. Die Gutachter stellten ebenfalls fest, dass der Naturschutz nach 1945 in vielerlei Hinsicht hinter dem seit der Verabschiedung des RNG gemachten Fortschritt geblieben sei. „Die Tatsache, dass der Naturschutz im Jahre 1946 dem Kultusministerium wieder zugewiesen wurde", könne heute nicht als Argument für einen Verbleib dort gelten, da es sich damals „offensichtlich um ein ‚Zurückschlagen des Pendels'" gehandelt habe. „Man wollte eine Maßnahme rückgängig machen, die man als typische Organisationsentscheidung der nationalsozialistischen Regierung ansah."[316]

Wurde beim Kultusministerium die „gewisse Neutralität" als Vorzug herausgestellt, wurde deren Fehlen als Grund für die Absage an das Ernährungsministerium herangezogen. Zwar lägen in seinem Bereich „eine Reihe von Zuständigkeiten, die sowohl eine enge Verbindung zum Naturschutz im herkömmlichen Sinne haben als auch die Raum- und Landesplanung in starkem Maße mitbestimmen", doch seien der Naturschutz und das MELF „trotz ihrer sachlichen Berührung im Wesen sehr verschieden". Die „benachbarten Interessen" des Ernährungsministers seien nämlich „in erster Linie auf die Erfüllung ganz konkreter, vorwiegend agrarpolitischer Zielsetzungen gerichtet". Aufgrund der fehlenden hausinternen Neutralität sei dem MELF nicht zuzutrauen, die Belange des Naturschutzes angemessen zu vertreten. Daher verbleibe am Ende nur die Ressortierung des Naturschutzes beim Ministerium für Landesplanung, Wohnungsbau und öffentliche Arbeiten als „eindeutig beste Lösung". Zentrales Argument sei die enge Verbindung von Naturschutz und Erholungsplanung, bei der es sich „ebenso um eine flächendeckende Planungsaufgabe wie die Verkehrsplanung" handele. Entsprechend empfahl der Kabinettsausschuss „im Interesse einer sachgerechten Bearbeitung und einer wirtschaftlichen Organisation" die Übertragung der

316 Ibid., Zitate ebd.

Aufgaben der obersten Naturschutzbehörde vom Kultusminister auf den Minister für Landesplanung, Wohnungsbau und öffentliche Arbeiten. Dabei solle jedoch sichergestellt werden, dass unter anderem die organisatorische Eingliederung, die Koordinierung der Naturschutzaufgaben mit den übrigen Ressorts und die Zuständigkeiten innerhalb der Bezirksregierungen so vorgenommen werden, dass „die Naturschutzaufgaben wirksam wahrgenommen werden können".[317]

Mit der Ressortierung der Aufgaben des Naturschutzes vom Kultusminister zum Minister für Landesplanung, Wohnungsbau und öffentliche Arbeiten kam die Meyers-Regierung zentralen Forderungen von Naturschützern und Landespflegern nach, die sich einer Modernisierung des Naturschutzes verschrieben hatten. Dennoch blieben die Probleme des Naturschutzes und der Landschaftspflege bestehen, da dessen Position im neuen Ministerium nicht dementsprechend rechtlich abgesichert worden war, sondern, auch ersichtlich in der abschließenden Formulierung des Ausschusses für Organisationsfragen, vom guten Willen des Ministeriums abhängig. Wo die Prioritäten der Landesregierung lagen, machte Landesbauminister und neuer „oberster Naturschützer" Joseph Paul Franken (CDU) bei seiner Eröffnung des Westfälischen Naturschutztages 1964 deutlich. Die Landesregierung sei „sich der hier liegenden Problematik [der Abwägung von Zielen des Naturschutzes und der Wirtschaft, F.M.] durchaus bewußt". Sie wisse, dass „da wo gehobelt wird, auch Späne fallen". Sie wisse allerdings auch, dass sie „alle ihre Aufgaben, die ja aus Steuergeldern finanziert werden, nur erfüllen kann, wenn die Steuern entsprechend eingehen, d.h., wenn die Wirtschaft floriert". Eine florierende Wirtschaft erfordere „zwangsläufig die Inanspruchnahme des Raumes in allen seinen Dimensionen, von der Grundfläche bis hin zum Luftraum". Ziel der Naturschutzpolitik sei daher, diese Inanspruchnahme der Flächen für die Natur möglichst erträglich zu gestalten. „Was wir anstreben [...] ist jedoch, daß im wirtschaftlichen Produktions-

317 Ibid., Zitate ebd.

prozeß *vermeidbare* Verschmutzung der Luft und des Wassers [...] unterbleiben." Der allein durch die öffentliche Hand betrieben Naturschutz könne „vielleicht die gröbsten Auswüchse verhüten", von weitaus größerer Bedeutung für den Erfolg seien allerdings „das Verständnis und die Mitwirkung der Bevölkerung".[318]

Diese Ziele der Landesregierung waren zwar vordergründig positiv für den Naturschutz formuliert und bedeuteten gegenüber dem Status quo eine Verbesserung, gingen jedoch deutlich hinter den von Buchwald formulierten und geforderten Vorrang der umfassenden Landschaftsplanung als Grundlage für die Raumplanung zurück. Naturschutz wurde weiterhin als eine von der öffentlichen Hand unterstützend begleitete, aber von der Privatinitiative der Bürger abhängige Aufgabe angesehen. Neu waren jedoch die Betonung des Vermeidungsprinzips, welches den Verursachern von Schäden an Natur und Landschaft zumindest die Rücksichtnahme auferlegte, und der gesamten Landschaft als Bezugsrahmen für Naturschutz und Landschaftspflege. In den Worten von Franken war „von ausschlaggebender Bedeutung für die Wirksamkeit der stadtnahen Erholungsgebiete [...] die sorgfältige Pflege der *gesamten* Landschaft"[319]. Der Minister nahm damit den Fokus der Landespflege auf die Erholungsplanung auf, vollzog aber nicht den Schritt von der auf Pflege ausgerichteten Ergänzungsplanung zur gestaltenden Grundlagenplanung. In den von Frankens Ministerium erstmalig im Zuge der Veröffentlichung des Landesentwicklungsprogramms formulierten Planungsgrundsätzen spielten Naturschutz und Landschaftspflege keine Rolle.[320]

318 Landesbauminister Joseph Paul Franken über „Naturschutz und stadtnahe Erholungsgebiete" vor dem Westfälisch-Lippischen Naturschutztag am 10.5.1964 in Bielefeld, LAV Abt. Rhld. NW 453 Nr. 674, Hervorhebung im Original.

319 Ibid.

320 Bekanntmachung des Ministers für Landesplanung, Wohnungsbau und öffentliche Arbeiten: Landesentwicklungsprogramm, 7.8 1964, LAV Abt. Rhld. NW 596, Nr. 1204; lediglich die Vermeidung der Be-

Landschaftsplanung konnte in diesem Kontext nur Beiwerk zur allgemeinen Raumplanung sein. Hans-Hermann Bentrup, von 1985 bis 1995 Staatssekretär im MURL, erinnerte sich rückblickend an die untergeordnete Stellung der Landschaftspläne vor der Verabschiedung des Landschaftsgesetzes im Jahr 1975:

> Es handelte sich um gutachterliche Pläne, die anderen Planwerken, zum Beispiel der Bauleitplanung oder größeren Bauvorhaben, zugeordnet waren, sehr häufig allerdings jedoch zum Schubladendasein degradiert wurden und in ihrer Wertschätzung abfällig als ‚Architektenpetersilie' behandelt wurden.[321]

Diese „Architektenpetersilie" blieb weiterhin auf das Wohlwollen der Entscheidungsinstanzen angewiesen, und war damit als sogenanntes „schwaches Interesse" nur bedingt wirksam. Dies liege in der Natur einer nicht fest im Rechtssystem verankerten Landschaftsplanung, so die Analyse, da sie strukturell den kurzfristigen Interessen der Produktion diametral entgegenstehe, weil sie den Produktionsprozess erschwere und verteure. Da in der Gesellschaft „im Regelfall die Produktionsinteressen (Wachstumsinteressen) die stärkeren und dominierenden sind", sei es nicht verwunderlich, „daß die Landschaftsplanung [...] relativ erfolglos" sei oder lediglich dort erfolgreich, „wo ihr kein zentrales Interesse des Produktionssektors entgegensteht."[322]

Somit blieb der Naturschutz auch im Bauministerium aufgrund der fehlenden hausinternen Lobby eigentümlich „heimatlos", wie die *Süddeutsche Zeitung* bemerkte, nachdem die Ressortzugehö-

einträchtigung landschaftlich schöner Gebiete durch Oberleitungen war Gegenstand der „Besonderen Planungsgrundsätze".

321 Bentrup, Hans-Hermann: Landschaftsplanung in Nordrhein-Westfalen. In: Landesbüro der Naturschutzverbände Nordrhein-Westfalen (Hrsg.): *Naturschutztag Nordrhein-Westfalen 1988. Landschaftsplanung – Chance oder Fessel für den Naturschutz? Tagungsbericht*. Essen 1988, S. 4–10, hier S. 5.

322 Bechmann, *Grundlagen der Planungstheorie*, S. 39–40.

rigkeit des Naturschutzes im Zuge der Auflösung des Ministeriums infolge einer Kabinettsreform der Kühn-Regierung 1970, in Zuge derer vor allem die Planungskompetenzen des Bauministeriums in Halstenbergs zentrale Planungsstelle in der Staatskanzlei übergingen, wieder auf die Tagesordnung gelangt war. „Die Frage, wo er am besten aufgehoben ist, ist so alt wie der Naturschutz selbst", kommentierte das Blatt angesichts der „verschlungenen Wege", auf denen der Naturschutz in die Zuständigkeit des Bauministeriums gelangt war. Deutlich sei jedoch, dass „[der] Naturschutz eine viel zu ernste Sache [ist], als daß man ihn den Naturfreunden überlassen könne", so der ironische Kommentar, der die erforderliche Kompetenz der Naturschützer anzweifelte. Doch wohin mit dem Naturschutz? „Von der Farbassoziation Grün her und auch wegen der Kompetenzen für Wald bot sich die Übernahme ins Ministerium für Ernährung, Landwirtschaft und Forsten [...] an"; dies sei jedoch nach einem „vernehmlichen ‚Blödsinn'" des bisher zuständigen scheidenden Bauministers Hermann Kohlhase (FDP), der nach dem Regierungswechsel 1966 Franken im Amt abgelöst hatte, von der Regierungsspitze verworfen worden. Kohlhase hatte vor allem befürchtet, dass der Naturschutz im MELF „Pressionen" von Seiten der Interessengegner aus Land- und Forstwirtschaft ausgesetzt sei.[323]

Auch die Naturschutzbeauftragten waren von der Perspektive einer Ressortierung ins Ernährungsministerium wenig angetan. Der Düsseldorfer Bezirksbeauftragte Karl-Heinz Radermacher schrieb an den Ministerpräsidenten Kühn, der Naturschutz dürfe keinesfalls zur „Grünen Front" der Land- und Forstwirte ressortiert werden, sondern solle nach Bonner Vorbild[324] der Staatskanzlei

323 *Süddeutsche Zeitung*, 20.8.1970.

324 Siehe hierzu das folgende Kapitel für die Entwicklung auf Bundesebene. Im Kanzleramt residierte der ehrenamtliche Naturschutzbeauftragte der Bundesregierung, Bernhard Grzimek. Ressortiert war der Naturschutz auf Bundesebene jedoch im Bundeslandwirtschaftsministerium.

zugeordnet werden.[325] Naturschutz und Landwirtschaft waren sich „auch in Nordrhein-Westfalen noch immer nicht recht grün", wie die *Süddeutsche* treffend das Verhältnis beschrieb. Die schließlich erfolgte Ressortierung des Naturschutzes zur Staatskanzlei kommentierte sie dagegen positiv:

> Naturschutz wird im Zusammenhang mit Umweltschutz im Industrieland Nordrhein-Westfalen eines der wichtigsten Probleme der Zukunft. Kühns Staatssekretär Friedrich Halstenberg, ein renommierter Raumplaner und Verwaltungsfachmann, kann im Rahmen der von ihm gelenkten Landesplanung dem Naturschutz größere Bedeutung als bisher verleihen. Unbeengt von Ressortegoismen, können die Naturschützer Wiesen und Wälder hegen und die Landschaft pflegen.[326]

Dass damit allein der Sache jedoch nicht gedient war, wurde ebenfalls nicht unterschlagen. Der Naturschutz könne nun zwar „mit seinem Briefkopf ‚der Ministerpräsident – oberste Naturschutzbehörde' [...] unten wohl Eindruck schinden, aber keine Grundstücke kaufen"[327].

In der Tat befanden sich Naturschutz und Landschaftspflege auch nach der Ressortierung zur Staatskanzlei weiterhin in einer Sackgasse. Die fachintern in den 1960er Jahren durchgesetzte Ausrichtung auf die Landschaftsplanung wurde zwar auf der politischen Ebene mit der Zuordnung des Naturschutzes zu den Planungsressorts berücksichtigt, doch fehlten weiterhin die rechtlichen und finanziellen Mittel, um dem Anspruch der Landschaftsplanung als flächendeckende Grundlage für Raumordnung Geltung zu verschaffen. Darüber hinaus herrschten durchaus durch das Fehlen eines einheitlichen Gesetzes Rechtszersplitterung und Rechtsunsicherheit. Die Forstabteilung des MELF listete zum

325 Radermacher an Kühn, 20. Juli 1970, LAV Abt. Rhld. NW 453 Nr. 25.

326 *Süddeutsche Zeitung*, 20.8.1970.

327 Ibid.

Beispiel 1973 neunzehn verschiedene Bundes- und Landesgesetze und -verordnungen für die seinen Bereich betreffende Umweltgesetzgebung auf.[328]

In Nordrhein-Westfalen setzte man aber offenbar auf eine Lösung von Seiten des Bundes, obwohl das Bauministerium bereits 1967 die Notwendigkeit einer Änderung des RNG vertreten hatte, da es „in manchen Formulierungen nicht mehr neuzeitlichen verfassungsrechtlichen Auffassungen" entspreche.[329] Dies führte jedoch zu keiner nennenswerten Aktivität der Regierung. Der Anstoß für eine neue Gesetzgebung musste von außen kommen, beziehungsweise von der Bundesregierung ausgehen.

2.3 Die „ökologische Wende" 1970

2.3.1 Die Umweltpolitische Initiative der Bundesregierung 1969/70

Die Bewertung des Ausgangs der Bundestagswahl 1969 und der Wahlsieg der sozial-liberalen Koalition mit seinen Auswirkungen auf den Naturschutz und den „neuen" Umweltschutz in der Bundesrepublik ist in den bisherigen Arbeiten zum Thema grundsätzlich eine positive. Der Naturschutz sei 1969/70 aus seinem „Dornröschenschlaf"[330] geweckt worden, der Antritt der sozial-liberalen Koalition unter Bundeskanzler Willy Brandt markiere „den entscheidenden umweltpolitischen Wendepunkt" und habe eine „intensive Aufbruchsstimmung" erzeugt[331], die Umweltpolitik habe 1969 ihren „Startschuss"[332] erfahren; ja selbst Kritiker der Koaliti-

328 MELF, Auflistung der für die Umweltgesetzgebung relevanter Gesetze und VO, 24.9.1973, LAV Abt. Rhld. NW 610 Nr. 24.

329 Anlage zum Schreiben des Ministers für Wohnungsbau und öffentliche Arbeiten an die Kabinettsmitglieder vom 11.4.1967, LAV Abt. Rhld. NW 453 Nr. 649.

330 FROHN, Naturschutz macht Staat, S. 242.

331 HÜNEMÖRDER, *Frühgeschichte*, S. 154.

332 MÜLLER, *Innenwelt*, S. 53.

on bescheinigten ihr „umweltpolitischen Elan" mit welchem der Umweltschutz zum „Thema mit der höchsten politischen Priorität" geworden sei.[333] Zusätzlich bedeutete das vom Europarat ausgerufene Europäische Naturschutzjahr (ENJ) 1970 für den Naturschutz eine erhöhte öffentliche Aufmerksamkeit. Es waren also zwei nicht direkt von den Naturschutzverbänden oder den für Naturschutz zuständigen Institutionen ausgehende äußere Impulse, welche eine Reform des Naturschutzes auf die Tagesordnung brachten.

Im Wahljahr 1969 dagegen hatten Natur- oder Umweltschutz[334] wie auch schon 1965 im Wahlkampf keine Rolle gespielt. Es besaß darüber hinaus auch keine der Parteien die Ansätze eines umweltpolitischen Programms.[335] „Die Bundesrepublik hinkte umweltpolitisch […] hinter den USA und den Initiativen der internationalen Organisationen hinterher"[336], was sich darin zeigte, dass die Bundesregierung den amerikanischen Vorreiter zunächst emulierte und auf die von den USA ausgehenden internationalen Initiativen reagierte.[337]

Die Naturschutzverbände hatten vor der Wahl in Briefen an die Kanzlerkandidaten Kiesinger und Brandt ihre Erwartungen an eine neue Bundesregierung geäußert; die konkreten Forderungen

333 Jäger, Wolfgang: Die Innenpolitik der sozialliberalen Koalition. In: Bracher, Karl Dietrich (Hrsg.): *Republik im Wandel. 1969–1974: Die Ära Brandt*. Stuttgart 1986 (Geschichte der Bundesrepublik Deutschland, 5.I), S. 15–155, hier S. 145–146.

334 Dieser Begriff, eine Übersetzung des amerikanischen Terminus *environment protection*, bürgerte sich erst in dieser Zeit ein. Brüggemeier datiert die erstmalige Verwendung des Begriffs „Umweltschutz" in Deutschland auf den 7. November 1969, gegen 16 Uhr, in einer Besprechung bei Innenminister Hans-Dietrich Genscher, vgl. Brüggemeier, *Tschernobyl*, S. 208.

335 Müller, *Innenwelt*, S. 55.

336 Ditt, Anfänge der Umweltpolitik, S. 319.

337 Müller, *Innenwelt*, S. 52–53; Schulz, Thorsten: *Das „Europäische Naturschutzjahr 1970". Versuch einer europaweiten Umweltkampagne*. Berlin 2006 (WZB Discussion Papers, 2006–07), S. 5.

umfassten die Reduzierung von Schadstoffemissionen, Schutz schöner Landschaften sowie seltener Tier- und Pflanzenarten, die Erschließung von Erholungsgebieten und die Verhinderung von Übernutzung der Natur. Darüber hinaus forderten sie ein Bundesnaturschutzgesetz unter ihrer Mitwirkung, um die eigenen Professionalisierungsprozesse zu unterstützen.[338] Diese Forderungen entsprachen dem Programm der Naturschützer, das sie in den 1960er Jahren entwickelt hatten. Jedoch spielten diese Fragen im Wahlkampf keine Rolle; die Naturschutzverbände gaben auch keine Wahlempfehlung für eine Partei ab.

Die erste Regierungserklärung Brandts vom 28. Oktober 1969 war als „Manifest des Neubeginns"[339] vollständig vom Geist des Reformoptimismus beseelt. Allein das Wort „Reform" kam mehr als dreißig Mal vor, Synonyme nicht mitgerechnet.[340] Der Reformeifer war damit deutlich zu spüren. „Die erste Regierungserklärung war […] ein Dokument des ‚Macher'-Geistes und des Optimismus hinsichtlich der technokratischen Zukunftsgestaltung."[341] Natur- und Umweltschutz spielten dagegen eine Nebenrolle: „Die Bundesregierung ist der Überzeugung, daß dem Schutz der Natur, von Erholungsgebieten, auch der Tiere, mehr Aufmerksamkeit geschenkt werden muß", hieß es knapp unter Punkt IX „Strukturpolitik" der Regierungserklärung Brandts.[342] Der *Spiegel* führte diese „Entschlackung" des Regierungsprogrammes in diesem Punkt darauf zurück, dass es bis zum Zeitpunkt der Regierungserklärung nicht gelungen sei, den Frankfurter Zoodirektor, Fernsehstar, ehemaligen Vorsitzenden des Deutschen Naturschutzrings (DNR) und

338 Ditt, Anfänge der Umweltpolitik, S. 308–309, Zitat S. 308.

339 Jäger, Innenpolitik, S. 24.

340 Metzler, *Konzeptionen*, S. 351.

341 Jäger, Innenpolitik, S. 26.

342 30.10.1969. Willy Brandt Bundeskanzler; Kabinett der SPD/FDP-Koalition, Regierungserklärung und Debatte. In: *Archiv der Gegenwart. Deutschland 1949 bis 1999. Band 5: Oktober 1966 – April 1970.* St. Augustin 2000, S. 4875–4913, hier S. 4886.

prominentesten Naturschützer, Professor Bernhard Grzimek, als Sachverständigen der Bundesregierung für Natur- und Tierschutz zu gewinnen, da dieser auf Expedition in Mittelamerika weilte. Nach Sichtweise des *Spiegel* sollte diese Berufung ohnehin eher ein Publicity Coup sein. Brandt sei fasziniert von der Idee gewesen, so das Wochenmagazin ironisch, „mit dem Ruf ‚Serengeti darf nicht sterben' die Lebenserwartung der sozialliberalen Koalition zu erhöhen". Vizekanzler Walter Scheel (FDP) habe in der Kabinettssitzung ganz „tierschutzfern" bemerkt, man schlage mit einer solchen Berufung „zwei Fliegen mit einer Klappe. Grzimek ist ja außerdem Vertriebener."[343] Diese eher stiefmütterliche Behandlung des Themas schien darauf hinzuweisen, dass „sich die Regierung der Tragweite der Umweltproblematik 1969 nicht bewusst war"[344], wie Edda Müller rückblickend in ihrer Studie zur Umweltpolitik der Bundesregierung aus den 1980er Jahren feststellte. Andererseits war die Berufung eines Naturschutzbeauftragten durchaus dazu geeignet, das Thema einer breiteren Öffentlichkeit zugänglich zu machen.

Von seiner Expedition zurückgekehrt, zeigte sich Grzimek jedoch bereit, „nicht nur Serengeti-Nashörner, sondern auch Bundesbürger vor dem Sterben zu retten", wie der *Spiegel* diese Entwicklung weiterhin mit viel Ironie begleitete. Grzimek ging seine neue Aufgabe als Bundesbeauftragter für Naturschutz mit einem klar formulierten Anspruchsdenken an: Er sehe sich als eine Art „Naturschutzkanzler", der seiner Aufgabe „völlig unabhängig und unbürokratisch" nachkommen, sowie „Leitlinien quantitativer und qualitativer Art" festlegen und damit Koordinator der gesamten Natur- und Umweltschutzpolitik der Bundesregierung sein werde.[345] Mit dieser Haltung geriet der streitbare Grzimek allerdings schnell mit Hans-Dietrich Genscher aneinander. Der neue liberale Innenminister hatte nach dem politischen Seitenwechsel der FDP

343 *Der Spiegel*, 3.11.1969.

344 Müller, *Innenwelt*, S. 55.

345 Grzimek in: *Der Spiegel*, 29.6.1970.

einen Ersatz für den verloren gegangenen nationalliberalen Flügel gesucht und dabei das neue Feld des Umweltschutzes auserkoren.[346] Hierbei bekam er zunächst volle Rückendeckung von Bundeskanzler Brandt und Kanzleramtschef Ehmke, die unter dem Eindruck des Umweltschutzdiskurses in den USA – 1969 war mit dem National Environmental Protection Act die erste Gesetzgebung zum Umweltschutz verabschiedet worden – und in Erinnerung an Brandts Bundestagswahlkampf 1961[347] sich wie Genscher für das Thema begeisterten, während die SPD selbst noch nicht besonders an diesem Themenkomplex interessiert schien.[348]

Gegenwehr gegen die angedachte Konzentration der Kompetenzen für Natur- und Umweltschutz beim BMI kam dagegen von Genschers Parteifreund Josef Ertl, Bundesminister für Ernährung, Landwirtschaft und Forsten und bis dato zuständig für den Naturschutz auf Bundesebene.[349] Dieser Konflikt zwischen Innen- und Landwirtschaftsminister, welcher „mehr als eine klassische Regierungskontroverse“[350] war, blieb zunächst ohne Lösung und zementierte für die Folgezeit die andauernde Trennung zwischen Natur- und Umweltschutz: Der Naturschutz verblieb nach einer parteiinternen Schlichtungsrunde beim BML. Auch die anderen Aufgaben des Umweltschutzes blieben auf insgesamt sieben Ministerien verteilt. Im Endeffekt kamen lediglich die Aufgaben der Luftreinhaltung, Lärmbekämpfung und Wasser- und Abfallwirtschaft vom Gesundheitsministerium zum BMI. „Die Zweckmäßigkeit dieser Entscheidung wird vor allem im Zusammenhang mit der

---

346 Müller, *Innenwelt*, S. 58.

347 Brandt warb 1961 im Bundestagswahlkampf mit dem „Blauen Himmel über der Ruhr“. Vgl. hierzu Miller/Potthoff, *Kleine Geschichte der SPD*, S. 217–218.

348 Müller, *Innenwelt*, S. 58.

349 Jäger, Innenpolitik, S. 146.

350 Frohn, Naturschutz macht Staat, S. 248.

Zuordnung des Naturschutzes zum BML in Frage gestellt", urteilte beispielsweise Edda Müller.[351]

Ein erstes deutliches Zeichen für eine umweltpolitische Offensive der Brandt-Regierung war dagegen die Einsetzung eines Kabinettsausschusses für Umweltfragen am 6. Juli 1970, welcher mit der Erarbeitung eines Sofortprogramms der Bundesregierung zum Umweltschutz beauftragt wurde. Im Sofortprogramm, das schließlich am 17. September 1970 veröffentlicht wurde, bekannte sich Innenminister Genscher zum Umweltschutz als „politischer Herausforderung unseres Jahrzehnts"[352]. Das unter hohem Zeitdruck entstandene Programm sollte die öffentliche Meinung mobilisieren und schnell vorzeigbare Ergebnisse liefern.[353] Dennoch fiel die öffentliche Reaktion eher negativ aus. Der *Spiegel* bezeichnete das Programm als „Kompendium von könnte-, sollte- und müsste-Überlegungen" ohne konkrete Zahlen oder Aufgabenstellungen.[354] Auffallend war, dass der Naturschutz und Landschaftspflege gewidmete vierte Abschnitt (von sechs) des Sofortprogramms bei einem Gesamtumfang von 56 Seiten nur zwei Seiten umfasste und somit deutlich hinter den Punkten Immissionsschutz, Wasserwirtschaft und Abfallbeseitigung zurücktrat. Um die Kompetenzen für Naturschutz und Landschaftspflege zu behalten, hatte Landwirtschaftsminister Ertl eingewilligt, von seinem Ressort einen Beitrag zum Sofortprogramm erarbeiten zu lassen, jedoch war bis zur Veröffentlichung des Programms kein detaillierter Beitrag des BML fertiggestellt worden.[355] Dies lag zum einen daran, dass es bis dato keine Vorarbeiten im Ministerium gegeben hatte und das Referat

351 Müller, *Innenwelt*, S. 1.

352 Bundesministerium des Innern: Umweltschutz. Sofortprogramm der Bundesregierung. In: *betrifft:* 3 (1970), S. 5.

353 Müller, *Innenwelt*, S. 61.

354 *Der Spiegel*, 5.10.1970.

355 Ditt, Anfänge, S. 324–325 und 327.

für Naturschutz und Landschaftspflege mit nur drei Mitarbeitern (Stand 1970) hoffnungslos unterbesetzt war.[356]

Dementsprechend knapp waren die Ziele der Bundesregierung zu Naturschutz und Landschaftspflege im Sofortprogramm Umweltschutz formuliert. Anvisiert wurde ein Programm für Naturschutz und Landschaftspflege, das „der zunehmenden Entfremdung der Bevölkerung von ihren natürlichen Lebensgrundlagen Einhalt gebieten und die Landschaft in ihrem für den Menschen lebenswichtigen Bestand erhalten" sollte. Dieses Ziel könne durch die „Gestaltung der Natur und Landschaft mit ihrer Tier- und Pflanzenwelt und in ihren Elementen, Klima, Boden und Wasser verwirklicht" werden. Ein aktives Naturschutzprogramm der Bundesregierung setze allerdings voraus, dass „binnen kurzem gesetzliche und andere Maßnahmen getroffen" werden. Das Reichsnaturschutzgesetz von 1935 beschränke sich weitgehend auf Vorschriften, die der Erhaltung, jedoch nicht der Entwicklung der Landschaft dienten. Daher wurde an dieser Stelle die Notwendigkeit der Umwandlung der Rahmengesetzgebungskompetenz des Bundes auf dem Gebiet des Naturschutzes und der Landschaftspflege in eine konkurrierende Gesetzgebungskompetenz herausgestellt. Die hierzu benötigte Grundgesetzänderung werde gegenwärtig beraten und ein Entwurf des BML für ein Naturschutzgesetz dem Kabinett im Frühjahr 1971 vorgelegt.[357]

Der Abschnitt zu Naturschutz und Landschaftspflege griff somit die zentrale Forderung der Naturschützer nach einer gesetzlichen und vor allem bundeseinheitlichen Regelung auf, zeigte jedoch ebenso, dass es im BML bis dahin keine detaillierteren Arbeiten zu einer Reform im Naturschutz gegeben hatte. Im Gegenteil, erst die umweltpolitische Offensive Genschers veranlasste das von der Entwicklung überraschte Landwirtschaftsministerium dazu, sich nun des Themas verstärkt anzunehmen. Ertl reagierte mit der Einsetzung einer Projektgruppe zur Erarbeitung eines

356 Müller, *Innenwelt*, S. 62 und 67–68.

357 Sofortprogramm der Bundesregierung, S. 29.

umfassenderen Programms und eines Gesetzesentwurfs für Naturschutz und Landschaftspflege. Staatssekretär und Projektgruppenleiter Hans Dieter Griesau verteidigte in einem Beitrag in *Natur und Landschaft* den überschaubaren Umfang des Beitrags zu Naturschutz und Landschaftspflege im Sofortprogramm und betonte ausdrücklich, die dort beschriebenen Maßnahmen hätten sich an den bestehenden gesetzlichen und finanziellen Rahmen zu halten und seien auf das kurzfristig Machbare beschränkt gewesen. Da jedoch im Fall von Naturschutz und Landschaftspflege eine gesetzliche Neuregelung vonnöten sei, hätte man sich auf diese Ankündigungen beschränken müssen. Griesau räumte jedoch „einen großen Nachholbedarf" ein, „auch wenn nicht etwa vom Stande null ausgegangen" werden müsse. Die Arbeit habe nun eingesetzt.[358]

Trotz der Ablehnung der geplanten Grundgesetzänderung zur Übertragung der konkurrierenden Gesetzgebungskompetenz für die Bereiche Wasser sowie Naturschutz und Landschaftspflege auf den Bund durch den Bundesrat am 26. Juni 1970 – neben den unionsgeführten Bundesländern Bayern, Baden-Württemberg, Rheinland-Pfalz, Schleswig-Holstein und Saarland stimmte auch das von der SPD regierte Hessen gegen die eingebrachte Änderung[359] – warb Bundeskanzler Brandt am Ende des Jahres weiterhin für die geplante Reform. „Eine durchgreifende Verbesserung der Lage setzt voraus, daß dem Bund auf dem Gebiet des Umweltschutzes die erforderlichen Kompetenzen übertragen werden", so der Bundeskanzler. Die Bundesregierung lasse in dieser Sache nicht locker und strebe weiterhin eine Grundgesetzänderung für den Bereich Naturschutz und Landschaftspflege an: „Wir hoffen, daß

358 Griesau, Hans Dieter: Naturschutz und Landschaftspflege im Sofortprogramm der Bundesregierung für den Umweltschutz. In: *NuL* 45 (1970), S. 418–419, hier S. 419.

359 Für den Ablauf der Bundesratsentscheidung siehe Hünemörder, *Frühgeschichte*, S. 162–163.

[die vorläufige Ablehnung der Grundgesetzänderung durch den Bundesrat] nicht das letzte Wort ist."[360]

2.3.2 Europäisches Naturschutzjahr 1970

Parallel zu den ersten Bemühungen der Bundesregierung auf diesem Feld stellte eine andere Entwicklung Umweltschutz, Naturschutz und Landschaftspflege in den Mittelpunkt des öffentlichen Interesses. Der Europarat hatte im November 1968 das Jahr 1970 zum „Europäischen Naturschutzjahr" (ENJ) ausgerufen. Hauptziel war es, „konkrete Maßnahmen im Rahmen einer langfristigen Planung in ganz Europa zu ergreifen"[361].

Ein bundesweites offizielles Programm zum ENJ von staatlicher Seite aus gab es jedoch nicht.[362] Die Organisation und Durchführung von Veranstaltungen wurde daher von den einzelnen Naturschutzverbänden beziehungsweise den staatlichen Stellen auf Länderebene geleistet. Das Land Nordrhein-Westfalen zum Beispiel beging das Europäische Naturschutzjahr mit einer Reihe von Veranstaltungen zum Thema Naturschutz. Ministerpräsident Kühn übernahm, wie auch die übrigen Ministerpräsidenten in ihren Bundesländern und Bundespräsident Gustav Heinemann für das ganze ENJ, die Schirmherrschaft für die Veranstaltungen. Neben dem jährlich abgehaltenen Westfälischen Naturschutztag gab es Naturschutztage in den Regierungsbezirken, zudem diverse Veranstaltungen in den Kreisen und kreisfreien Städten. In Altenhunden-Lennestadt im Kreis Olpe fanden drei Seminare zum Thema „Gegenwartsfragen des Naturschutzes in Nordrhein-

360 Brandt, Willy: Gesellschaftspolitische Bedeutung eines wirksamen Umweltschutzes. Abschluss des Europäischen Naturschutzjahres. In: *NuL* 46 (1971), S. 3–5, hier S. 5.

361 Europarat: 1970 – Naturschutzjahr des Europarates. In: *Nachrichtenblatt für Naturschutz und Landschaftspflege* 39.11 (1968), S. 44.

362 Erz, Wolfgang: Europäisches Naturschutzjahr 1970 – und was wurde erreicht? In: *NuL* 45 (1970), S. 409–411, hier S. 409.

Westfalen" statt. Höhepunkt der Veranstaltungsreihe war eine von Kühn in Düsseldorf eröffnete Abschlusskundgebung. Im Zentrum der Bemühungen des Landes stand ein mit insgesamt 10 000 DM aus Landesmitteln prämierter Wettbewerb, welcher vorbildliche private Naturschutzleistungen auszeichnen sollte.[363] Die Aktionen des Landes, aber insbesondere der Wettbewerb, fanden positiven Anklang. Nordrhein-Westfalens Naturschützer seien „begeistert von dem Echo des Wettbewerbes" gewesen, schrieb der *Nordwestspiegel* zum Jahresende.[364]

Auf Bundesebene sollte der Deutsche Naturschutztag 1970 vom 25. bis 30. Mai in (West)Berlin, abgehalten unter dem Motto „Erholung im Nahbereich von Verdichtungsräumen", nach den Vorstellungen der Veranstalter einer der Höhepunkte des ENJ sein. Vor internationalen Gästen hielt der Regierende Bürgermeister Klaus Schütz (SPD) ein flammendes Plädoyer für die Bedeutung des Naturschutzes:

> *Naturschutz ist kein Luxus, auf den man gegebenenfalls verzichten könnte.* Und Naturschutz ist keine Marotte, die als liebenswert oder störend, auf jeden Fall als belanglos empfunden werden kann. Naturschutz ist auch keine rückwärtsgewandte Tätigkeit, die lebende Museen kultiviert, deren Ausstellungsstücke Flora und Fauna heißen. Es geht vielmehr darum, die Voraussetzungen für das Leben, manche sagen bereits: für das bloße Überleben, zu bewahren.[365]

---

363 Ministerialblatt für das Land Nordrhein-Westfalen, Jahrgang 1970 Nr. 65 (5.5.70), LAV Abt. Rhld. NW 453 Nr. 571.

364 *Nordwestspiegel* Nr. 235 vom 08.12.1970. LAV Abt. Rhld. NW 453 Nr. 572.

365 Schütz, Klaus: Naturschutz ist kein Luxus. Begrüßungsansprache des Regierenden Bürgermeisters von Berlin. In: Arbeitsgemeinschaft Deutscher Beauftragte für Naturschutz und Landschaftspflege (Hrsg.): *Erholung im Nahbereich von Verdichtungsräumen*. Bonn-Bad Godesberg 1970 (Jahrbuch für Naturschutz und Landschaftspflege, 19), S. 13–14, hier S. 13, Hervorhebung im Original.

Darüber hinaus war das Interesse an der Veranstaltung eher enttäuschend. Wolfgang Erz stellte in der Nachbetrachtung die Abwesenheit von Bundespolitikern auf dem Naturschutztag und die geringe Resonanz in der Berliner Bevölkerung heraus, was den Deutschen Naturschutztag eher zu einer „Klausurtagung“ gemacht habe.[366] Beklagt wurde vor allem das Image des Naturschutzes, welches in der Öffentlichkeit immer noch vom Bild des „Edelweißpflückers“ (Grzimek) dominiert wurde, unterfüttert von „mentalen und habituellen Altlasten“ eines Großteils der Naturschützer.[367]

Auf der Abschlussveranstaltung des Deutschen Naturschutzrings zum Europäischen Naturschutzjahr am 29. November in Bonn war der Bundeskanzler dann anwesend. Brandt betonte, man stehe heute „vor der doppelten Aufgabe, die Natur gleichzeitig *vor* dem Menschen und *für* den Menschen zu schützen“[368]. Es fehle allerdings an einem „systematischen und vorausschauenden Gesamtkonzept“, welches den „außerordentlich komplexen Zusammenhängen unserer Umwelt“ gerecht werde. Die Bundesregierung sei der Überzeugung, dass diese Fragen der Zukunft nicht mehr durch die „defensive Abwehr von Gefahren“ zu lösen seien, sondern durch „vorausschauende und verbeugende systematische Maßnahmen, unsere Umwelt aktiv zu gestalten“[369]. Auch wenn der Bundeskanzler die Landschaftsplanung nicht wörtlich erwähnte, so war doch grundsätzlich von der Verbindung von Naturschutz und Landschaftspflege mit der Raumordnung die Rede.

Das abschließende Fazit des Bundeskanzlers zum ENJ in der Bundesrepublik fiel positiv aus, ohne jedoch euphorisch zu sein. Ein Anfang sei gemacht, doch liege die „Hauptaufgabe noch vor uns“[370]. Ähnlich war die Bewertung durch die Naturschützer, die

---

366 Erz, Wolfgang: Deutscher Naturschutztag 1970 – eine Klausurtagung? In: *NuL* 45 (1970), S. 215–216, hier S. 216.

367 Frohn, Naturschutz macht Staat, S. 245–246.

368 Brandt, Gesellschaftspolitische Bedeutung, S. 3.

369 Ibid., S. 4.

370 Ibid., S. 5.

unisono einen wichtigen „Anfang" konstatierten. Herbert Offner urteilte in der offiziellen Darstellung durch das Organisationskomitee der deutschen Naturschutzverbände, das ENJ sei vor allem im Bereich der Öffentlichkeitsarbeit ein voller Erfolg gewesen, sei doch „noch nie [...] in der Presse so viel über Natur- und Umweltschutz geschrieben, im Rundfunk gesprochen und im Fernsehen gezeigt worden wie in diesem Jahr"[371]. Es gelte nun, diese öffentliche Aufmerksamkeit in praktische Politik umzusetzen. „Nur so kann und wird das ENJ 1970 das Samenkorn für eine gute Ernte sein."[372]

Auch Grzimek konstatierte, das ENJ sei ein Anfang gewesen und habe die Erwartungen erfüllt, soweit diese denn realistisch gestellt wurden: „Erfolge im ENJ waren also weniger in Form behördlicher Maßnahmen als vielmehr in der Anerkennung des Naturschutzes und darin zu erwarten, daß Politiker und Verwaltung sich öffentlich verpflichten, ihn zu verwirklichen." Gleichzeitig nutzte Grzimek den Rückblick für eine vernichtende Kritik des auf Länderebene organisierten staatlichen Naturschutzes in der Bundesrepublik. Mit der Verabschiedung des Reichsnaturschutzgesetzes 1935 und der sich in den folgenden Jahren entwickelnden Fachrichtung der Landschaftspflege habe „kein anderes Land einen besseren Start für die Lösung der Umweltprobleme [gehabt] als unseres", so Grzimek, doch nach 1945 hätten die Bundesländer ihre Aufgaben nicht im Sinne des Gesetzesauftrags wahrgenommen. Die Schwierigkeiten des Natur- und Umweltschutzes habe nicht darin bestanden, keine Lösungsmöglichkeiten zu besitzen, sondern in der fehlenden organisatorischen und finanziellen Ausstattung. Dies müsse nun vor dem Hintergrund der großen Öffentlichkeitswirkung des ENJ von der Politik eingefordert werden. „In einem demokratischen Staat reagieren Politiker nur auf den Wähler. Das ENJ hat mehrfach gezeigt, daß für den Wähler der Naturschutz kein Aschenbrödel mehr ist." Es sei essentiell, die Zuständigkeit

371 Offner, Herbert: Naturschutzjahr 1970 aus Sicht des dafür eingesetzten Komitees. In: *NuL* 45 (1970), S. 412–413, hier S. 412.

372 Ibid., S. 413.

für Naturschutz und Landschaftspflege auf den Bund übergehen zu lassen. Man sei sich einig, dass in Zukunft für Umweltschutz nur internationale Regelungen ausreichen werden, doch bis zur Verwirklichung solcher Regelungen müsse man heute schon den zentralisierten Umweltschutz auf Bundesebene durchsetzen.[373] Grzimek ging noch weiter: Für die Zukunft müsse Naturschutz „als ein Prinzip [verankert werden], daß künftig unsere gesamte Gesetzgebung, die Verwaltungsarbeit, die Wirtschaftsplanung und die Politik begleiten muß".[374] Der Naturschutz müsse dabei nach außen hin offensiv vertreten werden und Geschlossenheit demonstrieren, beschwor Grzimek einen naturschützerischen „Korpsgeist":

> Jeder von uns, der Zugang zu Massenmedien hat, sollte das ausnutzen. Meinungsverschiedenheiten innerfachlicher Art, persönlicher Wettbewerb und Neid, Wettbewerb zwischen Berufsgruppen wie Landschaftsgärtnern, Förstern, Biologen, Botanikern, Zoologen sollten dabei niemals in Massenmedien anklingen. Sie können, wenn wirklich nötig, in der Fachpresse und in den Naturschutzverbänden selbst ausgetragen werden.[375]

Gleichzeitig legte Grzimek Wert auf eine verstärkte Erziehung und Ausbildung der Bevölkerung in Sachen Naturschutz, besonders in Schule und Universität.[376]

Ebenfalls auf die langfristige Naturschutzarbeit verwies Wolfgang Erz in seiner abschließenden Bewertung des ENJ. Es werde vielerorts der Fehler gemacht, „zufällig in das ENJ fallende Ergebnisse langfristiger Naturschutzarbeit als Erfolge dieses besonderen

373 Grzimek, Bernhard: Europäisches Naturschutzjahr 1970 – ein Anfang. In: *NuL* 45 (1970), S. 407–409, hier S. 407.

374 Ibid., S. 408.

375 Ibid., S. 408–409.

376 Ibid., S. 408.

Jahres" zu werten.[377] Das ENJ habe lediglich ein oberflächliches Umweltbewusstsein in der Bevölkerung hervorgerufen, verstärkt durch eine „leichte Furcht vor einer Verschlimmerung der Umweltkrise". Von voller Aufklärung über die Hintergründe oder gar der Entwicklung eines „ökologischen Bewusstseins" könne noch keine Rede sein. Das ENJ sei „die erste große gemeinsame *Werbeaktion* des Naturschutzes gewesen", mit deren Teilerfolgen man durchaus zufrieden sein könnte. Dies müsse nun weitergeführt werden: „Das ENJ hat unser Eisen heiß werden lassen." Nun müsse man es schmieden, solange es heiß sei.[378]

Insgesamt gesehen war das Europäische Naturschutzjahr für die deutsche Naturschutzbewegung besonders aufgrund der bis dahin nie dagewesenen Öffentlichkeitswirksamkeit ein großer Erfolg. Auch wenn die Veranstaltungsreihen und Wettbewerbe, wie am Beispiel Nordrhein-Westfalens zu sehen, keine besonders beeindruckenden Ausmaße hatten, war das interne wie externe Echo durchweg positiv. Die Naturschützer waren sich jedoch durchaus im Klaren, dass die „Werbeaktion" ENJ nur ein Anfang für weitergehende Arbeit sein konnte, besonders auf gesetzlicher und verwaltungsorganisatorischer Ebene, und 1970 noch nicht die „große Wende" im Naturschutz war, wie Hubert Weinzierl am Anfang des Jahres noch zu hoffen gewagt hatte.[379]

2.3.3 Der „Steinsche Entwurf"

Um das Eisen nicht erkalten zu lassen, ging der Bundesbeauftragte Grzimek nun in die Offensive. Ohne Absprache mit dem BML setzte Grzimek einen ad-hoc-Ausschuss unter der Leitung des Verfassungsrichters Erwin Stein ein und beauftragte diesen, ein Bundesgesetz für Naturschutz und Landschaftspflege zu

377 Erz, Europäisches Naturschutzjahr, S. 409, Hervorhebung im Original.

378 Ibid., S. 410–411.

379 Weinzierl, *Die große Wende.*

erarbeiten. Der Ausschuss tagte in mehreren Sitzungen vom 28. Januar bis 16. April 1971 und stellte am 28. April den sogenannten „Steinschen Entwurf" der Öffentlichkeit vor. Neben Stein waren an der Arbeitsgruppe unter anderem noch Konrad Buchwald und Gerhard Olschowy als Vertreter des DRL sowie Vertreter von DNR und ABN beteiligt. Der Bundesbeauftragte für den Naturschutz wurde durch Wolfgang Erz vertreten. Stein erklärte, es sei Ziel des Gesetzesentwurfes, „mit rechtlichen Mitteln die Probleme zu lösen, die durch den fortschreitenden Nutzungswandel der Landschaft und der natürlichen Landschaftsfaktoren infolge der zunehmenden Technisierung und Industrialisierung [...] entstanden sind"[380]. Eine den Erfordernissen des Menschen und der Gesellschaft gerecht werdende Ordnung und Gestaltung der Landschaft und die pflegliche Benutzung der natürlichen Landschaftsfaktoren bedürfe einer rechtlichen Normierung. „[Angesichts] der Neigung des Menschen zu bedenkenlosem Eigennutz und Machtmißbrauch" benötige man zudem die Mittel des „rechtlichen Zwangs", um den Menschen zu verantwortungsbewussten, umweltgerechtem Handeln zu bewegen, so Stein.[381]

Zu diesen weitreichenden Aufgaben reiche die bisherige Rahmengesetzgebungskompetenz des Bundes nicht aus; im Gegenteil, eine Rahmenregelung bejahe ausdrücklich die Rechtsverschiedenheit zwischen den einzelnen Bundesländern. Umweltschutz sei

380 Stein, Erwin: Vorwort zu dem Entwurf eines Gesetzes über Landschaftspflege und Naturschutz (Landespflegesetz). In: Deutscher Rat für Landespflege (Hrsg.): *Recht der Landespflege*. Bonn-Bad Godesberg 1971 (Schriftenreihe des Deutschen Rates für Landespflege, 17), S. 6–13, hier S. 7.

381 Stein, Erwin: Grundfragen des Umweltschutzrechts. In: Arbeitsgemeinschaft Deutscher Beauftragter für Naturschutz und Landschaftpflege (Hrsg.): *Aktuelle Rechtsprobleme in Umweltschutz, Landschaftspflege und Naturschutz. Jahresfachtagung der deutschen Beauftragten für Naturschutz und Landschaftspflege vom 12.-14. Mai 1971 in Wuppertal.* Bonn-Bad Godesberg 1971 (Jahrbuch für Naturschutz und Landschaftpflege, 20), S. 16–34, hier S. 17.

allerdings „kein regionales, sondern ein nationales Problem".[382] Es sei daher zu vermeiden, den technischen Umweltschutz vom biologischen Umweltschutz (also Naturschutz und Landschaftspflege)[383] zu trennen und so einer Zersplitterung der Bemühungen im Umweltschutz die Tür zu öffnen. Darüber hinaus gelte es, das veraltete RNG, das im Wesentlichen nur den konservierenden Naturschutz erfasse, durch ein Landespflegegesetz zu ersetzen, das die bisher nur in Teilbereichen gesetzlich geregelte Landespflege mit einbeziehe, und so den Anforderungen der Moderne mit ihren neuen Aufgabenstellungen gerecht werde.[384]

Stein identifizierte im Vorwort seines Gesetzesentwurfs drei Aufgaben und Funktionen von Naturschutz und Landschaftspflege: Die auf menschliche Gesundheit und Überleben gerichtete existenzielle Funktion, die soziale Funktion der Erholung und die ästhetische Funktion der Erhaltung des Erlebniswertes von Landschaft und Naturschönheit, die alle drei der Sicherstellung eines menschenwürdigen Daseins dienen, für welches zu sorgen dem Staat durch die Artikel 1 und 20 des Grundgesetzes aufgegeben sei. Daneben gelte die durch Artikel 14 GG verfasste Sozialbindung des Eigentums, weshalb Eigentümer notfalls zur Sicherstellung der obengenannten Würde des menschlichen Daseins herangezogen werden konnten.[385] Aus diesen Artikeln ergab sich die in den 1960er Jahren konzeptionierte Forderung nach der Verbindlichkeitserklärung der Landschaftsplanung mit ihrem Anspruch als Vorrangplanung bei gleichzeitiger Berufung auf die Rechtsordnung der Bundesrepublik. In Steins Worten:

---

382 Stein, Vorwort, S. 7.

383 Anfang der 1970er Jahre wurde der Begriff „biologischer Umweltschutz" aufgrund der aufkommenden Popularität des neuen Oberbegriffes zunehmend auch von Naturschützern und Landespflegern verwendet, vgl. Frohn, Naturschutz macht Staat, S. 252.

384 Olschowy, Gerhard: Gedanken zu einem neuen Bundesgesetz für Landschaftspflege und Naturschutz (Landespflegegesetz). In: *NuL* 46 (1971), S. 14–15, hier S. 14–15.

385 Stein, Vorwort, S. 7–8.

> Da die landschaftspflegerische wie die räumliche Planung nicht von sich aus zu einer rechtsverbindlichen Ordnung, sondern nur zur Vorstellung einer Ordnung und zu Vorschlägen führt, wie diese Ordnung erreicht werden kann, bedarf es für diese vorausschauenden landespflegerischen und raumverändernden Planungen der Feststellung ihrer Verwirklichung und ihrer rechtlichen Verbindlichkeit. Die ständige Ausrichtung der Planung auf das Recht und die Freiheit ist durch das Bekenntnis des Grundgesetzes zum freiheitlichen Rechtsstaat gefordert. Diese Erkenntnis verlangt die Unterstellung der planenden öffentlichen Tätigkeit unter die Herrschaft des Rechts.[386]

Für die praktische Arbeit sah der Gesetzesentwurf eine Zusammenfassung von Landespflege- und Naturschutzbehörden vor beziehungsweise die Ersetzung der Naturschutzbehörden der Länder durch Landespflegebehörden. Diese sollten als eigenständige und nicht in die allgemeine Verwaltung eingegliederte Behörden eingerichtet und mit ausreichend qualifiziertem Fachpersonal ausgestattet werden. Daneben sollte der bisher fehlende Vollzugszwang des Naturschutzrechts durch Übertragung von Ordnungs- und Polizeigewalt auf die Landespflegebehörden sichergestellt werden. Die bisherige Organisation der Naturschutzstellen falle weg und werde durch unabhängige Beiräte für Landespflege ersetzt.[387] Diese dienten als „demokratisches Element" gegenüber den Behörden, um, mit den Mitteln des Widerspruchsrechts und der Klagebefugnis ausgestattet, sowohl ein Korrektiv für die Landespflegebehörde zu sein als auch auf Versäumnisse bei der Beteiligung der Landespflegebehörden durch andere Behörden aufmerksam zu machen.[388]

386 Ibid., S. 8.

387 Mrass, Walter: Empfehlungen für eine Organisation auf dem Gebiete Naturschutz und Landschaftspflege. In: ABN (Hrsg.): *Aktuelle Rechtsprobleme*, S. 42–48, hier S. 48.

388 Stein, Vorwort, S. 10.

Die Grundkonzeption des Gesetzesentwurfs war die Ableitung der Einzelregelungen aus dem „Schutz des einheitlichen Naturhaushaltes“. Im Landschaftspflegegesetz ging es also

> nicht um den Bodenschutz im Bereich der land- und forstwirtschaftlichen Nutzung, nicht um die Pflege der Tierwelt als Nutzungs- und Wirtschaftsgrundlage, sondern um den Schutz der natürlichen Landschaftsfaktoren zwecks Erhaltung, Pflege und Gestaltung einer ökologisch zuträglichen Landschaft.[389]

Aus dem daraus erfolgenden räumlich weitergehenden Schutz ergab sich eine weit größere Bedeutung der Landschaft als Bezugsrahmen. Die Gewichtung zugunsten eines räumlich ausgreifenden Landschaftsschutzes zeigte sich ebenfalls in der Einrichtung von Landschaftspflegebereichen als neuer Rechtseinrichtung, die es ermöglichen sollten, außerhalb der bisherigen Schutzkategorien Pflegemaßnahmen zu ergreifen.

Damit orientierte sich der Gesetzesentwurf deutlich am seit Anfang der 1960er Jahre von den Vertretern der Landespflege entwickelten Konzept. Dies stellte die Landespflege als biologischen Arm des Umweltschutzes dar, während es den Naturschutz als Teilbereich der Landespflege unterordnete. Zentrales Instrument war der Landschaftsplan, dessen Verbindlichkeitserklärung besonders durch die existenzielle und soziale und in geringerem Maße durch die ästhetische Aufgabe der Landespflege begründet wurde. „Wir [werden] auf manche gewohnte Vokabel, wie etwa Heimat- und Volkskunde, als Begründung für eine Schutzmaßnahme verzichten müssen“, kommentierte Olschowy den im Gesetzesentwurf festgeschriebenen Strategiewechsel. „In Zukunft werden wissenschaftliche und landschaftsökologische Beweggründe oder Belange der Erholung bestimmend sein.“[390]

389 Ibid., S. 10–11.

390 Olschowy, Gerhard: Zur angestrebten gesetzlichen Regelung der Landespflege und zur Gesetzeskonferenz. In: DRL (Hrsg.): *Recht der*

Der Gesetzesentwurf sah vor, die öffentliche Hand rechtlich zur Landespflege zu verpflichten, unter anderem durch die Ausarbeitung von Landschaftsrahmenplänen im Zuge der regionalen Raumordnung und die Aufstellung von Landschaftsplänen im Rahmen der Bauleitplanung und Fachplanung der Gemeinden.[391] Daneben stand der Ausbau der Naturschutzverwaltung zu professionellen Landschaftspflegebehörden mit entsprechend geschultem Personal und rechtlichen Kompetenzen und Durchsetzungsmöglichkeiten. Dritter Pfeiler war der Ausbau der Forschungsabteilungen und deren finanzielle Ausstattung. Hier wurde besonders auf die „bislang mangelhafte Förderung der Forschung und der Maßnahmen auf dem Gebiet von Naturschutz und Landschaftspflege" hingewiesen, was deutlich werden ließe, „welches Übergewicht man dem technologischen Umweltschutz bislang zugemessen" habe. Auch daher sei eine den technischen wie den biologischen Umweltschutz einschließende Gesetzgebungskompetenz durch den Bund vorteilhaft, um dieses Ungleichgewicht zwischen den beiden Richtungen des Umweltschutzes nicht weiter zu verschärfen.[392] In dieser Diskussion wurde deutlich, welche Dynamik das Thema (technischer) Umweltschutz bereits 1971, ein Jahr nach seiner „Erfindung", entwickelt hatte und sich in Augen der Naturschützer von einer Chance zu einer Bedrohung bezüglich der Marginalisierung des eigenen Themas entwickelt hatte.

2.3.4 Umweltprogramm der Bundesregierung

Am 30. September 1971 legte Genscher schließlich das ein Jahr zuvor angekündigte Umweltprogramm der Bundesregierung vor. Eingeleitet wurde das Programm von zehn zusammenfassenden Thesen. Darin betonte die Bundesregierung das Verursacherprin-

---

Landespflege, S. 27–30, hier S. 27.

391 Olschowy, Regelung, S. 28–29.

392 Ibid., S.29–30, dargelegt auch in Olschowy, Gedanken, S. 15.

zip, die Wichtigkeit „umweltfreundlicher Technik", die notwendige Förderung von Forschung und Ausbildung sowie die Sensibilisierung der Bevölkerung durch Öffentlichkeitsarbeit als zentrale Punkte der Umweltpolitik.[393] Das BMI kündigte an, systematischer Vorausschau und Planung im Umweltschutz künftig größeres Gewicht zu verleihen. Begleitet werden sollte diese von einem zum 1. Januar 1972 eingerichteten Sachverständigenrat für Umweltweltfragen (SRU), dessen Experten die ständige Überprüfung der Umweltpolitik der Bundesregierung und damit „die Voraussetzung für eine objektive, realistische Politik" gewährleisten sollten, wie Genscher im *Spiegel* darlegte.[394] Die Entscheidungen der Bundesregierung würden zukünftig auf einer breiten statistischen Grundlage basieren, die es ermögliche, „Änderungen in der Umweltqualität regelmäßig und verlässlich festzustellen"[395]. Das Innenministerium griff also auch in diesem Fall auf den planungstypischen Dreiklang von vorausschauender Systematik basierend auf statistischer Analyse unter Hinzunahme von Expertenwissen zurück. Gleichzeitig wurde betont, die Basis der sozialen Marktwirtschaft nicht zu verlassen. Nur dort, wo der Marktmechanismus nicht ausreiche, müsse die öffentliche Hand eingreifen.[396]

> Umweltschutz bedeutet eben nicht Ablehnung von Technik und Wirtschaftswachstum; es soll vielmehr durch Maßnahmen in diesem Programm ein umweltorientiertes Verständnis, einschließlich des Konsums erreicht werden.[397]

Ziel des Umweltprogramms war es somit, die Umweltpolitik mit der sozialen Marktwirtschaftsordnung und dem Wachstums- und

393 Bundesministerium des Innern: Umweltprogramm der Bundesregierung. In: *betrifft:* 9 (1971), S. 6.

394 *Der Spiegel*, 3.4 1972.

395 Umweltprogramm der Bundesregierung , S. 11–12, Zitat S. 11.

396 Ibid., S. 13.

397 Ibid.

Fortschrittsglauben zu verschmelzen, beziehungsweise nicht im Gegensatz zueinander stehen zu lassen.

Das Aktionsprogramm des Umweltprogramms schrieb für Naturschutz und Landschaftspflege drei Ziele fest. Es gelte, erstens „die Leistungsfähigkeit des Naturhaushaltes wiederherzustellen, weiter zu entwickeln und die biologische Vielfalt der Landschaft zu erhalten", zweitens die „Güter der Natur" sparsam und nachhaltig zu nutzen, sowie drittens notwendige Eingriffe und schädliche Folgen möglichst auszugleichen. Die Nutzung der Landschaft müsse „in Übereinstimmung mit den Zielen der Raumordnung planmäßig geordnet werden", doch stünden vor allem wirtschaftliche Interessen diesem Ziel entgegen.[398] Im Bericht der Projektgruppe Naturschutz und Landschaftspflege ging man in diesem Punkt deutlich weiter und stellte fest, es wirke sich

> für den Bestand und die Leistungsfähigkeit sehr nachteilig aus, daß Natur und Landschaft auf dem Gewinnstreben beruhenden Einzelinteressen zum Nachteil der Allgemeinheit ausgeliefert sind, ohne daß ein Rechtsinstrument zur Verfügung steht, mit dessen Hilfe es gelingt, diese Interessen mit der Wiederherstellung, Erhaltung und Entwicklung des Naturhaushaltes in Einklang zu bringen.[399]

Daher genüge das seit 1935 bestehende Recht nicht mehr den Anforderungen. Ein weiteres Mal wurden die Forderung nach der konkurrierenden Gesetzgebungskompetenz für den Bund und die Ankündigung eines Gesetzesentwurfs durch das BML erhoben.[400]

Das Umweltprogramm war in vielerlei Hinsicht der Höhepunkt der umweltpolitischen Initiative der Bundesregierung, insbesondere aufgrund der Wertsetzung der ökologischen An-

---

398 Bundesministerium des Innern: *Materialien zum Umweltprogramm der Bundesregierung 1971 (Zu Bundestags-Drucksache VI/2710).* Stuttgart 1971 (Schriftenreihe des Bundesministeriums des Innern, 1), S. 15

399 Ibid.

400 Umweltprogramm, S. 34–36, Zitat S. 34.

liegen gegenüber wirtschaftlichen Interessen. Dennoch erfolgte Kritik seitens der Naturschutzverbände. Die Ausgestaltung des Umweltprogramms war für den Deutschen Naturschutzring, in Person von Wolfgang Pflug, Anlass zu fragen, ob der ökologische Umweltschutz, also Naturschutz und Landschaftspflege, gegenüber dem technischen Umweltschutz nicht „zu kurz gekommen" sei. Grundsätzlich habe die Bundesregierung die Bedeutung, den Naturhaushalt mit seiner Leistungsfähigkeit und Belastbarkeit bei zukünftigen Nutzungsansprüchen an die Landschaft zu berücksichtigen, deutlich angesprochen. Dennoch fehle eine konkrete inhaltliche Ausgestaltung und es mangele dem Programm an einer Strategie. Im Gegenteil, das Umweltprogramm beinhalte eine „nicht ausreichende ökologische Konzeption" und nutze Begriffe, ohne Angaben über deren Inhalte zu machen. „[Man] kann eine begrenzt leistungsfähige Sache nur wiederherstellen, wenn man sie kennt." Die Aufgabe der Erforschung des Naturhaushaltes sei aber nur in vielen Jahren und nicht bis Ende 1971 zu lösen, wie im Umweltprogramm konstatiert. Das Umweltprogramm versäume, diese Frage, mit deren Lösung ein wesentlicher Teil des Programms „steht und fällt", zufriedenstellend zu klären und mache zum notwendigen Instrumentarium „magere Aussagen". Dieses Fehlen sei umso auffallender, weil die Teilbereiche des technischen Umweltschutzes „gründlich durchdachte und ausgearbeitete Strategien enthalten".[401] In diesem Sinne verdeutlichte das Umweltprogramm, dass der biologische Umweltschutz (Naturschutz und Landschaftspflege) begann, hinter dem technischen Umweltschutz zurück-

401 Bauer, Hermann Josef; Olschowy, Gerhard: Zum Umweltprogramm der Bundesregierung. In: Arbeitsgemeinschaft Deutscher Beauftragter für Naturschutz und Landschaftspflege (Hrsg.): *Naturschutz, Erholung, Landentwicklung.* Bonn-Bad Godesberg 1972 (Jahrbuch für Naturschutz und Landschaftspflege, 21), S. 96–101, hier S. 96–97; Pflug, Wolfram: Kommt der ökologische Umweltschutz im Umweltprogramm der Bundesregierung zu kurz? In: *NuL* 47 (1972), S. 186–189, hier S. 187–188, Zitate ebd.

zustehen, was in zunehmendem Maße von den Naturschützern bemängelt wurde.[402]

2.3.5 Scheitern des Bundesnaturschutzgesetzes 1972/73

Unter erheblichen Zeitdruck geraten, legte Ertl schließlich den Gesetzesentwurf für ein neues Bundesnaturschutzgesetz vor und leitete ihm im Mai 1972 dem Bundesrat zu.[403] Aufgrund des vorzeitigen Endes der 6. Legislaturperiode des Bundestages nach dem gescheiterten konstruktiven Misstrauensvotum gegen Brandt konnte der Entwurf erst (unverändert) im Juli 1973 in den Bundestag eingebracht werden.[404] Ein früher, „revolutionärer" Referentenentwurf war dagegen in einem „Paradebeispiel für [einen] Prozess der Negativkoordination [...] Schritt für Schritt herunterkoordiniert" worden.[405] Dieser erste Entwurf ging bis auf den Fall der Verbandsklage teilweise über den Steinschen Entwurf hinaus, insbesondere in der Formulierung eines klaren Vorrangs der Naturschutzinteressen gegenüber anderen Nutzungsansprüchen. Konzipiert als eine Art Grundgesetz des Schutzes der natürlichen Lebensgrundlagen verpflichtete der Referentenentwurf nicht nur die Landespflegebehörden, sondern auch die übrige öffentliche Verwaltung und Privatpersonen auf die Aufgaben von Landschaftspflege und Naturschutz.[406]

Das Naturschutzreferat konnte sich jedoch in der Koordinierungsphase weder im eigenen Ressort gegen die Interessen

402 Frohn, Naturschutz macht Staat, S. 252; vgl. zum Beispiel auch die Grußansprache Grzimeks auf dem Deutschen Naturschutztag 1972, Grzimek, Bernhard: Bessere Rechte für den Naturschutz. In: ABN (Hrsg.): *Naturschutz, Erholung, Landentwicklung*, S. 20–22, hier S. 22.

403 Frohn, Naturschutz macht Staat, S. 253.

404 Müller, *Innenwelt*, S. 337–338.

405 Müller, *Innenwelt*, S. 350 und 393.

406 Ibid., S. 357–358.

der Landwirtschaft durchsetzen, noch die Unterstützung der Umweltschutzreferate im BMI sicherstellen.[407] Der von einer neu eingesetzten Arbeitsgruppe (unter Abwesenheit des erkrankten Verfassers des ersten Entwurfs) formulierte zweite Entwurf blieb dementsprechend weit hinter dem ersten zurück. Mit dem Verzicht auf eine allgemeine Geltung des Gesetzes (privat und öffentliche Hand) und der unmittelbaren Rechtswirkung erfüllte der Entwurf darüber hinaus die Vorgaben von Sofort- und Umweltprogramm nicht.[408]

Dementsprechend negativ gestaltete sich die Reaktion der Naturschutzverbände, die in einer Anhörung im Vorfeld im Februar 1972 den veränderten Entwurf ablehnten. Positiv wurde die Ausweitung des bisherigen Geltungsbereichs des RNG auf den Siedlungsbereich und vom Flächenschutz auf einen umfassenden Schutz des Naturhaushaltes sowie die erstmalige gesetzliche Einführung der Landschaftsplanung angesehen, auch wenn hier der Steinsche Entwurf als weitgehender herausgestellt wurde. Das Fehlen eines Widerspruchs- und Klagerechts für die anerkannten Naturschutzorganisationen in Ertls Gesetzesentwurf wurde „mit großer Enttäuschung“ zur Kenntnis genommen.[409]

Besonderes Missfallen erregte die Einarbeitung von vier sogenannten Landwirtschaftsklauseln, nach welchen eine „ordnungsgemäße Forst- und Landwirtschaft“ grundsätzlich dem Naturschutzinteresse entspreche. Die Naturschützer sahen es für Land- und Forstwirtschaft als zu einfach an, die Bestimmungen des Gesetzes aufgrund dieser Klauseln zu umgehen. „[Die] Bundesregierung [ist] einer eindeutigen Klärung erkennbarer Konflikte zwischen der Sicherung des Naturhaushaltes und den Nutzungsansprüchen der

407 Ibid., S. 394–395.

408 Ibid., S. 362–363.

409 Bopp, Eberhard: Wünsche an ein kommendes Bundesgesetz für Naturschutz und Landschaftspflege. In: *NuL* 47 (1972), S. 215–217, hier S. 215–216; Gaede, Kurt-Alexander: Entwicklung des Naturschutzrechts. In: ABN (Hrsg.): *Naturschutz, Erholung, Landentwicklung*, S. 90–95, Zitat S. 95.

Gesellschaft an die Landschaft ausgewichen", kritisierte in Person von Kurt-Alexander Gaede der Arbeitskreis Naturschutzrecht des Deutschen Naturschutztages.[410] Naturschützer wie Landwirte verkannten die den Landwirtschaftsklauseln zugrunde liegende Absicht, einen Ausgleich zwischen den beiden Interessenparteien zu schaffen beziehungsweise in der Landwirtschaft überhaupt ein Mindestmaß an Kooperation für das neue Gesetz zu erreichen. Von den tatsächlichen rechtlichen Folgen der Landwirtschaftsklauseln abgesehen, vertieften ihre psychologischen Auswirkungen die Gräben zwischen Land- und Forstwirten und Naturschützern. Während die einen den Eingriff in ihre ökonomischen Prozesse mit Polizeimethoden fürchteten, sahen die anderen die Gefahr eines „illegitimen ‚Freibriefs' für die schrankenlose Nutzung der Natur" aufgrund rein ökonomischer Interessen. Diese Reduzierung der Problematik auf ein solches Nullsummenspiel verschärfte den Konflikt zusätzlich.[411]

Der Ablauf des Gesetzgebungsprozesses zeigte auf, dass es dem Naturschutz und der Landespflege intern an Durchsetzungsvermögen fehlte. Dies galt auch vor allem für den Beauftragten der Bundesregierung, Grzimek, dessen vehement propagierter Steinscher Entwurf keine Berücksichtigung im federführenden BML fand. Die letzte Konsequenz war Grzimeks Rücktritt, der aus Rücksichtnahme auf den Rücktritt von Wirtschafts- und Finanzminister Karl Schiller im Juli und die vorgezogenen Neuwahlen zum Bundestag im November 1972 erst im Januar 1973 erfolgte – bezeichnenderweise erklärt auf einer Forschungsreise in der kenianischen Hauptstadt Nairobi. Grzimek, dem es nicht gelungen war, den Beamtenapparat im Kanzleramt oder im BML für seine Zwecke zu instrumentalisieren, hatte zunehmend „die Lust am Mitregieren" verloren.[412] Das BML – dort hatte Grzimeks Stabsstelle seit September 1971 firmiert, nachdem das Kanzleramt zunehmend mit

410 Gaede, Entwicklung, S. 93–94.

411 Müller, *Innenwelt*, S. 342 und 364–366.

412 *Der Spiegel*, 5.2.1973.

der Ost- und Deutschlandpolitik beschäftigt war[413] – kommentierte den Rücktritt des ehrenamtlich tätigen Beauftragten süffisant und sinnbildlich für dessen relative Wirkungslosigkeit: „Wir können uns nicht beklagen, er hat nichts gekostet."[414]

Unbeirrt von den Einwänden der Naturschutzverbände wurde der Gesetzesentwurf des BML im Juli 1973 in den Bundestag eingebracht. Nach der erfolgreichen Bundestagswahl vom November 1972 stellte es kein Problem dar, das Gesetzesvorhaben der Regierungskoalition im Parlament zu verabschieden. Die Mehrheitsverhältnisse im Bundesrat hatten sich jedoch seit dem Mai des Vorjahres nicht verändert. Da der Gesetzesentwurf unverändert dem Bundesrat vorgelegt wurde, fiel dieser wenig überraschend erneut durch. „Verbrämt mit falschen föderalistischen Motiven wird der ökologische Umweltschutz – Naturschutz und Landschaftspflege – auf ein Abstellgleis geschoben"[415], kommentierte Grzimek den Gesetzgebungsprozess. Er hatte trotz der Vorgeschichte die Verabschiedung von Ertls Entwurf befürwortet, da aus seiner Sicht die Erlangung der konkurrierenden Gesetzgebung im Bereich Naturschutz- und Landschaftspflege Vorrang hatte und auch sonst der Entwurf des BML trotz seiner vermeintlichen Fehler „weitgehend einem modernen Naturschutzverständnis [entsprach]" und eine deutliche Verbesserung zum alten Reichsnaturschutzgesetz darstellte.[416]

Das Scheitern der Bundesregierung, die nötige Zustimmung der Länder für das geplante Bundesnaturschutzgesetz zu erlangen, bedeutete einen zunehmenden Bedeutungsverlust für den Naturschutz auf Bundesebene. Im Gegensatz zum technischen verblieb der biologisch-ökologische Umweltschutz auf

413 Vgl. Ellwein, *Krisen und Reformen*, S. 50–51 für den veränderten Fokus der zweiten Hälfte der ersten Regierung Brandt.

414 Erwin Reuß, Sprecher des Bundesministers für Ernährung, Landwirtschaft und Forsten, zitiert in: *Der Spiegel* 5.2 1973.

415 Grzimek, Bessere Rechte, S. 21.

416 Frohn, Naturschutz macht Staat, S. 253.

der Länderebene; ein Umstand, der den im BML weitestgehend isolierten Naturschutz weiter marginalisierte. Während 1974 das Umweltbundesamt im Geschäftsbereich des Innenministers gegründet wurde, verlor die BFANL gegenüber der 1971 gegründeten Länderarbeitsgemeinschaft für Naturschutz (LANa) als Koordinationsstelle der Landeseinrichtungen an Bedeutung.[417] Nachdem Hessen und Bayern 1973 mit der Verabschiedung von neuen Naturschutzgesetzen vorgelegt hatten, setzte sich auch in den anderen Bundesländern die Ansicht durch, dass man bei der Reform des Naturschutzrechts nicht mehr auf eine bundeseinheitliche Lösung warten konnte.

2.4 Durchbruch der Landschaftsplanung: Verabschiedung des LG NW

2.4.1 NRW im Alleingang: Der Weg zum Landschaftsgesetz 1972/73

Naturschutz und Landschaftspflege wurden in Nordrhein-Westfalen zunächst jedoch von einer Kabinettsumgestaltung in Aufruhr versetzt. Am 16. Oktober 1972 informierte der Ministerpräsident die übrigen Kabinettsmitglieder, dass die Belange von Naturschutz und Landschaftspflege zum 1. November in den Geschäftsbereich des Ministers für Ernährung, Landwirtschaft und Forsten übergingen.[418] Der 1970 noch abgewandte Transfer von Naturschutz und Landschaftspflege zur gefürchteten „Grünen Front" im Landwirtschaftsministerium wurde von der Staatskanzlei mit der Anpassung der Verwaltungsstruktur an andere Bundesländer und den Bund begründet.[419] Nach der bisherigen Regelung könne keine Behörde die Landschaft als Ganzes vertreten. Daher fehle für die Landschaftsentwicklung ein zuständiger Verwaltungsbereich. Das

417 Ibid., S. 261.

418 Schreiben von Ministerpräsident Kühn an die Kabinettsmitglieder, 16.10.1972, LAV Abt. Rhld. NW 453 Nr. 26.

419 Pressemitteilung des Landes Nordrhein-Westfalen, 24.10.1972, LAV Abt. Rhld. NW 453 Nr. 26.

MELF erfülle bereits einen Großteil der Aufgaben der Landschaftsentwicklung, sodass es zweckmäßig sei, Naturschutz und Landschaftspflege dessen Geschäftsbereich hinzuzufügen.[420] Darüber hinaus diene die Umressortierung „auch der weiteren Zusammenfassung der Zuständigkeiten für den Umweltschutz innerhalb der Landesregierung", welche nun vom MELF und dem Ministerium für Arbeit, Gesundheit und Soziales (MAGS) getragen wurden.[421]

Diese Maßnahme rief zunächst allgemeinen Unmut unter den Naturschützern in Nordrhein-Westfalen hervor. Die Ressortierung zum MELF stellte die Entwicklung der letzten Jahre in Frage, nachdem es zwei Jahre zuvor noch triftige Gründe dagegen gegeben hatte.[422] Das Schicksal des Naturschutzes im Landwirtschaftsministerium auf Bundesebene vor Augen, ruhte die Hoffnung vor allem in der Person des Ministers Diether Deneke. Deneke, von Beruf ursprünglich ausgebildeter Gärtner und bis zu seiner Berufung zum Landwirtschaftsminister 1966 zuletzt Regierungsdirektor im BML, hatte sich in den Jahren zuvor durchaus als entschiedener Freund des Naturschutzes gezeigt.[423] „In der Regel scheint […] der Landwirtschaftsminister nicht der richtige Mann zu sein für den Umweltschutz", kommentierte beispielsweise das WDR Fernsehen, doch

> in unserem Falle heißt er Diether Deneke und Deneke hat öfters auch in der Öffentlichkeit zu verstehen gegeben, daß er nicht nur kein Bauernlobbyist ist, sondern auch die Belange des Umweltschutzes über technokratische und Rentabilitäts-

---

420 Arbeitspapier zur Vorlage an den Ministerpräsidenten, 29.9.1972, LAV Abt. Rhld. NW 481 Nr. 11.

421 Pressemitteilung des Landes Nordrhein-Westfalen, 24.10.1972, LAV Abt. Rhld. NW 453 Nr. 26.

422 Siehe Kapitel 2.2.5.

423 HAUNFELDER, Bernd: *Nordrhein-Westfalen. Land und Leute 1946–2006. Ein biographisches Handbuch.* Münster 2006, S. 114–115.

> gesichtspunkte stellen wird. Insofern ist er doch der richtige Mann.[424]

Für Deneke bedeuteten zeitgemäßer Naturschutz und zeitgemäße Landschaftspflege, dass diese „zum allgemeinen Nutzen nicht *gegen*, sondern mit der Land- und Forstwirtschaft betrieben werden müssen". Aktiver Naturschutz bedeute nicht länger das „Unter-Schutz-Stellen" einzelner Landesteile und Tierarten, sondern schließe „die natürliche Entwicklung unserer grünen Freiräume" mit ein. Dafür sei die Kooperation mit Land- und Forstwirtschaft unerlässlich. Seine Aufgabe als Minister sei es nun, „vorhandene und vermeintliche Gegensätze zwischen Land- und Forstwirten einerseits und Naturschützern und Naturfreunden andererseits" und die Sorge der Naturschützer, dass im MELF „allzu leicht der Landwirtschaftsminister gegen den obersten Naturschützer entscheiden" werde, abzubauen. Für die Lösung dieser Interessengegensätze formulierte der Landwirtschaftsminister die Leitlinie: „Die Interessen der Allgemeinheit sind denen des Einzelnen überzuordnen. Der Einzelne darf dabei aber keinen Schaden erleiden."[425]

In Sinne dieses Leitsatzes verkündete Deneke, dass in seinem Hause nun mit Vorrang an einer Reform des bisherigen Naturschutz- und Landschaftsrechts gearbeitet werde, da das alte Recht dringend novellierungsbedürftig sei. Man müsse „endlich wahrmachen mit der in unserer Verfassung verankerten Sozialverpflichtung des Eigentums". Auf ein bundeseinheitliches Recht könne Nordrhein-Westfalen nicht länger warten. „Die Aussichten dafür sind nach den letzten Erfahrungen […] gleich null."[426]

---

424 Kommentar Heribert Schmitz im WDR Fernsehen, ausgestrahlt 3.11.1972 19:55 Uhr, Transkript, LAV Abt. Rhld. NW 453 Nr. 26.

425 Deneke, Diether: Naturschutz und Landschaftspflege müssen mit der Land- und Forstwirtschaft betrieben werden. In: *NuL* 48 (1973), S. 226–227, hier S. 226, Hervorhebung im Original.

426 Deneke, Naturschutz und Landschaftpflege müssen, S. 227.

Die nordrhein-westfälische Landesregierung hatte zunächst auf eine Reform des Naturschutzrechts auf Bundesebene gesetzt. Der von Grzimek in die Wege geleitete Steinsche Entwurf wurde grundsätzlich begrüßt.[427] Mit den Schwierigkeiten im Gesetzgebungsprozess setzte jedoch auch in NRW zunehmend ein Umdenken ein, auch wenn man zunächst unentschlossen war, wie eine Regelung auf Landesebene zu erreichen sei, ohne der Bundesregierung in den Rücken zu fallen. Bis dahin hatte es auch noch keine Vorarbeiten zu einem eigenen Gesetz für Naturschutz und Landschaftspflege gegeben. Zudem hielt die für Naturschutz und Landschaftspflege zuständige Abteilung II der Staatskanzlei „nach wie vor die Bundeskompetenz für sinnvoll und mit Rücksicht auf Einschränkung der Sozialpflichtigkeit des Eigentums und auch Verfahrensvorschriften für notwendig".[428]

Staatssekretär Halstenberg vertrat daher in Abstimmung mit dem Abteilungsleiter II weiterhin die „Ansicht, daß eine Bundesregelung vorzuziehen ist; doch wird diese [...] erst mit großem, wahrscheinlich mit Blick auf die Sache zu großem Zeitaufwand möglich sein". Das Kabinett sei in der Sache noch unentschlossen.[429] Bei der Frage, ob Nordrhein-Westfalen ein eigenes Landschaftsgesetz machen solle, sei

> einerseits zu berücksichtigen, daß mit einem Bundesgesetz im Augenblick nur schwach zu rechnen ist, daß aber andererseits das Land Nordrhein-Westfalen sich für eine Grundgesetzänderung [d.h. die konkurrierende Gesetzgebungskompetenz des Bundes, F.M.] entschieden hat, nun also durch ein allzu forsches Vorgehen sich nicht selbst in den

427 Gruppenleiter II C, Vorlage für den Minister, 21.5.1971, LAV Abt. Rhld. NW 453 Nr. 712.

428 Abteilung II an Staatssekretär Friedrich Halstenberg, 19.1 1972, LAV Abt. Rhld. NW 453 Nr. 714.

429 Friedrich Halstenberg, Chef der Staatskanzlei, an Abteilungsleiter II, 20.1.1972, LAV Abt. Rhld. NW 453 Nr. 714.

> Rücken fallen kann, d.h. eine Abklärung der Bundessituation wäre doch noch ein wenig abzuwarten.[430]

Dass man in Düsseldorf zunächst auf Abwarten setzte, zeigte zudem die Strategie zum Abgrabungsgesetz, welches, wie von Vertretern der Landespflege bereits lange gefordert, die Nutzungsansprüche in Bergbaugebieten regelte und Anfang 1972 erarbeitet vorlag.[431] Zu Überlegungen, nach hessischem Vorbild[432] das Abgrabungsgesetz in das Landschaftsgesetz zu integrieren, riet die Abteilung II aus „sachlichen und politischen Gründen" ab. Mit der Verabschiedung allein eines Abgrabungsgesetzes sei „dem Druck, dem wir ausgesetzt sind, zunächst einmal Genüge geschehen. Schließlich brauchen wir, im Gegensatz zu unserer Meinung gegenüber dem Bund zur Gesetzesänderung, nicht schon jetzt erklären, daß wir ein eigenes Gesetz machen werden".[433] Das Abgrabungsgesetz wurde schließlich am 21. November 1972 im Landtag verabschiedet und trat zum 1. Januar des Folgejahres in Kraft, während in Sachen Naturschutz und Landschaftspflege die weitere Entwicklung auf Bundesebene abgewartet wurde.

Den endgültigen Ausschlag für ein eigenes nordrhein-westfälisches Landschaftsgesetz gaben schließlich zum einen das Vorgehen von Schleswig-Holstein, Rheinland-Pfalz und Bayern,

---

430 Abteilungsleiter II an Friedrich Halstenberg, 25.1.1972, Landschaftsordnungs- und Entwicklungsgesetz, LAV Abt. Rhld. NW 453 Nr. 714.

431 Galonske, Dieter: Abgrabungszonen als Entscheidungshilfe zur Handhabung des Abgrabungsgesetzes in Nordrhein-Westfalen. In: *NuL* 48 (1973), S. 302–305, hier S. 302.

432 Das hessische Landschaftspflegegesetz (HLPfG) wurde in den Jahren 1970/71 erarbeitet und ab dem 16.12.1971 im Landtag beraten. Das HLPfG beschränkte sich auf die Landschaftspflege und ließ das RNG zunächst für den Naturschutz weiter bestehen. Es wurde am 28.3.1973 vom hessischen Landtag verabschiedet und trat zum 5.4 1973 in Kraft, vgl. Marschall, *Landschaftsplan*, S. 179–180.

433 Abteilungsleiter II an Friedrich Halstenberg, 25.1.1972, Landschaftsordnungs- und Entwicklungsgesetz, LAV Abt. Rhld. NW 453 Nr. 714.

die im Laufe des Jahres 1973 eigene „Vollgesetze“[434] zu Naturschutz und Landschaftspflege verabschiedeten, zum anderen das Vorgehen von Ertls Landwirtschaftsministerium und dessen nun bekannter Gesetzesentwurf. Auch politisch verfestigte sich zunehmend der Eindruck, die Länder könnten die „zukunftsweisendere Lösung“ als der Bund anbieten, ohne sich auf den kleinsten gemeinsamen Nenner einigen zu müssen, wie die SPD-Landtagsfraktion im Februar 1973 feststellte. Mit der CDU, die grundsätzlich den Spielraum der Länder erhalten wollte und eine bundeseinheitliche Lösung als „nicht praktikabel“ ansah, und der FDP, die zwar weiterhin die konkurrierende Gesetzgebungskompetenz des Bundes präferierte, aber aufgrund der „Sperrtaktik“ der CDU im Bundesrat ihre Ausrichtung angepasst hatte, befürworteten alle im Landtag vertretenen Parteien nun eine eigene Gesetzgebungsoffensive.[435]

Im MELF gab insbesondere der Ertlsche Entwurf für ein Bundesnaturschutzgesetz den Ausschlag. Es bestünden nun „in der Sache [...] gegen die Übertragung der Vollkompetenz für die beiden Sachgebiete [Naturschutz und Landschaftspflege/Wasserhaushalt, F.M.] auf den Bund erhebliche Bedenken“. Besonders die fachlichen Mängel seien bis zur Veröffentlichung des Gesetzesentwurfs nicht deutlich gewesen:

a) Die aufwendige vierstufige Landschaftsplanung enthält bei näherem Zusehen nicht viel mehr als einen besonderen Fachbeitrag zur Raumordnung, Landesplanung, Regionalplanung und Bauleitplanung.
b) Das bisher schon schwerfällige Instrumentarium der Schutzmaßnahmen des Reichsnaturschutzgesetzes wird nicht nur übernommen, sondern sogar noch ausgeweitet (Naturschutz, Landschaftsschutz, Naturdenkmalschutz, Ausweisung von

434 Während Hessen nur ein landschaftspflegerisches Zusatzgesetz zum RNG verabschiedete, schafften die anderen drei Bundesländer das alte Recht vollständig ab und ersetzten es durch Landesnaturschutzgesetze.

435 *Landtag intern* 4, 23.2.1973, LAV Abt. Rhld. NW 453 Nr. 717.

Nationalparken, Naturparken und Landschaftspflegebereichen).

c) Das Landschaftsbetretungsrecht wird so knapp geregelt, daß es nicht mal die Anforderungen an eine rahmengesetzliche Regelung erfüllt.

d) Die Entschädigungsvorschriften im Bundesentwurf sind dagegen so großzügig gefaßt, daß die Grundstückseigentümer praktisch für jede ernsthafte Benachteiligung einen Ausgleich in Geld erwarten können. Hierdurch werden die meisten sachlichen Eingriffsbestimmungen praktisch wieder infrage gestellt.

e) Die sachlich zu begrüßenden Vorschriften über eine intensive Beteiligung der Naturschutzbehörden bei allen landschaftsverändernden Maßnahmen, Genehmigungen und Verfahren anderer Behörden werden in ihrem Wert dadurch weitgehend wieder aufgehoben, daß sie für das Verhältnis zu den Bundesbehörden nicht gelten oder zumindest stark verdünnt werden. Der Vorbehalt zugunsten der Bundesbehörden gilt natürlich erst recht für die unmittelbaren, materiell-rechtlichen Bindungen und Einschränkungen, die das Gesetz selbst enthält.

Die nordrhein-westfälischen Naturschutzrechtsexperten attestierten dem Gesetzesentwurf der Bundesregierung vor allem eine Unschärfe beziehungsweise „Verdünnung“ der beabsichtigten Regelungen zuungunsten der Landschaft. Sie bemängelten, dass das neue Gesetz kaum rechtliche Durchsetzungsmaßnahmen für die Landespflege biete. Dementsprechend regte die Abteilung an, das Kabinett möge beschließen, „die Grundgesetzänderung nicht mehr zu unterstützen“.[436]

Diesen Standpunkt erläuterte Minister Deneke bei einem Gespräch mit Bundestagsabgeordneten aus Nordrhein-Westfalen. Die

436 Kabinettsvorlage für den Minister, 25.3.1973, LAV Abt. Rhld. NW 453 Nr. 717, Zitate ebd.

Landesregierung habe sich stets für ein einheitliches Bundesrecht ausgesprochen und deswegen jahrelang gezögert, an eine eigene Gesetzgebung heranzugehen. Es bestehe jedoch keine Hoffnung mehr auf die erforderlichen Mehrheiten in beiden Kammern. „Nun ist [...] der Zeitpunkt gekommen, an dem die Landesregierung glaubt, nicht mehr länger warten zu können."[437]

2.4.2 Ausarbeitung des LG NW

Parallel zu diesem Entscheidungsprozess begannen die Arbeiten für einen Entwurf für ein nordrhein-westfälisches Landschaftsgesetz. Erklärtes Ziel der hierzu eingesetzten Arbeitsgruppe war es, die rechtlichen Möglichkeiten im Sinne von Naturschutz und Landschaftspflege voll auszunutzen. Die Landschaftsplanung, als „primär [...] hoheitliche Angelegenheit" etabliert, sollte nach Willen des Gesetzgebers den „Übergang vom konservierenden Naturschutz alter Art zur aktiven Landschaftspflege, zum Biotop-Management, zur planvollen Landschaftsentwicklung" vollziehen, wie eines der Mitglieder dieser Arbeitsgruppe, Ludger Pielow, es später in einem Referat auf dem Deutschen Naturschutztag formulierte.[438]

Der erste Thesenentwurf wurde am 15. August 1972 fertiggestellt. Zunächst formulierten die Verfasser drei Grundthesen für die weitere Ausgestaltung: Die bisherigen Schutzkategorien Natur-

437 Ministervorlage für das Zusammentreffen mit Bundestagsabgeordneten aus Nordrhein-Westfalen , 3.4 1973, LAV Abt. Rhld. NW 453 Nr. 717.

438 Pielow, Ludger: Naturschutz und Verwaltung – aus Sicht der Verwaltungspraxis. In: Arbeitsgemeinschaft Deutscher Beauftragter für Naturschutz und Landschaftspflege (Hrsg.): *Die neue Rechtsentwicklung im Naturschutz und Probleme der Landschaftsplanung. Referate des Deutschen Naturschutztages 1976 (24.-27. Mai) in Essen und des Seminars „Naturschutz – Landschaftsplanung/Bauleitplanung – Umweltverträglichkeitsprüfung (26.-28. September 1976) in Bremen*. Bonn-Bad Godesberg 1976 (Jahrbuch für Naturschutz und Landschaftspflege, 25), S. 31–42, hier S. 31 und 33, Zitate ebd.

und Landschaftsschutzgebiet sowie Naturparke reichten aufgrund der gestiegenen Siedungsdichte nicht mehr aus. Daneben müsse aufgrund des Erholungsbedarfs des Menschen die Landschaft „allerorts für die Erholung erhalten und entwickelt werden." Drittens seien Landschaft, Naturhaushalt und natürliche Hilfsquellen „von jedermann zu schonen". Bei unvermeidbaren Eingriffen seien Ausgleiche zu schaffen.[439]

Von diesen Grundprämissen ausgehend, konkretisierten die Verfasser die Ansprüche des neuen Gesetzes. „Das gesamte Gebiet des Landes, nicht nur Einzelgebiete, ist landschaftspflegend und -gestaltend zu erfassen." Dies sollte auf vierfache Weise geschehen: Ziel war es, Landschaftsrahmenpläne aufzustellen, die in die Landesplanung integriert werden und damit Verbindlichkeit erlangen sollten. Jeder Eingriff in den Naturhaushalt müsse entweder verhindert oder ausgeglichen werden; im zweiten Falle müssten die Eingriffe ohne neues Genehmigungsverfahren landespflegerisch gelenkt, das heißt von den Landespflegebehörden genehmigt und kontrolliert werden. Der Entwurf verpflichtete Grundstückseigentümer, Maßnahmen auf wüsten Bereichen zumindest zu dulden. Daneben wurden Enteignungsverfahren und Vorkaufsrechte der öffentlichen Hand ausgeweitet und vereinfacht. Die „Sozialbindung nach Art. 14 GG wird voll ausgeschöpft", hieß es hierzu im Thesenpapier.[440]

Dazu entwarf die Arbeitsgruppe ein uneingeschränktes Betretungsrecht für Flur und Gewässer, parallel zu den Bestimmungen des nordrhein-westfälischen Landesforstgesetzes von 1969, das ein solches Recht für den Wald bereits vorsah. Damit sollte der Erholungsanspruch der Bevölkerung an die Landschaft sichergestellt werden. Freie landwirtschaftliche Flächen, Grünland und Brachflächen sollten dabei außerhalb der Nutzzeit grundsätzlich zum Betreten und Sporttreiben geöffnet werden. Das Recht zur Nutzung von

---

439 Erster Thesenentwurf zu einem Landschaftsgesetz, 15.8.1972, LAV Abt. Rhld. NW 481 Nr. 14.

440 Ibid.

privaten oder halböffentlichen Wegen mit Behindertenfahrzeugen oder dem Rad wurde ausdrücklich gewährt. Analog hierzu sollten Gewässer grundsätzlich zum Baden und zum Befahren mit motorlosen Gewässerfahrzeugen freigegeben werden. Aus diesem Grund waren Zugang und Blick auf die Gewässer zu ermöglichen, weshalb neue bauliche Anlagen und sichtraubende Bepflanzung künftig zu vermeiden seien. Weitere Punkte des Thesenentwurfs sahen eine Verpflichtung der Gemeinden zur Säuberung und Instandhaltung von Grundstücken, welche der Erholung dienten, einen erhöhten Schutz von Pflanzen und Tieren sowie eine Verbesserung der Behördenorganisation für Landschaftspflege und Naturschutz vor. Darüber hinaus sollten künftig vorsätzliche rechtswidrige Eingriffe in den Naturhaushalt oder die Landschaft in besonderen Fällen als kriminelles Unrecht strafrechtlich verfolgt werden.[441]

Der Thesenentwurf formulierte damit die Grundprinzipien des späteren Landschaftsgesetzes, nämlich den unbedingten Ausgleich von Eingriffen in den Naturhaushalt nach dem Verursacherprinzip und das unbeschränkte Betretungsrecht der Landschaft zu Erholungszwecken. Er erfüllte damit in diesen Punkten zwei der Kernforderungen von Naturschutz und Landschaftspflege, wie sie in den Jahren zuvor aufgestellt worden waren. Im Bereich der Landschaftsplanung blieb der Entwurf jedoch noch sehr zurückhaltend. Es war zunächst, analog zu den Bestrebungen in den anderen Bundesländern, lediglich von Landschaftsrahmenplänen komplementär zur Landesplanung die Rede. Diese sollten allein durch die Landesplanung und nicht eigenständig Verbindlichkeit erlangen.

Einen Schritt weiter ging der erste Referentenentwurf vom 20. August 1973, der deutlich die programmatischen Zielsetzungen von Landespflege und Naturschutz in Nordrhein-Westfalen mit den drei Teilbereichen Sicherung des Naturhaushaltes, Pflege des äußeren Landschaftsbildes und Förderung der Erholung in der

441 Erster Thesenentwurf zu einem Landschaftsgesetz, 15.8.1972, LAV Abt. Rhld. NW 481 Nr. 14.

freien Natur formulierte (§1 Erster Referentenentwurf LG NW). Die beiden weiteren Eröffnungsparagraphen schrieben das Verursacherprinzip und die Sozialbindung des Eigentums nach Art. 14 GG fest (§2–3).[442] Damit übernahmen die Verfasser fast uneingeschränkt die 1967 vom Deutschen Rat für Landespflege (DRL) aufgestellten Forderungen für die Landespflege und verbanden sie mit ihren Vorstellungen eines modernen und wirksamen ökologischen Umweltschutzes. Der Entwurf ging daher in wichtigen Punkten über die im Zeitraum zuvor entwickelten Naturschutz- und Landschaftspflegegesetze in anderen Bundesländern sowie den Steinschen Entwurf des DNR hinaus. „Im Mittelpunkt als neuartige Konzeption" stand der Landschaftsplan, der schrittweise für das ganze Land entwickelt werden sollte. Es handele sich „um das erste in der BRD entwickelte Modell eines in sich geschlossenen, inhaltlich bestimmten, mit abgestufter Wirksamkeit versehenen, rechtsverbindlichen Landschaftsplanes" (§12).[443]

Aus baurechtlichen Gründen nach dem Bundesbaugesetz (BBauG) erstreckte sich die Landschaftsplanung grundsätzlich ausschließlich auf den sogenannten Außenbereich außerhalb von bebauten Siedlungen und konnte sich nur ausnahmsweise auf den Geltungsbereich der Bebauungspläne beziehen. Zuständig für die Erarbeitung und Verabschiedung der Landschaftspläne waren die Kreise und die kreisfreien Städte, deren Parlamente sich diese als Satzung geben sollten. Die Übertragung dieser Aufgabe auf die Kreise und kreisfreien Städte anstatt der Gemeinden schien den Verfassern aufgrund der dem Landschaftsplan zugedachten „Hauptfunktion als ökologisch begründete, ganzheitliche Grundlage für Entwicklung, Schutz und Pflege der Landschaft notwendig"[444]. Die Kreise als Bezugsrahmen stellten einen praktikablen Kompromiss zwischen der nötigen Detailliertheit der Landschaftsplanung und

442 Kommentierter Referentenentwurf zum Landschaftsgesetz Nordrhein-Westfalen, 20.8.1973, LAV Abt. Rhld. NW 481 Nr. 12, Zitate ebd.

443 Ibid.

444 Ibid.

der häufig die Verwaltungsgrenzen überschreitenden Dimensionen der Landschaft sowie der verfassungsrechtlichen Eigenständigkeit der Gemeinden dar. Zudem fehlten den Gemeinden die für den Vollzug notwendigen Durchsetzungsmöglichkeiten der bei den Kreisen angesiedelten unteren Naturschutzbehörde sowie häufig die Ausstattung mit einem eigenen Planungsamt.[445] Die Landschaftspläne als Satzungen sollten künftig der Genehmigung durch die höheren Landschaftsbehörden bei den Regierungspräsidenten statt den allgemeinen Aufsichtsbehörden unterliegen (§21–22 und §28).[446]

Die Erarbeitung der fachlichen Grundlagen und die wissenschaftliche-methodische Vorbereitung der Landschaftsplanung fielen einem neu zu gründenden „Landesamt für Ökologie und Landschaftsentwicklung" (§11) zu. Eine zentrale Rolle spielten dabei die Darstellung des Landschaftszustandes und die daraus folgenden Entwicklungsziele für die Landschaft, welche die Grundlagen für die Landschaftsplanung darstellten. Die Entwicklungsziele hatten dabei dem Grundgedanken zu folgen, „daß in einem dicht besiedelten Industrieland wie Nordrhein-Westfalen die gesamte Landschaft einer permanenten Fürsorge bedarf". Dementsprechend seien die Landschaftspläne auch fortlaufend zu überprüfen, weiterzuentwickeln und fortzuschreiben (§12–14).[447]

Für die Durchsetzung der Landschaftspläne sah der Referentenentwurf eine Reihe von Verwaltungsmaßnahmen vor, die als *ultima ratio* auch die Enteignung von Grundbesitzern enthielten. Dies betraf in besonderem Maße die Landwirtschaft: In Nordrhein-Westfalen existierten circa 28 000 Hektar Brachflächen. Zusätzlich sei ein Zuwachs durch den Strukturwandel in der Landwirtschaft

445 Bartelheimer, Doris; Coprak, Ilse: *Landschaftsplanung als Instrument der Umweltpolitik. Anspruch und Wirklichkeit am Beispiel der Landschaftspläne von Nordrhein-Westfalen.* Taunusstein 1989, S. 33–34.

446 Kommentierter Referentenentwurf zum Landschaftsgesetz Nordrhein-Westfalen, 20.8.1973, LAV Abt. Rhld. NW 481 Nr. 12, Zitat ebd.

447 Ibid.

zu erwarten. Die Landschaftsplanung müsse aber für eine „angemessene Nutzung sorgen, notfalls durch Enteignung der Besitzer“, so die Formulierung im Referentenentwurf. Fristen, nach denen ein Grundstück zur Brachfläche zu erklären sei, wurden zudem deutlich verkürzt (§16). Auch auf die Forstwirtschaft ging der Entwurf ein; durch Festsetzungen der Landschaftsplanung sei „schädliche Forstpolitik“, wie Nadelmonokultur und Kahlschlag, zu verhindern (§17). Ebenso konnten Besitzer verpflichtet werden, bestimmte Maßnahmen zu dulden oder sogar selbst durchzuführen. Öffentliche Körperschaften wurden grundsätzlich verpflichtet, die Zielsetzungen des Landschaftsplanes in die Tat umzusetzen (§30–34).[448]

Die Kriterien für die Aufstellung von Landschaftsplänen wurden Anfang 1974 von der Arbeitsgemeinschaft für Landschaftsentwicklung (AGL) aufgestellt, bestehend aus Vertretern verschiedener Fachverbände im Bereich Landschaftsarchitektur und Gartenbau unter dem Vorsitz von Minister Deneke. Die AGL sah für die Landschaftsplanung einen Maßstab von 1:10 000 vor, in Verdichtungsgebieten bis zu 1:5 000 und im Einzelfall parzellenscharf. Der Landschaftsplan müsse „als Prozess- und Entwicklungsplanung angelegt sein, entsprechend der Landschaft selbst innewohnenden Dynamik“. Das bedeutete, dass der Landschaftsplan zu allen landschaftsbedeutenden Gegebenheiten, Vorgängen und Entwicklungen im Planungsgebiet Aussagen treffen und begründete Vorschläge zu Art und Umfang der Nutzung machen sollte.[449]

Die Landschaftsplanung bot damit nach den Verfassern des Referentenentwurfs eine Reihe ausgeprägter Vorteile:

1. Die öffentlichen Körperschaften würden dazu veranlasst beziehungsweise verpflichtet, sich durch Bestandsaufnahme, Wertung und gestaltende Festlegung mit jedem

448 Ibid.

449 Arbeitsgemeinschaft für Landschaftsentwicklung: Entwurf Kriterien zur Aufstellung von Landschaftsplänen, 28.1.1974, LAV Abt. Rhld. NW 1151, Nr. 173, Zitate ebd.

Teil der Landschaft auseinanderzusetzen. Dies beende die Fixierung auf ohnehin überdurchschnittlich ausgestattete, ausgewählte Gebiete.

2. Die Darstellung des Landschaftszustandes schaffe eine sachlich fundierte, objektiv überprüfbare Basis für künftige Maßnahmen der Landschaftspflege.
3. Die im Landschaftsplan festgeschriebenen Zielprojektionen gäben einen nachvollziehbaren und dauerhaften Maßstab für das Handeln anderer Behörden.
4. Durch die Übertragung der Schutzgebietsausweisung auf den Landschaftsplan könne eine deutlich differenziertere und rationalere Handhabung dieser zu einem umfassenderen Schutz ermöglicht werden als mit dem bisherigen System der Einzelverordnungen, die zudem in ihrer Anzahl reduziert und vereinheitlicht werden.
5. Die Selbstbindung der Körperschaften biete eine Grundlage für den nachhaltigen Einsatz öffentlicher Mittel für Naturschutz und Landschaftspflege.[450]

Es sei erforderlich, „Natur und Landschaft insgesamt zum Gegenstand öffentlicher Daseinsvorsorge zu machen".[451]

Der Entwurf zum Landschaftsgesetz sah darüber hinaus eine grundsätzliche Reform der Naturschutzverwaltung in Nordrhein-Westfalen vor. Die bisherigen Zuständigkeiten verblieben zwar bei den jeweiligen Behörden auf der obersten, höheren und unteren Ebene, der Entwurf hob jedoch den bestehenden, im Reichsnaturschutzgesetz festgesetzten und damit für den westdeutschen Naturschutz typischen Dualismus von Naturschutzbeauftragten und Verwaltung auf und gliederte die oftmals schon hauptamtlich tätigen Beauftragten in die Behördenstruktur ein. Darüber hinaus erfolgte programmatisch die Umbenennung der bisherigen Natur-

450 Kommentierter Referentenentwurf zum Landschaftsgesetz Nordrhein-Westfalen, 20.8.1973, LAV Abt. Rhld. NW 481 Nr. 12.

451 Ibid.

schutzbehörden in Landschaftsbehörden, da das „Schwergewicht ihrer künftigen Tätigkeit auf der Landschaft als Ganzem und nicht Naturschutz liegen soll" (§4–5). Der Entwurf betonte den Begriff Landschaft unter Vermeidung von Begriffen wie Landespflege, Landschaftspflege oder Naturschutz. Eine „Festlegung auf einen dieser umstrittenen Begriffe erscheint unnötig", begründeten die Verfasser diese Entscheidung in einem früheren Entwurf.[452]

Das bisherige ehrenamtliche Element des Naturschutzes sollte durch die Einführung einer sogenannten „Landschaftswacht" und Landschaftsbeiräten erhalten werden. Die Landschaftsbeiräte traten an Stelle der bisherigen Beauftragten, jedoch mit veränderter Aufgabenstellung. „Der Hauptakzent der Aufgabenstellung [liegt] nicht mehr in der fachlichen Beratung [...] der Landschaftsbehörden, sondern in der unabhängigen Vertretung der Belange von Natur und Landschaft." Die Landschaftswacht dagegen unterstütze die Landschaftsbehörden durch „Anregung, Vermittlung aber auch Kontrolle" von Maßnahmen (§8–10). Die Verfasser des Referentenentwurfs betonten jedoch, die Mitglieder der Landschaftswacht seien keine „Hilfssheriffs", nicht weisungsgebunden und lediglich mit einem beschränkten Anfrage- und Widerspruchsrecht ausgestattet. Das im Steinschen Entwurf vorgesehene Klagerecht für die anerkannten Naturschutzverbände enthielt der Referentenentwurf nicht.[453]

Neben der Landschaftsplanung und der Verwaltungsreform war das freie Betretungsrecht der Landschaft das dritte Hauptvorhaben des Gesetzesentwurfs. Dieses Recht wurde ähnlich grundlegend und kompromisslos geregelt wie zuvor die Durchsetzung der Landschaftsplanung. Von dem Passus der „Zumutbarkeit für landwirtschaftlich genutzte Flächen" abgesehen war das formulierte Betretungsrecht absolut und musste von den Grundbesitzern

452 Kommentierter Entwurf zum Landschaftsgesetz Nordrhein-Westfalen, undatiert (1973), LAV Abt. Rhld. NW 481 Nr. 14, Zitate ebd.

453 Kommentierter Referentenentwurf zum Landschaftsgesetz Nordrhein-Westfalen, 20.8.1973, LAV Abt. Rhld. NW 481 Nr. 12.

toleriert werden. Besondere Bestimmungen für den Zugang zur Landschaft wurden vor allem für den Zugang zu Gewässern zu Erholungszwecken getroffen (§37–41).[454]

Die Bestimmungen zum Artenschutz wurden dagegen größtenteils aus dem alten Naturschutzrecht des RNG und der Naturschutzverordnung von 1935/36 übernommen. Die Verfasser sahen hier die bestehenden Regelungen als ausreichend an.[455]

Zusammenfassend betrachtet war der Referentenentwurf der Abschluss der methodischen Entwicklungen in Naturschutz und Landschaftspflege seit der Wiederaufnahme der Landschaftsplanung in den 1960er Jahren. Im Gegensatz zu den anderen zeitgenössischen Naturschutz- und Landespflegegesetzen griff der Referentenentwurf die Forderungen nach einer Verbindlichkeit der Landschaftsplanung auf und kam so Buchwalds Anspruch der Landschaftsplanung als Grundlage für jede weitere Planung am nächsten, jedoch aufgrund der Bestimmungen des Bundesbaugesetzes um den Preis der Beschränkung auf den Außenbereich außerhalb des Geltungsbereichs der Bauleitplanung. Von der ideologischen Ausrichtung der Buchwaldschen Landschaftsplanung hatten sich die Referenten im MELF weitestgehend befreit, doch bestanden aufgrund der historischen Entwicklung dieses Instruments bestimmte Pfadabhängigkeiten. So sah der Entwurf ausgehend von der naturwissenschaftlich-biologischen Legitimierung der Landschaftsplanung relativ weitgehende Regelungen vor, die jedoch häufig von Idealvorstellungen ausgingen und die Aushandlungsprozesse im realen politischen Prozess ausklammerten. Wie die Bestimmungen des LG NW im Endeffekt gegenüber den konkurrierenden Nutzungsplanungen und etwaigen abweichenden Interessen der Kreiskörperschaften durchgesetzt werden sollten, blieb offen. „[Der] nordrhein-westfälische Landschaftsplan [ist] ein ziemlich anspruchsvolles Vorhaben“, kommentierte einer der hauptverantwortlichen Autoren des Landschaftsgesetzes, Ludger

454 Ibid.

455 Ibid.

Pielow, den Charakter des zentralen Punktes des Gesetzesentwurfs.[456] Es blieb jedoch offen, wie dieser Anspruch letztendlich durchgesetzt werden sollte.

2.4.3 Verabschiedung des LG NW

Der schließlich veröffentlichte Gesetzesentwurf der Landesregierung „zur Sicherung des Naturhaushalts und zur Entwicklung der Landschaft (Landschaftsgesetz)" vom 20. November 1973 stellte nochmals die Notwendigkeit einer Gesetzesreform in den Mittelpunkt. Nach Minister Deneke, der das Gesetz nach der Billigung durch das Kabinett[457] am 18. Dezember zur ersten Lesung in den Landtag einbrachte, formulierte das Gesetz die „Grundlagen für eine landschaftsbezogene Umweltpolitik, die sich in Formen und Entscheidungsprozessen vollziehen muß, an denen kommunale Selbstverantwortung ebenso teilhaben sollte, wie bürgerschaftliche Initiative und wo Mitverantwortung nicht ausgeschlossen bleiben darf"[458]. Das RNG werde den Anforderungen der Gegenwart nicht mehr gerecht; an die Stelle des konservierenden Naturschutzes bisheriger Prägung müsse eine planmäßige Landschaftsentwicklung treten. Die wachsende Freizeit und Mobilität der Bevölkerung erforderten es, die freie Landschaft zur Erholung zu erschließen. Im Kern sehe das neue Landschaftsgesetz vier wesentliche Neue-

---

456 Pielow, Ludger: Neues Landschaftsgesetz für Nordrhein-Westfalen. In: *Recht der Landwirtschaft. Zeitschrift für Landwirtschaftsrecht* 27.11 (1975), S. 281–284, hier S. 284.

457 Das Kabinett billigte den Entwurf des MELF in seiner Sitzung vom 20. November 1973. Zuvor hatte es nur wenige, nach Meinung Denekes „wenig bedeutende" Einwände seitens des Innenministeriums und des MWMV gegeben, die im Einvernehmen gelöst wurden, siehe *Die Kabinettsprotokolle der Landesregierung Nordrhein-Westfalen 1970 bis 1975*. Bd. 2. Düsseldorf 2009 (Veröffentlichungen des Landesarchivs Nordrhein-Westfalen, 27), S. 784–785, 787–788 und 797.

458 Landtag Nordrhein-Westfalen, Plenarprotokoll 7/90, S. 3580.

rungen vor: Erstens stelle der Landschaftsplan die neue Grundlage für Entwicklung, Pflege und Schutz der freien Landschaft dar, der künftig von den Kreisen und kreisfreien Städten „für den gesamten baurechtlichen Außenbereich unter Beachtung der Ziele und Erfordernisse der Landesplanung sowie der Darstellung der Flächennutzungspläne als Satzung erlassen" werde. Zweitens realisiere der Entwurf das Verursacherprinzip dadurch, dass „grundsätzlich jeder, der die Landschaft nachhaltig und erheblich schädigt oder verunstaltet, geeignete Maßnahmen zur Behebung oder zum Ausgleich treffen muß". Drittens werde das bürgerschaftliche Engagement durch die Einführung der Landschaftswacht sichergestellt. Vierter Punkt sei die Ausweitung des im Forstgesetz für den Wald bereits bestehenden Betretungsrechts auf die „nicht unmittelbar landwirtschaftlich genutzte" freie Landschaft.[459]

Alternativen zum Vorgehen der Landesregierung seien zum einen die Beschränkung der Landschaftsplanung auf das Modell der übrigen Bundesländer mit begleitenden Aussagen zur Landes- und Bauleitplanung und der Schutzausweisung durch ordnungsbehördliche Einzelverordnungen, zum anderen der Verzicht auf die Realisierung des Verursacherprinzips und der Beibehaltung der bestehenden Naturschutzverwaltung des dualen Modells. Lediglich für das Betretungsrecht sahen die Verfasser eine weitergehende Lösung und keinen Rückschritt. Das sogenannte „bayerische Modell" sehe ein Betretungsrecht auch auf landwirtschaftlich genutzten Flächen (außerhalb bestimmter Nutzzeiten) vor.[460]

Die Landesregierung sah demnach den zu beschreitenden Weg als nahezu alternativlos an. Für die zu erwartenden Kosten setzte die Landesregierung einmalig 15 000 DM für die Erstellung sowie jährlich zwischen unter 10 000 und 90 000 DM für die Ausführung für jeden Landschaftsplan vor. Über die Zahl der benötigten Landschaftspläne machte die Landesregierung zunächst keine Angaben, bezifferte sie jedoch schließlich mit circa 400. Die nötige

459 Landtag Nordrhein-Westfalen, Drucksache 7/3263, S. 1–2.

460 Landtag Nordrhein-Westfalen, Drucksache 7/3263, S. 2.

Personalverstärkung bei den Landschaftsbehörden wurde mit jährlich zwei Millionen DM taxiert. Der Aufbau der „Landesanstalt für Ökologie, Landschaftsentwicklung und Forstplanung" (LÖLF), wie die geplante Forschungsanstalt zunächst getauft wurde, sollte 750 000 DM jährlich umfassen.[461]

Die Reaktionen auf das Gesetzesvorhaben der Landesregierung ließen nach der Veröffentlichung des Referentenentwurfs nicht lange auf sich warten. Besonders von Land- und Forstwirtschaft sowie von der Opposition der CDU kam massive Kritik. Auch wenn Deneke im Landtag nochmals betonte, dass nach der Sicht seines Ministeriums Naturschutz und Landschaftspflege nicht gegen, sondern nur mit Land- und Forstwirtschaft erfolgreich sein könnte,[462] lösten viele Bestimmungen des LG NW Unmut aus. Die Landschaftsplanung in dieser Form sei „Planwirtschaft in Feld und Flur", wie CDU-MdL Johannes Wilde dem Minister im Plenum entgegnete. Das LG NW greife erheblich in das Eigentum ein, ohne die notwendigen Rechtskontrollen vorzusehen. „Neben den vielen gestaltenden Maßnahmen überrascht dieser Entwurf durch eine Überfülle von Verboten, Ausnahmen, Genehmigungen, Ordnungswidrigkeiten und Rechtsverordnungen." Daneben habe die Landesregierung wichtige Fragen der Finanzierung fahrlässig offengelassen.[463]

„Grobes Geschütz hat die Grüne Front Nordrhein-Westfalens gegen die ehemalige Husarenkaserne in der Düsseldorfer Roßstraße [Sitz des MELF, F.M.] aufgefahren", kommentierte die *Frankfurter Rundschau* die Reaktion der Land- und Forstwirte, für die es in der Frage der staatlichen Regulierung um Grundsätzliches ging. Es könne „einfach nicht vernünftig sein, die Feldflur mit staatlichen Vorschriften zu bepflanzen und den Wald zum Paragraphenwald

461 Ibid.

462 Landtag Nordrhein-Westfalen, Plenarprotokoll 7/90, S. 3581.

463 Ibid., S. 3583.

zu machen", zitierte die *FR* das *Landwirtschaftliche Wochenblatt von Westfalen-Lippe*.[464]

Im MELF zeigte man sich ob der Kritik von der CDU zunächst überrascht. Die Union hatte sich im Vorfeld selbst für eine notwendige Reform des Naturschutzrechts ausgesprochen, im Mai 1973 einen Thesenentwurf für ein Landschaftsgesetz präsentiert und die Regierung zum Handeln aufgerufen. Die CDU forderte, ein Gesetz zu entwickeln, dass die „Entwicklung, Pflege und den Schutz der Landschaft, sowohl in der freien Natur als auch im Siedlungsgebiet" sicherstelle. Für die Erholung seien Gebiete zu erschließen, wozu auch ein Betretungsrecht gehöre, welches jedoch unter anderem aufgrund land- und forstwirtschaftlicher Nutzung eingeschränkt werden könne. Grundstückseigentümer seien zur Pflege der Landschaft verpflichtet, Aufhebung oder Einschränkung der Nutzung sowie Beeinträchtigungen durch Betretungsrechte seien nach Art. 14 GG zu entschädigen. Naturschutz- und Landschaftsentwicklungspläne seien durch Abstimmung mit der Landesplanung, durch Aufnahme in Regionalplanung und Bauleitplanung mit rechtlicher Verbindlichkeit zu versehen. Die bisher bestehenden Naturschutzbehörden seien in eigenständige Dezernate umzuwandeln, die bisherigen Beauftragten durch ehrenamtliche Naturschutzbeiräte zu ersetzen.[465] Das MELF sah den CDU-Vorschlag nicht als dem Grundgedanken des eigenen Landschaftsgesetzentwurfes entgegengesetzt an. Die Forderungen der CDU seien sehr allgemein gehalten und stünden nicht im Widerspruch zum LG NW, so das Ministerium.[466]

Der Koalitionspartner FDP war zunächst nicht völlig überzeugt, auch wenn der Innenminister und Stellvertreter des Ministerpräsidenten, Willi Weyer, seinen Kollegen Deneke zunächst im Landtag verteidigte, nachdem in den Kabinettsbesprechungen erste

464 *Frankfurter Rundschau*, 13.5.1974.

465 Landtag Nordrhein-Westfalen, Drucksache 7/2725.

466 MELF, Vorlage für den Minister, 28.2.1974, LAV Abt. Rhld. NW 481, Nr. 10.

Irritationen ausgeräumt worden waren.[467] In FDP-Kreisen wurde der Entwurf des Koalitionspartners als „überzogen" bewertet; er greife zu sehr in die Eigentumsrechte der Besitzer ein, so die Kritik am Landschaftsgesetz.[468] Für die Liberalen war es wichtig, zunächst die Anhörung der Betroffenen im Ernährungsausschuss sicherzustellen. Auf diesen Vorschlag gingen Deneke und die SPD ein, sodass die anfänglichen Widerstände in der FDP schwanden. Die FDP-Fraktion werde jedoch „besondere Aufmerksamkeit darauf verwenden [...], daß der Schutz der Landschaft nicht allein zu Lasten der privaten Grundeigentümer geht", betonte der Abgeordnete Neu.[469] Am Ende der Debatte stimmten alle Parteien einstimmig für die Überweisung des Gesetzesentwurfs an den Agrar- und Ernährungsausschuss des Landtages. Durch einen Zusatzantrag erreichte die FDP darüber hinaus die Hinzuziehung des Kommunalausschusses, dessen Beteiligung sie unter Berücksichtigung der Belastungen für die Kommunen für maßgeblich hielt.[470]

Die geladenen Fachverbände gaben ihre Stellungnahmen in einer siebenstündigen öffentlichen Ausschusssitzung am 21. Februar 1974 ab. Starke Kritik kam vom Präsidenten des Deutschen Bauernverbandes (DBV), Constantin Freiherr von Heereman, der den Entwurf der Landesregierung trotz einiger positiver Ansätze in Gänze ablehnte. Den Landwirten und Waldbesitzern werde zugemutet, Umweltschäden zu beheben, obwohl sie weder die Verursacher dieser wären, noch durch die ihnen zum Allgemeinwohl aufgegebenen Maßnahmen profitierten. Die Landschaftsplanung in der von der Regierung angedachten Form könne schwere wirtschaftliche Nachteile für die Land- und Forstwirtschaft nach sich ziehen.[471]

467 *Kabinettsprotokolle*, S. 787–788.

468 *Aachener Nachrichten*, 18.12.1973.

469 Landtag Nordrhein-Westfalen, Plenarprotokoll 7/90, S. 3586

470 Ibid., S. 3587.

471 Landtag Nordrhein-Westfalen, Drucksache 7/4644, S. 2. Für den genauen Wortlaut der einzelnen Stellungsnahmen siehe das gesamte Protokoll

Die finanziellen Belastungen kritisierte auch die Arbeitsgemeinschaft der kommunalen Spitzenverbände Nordrhein-Westfalens. Die von der Landesregierung angegebenen Kosten der Landschaftspläne von durchschnittlich 10 000 bis 90 000 DM wurden bezweifelt; vielmehr befürchteten die kommunalen Spitzenverbände Kosten in Millionenhöhe. Darüber hinaus forderten sie eine Repräsentanz der Gemeinden, kreisfreien Städte und Kreise in den Beiräten der höheren und obersten Landschaftsbehörde. Bei der Bewertung der Zuständigkeiten für die Landschaftsplanung gab es ein gemischtes Bild: Während die Vertreter des nordrhein-westfälischen Städte- und Gemeindebunds mit Nachdruck für die Übertragung der Landschaftsplanung auf die Gemeinden plädierten, sprach sich der Landkreistag dafür aus, dass die Landschaftsplanung nur von den Kreisen und kreisfreien Städten übernommen werden könne. Eine umfassende Landschaftsplanung könne nur großräumig durchgeführt werden, da die Landschaftsstruktur nicht von den Gemeindegrenzen, sondern von der natürlichen Gliederung der Landschaft bestimmt werde.[472]

Neben Kritik gab es auch Lob: Die Arbeitsgemeinschaft für Landesentwicklung Nordrhein-Westfalen pries den Gesetzesentwurf als einen „lebensnotwendigen Fortschritt, der in den anderen Bundesländern und in Europa kein Vorbild hat". Auch die beiden Landschaftsverbände Rheinland und Westfalen-Lippe sahen den Entwurf positiv und erhofften sich vor allem durch die Errichtung der LÖLF eine künftig schnellere Beschaffung von Daten und Erarbeitung wissenschaftlicher Grundlagen. Der Landesjagdverband gab „grünes Licht", und die Heimat-, Gebirgs- und Wandervereine bejubelten die Möglichkeit, „den erwiesenermaßen in der Vergangenheit oft praktizierten privaten, aber auch kommunalen vordergründigen Egoismus steuern zu können".[473]

der Ausschusssitzung, Landtag Nordrhein-Westfalen, Ausschussprotokoll 7/1362.

472 Landtag Nordrhein-Westfalen, Drucksache 7/4644, S. 3.

473 Landtag Nordrhein-Westfalen, Drucksache 7/4644, S. 3–4.

Landwirtschaftsminister Diether Deneke blieb von der Kritik unbeeindruckt und betonte in einem Gespräch mit der *Frankfurter Rundschau* nochmals die Notwendigkeit eines zeitgemäßen und zukunftsweisenden Landschaftsgesetzes. „Wer heute Politik für das Jahr 2000 macht", so der Minister, „muß überlegen, wie man in diesem von Kohle und Stahl geprägten Land mit seiner großen Bevölkerungsdichte, mit seiner großen Belastung an Lärm, Staub und Industrieemissionen und mit seinen großen Verkehrsbändern auf Sicht den Wohn- und Freizeitwert erhöhen kann". Dies sei ein den Menschen in der Verfassung garantiertes Recht:

> Bei der Erholungssuche in Wald und Feld geht es nicht nur um Sauerstoff. In der Verfassung wird den Leuten Freiheit versprochen; aber weder in den Häuserschluchten der Städte noch allein von der paritätischen Mitbestimmung gibt es Freiheitsgefühle. [474]

In der freien Landschaft hingegen sei das Freiheitsgefühl besonders groß. Die Bestimmungen des Landschaftsgesetzes seien notwendig, um künftig ein akzeptables Niveau dieser verfassungsmäßig garantierten Freiheit sicherzustellen. Die Landschaft sei „nicht einfach eine Summe von Grundstücken, die irgend jemand [*sic!*] gehören – Landschaft ist Träger unserer natürlichen Lebensgrundlagen an Boden, Wasser und Luft", unterstrich Deneke nochmals die Bedeutung der Landschaft.[475] Es sei daher Aufgabe des Staates, den Verfassungsauftrag in die Tat umzusetzen und nicht vom guten Willen von Privatleuten abhängig zu machen. Nach Ansicht des Sozialdemokraten verhielt sich daher das Angebot der Landwirte zur freiwilligen Selbstverpflichtung „wie die Armenkasse des 18. Jahrhunderts zur Sozialversicherung des 20." und könne daher keine Alternative darstellen.[476]

474 *Frankfurter Rundschau*, 13.5.1974.

475 *Süddeutsche Zeitung*, 11.2.1975.

476 *Frankfurter Rundschau*, 13.5.1974.

Somit zeigte sich der Landwirtschaftsminister bei den meisten Einwänden gegen das Landschaftsgesetz kompromisslos. Wichtig war es jedoch, die Unterstützung des Koalitionspartners zu sichern. Bedeutsamstes Ergebnis des Einflusses der FDP war die Einführung der Landwirtschaftsklausel in den §1 „Ziele, Aufgaben“:

> (3) Der ordnungsgemäßen Land- und Forstwirtschaft kommt für die Erhaltung der Kultur- und Erholungslandschaft eine zentrale Bedeutung zu; sie dient in der Regel den Zielen dieses Gesetzes.[477]

Die Erhaltung der natürlichen Lebensgrundlagen, die Erschließung der freien Landschaft zur Erholung (die beiden anderen formulierten Ziele in §1) und die Interessen der Land- und Forstwirtschaft seien „untereinander und gegeneinander so abzustimmen, daß ein angemessener Ausgleich stattfindet“.[478]

Der liberale Abgeordnete Herbert Neu erklärte in der finalen Plenarsitzung die unterschiedlichen Standpunkte der beiden Regierungsparteien: „[Die] ursprüngliche Vorlage des Ministers Deneke [zeigt] deutlich die sozialdemokratische Intention, wonach die Sozialfunktion der Landschaft Vorrang hat.“ Nach Ansicht der Liberalen kam aber die wirtschaftliche Funktion zu kurz. „Wir sind eben der Meinung, daß eine geordnete Landwirtschaft in der Regel Landschaftspflege bedeutet“, so Neu weiter. Der gefundene Formelkompromiss stelle die Liberalen zufrieden und sei gleichermaßen wegweisend:

> Es ist in der Tat die Koalition von Liberalität und Sozialverantwortung, die sich in der gemeinsamen Arbeit an der Gesetzesvorlage des Ministers Deneke niederschlägt, ein erfreulicher Kompromiß von Freiheitsrechten und sozialer Bewegungsausweitung.[479]

477 Landtag Nordrhein-Westfalen, Drucksache 7/4644, S. 27.

478 Ibid.

479 Landtag Nordrhein-Westfalen, Plenarprotokoll 7/121, S. 5093.

Dagegen sei in den Änderungsanträgen der CDU die Absicht zu erkennen, „Privilegien zu erhalten, zu konservieren, und das Ganze unter dem Postulat der Liberalität" zu verkaufen. Die Anträge der CDU im Ernährungsausschuss wurden dementsprechend abgelehnt. Die Fronten schienen zu verhärtet, um eine gemeinsame Grundlage zu finden. Die CDU war der Endabstimmung im Ausschuss ferngeblieben, nachdem man sich vordergründig nicht auf eine Terminverschiebung hatte einigen können. Mit den Stimmen von SPD und FDP wurde der Gesetzesentwurf schließlich vom Ausschuss am 10. Dezember 1974 angenommen.[480]

Bei der finalen Debatte im Landtag griff der christdemokratische Agrarexperte und Landtagsabgeordnete, Heinrich Ostrop, Minister Deneke und die Landesregierung nochmals scharf an. Sie gängele mit den Land- und Forstwirten genau diejenigen, die seit jeher für die Landschaftspflege und die Erhaltung der Kulturlandschaft gesorgt hätten und führe stattdessen überflüssige Bürokratie und Zwangsmaßnahmen ein. „Wir sind der Meinung, daß eine gesunde Land- und Forstwirtschaft die beste Grundlage und die billigste Voraussetzung für eine gesunde Landschaft ist."[481] Alle anderen Bundesländer beschritten in Sachen Landschaftsplanung einen anderen Weg; Nordrhein-Westfalen gehe hier einen teuren Alleingang, indem es die flächendeckende Landschaftsplanung unnötig für das gesamte Land einführe, statt neben einer Landschaftsrahmenplanung bei Bedarf eine Detailplanung auf Gemeindeebene vorzusehen. Ostrop warf der Landesregierung vor, sie wolle mit der Übertragung der Landschaftsplanung an die Kreise den Gemeinden das Selbstverwaltungsrecht entziehen.[482]

Ohnehin sei der Gesetzesentwurf der Regierung mit seinen sehr ungenauen Angaben zur Kosten- und Finanzierungsfrage unseriös. „Die Angewohnheit, im Stil feiner Leute nicht über Geld

480 Landtag Nordrhein-Westfalen, Drucksache 7/4644, S. 5.

481 Landtag Nordrhein-Westfalen, Plenarprotokoll 7/121, S. 5086.

482 Ibid., S. 5088.

zu reden, kann sich ein verantwortliches Parlament nicht leisten“[483], klagte Ostrop die Regierungskoalition im Landtag an. Minister Deneke rechnete in seiner Entgegnung mit 20 bis 25 Millionen DM in den nächsten zehn Jahren, mit denen man „bereits eine Menge für die Landschaft tun könnte“, dazu kämen noch die 16 Millionen DM Landesmittel, die im Haushalt für 1975 veranschlagt worden waren. Es könnten jedoch keine genauen Angaben gemacht werden, da man nicht die Entscheidungen der kommunalen Gebietskörperschaften vorwegnehmen könne, um deren Selbstverwaltungsrechte die CDU doch so besorgt sei. Darüber hinaus wolle sich Deneke nicht von der Opposition der finanziellen Fahrlässigkeit bezichtigen lassen: „Daß Landschaftspflege und Landschaftsentwicklung Geld kosten, das weiß jedermann. [...] Ich glaube, daß uns [die weitergehende fortschreitende Zerstörung der Landschaft] eines Tages deutlich teurer zu stehen kommen würde.“[484] Es gebe in Nordrhein-Westfalen nicht nur schöne Gegenden, so die Adresse des Ministers an den CDU-Redner Ostrop, sondern es gebe auch ausgeräumte, baum- und strauchlose Agrarlandschaften sowie zerstörte Kiesgruben- und Steinbruchlandschaften, ungepflegte Stadtränder und Stadtrandgebiete. „Dafür ist das Gesetz gemacht. Es geht hier nicht nur um das schöne Münsterland, sondern darum, daß diesem fortschreitenden Prozeß der Landschaftszerstörung Einhalt geboten wird“, verteidigte Deneke seinen Gesetzesentwurf und fasste die Unterschiede zwischen Regierung und Opposition so zusammen: „Wir brauchen eine dynamische, eine aktive Landschaftsentwicklung. Sie, meine Damen und Herren von der CDU, halten an einem konservierenden Naturschutz fest, beschränkt und begrenzt auf einige wenige Gebiete. Wir dagegen wollen eine umweltbewußte Landschaftspolitik für das ganze Land.“[485]

483 Ibid., S. 5089.

484 Ibid., S. 5100–5101.

485 Landtag Nordrhein-Westfalen, Plenarprotokoll 7/121, S. 5102–5103.

So kam es schließlich zur Abstimmung im Plenum. Die von der CDU-Fraktion eingebrachten Änderungsanträge[486] wurden allesamt abgelehnt.[487] Deneke stellte im Plenum fest, eine Annahme der Änderungsanträge bedeute „eine völlig neue Konzeption des Gesetzes [...] das nicht mehr das Gesetz der Landesregierung [wäre].“[488] Im Gegenteil, der Gesetzesentwurf würde „bis zur Unkenntlichkeit verwässert“, so der sozialdemokratische Abgeordnete Heinz Dunkel. „Würde man der CDU hier folgen, dann würde hier vielleicht ein Gesetz mit einem klangvollen Namen geschaffen, das dann aber nur ein tönerner Riese wäre“, kritisierte Dunkel die Vorstellungen der Opposition. „Nach dem Motto ‚Allen wohl und niemand wehe!‘ hätte sich die CDU an einem bedeutsamen Teil der Umweltproblematik vorbeigemogelt.“[489] Das Landschaftsgesetz wurde schließlich am 23. Januar 1975 mit den Stimmen von SPD und FDP gegen die Stimmen der CDU-Fraktion verabschiedet und trat zum 1. April 1975 in Kraft.[490]

---

486 Die CDU beantragte u.a. eine Ausweitung der Entschädigungsmöglichkeiten und eine Aufweichung der Duldungspflicht, strengere Reglementierung der Enteignungsmöglichkeiten. Landschaftspläne sollten Teil der Gebietsentwicklungsplanung werden, die örtliche Landschaftsplanung den Gemeinden übertragen werden, die diese je nach Bedarf auf freiwilliger Basis erstellten. Landtag Nordrhein-Westfalen, Drucksachen 7/4662–4670.

487 Es waren größtenteils unveränderte Versionen der Anträge, die bereits in den Ausschusssitzungen von SPD und FDP abgelehnt wurden, siehe Drucksache 7/4644, S. 4–21.

488 Landtag Nordrhein-Westfalen, Plenarprotokoll 7/121, S. 5100.

489 Ibid., S. 5104.

490 Ibid., S. 5107–5108; Für eine ausführliche Erläuterung der einzelnen Punkte des Landschaftsgesetzes, siehe Schmidt, Albert: Gesetz zur Sicherung des Naturhaushalts und zur Entwicklung der Landschaft (Landschaftsgesetz) für Nordrhein-Westfalen. In: *NuL* 50 (1975), S. 127–132.

2.4.4 Rezeption des LG NW

Trotz der hitzig geführten politischen Debatte schienen sich die Nachrichten vom neuen Landschaftsgesetz nicht überall hin verbreitet zu haben. Zum Westfälischen Naturschutztag 1975 lud im Auftrag des Landschaftsverbands Westfalen-Lippe (LWL) noch der Bezirksbeauftragte für Naturschutz und Landschaftspflege, sodass der Minister in einem Schreiben an LWL-Direktor Hoffmann „nicht ganz den Eindruck verhehlen" konnte, „daß Deine Mitarbeiter die durch das Landschaftsgesetz vorgenommenen Änderungen in der Organisation und Zielsetzung noch nicht ganz erfasst haben". Bezirksbeauftragte für Naturschutz und Landschaftspflege gebe es seit dem 1. April „auch in Westfalen nicht mehr. Sie können daher auch nicht der Veranstalter der Tagung sein." Das ganze Programm könne einem unbefangenen Beobachter den Eindruck vermitteln, „als habe sich in Nordrhein-Westfalen seit dem letzten Westfälischen Naturschutztag in Ahaus nichts Bedeutendes geändert".[491]

Auch wenn es sich scheinbar noch nicht bis nach Münster herumgesprochen hatte, wurde das Landschaftsgesetz im Nachgang weiter intensiv diskutiert. Im WDR Fernsehen kommentierte Klaus-Werner Koch, es sei „der entscheidende Schritt vollzogen worden vom bisherigen konservierenden Naturschutz hin zur aktiven Landschaftspflege, zur planvollen Landschaftsentwicklung und – hier ist die arg strapazierte Vokabel wirklich einmal am Platz – zum sinnvollen Umweltschutz"[492]. „Es geht an Rhein und Ruhr nicht mehr um Museales und Ästhetisches"[493], lobte Vilma Sturm die Modernität des nordrhein-westfälischen Landschaftgesetzes in der *FAZ*, und die *Süddeutsche Zeitung* befand, im Gegen-

491 Ministervorlage, Schreiben an Direktor Hoffmann (LWL), 15.5.1975, LAV Abt. Rhld. NW 453 Nr. 675.

492 Kommentar von Klaus-Werner Koch, WDR Fernsehen, ausgestrahlt am 1. April 1975 um 19:55 Uhr, Transkript, LAV Abt. Rhld. NW 481 Nr. 11.

493 *Frankfurter Allgemeine Zeitung*, 30.11.1974.

satz zu den anderen Bundesländern mache Nordrhein-Westfalen „wirklich Ernst mit seinem Reformanspruch".[494]

Anders als die *Frankfurter Rundschau* noch ein Jahr zuvor getitelt hatte, brachte das Landschaftsgesetz Deneke bei Ökologen und anderen Naturschützern nicht nur Lob ein.[495] Manche kritisierten den ausgeprägten Fokus auf die Landschaftsplanung. LWL-Direktor Hoffman beklagte in einem Interview mit der *WAZ* die „weißen Flecken" im Landschaftsgesetz und die Aussparung der pädagogischen Aspekte der Naturschutzarbeit. Der vorwiegend planerisch-naturwissenschaftliche Ansatz der Düsseldorfer Beamten konnte bei den insbesondere auf die kulturellen Belange ausgerichteten Verbänden nicht gänzlich überzeugen.[496]

Reinhard Grebe, für den DNR Mitwirkender am Steinschen Entwurf, kritisierte in einem Artikel den „Rückzug auf die Fläche", der durch die Beschränkung der Landschaftsplanung auf den Außenbereich seiner Meinung nach einen Rückschritt darstellte. „In Nordrhein-Westfalen wird seit dem 23. Januar 1975 nicht nur in Rheinland und Westfalen, in links- und rechtsrheinisch, sondern in Landschaft außerhalb und innerhalb von Siedlungsbereichen geteilt", befand Grebe, dabei sei doch „gerade in diesem dicht besiedelten Bundesland [...] die Mitarbeit der Landschaftsplanung gerade *innerhalb* der bebauten Ortsbereiche im Rahmen der Flächennutzungsplanung von entscheidender Bedeutung". Deneke bestätigte in einer Gegendarstellung diesen Fakt, jedoch beruhe dieser nicht auf dem Landschaftsgesetz, sondern auf dem Bundesbaugesetz. „Hierüber können auch die Ländergesetze nicht hinwegtäuschen, die den Naturschutz und damit auch die Landschaftsplanung zwar für die gesamte bebaute und unbebaute Landschaft gelten lassen – aber um den Preis der Unverbindlichkeit!" Ziel in Nordrhein-Westfalen sei es aber, die verbindliche

494 *Süddeutsche Zeitung*, 11.2.1975.

495 *Frankfurter Rundschau*, 13.5.1974.

496 *Westdeutsche Allgemeine Zeitung*, 7.6 1975.

Landschaftsplanung zu etablieren, die sich in das Gesamtgefüge des Planungsrechts einfügen müsse.[497]

Eberhard Bopp befand in *Natur und Landschaft*, Nordrhein-Westfalen habe mit dem Landschaftsgesetz die in der Bundesrepublik bestehende Rechtszersplitterung durch seinen Alleingang „noch einen kräftigen Schritt weitergetrieben". Inhaltlich sei das Konzept der NRW-Landesregierung „kühn und bestechend", doch müsse man leider deutlich sagen, dass „das Gesetz die mit dem Konzept verbundenen Probleme nicht in befriedigender Weise zu lösen vermocht hat". Für die Übergangsphase sah Bopp große Probleme: „Woran kann sich eine Behörde halten, wenn noch kein Landschaftsplan vorliegt?" Die neuen rechtlichen Durchsetzungsmöglichkeiten, die das LG NW biete, seien „ein Novum, das man gerne zur Kenntnis nimmt", und man müsse auch anerkennen, dass die Konzeption des Gesetzes bemerkenswerte Konsequenz zeige.[498]

> Aber gerade diese Konsequenz hat den Gesetzgeber zu sehr bedenklichen weiteren Konsequenzen geführt, nämlich, daß die Schaffung von Naturschutzgebieten und Landschaftsschutzgebieten in die Hand der für die Aufstellung der Landschaftspläne zuständigen Kreise und kreisfreien Städte gelegt wurde. Dies ist eine schwer erträgliche Schwächung des Natur- und Landschaftsschutzes.[499]

Die Aufgabe des Naturschutzes werde damit in die Hände nicht weisungsgebundener Kreise und kreisfreier Städte gelegt, die „begreiflicherweise und erfahrungsgemäß alles andere als wichtiger ansehen, als die Schaffung von Naturschutz- und Landschaftsschutzgebieten". Dies sei in letzter Konsequenz die „Aufopferung

497 Schreiben Reinhard Grebe an Minister Deneke bezgl. Vorabsendung des Artikels in Garten+Landschaft 4/1975, LAV Abt. Rhld. NW 453 Nr. 528; Gegendarstellung Deneke ebd.

498 Bopp, Eberhard: Kritische Bemerkungen zum Landschaftsgesetz vom 18.2.1975 in Nordrhein-Westfalen. In: *NuL* 50 (1975), S. 245.

499 Ibid.

des Naturschutzes". Die Genehmigungspflicht durch die höhere Landschaftsbehörde sei dabei nur ein schwacher Trost. „Zuständigkeit ist Zuständigkeit, und Versagung einer Genehmigung ist keine Weisung."[500]

Ebenfalls musste die späte Einführung einer Landwirtschaftsklausel in das Landschaftsgesetz das Missfallen der Naturschützer erregen, wie schon bei ähnlichen Klauseln in den Entwürfen zum Bundesnaturschutzgesetz[501] oder in einigen der neuen Ländergesetze. Pielow sah in der nordrhein-westfälischen Regelung jedoch einen deutlichen qualitativen Unterschied. Anders als in anderen vergleichbaren Landwirtschaftsklauseln würden in Nordrhein-Westfalen Land- und Forstwirtschaft nicht „in so eklatanter Weise von einer allgemein gehaltenen Verursacherpflicht freigestellt", sondern stattdessen auf die enge Verbindung zwischen ihnen und den Zielen Landschaftspflege hingewiesen, nämlich die Erhaltung der Kultur- und Erholungslandschaft.[502]

Diese angeführten Einwände zeigten exemplarisch die Befürchtungen mancher Naturschützer, Landespfleger und Landschaftsplaner auf, das Land habe sich mit seiner ehrgeizigen Konzeption der flächendeckenden Landschaftsplanung vergaloppiert. Der Grundtenor der Kommentare war jedoch positiv und sah im Landschaftsgesetz ein modernes Gesetz für Nordrhein-Westfalen. Kritikern wie Befürwortern war jedoch gemeinsam, dass sie die zukünftige Entwicklung der Landschaftsplanung mit großem Interesse erwarteten.

2.5 Zwischenfazit

Das Landschaftsgesetz Nordrhein-Westfalen von 1975 markierte für das Bundesland den Abschluss der fachlichen und methodi-

500 Ibid., S. 245.

501 Siehe Kapitel 2.3.5.

502 Pielow, Neues Landschaftsgesetz, S. 282.

schen Entwicklung in Naturschutz und Landschaftspflege seit den Anfängen von Raum- und Landschaftsplanung in den 1920er Jahren. Somit traf der nordrhein-westfälische Landwirtschaftsminister, Diether Deneke, bei der Einbringung des Gesetzes in den Landtag mit seiner Aussage, mit dem neuen Landschaftsrecht gehe es „auch um ein Stück Vergangenheitsbewältigung“[503], durchaus den Kern, auch wenn Deneke zu diesem Zeitpunkt wohl nicht alle Entwicklungslinien überschauen konnte.

Das LG NW entsprach dem Zeitgeist der 1960er und frühen 1970er Jahre, in dem Planung zunehmend zum Synonym für „moderne“, das heißt rationale, sachgerechte und handlungsbasierte Politik wurde. Gerade in Nordrhein-Westfalen wurde nach dem Regierungswechsel zur sozial-liberalen Koalition 1966 die Landesplanung als Lösungsansatz für die strukturellen Probleme des Landes zur offiziellen Regierungspolitik, mit der Verkündung des auf fünf Jahre ausgelegten *Nordrhein-Westfalen-Programm 1975* als vorläufigem Höhepunkt.

Die Planungseuphorie in der westdeutschen Gesellschaft bot für Naturschützer und Landschaftspfleger, und dabei insbesondere für die Vertreter der Landespflege, Anknüpfungspunkte, um eine breitere Basis für die Durchsetzung ihrer Ziele zu erreichen. Gerade die komplexen ökologischen Systeme schienen am besten durch einen rationalen, wissenschaftlichen und umfassenden Planungsansatz zu schützen und entwickeln zu sein. Dies war Ergebnis einer seit Kriegsende 1945 im westdeutschen Naturschutz stattfindenden Strategiedebatte, die jedoch in ihrer Agenda diametral entgegengesetzt zur auf Modernität und Fortschritt ausgerichteten öffentlichen Planungsideologie ausgerichtet war.

Der von Erfolglosigkeit und finanziellem Druck ausgelöste Modernisierungszwang äußerte sich ab Mitte der 1950er Jahre in einer Wiederaufnahme des durch das Kriegsende nur kurzfristig unterbrochene Planungs- und Modernisierungsdiskurses im Naturschutz. Bei der Durchsetzung der Landschaftsplanung

503 Landtag Nordrhein-Westfalen, Plenarprotokoll 7/90, S. 3580.

innerhalb der Naturschutzbewegung spielte Konrad Buchwald eine bedeutende Rolle. Aufgrund seiner politischen Herkunft aus dem konservativ-völkischen Milieu konnte er der entscheidende Brückenbauer zwischen der größtenteils konservativen Basis und einer für die in der Bundesrepublik gegebenen politischen Rahmenbedingungen als notwendig betrachteten theoretischen und methodologischen Richtungsänderung sein.

Methodisch aufbauend auf den raum- und landschaftsplanerischen, politisch belasteten Arbeiten Meyers, Mädings und Wiepkings vor und während des Zweiten Weltkriegs, der Erholungsplanung des SVR in den 1920er Jahren sowie auf seiner Rezeption der zukunfts- und fortschrittspessimistischen Katastrophenliteratur der 1950er Jahre und seinen Vorstellungen für die Volksgesundung in der freien Natur, entwickelte Buchwald eine Theorie der Landschaftsplanung, welche eine Doppelnatur von moderner Methodologie auf wissenschaftlicher Basis und konservativer Zivilisations- und Fortschrittskritik aufwies.

Ausgehend von den Arbeiten Buchwalds wurde während der 1960er Jahre die Ausarbeitung des landespflegerischen Programms als zentraler Forderung von Naturschutz und Landespflege spätestens seit der „Grünen Charta von der Mainau" vorangetrieben. Die Notwendigkeit der Durchsetzung ihrer Interessen im politischen, demokratischen Prozess der Bundesrepublik realisierend, wurden die zwei zentralen Bausteine, Landschaftsplanung als wissensbasierte, rationale Politik, integriert in die anderen Flächennutzungsplanungen (jedoch mit dem Anspruch des Vorrangs!), sowie die soziale Funktion der Erholung in der Landschaft nochmals hervorgehoben und auch sprachlich an die Gegebenheiten des Zeitgeists angepasst. Gleichzeitig wurde eine Reform der Naturschutzverwaltung angestrebt. Somit trat vor allem die Novellierung des als rückständig empfundenen Reichsnaturschutzgesetzes in den Mittelpunkt der Bestrebungen, um das Modernisierungsprogramm auch rechtlich, personell und organisatorisch durchzusetzen.

Dennoch blieben die Reformbestrebungen zunächst aufgrund der fehlenden Lobby der Naturschützer größtenteils unbeachtet.

Erst mit der Rezeption des amerikanischen Umweltschutzdiskurses, der Ausrufung des Europäischen Naturschutzjahres durch den Europarat und der folgenden umweltpolitischen Offensive der neuen sozial-liberalen Bundesregierung erhielten Naturschutz und Landschaftspflege einen Zugang zur breiten Öffentlichkeit. Doch zeigte sich im Folgenden, dass besonders im Bundeslandwirtschaftsministerium, zuständig für den Naturschutz auf Bundesebene, gegen den Einfluss von Land- und Forstwirtschaft wenig auszurichten war und sich die Bemühungen der Bundesregierung auf schnell vorzeigbare Erfolge im technischen Umweltschutz konzentrierten. Die eher halbherzig vorgetragenen Bemühungen um ein Bundesnaturschutzgesetz scheiterten schließlich am Veto des Bundesrates.

Da die Landesregierung in Nordrhein-Westfalen zunächst auf eine Lösung auf Bundesebene gesetzt hatte, dauerte es bis in das Jahr 1973, bis eine eigene Konzeption zu Naturschutz und Landschaftspflege erarbeitet worden war. Hier war es besonders der ab 1972 zuständige Landwirtschaftsminister Diether Deneke, der die Sozialfunktion der Landschaft als zentralen Punkt auf die sozialdemokratische Agenda setzte und somit den Reformbestrebungen im Naturschutzbereich seines Ministeriums das nötige Gewicht verlieh. Die von Deneke angestrebte Zusammenarbeit mit Land- und Forstwirtschaft ließ sich jedoch aufgrund deren deutlicher Ablehnung des Landschaftsgesetzes nicht verwirklichen, doch halfen diese klaren Fronten im Landtag, den Koalitionspartner FDP für die Vorstellungen des Ministeriums einzunehmen und gegen die Opposition der CDU durchzusetzen.

Schließlich wurde in Nordrhein-Westfalen die im bundesweiten Vergleich weitgehendste und ambitionierteste Konzeption der Landschaftsplanung aufgestellt und verabschiedet. Flächendeckend sollten künftig die Kreise und kreisfreien Städte Landschaftspläne für den Außenbereich aufstellen, die, nach Genehmigung durch die höheren Landschaftsbehörden, als Satzung Rechtsverbindlichkeit erlangten und abgestufte rechtliche Durchsetzungsmöglichkeiten vorsahen. Der Anspruch der nordrhein-westfälischen Landschaftsplanung, eine ökologisch begründete, ganzheitliche Grundlage für Entwicklung, Schutz und Pflege der Landschaft zu sein, nach der sich andere Flächennutzungsplanungen zu richten hatten, atmete den Geist der Buchwaldschen Ausrichtung der Landespflege, mit naturwissenschaftlichen Imperativen politische Entscheidungen zu begründen. Die letztendliche Durchsetzungskraft dieses Anspruches in den Aushandlungsprozessen, denen politische Entscheidungen zwangsläufig unterliegen, schienen weder der Referentenentwurf noch der verabschiedete Gesetzestext zu hinterfragen.

In welchem Ausmaß dieser nordrhein-westfälische Sonderweg die Naturschutzarbeit in diesem Land in den Folgejahrzehnten prägte, ist Gegenstand der nächsten Kapitel.

3 – Paradigmenwechsel im nordrhein-westfälischen Naturschutz im Zeichen des „Vollzugsdefizits" in den 1980er Jahren – Krise der Landschaftsplanung?

Sichern, was zu sichern ist, Weichen neu und womöglich richtig stellen.[504]

Die im Jahr 1989 vom Gruppenleiter Naturschutz im nordrhein-westfälischen Umweltministerium[505], Thomas Neiss, für die Naturschutzpolitik der 1980er Jahre ausgegebene Überschrift zeigte auf, dass über ein Jahrzehnt nach Verabschiedung der Naturschutzgesetzgebung Anspruch und Umstände des staatlichen Naturschutzes einem Wandel unterlagen. Auch wenn die Landschaftsplanung dem Gesetz nach den nordrhein-westfälischen Naturschutz auf eine neue Grundlage gestellt hatte, konnte ab 1980 nicht mehr übersehen werden, dass sich die Landschaftsplanung in einer Krise befand und kaum die bei der Verabschiedung des

504 Leitmotto nordrhein-westfälischer Naturschutzpolitik in den 1980er Jahren; Neiss, Thomas: Naturschutzpolitik in Nordrhein-Westfalen. In: *Natur- und Landschaftskunde* 25 (1989), S. 25–30, hier S. 30.

505 Das MELF war 1985 im neuen Ministerium für Umwelt, Raumordnung und Landwirtschaft (MURL) aufgegangen, siehe hierzu die folgenden Kapitel.

nordrhein-westfälischen Landschaftsgesetzes 1975 in sie gesetzten Erwartungen erfüllen konnte.

Der Sachverständigenrat für Umweltfragen (SRU) befand in seinem 1987 veröffentlichten dritten Umweltgutachten, die bisherige Bilanz der Landschaftsplanung sei „enttäuschend" und erwecke nach nur einem Jahrzehnt den Eindruck eines „bereits gescheiterte[n] Vorhaben[s]"[506] – für ein solch ambitioniertes Instrument ein verheerendes Urteil. Angesichts der vom SRU beklagten immer weiter fortschreitenden Naturzerstörung in der Bundesrepublik – der auch die Verabschiedung der Umwelt- und Naturschutzgesetze der 1970er Jahre keinen Einhalt bieten konnte – konstatierte der Sachverständigenrat „Wissens-, Bewußtseins- und Handlungsdefizite" in allen Bereichen von Politik, Behörden, Öffentlichkeit, Rechtsprechung und Medien, die ein „Vollzugsdefizit" im Naturschutz zur Folge hätten.[507]

Die Krise der Landschaftsplanung ist im Kontext einer in weiten Kreisen der Gesellschaft empfundenen Krise der Planungselemente seit der ersten Ölkrise 1973/74 und dem „Ende der Zuversicht" nach der Aufbruchsstimmung der 1960er und frühen 1970er Jahre zu sehen. Unter den Schlagwörtern „Staatsversagen" und „Unregierbarkeit" wurde die Rolle des Staates in den Mittelpunkt der Debatte gestellt, im Zuge derer auch die Rolle der Planungs- und Steuerungsmethoden in Frage gestellt wurden.[508]

506 Sachverständigenrat für Umweltfragen: *Umweltgutachten 1987.* Deutscher Bundestag, Drucksache 11/1568, S. 139–140.

507 Ibid., S. 126.

508 Vgl. hierzu das folgende Kapitel, Zitate den Titeln der folgenden Aufsätze und Bücher entnommen: Hacke, Jens: Der Staat in Gefahr. Die Bundesrepublik der 1970er Jahre zwischen Legitimationskrise und Unregierbarkeit. In: Geppert, Dominik; Ders. (Hrsg.): *Streit um den Staat. Intellektuelle Debatten in der Bundesrepublik 1960–1980.* Göttingen 2008, S. 188–206; Metzler, Gabriele: Staatsversagen und Unregierbarkeit in den siebziger Jahren? In: Jarausch, Konrad H. (Hrsg.): *Das Ende der Zuversicht? Die siebziger Jahre als Geschichte.* Göttingen 2008, S. 243–260.

Die zunehmende Planungsskepsis entzog der gerade verabschiedeten Konzeption der Landschaftsplanung ihre gesellschaftliche konsensuale Grundlage, bevor sie ihre Wirkung entfalten konnte.

Gerade in Nordrhein-Westfalen, das mit der Einführung der verbindlichen Landschaftsplanung im Ländervergleich einen Sonderweg gegangen war und einen besonderen Akzent auf die Landschaftsplanung gelegt hatte, musste diese Entwicklung die Alarmglocken schrillen lassen. Tatsächlich befasste sich die nordrhein-westfälische Naturschutzverwaltung spätestens ab Beginn der 1980er Jahre intensiv mit dem Vollzugsdefizit in der Landschaftsplanung, das sich durch deren sehr schleppende Umsetzung in den Kreisen und kreisfreien Städten äußerte und schließlich zu einem Strategiewechsel im nordrhein-westfälischen Naturschutz führte.

Der sich im Herbst 1984 zuspitzende Konflikt um die niederrheinischen und münsterländischen Feuchtwiesen endete in einer Übereinkunft zwischen administrativem Naturschutz und der Landwirtschaft. Die Landwirte erhielten als Gegenleistung für den Erhalt der für den Artenschutz äußerst wichtigen Feuchtgebiete finanzielle Zuwendungen des Landes für Naturschutzleistungen und Ausgleichszahlungen für Einkommensverluste. Das 1984/85 verabschiedete Feuchtwiesenschutzprogramm markierte damit einen deutlichen Paradigmenwechsel in der Strategie des nordrhein-westfälischen amtlichen Naturschutzes weg von der Sozialpflichtigkeit des Eigentums hin zum Vertragsnaturschutz. Der Erfolg des Feuchtwiesenschutzprogramms bewirkte eine schnelle Ausweitung dieses Instruments in weiteren sogenannten Kulturlandschaftsprogrammen. Der mit ordnungspolitischen Instrumenten durchgesetzte Landschaftsplan trat dabei ins zweite Glied zugunsten der vertraglichen Vereinbarungen.

Grundvoraussetzung für diesen Paradigmenwandel war jedoch ein deutlich gestiegener Naturschutzetat zu Beginn der 1980er Jahre. Der Umgang mit den als „Waldsterben“ bekannt gewordenen Schäden an deutschen Wäldern sorgte in Nordrhein-Westfalen im Zuge des Rücktrittes von Landwirtschaftsminister

Bäumer für eine handfeste Regierungskrise. Der neue Minister Klaus Matthiesen verfügte schließlich über einen gegenüber seinem Vorgänger deutlich gestiegenen Stellenwert im Düsseldorfer Kabinett. Diesen konnte er vor dem Hintergrund einer durch den Aufstieg der Grünen Partei verunsicherten SPD einbringen, um die für den Naturschutz zur Verfügung stehenden Mittel deutlich zu erhöhen.

Diese Entwicklung markierte einen Wendepunkt in der Geschichte des nordrhein-westfälischen Naturschutzes. Der Jahreswechsel 1984/85 stellte eine Zäsur dar, die auf den zweiten Blick einen deutlich markanteren Charakter hatte als der bislang häufig postulierte Wendepunkt 1970. Während Durchbruch und Etablierung des Instruments der Landschaftsplanung 1970/75 der Abschluss einer Entwicklung war, die – wie im vorangegangenen Kapitel gezeigt – bereits lange vor den 1970er Jahren eingesetzt hatte, markierte der Wandel von 1984/85 den Übergang vom Nachkriegsnaturschutz zur Gegenwart. Die ab diesem Zeitpunkt entwickelten Methoden und Instrumente bilden die Grundlage für das heutige Erscheinungsbild des nordrhein-westfälischen Naturschutzes.

3.1 Das Entstehen eines „Vollzugsdefizits" im westdeutschen Naturschutz

3.1.1 „Das Ende der Zuversicht"[509]. Umweltschutz- und Planungsdiskurs in der Bundesrepublik an der Schwelle zum neuen Jahrzehnt.

„Katastrophenstimmung ist angesagt": Das Fazit des Berliner Landschaftsökonomieprofessors Arnim Bechmann im Jahre 1984 über die Stimmung nach dreizehn Jahren bundesdeutscher Um-

509 Titel eines Sammelbandes zur Geschichte der 1970er Jahre, siehe Jarausch (Hrsg.): *Das Ende der Zuversicht*.

weltpolitik war deutlich und fasste die von ihm erkannte Entwicklung plakativ zusammen.[510]

Der Gegensatz zwischen dem Optimismus der 1960er Jahre und der ersten Phase der Kanzlerschaft Willy Brandts einerseits und der Zukunftsangst nach Ölkrise und Regierungsaffären andererseits könne kaum größer ausfallen, so der Tenor vieler Veröffentlichungen zum gesellschaftlichen Umbruch der zweiten Hälfte der 1970er Jahre.[511] Dieses Phänomen schien jedoch nicht auf die Bundesrepublik beschränkt. In ganz Westeuropa kumulierten strukturelle Arbeitslosigkeit, steigende Rohölimportpreise, Inflation und rückläufige Exporte und führten zu Haushaltsdefiziten und Zahlungsschwierigkeiten.[512] Eric J. Hobsbawm portraitierte die Periode nach 1973 als die „Geschichte einer Welt, die ihre Orientierung verloren hat und in Instabilität und Krise geschlittert ist"[513]. Der postulierte Orientierungsverlust drückte sich in der Analyse von Zeitgenossen, Soziologen, Politikwissenschaftlern und Historikern in einer teils grundlegenden Veränderung in politischen, wirtschaftlichen und sozialen Fragen aus. Dabei stellte sich weniger die Frage nach dem wirklichen Ausmaß der wirtschaftlichen Krise, sondern deren psychologischen Auswirkungen. Wie Jens Hohensee in seiner Studie zur Ölkrise feststellte, „spielte sich [die Krise] mithin nicht in den Heizöl- und Benzintanks ab, sondern in den

510 Bechmann, Arnim: *Umweltpolitik in der Bundesrepublik. Die Skizze einer Bilanz.* Berlin 1984 (Werkstattberichte des Instituts für Landschaftsökonomie der TU Berlin, 5), S. 1, Zitate ebd.

511 Vgl. für eine Übersicht zur jüngeren Forschungsliteratur über die 1970er und 1980er Jahre Geyer, Martin: Auf der Suche nach der Gegenwart. Neue Arbeiten zur Geschichte der 1970er und 1980er Jahre. In: *Archiv für Sozialgeschichte* 50 (2010), S. 643–669, hier S. 643–652.

512 Vgl. zur europäischen Entwicklung im folgenden Judt, Tony: *Die Geschichte Europas seit dem Zweiten Weltkrieg.* Lizenzausgabe der Bundeszentrale für politische Bildung, Bonn 2006, S. 515–523.

513 Hobsbawm, Eric J.: *Das Zeitalter der Extreme. Weltgeschichte des 20. Jahrhunderts.* 4. Auflage, München 2000, S. 503.

Köpfen"[514] der Menschen. Die jüngste Forschungsliteratur befasste sich demnach mit der Suche nach Erklärungsmustern für das Phänomen „Krise" und seinen Auswirkungen auf die Gesellschaft. Ausgehend von einem gesteigerten Krisenbewusstsein seit der Öl- und Wirtschaftskrise 1973/75 lassen sich viele verschiedene solcher Erklärungsmuster und Phänomene des Wertewandels für die 1970er und 1980er Jahre finden. Unstrittig scheint jedoch, dass solche Wandel stattgefunden haben. Wie Doering-Manteuffel und Raphael es ausdrückten, war das „Neue [...] einfach da. Es war Realität. Es wurde mit der Zeit selbstverständlich und deshalb in zunehmendem Maß gesellschaftlich akzeptiert."[515]

Es wurde nicht die Frage gestellt, *ob* es einen Wandel gegeben hatte, sondern vielmehr *warum* dieser Wandel sich vollzog und *von welcher Qualität* er war. Besondere Aufmerksamkeit haben in diesem Zusammenhang zwei zeitgenössische Diagnosen des Wertewandels erhalten. Sowohl die These des *postmaterialistischen Wertewandels* Ronald Ingleharts als auch die *Risikogesellschaft* Ulrich Becks verorteten in diesem Zeitraum entscheidende gesellschaftliche Umwälzungen.[516] Individualisierung, Pluralisierung und Flexibilisierung wurden zu Schlagwörtern des Wertewandels auf der Schwelle zur „postmodernen" Gesellschaft.[517] Für die Zeitgenossen stellte die Abnahme eines gesellschaftlichen Konsenses durch die

514 Hohensee, Jens: *Der erste Ölpreisschock 1973/74. Die politischen und gesellschaftlichen Auswirkungen der arabischen Erdölpolitik auf die Bundesrepublik Deutschland und Westeuropa.* Stuttgart 1996 (Historische Mitteilungen der Ranke-Gesellschaft Beihefte, 17), S. 250.

515 Doering-Manteuffel, Anselm; Raphael, Lutz: *Nach dem Boom. Perspektiven auf die Zeitgeschichte seit 1970.* Göttingen 2008, S. 45.

516 Vgl. hierzu u.a. Beck, Ulrich: *Risikogesellschaft. Auf dem Weg in eine andere Moderne.* 1. Ausgabe, Frankfurt a.M. 1986; Inglehart, Ronald: *Kultureller Umbruch. Wertewandel in der westlichen Welt.* Frankfurt a.M. 1989.

517 Doering-Manteuffel, Anselm: Langfristige Ursprünge und dauerhafte Auswirkungen. Zur historischen Einordnung der siebziger Jahre. In: Jarausch (Hrsg.): *Ende der Zuversicht*, S. 313–329, hier S. 324.

Prozesse von Individualisierung und Pluralisierung der Lebensstile eine Problemstellung der Entnormativierung der bestehenden Ordnung dar und warf die Frage nach Verbindlichkeit von Normen und Autoritäten auf.[518] Die größte wirtschaftliche Rezession seit Kriegsende stellte zunehmend die bisherigen Methoden der Regierungsarbeit infrage – dies galt insbesondere für die Vorstellungen vom nachsorgenden Sozialstaat.[519] Besonders in linksintellektuellen Kreisen führte das von Jürgen Habermas aufgestellte Theorem der Legitimationskrise im Spätkapitalismus zur Infragestellung des „Herrschaftssystems" Bundesrepublik.[520] Auch der keynesianische Konsens der Nachkriegszeit wurde zunehmend von einer Rückbesinnung auf die liberalen Ideale des freien Marktes aufgelöst. Der Staat sei ein Hemmnis für Wachstum und Entwicklung, so die Kritik der Neoliberalen, und müsse sich möglichst aus den Belangen der Wirtschaft hinaushalten.[521] Hierin lag der Kern der fortschreitenden Entfremdung der beiden Bestandteile des sozial-

518 Jarausch, Konrad H.: Verkannter Strukturwandel. Die siebziger Jahre als Vorgeschichte der Probleme der Gegenwart. In: Ders. (Hrsg.): *Ende der Zuversicht*, S. 9–26, hier S. 17–18; König, Wolfgang: Die siebziger Jahre als konsumgeschichtliche Wende in der Bundesrepublik. In: Jarausch (Hrsg.): *Ende der Zuversicht*, S. 84–99, hier S. 91–93; Metzler, Staatsversagen und Unregierbarkeit, S. 251–252.

519 Jäger, Wolfgang: Die Innenpolitik der sozial-liberal Koalition 1974–1982. In: Bracher, Karl Dietrich (Hrsg.): *Republik im Wandel, 1974–1982: Die Ära Schmidt*. Mannheim 1987 (Geschichte der Bundesrepublik Deutschland, 5.II), S. 9–272, hier S. 14–18; Metzler, Staatsversagen und Unregierbarkeit, S. 244; Roller, Edeltraud: Staatsbezug und Individualismus: Dimensionen des soziakulturellen Wertewandels. In: Ellwein, Thomas; Holtmann, Everhard (Hrsg.): *50 Jahre Bundesrepublik Deutschland. Rahmenbedingungen – Entwicklungen – Perspektiven*. Wiesbaden 1999 (Politische Vierteljahresschrift, 30/1999), S. 229–246, hier S. 234–237.

520 Hacke, Staat in Gefahr, S. 194–196.

521 Judt, *Europäische Geschichte*, S. 612–613.

liberalen Lagers, die schließlich im politischen „Seitenwechsel" der FDP im Frühherbst 1982 mündete.[522]

Die diagnostizierte Verschiebung innerhalb des Wertekanons wurde bereits früh von den Zeitgenossen thematisiert. „Tendenzwende" – so der Titel einer Veranstaltung der Bayerischen Akademie der Schönen Künste im November 1974[523] – wurde schnell zu einem geflügelten Wort der zweiten Hälfte der 1970er Jahre. Der Begriff „lief [...] als Worthure durchs Land"[524], wie der Verleger Ernst Klett die Entwicklung schon im unmittelbaren Nachgang der Tagung in etwas fragwürdiger Wortwahl kommentierte.

Ökonomisch und ökologisch beherrschten zunehmend die „Grenzen des Wachstums" die Debatte – insbesondere seit Erscheinen des Berichts des *Club of Rome* zur Lage der Menschheit[525] – und standen damit sinnbildlich für eine weitere Abnahme des Optimismus des Vorjahrzehnts.[526] „Psychologisch waren die siebziger Jahre das deprimierendste Jahrzehnt des 20. Jahrhunderts", urteilte der britische Historiker Tony Judt über die Stimmung in Westeuropa.[527] Technik und Fortschritt bekamen in

522 Jäger, Innenpolitik 1974–1982, S. 28–29.

523 Zur Genese und Verwendung dieses Begriffs siehe Schildt, Axel: „Die Kräfte der Gegenreform sind auf breiter Front angetreten". Zur konservativen Tendenzwende in den Siebzigerjahren. In: *Archiv für Sozialgeschichte* 44 (2004), S. 449–478, hier S. 449, Fußnote 2 a.a.O.

524 Klett, Ernst: Vorwort. In: Podewils, Clemens Graf (Hrsg.): *Tendenzwende? Zur geistigen Situation der Bundesrepublik.* Stuttgart 1975, S. 5–6, hier S. 5.

525 Meadows, Dennis L. et al.: *Die Grenzen des Wachstums. Bericht des Club of Rome zur Lage der Menschheit.* Stuttgart 1972; zur Rezeption des Berichts siehe zudem auch Hahn, Friedemann: *Von Unsinn bis Untergang: Rezeption des Club of Rome und der Grenzen des Wachstums in der Bundesrepublik der frühen 1970er Jahre.* Diss. Freiburg 2006, insbesondere Kapitel 5, S. 101–121.

526 Maier, Hans: Fortschrittsoptimismus oder Kulturpessimismus? Die Bundesrepublik Deutschland in den 70er und 80er Jahren. In: *Vierteljahreshefte für Zeitgeschichte* 56 (2008), S. 1–17, hier S. 16–17.

527 Judt, *Europäische Geschichte*, S. 540.

diesem Umfeld eine neue Konnotation: Zwischen 1966 und 1981 nahm etwa in der Bundesrepublik der Anteil an der Bevölkerung, welche die Errungenschaften der Technik positiv beurteilten, von 72 auf 30 Prozent ab.[528]

Ob die „Tendenzwende" darüber hinaus allgemein von einem Wiedererstarken konservativer Wertvorstellungen gekennzeichnet war, ist umstritten.[529] Lübbe sah sie als „konservative Welle ganz unangemessen charakterisiert"[530], doch geriet nach seiner Sicht mit der kritischen Betrachtung von Technisierung und Modernisierung auch die rhetorisch traditionell auf die „Verheißungen des Fortschritts" ausgerichtete Reformpolitik in den Sog zunehmender „Desorientierungswirkung",[531] sodass Lübbe fünf Jahre später durchaus eine „programmatisch-konservative Wendung" konstatierte:[532]

> In dieser programmatisch-konservativen Wendung geht der lageunangemessenen, reformen-thusiasmierten Aufbruchsgestimmtheit sozusagen die Luft aus. Der politische Gebrauch des Wortes ‚Reform' rebanalisiert sich; er verträgt keine Emphase mehr [...] ‚Reform', statt als Signum für Kräfte des Fortschritts im Kampf gegen die Ewig-Gestrigen zu fungieren, wird schlichte Kennzeichnung von Nötigkeiten unter Imperativen der Zukunftsvorsorge in einer Lage, die ohnehin durch einen historisch beispiellos raschen gesellschaftlichen Wandel geprägt ist.[533]

528 Ibid., S. 559.

529 Vgl. Schildt, Kräfte der Gegenreform, S. 459–462.

530 Lübbe, Hermann: Fortschritt als Orientierungsproblem im Spiegel politischer Gegenwartssprache. In: Podewils (Hrsg.): *Tendenzwende*, S. 9–24, hier, S. 23.

531 Ibid., S. 17–18, Zitate S. 18.

532 Lübbe, Hermann: Konservatismus. In: Greiffenhagen, Martin (Hrsg.): *Kampf um Wörter? Politische Begriffe im Meinungsstreit.* München; Wien 1980, S. 311–316, hier S. 314.

533 Ibid., S. 314.

Das Schlagwort „Reform" habe angesichts der vielen steckengebliebenen oder nur halbherzig ausgeführten Projekte seine Zugkraft verloren, werde zunehmend auf die Erhaltung des Nötigen beschränkt und schließlich zu einer Forderung nach der Eingrenzung der staatlichen Eingriffe semantisch umgedeutet.[534] Hieran boten sich Anknüpfungspunkte für konservatives Gedankengut. Der Politikwissenschaftler Martin Greiffenhagen sah zur Mitte des Jahrzehnts die „Rehabilitierung eines verrufenen Begriffs [des Konservatismus, F.M.] [...] in vollem Gange"[535].

Auch wenn mit dieser vermeintlichen Renaissance des Konservatismus, scheinbar nachgewiesen mit dem Erfolg von Helmut Kohls „Freiheit statt Sozialismus"-Slogan im Wahlkampf 1976, keine allgemeine Rückbesinnung auf die Werte von vor 1968 stattfand[536], so zeigte sich Mitte der 1970er Jahre eine insbesondere von den Zeitgenossen empfundene Verschiebung in den Ansichten zu den Rollen von Individuum, Gemeinschaft und Staat. Die bereits Ende der 1970er Jahre einsetzende Diskussion um Postmoderne oder „neue Modernität" schien sinnbildlich für die Schwierigkeiten, die „Kultur der Widersprüche", die das Jahrzehnt der 1980er Jahre kennzeichnete, in Großtheorien oder Metaerzählungen zu fassen. Weitestgehend unstrittig erscheint nur der Prozess zunehmender Individualisierung und Subjektzentrierung und der damit verbundenen Neuorientierung in vielen Bereichen der Gesellschaft.[537]

534 Jäger, Innenpolitik 1974–1982, S. 263; Jarausch, Verkannter Strukturwandel, S. 17–18.

535 Greiffenhagen, Martin: Neokonservatismus in der Bundesrepublik. In: Ders. (Hrsg.): *Der neue Konservatismus der siebziger Jahre.* Reinbek 1974, S. 7–22, hier S. 7.

536 Noelle-Neumann, Elisabeth; Petersen, Thomas: Zeitenwende. Der Wertewandel 30 Jahre später. In: *APuZ* 29 (2001), S. 15–22, hier S. 17–18.

537 Wirsching, Andreas: *Abschied vom Provisorium, 1982–1990.* München 2006 (Geschichte der Bundesrepublik Deutschland, 6), S. 426–429, Zitate S. 428.

In diesem Umfeld geriet die bisherige Zauberformel „Planung“ zunehmend in Legitimationsschwierigkeiten auf der einen und Effizienzschwierigkeiten auf der anderen Seite. Reimut Jochimsen, zuvor Leiter der Planungsabteilung im Bundeskanzleramt, und Peter Treuner, Professor für Raumordnung und Entwicklungsplanung an der Universität Stuttgart, kritisierten bereits 1974 die in ihren Augen für die demokratisch legitimierten Entscheidungsträger zu hohe Komplexität der Planungsprozesse, die eine effektive Kontrolle durch die entsprechenden Organe unmöglich mache. Durch das langfristige Verplanen von Mitteln werde dem Jahreshaushalt seine „Schrankenfunktion“ und damit dem Parlament die politische Gestaltungsmöglichkeit durch die Festlegung des Budgets entzogen.[538] Das in seinen Grundzügen technokratisch bis paternalistische Modell der politischen Planung verlor seine Anziehungskraft je stärker der bis dahin latente Widerspruch zwischen Technokratie und Demokratie offenbar wurde.[539] „Nach großem Enthusiasmus [...] herrscht jetzt ein Katzenjammer“, kommentierte Peter Menke-Glückert, Ministerialdirektor im Bundesinnenministerium, die „Tendenzwende“ auch im westdeutschen Planungsdiskurs.[540]

Die konservative Kritik stützte sich daneben auf die Probleme staatlicher Verwaltung, Entscheidungen zu treffen und

538 Jochimsen, Reimut; Treuner, Peter: Staatliche Planung in der Bundesrepublik Deutschland. In: Löwenthal, Richard; Schwarz, Hans-Peter (Hrsg.): *Die Zweite Republik. 25 Jahre Bundesrepublik – eine Bilanz.* Stuttgart 1974, S. 843–864, hier S. 857–859, Zitat S. 858.

539 Nonn, Christoph: Politische Planung während der 1960er Jahre und ihre Vorgeschichte. Kurzer Sommer der Utopie und langer Schatten. In: Anonym (Hrsg.): *Der Kraftakt*, S. 55–76, hier S. 75–76.

540 Menke-Glückert, Peter: Langfristplanung. Versäumnisse der Forschungspolitik? In: Koschnitzke, Rudolf; Plieg, Ernst-Albrecht: *Auch Demokratie ist Herrschaft.* Bochum 1978 (RUB-Winter, 5), S. 9–22, hier S. 22; die Tatsache, dass Menke-Glückert den Begriff „Tendenzwende“ verwendet, ist ein weiterer Beleg für den zeitgenössischen Gebrauch dieses Begriffes und die Verortung eines Wertewandels durch Zeitzeugen.

durchzusetzen. Lösungsansatz hierzu war eine Konzentration auf Dezentralisierungs- und Individualisierungsprozesse.[541] Eine Projektgruppe der Konrad-Adenauer-Stiftung zum Thema „Dezentralisierung des politischen Handelns", der interessanterweise Erhard Mäding angehörte, während des Krieges im Planungsstab des RKF[542], stellte fest, die Aufgabenentwicklung der öffentlichen Verwaltung habe sich „parallel zur sozialökonomischen Entwicklung auf alle gesellschaftlichen Lebensbereiche und auf die Existenz- und Entfaltungsbedingungen des Einzelnen ausgedehnt"[543]. Die zunehmende Komplexität der Prozesse und bürgerschaftliches Interesse an Mitwirkung erfordere eine Umkehr des Zentralisierungsstrebens und die Rückbesinnung auf die Kompetenzen der Kommunalverwaltungen.[544]

„Planung" geriet also ab Mitte der 1970er Jahre von zwei Seiten, von der konservativen wie der liberalen, ideologisch unter Beschuss und offenbarte in ihren konkreten Ergebnissen in der bisherigen Planungstätigkeit einen Missstand. Der Staat verlor „seinen Nimbus der omnipotenten Regelungsinstanz".[545] Dies betraf auch das neue Politikfeld Umweltschutz und damit auch den Naturschutz.

Der Sachverständigenrat für Umweltfragen sprach 1978 von einer „Zeit der Zweifel", die nach einer Reihe von Erfolgen Anfang des Jahrzehnts eingetreten sei. Der Rat machte hierfür vor allem die Dominanz der Themen Energieversorgung – hier insbesondere die Diskussion um die Kernenergie – und der andauernden wirtschaftlichen Rezession verantwortlich, die kostensteigende Umwelt- und Naturschutzanliegen gegenüber ökonomischen und

541 Hacke, Staat in Gefahr, S. 196–197.

542 Siehe Kapitel 2.2.1.

543 Mäding, Erhard; Tigges, Hans; Hack, Hans: *Entwicklung der öffentlichen Aufgaben*. St. Augustin 1980, S. 68.

544 Ibid., S. 68–71.

545 Metzler, Konzeptionen, S. 406.

energiepolitischen Interessen hintenan stehen lasse.[546] Daneben erstarkte nach Verkündung des NATO-Doppelbeschlusses 1979 insbesondere die Friedensbewegung, sodass die frühen 1980er Jahre zu einer Zeit des Massenprotests gegen nukleare Aufrüstung und Ausbau der Kernenergie wurden. Tatsächlich waren es neben der Diskussion um die Kernenergie – insbesondere nach dem Unfall von Harrisburg 1979 und der Katastrophe von Tschernobyl 1986 – eher Fragen der Luftreinhaltung, die den öffentlichen Umweltschutzdiskurs dominierten.[547] Fragen des Naturschutzes und der Landschaftspflege blieben im Hintergrund. Verstärkt wurde diese Tendenz durch andere „Schreckensmeldungen", wie etwa eine Studie unter dem Titel *Global 2000*, die der amerikanische Präsidenten Jimmy Carter im Nachgang des *Club of Rome*-Berichts in Auftrag gegeben hatte und dessen deutsche Übersetzung sich zu Beginn der 1980er Jahre schnell zum Bestseller entwickelte. *Global 2000* basierte dabei auf den Forschungen einer Vielzahl von Institutionen und Wissenschaftlern und damit auf einer deutlich breiteren Grundlage als der Vorgängerbericht.[548] Die vorgestellten Prognosen erwiesen sich als äußerst besorgniserregend: Bei rapide wachsender Erdbevölkerung nahmen die Umweltbelastungen weiter zu, während wichtige Rohstoffe wie Wasser, Holz, Erdöl und Gas schnell zur Neige gingen.[549]

Hinzu kam in der Bundesrepublik das in die Öffentlichkeit drängende Phänomen der als „Waldsterben" bekannt gewordenen, großflächigen Schäden an Nadelhölzern. Das „Waldsterben" erzeugte eine von den teils apokalyptischen Vorstellungen und Bildern sowohl von Fachleuten als auch der breiten Öffentlichkeit geprägte

546 Sachverständigenrat für Umweltfragen: *Umweltgutachten 1978.* Deutscher Bundestag, Drucksache 8/1938, S. 13, 77 und 441, Zitat S. 441.

547 Schildt, Axel; Siegfried, Detlef: *Deutsche Kulturgeschichte. Die Bundesrepublik – 1945 bis zur Gegenwart.* München 2009, S. 368–372.

548 Brüggemeier, *Tschernobyl*, S. 226–227, Zitat S. 226.

549 Kaiser, Reinhard (Hrsg.): *Global 2000. Der Bericht an den Präsidenten.* 10. Auflage, Frankfurt a.M. 1981, S. 23–29.

Debatte, die durch ein bisher kaum bekanntes Maß an moralischer Aufladung ausgezeichnet war und phasenweise an Hysterie grenzte. Andere Umweltschutzdiskurse wurden dabei überlagert.[550] Für die Umweltpolitik ergaben sich aus dieser emissionsorientierten Prioritätensetzung als zentrale Forderungen die Entwicklung von Entschwefelungsanlagen für Kraftwerke, schadstoffarmer Autos und unverbleiten Benzins.[551] Diese Forderungen waren Ergebnis einer vorherrschenden Auffassung, der zufolge Umweltprobleme zumeist auf Industrieschadstoffe oder den massenhaften Konsum zurückzuführen waren.[552]

Für Naturschutz und Landschaftspflege bedeutete diese Entwicklung einen weiteren relativen Bedeutungsverlust gegenüber dem technischen Umweltschutz. In den Empfindungen der professionellen Naturschützer drückte sich dies in einem mühseligen und schließlich als weitgehend erfolglos angesehenen Kampf gegen die Zerstörung der Natur aus. „Naturschutz – eine Art Konkursverwaltung", zitierte der *Spiegel* im September 1977 Wolfgang Erz von der BFANL zur Bilanz des Naturschutzes in Deutschland. Auch nach Verabschiedung der Naturschutzgesetzgebung stehe der Naturschutz in der Bundesrepublik „zu allermeist nur auf dem Papier". Der hessische Landesbeauftragte für Naturschutz, Karl Friedrich Wentzel, bemängelte, die Naturschutzgesetze seien zwar „wunderschön", doch „leider setzen die Behörden sie nicht durch."[553]

550 Detten, Roderich von: Umweltpolitik und Unsicherheit. Zum Zusammenspiel von Wissenschaft und Umweltpolitik in der Debatte um das Waldsterben der 1980er Jahre. In: *Archiv für Sozialgeschichte* 50 (2010), S. 217–269, hier S. 226–227. Für eine weitergehende Untersuchung des „Waldsterben"-Diskurses in der Bundesrepublik siehe Metzger, Birgit: *German Angst oder ökologische Modernisierung? Das „Waldsterben" in der Umweltpolitik der BRD der 1980er Jahre.* Diss., Freiburg i. Br. (i.V.).

551 Zu den zentralen Themen der 1980er Jahre im Bereich Umweltpolitik vgl. Wirsching, *Abschied*, S. 361–392, insbesondere S. 364–367.

552 Brüggemeier, *Tschernobyl*, S. 227.

553 *Der Spiegel*, 19.9.1977.

3.1.2 Exkurs: Nordrhein-Westfalen und das Bundesnaturschutzgesetz 1975/76

Das Bundesnaturschutzgesetz (BNatSchG) war als letztes großes Umweltgesetz der Abschluss der Rechtsentwicklung im Umweltschutz in den 1970er Jahren. Nach dem Scheitern des Entwurfs des BML 1972/73 und einer erneuten Ablehnung eines vom Bundestag am 3. Juni 1976 verabschiedeten Gesetzes durch den Bundesrat wurde schließlich im Vermittlungsausschuss ein Kompromiss gefunden und das BNatSchG im Dezember desselben Jahres verabschiedet.[554] Anders als in den früheren Entwürfen war das BNatSchG lediglich ein Rahmengesetz, das den Ländern vor allem in der Ausführung der Landschaftsplanung weitgehenden Handlungsspielraum ließ. Dies war Ergebnis der über mehrere Jahre geführten Kompetenzstreitigkeiten zwischen Bund und Ländern, in denen der Bund schließlich die verfassungsrechtlichen Realitäten anerkennen musste.

Aus Sicht Nordrhein-Westfalens stellten die Debatten über das Bundesnaturschutzgesetz weniger eine Chance als eine Gefahr dar. Für das MELF hatte es im Entscheidungsprozess um das BNatSchG daher oberste Priorität, das nordrhein-westfälische Sonderprojekt der flächendeckenden, verbindlichen Landschaftsplanung gegenüber anderen Regelungen zu schützen. In seinem Bericht an Minister Deneke von den Beratungen des Bundesrates zum Thema Bundesnaturschutzgesetz, das zu Beginn des Jahres 1975 vom BML in Entwürfen vorlag, kam Pielow nach Ansicht des Vorhabens der Bundesregierung zu einem für Nordrhein-Westfalen schwerwiegenden Ergebnis: „Unser Planmodell würde durch das Bundesgesetz [für Naturschutz und Landschaftspflege, F.M.] zerstört", bevor das Landschaftsgesetz überhaupt verabschiedet worden sei. Der Entwurf aus Bonn enthalte keine Rahmenklausel und hebe damit alle Ländergesetze partiell auf. Er sorge für keine befriedigende Lösung des Verhältnisses zwischen Bebauungsplan und Landschaftsplan, lege eine aufwändige Planhierarchie vom

554 Frohn, Naturschutz macht Staat, S. 254.

Naturschutz- und Landschaftspflegeprogramm des Bundes bis hin zum Landschaftsplan auf unterer Ebene auf und entbehre jeden Hinweis auf Verbindlichkeit. Darüber hinaus führe der Entwurf den alten Kanon der verschiedenen Schutzkategorien wieder ein und sehe keinen Vorbehalt zugunsten einer weiteren Ausgestaltung des Landschaftsplanes durch die Länder vor – kurzum, das Bundesgesetz würde „alle unsere wesentlichen Neuerungen zu Fall bringen". Aufgrund des Fehlens der bereits in den Jahren zuvor vom Bundesrat geforderten Rahmenklausel sei es wahrscheinlich, dass der Vermittlungsausschuss angerufen werde, doch sei es zweifelhaft, ob Nordrhein-Westfalen seine „speziellen Wünsche" hier einbringen könne. Man müsse anderweitig aktiv werden.[555]

Aus diesem Grund unterstützte NRW einen Gesetzesentwurf der Länderarbeitsgemeinschaft Naturschutz (LANa), den Schleswig-Holstein und Rheinland-Pfalz am 24. Februar 1975 in den Bundesrat einbrachten.[556] Pielow begründete die Unterstützung des Antrages der CDU-geführten Länder, das Vorgehen die Bundesregierung lasse „fast keine andere Wahl". Sachlich sei der Entwurf der beste aller bisher vorgelegten und inzwischen die letzte Möglichkeit, überhaupt noch ein Bundesnaturschutzgesetz in die Wege zu leiten. Jedenfalls sei der „besondere Weg" Nordrhein-Westfalens damit weitestgehend abgesichert.[557] Für NRW bedeuteten die Ausführungen des LANa-Entwurfes, dass neben der Landschaftsplanung auf Kreisebene überörtliche Landschaftsprogramme und Landschaftsrahmenpläne eingeführt werden mussten, die man jedoch in die bestehende Landes- beziehungsweise Regionalplanung zu integrieren plante. Wirkliche Chancen sah man im Instrument des Landschaftsrahmenplanes jedoch nicht. Darüber hinaus mussten die in der Regelung des Landschaftsgesetzes deut-

555 Ministervorlage, Betr. Bundesgesetz für Naturschutz und Landschaftspflege, 12.2.1975, LAV Abt. Rhld. NW 453 Nr. 720.

556 Müller, *Innenwelt*, S. 382–383.

557 Ministervorlage, Betr. Bundesgesetz für Naturschutz und Landschaftspflege, 28.2.1975, LAV Abt. Rhld. NW 453 Nr. 720.

lich reduzierten Schutzkategorien – in NRW kannte man seit 1975 nur noch Landschafts- und Naturschutzgebiete – wieder durch den „klassischen“ Kanon[558] ersetzt werden. Für die Umsetzung in Landesrecht war eine Frist von zwei Jahren vorgesehen. Abgesehen von diesen Punkten sah Pielow die Ziele seines Ministeriums erreicht. Das System des verbindlichen, umfassenden Landschaftsplans blieb erhalten. Da die Länder eigenständig weitergehende Regelungen treffen durften, konnten die weitgehenden Vorschriften des Landes zur Ausfüllung der Sozialpflichtigkeit des Eigentums fortgelten, trotz einer aus Pielows Sicht „dürftigen“ Regelung im LANa-Entwurf. Der nordrhein-westfälische „Sonderweg“ in der Landschaftsplanung bliebe damit von den Bestimmungen des BNatSchG unberührt.[559]

Als einziges weiter bestehendes Problem machte Pielow die Frage der Landwirtschaftsklausel aus. Der LANa-Entwurf enthielt zunächst keine Landwirtschaftsklauseln. Auf Vorschlag des Agrarausschusses des Bundesrates wurde schließlich eine Landwirtschaftsklausel in die Zielbestimmungen des Gesetzes aufgenommen, die analog zu derjenigen im nordrhein-westfälischen Landschaftsgesetz formuliert wurde, wonach die „ordnungsgemäße Land- und Forstwirtschaft [...] in der Regel den Zielen dieses Gesetzes“ diene. Mit dieser Änderung wurde der Vorschlag schließlich verabschiedet und dem Bundestag zugeleitet.[560] Zur Grundlage der Verhandlungen im Ernährungsausschuss des Bundestages wurde neben dem Bundesratsentwurf ein innerhalb von fünf Wochen erarbeiteter, sogenannter „Sekretariatsentwurf“ des Referats Naturschutz, Landschaftspflege und Erholungslandschaft im BML, der als Formulierungshilfe für den Ernährungsausschuss

558 Der „klassische Kanon“ umfasste neben Natur- und Landschaftsschutzgebieten noch Naturdenkmale, Naturparken und Landschaftspflegebereiche. Das BNatSchG sah zudem die Einrichtung Nationalparken vor.

559 Ministervorlage, Betr. Bundesgesetz für Naturschutz und Landschaftspflege, 26.5.1975, LAV Abt. Rhld. NW 453 Nr. 720.

560 Müller, *Innenwelt*, S. 383, Zitat ebd.

gedacht war. Der „Sekretariatsentwurf" enthielt ebenfalls zunächst keine Landwirtschaftsklauseln. Der Ernährungsausschuss bildete einen Unterausschuss, um den Gesetzesentwurf eingehend zu beraten. Neben den insgesamt sechs Bundestagsabgeordneten nahmen die Verfasser der „Formulierungshilfe" aus dem BML teil sowie die Naturschutzreferenten der Landwirtschaftsministerien aus Schleswig-Holstein und Nordrhein-Westfalen als Vertreter der LANa. Bis auf einen Abgeordneten waren alle parlamentarischen Mitglieder des Unterausschusses von Beruf Landwirte. Diese votierten für die Aufnahme von Landwirtschaftsklauseln nicht nur in die Zielbestimmungen in § 1, analog zum Bundesratsentwurf, sondern darüber hinaus in die Eingriffsregelung in § 8. Die ordnungsgemäße Land- und Forstwirtschaft gelte demnach auch dann nicht als Eingriff, wenn dies die Leistungsfähigkeit des Naturhaushalts oder die Vielzahl, Eigenart oder Schönheit von Natur und Landschaft nachhaltig und erheblich beeinträchtige.[561]

Pielow berichtete als Vertreter Nordrhein-Westfalens von den Verhandlungen im Unterausschuss, man wolle nun im Verbund mit dem Vertreter Schleswig-Holsteins „energisch gegen diese absolute Privilegierung der Landwirtschaft vorgehen". Eine „Einschaltung der breiten Öffentlichkeit" hielt Pielow für nicht angebracht, da die Klauseln noch nicht in den Entwürfen stünden, sondern „nur in den Absichten der maßgebenden Unterausschußmitglieder bestehen".[562] Pielow setzte also auf die Einflussnahme anderer Gremien. Den Befürchtungen des MELF ob einer „möglicherweise bedenkliche[n] Entwicklung" hatte Landwirtschaftsminister Deneke bereits in einem Schreiben an nordrhein-westfälische Bundestagsabgeordnete ausgeführt: „Natürlich gehe ich davon aus", so Deneke,

> daß die Land- und Forstwirtschaft in der Regel im Einklang mit den Zielen der Landschaftspflege steht. Dies rechtfer-

561 Ibid., S. 387–389.

562 Ministervorlage, Betr. Bundesgesetz für Naturschutz und Landschaftspflege, 20.6.1975, LAV Abt. Rhld. NW 453 Nr. 720.

> tigt aber nicht eine so extreme Freizeichnung wie sie hier vorgeschlagen wird. Wie will man dann gegenüber anderen Berufsgruppen die Erfüllung der Sozialpflichtigkeit noch begründen?[563]

Das Düsseldorfer Ministerium erhoffte sich an entscheidender Stelle die Unterstützung der Parlamentarier.

Die Hoffnung, die Landwirtschaftsklauseln in anderen Gremien zu verhindern, erfüllte sich nicht. Im Ernährungsausschuss des Bundestages, von dessen 27 Mitgliedern 15 Landwirte oder Winzer waren, wurden nicht nur die beiden bestehenden Landwirtschaftsklauseln übernommen, sondern auf Antrag eines FDP-Abgeordneten in § 15 zusätzlich die ordnungsgemäße Land- und Forstwirtschaft von den Festsetzungen in Landschaftsschutzgebieten ausgenommen. In der zweiten und dritten Lesung des Bundestages wurde der § 8 von allen Rednern positiv gewürdigt. Abweichende Meinungsäußerungen gab es nicht, die anderen strittigen Paragraphen wurden nicht erwähnt. Der Bundestag konnte daher den Gesetzesentwurf am 3. Juni 1976 einstimmig verabschieden. Im Bundesrat wurde in Bezug auf § 8 auf Antrag Nordrhein-Westfalens der Vermittlungsausschuss angerufen, doch mehr als den Kompromiss, den Paragraphen mit dem Zusatz „im Sinne dieses Gesetzes" zu versehen, konnte nicht erreicht werden.[564] Diese Niederlage war aus nordrhein-westfälischer Sicht verschmerzbar, da die maßgeblichen Bestimmungen des LG NW durch das Bundesrahmengesetz unberührt blieben. Dies war von besonderer Bedeutung, zeigte doch der Entscheidungsprozess zu den Landwirtschaftsklauseln den begrenzten Einfluss des Landes bei der Bundesgesetzgebung auf. Der fehlende Enthusiasmus für das BNatSchG lässt sich auch an der Tatsache bemessen, dass sich

563 Schreiben Minister für Ernährung, Landwirtschaft und Forsten an Bundestagsabgeordnete aus NRW, 12.6.1975, LAV Abt. Rhld. NW 453 Nr. 720.

564 Müller, *Innenwelt*, S. 390–393.

Nordrhein-Westfalen statt innerhalb der vom Gesetz vorgesehenen zweijährigen Übergangsfrist bis 1980 Zeit ließ, die Änderungen der BNatSchG in der ersten Novellierung des Landschaftsgesetzes zu übernehmen.

Bei den Naturschutzverbänden riefen die gefundenen Kompromissformeln unmittelbar Kritik hervor. Erwin Stein warf schon auf dem Deutschen Naturschutztag im Mai 1976 der Bundesregierung den „Weg des geringsten Widerstandes" für den Gesetzesentwurf vor, da sie die Rahmengesetzgebungskompetenz nur unzureichend ausgenutzt habe. Aufgrund eines wirklichen Fortschritts, der durch den Entwurf nur vorgespiegelt werde, sei das BNatSchG ein „unnötiges und schlechtes Gesetz".[565] Neben der befürchteten Rechtszersplitterung waren darüber hinaus die Landwirtschaftsklauseln des BNatSchG sowie die fehlende Verbandsklage für die Naturschützer die Fehlleistungen des Gesetzes.[566]

Edda Müller hielt später Bundestag und Bundesrat vor, mit dieser Kompromisslösung die Entscheidung über die Interessenkonflikte zwischen Land- und Forstwirtschaft und dem Naturschutz vom Gesetzgeber auf den Verwaltungsvollzug und die Gerichte abzuschieben. Die Landwirtschaftsklauseln regelten nichts endgültig, weder dem einen noch dem anderen Sinne nach, doch verschärften ihre psychologischen Auswirkungen die Beziehungen zwischen Naturschutz und Land- und Forstwirtschaft. Die rechtlichen und psychologischen Hemmnisse im Umgang insbesondere mit den Landwirten, die nicht nur nach den Vorstellungen des

565 Stein, Erwin: Die neue Situation im Naturschutzrecht in Bund und Ländern. In: Arbeitsgemeinschaft Deutscher Beauftragter für Naturschutz und Landschaftspflege (Hrsg.): *Die neue Rechtsentwicklung im Naturschutz und Probleme der Landschaftsplanung. Referate des Deutschen Naturschutztages 1976 (24.-27. Mai) in Essen und des Seminars „Naturschutz – Landschaftsplanung/Bauleitplanung – Umweltverträglichkeitsprüfung (26.-28 September 1976) in Bremen.* Bonn-Bad Godesberg 1976 (Jahrbuch für Naturschutz und Landschaftspflege, 25), S. 21–30, hier S. 22–23 und 29–30, Zitate S. 22 und 30.

566 Ibid., vgl. hierzu auch Bartelheimer/Coprak, *Landschaftsplanung*, S. 3–5.

Gesetzgebers eigentlich eine zentrale Rolle in der Ausführung von Naturschutz- und Landschaftspflegemaßnahmen spielen sollten, erschwerten die Bemühungen um eine erfolgreiche Umsetzung der Naturschutzgesetze zusätzlich und trugen so zu einer Ausweitung des Vollzugsdefizits bei.[567]

3.1.3 Diagnose „Vollzugsdefizit“: Naturschutz und Landschaftsplanung in der Krise

Die in Zahlen ausgedrückten Folgen dieses Defizits in der Durchsetzung der Naturschutzgesetze wirkten besorgniserregend. Der bekannte Naturschützer Horst Stern bezifferte die seit dem Europäischen Naturschutzjahr 1970 in der Bundesrepublik zerstörten schutzwürdigen Lebensräume für Pflanzen und Tiere auf 15 000 und die versiegelten Flächen auf 358 000 Hektar – trotz eines allseits anerkannten gestiegenen Umweltbewusstseins in der Bevölkerung und dem damit verbundenen erhöhten politischen Stellenwert des Umweltschutzes. Die Politik jedoch kaschiere ihre Fehlleistungen in der Umsetzung des Umweltrechts mit fragwürdigen Statistiken, preise die naturfremde „Natur à la Bonn“ an und offenbare so „ein Defizit an Moral in der Ausübung staatlicher Macht“.[568] Alarmierendes brachte auch die 1977 erstmalig für die Bundesrepublik erstellte *Rote Liste der gefährdeten Tiere und Pflanzen* zu Tage, nach der ein Großteil der in Westdeutschland beheimateten Arten als gefährdet oder vom Aussterben bedroht eingestuft wurden[569] – die „Bilanzen einer Niederlage“[570], so Erz von der BFANL.

---

567 Müller, *Innenwelt*, S. 342–343 und 393.

568 Stern, Horst: Warum regen sich die grünen Typen auf? In: *Der Spiegel*, 4.12 1978.

569 Vgl. Blab, Josef u.a.: *Rote Liste der gefährdeten Tiere in der Bundesrepublik Deutschland*. 2., unveränderte Auflage, Greven 1978 (Naturschutz aktuell, 1).

570 Zitiert in: *Der Spiegel*, 19.9.1977.

Bereits in seinem ersten Umweltgutachten hatte der SRU 1974 von einem „Vollzugsdefizit“ im Umweltschutz gesprochen, jedoch hinzugefügt, über keine Erkenntnisse über Ursachen und Gründe, geschweige denn über Maßnahmen zur Abhilfe zu verfügen.[571] Die Analyse des SRU rief bei den zuständigen Behörden von Bund und Ländern zunächst großen Widerspruch hervor, die darin einen ungerechtfertigten Vorwurf sahen. Diese Kontroverse war Ausgangspunkt für eine vom SRU initiierte empirische Studie zum Vollzug der Umweltgesetzgebung (hier beschränkt auf Immissions- und Gewässerschutz) unter der Leitung von Renate Mayntz, die schließlich 1978 ihre Ergebnisse vorlegte.[572] Die Projektgruppe stellte in beiden Bereichen des Umweltschutzes erhebliche Mängel im Ressourcenbereich fest: Die quantitativen Probleme beim Behördenpersonal, insbesondere auf Kreis- und Gemeindeebene, die fehlende technische Ausstattung und Informationsdefizite der Behörden zeigten, dass die Verwaltung dem rechtlichen Fortschritt noch nicht nachgezogen war. Als zentrales strukturelles Problem des Umweltvollzugs machte die Projektgruppe die organisatorische Trennung von rechtlicher Entscheidungskompetenz und technischem Fachwissen aus – ausgenommen wurde hier ausdrücklich Nordrhein-Westfalen, das für den Umweltschutz eine Sonderverwaltung geschaffen hatte.[573]

1978 wurden Naturschutz und Landschaftspflege erstmals in das Umweltgutachten aufgenommen. Für diesen Bereich stellte der Rat fest, dass trotz einer insgesamt leicht positiven statistischen Entwicklung der Quantität der unter Natur- oder Landschaftsschutz stehenden oder als Naturparke erschlossenen Flächen die

571 Sachverständigenrat für Umweltfragen: *Umweltgutachten 1974.* Stuttgart 1974, S. 180–181.

572 Hansmeyer, Karl-Heinrich: Vorwort. In: Mayntz, Renate et al.: *Vollzugsprobleme der Umweltpolitik. Empirische Untersuchung der Implementation von Gesetzen im Bereich der Luftreinhaltung und des Gewässerschutzes.* Stuttgart 1978 (Materialien zur Umweltforschung, 4), ohne Seitenzahl.

573 Vgl. hierzu Mayntz et al., *Vollzugsprobleme*, S. 45–53 und 71–79.

Qualität dagegen abgenommen habe. Der Rat mahnte an, dass es zwingend notwendig sei, die Erhaltung der ökologischen Vielfalt zum „obersten Leitbild“ zu machen und das bisherige Hauptziel einer umfassenden Erholungssicherung für die Bevölkerung sowie andere Nutzungsansprüche nachrangig oder maximal gleichrangig zu behandeln. Die neuen Naturschutzgesetze sowie die Fortschritte der Landschaftsplanung böten Ansätze zu einer Verbesserung, doch seien insgesamt nur wenige Erfolge zu verzeichnen.[574]

Der SRU nahm die Ergebnisse zum Anlass, das „Vollzugsdefizit“ wieder auf die Tagesordnung zu bringen. Er sah Verbesserungsmöglichkeiten insbesondere in der wirtschaftlichen Akzeptanz des Umweltschutzes. Unterstützt wurde diese Ansicht in der Annahme, dass die Umweltproblematik nur bei politischer Stabilität und durch die volle Leistungsfähigkeit von Wirtschaft und Industrie gelöst werden könne. Gefordert wurde daher, statt der Kosten die ökonomischen *Vorteile* des Umweltschutzes herauszustellen und somit den Umweltschutz in das bestehende marktwirtschaftliche System zu integrieren. So stellte der Rat heraus, dass zum Beispiel die Entwicklung moderner Umweltschutztechnologie auch eine wachstumsfördernde Komponente besitze. Es müsse ein Umdenken stattfinden, traditionelle Investitions- und Konsumgewohnheiten verändert werden und das „ökonomische Gut verbesserte Umwelt“ in das Denken und Handeln übernommen werden.[575]

Diese „Systemkompatibilität“ wurde jedoch durchaus zu Beginn der 1980er Jahre in Frage gestellt. Arnim Bechmann kratzte mit seiner Kritik an der rechtlichen Realisierung von Umwelt- und Naturschutz an den Fundamenten der bisherigen drei Grundprinzipien der Umweltpolitik: Verursacherprinzip, Vorsorgeprinzip und Kooperationsprinzip. Ihre Umsetzung in Fachgesetzen und Einbettung in bestehende Behördenstrukturen in der Annahme, Umweltprobleme seien in den bestehenden Strukturen der Sozialen Marktwirtschaft lösbar, hätten einen wirksamen Umweltschutz

574 SRU, *Umweltgutachten 1978*, S. 438–439.

575 Ibid., S. 566 und 574–575.

bereits grundlegend verhindert und ihn „adrett und harmlos" gemacht: „Umweltschutz schien realpolitisch gezähmt, ehe er auch nur erste Anzeichen von Widerspenstigkeit zeigte. Niemand hatte Angst vor ihm", so der Berliner Professor.[576] Die Konzepte, die der Gesetzgebung der 1970er Jahre zugrunde lagen, hätten versagt. Die Entwicklung umweltfreundlicher Technologien gehe nur langsam voran, das Vorsorgeprinzip sei aus Konfliktscheu nie wirklich praktiziert worden, zur Verwirklichung des Verursacherprinzips fehle es häufig an zahlungsfähigen Schuldigen. An das Kooperationsprinzip habe sich bislang keiner der beteiligten Parteien gehalten. Als einzige, langfristig wirksame Lösungsmöglichkeit sah Bechmann die Ökologisierung von Nutzungsmustern. Es gebe in der Umweltgesetzgebung jedoch kaum Ansätze zur Überwindung der ökologisch unverträglichen Muster menschlichen Umgangs mit Umwelt und Natur.[577] Jochen Hanisch, ebenfalls an der TU Berlin tätig, kritisierte, wie zuvor schon Stern, die irreführende Bilanz staatlicher Umweltpolitik, die den „Raubbau" an den natürlichen Ressourcen fortsetze und „die Vernachlässigung strukturschwacher Regionen propagandistisch als erfolgreiche Umweltpolitik" ausweise.[578]

Für die Landschaftsplanung sah Hanisch ein doppeltes Dilemma: Sie könne durch ihre Verbindung mit staatlicher Politik sowohl fachlich als auch politisch keine eigene Initiative entwickeln und leide darüber hinaus unter dem schrittweisen Erodieren der querschnittsorientierten Raumplanung durch Individualisierungsprozesse und die ökonomische Dauerkrise.[579] Der von den Berliner Wissenschaftlern attestierte Paradigmenwechsel in der

576 BECHMANN, *Umweltpolitik*, S. 6–7, Zitat S. 7.

577 Ibid., S. 31–37.

578 HANISCH, Jochen: Umweltveränderung, Raumentwicklung und staatliche Planungspolitik. In: ANONYM (Hrsg.): *Landschaftsplanung. Belastete Landschaft – verdrängte Natur.* Fellbach 1980 (Öko-Magazin, 3), S. 34–55, hier S. 34.

579 Ibid., S. 50–51, Zitat S. 50.

Politik – „privatkapitalistische Entsorgungsstrategie statt ökologie-planerische Innovationsstrategie" – bewies nach ihrer Ansicht den Illusionscharakter der Erwartungen an die Landschaftsplanung und zeige die grundlegende Ursache der Diskrepanz zwischen Anspruch und Wirklichkeit des von Buchwald begründeten landespflegerischen Konzeptes auf. Stattdessen forderten sie eine Rückbesinnung auf eine „Politik der kleinen Schritte", hin zu kleinmaßstäbigen Problemlösungsansätzen.[580]

Auch wenn dies um 1980 noch Einzelstimmen waren, verfestigten sich im Laufe der 1980er Jahre die Eindrücke, dass die bisherige Umsetzung von Natur- und Umweltschutz zumindest problembehaftet sei. „Leider nicht zufriedenstellend", urteilte der Regensburger Professor Herrmann Soell in einer vom DRL beauftragten Gesamtwürdigung des Bundesnaturschutzgesetzes und der Ländergesetze. Soell bemängelte neben den bekannten Regelungsdefiziten vor allem die ausschließlich anthropozentrische, das heißt auf die Bedürfnisse des Menschen ausgerichtete Konzeption der Naturschutzgesetzgebung, die eine utilitaristische Abwägung der Interessen im Einzelfall zur Folge habe.[581] Der DRL kam insgesamt zu dem Ergebnis, dass es, vier Jahre nach Verabschiedung des BNatSchG, deutlichen Raum für Verbesserungen gebe. Neben der noch als unzureichend angesehenen Umsetzung der Rechtsangleichung an das Rahmengesetz durch die Länder, wurden auch im BNatSchG Mängel festgestellt, sei es in der unbefriedigenden Um- und Durchsetzung der Landschaftsplanung, der Ausgleichregelung

580 Krusewitz, Knut: Landschaftsplanung – Staat – Gesellschaft. Zum Selbstverständnis einer ökologischen Planungsdisziplin. In: Anonym (Hrsg.): *Belastete Landschaft*, S. 85–104, hier S. 95–96.

581 Soell, Herrmann: Kritische Gesamtwürdigung des Bundesnaturschutzgesetzes und der Ländernaturschutzgesetze. In: Deutscher Rat für Landespflege (Hrsg.): *Analyse und Fortentwicklung des neuen Naturschutzrechts in der Bundesrepublik Deutschland. Ergebnisse eines Symposiums des Deutschen Rates für Landespflege.* Bonn 1981 (Schriftenreihe des Deutschen Rates für Landespflege, 36), S. 555–558, hier S. 556, Zitat S. 558.

oder der Bürgerbeteiligung.[582] Drei Jahre später veranstaltete der DRL eine weitere Veranstaltung zum neuen Naturschutzrecht – diesmal mit dem Fokus auf die Landschaftsplanung – und stellte erneut fest, dass „sich in der Landschaftsplanung trotz gesetzlicher Grundlagen bislang nicht viel bewegt hat". Die gesetzten Erwartungen seien im Wesentlichen nicht erfüllt worden.[583]

1987 legte der SRU nach neun Jahren einen erneuten umfassenden Umweltbericht vor. Der Rat sah durchaus „große Erfolge", die seit dem letzten Umweltbericht erzielt worden seien, doch benannte er die „ebenfalls vorhandenen Mängel, Misserfolge und Verzögerungen"[584]. Diese verortete der SRU, in Person des Vorsitzenden, Wolfgang Haber, vor allem im Bereich Naturschutz und Landschaftspflege: Es bestehe weiterhin ein eklatanter Gegensatz zwischen den in § 1 BNatSchG festgelegten Zielen und dem tatsächlichen ökologischen Zustand von Natur und Landschaft, der durch Flächenversiegelung und Artenrückgang eher noch an Qualität abnehme. Den beiden wichtigsten Instrumenten von Naturschutz und Landschaftspflege, Landschaftsplanung und Eingriffsregelung, wurde „weitgehende[s] Versagen" attestiert; mit ihnen sei „praktisch keine Wirkung erzielt" worden. Der Rat suchte die Gründe vor allem in der oftmals zuungunsten des Naturschutzes ausgelegten Abwägungsklausel in den Naturschutzgesetzen, ausgelöst durch einen schwammigen Naturbegriff, dessen oft se-

582 Deutscher Rat für Landespflege: Analyse und Fortentwicklung des neuen Naturschutzrechts in der Bundesrepublik Deutschland – Studie. In: Ders. (Hrsg.): *Naturschutzrecht*, S. 457–469, hier S. 467–469.

583 Olschowy, Gerhard: Landschaftsplanung – Erfahrungen mit dem neuen Naturschutzrecht. Einführung in das gleichlautende Kolloquium des Deutschen Rates für Landespflege am 14./15. Dezember 1983 in Bonn-Bad Godesberg. In: Deutscher Rat für Landespflege (Hrsg.): *Landschaftsplanung – Erfahrungen mit dem neuen Naturschutzrecht. Gutachtliche Stellungnahme und Ergebnisse eines Kolloquiums des Deutschen Rates für Landespflege.* Bonn 1984 (Schriftenreihe des Deutschen Rates für Landespflege, 45), S. 443–446, hier S. 443.

584 SRU, *Umweltgutachten 1987*, S. 3.

lektiver Inhalt die Durchsetzung eines gebotenen umfassenden Naturschutzes erschwere, und in „psychologische[n] Hemmnisse[n], Mängel[n] und Schwächen im Verwaltungsvollzug". Im Ergebnis stand die Forderung nach einer erneuten Reform der Naturschutzgesetzgebung.[585]

Die Erkenntnisse stützten sich dabei auf die Ergebnisse einer vom Bundeslandwirtschaftsministerium in Auftrag gegebenen Untersuchung unter dem Titel *Vollzugsdefizite im Naturschutz*, durchgeführt vom Münsteraner Professor für Politikwissenschaft Gerhard W. Wittkämper und seinem Freiburger Kollegen vom Institut für Forstpolitik und Raumordnung, Erwin Nießlein. Die Studie stützte sich vor allem auf die empirische Auswertung von Fragebögen, ausgefüllt von Verwaltungsbeamten, ehrenamtlichen Naturschützern sowie sonstigen Privatpersonen.[586] Innerhalb der Untersuchung wurde als Hauptursache des „Vollzugsdefizits" die Unklarheit der Sollvorgabe des Vollzugs ausgemacht, von der sich die Schwierigkeiten der Naturschutzbehörden bei der Umsetzung der Naturschutzgesetze ableiteten, da im Einzelfall eine klare Richtschnur fehle. In Abwesenheit deutlicher Vorgaben durch den Gesetzgeber könne lediglich ein breiter naturschutzpolitischer Konsens in Politik, Verwaltung und Bevölkerung Abhilfe schaffen – ein solcher Konsens sei jedoch nicht existent. Diese an sich wenig überraschenden Ergebnisse – Mitglieder von Naturschutzverbänden seien deutlich sensibilisierter für Naturschutzanliegen als die Durchschnittsbevölkerung, deren Sensibilisierung sei jedoch meist höher als diejenige der meisten politisch Verantwortlichen – verleiteten die Verfasser zu drei Ansatzpunkten, wie ein politischer Konsens einfacher hergestellt werden könnte: Erstens verlangten sie die Bestellung eines nicht weisungsgebundenen

585 Ibid., S. 21.

586 Wittkämper, Gerhard W. et al. (Hrsg.): *Vollzugsdefizite im Naturschutz. Analyse von Vollzugsdefiziten und Verwaltungspraxis der Aufgabe Landschaftspflege und Naturschutz*. Münster 1984 (Schriftenreihe des Bundesministers für Ernährung, Landwirtschaft und Forsten, Reihe A: Angewandte Wissenschaft, 300).

„Umweltanwalts“, der die Belange von Natur und Umwelt sowohl im Verwaltungsverfahren als auch vor Verwaltungsgerichten vertreten können sollte (dieser Vorschlag sollte auch die Diskussion um die Verbandsklage „in konstruktiver Weise [anreichern]“[587]), zweitens die Schaffung von rechtlichen Grundlagen für eine verstärkte Einbindung der Bevölkerung bei naturschutzrechtlichen Entscheidungen und drittens die Nutzung marktwirtschaftlicher Mechanismen zur Beeinflussung der Landnutzung im Sinne des Naturschutzes.[588]

Diese Empfehlungen markierten eine deutliche Abkehr vom bisherigen Konsens der hoheitlichen Aufgabe Naturschutz, ausgedrückt in Landschaftsplanung und Verwaltungsvollzug. Im Gegensatz zur traditionellen Staatsnähe von Naturschutz und Landschaftspflege betonten Wittkämper und Nießlein die Notwendigkeit vom Behördenapparat unabhängiger Instanzen – das System der weitgehend unabhängigen Beauftragten war ja im Zuge der Naturschutzreformen der 1970er Jahre erst abgeschafft worden – der Einbindung sowohl von Naturschutzorganisationen als auch der breiten Bevölkerung in die Entscheidungsprozesse und die Verwendung vor allem finanzieller Anreize für eine ökologisch verträgliche Flächennutzung. In ihrer Gesamtheit verdeutlichten sie den Reformbedarf in Naturschutz und Landschaftspflege sowie einen sich langsam vollziehenden Strategie- und Paradigmenwechsel.

Die Landschaftsplanung als solche geriet zudem in den Fokus von Beobachtern, die einen generellen Wandel des gesellschaftlichen Planungsverständnisses konstatierten und für „Opas Landschaftsplanung“ im allgemeinen Trend zur Entbürokratisierung und Flexibilisierung keine Zukunft sahen. Landschaftsplanung schien zu langsam, zu schwerfällig und insbesondere für ihre kon-

587 Niesslein, Erwin: Engpässe der Naturschutzpolitik. In: Wittkämper et al. (Hrsg.): *Vollzugsdefizite*, S. 127–230, hier S. 206.

588 Ibid., S. 129–131.

kreten Ergebnisse zu kosten- und personalaufwändig zu sein.[589] Der Frage, inwiefern die Landschaftsplanung überholt und wie und durch welche anderen Instrumente sie zu ersetzen war, mussten sich in zunehmendem Maße all jene stellen, die das beklagte Vollzugsdefizit zu bekämpfen gedachten.

3.2 Zwischen „Vollzugsdefizit" und Reform: Landschaftsplanung in Nordrhein-Westfalen in den 1980er Jahren

3.2.1 „Revier und Wald lassen sich nicht gleichzeitig retten."[590] Besonderheiten und Probleme der Natur- und Umweltschutzpolitik in Nordrhein-Westfalen

Mit der Verabschiedung des Landschaftsgesetzes und der Sicherung des Erreichten gegenüber den Rechtsentwicklungen auf Bundesebene war das Hauptziel der Düsseldorfer Naturschutzpolitik vorerst erreicht worden. Innerhalb der Landesregierung sah sich Landwirtschaftsminister Deneke in der zweiten Hälfte der 1970er Jahre jedoch zunehmend marginalisiert. Im Kampf gegen die fortschreitende Umweltverschmutzung beklagte er die fehlende Rückendeckung von Partei, Fraktion und Kabinett. Der Minister war inzwischen Dienstältester im Kabinett und nach dem Wechsel im Amt des Ministerpräsidenten von Heinz Kühn zu Johannes Rau im September 1978 der letzte Verbliebene aus Kühns Regierung von 1966, sah jedoch inzwischen seinen Stellenwert schwinden.[591]

Der formale Anlass für den Rücktritt Denekes nach fast dreizehn Jahren als Landwirtschaftsminister war letztendlich der geplante Bau der Erweiterung der Bundesautobahn 4 durch den Naturpark Rothaargebirge, der das Siegerland beim hessischen

589 Hübler, Karl-Hermann: Ein Plädoyer gegen „Opas Landschaftsplanung". In: *Garten + Landschaft* 98 (1988), S. 47–49, hier S. 48, Zitat ebd.

590 Kommentar von Ralf Lehmann in der *Westdeutschen Allgemeinen Zeitung*, 20.6.1983.

591 *Der Spiegel*, 7.5.1979.

Bad Hersfeld an die Nord-Süd-Achse der A7 anschließen und nach den Vorstellungen von Verkehrsministerium und IHK insgesamt 11 000 Arbeitsplätze in die strukturschwache Region bringen sollte. Dieses Vorhaben brachte jedoch den Landwirtschaftsminister auf den Plan: „Autos können immer schneller fahren und Menschen immer weniger atmen", so die Kritik des Landwirtschaftsministers an der geplanten Durchschneidung „einer der letzten ökologischen Großzellen Westdeutschlands", die Deneke jahrelang zu verhindern versucht hatte.[592] Der hessische Ministerpräsident Holger Börner intervenierte bei seinem Amtskollegen und Parteifreund Rau. Er wäre sehr dankbar, wenn „zukünftig von keinem Mitglied der nordrhein-westfälischen Landesregierung Aktivitäten entfaltet werden, die dem letztlich gemeinsamen Interesse von Nordrhein-Westfalen und Hessen an einem Bau der A4 widersprechen". Rau erklärte, der Ausbau der A4 stehe „nicht zur Disposition", Deneke verkündete seinen Rücktritt – für den *Spiegel* eine „für westdeutsche Verhältnisse rare politische Konsequenz", für manchen Kabinettskollegen „ein ganz irrationaler Vorgang".[593] Dass die Auseinandersetzung um den Autobahnausbau nicht der alleinige Auslöser für den Rücktritt gewesen sei, sondern dass auch politische Differenzen und „[persönliche] Animositäten"[594] im Kabinett eine wichtige Rolle spielten, bestätigte Deneke später im Interview mit dem WDR: „Im Grunde genommen sind es die Spannungen, sind es Zielkonflikte, die mit der [...] Umweltpolitik verbunden sind, die sich [...] in solchen personalen Problemen widerspie-

592 *Der Spiegel*, 4.6 1979, Zitat Deneke ebd.; siehe auch HAUNFELDER: *Land und Leute*, S. 114–115; SCHÜTTE, Leopold: Umweltschutz und Straßenbau – Die Autobahn durch das Rothaargebirge. In: REINICKE, Christian; ROMEYK, Horst (Red.): *Nordrhein-Westfalen. Ein Land in seiner Geschichte. Aspekte und Konturen 1946–1996*. Münster 1996 (Veröffentlichungen der staatlichen Archive des Landes Nordrhein-Westfalen, C 36), S. 581–585, hier S. 585.

593 *Der Spiegel*, 7.5.1979, Zitat ebd.; Der *Spiegel* zitiert in diesem Fall ein namentlich nicht genanntes Mitglied der Landesregierung.

594 *Kölner Stadt-Anzeiger*, 18.6.1983.

geln", blickte der ehemalige Landwirtschaftsminister zurück und unterstrich, dass „das, was bisher von der Landesregierung an Umweltpolitik eingeleitet und praktiziert wird, nicht ausreicht".[595]

Die finanziellen Voraussetzungen waren jedoch zunächst schnell verbessert worden, um die neuen Bestimmungen des LG NW finanziell ausfüllen zu können: Innerhalb von zwei Jahren stiegen die Haushaltsmittel für die Titelgruppe 82, Landschaftspflege und Naturschutz, im Haushaltsplan für den Geschäftsbereich des MELF von 14,2 Millionen DM im Jahr 1974 auf 19,8 Millionen DM im Jahr 1976. Hiervon waren 5,4 Millionen DM für Zuschüsse an die Aufstellung von Landschaftsplänen vorgesehen, sogar zehn Millionen DM für den Ankauf von Grundstücken zugunsten des Landes zu Zwecken des Naturschutzes. Zum Naturschutzetat hinzu kamen noch sechs Millionen DM Jahresetat für die neu gegründete Landesanstalt für Ökologie, Landschaftsentwicklung und Forstplanung (LÖLF), sodass das Land 1976 insgesamt knapp 26 Millionen DM für Naturschutz und Landschaftspflege ausgab. Dies war eine Steigerung um 62,5 Prozent gegenüber über den 16 Millionen DM im Haushaltsjahr 1974.[596] Das Personal der drei Verwaltungsebenen und der LÖLF verdreifachte sich innerhalb von 15 Jahren auf circa 850 Fach- und Verwaltungskräfte.[597] In den Folgejahren stagnierte der Etat jedoch bei circa 30 Millionen DM. War dies ein Zeichen für eine Gleichgültigkeit seitens der Landesregierung?

595 Interview mit Diether Deneke zum Rücktritt von Hans Otto Bäumer im Westdeutschen Rundfunk, 2. Programm, 18.6.1983. Transkript, LAV Abt. Rhld. NW 491 Nr. 19.

596 Haushaltsplan für den Geschäftsbereich des Ministers für Ernährung, Landwirtschaft und Forsten 1976, S. 66, LAV Abt. Rhld. NW 453 Nr. 9; Haushaltsplan für den Geschäftsbereich des Ministers für Ernährung, Landwirtschaft und Forsten 1975, S. 70, LAV Abt. Rhld. NW 453 Nr. 10; weg fielen die ca. 2 Millionen DM, die der Haushalt für die Landes- und Bezirksstellen vorgesehen hatte.

597 Schmidt, Naturschutz und Landschaftspflege heute, S. 46.

Wie sich zeigte, setzte die Landesregierung andere Prioritäten. Ein 1977 in Aussicht gestelltes Umweltprogramm, das die umweltpolitischen Vorhaben und Ziele verknüpfen und zu einem großangelegten Arbeitsprogramm des Landes bündeln sollte, wurde immer weiter auf die Zeit nach 1980 verschoben.[598] Stattdessen standen in Zeiten wirtschaftlicher Rezession Fragen der Industrie- und Infrastrukturpolitik im Mittelpunkt. Von besonderer Bedeutung war nach wie vor in Nordrhein-Westfalen die Kohlevorrangpolitik, bei der die NRW-SPD keine Abstriche machen konnte und wollte. Aufgrund des Strukturwandels im Ruhrgebiet besaß die Arbeitsplatzsicherung für die SPD oberste Priorität. Insbesondere der gerade in Nordrhein-Westfalen einflussreiche Gewerkschaftsflügel der Partei pochte darauf, dass durch Umweltschutzmaßnahmen keine Arbeitsplätze gefährdet wurden. Die Ansicht, „daß Umweltschutz mit Besinnung betrieben werden muß und nicht dazu führen darf, daß Millionen Arbeitslose Muße haben, ihr Spiegelbild in den gereinigten Gewässern zu betrachten“[599], war in Teilen der SPD weit verbreitet.[600]

Von den Abgeordneten der FDP war ebenfalls keine Unterstützung zu erwarten. Gegenüber den Anfangsjahren der Bonner sozial-liberalen Koalition, in denen Bundesinnenminister Genscher den Umweltschutz zum neuen Thema der Liberalen machen wollte, war das Interesse der FDP wieder deutlich gesunken und sie fuhr in Fragen des Umweltschutzes einen deutlich wirtschaftsfreundlicheren Kurs.[601] Ab 1980 spielten die Ansichten der FDP ohnehin nur

598 Transkript über die 17. Fachreferentenkonferenz für Umweltfragen (FRKU), 23.5.1978, LAV Abt. Rhld. NW 491 Nr. 15.

599 Külz, Helmut R.: Umweltschutz und Sozialdemokratie. In: *Die neue Gesellschaft* 22 (1975), S. 331–334, hier S. 332.

600 Düding, Dieter: *Volkspartei im Landtag. Die sozialdemokratische Landtagsfraktion in Nordrhein-Westfalen als Regierungsfraktion 1966–1990.* Bonn 1998 (Politik und Gesellschaftsgeschichte, 49), S. 216–217.

601 Es gibt zumindest keine Hinweise darauf, dass die Umweltpolitik nach 1972 in irgendeiner Form zentral für das Profil der FDP gewesen ist, noch taucht es in den Darstellungen der liberalen Programmdebatten

noch eine äußerst geringe Rolle. Bei den Landtagswahlen scheiterten die Liberalen an der Fünfprozenthürde und zogen nicht wieder in den Landtag ein. Die SPD regierte fortan mit einer absoluten Mehrheit im Düsseldorfer Zweiparteienparlament.[602]

Den geringen Stellenwert sowohl des Naturschutzes als auch der Landwirtschaft in der nordrhein-westfälischen SPD-Fraktion verdeutlichte die Suche nach einem Nachfolger für den scheidenden Deneke. Es gab keinen einzigen Abgeordneten, der über Kompetenzen für Ernährung, Landwirtschaft, Forsten, Gewässer- oder Landschaftsschutz verfügte und für einen Ministerposten in Frage kam.[603] In die Bresche sprang Hans Otto Bäumer, ein „kantiger und ehrlicher Sozialdemokrat“[604], wie ihn selbst seine politischen Gegner charakterisierten. Der enge Vertraute Raus und Vorsitzende des einflussreichen SPD-Bezirks Niederrhein war jedoch bis dahin eher als engagierter Gewerkschafter denn als Agrar- oder Umweltpolitiker aufgefallen. Bäumers Ehefrau reagierte, angesprochen auf die Berufung ihres Mannes, überrascht mit den Worten: „Hans Otto kann doch noch nicht mal eine Harke halten.“ Bauernpräsident Heereman nahm dies zum Anlass, dem neuen Minister auf dem nächsten Bauerntag demonstrativ eine Harke zu überreichen.[605]

Im Amt zeichnete sich Bäumer jedoch schnell durch einen kompromisslosen Kurs für Umwelt- und Verbraucherschutz aus.[606] „Als einer, der auch mal draufhaut“, wollte er mit dem von ihm

auf. Siehe hierzu z.B. Dittberner, Jürgen: *Die FDP. Geschichte, Personen, Organisation, Perspektiven. Eine Einführung*. 2., überarbeite und aktualisierte Ausgabe, Wiesbaden 2010, hier insbesondere S. 297–298, oder Lösche, Peter; Walter, Franz: *Die FDP. Richtungsstreit und Zukunftszweifel*. Darmstadt 1996.

602 Düding, *Volkspartei*, S. 165–166.

603 *Kölner Stadt-Anzeiger*, 18.6.1983.

604 So charakterisierte ihn etwa Bauernpräsident Constantin Freiherr Heereman von Zuydtwyck, Pressemitteilung des Westfälisch-Lippischen Landwirtschaftsverbandes, 21.6.1983, LAV Abt. Rhld. NW 491 Nr. 19.

605 Im Rückblick, *Kölner Stadt-Anzeiger*, 18.6.1983, Zitate ebd.

606 Ibid.

angestrebten Bündnis von „Malochern und Waldläufern" den Aufstieg der Grünen bremsen, die bei der Landtagswahl 1980 drei Prozent erreicht hatten und denen für 1985 zugetraut wurde, in den Landtag einzuziehen und damit die absolute Mehrheit der SPD zu gefährden.[607] Einen möglichen Partner sah er in der neuen Partei indes nicht. „Die Grünen blicken [...] nicht durch, die haben nur Überschriften und Lager"[608], schloss Bäumer eine künftige Koalition aus.

In der Agrarpolitik suchte Bäumer mit den Landwirten trotz einer ständigen Bereitschaft zur Konfrontation einen „Pakt auf Probe". Für ihn waren Land- und Forstwirtschaft unverzichtbare Elemente einer erfolgreichen Umweltpolitik, ja sogar deren primäre Funktion: „Holz kann man importieren, Wald nicht. Nahrungsgüter kann man importieren, [...] Landschaft nicht". Land- und Forstwirtschaft müssten einen großen Beitrag zur Gesundheit des Menschen, zur Verbesserung des Klimas und zur Versorgung mit den lebenswichtigen Gütern Wasser, Luft und Landschaft leisten. Eine in dieser Weise der Gesellschaft gegenüber sich solidarisch verhaltende Land- und Forstwirtschaft könne auf der anderen Seite dann auch ein solidarisches Verhalten der Gesellschaft einfordern.[609] Diese Haltung war nicht geeignet, die Landwirte auf seine Seite zu ziehen, doch bot sich eine erste Grundlage für eine „sachgerechte Zusammenarbeit"[610] zwischen Naturschutz und Landwirtschaft, deren Verhältnis bis dahin von gegenseitigem Misstrauen geprägt war.

Mit seiner Art zwischen „kumpelhaft-sympathische[m] Choleriker" und „Kopf durch die Wand"[611] eckte der streitbare

607 *Der Spiegel*, 20.6.1983.

608 Bäumer in: *Rheinische Post*, 9.11.1983.

609 BÄUMER, Hans Otto: Agrarpolitik in einem Industrieland. In: *Die neue Gesellschaft* 27 (1980), S. 396–380, hier S. 396–397, Zitat S. 396.

610 Pressemitteilung des Westfälisch-Lippischen Landwirtschaftsverbandes, 21.6.1983, LAV Abt. Rhld. NW 491 Nr. 19.

611 *Frankfurter Allgemeine Zeitung*, 21.6.1983.

Bäumer schnell an im Kabinett, insbesondere mit dem für den technischen Umweltschutz zuständigen Minister für Arbeit, Gesundheit und Soziales, Friedhelm Farthmann (SPD). Die beiden Politiker verband eine schon länger bestehende Abneigung, seit Bäumer all seinen Einfluss innerhalb der SPD aufgebracht und nach dem Rücktritt von Ministerpräsident Kühn als Nachfolger seinen Favoriten Rau gegen die Ansprüche unter anderem Farthmanns durchgesetzt hatte.[612] Bäumer, der sich nach eigener Aussage im Kabinett oft vorkam „wie im Vorstand der IG Bergbau“[613], konnte sich gegen die Interessen von Industrie- und Kohlevorrangpolitik nicht durchsetzen. Für den Haushalt 1983 musste Bäumer eine Reduzierung des Etats für Landschaftsschutz auf 16 Millionen DM hinnehmen. Dies stellte einen Rückgang um mehr als die Hälfte seit 1981 dar – eine Entwicklung, die die Naturschutzverbände mit großer Bestürzung aufnahmen und die Nordrhein-Westfalens Spitzenstellung im Ländervergleich in Frage stellte.[614] Dass gleichzeitig der Etat für den Denkmalschutz auf 40 Millionen DM erhöht wurde, zeigte offenkundig den geringen Stellenwert von Naturschutz und Landschaftspflege innerhalb der NRW-Landesregierung[615]; bei manchem Beobachter keimte der Verdacht, „daß jetzt die Pflege

612 Zur Rolle Bäumers beim Wechsel von Kühn zu Rau siehe Düding, *Parlamentarismus*, S. 736–740.

613 Bäumer in: *Der Spiegel*, 20.6.1983.

614 Auf dem 1. Naturschutztag NRW am 2.3 1980 hatte Bäumer noch verkündet, es gebe kein Bundesland, das finanziell mehr für den Naturschutz leiste, siehe Bäumer, Hans Otto: Nordrhein-westfälischer Naturschutztag 1980 in Mülheim-Ruhr am 2. März 1980. In: *Mitteilungen der LÖLF* 5.2 (1980), S. 35–39, hier S. 39. Für die Reaktion von Naturschutzverbänden bezüglich der Etatkürzungen im Naturschutz siehe zum Beispiel: Deutsche Sektion des Internationalen Rates für Vogelschutz (DS/IRV) an Landesregierung Nordrhein-Westfalen, 17.8.1983, LAV Abt. Rhld. NW 596, Nr. 1253.

615 *Westdeutsche Allgemeine Zeitung*, 10.11.1983.

der Landschaft auf den Altären der Archäologie und Denkmalpflege geopfert werden soll"[616].

Der Konflikt zwischen Bäumer und Farthmann spitzte sich 1982/83 vor dem Hintergrund der sich dramatisierenden Lage des Waldes zu. Der Waldschadensbericht 1983 für Nordrhein-Westfalen ergab, dass 300 000 von 855 000 Hektar Holzbodenfläche des Landes erkrankt waren, umgerechnet 35 Prozent der Waldbestände in NRW. Waldschäden durch Umweltverschmutzung waren an Rhein und Ruhr schon lange bekannt. Noch im Sommer 1982 hatten die Forstämter eine Fläche von 72 000 Hektar oder acht Prozent der Landeswaldfläche als geschädigt gemeldet, klassifiziert als chronische Schäden in den „altbekannten" Waldschadensgebieten in Nähe der Industriegebiete. Im Herbst 1982 traten plötzlich in den Wäldern der östlich des Ruhrgebiets gelegenen Mittelgebirge Symptome auf, die bis dahin nur aus Süddeutschland bekannt waren. Bei einer weiteren Erhebung im Frühjahr 1983 hatten sich diese neuartigen Waldschäden ausgebreitet und intensiviert, überlagerten inzwischen auch die „klassischen Waldschäden" an Rhein und Ruhr. „Mit zweijähriger Verspätung hatte das Fichtensterben auch unser Land erreicht", resümierte der leitende Forstdirektor der LÖLF, Horst Genßler.[617]

Hinzu kamen andere alarmierende Daten: Nirgendwo anders in Deutschland sei die Umweltbelastung höher als an Rhein und Ruhr. Circa 4 Millionen Tonnen Schadstoffe würden jährlich emittiert, fast 90 Prozent davon von Seiten der Industrie. Bis zu 30 Prozent der im Ruhrgebiet lebenden nichtrauchenden Erwachsenen litten an Bronchitis, in Gelsenkirchen, Duisburg und Oberhausen starben jährlich jeweils über einhundert Menschen

616 Falk vom Hofe in „Forum West", Westdeutscher Rundfunk, 25.5.1983, Transkription LAV NRW. LAV Abt. Rhld. NW 863 Nr. 64.

617 Genssler, Horst: Jeder dritte Baum im Land zeigt Krankheitssymptome. Ergebnisse der Waldschadenserhebung 1983 in Nordrhein-Westfalen. In: *Mitteilungen der LÖLF* 8.4 (1983), S. 4–14, hier S. 4.

an Lungenkrebs.[618] Jeder zweite Bewohner des Ruhrgebietes leide zudem an Lärmbelästigung, stellte die Materialsammlung der Zeitschrift *GEO* zur *Lage der Nation* fest.[619] Lediglich die Gewässerqualität hatte sich – mit Ausnahme der „klinisch tot[en]" Emscher – seit 1970 deutlich verbessert.[620] Dennoch war durch „menschliche Eingriffe in den Wasserhaushalt", durch Industriebelastung, Braunkohletagebau und in zunehmendem Maße durch Nitratbelastung durch Überdüngung mit Gülle, „gutes Trinkwasser in Nordrhein-Westfalen [...] Mangelware".[621] Hoch belastet mit giftigen Schwermetallen waren ebenfalls die Böden in den Industriegebieten.[622] Diese Daten waren durchaus langfristig bekannt, existierten Umweltbelastungen gerade in den Industriegebieten schon seit dem Beginn der Industrialisierung.[623] Hier waren – wenn überhaupt – meist langfristige Problemlösungsstrategien verfolgt worden; die akute Dringlichkeit, die durch die sterbenden Wälder hervorgerufen wurde, schien dagegen keine Aufschiebung zu dulden – mit direkten Folgen für die Landesregierung und die nordrhein-westfälische SPD.

Die plötzliche dramatische Zuspitzung des Waldsterbens, gepaart mit einem Aufstieg der Grünen in den Meinungsumfragen, stürzte die NRW-SPD unvermittelt in eine Debatte, die die Umweltpolitik in bisher nicht da gewesenem Maße ins Zentrum stellte. In der scheinbar existenzbedrohenden Umweltkrise rangen

618 Koch, Egmont R.; Vahrenholt, Fritz: *Die Lage der Nation. Umwelt-Atlas der Bundesrepublik. Daten, Analysen, Konsequenzen.* Hamburg 1983, S. 205 und 209.

619 Ibid., S. 215.

620 Ibid., S. 224–225, Zitat S. 224.

621 Ibid., S. 227–234, Zitate S. 227.

622 Ibid., S. 234–241.

623 Brüggemeier, Franz-Josef; Rommelspacher, Thomas: *Blauer Himmel über der Ruhr. Geschichte der Umwelt im Ruhrgebiet 1840–1990.* Essen 1992, S. 122–124.

Partei, Fraktion und Kabinett sichtlich um Orientierung.[624] Bäumer machte die Kohlewirtschaft für das Waldsterben verantwortlich und stellte damit einen der Grundpfeiler sozialdemokratischer Politik in Frage. Man müsse „so schnell wie möglich hier und heute den Dreckschleudern das Maul stopfen“[625], setzte sich der Minister lautstark für verschärfte Abgasvorschriften ein und stellte als erster prominenter SPD-Politiker die Kohlevorrangpolitik des Landes infrage.[626] Damit machte er sich in der Fraktion und der Industrie keine Freunde. Der Streit zwischen Bäumer und seinen Kabinettskollegen eskalierte, als Farthmann im Zuge der Diskussion um die Großfeuerungsanlagenverordnung der Bundesregierung öffentlich erklärte, nicht Schwefeldioxid sondern Ozon sei für das Waldsterben verantwortlich.[627] Bäumer hatte zuvor die Bundesregierung aufgrund der von ihm als zu lasch empfundenen Regelung heftig kritisiert und sah seine Bemühungen von den „[a]kademische[n] Höhenflüge[n] zum Schaden des deutschen Waldes“[628] seines wichtigsten Kollegen im Umweltschutz konterkariert. Auch nachdem Farthmann die getätigte Aussage weitestgehend zurückgenommen hatte, schwelte der Konflikt weiter. Ende April 1983 stimmte das Kabinett gegen Bäumer in Abwesenheit des Ministerpräsidenten für eine Großfeuerungsanlagenverordnung, die sogar hinter den Bundesentwurf zurückging.[629] Es kann davon ausgegangen werden, dass dies auch ein Ergebnis des Einflusses sowohl der Kohlenindustrielobby als auch der einflussreichen Bergarbeitergewerkschaft war. Bäumer drohte daraufhin mit seiner sofortigen Demission, sodass nach Intervention von Rau noch ein Kompromiss zustande

624 Düding, *Volkspartei*, S. 213–216.

625 *Süddeutsche Zeitung*, 4.2 1983.

626 Haunfelder, *Land und Leute*, S. 50–51.

627 *Der Spiegel*, 10.1.1983.

628 *Der Spiegel*, 20.6.1983.

629 O-Ton Bäumer auf dem Landesparteitag der SPD, ausgestrahlt im Westdeutschen Rundfunk, 3. Programm, 27.6.1983, Transkript LAV Abt. Rhld. NW 491 Nr. 19.

kam, mit dem die Verordnung schließlich mit der Zustimmung Nordrhein-Westfalens den Bundesrat passieren konnte.[630]

Bäumer forderte inzwischen zunehmend, ihm die Kompetenzen Farthmanns im Umweltschutz zu übertragen und damit ein Umweltministerium unter seiner Leitung zu begründen. Diese Forderung war erst kurz zuvor von der SPD im Wahlkampf auf Bundesebene aufgestellt worden.[631] Rau beließ es jedoch bei der Doppelzuständigkeit. Als Kompromiss berief er einen Unterausschuss des Kabinetts („Umweltkabinett"), um die Umweltschutzpolitik besser zu koordinieren. Als sich dieser als erste Amtshandlung ohne Ergebnis auf die Zeit nach der Sommerpause vertagte, zog Bäumer die „wohlkalkulierte Not[bremse]"[632]. Er erklärte in einem Schreiben an Ministerpräsident Rau seinen Rücktritt. Bäumer machte dabei vor allem die Organisation des Umweltschutzes und den Umgang mit den Kollegen im Kabinett dafür verantwortlich:

> Seit geraumer Zeit habe ich darauf hingewiesen, daß die Konstellation des Kabinetts ebensowenig fortschrittlichen Vorstellungen entspricht wie der Stiel [*sic!*] seiner Beratungen erträglich ist.
>
> Angesichts rasant zunehmender Existenzgefährdung erscheinen mir Zielrichtung, Ergebnisse und Umsetzung unserer Kabinettsberatungen fragwürdig, unzulänglich und mangelhaft. Nach vergeblichen Bemühungen einen größeren Anteil zur Verbesserung der Arbeit beizutragen, sehe ich mich außerstande, NRW Regierungshandeln zu verantworten.
>
> Hiermit trete ich zurück und bitte Sie mich aus meinem Amt zu entlassen.[633]

630 Düding, *Volkspartei*, S. 214–216.

631 *Der Spiegel*, 20.6.1983.

632 Bäumer in: *NRZ*, 20.6.1983.

633 Schreiben Hans Otto Bäumer an Johannes Rau, 16.6.1983, LAV Abt. Rhld. NW 491 Nr. 19.

In Bezug auf seine Rücktrittsdrohung sechs Wochen zuvor bemerkte Bäumer, einen Rücktritt könne man nur einmal androhen, beim zweiten Mal müsse man ihn vollziehen.[634]

Anders als der seines Vorgängers Deneke verlief Bäumers Rücktritt jedoch nicht nahezu geräuschlos. Im Gegenteil: Bäumer nutzte die Gelegenheit, in einem von ihm als Weckruf verstandenen Rundumschlag mit den Kollegen und Ministerpräsident Rau öffentlich abzurechnen. Rau habe ihn erneut „in Watte totlaufen lassen"[635] wollen, so Bäumer, und bei den Flügelkämpfen innerhalb der SPD Führungsstärke vermissen lassen. „Ich bin abgrundtief enttäuscht. Erst wurde ich gerufen und gebeten, dann ließ man mich geschlossen hängen. Aber jetzt sind einige hellwach." Er sei zwar ein Querkopf, aber immerhin ein Kopf. Die Landesregierung habe dagegen oft gewirkt, als hätte sie gar keinen[636], warf Bäumer Rau verbal den „Fehdehandschuh"[637] zu. Von *BILD* umgehend zum „Mann des Tages" gekürt, legte Bäumer im selben Medium nach: „Andere kleben am Sessel, aber ich arbeite nicht mit dem Hintern, sondern mit Kopf und Herz."[638] Der Partei warf er vor, in Sachen Umweltpolitik Konsequenz und Anstand vermissen zu lassen, und damit für den Aufstieg der Grünen Steigbügelhalter zu spielen. Seine Kritik sah er daher auch eher als notwendigen Weckruf denn als Bruch mit der SPD. „Wer Politik unter der Decke macht und hinter Kulissen zurecht-fummelt, wird irgendwann ertappt", forderte er eine möglichst große Transparenz in der Umweltpolitik ein, denn nur wer offen auftrete und die Konflikte sichtbar mache, trage auch zu Lösungen bei. „So ein Rücktritt kann auch Zweifel in die Redlichkeit einer Partei beseitigen helfen"[639], sah Bäumer

634 Interview mit Hans Otto Bäumer in: *Der Spiegel*, 27.6.1983.

635 *Der Spiegel*, 20.6.1983.

636 *Rheinische Post*, 9.11 1983.

637 *Kölnische Rundschau*, 18.6.1983.

638 *BILD*, 18.6.1983.

639 Interview mit Hans Otto Bäumer in: *Der Spiegel*, 27.6.1983, Zitate ebd.

in seiner Demission keinen Angriff *gegen* sondern *für* Rau. Diese Sichtweise war jedoch nicht für jedermann nachzuvollziehen.[640]

Der Abgang Bäumers stürzte die Regierung Rau in eine ernsthafte Regierungskrise; nur zehn Tage vor dem SPD-Landesparteitag, ein Jahr vor einer Kommunalwahl und nur knappe zwei Jahre vor einer Landtagswahl geriet der Führungsstil Raus in den Mittelpunkt der Kritik. Selbst das SPD-Organ *Vorwärts* äußerte Kritik an „Mißständen" in der Umweltpolitik der SPD und damit zu diesem Zeitpunkt unweigerlich auch an Rau und der NRW-Landesregierung.[641] Dementsprechend heftig reagierten Landesregierung und Fraktion auf die Anschuldigungen Bäumers. Der Fraktionsvorsitzende Karl Josef Denzer nannte Bäumers Rücktritt eine „abwegige Kurzschlußentscheidung" und Ministerpräsident Rau sah „keinen sachlichen Grund" für das Verhalten seines Landwirtschaftsministers.[642] Innerhalb der SPD führte Bäumers Rücktritt zunächst zu einer Solidarisierung mit dem Ministerpräsidenten. Rau wurde auf dem Landesparteitag mit dem Rekordergebnis von 92,8 Prozent erneut zum Landesvorsitzenden gewählt. Bäumer, der als Redner auftrat, fand wenig Unterstützung. „Hans Otto, nicht noch einmal", beendete der einflussreiche Kölner Regierungspräsident Franz-Josef Antwerpes die Debatte.[643] Es wurde deutlich, dass die SPD eine Debatte, in der sie wenig zu gewinnen sah und für die sie keine Antworten hatte, nicht führen wollte. Die Presse sah dies ähnlich. Wolf Biermann kommentierte im WDR:

> Gesunder Wald und sichere Arbeitsplätze in der Schwerindustrie, das sind Gegensätze, die noch niemand durch einen Kraftakt oder Parteitagsbeschlüsse unter einen Hut bekom-

640 *NRZ*, 20.6.1983.

641 *Vorwärts*, 23.6.1983.

642 *NRZ*, 20.6.1983

643 Berichterstattung des Westdeutschen Rundfunks vom SPD-Landesparteitag in Duisburg vom 27.6.1983, Transkript im LAV, LAV Abt. Rhld. NW 491 Nr. 20, Zitate ebd.

> men hat. Da helfen nur Stetigkeit, Behutsamkeit und zähes Verhandeln, also die Stärken von Johannes Rau.[644]

Der gestärkt aus dem Parteitag hervorgegangene Rau verwahrte sich gegen die Kritik an seinem Führungsstil; auch die Umweltpolitik in NRW, mit der man im oberen Drittel der Bundesländer rangiere, könne sich sehen lassen. Die Umsetzung der Umweltpolitik müsse intern diskutiert werden, nicht in der Öffentlichkeit. Binnen Jahresfrist werde die Landesregierung ein umfassendes Umweltprogramm vorlegen. Eine „Alternative Umweltschutz oder Arbeitsplätze“ dürfe es nicht geben, unterstrich Rau seinen Willen, zwischen den beiden Interessen einen tragfähigen Ausgleich zu schaffen.[645]

Rau übernahm zunächst selbst kommissarisch die Geschäftsbereiche des MELF, um Zeit für die Suche nach einem Nachfolger zu gewinnen. Diese entwickelte sich zunächst als schwierig, da keine offensichtlichen Nachfolgekandidaten bereit standen. Rau, zunehmend unter Druck, die drängende Personalie zu klären, suchte den Überraschungscoup. Am 3. Oktober 1983 berief er den Kieler SPD-Fraktionsvorsitzenden Klaus Matthiesen zum neuen Landwirtschaftsminister in NRW. Der Schleswig-Holsteiner hatte sich zuvor sowohl als Oppositionsführer im Norden einen Namen gemacht, als er als Spitzenkandidat die seit 1950 dauerregierende CDU an den Rand einer Niederlage gebracht hatte, als auch als prominenter Gegner des Atomkraftwerks in Brokdorf. Bis auf seine AKW-Gegnerschaft und die Herausgabe einer Umweltschutzbroschüre im Wahlkampf 1979[646] hatte der neue Mann im MELF jedoch in seinem Fachbereich nicht viel vorzuweisen. „Herr Matthiesen ist ohne Regierungserfahrung, ohne Kontakte zu den Arbeitern

644 Kommentar von Wolf Biermann in „Politik von Morgen“, WDR Fernsehen, 27.6.1983, Transkript im LAV, LAV Abt. Rhld. NW 491 Nr. 20.

645 Interview mit Johannes Rau im Deutschlandfunk, 27.6.1983, Transkript im LAV, LAV Abt. Rhld. NW 491 Nr. 20.

646 SPD Schleswig-Holstein: *Schwerpunkt Umweltschutz*. Kiel 1979.

und der Wirtschaft des Landes, ohne Kompetenzen, sozusagen mit zwei Quadraturen des Kreises", kritisierte Helmut Schelsky in der *Welt* nach der ersten Pressekonferenz Matthiesens insbesondere die Unerfahrenheit des neuen Landwirtschaftsministers in seinem Hauptgeschäftsbereich. Über die Landwirtschaft habe der neue Minister überhaupt nichts gesagt, so Schelsky, „weil ihm offenbar dazu nichts eingefallen ist".[647]

Matthiesens Berufung war auch in der SPD nicht völlig unumstritten. „Ja sind wir denn so schlecht, daß der Johannes [Rau, F.M.] bis nach Kiel gehen muß?"[648] Diese Frage stellten sich einige Abgeordnete, die eine interne Lösung favorisiert hatten. Lob kam dagegen ausgerechnet vom politischen Gegner. Kurt Biedenkopf, Vorsitzender der westfälisch-lippischen CDU, riet dazu, Matthiesen ernst zu nehmen. Rau sei etwas „halbwegs Vernünftiges" eingefallen.[649]

Rau stand kurz nach Matthiesens Amtsantritt mit dem Rücken zur Wand. Nachdem auch der langjährige Kultusminister Jürgen Girgensohn plötzlich zurücktrat und Justizministerin Inge Donepp auf eigenen Wunsch nach ihrem 65. Geburtstag aus der Regierung ausschied, reagierte Rau mit einem umfassenden Revirement im Kabinett. Seiner neugebildeten Regierungsmannschaft billigte er aber selbst nur eine geringe Halbwertzeit zu. Für die Landtagswahl 1985 kündigte er an, sich mit einer neuen Konstellation zur Wahl zu stellen.[650] Für Beobachter ergab sich aus dem Personalkarussell das Bild eines hektischen Aktionismus ohne

647 *Die Welt*, 8.10 1983.

648 *Die Welt*, 27.10.1983.

649 Kurt Biedenkopf in: *Münstersche Zeitung*, 21.10.1983.

650 Siehe den Tenor der verschiedenen Zeitungen am 5.Oktober 1983, u.a. warteten die *Frankfurter Rundschau*, *Kölner Stadt-Anzeiger*, *Kölnische Rundschau* und *Aachener Nachrichten* mit Variationen der Formulierung „Extremer Druck für Rau" auf, Pressemappe im LAV, LAV Abt. Rhld. NW 491 Nr. 1.

Konzept.[651] „Rau glaubt zu schieben und wird selbst geschoben", kommentierte dazu die *FAZ*.[652]

So war es für den angeschlagenen Ministerpräsidenten hocherfreulich, dass der neue Mann im MELF, wie Matthiesen selbst bekannte, im „schwierigsten Job [...], den die Politik in der Republik zu vergeben hat"[653], „gleich in die Vollen"[654] ging und „bald allseits den Eindruck von Kompetenz [vermittelte]"[655], wie enthusiastische Stimmen sowohl in der Tagespresse als auch in der Retrospektive notierten. In der Tat gelang es Matthiesen, die größtenteils noch unter seinem Vorgänger erarbeiteten Programme aus der Schublade zu holen und in die Tat umzusetzen. Unter seiner Federführung wurden bis zum Jahresende ein Sofortprogramm zur Bekämpfung des Waldsterbens, eine Schadstoffabgabe, analog zum früheren Kohlepfennig „Waldpfennig" genannt, eine Verordnung zum Ausfuhrverbot von Gülle in den Wintermonaten und schließlich das Umweltprogramm der Landesregierung eingebracht, das im Oktober 1983 veröffentlicht und am 9. November einstimmig in einer „großen Koalition zur Rettung des Waldes"[656] vom Landtag begrüßt wurde.[657] Es war das erste Umweltschutzprogramm eines einzelnen Bundeslandes.[658]

Das Umweltschutzprogramm NRW 1983 stellte die Umwelt- und Naturschutzpolitik des Landes erstmals in den Mittelpunkt

651 Siehe u.a. *Vorwärts*, 13.10.1983, *Kölnische Rundschau*, 4.11.1983.

652 *Frankfurter Allgemeine Zeitung*, 5.10.1983.

653 Zitat aus *Der Spiegel*, 22.4.1985.

654 *Aachener Nachrichten*, 18.1.1984.

655 Düding, *Volkspartei*, S. 221–222.

656 *Kölner Stadt-Anzeiger*, 10.11.1983.

657 Landtag Nordrhein-Westfalen, Drucksache 9/2940.

658 Landesanstalt für Ökologie, Landschaftsentwicklung und Forsten: Kampf gegen Waldsterben führt Prioritätenliste an. Landesregierung stellt ihr Umweltschutzprogramm vor. In: *Mitteilungen der LÖLF* 8.4 (1983), S. 3. Zum Umweltprogramm siehe zudem das folgende Kapitel.

des Regierungshandelns. Diese Entwicklung war der Dringlichkeit von erfolgreichen Umweltschutzmaßnahmen geschuldet, die das Ausmaß des Waldsterbens zu erfordern schien. Die Erarbeitung eines Umweltprogrammes stand schon seit Ende der 1970er Jahre immer wieder auf der Agenda, war jedoch bisher nicht konkret verfolgt worden. Im Laufe des Jahres 1982 begannen die jeweils für die verschiedenen Bereiche des Umweltschutzes zuständigen Referate mit der Abstimmung und Erarbeitung eines umweltpolitischen Konzeptes für NRW, dessen Gliederung im Oktober 1982 in den Grundzügen vorlag. Die Koordinierung dieses Projektes erwies sich als schwierig, da nicht weniger als vier Ministerien (MELF, MAGS, MLS und MWMV)[659] sowie die Staatskanzlei für die verschiedenen Unterpunkte zuständig waren. Somit konzentrierten sich die einzelnen Referate zunächst auf die Erstellung ihrer Textbausteine.[660] Im Juni 1983 war dann jedoch plötzlich „schnelles Handeln geboten“, wie die Beamten des MELF erfuhren, da „eine offensive Umweltpolitik Nordrhein-Westfalens bald sichtbar sein“ müsse. Einzelne Initiativen sollten nach Willen der Landesregierung zu einem strategischen Gesamtkonzept zusammengefügt werden, um Handlungsfähigkeit und fachliche Kompetenz im Kampf gegen das Waldsterben und andere Umweltprobleme zu demonstrieren.[661]

Die Beamten im MELF standen zunächst vor der Aufgabe, gemeinsam mit ihren Kollegen der anderen zuständigen Ministerien das weitere Vorgehen zu klären. Das ursprüngliche Vorhaben, von einer interministeriellen Arbeitsgruppe zunächst ein Konzept erarbeiten zu lassen, aus dem daraufhin einzelne konkrete Initiativen abgeleitet würden, wurde aufgrund des Zeitmangels verworfen.

659 Ministerium für Ernährung, Landwirtschaft und Forsten, Ministerium für Arbeit, Gesundheit und Soziales, Ministerium für Landes- und Stadtentwicklung und Ministerium für Wirtschaft, Mittelstand und Verkehr.

660 III B 6, Ressortabgestimmtes Umweltpolitisches Konzept für NRW, Gliederung, 22.10.1982, LAV Abt. Rhld. NW 596 Nr. 1198.

661 Stellungnahme III A 1 an I B 4 8.6 1983, Betr. Vorlage zur Sitzung des „Umweltkabinetts“, LAV Abt. Rhld. NW 596 Nr. 1199, Zitate ebd.

Stattdessen einigte man sich darauf, die bestehenden Grundlagenpapiere als „Steinbruch“ zu benutzen und bestimmte Initiativen sofort ausarbeiten zu lassen.[662] Zeit wurde zum bestimmenden Faktor, gerade in Bezug auf das Waldsterben. Um eine möglichst zeitnahe Veröffentlichung der angedachten Maßnahmen durch das Land erreichen zu können, sollte sich das ursprünglich als umfassendes Konzept angedachte Sofortprogramm nur noch auf das „Aktionsprogramm gegen das Waldsterben“ beschränken.[663]

Das schließlich veröffentlichte Umweltprogramm NRW unterteilte sich in einen 200-seitigen Grundlagenteil[664], eine 50-seitige Kurzfassung und einen insgesamt 67 Maßnahmen umfassenden Maßnahmenkatalog, der wiederum das aus 11 Punkten bestehende „Aktionsprogramm gegen das Waldsterben“ sowie 56 bis zum Ende der Legislaturperiode umzusetzende Einzelmaßnahmen enthielt.[665] Dass das Umweltprogramm sich hauptsächlich auf Fragen der Luftreinhaltung sowie Lärmschutz, Gewässerschutz und Verbesserung der Wohnqualität bezog, statt auf die zentralen Fragen des Natur- und Landschaftsschutzes, konnte aufgrund der drängenden Probleme des Landes in diesen Bereichen und der Federführung des MAGS in der Erarbeitung des Umweltprogrammes nicht überraschen.[666] Dem Natur- und Artenschutz waren lediglich die Maßnahmen Nr. 39 bis 43 gewidmet, die hauptsächlich aus den gegenwärtigen Projekten des MELF bestanden und sich mit der gegenwärtigen Situation der Landschaftsplanung befassten.[667]

Darüber hinaus bekannte sich die Landesregierung jedoch zu dem Ziel, langfristig drei Prozent der Landesfläche unter Natur-

---

662 Ibid., Zitat ebd.

663 Arbeitsgruppe Umweltpolitisches Konzept an Matthiesen, 20.9.1983, gez. Clemens, LAV Abt. Rhld. NW 596 Nr. 1215.

664 Landtag Nordrhein-Westfalen, Drucksache 9/1451.

665 Landtag Nordrhein-Westfalen, Drucksache 9/1452.

666 Düding, *Volkspartei*, S. 220.

667 Maßnahmenkatalog des Umweltprogramms NRW, Landtag Nordrhein-Westfalen, Drucksache 9/1452, S. 74–75.

schutz stellen zu wollen sowie weitere zehn Prozent zu Pufferzonen zu machen. Sie stützte sich dabei auf die Zahlen, die durch die vor dem Abschluss stehende Biotopkartierung durch die LÖLF erstmals vorlagen. Diese bildeten die Grundlage für das weitere Vorgehen der Landesregierung im Natur- und Landschaftsschutz.[668] Darüber hinaus kündigte die Landesregierung ein Biotopschutzprogramm NRW an. Das Land vollzog damit endgültig den Wechsel vom traditionellen Naturschutz isolierter Schutzgebiete zum vernetzten Biotopschutz, der zum Zwecke des Artenschutzes ein System zusammenhängender Schutzgebiete anstrebte. Hierfür war jedoch die künftige Unterschutzstellung weiträumiger Gebiete notwendig.[669]

Trotz der Zustimmung der Opposition blieb das Handeln der Landesregierung nicht ohne Kritik. CDU-MdL Ostrop nannte das Umweltprogramm ein „Sammelsurium von Selbstverständlichkeiten" und prangerte an, dass „was 1975 per Gesetz verordnet wurde und acht Jahre lang nicht durchgeführt wurde, jetzt aber im Jahre 1983 als Maßnahme im Umweltprogramm auftaucht" – ein deutlicher Seitenhieb auf das in diesem Jahr verabschiedete Landschaftsgesetz und die in ihm verankerte flächendeckende Landschaftsplanung. Die Landesregierung versuche nun, durch das Programm in der Öffentlichkeit von den Unzulänglichkeiten ihrer Politik abzulenken und handle „rein defensiv", wie der Vorsitzende der westfälisch-lippischen CDU Kurt Biedenkopf, kritisierte. Die Opposition könne dennoch aufgrund der Lage der Umwelt dem „seriösen Teil" zustimmen. Anspielend auf die vorherigen Äußerungen des Landwirtschaftsministers zum Thema Atomkraft

668 Landtag Nordrhein-Westfalen, Drucksache 9/1451, S. 33.

669 Siehe hierzu auch: Schmidt, Albert: Biotopschutzprogramm NRW. Vom isolierten Schutzgebiet zum Biotopverbundsystem. Teil I: Schutzgebietssysteme. In: *Mitteilungen der LÖLF* 9.1 (1984), S. 3–9, hier S. 7–8 und Schmidt, Albert: Biotopschutzprogramm NRW. Vom isolierten Schutzgebiet zum Biotopverbundsystem. Teil II: Instrumente, Bündelungen, Prioritäten. In: *Mitteilungen der LÖLF* 9.2 (1984), S. 3–8, hier S. 8.

richtete Ostrop seine Empfehlung an Matthiesen, dieser könne bitte seinen „Brokdorf-Komplex in Schleswig-Holstein […] lassen".[670]

Der Atomkraftgegner Matthiesen bekannte sich im Gegensatz zu seinem Vorgänger Bäumer eindeutig zur Kohlevorrangpolitik des Landes. Gemeinsam mit Ministerpräsident Rau gab er die Strategie aus, dass, um sowohl die Kohle als auch den Wald zu retten, Abgasvorschriften und Waldpfennig zwei Seiten derselben Medaille seien. Die Kohle helfe somit, den Wald zu retten. Es solle verhindert werden, dass die Kohle mit dem Hinweis auf das Waldsterben ins umwelt- und energiepolitische Abseits gestellt werde. Matthiesen schrieb sich damit Raus Vorstellungen für eine Versöhnung der Arbeits- und Umweltpolitik, dem „Bündnis der Vernunft", auf die Fahnen.[671] Dieser Ansatz kam auch im Umweltprogramm zum Tragen. Düding hat in seiner Studie zur Geschichte der SPD-Landtagsfraktion das Umweltprogramm vor allem als Instrument bezeichnet, mit dem die verschiedenen Ansichten insbesondere innerhalb der SPD zu einem umfassenden Konzept vereinigt werden konnten. Es wurde so zu einem Handlungsleitfaden für die Umweltpolitik von Landesregierung und Fraktion bis 1990, die stets versuchte, zwischen den Interessen der Kohleindustrie und des Umweltschutzes zu vermitteln, beziehungsweise diese zu einer Gesamtstrategie zu verbinden.[672] Matthiesen schien es gelungen zu sein, dieses schwierige Interessengemenge durch enge Kooperation und Kommunikation mit Fraktion und Partei zumindest partiell aufzulösen und die Partei hinter sich zu bringen.

Die erste Hunderttagebilanz Matthiesens bekam ein durchweg positives Echo.[673] Der Politiker Matthiesen wurde so schnell zu einem der populärsten Sozialdemokraten, gar zum „Popstar"[674]

670 In: *Westfälische Nachrichten*, 10.11.1983.

671 *Westdeutsche Allgemeine Zeitung*, 25.10.1983, *Ruhrnachrichten*, 10.11.1983

672 Düding, *Volkspartei*, S. 220–222.

673 Siehe Pressemappe des MELF, LAV Abt. Rhld. NW 491 Nr. 3.

674 *Der Spiegel*, 22.4.1985.

unter den Landespolitikern, nach eigener Aussage „angefragt wie ein dreibeiniges Zirkuspferd“[675]. Dies gab ihm gegenüber seinen Vorgängern eine deutlich veränderte Machtposition innerhalb des Kabinetts. „Einen dritten Rücktritt eines Umweltministers [*sic!*] [...] wird sich Rau nicht leisten können“[676], analysierte die *Neue Westfälische* treffend, sodass die Rücktritte Denekes und Bäumers schließlich doch im Nachhinein dem MELF einen Bedeutungszuwachs verschafft hatten. Dies drückte sich auch in Zahlen aus. „Aus der Hüfte“[677], wie sein Vorgänger Bäumer angesäuert bemerkte, wurde der Naturschutzetat wieder auf 30 Millionen DM erhöht. 1984 waren es 57,6 Millionen DM, womit Nordrhein-Westfalen nicht nur absolut, sondern auch relativ im Vergleich mit den anderen großen Flächenländern deutlich die Spitzenposition belegte.[678] Bis 1987 stieg der Etat für den Naturschutz auf 80 Millionen DM – Dimensionen, die zuvor undenkbar schienen. Nordrhein-Westfalen stellte damit 40 Prozent des gesamten in der Bundesrepublik von Bund und Ländern aufgewandten Finanzrahmens.[679] Die Popu-

675 Matthiesen in: *Der Spiegel*, 22.4.1985

676 *Neue Westfälische*, 14.1.1984.

677 Bäumer in *Westdeutsche Allgemeine Zeitung*, 10.11.1983.

678 1984 waren damit 0,102 Prozent der Haushaltsmittel in den Naturschutzetat gegangen. Nur in Schleswig-Holstein war der prozentuale Anteil am Gesamthaushalt damit höher. Der Naturschutzetat gliederte sich in folgende Einzelposten: Rahmenplanung, Landschaftsplanung (3 500 000 DM), Landschaftspflege-, Natur- u. Artenschutzmaßnahmen (5 763 000), Biotopkartierung, Datensammlung (860 000 DM) Entschädigungen (1 200 000 DM) Grundstückserwerb, Baumaßnahmen (24 500 000 DM), Nationalparke, Naturparke (2 310 000), Landesanstalten (18 759 000), Veröffentlichungen, Informationsarbeit (90 000 DM), Zuschüsse an Verbände (660 000 DM). Übersicht über die Haushaltsansätze 1984 der Bundesländer, LAV Abt. Rhld. NW 863 Nr. 118.

679 Pressekonferenz Klaus Matthiesen zum Naturschutztag NRW 1988, 21.9.1988, LAV Abt. Rhld. NW 863 Nr. 24; siehe darüber hinaus die Bewertung der finanziellen Ausstattung des Naturschutzes in NRW durch den Vorsitzenden der LNU NRW, Lothar Finke, Finke, Lothar: Probleme der Landschaftsplanung aus der Sicht des ehrenamtlichen

larität der Ministers und seiner Anfangserfolge setzten auch den bis dahin angeschlagenen Ministerpräsidenten in besseres Licht. Wie der *Spiegel* feststellte, konnte Johannes Rau im Wahljahr 1985 zufrieden auf seine Personalentscheidung zurückblicken:

> Wenn er über ‚den Klaus' [Klaus Matthiesen, F.M.] redet, seine offenkundig beste personalpolitische Entscheidung während der laufenden Legislaturperiode, verklären sich bei Johannes Rau, Ministerpräsident in Nordrhein-Westfalen, die Züge, und Triumph steht in seinem Gesicht. Wirklich stolz sei er, sagt er in seinem Düsseldorfer Amtszimmer, ‚daß ich den Klaus habe gewinnen können'.[680]

Matthiesens Rolle als mutmaßlicher Retter der Landesregierung kulminierte nach der erfolgreichen Landtagswahl 1985, in der die SPD die absolute Mehrheit verteidigen konnte – trotz des Wiedereinzuges der FDP. Die Grünen verfehlten dagegen mit 4,6 Prozent den Einzug in den Düsseldorfer Landtag knapp. In ihrem zwei Monate vor der Wahl in Dortmund abgehaltenen Kongress „Arbeit und Umwelt" hatte die SPD nochmals die programmatische Versöhnung von Ökologie und Ökonomie propagiert, die von Matthiesen für den Wähler offenbar überzeugend und glaubhaft vertreten wurde, wie die Wahlanalysen in der Folge bestätigten. Auch wenn der Bereich Umweltpolitik gegenüber den Fragen der Wirtschaftspolitik oder der Persönlichkeiten von Rau und seinem Herausforderer Bernhard Worms (CDU) von deutlich geringerem Gewicht war, so sicherten die Erfolge der SPD gegenüber den Grünen die absolute Mehrheit im Parlament und damit die Regierung

---

Naturschutzes. In: Landesbüro der Naturschutzverbände Nordrhein-Westfalen (Hrsg.): *Naturschutztag Nordrhein-Westfalen 1988. Landschaftsplanung – Chance oder Fessel für den Naturschutz? Tagungsbericht*. Essen 1988, S. 29–34, hier S. 31.

680 *Der Spiegel*, 22.4.1985.

Rau. Bei der Wahl 1980 hatten dagegen umweltpolitische Themen noch überhaupt keine Rolle gespielt.[681]

In seiner ersten Regierungserklärung nach seiner Wiederwahl zum Ministerpräsidenten erklärte Rau, man wolle Nordrhein-Westfalen erneuern – „ökologisch und ökonomisch"[682]. Damit verdeutlichte Rau, der zuvor eher geringes Interesse an der Umweltpolitik gezeigt hatte[683], die Prioritätenverschiebung bei der Landesregierung in Richtung Umweltschutz, der nun laut Raus Regierungserklärung neben den Zielen Arbeitszeitverkürzung und qualifizierender Arbeitsmarktpolitik zu den drei Eckpunkten der Regierungspolitik werden sollte.[684] Mit Matthiesen schien Rau nun den Minister gefunden zu haben, der das medien- und wählerwirksame Thema zu besetzen vermochte.

Matthiesen wurde in der neuen Regierung Rau zum Minister des neu gegründeten Ministeriums für Umwelt, Raumordnung und Landwirtschaft (MURL) ernannt. Neben den alten Zuständigkeiten des ehemaligen MELF übernahm das neue Ministerium vom Arbeits- und Sozialministerium den Umweltschutz, den Immissionsschutz und die Gewerbeaufsicht, vom Ministerium für Landes- und Stadtentwicklung die Landesplanung und die Landes-

681 Feist, Ursula; Krieger, Hubert: Die nordrhein-westfälische Landtagswahl vom 12. Mai 1985. Stimmungstrend überrollt soziale Strukturen oder: Die Wende ist keine Kaffeefahrt. In: *Zeitschrift für Parlamentsfragen* 16 (1985), S. 355–372, hier S. 357–358; für die Themen der Landtagswahl 1980 siehe Feist, Ursula; Liepelt, Klaus: Die nordrhein-westfälische Landtagswahl vom 11. Mai 1980. Ein politischer Erdrutsch? In: *Zeitschrift für Parlamentsfragen* 11 (1980), S. 237–249, hier S. 238–239.

682 Landtag Nordrhein-Westfalen, Plenarprotokoll 10/3, S. 29.

683 Brüggemeier, Franz-Josef: Erfolg ohne Väter? Die Umweltpolitik in der Ära Rau. In: Mittag, Jürgen; Tenfelde, Klaus (Hrsg.): *Versöhnen statt spalten. Johannes Rau: Sozialdemokratie, Landespolitik und Zeitgeschichte.* Oberhausen 2007, S. 193–204, hier S. 199–200.

684 Landtag Nordrhein-Westfalen, Plenarprotokoll 10/3, S. 29.

entwicklung von der Staatskanzlei.[685] Damit wurden erstmals alle Kompetenzen im Umwelt- und Naturschutz sowie Raumplanung und Landesentwicklung in die Hände eines Ministeriums gelegt. Matthiesen hatte damit im Vergleich zu seinen Vorgängern eine Vielzahl von Kompetenzen, um die vorhandenen Probleme von Naturschutz und Landschaftspflege anzugehen. Die Frage, inwiefern die Zielkonflikte zwischen Arbeits- und Umweltpolitik wirklich überbrückt werden konnten, war durch die programmatischen Zielvorstellungen des Herbstes 1983 jedoch noch nicht beantwortet worden.

3.2.2 Exkurs: Die Entwicklung der Landesanstalt für Ökologie, Landschaftsentwicklung und Forstplanung (LÖLF)

An dieser Stelle bietet es sich an, kurz auf die Entwicklung der LÖLF nach ihrer Gründung 1975 einzugehen. Die Etablierung einer Einrichtung, die sich mit der Erarbeitung der wissenschaftlichen ökologischen Grundlagen des Naturschutzes befasste, war eines der grundsätzlichen Anliegen des Landschaftsgesetzes und für die im LG NW verfolgte Verwissenschaftlichung und Professionalisierung des Naturschutzes unabdingbarer Grundstein. Hauptaufgabe der LÖLF war demnach, dem vielerorts zu Beginn der 1970er Jahre beklagte Fehlen von verlässlichen und umfassenden Informationen Abhilfe zu schaffen.

„Die Ökologie [...] ist in der Lage, konkreten ökonomischen Interessen exakte, wissenschaftlich zu belegende Fakten gegenüberzustellen, die eine Abwägung öffentlicher und privater Belange ermöglichen, wenn sie rechtzeitig eingeschaltet wird", formulierte der erste Präsident der LÖLF, Albert Schmidt (in diesem Amt bis 1998), in seiner Antrittsrede Anspruch und Aufgaben der neuen

685 Romeyk, Horst: *Kleine Verwaltungsgeschichte Nordrhein-Westfalen.* Siegburg 1988 (Veröffentlichungen der staatlichen Archive des Landes Nordrhein-Westfalen, C 25), S. 235.

Landesanstalt, insbesondere ihrer neuen Abteilung Ökologie. Die Zusammenfassung der Ökologie mit den anderen, bisher eigenständigen Anstalten für Forstplanung und Waldökologie, Boden- und Bodennutzung sowie Grünland- und Futterbauforschung verdeutlichte den mit der Gründung der LÖLF verfolgten ganzheitlichen Gedanken der „angewandten Ökologie".[686]

Schmidt, der aus dem MELF an die Spitze der LÖLF wechselte, stellte als die Hauptaufgabe der neuen Landesanstalt heraus, „eine ökologische Bestandsaufnahme durchzuführen, die zu erwartenden oder bereits eingetretenen Belastungen oder Schäden zu ermitteln und zu analysieren und all diese Erkenntnisse planungsrelevant insbesondere für die flächendeckende Landschaftsplanung aufzubereiten". Damit verdeutlichte Schmidt die der LÖLF zugedachte Rolle des neutralen Fachgutachters, der die wissenschaftlichen Grundlagen für eine von den politischen Mandatsträgern zu treffende Entscheidung bereitstellte. Schmidt wies darauf hin, dass man von der LÖLF nicht erwarten könne, Entscheidungen von Parlament und Regierung zu ersetzen. Andernfalls fürchtete Schmidt eine Überfrachtung des Begriffs Ökologie, der mitunter irrigerweise geweckte Erwartungen nicht erfüllen könne:[687]

> Gerade in einer Zeit, wo Probleme der Arbeitsplatzsicherung und der Energieversorgung in den Vordergrund gerückt worden sind, besteht die Gefahr, daß die Ökologie, wenn sie sich zu einem alles umfassenden Wundermittel hochstilisieren läßt, zum Sündenbock für Wachstumsstillstand und Arbeitslosigkeit abgestempelt wird.[688]

Dies sollte möglichst verhindert werden. Die LÖLF verstand sich daher vornehmlich als Datensammler und Faktenlieferant. Ein

686 Schmidt, Albert: Antrittsrede des 1. Präsidenten der Landesanstalt für Ökologie, Landschaftsentwicklung und Forstplanung. In: *Mitteilungen der LÖLF* 3 (1978), S. 238–240, S. 238, Zitate ebd.

687 Ibid., S. 238, Zitate ebd.

688 Ibid.

anderes Rollenverständnis wäre demokratietheoretisch auch bedenklich gewesen.

Dementsprechend gestalteten sich die unmittelbaren Aufgaben der ökologischen Abteilung der LÖLF. Diese umfassten den Aufbau eines Landschaftsinformationssystems (LINFOS), in dem flächendeckend auf der Basis eines Rasters Landschaftsinformationen gespeichert und in Zusammenarbeit mit dem Landesamt für Statistik für alle Behörden, Stellen und Anstalten zugänglich gemacht werden sollten. Diese Vorgehensweise unterschied sich von anderen Varianten dadurch, indem das Informationssystem nicht projektbezogen erstellt wurde, sondern die EDV-Technik nutzte, um eine möglichst die gesamte Fläche des Landes überspannende Datensammlung zu schaffen. So waren die Informationen auf die jeweilige Fragestellung hin angepasst verfüg- und abrufbar. Das LINFOS-Projekt bestand aus zwei Teilbereichen. Im Kartendokumentationssystem wurden über 15 000 (Stand: 1982) Funktionskarten aus Archiven und wissenschaftlichen Veröffentlichungen gesammelt. Daneben stand die Erfassung der schutzwürdigen Gebiete Nordrhein-Westfalens in einem flächendeckenden Biotopkataster.[689] Die Ergebnisse sollten helfen, den „neuen, fortschrittlichen Naturschutz" zu etablieren, der „nicht mehr abhängt von den Zufallinteressen [*sic!*] einiger traditioneller Naturschützer oder bestimmt wird von romantisch-ästhetischen Gesichtspunkten", wie Schmidt es ganz im Geiste der Naturschutzmodernisierung der 1970er Jahre formulierte. Ebenfalls führte die LÖLF das Biotopmanagement in den bestehenden Naturschutzgebieten durch, erstellte die Roten Listen der gefährdeten Arten in NRW und forschte im Langzeitüberwachungsprogramm nach den Ursachen für langfristige Veränderungen in Ökosystemen. Daneben zählten insbesondere die Erarbeitung ökologischer Fachbeiträge für die Landschaftsplanung und Stellungnahmen für Flurbereinigungs-

---

689 Schmidt, Albert: Landschafts-Informationssystem für Nordrhein-Westfalen. In: *NuL* 57 (1982), S. 413–414, hier S. 414–415.

verfahren zu den Aufgaben der LÖLF.[690] Gerade die letzten beiden Aufgaben nahmen einen Großteil der Kapazitäten der Abteilung Ökologie der LÖLF ein, nachdem zunächst die Abteilung überhaupt aufgebaut werden musste.[691]

Trotz der selbstverordneten Neutralität sah es die LÖLF dennoch als ihre Aufgabe an, die Belange der Ökologie offensiv zu vertreten, insbesondere durch eine intensivierte Öffentlichkeitsarbeit. „Die Landesanstalt hat die große Chance, den Stellenwert der Ökologie zu erhöhen und das Bewußtsein der Öffentlichkeit für ökologische Probleme zu fördern", so Schmidt. Er gab die Devise aus, durch eine „ausgewogene Darstellung ökologischer Zusammenhänge" Fachbehörden und Öffentlichkeit zu überzeugen. Dazu gehörte auch die enge Zusammenarbeit mit den Hochschulen und Universitäten des Landes, da sich die LÖLF zwar als wissenschaftlicher Arm des Naturschutzes, jedoch nicht als Forschungsinstitut verstand.[692] Demselben Geist entsprang die Gründung des Naturschutzzentrums NRW (NZ NRW), ein in Kooperation mit den Naturschutzverbänden betriebenes Zentrum für Naturschutz- und Umweltbildung, das 1996/97 in der Natur- und Umweltschutzakademie (NUA) aufging. Ein zentrales Organ der Öffentlichkeitsarbeit war die seit 1976 herausgegebene Zeitschrift *LÖLF-Mitteilungen* (ab 1994 *LÖBF-Mitteilungen*), die Ministerialbeamten, Mitarbeitern der Landesanstalt, Wissenschaftlern und ehrenamtlichen Naturschützern ein Forum gab, neue Entwicklungen des Naturschutzes in Nordrhein-Westfalen vorzustellen und zu diskutieren.[693]

690 Schmidt, Antrittsrede, S. 238–239, Zitat S. 238.

691 Schmidt, Albert: Aufgaben der Landesanstalt für Ökologie, Landschaftsentwicklung und Forstplanung Nordrhein-Westfalen unter besonderer Berücksichtigung des Landschaftsgesetzes NW. In: *Mitteilungen der LÖLF* 4 (1979), S. 31–35, hier S. 35.

692 Schmidt, Antrittsrede, S. 240.

693 Neiss, Thomas: 25 Jahre LÖBF-Mitteilungen – 25 Jahre Geschichte des Naturschutzes in NRW. In: *Mitteilungen der LÖBF* 26.1 (2001), S. 10–15, hier S. 10.

Um diese Aufgaben zu erfüllen, erhielt die LÖLF zunächst einen Etat von circa 6 Millionen DM.[694] Das Personal kam hauptsächlich aus den bisherigen Institutionen und Abteilungen; über 100 Mitarbeiter mussten dafür an den neuen Standort Recklinghausen versetzt werden.[695] Der Aufbau der Abteilung Ökologie dauerte einige Jahre an, auch bis genügend geeignetes Personal gefunden worden war, sodass die LÖLF ihrer Personalsollstärke erst zu Beginn der 1980er Jahre erreichte. Im Haushaltsplan 1983 waren für sie insgesamt 236 Personalstellen vorgesehen, davon 84 Beamte und 134 Angestellte.[696] Damit war sie im Bundesvergleich die größte Landeseinrichtung ihrer Art und um ein vielfaches größer als die BFANL auf Bundesebene, die lediglich 66 Mitarbeiter beschäftigte.[697] Der Personalstand der LÖLF blieb in den Jahren ihres Bestehens stabil bei 260 bis 280 Mitarbeitern. Mit der Gründung des Naturschutzzentrums NRW 1985 wurden 16 zusätzliche Stellen geschaffen.[698]

Am 1. April 1994 wurde die LÖLF mit dem Landesamt für Agrarordnung unter dem Namen Landesanstalt für Ökologie, Bodenordnung und Forsten/Landesamt für Agrarordnung NRW (LÖBF) zusammengefasst. Das Land begründete diesen Schritt mit der seit der Novellierung des Landschaftsgesetzes sich überschneidenden gemeinsamen Aufgabenstellung in der Landschaftsplanung. Im Zuge dieser Reform wurden der LÖBF darüber hinaus

694 Haushaltsplan für den Geschäftsbereich des Ministers für Ernährung, Landwirtschaft und Forsten 1976, LAV Abt. Rhld. NW 453 Nr. 9.

695 Schmidt, Antrittsrede, S. 240.

696 Schmidt, Albert: Nordrhein-Westfalen. Arbeitsbericht 1982. In: *NuL* 58 (1983), S. 172–174, hier S. 172.

697 Vgl. Frohn, Naturschutz macht Staat, S. 259.

698 Schmidt, Albert; Bauer, Hermann Josef: Nordrhein-Westfalen. Arbeitsbericht 1985. In: *NuL* 60 (1985), S. 186–189, hier S. 186, vgl. für die Entwicklung die Arbeitsberichte in *Natur und Landschaft* seit 1978.

die neuen Aufgaben des landesweiten Biomonitorings und der Effizienzkontrolle im Naturschutz übertragen.[699]

Mit ihrem wachsenden Aufgabenbereich und ihrer Funktion als Schnittstelle zwischen administrativem und ehrenamtlichem Naturschutz, Wissenschaft und Forschung entwickelte sich die LÖLF/LÖBF in den Jahren ihres Bestehens zu einer zentralen Schaltstelle des Naturschutzes in Nordrhein-Westfalen. MUNLV-Abteilungsleiter Neiss bewertete es im Jahr 2001 so: „Die LÖBF ist nicht mehr die Stelle, die ausschließlich wissenschaftliche Grundlagendaten erhebt [...] Sie rückt als konzeptioneller Partner genau wie als Beteiligte vor Ort in das Zentrum der Naturschutzpolitik in NRW."[700]

3.2.3 Landschaftsplanung in der Krise: Zwischen Reform und Revision

In den „Grundzügen für die Regierungsplanung" hatte die Landesregierung nochmals den Stellenwert der Landschaftsplanung unterstrichen:

> Das Landschaftsgesetz vom 19. Februar 1975 hat als erstes aller vergleichbaren Ländergesetze die Grundlage für eine planmäßige Entwicklung der gesamten freien Landschaft in Nordrhein-Westfalen geschaffen. Der in diesem Gesetz verankerte, verbindliche und prinzipiell flächendeckende Landschaftsplan gewährleistet den Übergang vom rein konservierenden Naturschutz traditioneller Prägung zur Landschaftsentwicklung und aktiven Landschaftspflege. Darüber hinaus können Möglichkeiten und Grenzen einer weiteren Belastung der Landschaft genauer ermittelt und festgesetzt werden. Die Möglichkeit der Erschließung der freien Landschaft zu Erholungszwecken sind erleichtert worden. Das

699 Schmidt, Albert: Neuer LÖBF-Schwerpunkt – Landesweite Effizienzkontrolle im Naturschutz. In: *Mitteilungen der LÖBF* 21.2 (1996), S. 10.

700 Neiss, 25 Jahre, S. 14.

> Verursacherprinzip wird in höherem Maße verwirklicht, die bürgerfreundliche Mitverantwortung stärker verankert. Nunmehr gilt es, die gesetzgeberischen Absichten in die Wirklichkeit umzusetzen.[701]

Fünf Jahre nach Verabschiedung des Landschaftsgesetzes waren allerdings noch keine Landschaftspläne in Kraft getreten. Diese Verzögerung wurde noch nicht als besonders alarmierend angesehen, betraten doch alle an der Aufstellung der Landschaftspläne Beteiligten „Neuland“, weshalb zunächst eine Arbeitsgruppe mit der Ausarbeitung eines Leitfadens zur Erstellung von Landschaftsplänen, der sogenannten „Silberfibel“, beauftragt wurde. Naturschutzarbeit sollte in Nordrhein-Westfalen „nicht mehr von Zufällen abhängig“ sein.[702] Die Ziele der Landschaftsplanung wurden von der LÖLF konkretisiert und in sechs Entwicklungszielen festgehalten:

1. Erhaltung einer mit natürlichen Landschaftselementen reich oder vielfältig ausgestatteten Landschaft.
2. Anreicherung einer im Ganzen erhaltungswürdigen Landschaft mit gliedernden und belebenden Elementen.
3. Wiederherstellung einer in ihrer Oberflächenstruktur, ihrem Wirkungsgefüge oder ihrem Erscheinungsbild geschädigten oder stark vernachlässigten Landschaft.
4. Ausbau der Landschaft für die Erholung oder den Fremdenverkehr.
5. Ausstattung der Landschaft für Zwecke des Immissionsschutzes oder zur Verbesserung des Klimas.

701 Landesregierung Nordrhein-Westfalen, Grundzüge für die Regierungsplanung 1975, LAV Abt. Rhld. NW 453 Nr. 29.

702 Schulzke, Henning: Nordrhein-Westfalen. Erfahrungen mit der Landschaftsplanung aus rechtlich-administrativer Sicht. In: DRL (Hrsg.): *Landschaftsplanung*, S. 482–485, hier S. 482–483, Zitate ebd.

6. Sicherung und Entwicklung von besonderen Lebensstätten für bestimmte heimische Tiere und Pflanzen.[703]

Die Übertragung eines solchen Zielkataloges in konkrete Landschaftsplanung auf Kreisebene benötigte Zeit. Zudem wurde vermutet, dass die Kreise und kreisfreien Städte zunächst die Anpassung des LG NW an das BNatSchG abwarteten. Diese erfolgte jedoch erst im Frühjahr 1980 mit der ersten Novelle zum Landschaftsgesetz. Von besonderer Bedeutung war dabei die Einführung von Landschaftsrahmenplänen, die in Nordrhein-Westfalen auf der Grundlage von der LÖLF erarbeiteter Fachbeiträge in die bestehenden Gebietsentwicklungspläne (GEP) integriert wurden. Deren Festsetzungen konnten Auswirkungen auf die Landschaftsplanung auf Kreisebene haben, weshalb es plausibel erschien, dass die Gebietskörperschaften zunächst deren Ergebnisse abwarten wollten. Neben den Landschaftsrahmenplänen war vor allem die Konkretisierung der Eingriffstatbestände inklusive der umstrittenen Landwirtschaftsklausel aus § 8 BNatSchG die wichtigste Neuerung. Durch die Novellierung 1980 sollte zudem mit der Erfahrung aus den vergangenen fünf Jahren das Landschaftsgesetz in manchen Punkten „gestrafft und effektiver gestaltet" und kleinere Mängel behoben werden.[704] Grundsätzliche Änderungen erfuhr das LG NW darüber hinaus jedoch nicht.

Um einen zusätzlichen Anreiz für ein zügiges Verfahren in der Landschaftsplanung zu schaffen, beschloss die Landesregierung zusätzlich, die ersten zehn verabschiedeten Landschaftspläne

703 Erörterung der Ziele der Landschaftsentwicklung durch die LÖLF im Rahmen der 10. Sitzung der Arbeitsgruppen „Kreise" und „Kreisfreie Städte" des AK Landschaftsplans am 8. bzw. 7. Juli 1976 in Rödinghausen bzw. Oberhausen, Ergebnisniederschrift 5.8 1976, LAV Abt. Rhld. NW 481 Nr. 8.

704 Vorlage für den Minister, Betr. Änderung des Landschaftsgesetzes, 30.1.1978, LAV Abt. Rhld. NW 481 Nr. 9; Siehe auch den Gesetzesentwurf der Landesregierung zur Änderung des Landschaftsgesetzes, Landtag Nordrhein-Westfalen, Drucksache 8/5210.

samt ihrer Folgekosten zu 100 Prozent aus Landesmitteln zu finanzieren. In der Folge kam es schnell zu den ersten Abschlüssen; der erste Landschaftsplan wurde 1980 im Kreis Minden-Lübbecke rechtskräftig. Danach verlief dieser kurzfristige Impuls jedoch größtenteils im Sande.[705]

1985 waren in NRW zehn Jahre nach Inkrafttreten des Landschaftsgesetzes in 77 Prozent der Gemeinden Landschaftspläne in Kraft getreten, abgeschlossen oder in Arbeit; eine Bilanz, die bei einem Bundesdurchschnitt von 23 Prozent – nur Hessen kam mit 73 Prozent auch nur in die Nähe von Nordrhein-Westfalen – auf den ersten Blick durchaus imposant wirkte. Diese Zahlen hatten jedoch durch die seit der Gebietsreform in NRW deutlich geringere Anzahl von Gemeinden gegenüber anderen Flächenbundesländern und durch den flächendeckenden Anspruch der nordrhein-westfälischen Landschaftsplanung, der mehrere Landschaftspläne pro Gemeinde vorsah, wenig Aussagekraft.[706] Dagegen stand die Zahl von nur 30 abgeschlossenen und genehmigten bei geschätzten über 400 notwendigen Landschaftsplänen – für das einzige Land mit flächendeckender, verbindlicher Landschaftsplanung auf Kreisebene eine verheerende Bilanz.[707]

„Vollzugsdefizit ist das böse Wort, das dem Landschaftsgesetz seit 1980 [...] anhaftet", kommentierte Falk vom Hofe im Westdeutschen Rundfunk. Schwächen habe das Gesetz vor allem im Punkte Landschaftsplanung gezeigt. „Abgesehen davon, daß einige Kommunen die Aufstellung der Landschaftspläne bewußt verzögerten, weil sie sie hinderlich fanden für ihre Flächennutzungspläne oder Bebauungspläne, kamen andere auch nicht mit dem

705 Bentrup, Landschaftsplanung, S. 8.

706 SRU, *Umweltgutachten 1987*, S. 140.

707 Für die Zahlen siehe u.a. Bartelheimer/Coprak, *Instrument*, S. 25; Schmidt, Albert: Naturschutz und Landschaftspflege heute – aus Sicht der alten Bundesländer. In: Stiftung Naturschutzgeschichte (Hrsg.): *Der Neubeginn im Naturschutz nach 1945. Zeitzeugenberichte von Naturschutzbeauftragten aus Nordrhein-Westfalen und Brandenburg.* Landau 1998, S. 45–56, hier S. 48–49.

Verfahren zurecht", wies der Journalist sowohl den Kreisen und kreisfreien Städten als auch dem Gesetzgeber die Verantwortung für das Vollzugsdefizit zu.[708]

Im MELF sah man dies ähnlich. Insbesondere die extremen Unterschiede zwischen den verschiedenen Regierungsbezirken des Landes ließen das Ministerium auf politische Gründe für das schleppende Verfahren schließen. Während im Frühjahr 1983 bei den Regierungspräsidenten Köln und Düsseldorf bereits circa 70 Prozent der erforderlichen Landschaftspläne abgeschlossen waren oder zur Genehmigung vorlagen, waren es in den westfälischen Bezirken Arnsberg, Detmold und Münster lediglich 25 Prozent. „Die wesentlichsten, gleichzeitig jedoch die am wenigsten verständlichen Gründe für die schleppende Behandlung der Landschaftsplanung liegen im kommunalen Bereich", analysierten die Beamten im Landwirtschaftsministerium. Die fehlende Umsetzung der Landschaftsplanung habe ihren Ursprung vor allem in der Tatsache, „daß einige der maßgeblichen Kommunalpolitiker [...] trotz der in der Regel allgemeinen Beteuerung, sich für den Umwelt und Naturschutz einzusetzen, nicht bereit oder fähig sind, die Ziele der Landschaftsgesetzgebung mit dem Anspruch der Bürger gleichzusetzen". Hinzu kamen Widerstände aus Land- und Forstwirtschaft. Hervorgebracht würden allerdings „Scheinargumente der planerischen Maßlosigkeit".[709] Die entscheidenden Hemmnisse für eine erfolgreiche Landschaftsplanung seien dagegen zum einen Befürchtungen, sich möglicherweise andere Entwicklungschancen durch die Landschaftsplanung zu verbauen, und zum anderen die weit verbreitete Ansicht, die Ansprüche von Natur und Landschaft seien von zweitrangigem Belang. Der finanzielle Aufwand sowie Schwierigkeiten aufgrund der mangelnden Erfahrung mit den Pla-

708 Falk vom Hofe im „Echo West" im Westdeutschen Rundfunk, 1. Programm, ausgestrahlt 25.6.1984. Transkript, LAV Abt. Rhld. NW 481 Nr. 8.

709 Referat I A 6, Betr. Gesetzesvorhaben, Projekte und Initiativen bis zum Ende der Legislaturperiode, 12.1.1983, LAV Abt. Rhld. NW 863 Nr. 64, Zitat ebd.

nungsinstrumenten wurden dagegen deutlich seltener als Gründe für die schleppende Entwicklung bei der Landschaftsplanung verantwortlich gemacht.[710]

Mit dieser Einschätzung bewegten sich die Beamten des MELF nicht fernab von den Ergebnissen anderer Untersuchungen. Der Münsteraner Politikwissenschaftler Ger-hard W. Wittkämper kam in seiner Studie zum Vollzug von Naturschutz und Landschaftspflege in Nordrhein-Westfalen zu dem Ergebnis, dass das Vollzugsdefizit auf rechtlichen, organisatorischen und politischen Erschwernissen basiere.[711] Eine weitere, fachübergreifende Studie an der Universität Bonn attestierte dem Landschaftsgesetz ebenfalls, „im vorgegebenen Rahmen des Gesamtplanungssystems grundsätzlich die gesetzlichen Möglichkeiten geschaffen" zu haben, um effektiven Naturschutz und Landschaftspflege umzusetzen. Allerdings zeige das Gesetz „einige juristische Schwachstellen", die durch das teilweise ungeklärte Verhältnis zwischen Landschaftsplan und Flächennutzungsplan zum Nachteil des Landschaftsplanes gereiche.[712] Insbesondere die schwache Position der Naturschutzbehörden gegenüber anderen Behörden bei mitwirkungsbedürftigen Eingriffsverfahren – lediglich ein Benehmen war vorgeschrieben – machte Wittkämper dafür verantwortlich, dass sich die Landschaftsplanung häufig nicht gegen andere Flächennutzungsplanung durchsetzen konnte. Erschwerend hinzu trat die oft fragwürdige Besetzung der Landschaftsbeiräte, die häufig nicht das anvisierte Verhältnis von Vertretern des Naturschutzes und anderen Interessenvertretern einhielten. Beim LG NW sah

710 Referat I A 6, Vorlage für den Minister, 24.3.1983, LAV Abt. Rhld. NW 863 Nr. 64.

711 Wittkämper, Gerhard W.: Landschaftspflege und Naturschutz in Nordrhein-Westfalen. In: Ders. et al. (Hrsg.): *Vollzugsdefizite*, S. 1–126, hier S. 111–112.

712 Schwarz, Christoph; Hintz, Uwe; Röhl, Sabine: *Landschaftsplanung und Raumordnung in Nordrhein-Westfalen. Eine Zwischenbilanz d. ökolog.-raumwirksamen Planung.* Köln 1984 (Geostudien, 9), S. 90, Zitat ebd.

Wittkämper insbesondere in den für die Novellierung 1980 aus dem BNatSchG übernommenen Ausnahmeregelungen für die Land- und Forstwirtschaft, Regelungen, die „einen zweckmäßigen Vollzug im Sinne der Ziele dieses Gesetzes erschweren".[713] Dieser Punkt fand sich auch in der Bonner Untersuchung wieder. Diese stellte insbesondere das Versäumnis des Landes in den Mittelpunkt, nach rheinland-pfälzischem Vorbild durch gesonderte Erlasse die Art der ordnungsgemäßen Landwirtschaft zu konkretisieren und damit die Grauzonen des Verhältnisses zu verringern.[714]

Wie das MELF sah Wittkämper jedoch die Hauptgründe für das Vollzugsdefizit im Organisationsdefizit auf der unteren Verwaltungsebene und im fehlenden politischen Willen bei Politik und Öffentlichkeit, die Naturschutzgesetzgebung durchzusetzen.[715] Er kam zu dem Ergebnis, dass eine eindeutige Verbesserung der Situation von Naturschutz und Landschaftspflege auf lokaler Ebene erst dann erwartet werden könne, „wenn zugleich die Bedeutung dieser Aufgabe einen erhöhten Stellenwert im Bereich der *politischen* Wahrnehmung der *lokalen Öffentlichkeit* erlangt".[716] Dass ein hohes Potenzial für Störfaktoren insbesondere auf der politischen Ebene angesiedelt war, vermuteten auch andere Autoren.[717]

Die Beamten im MELF glaubten jedoch nicht, auf eine solche Entwicklung warten zu können. Sie sahen dringenden Handlungsbedarf, die Landschaftsplanung gründlich zu reformieren, da sie befürchteten, dass bei gleichbleibendem Tempo in der Landschaftsplanung das Ziel der flächendeckenden Überplanung

713 WITTKÄMPER, Landschaftspflege, S. 111, Zitat ebd.

714 SCHWARZ et al.: *Landschaftsplanung*, S. 90–91.

715 WITTKÄMPER, Landschaftspflege, S. 111.

716 Ibid., S. 111–112, Zitat S. 112, Hervorhebungen im Original.

717 Vgl. BRAHMS, Margret; HAAREN, Christina von; SCHOMERUS, Thomas: Vollzugsdefizite im Naturschutz und Strategien zur Durchsetzung von Naturschutzansprüchen. In: *Landschaft + Stadt* 20 (1988), S. 145–150, hier S. 147.

der Landschaft erst 2050 erreicht sein werde.[718] Das Referat I A 6 bereitete daher aufgrund der Probleme der Landschaftsplanung auf der kommunalen Ebene eine Revolution von oben vor. Veranlasst, „jetzt einen neuen Impuls zu geben", planten die Beamten, eine Frist von fünfzehn Jahren seit Verabschiedung des LG NW, also bis 1990 festzusetzen. Sollte es innerhalb dieses Zeitraumes nicht zu einem Abschluss des Landschaftsplanungsverfahrens kommen, sehe sich das Land gezwungen, mit Hilfe kommunalaufsichtlicher Bestimmungen – zum Beispiel durch den Regierungspräsidenten – die notwendigen Landschaftspläne zu verordnen, „oder aber den Kreisen und kreisfreien Städten generell die Landschaftsplanung [zu entziehen]".[719]

Dass dieser Gedankengang einen völligen Bruch sowohl mit der verfassungsrechtlichen Planungshoheit der Gemeinden als auch mit dem politischen Zeitgeist darstellte, war den Beamten bewusst, doch schien der Zustand von Natur und Landschaft zu erfordern, eine grundsätzliche Neuorientierung zumindest in Betracht zu ziehen und den Anspruch der Landschaftsplanung konsequent durchzusetzen:

> Offensichtlich würde ein solcher Schritt der Entkommunalisierung einer bestimmenden politischen Tendenz der letzten Jahrzehnte zuwiderlaufen. Man muß sich aber angesichts der drängender werdenden Probleme des Umweltschutzes ebenso grundsätzlich fragen, ob die Prinzipien, Traditionen und Bedingungen der Selbstverwaltung für durchgreifende Problemlösungen auf diesem Gebiet noch geeignet sind.[720]

718 Ministervorlage, 16.5.1983, LAV Abt. Rhld. NW 863 Nr. 64.

719 Referat I A 6, Betr. Gesetzesvorhaben, Projekte und Initiativen bis zum Ende der Legislaturperiode, 12.1.1983, LAV Abt. Rhld. NW 863 Nr. 64, Zitate ebd.

720 Referat I A 6, Vorlage für den Minister, 24.3.1983, LAV Abt. Rhld. NW 863 Nr. 64.

Die demokratietheoretisch äußerst fragwürdige Ausschaltung der Kreisparlamente und damit der demokratischen Legitimation der Landschaftsplanung nahmen sie ebenfalls in Kauf.

Als Alternativkonzept visierten die Beamten die Übertragung der Erarbeitung der Landschaftsplanung auf die technische Zentralstelle des Landesamts für Agrarordnung (LAfAO) an, bei der sie nach dem Abschluss der großen Flurbereinigungsverfahren der 1960er und 1970er Jahre die nötige Kompetenz und freie Kapazitäten vermuteten, und deren Festsetzung durch die jeweiligen Regierungspräsidenten durch eine ordnungsbehördliche Verordnung. Die bisherigen Träger der Landschaftsplanung wären dann im Planungsablauf lediglich noch zu beteiligen.[721] Inwiefern solche Gedankenspiele auch in die Tat umgesetzt werden würden, stand noch nicht fest. Für die Referenten im MELF war jedoch klar, dass ein Verzicht auf das nordrhein-westfälische Konzept der verbindlichen, flächendeckenden Landschaftsplanung nicht in Frage kam. Mit den Überlegungen, den Gemeinden eventuell die Kompetenzen in der Landschaftsplanung zu entziehen, sollte der Druck auf diese erhöht werden, nachdem das Mittel der finanziellen Anreize wenig Effekt gezeigt hatte. Diese Linie vertrat auch Minister Bäumer, der den Überlegungen in seinem Ministerium seine Zustimmung signalisierte.[722] Nachdem Gerüchte über diese Pläne in der Presse aufkamen, erklärte sich der Minister im Landtag:

> Angesichts des Vollzugsdefizits ist es die Pflicht der Landesregierung, Überlegungen darüber anzustellen, wie die Landschaftsplanung beschleunigt werden kann. In diese Erwägungen müssen selbstverständlich die Probleme, die mit der Trägerschaft zusammenhängen, einbezogen werden.[723]

721 Ministervorlage, 16.5.1983, LAV Abt. Rhld. NW 863 Nr. 64.

722 Referat I A 6, Vorlage für den Minister, 24.3.1983, LAV Abt. Rhld. NW 863 Nr. 64; Zustimmung von Bäumer in Marginalie vom 6.4.1983.

723 Antwort von Minister Bäumer auf die mündlichen Anfragen der Abgeordneten Uhlenberg und Morgenstern (CDU), Landtag Nordrhein-Westfalen, Plenarprotokoll 9/74, S. 4145.

Konkrete Absichten, das Landschaftsgesetz dahingehend zu ändern, gebe es nicht, so der Minister. Die Landesregierung beobachte die Entwicklung jedoch sehr genau und handle notfalls schnell, sollte sich das Vollzugsdefizit nicht beheben lassen.[724] Es folgte zudem eine offene Kampfansage des nach eigener Aussage „sauren" Ministers:

> [Wenn] man bedenkt, daß es trotz hundertprozentiger Bezuschussungsaussage – mehr geht ja wohl kaum, es sei denn, man hat es mit Leuten zu tun, die nicht mehr auf dieser Welt leben – so elend lange dauert und man darüber hinaus seit eh und je, seit 1975, mindestens 75% Zuschüsse vom Land zugesagt waren, dann kann das wohl nicht am Geld liegen, sondern an der Gesinnung! [...] Wir denken nicht daran, den Gruppierungen innerhalb der Gesellschaft nachzugeben, die entweder fehldisponiert – wie in Teilen der Landwirtschaft – oder unmotiviert sind – wie in Bereichen der Kommunal-Kollegen. [...] Wir geben nicht nach; wir erleichtern die Voraussetzungen nicht, weil das kein Kompromiß, sondern ein fauler Kompromiß wäre.[725]

Den „Knüppel aus dem Sack" habe man noch nicht einmal berührt, setzte der Minister in Anspielung auf die weitergehenden Pläne im MELF hinzu.[726] Eine Abkehr vom eingeschlagenen Weg stand außer Frage. Wie der SRU sah auch das Düsseldorfer Ministerium weiterhin die Landschaftsplanung als einziges Mittel zur Erreichung des Ziels eines umfassenden Arten- und Biotopschutzes und hielt am „zentralen Instrument" des Naturschutzes fest. Die theoretischen Chancen der Landschaftsplanung wurden weiterhin als in die Praxis umsetzbar angesehen.[727]

---

724 Ibid.

725 Ibid., S. 4145–4146.

726 Ibid., S. 4146.

727 SRU, *Umweltgutachten 1987*, S. 155; Bentrup, Landschaftsplanung, S. 5; Neiss, Naturschutzpolitik, S. 28.

Die Städte und Gemeinden des Landes wiesen die Anschuldigungen des Ministers scharf zurück und beklagten das „sehr aufwendige und komplizierte Verfahren“ der Landschaftsplanung. Dies und eben nicht die mangelnde Motivation der kommunalen Bediensteten bedinge den „zögerlichen Verlauf“ in der Umsetzung. Bezüglich der Pläne des Ministeriums verwies der Städtetag auf die gesetzlichen Bestimmungen des BNatSchG, das nicht mit einer Übertragung der örtlichen Landschaftsplanung auf den Regierungspräsidenten in Einklang zu bringen sei.[728]

Die Pläne des MELF, die große Revolution in den Zuständigkeiten der Landschaftsplanung zu vollziehen, landeten unter Rau und später Matthiesen jedoch wieder in den Schubladen. Ob dies aus Gründen der rechtlichen Machbarkeit oder des politischen Willens der Nachfolger Bäumers geschah, ist nicht mehr eindeutig nachzuvollziehen. Wahrscheinlich ist eine Kombination aus beiden Gründen. Es ist nicht ersichtlich, wie die Pläne im MELF mit der verfassungsrechtlichen Eigenständigkeit der Gemeinden in Einklang gebracht werden konnten. Auch die mit der Thematik befasste Arbeitsgruppe zum Thema Landschaftsplan bezweifelte, trotz einer grundsätzlichen Befürwortung einer Kombination aus „Zuckerbrot und Peitsche“, dass die „Verstaatlichung“ der Landschaftsplanung „trotz des überwiegenden Versagens der jetzigen Planungsträger“ politisch durchsetzbar sei. Die demokratische Legitimation der Planwerke würde entfallen. Zudem befürchtete die AG in jedem Fall durch die Umstellung einen Zeitverlust von mindestens zwei Jahren.[729]

Rau kritisierte dagegen in einem Interview mit dem DLF seinen ehemaligen Landwirtschaftsminister, dem er die schlechten Zahlen in der Landschaftsplanung anlastete. Man müsse „mal

728 Städtetag Nordrhein-Westfalen, Vorbericht für die 54. Sitzung des Bauausschusses am 1.7 1983 in der Geschäftsstelle. Köln: Stand der Landschaftsplanung in Nordrhein-Westfalen, 20.6.1983, Archiv der Stiftung Naturschutzgeschichte, 606.00.20.00.

729 I A 6, Vorlage für den Herrn Minister, 28.10.1983, , Archiv der Stiftung Naturschutzgeschichte, 606.00.20.00, Zitate ebd.

drüber reden, wie die Aufsicht zu führen ist und wer dann dafür zu sorgen hat, daß sie durchgesetzt werden", stellte der Ministerpräsident fest und verwies auf die darüber intern geführte Diskussion.[730] Bäumers Nachfolger Matthiesen schien ohnehin eine grundsätzlich andere Strategie zu bevorzugen als sein Vorgänger. Für ihn stellte die nordrhein-westfälische Landschaftsplanung zwar ein einmaliges Konzept dar, das „am weitesten von allen Bundesländern"[731] gehe, der neue Minister war darüber hinaus jedoch der Überzeugung, dass „das Landschaftsgesetz ein *Kooperationsgesetz*, kein *Konfrontationsgesetz*" sei. Es beinhalte für alle Beteiligten die große Chance einer für Natur und Landschaft nutzbringenden, aber auch notwendigen Zusammenarbeit.[732] Matthiesens zentraler Ansatz war es, Konfrontation wenn möglich zu vermeiden, Zusammenarbeit zu fördern und vor allem die Prozesse zu vereinfachen und damit zu beschleunigen. Eine Reform der Landschaftsplanung, so sah es auch der neue Minister, war zwingend notwendig, doch wurden unter Matthiesen zunehmend die konfrontativen durch kooperative Elemente ersetzt. Auch personell stellte das Jahr 1984 im nordrhein-westfälischen amtlichen Naturschutz eine Zäsur dar. Einer der maßgeblichen Architekten des Landschaftsgesetzes, Gruppenleiter Ludger Pielow, wurde zum 1. Oktober 1984 in den Ruhestand verabschiedet.[733]

In der Folgezeit änderte sich auch die Rhetorik des MELF. Im Rahmen des Landesentwicklungsberichtes (LEB) wurde erneut ein Bekenntnis zur Landschaftsplanung abgegeben. Es wurde konstatiert, dass sie weiterhin „höchste Priorität" habe, bei bisher dreizehn genehmigten Plänen „der große Durchbruch" aber noch nicht

730 Johannes Rau im Deutschlandfunk, 27.6.1983, Transkript, LAV Abt. Rhld. NW 491 Nr. 20.

731 Matthiesen in den *Aachener Nachrichten*, 26.6.1984.

732 Pressemitteilung des MELF, 26.9.1984, LAV Abt. Rhld. NW 481 Nr. 8, Hervorhebungen im Original.

733 Matthiesen, Klaus: Ltd. Ministerialrat Dr. Ludger Pielow im Ruhestand. In: *Mitteilungen der LÖLF* 9.3 (1984), S. 46.

erreicht sei. Dieser sollte, die Klagen des Städtetages aufnehmend, durch eine Vereinfachung des Verfahrens und die Einschaltung des LAfAO erreicht werden.[734] Doch von einer generellen Übernahme der Landschaftsplanung durch die Ämter für Agrarordnung bei gleichzeitiger Entmachtung der kommunalen Träger war keine Rede mehr. Im Gegenteil, die „personelle Unterstützung der Kreise und kreisfreien Städte durch Landesbedienstete soll eine weitere Hilfe für die unteren Landschaftsbehörden bringen. Die Kompetenzen der Kreise und Gemeinden bleiben dabei unberührt", hieß es nun aus dem MELF.[735]

Im September 1984 konkretisierte das MELF die Pläne, eine Novellierung des Landschaftgesetzes noch in der laufenden Legislaturperiode zu erreichen. Die Landesregierung räumte in ihrem Gesetzesentwurf vom 27. September 1984 ein, dass die Erwartungen bezüglich der Landschaftsplanung bislang nicht erfüllt worden seien. „Die schleppende Abwicklung liegt [zum Teil] an einer inhaltlichen Überfrachtung durch das Gesetz von 1975", so lautete die Erklärung für die notwendige Novellierung.[736] Minister Matthiesen erklärte, der Neuentwurf des LG sei aufgrund der Erfahrungen der letzten zehn Jahre unter dem Ansatz „weniger Bürokratie und mehr Ökologie" entworfen worden.[737] Dennoch seien ordnungsrechtliche Maßnahmen zur Durchsetzung der Ziele von Naturschutz und Landschaftspflege weiterhin vorgesehen. Matthiesen betonte, dass diese Maßnahmen bis hin zur entschädigungslosen Enteignung als Drohkulisse notwendig seien. Die Möglichkeit des Instrumentes werde ausreichen, um es nicht benutzen

734 Sprechzettel für den Landesentwicklungsbericht 82 zum Fachkomplex Naturschutz und Landschaftspflege, 16.2.1984, LAV Abt. Rhld. NW 596 Nr. 96.

735 Sprechzettel für den Landesentwicklungsbericht 82 zum Fachkomplex Naturschutz und Landschaftspflege, 16.2.1984, LAV Abt. Rhld. NW 596 Nr. 96.

736 Landtag Nordrhein-Westfalen, Drucksache 9/3710.

737 Landtag Nordrhein-Westfalen, Plenarprotokoll 9/118, S. 7441.

zu müssen.[738] Unterstützung bekam Matthiesen dabei von seinem Regierungschef. Rau erklärte im Landtag, das Ordnungsrecht sei „unverzichtbar zum Schutz von Mensch und Natur". Es gehe nicht darum, aus ideologischen Gründen auf irgendwelche Instrumente absolut zu setzen oder sie pauschal abzulehnen, sondern darum, konkrete Probleme zu lösen.[739]

Als Ziele der Novellierung waren Konkretisierung und Verbesserung bei der Verursacherhaftung, Änderungen bei der Zusammensetzung der Landschaftsbeiräte, deren Mitglieder zudem künftig auf Vorschlag der LÖLF berufen werden sollten, sowie Straffung der Landschaftsplanung „ohne Substanzverlust" vorgesehen. Bei der Verursacherhaftung sollte künftig die Beweislast umgekehrt und darüber hinaus der Verursacher verpflichtet werden, Ausgleich auch während und nicht erst nach Beendigung der Beeinträchtigungen zu schaffen (dies betraf insbesondere den Braunkohle- und Kiestagebau). Die Zusammensetzung der Landschaftsbeiräte sollte zugunsten der Naturschützer und zulasten der Interessenvertreter verändert werden. Die Vorschriften für die Landschaftspläne wurden an jene für die Bauleitplanung des Bundesbaugesetzes (BBauG) angepasst, womit die Landschaftsplanung künftig einem den Kreisen und kreisfreien Städten aus der Praxis vertrauten Verfahren entsprach und zudem die Sonderbeteiligung anderer Behörden entfiel. Dagegen sollte durch eine frühzeitige Bürgerbeteiligung eine stärkere Demokratisierung des Aufstellungsverfahrens erreicht werden. Hinzu kam eine neue Rechtsmittelfristsetzung gegen Landschaftspläne von einem Jahr. Dies schaffe größere Rechtssicherheit, so Matthiesen. Niemand könne nach Ablauf eines Jahres mehr der „Natur am Zeug flicken".[740] Regierungssprecher Helmut Müller-Reinig stellte gegenüber der *WAZ* fest, mit

738 Landtag Nordrhein-Westfalen, Plenarprotokoll 9/120, S. 7645.

739 Landtag Nordrhein-Westfalen, Plenarprotokoll 9/118, S. 7412, Zitat ebd.

740 Pressemitteilung des MELF, 26.9.1984, LAV Abt. Rhld. NW 481 Nr. 8.

den angedachten Änderungen des LG besetze NRW „weiterhin die Spitze aller Bundesländer im Natur- und Landschaftsschutz“.[741]

Minister Matthiesen erklärte in einer Pressekonferenz, in NRW werde künftig „im Zweifel für die Natur“ entschieden. Die Landesregierung stehe weiterhin zu ihrem ehrgeizigen Ziel, langfristig drei Prozent der Landesfläche unter Naturschutz zu stellen. In den letzten fünf Jahren habe das Land insgesamt 1 524 Hektar (15,2 km^2) an Grundstücken im Wert von 60 Millionen DM gekauft und darüber hinaus den Kauf von weiteren 2 427 Hektar (24,3 km^2) durch die öffentliche Hand bezuschusst. Damit existierten in NRW 456 Naturschutzgebiete mit einer Fläche von insgesamt 20 633 Hektar (206 km^2), was 0,61 Prozent der Landesfläche ausmachte. Weitere 13 133 (131 km^2) Hektar einstweilig sichergestellte Flächen kamen hinzu, sodass insgesamt nun etwa ein Prozent der Landesfläche unter Naturschutz stand. Die von der LÖLF durchgeführte Biotopkartierung konnte Matthiesen für den Außenbereich als abgeschlossen erklären. Somit gebe es endlich Daten über die Qualität der Lebensräume, sodass nun Aktion statt Reaktion möglich sei. Matthiesen bekräftigte nochmals den Willen der Landesregierung, mehr für den Naturschutz zu tun. Dies geschehe zum einen durch die Erhöhung der Haushaltsmittel für Landschaftsentwicklungs- und Naturschutzmaßnahmen von 14,7 Millionen DM in 1983 auf 40,5 Millionen DM im Jahr 1985 und zum anderen durch die beschlossenen Vereinfachungen des Landschaftsplanungsverfahrens durch die Landschaftsgesetzesnovelle.[742] Vor dem Abschluss des Novellierungsverfahrens im Landtag gab sich der Landwirtschaftsminister betont zuversichtlich.

Die Debatte im Landtag war ganz von der sechs Wochen später bevorstehenden Landtagswahl geprägt. Der ehemalige Landwirtschaftsminister Deneke, der in seiner letzten Rede als Landtagsabgeordneter zum Gesetzesentwurf im Plenum sprach,

741 *Westdeutsche Allgemeine Zeitung*, 26.9.1984.

742 Pressekonferenz des MELF, 14.1.1985, LAV Abt. Rhld. NW 596 Nr. 1253, Zitate ebd.

stellte nochmals die Vorzüge des Landschaftsgesetzes heraus. Die Instrumente hätten sich bewährt. Es reiche nicht aus, aufgrund einiger ungewollter Entscheidungen von Beiräten und der nicht ausreichenden Anzahl der verabschiedeten Landschaftspläne über ein Gesetz zu urteilen, dass letztendlich die Transformation „[sozialer] Wertesysteme, in diesem Fall hin zur Versöhnung mit der Natur" zum Ziel habe. Wichtiger sei es, dass die Verbindlichkeit der Landschaftspläne die politischen Verantwortlichen und die ökologisch Sachverständigen zu Dialog und Kompromiss zwinge. Dies schaffe auf lange Sicht die Grundlagen für „eine konsensfähige grüne Umweltpolitik", die, so Deneke mit einem deutlichen Seitenhieb auf die Partei der Grünen, „nicht den politischen Außenseitern überlassen" werden dürfe.[743] Regierung wie Opposition seien dazu aufgerufen, die Interessenkonflikte in der Landnutzung nicht noch zu vertiefen, „denn die Nutznießer einer solchen Vertiefung der Konflikte sitzen nicht in diesem Haus, und daß sie nicht eines Tages in diesem Haus sitzen, ist unser gemeinsames Ziel", redete Deneke den Abgeordneten ob der „grünen Gefahr" ins Gewissen.[744]

Die Kritik der Opposition fußte erwartungsgemäß auf der Bilanz der Landschaftsplanung. Sie bemängelte, dass gegenwärtig das alte Instrument des Reichsnaturschutzgesetzes, die einstweilige Sicherstellung von schützenswerten Gebieten, wieder das „gebräuchlichste Mittel" im Naturschutz darstelle, das beim Bürger Unverständnis hervorrufe und von den Betroffenen als Provokation aufgefasst werde. Die im Landschaftsgesetz begründete Politik der Landesregierung sei gescheitert.[745] Die CDU-Fraktion hatte in ihrem Antrag unter dem Leitaspekt „Versöhnung von Natur und Arbeit"[746] die Gleichrangigkeit von Arbeit, Wirtschaft und Naturschutz festgestellt und damit zumindest theoretisch den Stellenwert

743 Landtag Nordrhein-Westfalen, Plenarprotokoll 9/120, S. 7636.

744 Ibid., S. 7636–7637.

745 Landtag Nordrhein-Westfalen, Plenarprotokoll 9/120, S. 7652–7653.

746 Wortlaut des CDU-Fraktionsvorsitzenden Bernhard Worms, Landtag Nordrhein-Westfalen, Plenarprotokoll 9/118, S. 7418.

des Naturschutzes deutlich aufgewertet. Die Gleichrangigkeit sah die CDU-Fraktion „durch Weiterentwicklung bestimmter Instrumente“ prinzipiell im System der Sozialen Marktwirtschaft zu verwirklichen. Umweltschutz dürfe nicht „verabsolutiert“ werden, um die Kompromissbereitschaft der Gesellschaft nicht zu gefährden. Die CDU forderte die Landesregierung auf, davon abzusehen, die Probleme der Umwelt- und Naturschutzpolitik „unserem freiheitlichen Gesellschaftssystem“ anzulasten, sondern innerhalb der Sozialen Marktwirtschaft ihre Politik zu formulieren.[747] Sie bejahte in Person des Abgeordneten Johannes Wilde zwar die Aufgabe der Politik, Landschaft und Natur „auf Grund weitsichtiger Planungen“ zu schützen und zu entwickeln, doch müsse die SPD einsehen, dass eine solche Politik nicht im Alleingang zu machen sei. Dies habe sich in den Abgängen zweier Landwirtschaftsminister und der schleppenden Entwicklung der Landschaftsplanung gezeigt. Wie Wilde im Landtag darlegte, setze sich die CDU-Fraktion für eine Verbesserung des Landschaftsschutzes und der Ausweitung von Naturschutzflächen ein, doch entstünden die Probleme durch zu viel Bürokratie in der Landschaftsplanung, statt durch zu wenig. Die Landschaftsplanung habe daher in den Händen der Gemeinden statt der Kreise zu liegen und sich auf Problemgebiete zu konzentrieren.[748] Den Landwirten würden einseitig die Nachteile von Natur- und Landschaftsschutz aufgebürdet, da der Gesetzesentwurf der Landesregierung weiterhin konkrete Entschädigungsregelungen vermissen lasse und damit die Landwirte zwinge, auf eigene Kosten und eigenes Risiko ihr Recht vor dem Verwaltungsgericht zu suchen. Anders als die Landesregierung offenbar annehme, handele es sich bei den meisten Landbesitzern nicht um reiche Großgrundbesitzer, sondern um hart arbeitende Menschen, denen die Landesregierung die nötige Fürsorge vorenthalte. Die Bauern,

747 Landtag Nordrhein-Westfalen, Drucksache 9/3698.

748 Landtag Nordrhein-Westfalen, Plenarprotokoll 9/118, S. 7420.

so Wilde, seien skeptisch und misstrauisch. Die Landesregierung sei dabei, deren Vertrauen zu verspielen.[749]

Die Vorstellungen der CDU wurden von Matthiesen als „Politik mit doppeltem Boden" zurückgewiesen. Die CDU stelle Forderungen auf, die sie als Regierungspartei selbst niemals durchführen würde. Stattdessen sollten die Menschen kurz vor der Wahl sehen, „was die CDU alles für sie fordert".[750] Die Anträge der CDU-Fraktion hatten nach Ansicht Matthiesens nur ein Ziel, nämlich Aushebelung des Sozialpflichtigkeitsprinzips. Dies könne die Landesregierung nicht hinnehmen.[751] Die flächendeckende Landschaftsplanung stelle den Grundpfeiler der nordrhein-westfälischen Umweltpolitik dar, daher lasse man die Opposition an diesem „vernünftigen Prinzip" nicht rütteln. Es gehe nicht an, „große Landschaftsteile ungeschützt allen nur denkbaren Gefahren und Beeinträchtigungen der zivilisatorischen Entwicklung auszusetzen", wie es die CDU mit der Konzentration auf Problemgebiete vorhabe.[752] Auch Ex-Minister Deneke lehnte die von der Opposition geforderte größere Autonomie für die Gemeinden in der Naturschutzpolitik strikt ab. Diese sei in Kombination mit der Aufhebung der flächendeckenden Landschaftsplanung nichts Weiteres „als die Fortsetzung dessen, was uns bisher an Naturzerstörung oder Landschaftszerstörung vorliegt".[753]

Aufgrund der Frontstellung im Parlament wurden die Anträge der CDU bereits im Ernährungsausschuss abgelehnt; auf die Einbringung von weiteren Anträgen ins Plenum verzichteten die Christdemokraten. Der Entwurf des MELF wurde im Ausschuss nur geringfügig verändert. Bei der Zusammensetzung der Landschaftsbeiräte wurden jedoch Änderungen eingefügt, die insbesondere das Vorschlagrecht der LÖLF modifizierten. Um

749 Ibid., S. 7642–7643.

750 Landtag Nordrhein-Westfalen, Plenarprotokoll 9/120, S. 7645.

751 Landtag Nordrhein-Westfalen, Plenarprotokoll 9/118, S. 7444.

752 Landtag Nordrhein-Westfalen, Plenarprotokoll 9/120, S. 7644.

753 Ibid., S. 7638.

ein praktisches Benennungsrecht der LÖLF zu verhindern und damit einer unzulässigen Einengung der Rechte der Kreise und kreisfreien Städte zu begegnen, wurde die Anzahl der Vorschläge durch die LÖLF auf mindestens die doppelte Anzahl erhöht, um den kommunalen Körperschaften eine Auswahl zu ermöglichen. Der Ausschuss entsprach damit den Forderungen des nordrhein-westfälischen Städtetages und des Landkreistages. Die Forderung nach einer Übertragung der Landschaftsplanung auf die Städte und Gemeinden lehnte er erwartungsgemäß aufgrund der in diesem Fall entschiedenen Position von Landesregierung und SPD-Fraktion ab.[754] Mit den Stimmen der Regierungsfraktion verabschiedete der Landtag schließlich die Novelle zum Landschaftsgesetz.[755]

Die Folgejahre verzeichneten in der Landschaftsplanung einen Zuwachs, doch blieb der angestrebte Durchbruch zur flächendeckenden Landschaftsplanung weiterhin aus, auch wenn Gruppenleiter Neiss 1989 „strukturell flächenmäßig“ einen „Durchbruch“ in der Landschaftsplanung sehen wollte. Ende 1988 waren 48 gegenüber den 13 Landschaftsplänen im Jahr 1983 rechtskräftig. Für 1990 erwartete man insgesamt eine Gesamtzahl von 80 bis 100 Plänen. Der steigende Trend ließ sich auch an der gesteigerten Inanspruchnahme von Landesfördermitteln ablesen, die im gleichen Zeitraum von 2,9 Millionen DM auf 18 Millionen DM stieg.[756] Dennoch war das Endziel von 400 benötigten Landschaftsplänen weiterhin deutlich entfernt. Den Hauptgrund für die weiterhin schleppende Entwicklung machte auch Neiss auf der kommunalen Ebene aus, welche die Möglichkeiten, die das Land durch das Landschaftsgesetz geschaffen habe, nicht ausnütze: „Ja, wenn nur die, denen der Gesetzgeber eine solche wunderbare Chance der

754 Landtag Nordrhein-Westfalen, Drucksache 9/4118, dazu auch die Stellungnahme der Vertreter von Städte- und Landkreistag NRW, Landtag Nordrhein-Westfalen, Ausschussprotokoll 9/1449, S. 3–5 und 7–8

755 Landtag Nordrhein-Westfalen, Plenarprotokoll 9/120, S. 7658.

756 Neiss, Naturschutzpolitik, S. 28–29, Zitat S. 28.

eigenen Natursicherung einräumt, sie auch nutzen wollten!“[757] Genutzt wurden stattdessen auch erstmals die Möglichkeiten der Landesplanung. Der 1987 verabschiedete Landesentwicklungsplan III wies 219 Schutzgebiete mit einem Flächenumfang von jeweils 75 Hektar als Vorranggebiete für den Schutz der Natur aus. Dies musste künftig von allen anderen Planungen wie der Gebietsentwicklungsplanung, der Bauleitplanung oder der Verkehrsplanung beachtet werden. Die Wirksamkeit dieses „kräftigen ökologischen Regulativs“, wie Minister Matthiesen konstatierte, lasse sich am anhaltenden Widerstand betroffener Gebietskörperschaften gegen die Verordnungen ablesen.[758]

Die Umsetzung des nordrhein-westfälischen Projektes der flächendeckenden, verbindlichen Landschaftsplanung blieb also auch nach der Novellierung des Landschaftsgesetzes 1985 ein kontrovers diskutiertes Thema. Für die anerkannten Naturschutzverbände Nordrhein-Westfalens war dies Anlass genug, auf dem nordrhein-westfälischen Naturschutztag 1988 die Probleme bei der Landschaftsplanung unter dem Titel „Landschaftsplanung – Chance oder Fessel für den Naturschutz?“ zum Hauptthema zu machen.[759]

Die Beamten der obersten Landschaftsbehörde sahen weiterhin den Grund des mangelnden Vollzugs insbesondere auf der unteren Ebene. Staatssekretär Bentrup erklärte auf dem Naturschutztag für das MURL, die Landschaftsplanung werde häufig durch „wenig sachkundige politische Bewertung“ auf kommunaler Ebene erschwert, die „weniger Auskunft gibt über die Tauglichkeit des Landschaftsplanes als über die Tauglichkeit der Politik, die He-

757 Ibid, S. 28.

758 Matthiesen, Klaus: Naturschutz in NRW als Teil einer ökologischen Reformpolitik. In: *Mitteilungen der LÖLF* 13.3 (1988), S. 44–47, hier S. 44–45.

759 Landesbüro der Naturschutzverbände Nordrhein-Westfalen (Hrsg.): *Naturschutztag Nordrhein-Westfalen 1988. Landschaftsplanung – Chance oder Fessel für den Naturschutz? Tagungsbericht*. Essen 1988.

rausforderung von Natur- und Umweltschutz politisch sachgerecht abzuarbeiten“[760]. Trotz der finanziellen Förderung der Aufstellung der Landschaftspläne zu 75 Prozent durch das Land und der kostenlosen Bereitstellung der Fachbeiträge durch die LÖLF gebe es im offiziellen Abstimmungsverfahren Verzögerungen und schlichte Weigerungen, das Verfahren einzuleiten.[761]

Den weiteren Redebeiträgen auf dem Naturschutztag war gemein, dass sie grundsätzlich das Instrument der flächendeckenden, verbindlichen Landschaftsplanung befürworteten, jedoch von Seiten der Kommunalverwaltung und insbesondere des ehrenamtlichen Naturschutzes durchaus auch deutliche Kritik geäußert wurde. Die Sicht der Kreisverwaltungen referierte ein Vertreter des Kreises Viersen, der jedoch mit bis 1988 vier verabschiedeten beziehungsweise beim Regierungspräsidenten zur Genehmigung vorliegenden Landschaftsplänen nicht zu den „Problemkreisen“ gehörte. Doch auch dort rechnete man mit einer Fertigstellung der benötigten neun Landschaftspläne nicht vor 1996 – 21 Jahre nach Verabschiedung des Landschaftsgesetzes.[762] Den relativen Erfolg der Landschaftsplanung im Kreis Viersen begründete Kreisbaudirektor Hartmut Kropp mit der frühzeitigen Einbindung von Betroffenen, Landwirtschaftsverband, Bürgern und Politik, auch ohne gesetzliche Verpflichtung. „Unbehagen“ äußerte Kropp bezüglich der Genehmigungs- und Aufsichtspflicht durch die höhere Landschaftsbehörde beim Regierungspräsidenten, der neben der reinen Rechtskontrolle auch materielle Ergänzungen zum Landschaftsplan festsetzen könne. Dies kollidiere mit dem Selbstverständnis

---

760 Bentrup, Landschaftsplanung, S. 4.

761 Ibid., S. 7–8.

762 Kropp, Hartmut: Landschaftsplanung aus Sicht einer Kreisverwaltung. In: Landesbüro der Naturschutzverbände Nordrhein-Westfalen (Hrsg.): *Naturschutztag Nordrhein-Westfalen 1988*, S. 25–29, hier S. 25.

des Kreistages, auch wenn es bislang zu keinem konkreten Streitfall gekommen sei.[763]

Die Erfahrungen aus dem Kreis Viersen zeigten nach Auffassung der Naturschützer vom Deutschen Vogelschutzbund (DBV), dass Gesetze, Richtlinien und Erlasse „alleine der Natur nicht weiterhelfen", sondern vor Ort durch Verhandlungen, Ideenaustausch, Werbung und Sensibilisierung der Bevölkerung mit Leben ausgefüllt werden müssten. Denn „nur der außerordentlich günstigen und seltenen Konstellation der fairen Zusammenarbeit" sei es zu verdanken, dass „die Bilanz [...] nicht nur durch Minuspunkte gekennzeichnet" sei. Denn die Gesamtbilanz zeige „ein katastrophales Ergebnis".[764] Größere Schutzgebiete könnten durch die Landschaftsplanung nur entstehen, wo ohnehin kaum eine andere Nutzung interessant sei oder schon Naturschutzgebiete bestünden. Diese Einzelfälle würden dann als große Durchbrüche verkauft. Die Naturschützer kamen zu dem Ergebnis, dass, solange dem Naturschutz nicht der unbedingte bundes- und landespolitische Wille zuteilwerde, man auf der Kreisebene auf den guten Willen aller Beteiligten angewiesen sei, um punktuell Erfolge zu erzielen. Der Landschaftsplan nach dem Landschaftsgesetz habe hierbei keine Veränderungen bewirkt.[765]

Auch der BUND hielt in seiner Bilanz zu dreizehn Jahren Landschaftsplanung nicht mit Kritik zurück. Die „zweifellos etwas ernüchternde Bilanz" der Landschaftsplanung, die sich nicht auf die Frage beschränke, wie viele Landschaftspläne es gebe oder bald geben werde, so der Sprecher Michael Harengerd, zeige auf, dass die Hauptprobleme des Naturschutzes, den fortwährenden Flächenverbrauch zu stoppen, mit diesem Instrument nicht zu lösen

---

763 Ibid., S. 27–28, Zitat S. 28.

764 Klein, Helmut; Sennert, Georg: Planung und Umsetzung von Landschaftsplänen im Kreis Viersen. In: Landesbüro der Naturschutzverbände Nordrhein-Westfalen (Hrsg.): *Naturschutztag Nordrhein-Westfalen 1988*, S. 41–45, hier S. 41 und 43, Zitate ebd.

765 Ibid., S. 45.

seien. In Bezug auf das Ziel der Landesregierung, drei Prozent der Landesfläche unter Naturschutz zu stellen, entgegnete Harengerd, dass Naturschutz insgesamt als schonender Umgang mit der Natur verstanden werden müsse. Naturschutz dürfe also nicht auf einige Gebiete beschränkt, sondern müsse auf 100 Prozent des Landes ausgedehnt werden.[766] Für den BUND war die Landschaftsplanung „keineswegs" *das* Instrument des Naturschutzes, denn „sich auf dieses Instrument zu verlassen", so Harengerd, bedeute, „die Kräfte für wesentlichere Aufgaben im Rahmen des Naturschutzes und der Landschaftspflege zu vernachlässigen".[767]

Die auf dem Naturschutztag zur Diskussion der Landschaftsplanung in Einbeziehung aller Beteiligten gebildeten vier Arbeitsgruppen berichteten schließlich über die Ergebnisse ihrer Beratungen. Diese waren zum größten Teil Wiederholungen der Probleme, welche die Landschaftsplanung schon seit ihrer ersten Implementierung begleiteten. Somit wurden auf dem Naturschutztag kaum neue Ansätze gefunden und die alten Argumente wiederholt. Es offenbarte sich dabei eine gewisse Ratlosigkeit angesichts der Schwierigkeiten bei der Umsetzung der Landschaftsplanung. Der Berichterstatter der ersten Arbeitsgruppe mit dem Titel „Landschaftsplanung als Instrument des Naturschutzes", Falk vom Hofe, erklärte, man müsse „in der Planung aggressiver vorgehen". Die Forderung nach einer rechtlichen Gleichstellung der Landschaftsplanung zu anderen Planungen sowie einer adäquaten personellen Ausstattung der Landschaftsbehörden blieb auch nach dreizehn Jahren und zwei Novellierungen des Landschaftsgesetzes bestehen. Für die Leistungen des Landschaftsplanes konnte die Arbeitsgruppe lediglich feststellen, dass „er das Bewußtsein im Vorfeld der

766 Harengerd, Michael: Naturschutz und Landschaftsplanung in NRW – eine Zwischenbilanz. In: Landesbüro der Naturschutzverbände Nordrhein-Westfalen (Hrsg.): *Naturschutztag Nordrhein-Westfalen 1988*, S. 46–48, hier S. 46–47, Zitate S. 47.

767 Ibid., S. 48.

Planung geschärft" habe.[768] Die zweite Arbeitsgruppe des Naturschutztages, „Probleme der Akzeptanz der Landschaftsplanung", sah diese im Spannungsfeld der verschiedenen Nutzungsinteressen verortet, deren Interessengruppen „Furcht- und Erwartungshaltungen" gegenüber der Landschaftsplanung besaßen, weshalb sie stärker „von Sinn und Notwendigkeit" überzeugt werden müssten. Erreicht werden sollte dies durch Anwendung von fünf Strategien: Informieren, Argumentieren, Beeinflussen, Überzeugen durch Vorbild, Finanzieren.[769]

Grundsätzlich offenbarten die Diskussionen auf dem Naturschutztag, dass sowohl Landesregierung als auch Naturschützer nicht vom System der verbindlichen Landschaftsplanung abweichen wollten, jedoch insbesondere die ehrenamtlichen Verbände erkannten, dass die Landschaftsplanung als zentrales Instrument des Naturschutzes in der Sackgasse steckte. Die ursprüngliche Absicht, durch die Landschaftsplanung mit ordnungsrechtlichen Mitteln Naturschutzinteressen durchzusetzen, hatte sich in weiten Teilen als Illusion erwiesen. Die schleppende Erstellung, Verabschiedung und Umsetzung des Landschaftsplanes machten diesen zu einem relativ schwerfälligen Instrument, das darüber hinaus auch von Kommunalpolitik, Landwirten und anderen Nutzungsinteressengruppen leicht torpediert werden konnte. Es hatte sich gezeigt, dass die Möglichkeiten des Landes, auf das Verfahren vor Ort Einfluss zu nehmen, ihre Grenzen hatten. Stattdessen sollten die Bemühungen, durch zähes Verhandeln, Informieren und Anreizen die Akzeptanz des Landschaftsplanes zu fördern, intensiviert werden. Dies verdeutlichten die Forderungen, die der Naturschutztag an das MURL stellte. Statt eine Ausweitung der Druckmittel zu fordern, beschränkten sich die Naturschutzverbände darauf, die Herausgabe einer „allgemeinverständlichen Informationsschrift",

768 Anonym: Berichte aus den Arbeitsgruppen. In: Landesbüro der Naturschutzverbände Nordrhein-Westfalen (Hrsg.): *Naturschutztag Nordrhein-Westfalen 1988*, S. 48–51, hier S. 48–49., Zitate S. 48.

769 Anonym: Berichte aus den Arbeitsgruppen, S. 49–50, Zitate ebd.

die Koordinierung eines Erfahrungsaustausches zwischen den zuständigen Bediensteten der Kreise und kreisfreien Städte, Fortbildungsveranstaltungen für die Beteiligten sowie den Aufbau einer Wanderausstellung zum Thema zu verlangen.[770]

Im MURL sah man dies noch etwas anders. Minister Matthiesen drückte in einer gemeinsamen Pressekonferenz mit den Naturschutzverbänden aufgrund der konstruktiven Diskussionen auf dem Naturschutztag seine Zufriedenheit aus, dass es bei der Landschaftsplanung nicht mehr um das „ob", sondern um das „wie" ginge. Die materiellen und organisatorischen Rahmenbedingungen – hier spielte Matthiesen auf die deutliche Aufstockung der Mittel für den Naturschutz und die Landschaftsplanung sowie die Anpassung des Verfahrens an die Bauleitplanung an – hätten erreicht, dass man für 1990 nun mit 100 fertiggestellten Landschaftsplänen rechnen könne. Doch auch der Minister wollte die Realitäten nicht verkennen. „Planung allein hilft der Natur nur begrenzt", so das Fazit Matthiesens. „Nur wenn wir Menschen uns engagiert der Aufgabe annehmen, die natürlichen Lebensgrundlagen für uns und die Tier- und Pflanzenwelt an sich erhalten, kann die menschliche Planung ihren Zweck erfüllen." Naturschutzpolitik brauche deshalb Partner, um erfolgreich zu sein. Diese Worte verdeutlichten die Unterschiede zu den Vorstellungen der 1970er Jahre, als die Landschaftsplanung als zentrales Mittel des Naturschutzes konzipiert wurde. Wie Matthiesen selbst eingestand, hatten bei seinem Amtsantritt in keinem anderen Bereich Anspruch und Wirklichkeit in solch einem Maße auseinandergeklafft wie bei der Landschaftsplanung.[771]

Neben der ständigen Diskussion um Reform oder Revision der Landschaftsplanung mussten Alternativen gefunden werden,

770 Naturschutzverbände Nordrhein-Westfalen: Entschließung. Landesbüro der Naturschutzverbände Nordrhein-Westfalen (Hrsg.): *Naturschutztag Nordrhein-Westfalen 1988*, S. 52.

771 IV B 4/1 – 1990: 100 Landschaftspläne – Bilanz zur Landschaftsplanung in NRW, 21.9.1988, Pressekonferenz Matthiesen mit Naturschutzverbänden, LAV Abt. Rhld. NW 863 Nr. 24, Zitate ebd.

auch wenn das Land weiterhin an seinem Konzept festhielt. Mit einer flächendeckenden Umsetzung der Landschaftsplanung in näherer Zukunft konnte trotz der statistischen Verbesserungen realistisch jedenfalls nicht mehr gerechnet werden, auch wenn die dramatischen Prognosen von einer Fertigstellung nicht vor 2050, wie sie 1983 Hans Otto Bäumer angestellt hatte, nun nicht mehr zu drohen schienen.[772] Dennoch blieb der Handlungsdruck hoch. Wie Bartelheimer und Coprak in ihrer Studie zur nordrhein-westfälischen Landschaftsplanung 1989 feststellten, hatte sich trotz des statistischen Fortschrittes in Anzahl und Fläche der Naturschutzgebiete in Nordrhein-Westfalen der ökologische Zustand von Natur und Landschaft durch die tatsächlichen Umweltveränderungen sogar „dramatisch verschlechtert".[773]

3.3 Vertragsnaturschutz: Kooperation als neues Leitbild?

3.3.1 Naturschutz und Landwirtschaft: ein schwieriges Verhältnis

Die Frage nach dem Anteil der Landwirtschaft an den Umweltproblemen in Deutschland hatte im Zuge der ersten Phase der Umweltpolitik der 1970er Jahre nur eine untergeordnete Rolle gespielt. Es kristallisierte sich jedoch zunehmend heraus, dass die Hauptherausforderung des Naturschutzes weniger die Folgen der Industrialisierung waren, sondern die des Intensivierungsprozesses in der Land- und Forstwirtschaft seit dem Zweiten Weltkrieg. Der Sieg über den Hunger in Deutschland, die „Verwirklichung eines Menschheitstraumes", machte aus den Landwirten selbst jedoch keine Sieger, sondern eher „Überlebende" einer Revolution, die sie selbst vielmehr als Getriebene einer unaufhaltsamen, anonymen Entwicklung erlebten.[774]

---

772 Bartelheimer/Coprak, *Instrument*, S. 211.

773 Ibid., S. 26–27.

774 Uekötter, Frank: *Die Wahrheit ist auf dem Feld. Eine Wissensgeschichte der deutschen Landwirtschaft.* Göttingen 2010 (Umwelt und Gesell-

Bei der Beziehung zwischen Landwirtschaft und administrativem Naturschutz ergab sich strukturell das Problem, dass die gegenlaufenden Nutzungsinteressen auf Feld und Flur deutlich höher erschienen als bei anderen Arten der Landnutzung, wie zum Beispiel der Freizeitnutzung. Akzeptanz von Naturschutzmaßnahmen konnte bei den Landwirten nicht unbedingt vorausgesetzt werden, da diese für ihre Nutzungszwecke nur selten zum Vorteil gereichten. Die Kontrolle der Bewirtschaftung ließ sich zudem von Seiten des administrativen Naturschutzes nur sehr schwer durchführen, da sie kosten- und personalintensiv war, ein hohes Maß an landwirtschaftlichem Sachverstand erforderte und größtenteils auf Daten basieren musste, die ohne die Zustimmung der betroffenen Landwirte rechtlich nicht verfügbar waren. Daraus ergab sich, dass die Akzeptanz der Landwirte zu bestimmten Naturschutzmaßnahmen für deren Erfolg unerlässlich war. Diese Akzeptanz war jedoch größtenteils nicht vorhanden.[775]

Der Blick der Naturschützer auf die Landwirtschaft hatte sich im Laufe der 1970er Jahre zunehmend geändert. War für den Naturschutz lange Zeit die durch die Landbewirtschaftung entstandene Kulturlandschaft vielerorts der anvisierte Idealzustand, der durch Industrialisierung, Siedlungsexpansion und Freizeitkultur gefährdet wurde, so entwickelte sich in den Augen vieler Naturschützer die agrarische Landnutzung „ebenfalls zu einer Landschaftsausbeute bis hin zu einer Landschaftsverödung“[776], die mit dem ursprünglichen Ziel der Pflege der Kulturlandschaft nicht mehr vereinbar war. Stattdessen wurde eine zunehmende „Desintegration

schaft, 1), S. 385–386, Zitate S. 385.

775 Bahner, Titus: *Landwirtschaft und Naturschutz – vom Konflikt zur Kooperation. Eine institutionenökonomische Analyse.* Zugl. Witten-Herdecke Privatuniv. Diss. 1996, Frankfurt a.M. u.a. 1996 (Europäische Hochschulschriften, Reihe 5: Volks- und Betriebswirtschaft, 2005), S. 189–190.

776 Hachenberg, Friedrich: Probleme der Landespflege im Zusammenhang mit dem Strukturwandel in der Landwirtschaft. In: *NuL* 46 (1971), S. 130–132, hier S. 131.

von Landwirtschaft und Naturschutzvielfalt" attestiert. Neben der bereits genannten Intensivierung der Produktionsprozesse galt für weniger produktive Gebiete, sogenannte Grenzertragsstandorte, dass überwiegend extensive Bewirtschaftungsformen aufgegeben wurden, mit der Konsequenz, dass großräumige Flächen brachgelegt oder aufgeforstet wurden. Beide Entwicklungen führten zu einem Rückgang der ökologischen Vielfalt und begünstigten die Entstehung von Monokulturen.[777]

Gerhard Olschowy erklärte auf der Jahrestagung der ABN 1977 zum Thema Naturschutz und Landwirtschaft, dass die Auffassung, die Landwirtschaft sei der billigste und zuverlässigste Landschaftspfleger, mit der Einführung der modernen, intensivierten Landwirtschaft nicht mehr Bestand habe.[778] Ende der 1970er Jahre stand die Landwirtschaft zunehmend als Hauptsünder im Mittelpunkt. „Der ländliche Raum ist sozusagen in den Clinch geraten", stellte die 3. Europäische Ministerkonferenz für Umweltschutz fest. Die landwirtschaftliche Revolution habe die Rahmenbedingungen geändert: Die entstandenen Monokulturen seien mit den Zielen der Artenvielfalt nicht vereinbar.[779] Zügig wurde das bis dahin meist von staatlicher Regulierung unbehelligte Feld der Agrarproduktion Vorschriften und Bestimmungen unterworfen, die selbst dem Natur- und Umweltschutz aufgeschlossene Landwirte als maßlose Eingriffe in ihre Eigentumsrechte auffassten. Der landwirtschaftliche Widerstand wurde noch durch den Umstand angetrieben,

777 Bauer, Siegfried: *Naturschutz und Landwirtschaft. Konturen einer integrierten Agrar- und Naturschutzpolitik.* Bonn-Bad Godesberg 1994 (Angewandte Landschaftsökologie, 3), S. 7–8, Zitat S. 7.

778 Olschowy, Gerhard: Naturschutz und Landwirtschaft. Zusammenfassung der Tagungsergebnisse. In: Arbeitsgemeinschaft Deutscher Beauftragter für Naturschutz und Landschaftspflege (Hrsg.): *Naturschutz und Landwirtschaft.* Bonn-Bad Godesberg 1977 (Jahrbuch für Naturschutz und Landschaftspflege, 27), S. 9–17, hier S. 9.

779 3. Europäische Ministerkonferenz für Umweltschutz (Bern, 19.-21.9.1979), Zusammenfassung des Hauptberichts, LAV Abt. Rhld. NW 863 Nr. 60.

dass sich die Diskussion meist dadurch auszeichnete, dass die ökologische Kritik „stets [als] Kritik *am* Landwirt – und nicht *mit dem* Landwirt" geäußert, und somit der Diskurs stets als äußere Anforderung an die Landwirte herangetragen wurde.[780] Diese Art der Auseinandersetzung, in der ein maßgeblicher Akteur meist zum bloßen Objekt degradiert wurde, blieb bis Mitte der 1980er Jahre typisch für die Debatte.

Der SRU veröffentlichte 1985 ein Sondergutachten, in dem er feststellte, dass „die außerordentliche Produktionssteigerung" in den letzten Jahrzehnten eine „problematische Lage" hervorgerufen habe, die sowohl agrarpolitisch als auch umweltpolitisch eine Neuorientierung erfordere. Unter den Bedingungen der Agrarpolitik der EG lasse sich Landwirtschaft kaum noch wirtschaftlich betreiben, ohne massive Schäden an Natur und Umwelt anzurichten.[781] Das von der Landwirtschaft häufig hervorgerufene „Bild einer nach wie vor bestehenden Harmonie zwischen Landwirtschaft und Umwelt" sei inzwischen „völlig unzutreffend".[782] Der SRU brachte damit die Themen Landwirtschaft, EG-Agrarpolitik und Umweltschutz an die breitere Öffentlichkeit. Diskutiert wurden diese Dinge jedoch schon in den Jahren zuvor intensiv.[783]

Die Gemeinsame Agrarpolitik der Europäischen Gemeinschaft (GAP) stand dabei oft im Zentrum der Kritik. Dies war nichts Neues: Die GAP war durchgängig seit ihrer Entstehung „hoch kontrovers" diskutiert worden, in der Bundesrepublik insbesondere aufgrund der von ihr verursachten hohen Kosten.[784] Der stärker in

780 Uekötter, *Wahrheit*, S. 398, Zitat ebd., Hervorhebungen im Original.

781 Sachverständigenrat für Umweltfragen: *Umweltprobleme der Landwirtschaft. Sondergutachten 1985*. Stuttgart 1985, S. V.

782 Ibid., S. 300, Zitat ebd.

783 Weingarten, Peter: Agrarpolitik in Deutschland. In: *APuZ* 38.5/6 (2010), S. 6–17, hier S. 8.

784 Patel, Kiran Klaus: *Europäisierung wider Willen. Die Bundesrepublik Deutschland in der Agrarintegration der EWG 1955–1973*. München 2009 (Studien zur Internationalen Geschichte, 23), S. 507, Zitat ebd.

den Fokus gerückte Anteil der Landwirtschaft an der Zerstörung der Natur bot neue Anknüpfungspunkte für diese Kritik. Die EG-Agrarpolitik wurde vor allem dafür verantwortlich gemacht, durch Preis- und Absatzgarantien die Voraussetzungen zu „allgemeinen Überproduktionen" geschaffen und damit „zu übermäßigen, den Bedarf übersteigenden Einsatz aller Produktionsfaktoren einschließlich des Produktionsfaktors Umwelt"[785] geführt zu haben. Veranschaulicht wurde diese Problematik durch die oft bemühten Bilder der „Butterberge" oder „Milchseen".[786] Die Kosten für diese Überproduktion waren hoch: 1980 machte der Anteil für die GAP 74 Prozent des EG-Haushaltes aus; die Ausgaben auf Bundesebene für die Landwirtschaft beliefen sich im selben Jahr auf ungefähr 14 Milliarden DM.[787]

Insbesondere in sozialdemokratischen Kreisen war zu Anfang der 1980er Jahre die Bereitschaft geschwunden, Subventionen in dieser Höhe an die Landwirtschaft zu leisten, auch wenn direkte Angriffe auf die Bauern tunlichst vermieden wurden. Forderungen der Landwirtschaft, Subventionen gar auszubauen, trafen auf Unverständnis. Die EG-Agrarpolitik erwies sich in den Augen der Sozialdemokraten als „sozialpolitisch, regionalpolitisch und ökologisch […] äußerst bedenklich". Gleichzeitig betonten sie jedoch die Schwierigkeiten einer grundlegenden Reform aufgrund der Machtstrukturen innerhalb der Gemeinschaft.[788]

---

785 Hennecke, Hans-Günter: *Landwirtschaft und Naturschutz. Normative Regelungen eines ambivalenten Verhältnisses im Verfassungs, Naturschutz-, Flurbereinigungs-, Raumordnungs- und Bauplanungsrecht unter besonderer Berücksichtigung der Landwirtschaftsklauseln im Naturschutzrecht.* Heidelberg 1986 (Schriftenreihe des Lorenz-von-Stein-Instituts für Verwaltungswissenschaften Kiel, 8), S. 58.

786 Weingarten, Agrarpolitik, S. 8.

787 Ganser, Karl: 14 Milliarden für die Landwirtschaft. In: *Die neue Gesellschaft* 27 (1980), S. 548–553, hier S. 548.

788 Siehe hierzu u.a. die Beiträge von Ganser, 14 Milliarden, Zitat S. 551, zu den Schwierigkeiten einer Reform insb. S. 552–553; Bruns, Klaus

Die Verantwortlichen auf Landesebene sahen dies sehr ähnlich. Damit verlagerten sie jedoch die Problematik auf eine Ebene, auf die sie wenig Einfluss besaßen. Die NRW-Landwirtschaftsminister von Deneke über Bäumer bis zu Matthiesen geißelten das „magische Dreieck der EG-Agrarpolitik"[789] von garantierter Preispolitik ohne Mengenbeschränkung, hoher Kosten für Lagerung und Beseitigung der produzierten Überschüsse und fehlender Finanzmittel für Maßnahmen der Struktur und Sozialpolitik als das Grundübel der finanziellen Krise der Landwirtschaft. Bäumer kritisierte diese Politik als „finanziell untragbar, volkswirtschaftlich sinnlos und sozial verantwortungslos", aus deren Dilemma ohne eine grundlegende „Neubesinnung" der Agrarpolitik kein Weg mehr führe.[790] Nachfolger Matthiesen beklagte den „Wahnsinn der Agrarpolitik"[791] Brüsseler Prägung, die seiner Meinung nach Landwirte zu Getriebenen einer Entwicklung mache, die automatisch schwere Schäden an Natur und Landschaft hervorriefen:

> Ich kenne keinen Landwirt [...], der an nichts anderes denkt als daran, wie er mit industrieähnlichen Produktionsmethoden die letzten Reste von Pflanzen und Tieren vernichten kann. Aber ich kenne viele Landwirte, die auf Grund mieser agrarpolitischer Rahmenbedingungen und eines dem Wahnsinn zustrebenden Systems europäischer Agrarpolitik heute gezwungen sind, aus ihrem Boden herauszuholen, was herauszuholen ist. Deshalb gehören nicht die Landwirte pauschal auf die Anklagebank, sondern wenn schon jemand auf die Anklagebank gehört, dann eine so ausformulierte und praktizierte Agrarpolitik. Das ist der Punkt.[792]

Peter: Gemeinsamer Agrarmarkt in der Klemme – wie geht es weiter? In: *Die neue Gesellschaft* 27 (1980), S. 553–556.

789 Deneke, zitiert nach: Bäumer, Agrarpolitik, S. 397.

790 Bäumer, Agrarpolitik, S. 398, Zitate ebd.

791 Landtag Nordrhein-Westfalen, Plenarprotokoll 9/120, S. 7648.

792 Landtag Nordrhein-Westfalen, Plenarprotokoll 9/118, S. 7442.

Auch der sonst eher für gemäßigte Worte bekannte Ministerpräsident Rau äußerte ebenfalls scharfe Kritik an der Politik Brüssels: „Vieles von dem, was an Vorwürfen im Raum steht [...] ist nicht böser Wille von Landwirten, sondern ein Ergebnis der verkehrten Agrarpolitik der Europäischen Gemeinschaft."[793]

Matthiesen propagierte gegenüber diesem „Wahnsinn" ein „Bündnis der Vernunft" zwischen Naturschutz und Landwirtschaft und setzte auf eine Entspannung zwischen den beiden Seiten. „Extreme Positionen können [die] Probleme nicht lösen", erklärte der Minister auf dem nordrhein-westfälischen Naturschutztag 1984 in Wesel. „Landwirte gehören nicht auf die umweltpolitische Anklagebank, Naturschützer nicht auf die gesellschaftliche Spinnerbank." Die Landwirte müssten durch eine Reform der EG-Agrarpolitik vom ökonomischen Zwang der Intensivbewirtschaftung befreit werden. Neben einer Reform auf europäischer Ebene gebe es aber auch „begrenzte Handlungsfelder" auf Landesebene. Eine von NRW eingebrachte Initiative zur Verschärfung des Pflanzenschutzgesetzes sei leider im Bundesrat gescheitert, ebenso wie die Forderung nach einem Verbot von Pflanzenbehandlungsmitteln mit dem Wirkstoff Tormona bei der Bundesregierung keine Zustimmung erlangen konnte. Mit der Gülleverordnung habe NRW jedoch einen wichtigen Beitrag zur Verringerung der Nitratbelastung im Boden geleistet. Von einer direkten Mittelzuwendung an Landwirte, die Naturschutzmaßnahmen durchführten, sprach Matthiesen auf dem Naturschutztag jedoch noch nicht. Stattdessen unterstrich er noch einmal die Notwendigkeit zur engen Kooperation, ohne jedoch konkreter zu werden.[794]

793 Zitiert in: Anonym: Johannes Rau: Europa kleinster Nenner für globalen Umweltschutz. Ministerpräsident kritisiert falsche EG-Agrarpolitik. In: *Mitteilungen der LÖLF* 9.3 (1984), S. 3.

794 Matthiesen, Klaus: Bündnis der Vernunft zwischen Naturschutz und Landwirtschaft. Referat auf dem 3. Naturschutztag NRW in Wesel. Extreme Positionen können Probleme nicht lösen. In: *Mitteilungen der LÖLF* 9.3 (1984), S. 7–8, Zitat ebd.

Die ökonomischen Probleme bewirkten, dass Landwirtschaft immer seltener wirtschaftlich als Hauptberuf betrieben werden konnte – insbesondere nicht ohne den Rückgriff auf die intensiven Produktionsmethoden. Für den Stellenwert der Landwirte ergab sich das Problem, dass die Landwirtschaft noch vor der Forstwirtschaft – trotz großem Rückgang[795] – nach wie vor der größte Flächennutzer Nordrhein-Westfalens war (56 Prozent der Landesfläche wurden 1984 landwirtschaftlich genutzt, 25 Prozent forstwirtschaftlich), ihre wirtschaftliche Bedeutung jedoch konstant abgenommen hatte. Dies ließ sich auch anhand der demographischen Daten erkennen: Nur noch 2,3 Prozent der Erwerbstätigen waren in der Landwirtschaft beschäftigt und erwirtschafteten 1,3 Prozent der Bruttowertschöpfung. Auf den 95 000 Betrieben in NRW lebten noch 337 000 Personen, was 2,2 Prozent der Wohnbevölkerung darstellte. Dieser Wert hatte sich in den zwanzig Jahren vor 1984 halbiert.[796]

Ökonomische Defensive gepaart mit einer häufig als Bevormundung verstandenen Einmischung von außen sorgte bei den Landwirten für ein explosives Gemisch aus Unzufriedenheit und Existenzangst, das die Bereitschaft zum Widerstand ansteigen ließ. Hinzu kam eine Tradition des Konflikts zwischen Naturschützern und Landwirten, die vielerorts ein Klima des Misstrauens hinterlassen hatte. Symbolisch für dieses Verhältnis standen die Landwirtschaftsklauseln, sowohl im Bundesnaturschutzgesetz als auch im nordrhein-westfälischen Landschaftsgesetz, die, abgese-

795 Die landwirtschaftliche Nutzung in NRW war von 1935/38 bis 1976 um ca. 1,5 Millionen Hektar zurückgegangen, zwei Drittel davon zwischen 1960 und 1976. Ungefähr 1 Million Hektar der ehemaligen Landwirtschaftsflächen wurden in Siedlungsflächen umgewandelt. Vgl. Stellungnahme MELF, betr. Grenzen des Landschaftsverbrauchs, 24.3.1978, LAV Abt. Rhld. NW 863 Nr. 60.

796 II A 6 Betr. Landesentwicklungsbericht 1984, hier: Gliederungspunkt 6 „Agrarpolitik“, 12.12.1984, LAV Abt. Rhld. NW 596 Nr. 104.

hen von ihrer tatsächlichen Relevanz, in ihren psychologischen Auswirkungen zusätzlich belastend wirkten.[797]

Von Seiten der Landespolitik wurde gegenüber den Landwirten jedoch darauf bestanden, dass diese zunächst in der Bringschuld seien, bevor es Leistungen von Seiten des Staates geben könne. Die Ansicht von Minister Bäumer, dass erst ein solidarisches Verhalten der Landwirtschaft ein solidarisches Verhalten der Gesellschaft gegenüber der Landwirtschaft nach sich ziehe,[798] wurde in weiten Kreisen des Natur- und Umweltschutzes geteilt. Umfassender Umweltschutz sei unbedingte Gegenleistung für eine Erhaltung der Landwirtschaft, befand auch die Europäische Ministerkonferenz für Umweltschutz.[799]

Der Dialog zwischen administrativem Naturschutz und Landwirten in Nordrhein-Westfalen gestaltete sich somit als schwierig, weil nach Verabschiedung des Landschaftsgesetzes zwei verschiedene Grundsätze aufeinandertrafen. Während die Landesregierung auf die Sozialpflichtigkeit des Eigentums nach dem Grundgesetz bestand und ihre gesamte Naturschutzpolitik auf diesem Grundsatz aufbaute, sahen die Landwirte ihre Eigentumsrechte verletzt. Sie plädierten daher auf freiwillige Lösungen und weitgehende Entschädigungen für Nutzungseinschränkungen und Naturschutzmaßnahmen; Forderungen, die politisch von Seiten der CDU-Fraktion in die Debatte eingebracht wurden. Diese politische Frontstellung zwischen Regierung und Opposition erschwerte den Dialog zwischen Landwirten und Naturschützern zusätzlich.

797 MÜLLER, *Innenwelt*, S. 242–243.

798 BÄUMER, Agrarpolitik, S. 397.

799 3. Europäische Ministerkonferenz für Umweltschutz (Bern, 19.-21.9.1979), Zusammenfassung des Hauptberichts, LAV Abt. Rhld. NW 863 Nr. 60.

3.3.2 Das Feuchtwiesenschutzprogramm NRW

Als Kristallisationspunkt des Verhältnisses zwischen Naturschutz und Landwirtschaft stellte sich die Frage des Feuchtwiesenschutzes heraus. Diese insbesondere für den Vogelschutz bedeutsamen Gebiete konnten hauptsächlich nur für Milchviehwirtschaft verwendet werden, die nach der Entwicklung der EG-Agrarsubventionen jedoch deutlich weniger erlöste als zum Beispiel der Ackerbau. Zunehmend wurden solche Gebiete von Bauern umgebrochen (entwässert) und zu Ackerland umgewandelt. War 1970 zum Beispiel die Westfälische Bucht noch durch einen hohen Grünlandanteil gekennzeichnet, waren zehn Jahre später große Teile dieser Feuchtgebiete zerstört worden. Die Naturschutzbehörden sahen es zunehmend als notwendig an, ausgedehnte Feuchtwiesen als Reservate auszuweisen. „Die Konflikte zwischen Naturschutz und Landwirtschaft waren damit vorprogrammiert.“[800] Die Naturschutzminister von Bund und Ländern diskutierten diese Thematik bereits seit 1979 und erkannten sie zunehmend als gravierendes Problem. Sie richteten eine Arbeitsgruppe ein, bestehend aus Vertretern des BML und der jeweiligen Landesministerien.[801] In dieser Arbeitsgruppe warfen, wie der Vertreter Nordrhein-Westfalens berichtete, die Vertreter Bayerns und Baden-Württembergs insbesondere dem BML vor, nur nachrangige Probleme zu erörtern. Hauptproblem sei die EG-Förderungspolitik, die ausschließlich produktionsbezogen sei und die Landwirte dazu bringe, immer mehr Flächen in Kultur zu nehmen. „Wir schimpfen in diesem Zusammenhang über die Bauern, obwohl es politische Setzungen sind, die zu dieser Entwicklung führen“, gab er die Debatte wieder.[802]

800 Woike, Martin: Bedeutung von feuchten Wiesen und Weiden für den Artenschutz. Artenreiche Tier- und Pflanzenwelt in Gefahr. In: *Mitteilungen der LÖLF* 8.3 (1983), S. 5–15, hier S. 5, Zitat ebd.

801 Schreiben BML an Oberste Naturschutzbehörden der Länder, 24.6.1980, LAV Abt. Rhld. NW 863 Nr. 115.

802 Vorlage für den Minister, 6.11 1981, Bericht von der Arbeitsgruppe, LAV Abt. Rhld. NW 863 Nr. 115, Zitate ebd.

Die Landwirte forderten zunehmend ein größeres finanzielles Engagement seitens des Staates. In den ausgehenden 1970er Jahren gab es darum auf lokaler Ebene einzelne Initiativen. Im großflächig betroffenen Regierungsbezirk Münster traf der Regierungspräsident mit den Landwirten zunächst einzelne Absprachen, im Zuge derer durch langfristige Pachtverträge und Grundstückstausche Naturschutzgebiete geschaffen wurden. Größere Verbundsysteme, wie sie die Naturschützer forderten, ließen sich jedoch so nicht erreichen. Zudem verhinderte der deutlich gekürzte Etat für Natur- und Landschaftsschutz in den frühen 1980er Jahren[803] eine Weiterführung von finanziellen Interessensausgleichen auf breiterer Basis. Das Land reagierte daraufhin verstärkt mit der einstweiligen Sicherstellung schützenswerter Gebiete für vier Jahre nach § 32 LG NW. Diese unterlagen damit einer Veränderungssperre und konnten nur noch als Weideland genutzt werden.[804] Beim administrativen Naturschutz war man von der Notwendigkeit solcher Maßnahmen überzeugt: „Feuchtwiesen können heute binnen kürzester Zeit zerstört werden", verteidigte der Landschaftsdezernent beim Regierungspräsidenten Münster die Praxis der einstweiligen Sicherstellungen. Aufgrund des langwierigen Verfahrens der Land-

803 Siehe Kapitel 3.2.1.

804 Frese, Horst: Erfahrung lehrt: Nur Geld kann Feuchtgebiete retten. Interessenausgleich durch Kauf, Tausch, Pacht, Entschädigung, Nachbarschaftsverträge. In: *Mitteilungen der LÖLF* 7.1 (1982), S. 1–6; Hofmann, Rudolf: Feuchtwiesenschutz und Interessenausgleich. Erfahrungen im Regierungsbezirk Münster. In: *Mitteilungen der LÖLF* 8.3 (1983), S. 30–37, hier S. 34.; Mitlacher, Günter: *Ramsar-Bericht Deutschland. Bericht zur Umsetzung und Wirkung des „Übereinkommens über Feuchtgebiete, insbesondere als Lebensraum für Wasser- und Watvögel, von internationaler Bedeutung" in der DDR und der Bundesrepublik Deutschland anlässlich der 20jährigen Mitgliedschaft Deutschlands.* Bonn-Bad Godesberg 1997 (Schriftenreihe für Landschaftspflege und Naturschutz, 51), S. 19 und 22–23.

schaftsplanung seien Sicherstellungen notwendige Vorleistungen für den Feuchtwiesenschutz.[805]

Vor dem Hintergrund dieser Diskussion verstärkte sich die Problematik der Feuchtwiesen durch die Anmeldung nordrhein-westfälischer Feuchtgebiete zur Ramsar-Konvention[806]. Die Bundesrepublik hatte seit 1976 23 Feuchtgebiete von internationaler Bedeutung (FIB) angemeldet; in Nordrhein-Westfalen hatte man jedoch vorbehaltlich weiterer Schutzmaßnahmen zunächst mit der Meldung abgewartet. Schließlich meldete NRW am 28. Oktober 1983 25 000 Hektar am unteren Niederrhein, 233 Hektar der Rieselfelder Münster und 1 600 Hektar der Weserstaustufe Schlüsselburg als FIB für die Ramsar-Konvention an. Ziel war es nun, durch die Meldung bessere Schutzmaßnahmen zu ermöglichen. Die Anmeldung der Gebiete war eine fachlich-technische Entscheidung der Naturschutzabteilung, deren politische Tragweite zu diesem Zeitpunkt nicht erkannt wurde. Nordrhein-Westfalen war jetzt rechtlich verpflichtet, die internationalen Abkommen auch umzusetzen.[807]

Gerade der Niederrhein hatte sich während des vorangegangenen Jahrzehnts zunehmend zu einem der bedeutendsten Überwinterungsplätze für Bless- und Saatgänse in Europa entwickelt, deren traditionelle Lebensräume in Osteuropa verloren gegangen waren. Inzwischen hatte sich die Anzahl der am Niederrhein überwinternden Gänse auf jährlich über 90 000 erhöht. Aus diesem Grund waren im Januar 1981 circa 4 100 Hektar Fläche einstweilig sichergestellt worden. Diese Sicherstellung lief nach vier Jahren im Januar 1985 aus, weshalb das Land Ende 1984 danach strebte, sie

805 Hofmann, Feuchtwiesenschutz und Interessenausgleich, S. 37, Zitat ebd.

806 Das Übereinkommen über Feuchtgebiete, insbesondere als Lebensraum für Wasser- und Watvögel, von internationaler Bedeutung wurde am 2. Februar 1971 im iranischen Ramsar von 18 Staaten unterzeichnet. Die Bundesrepublik trat 1976 dem Abkommen bei, die DDR folgte zwei Jahre später.

807 Mitlacher, *Ramsar-Bericht*, S. 9.

durch eine endgültige Naturschutzverordnung zu ersetzen. Diese sollte aufgrund der internationalen Bedeutung des Gebietes einen umfangreichen Verbotskatalog enthalten, was bei den betroffenen Landwirten zu großer Unruhe führte. Insbesondere das vorgesehene generelle und flächendeckende Verbot der Grünlandumwandlung ließ die Landwirte angesichts der unlängst von der EG beschlossenen Milchkontingentierung um ihre Existenz fürchten. Die Einführung von Milchquoten für Landwirte auf EG-Ebene machte die Milchviehwirtschaft schlagartig unattraktiver, während andere Bewirtschaftungsformen auf den niederrheinischen Feuchtwiesen ohne landschaftsverändernde Maßnahmen nicht möglich waren. Das MELF in Person von Minister Matthiesen ließ jedoch keinen Zweifel daran, dass „die internationale Bedeutung des Gänserastplatzes Niederrhein eine Ausweisung als *Naturschutzgebiet* zwingend erfordert".[808]

Aufgrund dieser Entwicklung und der gleichzeitigen Ankündigung der Landesregierung, im Zuge der Novellierung des Landschaftsgesetzes die Sozialpflichtigkeit des Eigentums künftig stärker heranzuziehen und auszunutzen, schlugen die Landwirte Alarm. Unterstützung erhielten sie hierbei von der CDU. Der Vorsitzende des Ernährungsausschusses des Landtags, Ostrop, erklärte auf einer Veranstaltung in Paderborn, die Landesregierung gehe „mit der Sensibilität eines Flußpferdes" an dieses „sehr sensible Problem des Eigentums" heran. Es könne nicht sein, dass eine Behörde wie der Regierungspräsident ohne nähere Begründung Flächen einstweilig sicherstellen könne, während Fragen nach Entschädigungen erst vier Jahre später gestellt werden könnten. Ostrop warnte eindrücklich, das „Faß" könne bei den Bauern „überlaufen" – eine offene Kampfansage.[809] Der Präsident des Westfälisch-Lippischen Landwirtschaftsverbandes (WLV), von Heereman, warnte vor er-

808 Ministerium für Ernährung, Landwirtschaft und Forsten: Minister Klaus Matthiesen: Gänserastplätze und Existenzen der Landwirte am Niederrhein langfristig sichern. In: *Mitteilungen der LÖLF* 9.3 (1984), S. 36, Zitat ebd. Hervorhebung im Original.

809 Ostrop in: *Neue Westfälische*, 1.8.1984, Zitate ebd.

heblichen Behinderungen in der Land- und Forstwirtschaft durch die vorläufigen Sicherstellungen von Naturschutzgebieten. Die Bauern befürchteten substanzielle Einkommenseinbußen durch die auferlegten Nutzungseinschränkungen.[810]

Die Argumentation der Landesregierung, der Feuchtwiesenanteil an der Gesamtfläche des bewirtschafteten Landes sei sehr gering und dessen Schutz der Landwirtschaft daher zumutbar, wiesen die Landwirte aufgrund der ungleichmäßigen Verteilung der Feuchtgebiete, die dazu führte, dass in einzelnen Betrieben teilweise bis zu 60 Prozent der Fläche von Schutzverordnungen betroffen waren, zurück. Das Land berief sich dagegen auf die zeitnahen Urteile des BGH und insbesondere des BVerfG, das festgestellt hatte, die bisherige Grundstücknutzung müsse „empfindlich" eingeschränkt werden, um einen Enteignungstatbestand darzustellen, und somit die „Opfergrenze" für den einzelnen Landwirt relativ hoch ansetzte.[811] Manche Landwirte schritten daher zur Tat: So brachen zum Beispiel im „Feuchtgebiet Saerbeck" im Kreis Steinfurt Landwirte kurz vor Inkrafttreten der Veränderungssperre noch ein Drittel des Gebietes um und schlugen damit „dem Naturschutz ein Schnippchen", wie die *Münstersche Zeitung* mit unverhohlener Sympathie berichtete.[812] Die Regierungspräsidenten reagierten darauf mit immer kürzeren Fristsetzungen für die

---

810 Auszug aus *Münstersche Zeitung*, in: *Mitteilungen der LÖLF* 8.3 (1983), S. 17.

811 Kühn, Hermann; Holzmann, Paul: Feuchtwiesenschutz und Einkommen der Landwirte. Situation der Einzelbetriebe ist zu berücksichtigen. In: *Mitteilungen der LÖLF* 8.3 (1983), S. 16–18, hier S. 16–17; Schink, Alexander: Die Landschaftsplanung vor dem Hintergrund der Eigentumsgarantie. Beispiel: Unterschutzstellung von Feuchtwiesen. In: *Mitteilungen der LÖLF* 8.3 (1983), S. 20–28, hier S. 21 und 25, Zitat des Urteils des BVerfG S. 25.

812 Auszug aus *Münstersche Zeitung*, in: *Mitteilungen der LÖLF* 8.3 (1983), S. 18, Zitat ebd.

Sicherstellungsverordnungen, die wiederum von den Landwirten als „Nacht-und-Nebel-Aktionen" kritisiert wurden.[813]

Der Unmut in der Landwirtschaft war den Beamten im MELF nicht verborgen geblieben. „War es in der Vergangenheit schon schwierig, auf landwirtschaftlich genutzten Flächen Naturschutzgebiete auszuweisen, so versteift sich nunmehr der Widerstand der bäuerlichen Bevölkerung gegen die Schutzausweisung weiterer Flächen zunehmend und hartnäckig", hieß es in einer Vorlage für Minister Matthiesen im August 1984. Es sei inzwischen so, dass nicht nur die Landwirte ein finanzielles Engagement des Landes forderten, sondern auch Naturschutzverbände und der hauptsächlich von der Problematik betroffene Regierungspräsident in Münster.[814]

Der BUND forderte zum Beispiel ein staatliches Feuchtwiesenschutzprogramm, das Landwirten finanziellen Ausgleich für den Feuchtwiesenschutz gewährte, auch wenn unter Umständen Bewirtschaftungseinschränkungen mit der Sozialpflichtigkeit des Eigentums begründet werden könnten. Es sei nicht einzusehen, dass „im Naturschutz der Einsatz von Finanzmitteln auf den Bereich der Enteignungsentschädigung beschränkt sein soll und im übrigen [*sic!*] auf idealistische Motive der Landwirtschaft vertraut wird", argumentierte der Vorsitzende des nordrhein-westfälischen BUND, Dieter Schmalz. Ein Beharren auf der Sozialpflichtigkeit spare vielleicht Ausgleichszahlungen, trage aber zur weitergehenden Zerstörung der Feuchtgebiete bei.[815]

813 Heereman zitiert in: IV B 2 Bericht Veranstaltung des Herrn Ministers mit den Herren Präsidenten von Heereman (WLV), RP Schleberger, Präsident Engelbertz (LWK Westfalen-Lippe), Präsident Lillotte (Landesamt für Agrarordnung) und Landwirten aus dem Schutzgebiet „Heubachwiesen", undatiert (1984), LAV Abt. Rhld. NW 831 Nr. 235.

814 Vorlage für den Minister, betr. Feuchtwiesenschutzprogramm des Landes, 9.8 1984, LAV Abt. Rhld. NW 831 Nr. 235.

815 Schmalz, Dieter: BUND fordert staatliches Feuchtwiesenschutzprogramm. Finanzieller Interessenausgleich als einziges Mittel. In: *Mitteilungen der LÖLF* 8.3 (1983), S. 29.

Diskutiert wurden das Thema Naturschutz und Landwirtschaft und die Frage von Ausgleichs- und Entschädigungszahlungen auf dem nordrhein-westfälischen Naturschutztag 1984 in Wesel und der jährlich abgehaltenen Landestagung der LÖLF im westfälischen Hamm. Unterstützung bekamen die Landwirte von den Naturschutzverbänden: BUND-Vorsitzender Schmalz begrüßte die Ergebnisse des Feuchtwiesenschutzes im Regierungsbezirk Münster, bekräftigte jedoch nochmals die Forderung seines Verbandes nach einer angemessenen Ausgleichszahlung für die betroffenen Landwirte. Die von Seiten der Gegner eines solchen Ausgleichs vorgebrachten Argumente lehnte Schmalz ab. Die Forderung, die EG müsse die Folgen ihrer verfehlten Agrarpolitik selbst tragen, sei aufgrund der fehlenden Zuständigkeit der EG für Naturschutz nicht zielführend und könne keine Lösung darstellen. Eine Unterstützung von in besonderem Maße belasteten Gruppen sei durchaus mit der vom Grundgesetz aufgegebenen Sozialpflichtigkeit des Eigentums verträglich. Ähnliches werde zum Beispiel seit langer Zeit beim Kindergeld für Eltern praktiziert.[816] „Naturschützer und Landwirte müssen Partner werden und dürfen nicht länger Gegner sein", fasste der als Gastredner zum Naturschutztag geladene Hubert Weiger vom bayerischen Bund Naturschutz die Haltung des BUND zusammen. Die Naturschützer wollten mit den Bauern in einen produktiven Dialog einsteigen, um nicht die Aufklärung über Schutzgebietsverfahren den „sogenannten Bauernverbandsvertretern" zu überlassen, die solche Verfahren zum Anlass nähmen, um von „ihrem eigenen agrarpolitischen Versagen, von dem eigenen agrarpolitischen Desaster abzulenken". Statt über die Landwirte zu schimpfen, müsse man auf sie zugehen und vor Ort das Gespräch suchen. „Hören wir also auf, übereinander zu reden, reden wir miteinander."[817]

---

816 Schmalz, Dieter: Naturschutzpolitische Perspektiven. Referat auf dem 3. Naturschutztag NRW in Wesel. In: *Mitteilungen der LÖLF* 9.3 (1984), S. 4–6, hier S. 5–6.

817 Weiger, Hubert: Naturschutz und Landwirtschaft. Referat auf dem 3. Naturschutztag NRW in Wesel. In: *Mitteilungen der LÖLF* 9.3 (1984),

Der LNU-Vorsitzende Wilfried Stichmann fasste die Standpunkte der ehrenamtlichen Naturschutzverbände auf der Landestagung in Hamm noch einmal zusammen. In einer für die Haltung der Naturschützer typischen Weise forderte er zunächst die Landwirtschaft auf, zu akzeptieren, dass die Landwirtschaftsklauseln in den Naturschutzgesetzen vor dem Hintergrund der landwirtschaftlichen Praxis „unglaubwürdig und ein Stein des Anstoßes" und deshalb zumindest durch einen Negativkatalog der nicht mehr tragbaren Eingriffe zu modifizieren seien. Gleichzeitig bekräftigte er die Forderung der Naturschutzverbände, Naturschutz müsse sich „auf die gesamte landwirtschaftliche Nutzfläche erstrecken". Daher setzten sich die Naturschutzverbände für die gegenwärtigen Schutzausweisungen in den Feuchtwiesengebieten ein. Gegenüber diesen Punkten forderte Stichmann die Landesregierung auf, über entsprechende Förderungsprogramme dafür zu sorgen, dass „dem Landwirt die Übernahme ökologischer Aufgaben als gesamtgesellschaftliche Leistung honoriert wird". Es müsse als „oberstes Prinzip und als Vertrauensbasis der Grundsatz gelten, daß der Naturschutz keinen Betrieb an den Rand der Existenz" dränge oder anderweitig gegenüber seinen Wettbewerbern benachteilige. Deswegen forderte die LNU von der Landesregierung „ein umfassendes Biotopschutzprogramm", das in Kooperation mit den Landwirtschaftskammern und -verbänden zu erstellen sei.[818]

Die Beiträge der Vertreter der Naturschutzverbände verdeutlichten das Dilemma des Naturschutzes, den Landwirten mit konkreten Forderungen zu begegnen, jedoch gleichzeitig nur vage Zugeständnisse machen zu können. Damit bestätigten sie nur die vorhandenen Vorbehalte in der Landwirtschaft. Wie der Präsident des Rheinischen Landwirtschaftsverbandes (RLV), Reiner Latten, bemerkte, war für die Landwirte „die größte psychologische Be-

S. 9–13, hier S. 13, Zitate ebd.

818 Stichmann, Wilfried: Naturschutz und Landwirtschaft. Beurteilung aus Sicht der Naturschutzverbände NRW. Referat auf der Landestagung 1984 der LÖLF in Hamm. In: *Mitteilungen der LÖLF* 9.3 (1984), S. 17–19, hier S. 18, Zitate ebd.

lastung […], daß nahezu jede gesellschaftliche Gruppe […] in die Landwirtschaft hineinredet". Solche einseitigen Verhaltensweisen führten nach Ansicht des RLV „naturgemäß zur Frontbildung und zur Konfrontation". „Jeder glaubt, ihr [der Landwirtschaft, F.M.] darlegen zu müssen, was sie alles falsch mache, wie sie es richtig zu machen habe und das vielfach auch noch von keiner Sachkenntnis getrübt", illustrierte Latten ironisch die Wahrnehmung der Debatte seitens der Landwirte. Das in den letzten Jahren leicht verbesserte Verhältnis zwischen Naturschutz und Landwirtschaft sei nur zustande gekommen, da die Naturschutzverbände endlich größeres Verständnis für die Landwirtschaft gezeigt hatten. Dieses Verständnis sei die Voraussetzung für ein „Aufeinanderzugehen".[819]

Neben der beklagten „Besserwisserei" machte Latten die „in sich widersprüchlichen Forderungen" der Naturschützer für das schwierige Verhältnis verantwortlich:[820]

> Wenn man einerseits aus ökologischen Gründen den Erhalt von klein- und mittelbäuerlichen Betrieben fordert, gleichzeitig aber durch ein Höheransetzen der Sozialpflichtigkeit die Existenz dieser Betriebe in Frage stellt. Oder wenn man im Pflanzenschutz weniger Wirkstoffe einerseits, andererseits aber gezieltere und speziellere sowie weniger persistente Mittel fordert, was gleichbedeutend ist mit mehr Wirkstoffen. Oder wenn man einerseits eine Steigerung der Bodenfruchtbarkeit verlangt, andererseits aber ein Zurückfahren der Bodenfruchtbarkeit wegen der höheren Mineralisationsrate und damit wegen der höheren Nitratauswaschung dieser Böden in unseren Klimagebieten im Herbst und Winter fordert. Was

819 Latten, Reiner: Naturschutz und Landwirtschaft aus der Sicht des landwirtschaftlichen Berufsstandes. Referat auf der Landestagung 1984 der LÖLF in Hamm. In: *Mitteilungen der LÖLF* 9.3 (1984), S. 20–23, hier S. 23, Zitate ebd.

820 Ibid., Zitate ebd.

> sollen die Bauern eigentlich davon halten und was sollen sie darüber denken?[821]

Diese Art der Diskussion belaste die Beziehungen zwischen Landwirten und Naturschützern und baue Fronten auf, die „falsch und schädlich" seien. Erfolg versprechender Naturschutz sei jedoch nur „rational, realistisch und gemeinsam" zu vollziehen. Dies bedeute, dass alle Mitglieder der Gemeinschaft für die Kosten für den Naturschutz aufkommen müssten, da dieser „nicht zum Nulltarif" zu haben sei.[822] Damit bekräftigte Latten seine schon zuvor getätigten Äußerungen, dass „die Ökonomie der Landbewirtschaftung Maßstab für den Naturschutz"[823] sein müsse, unterstrich jedoch die grundsätzliche Gesprächsbereitschaft seitens der Landwirtschaft. Auf dieser Linie blieb die Argumentation des Landwirtschaftsverbandes auch in den folgenden Jahren.[824]

Im MELF suchte man indessen nach Auswegen aus dem Problem, einen größtmöglichen Feuchtwiesenschutz zu schaffen, ohne jedoch die Existenzen der betroffenen Landwirte zu gefährden. Dieses Problem ergab sich auch in anderen Bundesländern. Bayern stellte zum Beispiel bereits 1982 80 000 Hektar Feuchtwiesen unter „Bestandsschutz" – ohne Ausgleichszahlungen durch das Land vorzusehen.[825] Die Länder forderten stattdessen ein Sonderprogramm im Rahmen der EG, das die Landwirte finanziell unterstütze, die ihre Feuchtgebiete nicht in intensive landwirtschaftliche Nutzflä-

---

821 Ibid.

822 Ibid., Zitate ebd.

823 Latten formulierte das Primat der Ökonomie auf einer Jahrestagung der Agrarsozialen Gesellschaft (ASG) vom 3. bis 5. Juni 1981 in Hamburg. Zitiert in: Bachmann, Günther: Landwirtschaft und Naturschutz. In: *NuL* 57 (1982), S. 325.

824 Vgl. Latten, Reiner: Berufsständige Forderungen an die Umweltpolitik. In: Agrarsoziale Gesellschaft (Hrsg.): *Landwirtschaft und Umweltschutz – Sozialpflichtigkeit oder Entschädigung?* Göttingen 1987 (Schriftenreihe für ländliche Sozialfragen, 96), S. 32–45, hier S. 40–41.

825 Albert Schmidt in *Die Welt*, 12.12.1985.

che umwandelten. „Die Naturschutzgesetze und die Festsetzungen von Naturschutzgebieten, selbst der Flächenkauf können dieses Problem nicht lösen", so der Tenor der Naturschutzministerkonferenz. Der Naturschutz lasse die Bauern „im Regen stehen". Nach anfänglichem Widerstand – „an EG-Regelung [*sic!*] könne man als Land nichts machen", so der Vertreter aus Bonn – willigte das BML ein, einer solchen Lösung in Brüssel nachzugehen.[826] Von dort kam jedoch eine Absage. Aufgrund der Zuständigkeit der Mitgliedsstaaten für den Naturschutz komme ein EG-Sonderprogramm nicht infrage. Jedoch stehe es den Ländern frei, solche Programme selbst aufzulegen. Nach Ansicht Brüssels griffen solche Regelungen nicht unzulässig in das Wettbewerbsrecht ein.[827] Damit machte die EG grundsätzlich den Weg für mögliche Förderprogramme frei.

Ende 1982 stellte das Düsseldorfer Landwirtschaftsministerium eine erste Form eines privatrechtlichen Instruments für den Naturschutz vor. Das MELF plante, mit den Landwirten durch sogenannte Musterverträge langfristige Pachtverhältnisse zu schaffen, in denen das Land als Pächter Schutzmaßnahmen durchzuführen gedachte. Aufgrund der langen vorgesehenen Laufzeit von 20 Jahren und dem Verbleib des wirtschaftlichen Risikos beim Landwirt kam es jedoch zu keinem Abschluss. Zudem waren solche Verträge nur für den Fall vorgesehen, dass Nutzungseinschränkungen über die Sozialpflichtigkeit des Eigentums hinaus gingen. „Der Interessenausgleich zwischen Landwirtschaft und Naturschutz, der mit diesen Verträgen geschaffen werden sollte, ist zum Schluß wohl auf der Strecke geblieben", kritisierte Rolf Born von der Landwirtschaftskammer Westfalen-Lippe die Vorgehensweise im Landwirtschaftsministerium. Das MELF bestätigte, dass es bis dahin zu keinem Abschluss solcher Musterverträge gekommen sei, da die Sicherstellungen keine entschädigungspflichtigen Nutzungs-

826 Vorlage für den Minister, 6.11.1981, Bericht von der Arbeitsgruppe, LAV Abt. Rhld. NW 863 Nr. 115, Zitate ebd.

827 Schreiben BML an Mitglieder der Bund-Länder-Arbeitsgruppe, 29.3.1982, LAV Abt. Rhld. NW 863 Nr. 115.

einschränkungen beinhaltet hätten. Bislang greife noch die Sozialpflichtigkeit des Eigentums. Auf die Frage nach dem Nutzen eines solchen Vertrages für den Landwirt erklärte das Ministerium, dem Landwirt würde bei Abschluss das Prozessrisiko abgenommen, sollte er sich gegen die Auflagen der Schutzverordnung wehren. Die finanziellen Möglichkeiten des Landes seien eingeschränkt, sodass keine höheren Abfindungen gezahlt werden könnten, als bei einer entschädigungspflichtigen Enteignung. Das Ministerium sei auf seine administrativen Möglichkeiten beschränkt: „Wenn darüber hinaus Gelder bereitgestellt werden sollen, so wäre das eine politische Entscheidung.“[828]

Überlegungen zu solch einer politischen Entscheidung wurden angestellt, waren jedoch noch umstritten. In der Beantwortung einer Kleinen Anfrage der SPD-Abgeordneten Schreiber, Meyer-zur-Heide und Deneke stellte der Bearbeiter im MELF in einem Entwurf fest, dass Vorbehalte in der Landwirtschaft abgebaut werden könnten, „wenn nicht nur in Fällen der Enteignung, sondern auch dann, wenn durch Maßnahmen des Naturschutzes und der Landschaftspflege lediglich die Sozialpflichtigkeit des Eigentums konkretisiert wird, Zahlungen an die Landwirtschaft geleistet würden.“ Dies sei aber mit dem gegenwärtigen Recht in NRW nicht vereinbar.[829] Diese Passage wurde jedoch in der schließlich veröffentlichten und von Minister Bäumer dem Parlament mitgeteilten Antwort gestrichen.[830] Das MELF schien noch nicht bereit zu sein, die Frage einer erweiterten Entschädigungs- oder Ausgleichsregelung öffentlich zu stellen.

---

828 Zitate in: ANONYM: Mustervertrag blieb bis jetzt in der Schublade. MELF: Sicherstellungen im Rahmen der Sozialpflichtigkeit. In: *Mitteilungen der LÖLF* 8.3 (1983), S. 38–39, hier S. 38.

829 Entwurf Beantwortung der kleinen Anfrage der Abgeordneten Schreiber, Meyer zur Heide und Dr. Deneke (SPD) vom 19.4.1983 (Landtags-Drucksache 9/2506), Mai 1983, LAV Abt. Rhld. NW 596 Nr. 1252, Zitat ebd.

830 Landtag Nordrhein-Westfalen, Drucksache 9/2602.

Intern hingegen wurde dieser Themenkomplex ausführlich diskutiert und es entwickelte sich eine kontroverse Debatte, die sich zwischen den beiden Polen des Beharrens auf dem Prinzip der Sozialpflichtigkeit des Eigentums und der Gewährung finanzieller Hilfen an die Landwirtschaft als Gegenleistung für Naturschutzmaßnahmen abspielte. Pielow unterstrich in seiner Stellungnahme zu einem möglichen finanziellen Landesprogramm zum Feuchtwiesenschutz, dass nach einem Urteil des Verwaltungsgerichtshofes Baden-Württemberg feststehe, dass sich der Umbruch von Wiesen in Ackerland in als Naturschutzgebiet ausgewiesene Flächen nicht mehr im „Rahmen des Statthaften" bewege, wenn durch solche Maßnahmen Wiesen- und Auenlandschaften nachhaltig oder nachteilig verändert würden. Für ein Feuchtwiesenprogramm ergebe sich daraus, dass die Ausweisung von Naturschutzgebieten auf solchen Flächen sich als Ausdruck der Sozialpflichtigkeit des Eigentums erweise und damit „*entschädigungslos* von den Eigentümern hinzunehmen" sei. Das Land bewege sich mit seiner Haltung im Einklang mit der gegenwärtigen Rechtsprechung. Sollte ein finanzielles Engagement des Landes aus sachlichen oder politischen Gründen gewünscht sein, so ergäben sich daraus jedoch diverse Schwierigkeiten, die im schlimmsten Falle die naturschutzpolitischen Bemühungen der Landesregierung der vergangenen Jahre zu konterkarieren drohten.[831]

Das Hauptproblem war für Pielow die Frage nach der Art der Zuwendung an die Landwirte und die daraus resultierenden rechtlichen Konsequenzen. Zur Diskussion stehe meist eine „Quasi-Entschädigung", die „als [ein] Ausgleich im Vorfeld oder in der Grauzone der Enteignung" anzusehen sei. Die gegenwärtige Rechtsauslegung des BVerfG kenne eine solche Grauzone allerdings nicht mehr.[832] Dies sei jedoch nicht der Kern des Problems:

831 Vorlage für den Minister, betr. Feuchtwiesenschutzprogramm des Landes, 9.8.1984, LAV Abt. Rhld. NW 831 Nr. 235, Hervorhebung im Original.

832 Ibid.

> Schwerer ins Gewicht fallen würde jedoch, daß wir mit einer Zuwendung unter diesem Etikett die hartnäckigen Bestrebungen aller drei obersten Bundesgerichte desavouieren würden, der Sozialpflichtigkeit des Eigentums im Interesse des öffentlichen Wohls das nötige Gewicht zu verleihen.[833]

Pielow sah hier Gefahren für das gesamte System des nordrhein-westfälischen Naturschutzes, das durch eine Einführung von „Quasi-Entschädigungen" in ihren Grundlagen erschüttert würde. Er befürchtete eine durch die Einführung einer allgemeinen Ausgleichszahlung durch das Land ausgelöste Kettenreaktion, an deren Ende die gesamte Naturschutzpolitik des Landes infrage gestellt werden würde. Es sei daher „ausdrücklich [hiervor] zu warnen".[834]

Statt einer „Quasi-Entschädigung" brachte Pielow eine direkte Subvention ins Spiel. Diese hätte den Vorteil, dass die rechtlichen Folgewirkungen die Position der Sozialpflichtigkeit nicht infrage stellten. Eine Regelung auf EG-Ebene sei jedoch zu langwierig, äußerst fraglich und biete daher keinen praktikablen Lösungsansatz. Deutlich schneller bereitzustellen sei eine Subvention der Landwirtschaft auf Landesebene, doch seien hier Probleme aus dem Finanzministerium zu erwarten. Dieses „[scheint] zwar bereit zu sein, etwas für den Naturschutz zu tun, aber möglicherweise nicht für die Landwirtschaft", analysierte Pielow. Hierbei spielte der Unwillen in der SPD, weitere direkte Subventionen an die Landwirtschaft zu leisten, eine gewichtige Rolle. Pielow sah einen Ausweg nur in der Option, in Einzelfällen Härteausgleiche zu bezahlen, da dies keine Förderungsrichtlinie im herkömmlichen Sinne darstelle. Es sei außerordentlich wichtig, sicherzustellen, dass aus etwaigen Leistungen des Landes keine Ansprüche abgeleitet werden könnten. Pielow erwartete, dass die Landwirte „einen deutlich höheren Betrag" fordern würden als das Land gewillt oder in der Lage sei zu zahlen. Er taxierte einen vollen Einkommensausgleich für

833 Ibid.

834 Ibid.

betroffene Landwirte auf zwischen 400 und 1 200 DM pro Hektar. Dem Land würden damit jährliche Kosten von 7 bis 18 Millionen DM entstehen.[835]

Nach der Übernahme des Landwirtschaftsministeriums durch Matthiesen änderte sich zunächst die Rhetorik aus dem MELF. Der Vertreter des MELF, Hans-Hermann Bentrup, rief auf dem Naturschutztag 1984 die Schwierigkeiten ob des begrenzten agrarpolitischen Handlungsspielraums des Landes in Erinnerung: Die nordrhein-westfälische Landwirtschaft sei „keine agrarpolitische Insel", sondern eingebettet in den europäischen Agrarmarkt und damit dessen Wettbewerbsbedingungen unterworfen. Die Einflussmöglichkeiten eines Bundeslandes auf die Politik in Brüssel seien sehr begrenzt. Bentrup wollte dies jedoch nicht als vorweggenommene Entschuldigung verstanden sehen, sondern betonte deutlich die Fürsorgepflicht des Landes für seine Landwirtschaft, deren Bedeutung nicht aufgrund ihres relativ kleinen volkswirtschaftlichen Anteils bestimmt werde, sondern durch „ihre unersetzliche Funktion für eine gesunde Landschaft". Nordrhein-Westfalen sehe sich deshalb in einer „Vorreiterfunktion", in der die Landesregierung beweisen wolle, dass auch der begrenzte landespolitische Handlungsspielraum zugunsten einer ökologischen Orientierung der Landnutzung ausgenutzt werden könne.[836] Das bisherige Instrumentarium der Agrarpolitik sei „völlig unbefriedigend und unzureichend", um die Ziele der Landesregierung zu erreichen, drei Prozent der Landesfläche unter Naturschutz zu stellen und weitere sieben bis acht Prozent mit besonderen Schutzfunktionen abzusichern. „Nutzungsauflagen, die zu Mindererlösen und Einkommenseinbußen der betroffenen Landwirte führen [...], lassen sich *nur* über besondere Formen der *Abgeltung* ökologischer Leistungen in der Landwirtschaft durchsetzen." Alles andere be-

---

835 Ibid.

836 Bentrup, Hans-Hermann: Agrarpolitische Rahmenbedingungen für Naturschutzkonzeption in der Agrarlandschaft. Referat auf der Landestagung 1984 der LÖLF in Hamm. In: *Mitteilungen der LÖLF* 9.3 (1984), S. 14–16, hier S. 14, Zitate ebd.

deute, sich einer Illusion hinzugeben. Eine über einen Interessensausgleich hinausgehende, grundlegende Änderung sei nur über eine Reform der Agrarpolitik auf europäischer Ebene möglich. Für naturschutzpolitische Maßnahmen dagegen seien die Landwirte unerlässliche Partner. Wirksamer Naturschutz könne nicht gegen, sondern nur mit der Landwirtschaft durchgesetzt werden, schloss Bentrup seine Ausführungen.[837]

Der behördliche Naturschutz verblieb jedoch bei seiner Doppelstrategie, den Landwirten entgegenkommen zu wollen bei gleichzeitigem Beharren auf der grundsätzlichen Sozialpflichtigkeit des Eigentums, die man als Grundlage der Naturschutzgesetzgebung in Nordrhein-Westfalen in keinem Fall kompromittiert sehen wollte. Diese Ansicht entsprach auch der damaligen Rechtsprechung des Bundesverfassungsgerichts. Auf der anderen Seite fasste das MELF ins Auge, Entschädigungen auch im Bereich der Sozialbindung des Eigentums in Fällen besonderer Härten zu gewähren. Dies galt insbesondere für das Problem der einstweiligen Sicherstellungen, die grundsätzlich durch die Landwirte entschädigungsfrei hinzunehmen waren, obwohl sie bis zu vier Jahre lang Nutzungseinschränkungen zusätzlich zur ohnehin bestehenden Veränderungssperre einschlossen. Das Argument, dass auch in anderen Bereichen Ausgleichszahlungen an Einzelne geleistet wurden, um Allgemeinwohlinteressen durchzusetzen – exemplarisch am Beispiel des Kindergeldes verdeutlicht – geriet zunehmend bei allen Beteiligten in den Mittelpunkt der Überlegungen. Dass der Fall des Naturschutzes hier anders beurteilt werden sollte, sahen auch MELF und LÖLF kritisch.[838]

837 Bentrup, Agrarpolitische Rahmenbedingungen, S. 16, Zitate ebd., Hervorhebungen im Original.

838 Schink, Alexander: Naturschutz, Eigentumsgarantie, Entschädigung und Härteausgleich (Feuchtwiesen). Beispiel: Überplanung landwirtschaftlicher Nutzflächen. Referat auf der Landestagung 1984 der LÖLF in Hamm. In: *Mitteilungen der LÖLF* 9.3 (1984), S. 28–33, hier S. 33.

3.3.3 „Gänsekrieg" am Niederrhein

Der Konflikt zwischen Landwirtschaft und administrativem Naturschutz verdeutlichte sich am Beispiel der Gänserastplätze am Niederrhein exemplarisch. Die auf den niederrheinischen Feuchtgebieten überwinternden Gänse waren den Landwirten häufig ein Ärgernis, da sie erhebliche Schäden auf den landwirtschaftlichen Nutzflächen verursachten. Um diese Gänsefraßschäden zu verhindern, versuchten viele Landwirte, die ungebetenen Gäste zu verjagen. Dies rief wiederum Naturschützer energisch auf den Plan. In diesen „Gänsekrieg" schaltete sich Matthiesen im Frühherbst 1984 nun ein und suchte den direkten Kontakt zu den einzelnen Landwirten vor Ort und deren Vertretern vom RLV, um in Gesprächen die einzelnen Standpunkte zu erörtern und Lösungsmöglichkeiten zu finden. Das Ergebnis dieser Gespräche war überraschend, da eine sehr weitgehende Übereinkunft erzielt werden konnte. Matthiesen, als Sohn eines Landarbeiters aufgewachsen, traf wohl den richtigen Ton im direkten Kontakt mit den Landwirten. Die Parteien einigten sich darauf, dass Naturschutz und Landwirtschaft künftig kooperativ zusammen arbeiten wollten. Gemeinsam sollte ein Konzept für den Naturschutz erarbeitet werden, das Naturschutzinteressen und Existenzsorgen der Landwirte gleichermaßen berücksichtigte. Das Konzept sah vor, mit differenzierten Regelungen die ökologisch notwendigen Standards zu setzen, der Landwirtschaft jedoch begrenzte Umwandlungen in Ackerland zu ermöglichen. Dort, wo das MELF in Kernbereichen die Erhaltung des Grünlandes als zwingend erforderlich erachtete, sagte das Land zu, zur Vermeidung von Härten Fragen des Ankaufs, der Pacht und Wiederverpachtung sowie der Bezahlung bestimmter Dienstleistungen durch Landwirte im Interesse des Naturschutzes zu prüfen. Matthiesen pries das Konzept für sein „Höchstmaß an Gerechtigkeit", das einen neuen Weg des Verhältnisses zwischen Staat und Landwirtschaft beschreite. „Zusammenarbeit dient der Sache eher als das Verharren in Schützengräben", erklärte Matthiesen, der hier ein „Modell für eine fruchtbare Kooperation" sah. Die Details sollten von einer Arbeitsgruppe, bestehend aus je einem

Vertreter der Landwirtschaftskammer der Kreisbauernschaft und des Landschaftsverbandes Rheinland sowie je einem Vertreter des MELF, des Regierungspräsidenten und der LÖLF, gemeinsam mit dem jeweiligen betroffenen Landwirt ausgearbeitet werden.[839] Auch im westfälischen Landesteil setzten Landesregierung und Landwirte auf die neue Kooperationsstrategie. Am 29. September 1984 trafen in Maria-Veen Landesregierung, Landwirtschaftskammer und WLV eine Vereinbarung, Naturschutzgebietsausweisungen in Zusammenarbeit mit den Betroffenen vorzubereiten.[840]

Die Grundsätze der Übereinkunft wurden im *Programm für eine umweltverträgliche und standortgerechte Landwirtschaft in Nordrhein-Westfalen* festgehalten. Neben Naturschutz und Landwirtschaft schlossen sich auch die Vertreter der Forstwirtschaft und des Gartenbaus dieser Erklärung an. Das Verhältnis zwischen Forstwirtschaft und Naturschutz hatte sich im Zuge des „Waldsterbens" deutlich entspannt. Forstwirte und Forstverwaltung verstanden sich vor dem Hintergrund der massiven Schäden an ihren Wäldern vermehrt als Umwelt- und Naturschützer.[841] Die Forstwirte verwahrten sich zunehmend gegen die Bezeichnung als „Landnutzer" als Gegenpart zu den „Naturschützern", sondern betrachteten sich als die „umfassend Sachkundigen" zum Wohle von Wald und Natur und identifizierten sich daher in größerem Maße als bisher mit den Zielen des Naturschutzes.[842]

Wie Matthiesen es im Vorwort darstellte, ließ sich das *Programm für eine umweltverträgliche und standortgerechte Landwirtschaft* „von der Erkenntnis leiten, daß mit der wechselseitigen Gegenüberstellung von Extrempositionen kein Fortschritt in der

839 MELF, Gänserastplätze, S. 36, Zitate ebd.

840 Henrich, Hans-Jürgen: Neue Dimensionen. Feuchtwiesenschutz-Programm im Münsterland. In: *Mitteilungen der LÖLF* 14.1 (1989), S. 40–51, hier S. 45.

841 MELF, Abteilung IV, Unterrichtungen des Ministers und Staatssekretärs, 1979–1983, LAV Abt. Rhld. NW 610 Nr. 41.

842 Stellungnahme des Abteilungsleiter IV zum Gesetzesentwurf der Landesregierung, 23.1.1984, LAV Abt. Rhld. NW 481 Nr. 8.

Sache erzielbar ist". Das Programm sei ein Durchbruch, der in der Bundesrepublik einmalig sei. Nordrhein-Westfalen übernehme damit bundesweit die Vorreiterrolle.[843] In der Präambel bekannten sich alle Beteiligten dazu, „die Ziele des Natur- und Umweltschutzes und der Erhaltung der landwirtschaftlichen und gärtnerischen Betriebe gleichrangig zu verfolgen". Diese Ziele umfassten, bäuerliche Familienbetriebe zu sichern, umweltschonende Pflanzenbauverfahren zu entwickeln und zu fördern, naturnahe Anbaumethoden zu fördern, tiergerechte Viehhaltung auszubauen und für mehr Tiergesundheit zu sorgen, Ziele des Bodenschutzes zu verfolgen sowie eine Verbesserung der Berufsbildung und -beratung zu erreichen. Zentraler Punkt war die Vereinbarung über Naturschutz und Landwirtschaft, die die „Einsicht in die Notwendigkeit gemeinsamen Handelns" bei allen Beteiligten feststellte. Während Land- und Forstwirte anerkannten, dass im Interesse des Biotop- und Artenschutzes die Ausweisung von Schutzgebieten weiterhin erforderlich sei, sagte die Landesregierung „kooperative Planung und differenziertes Vorgehen" zu, um „mit möglichst geringem Aufwand und mit möglichst geringer Belastung einen vergleichsweise hohen Naturschutzeffekt zu erzielen". Dieser Grundsatz sollte zunächst in Sachen Feuchtwiesenschutz umgesetzt werden, um später auch auf andere Fälle übertragen zu werden. Das Land bekannte sich zudem zu angemessenen Ausgleichszahlungen für Nutzungsbeschränkungen und stellte die Möglichkeit der Vergütung von Naturschutzdienstleistungen durch Land- und Forstwirtschaft in Aussicht.[844]

„Es geht darum, daß die Gänse ihren Überwinterungsplatz behalten und die Landwirte ihre Existenz", bekräftigte Matthiesen

---

843 Ministerium für Umwelt, Raumordnung und Landwirtschaft: *Programm für eine umweltverträgliche und standortgerechte Landwirtschaft*. Düsseldorf 1985 (Schriftenreihe des Ministers für Umwelt, Raumordnung und Landwirtschaft des Landes Nordrhein-Westfalen, 1), S. 4.

844 MURL, *Umweltverträgliche und standortgerechte Landwirtschaft*, S. 14–17, Zitate S. 14 und S. 15.

in einem Interview mit dem ZDF. Es könne deshalb zwischen Naturschutz und Landwirtschaft nur zu einem „fairen Interessenausgleich" und einer Kooperation kommen. „Es ist ja in den letzten zwanzig Jahren agrarpolitisch nicht alles so gelaufen zugunsten der Natur, das wollen wir teilweise wieder rückgängig machen", thematisierte Matthiesen erneut die „schlechten [agrarpolitischen] Rahmenbedingungen". Das Land werde Anstrengungen unternehmen, sowohl die Natur zu schützen als auch das Produktionsniveau auf dem Stand des Jahres 1982 zu halten. Dafür sei vorgesehen, neben Ausgleichszahlungen in Höhe von 500 DM pro Hektar auch Milchquoten durch das Land aufzukaufen und den Landwirten zur Verfügung zu stellen.[845] Diese Maßnahmen sollten zusammen zu einem Feuchtwiesenschutzprogramm des Landes verbunden werden.

MURL und Landwirtschaftskammern starteten 1985 ein Pilotprojekt zum Feuchtwiesenschutzprogramm in den Heubachwiesen im Regierungsbezirk Münster, einem 468 Hektar großen Gebiet nahe der Stadt Reken im Kreis Borken. Am Beispiel der Heubachwiesen entwickelten die Beteiligten einen „Handlungsfahrplan", der für die weiteren Verfahren Modellcharakter besitzen sollte.[846] Regierungspräsident Erwin Schleberger bekräftigte, dass er die einstweilig sichergestellten Gebiete nun endgültig unter Naturschutz stellen wolle, jedoch unter der Bedingung, dass kein Landwirt hierdurch in seiner Existenz gefährdet werden dürfe. Thomas Neiss vom MURL erklärte bei der Vorstellung des Fahrplans, dieser biete die Möglichkeit, gleichzeitig landwirtschaftliche Existenzen zu sichern und andererseits durch die Erhaltung und Optimierung eines Feuchtwiesenbiotops zum Schutze gefährdeter Tier- und Pflanzenarten beizutragen. Dieses Ziel solle auf drei Wegen erreicht werden: Ankauf von Flächen durch das Land, vertrag-

845 Interview mit Klaus Matthiesen im „Länderspiegel", ZDF, ausgestrahlt am 27.7.1985. Transkript, LAV Abt. Rhld. NW 596 Nr. 1253.

846 Ibid., S. 46–47.

liche Vereinbarungen auf freiwilliger Basis zwischen Landwirt und Landesregierung sowie Ausgleichszahlungen für Ertragsverluste.[847]

Diese Grundsätze galt es nun in den Handlungsfahrplan zu übertragen. Dazu wurden zwei Arbeitsgruppen gegründet. Gebildet wurde zunächst eine Kerngruppe bestehend aus Vertretern des Regierungspräsidiums, der Landwirtschaftskammer, der LÖLF und des LAfAO. Im weiteren Verfahren trat eine erweiterte Arbeitsgruppe hinzu, die die jeweiligen Gemeinde- oder Stadtdirektoren, Kreis- und Ortslandwirte, den Landwirtschaftsverband, Kreis- und Ortsverbandsvorsitzende, Vertreter des ehrenamtlichen Naturschutzes, die betroffenen Landwirte und den Wasser- und Bodenverband umfasste. Der Handlungsfahrplan enthielt folgende Eckdaten: Nach der Information der betroffenen Landwirte erfolgte zunächst ein ökologisches Gutachten der LÖLF sowie ein landwirtschaftliches durch die Landwirtschaftskammer. Auf der Basis dieser Stellungnahmen verfügte der Regierungspräsident über die zu treffenden Schutzverordnungsregelungen. Die erweiterte Arbeitsgruppe erhielt anschließend die Gelegenheit, sich über etwaige Änderungswünsche, Anregungen oder Bedenken zu äußern. Nach Zustimmung beider Arbeitsgruppen und der Information der Betroffenen über die Ergebnisse, die daraufhin ebenfalls noch Änderungen beantragen konnten, wurde vom Regierungspräsidenten das Verordnungsverfahren eingeleitet.[848]

Neben dem Fahrplan einigte man sich auf einige Grundsatzpunkte, die „dem Naturschutz eine neue Dimension verliehen“. Wichtigster Punkt war, dass den Landwirten während der Planungsphase bis zur Fertigstellung der Verordnung eine pauschale Überbrückungshilfe von 240 DM pro Hektar für den Verzicht auf Umbruch- und Entwässerungsmaßnahmen gezahlt wurde. Die endgültigen Schutzverordnungen umfassten ein Grünlandumwandlungs- und Drainageverbot; über diese Grundschutzverordnung hinausgehende Maßnahmen wurden mit den einzelnen

847 *Landtag intern*, 19.11.1985, S. 17.

848 Henrich, Neue Dimensionen, S. 47.

Landwirten auf freiwilliger Basis vereinbart. Den Landwirten standen für etwaige Restriktionen adäquate Ausgleichszahlungen zu. Für milchviehhaltende Haupterwerbslandwirte stellte die Landesregierung zusätzliche Milchquoten in Höhe von 1 000 kg pro Hektar Grünland als Erschwernisausgleich zur Verfügung. Die Pflege- und Entwicklungsziele für jedes einzelne Gebiet definierte die LÖLF. Der Abschluss von möglichen Kauf-, Bewirtschaftungs- oder Pachtverträgen richtete sich dabei nach den von der LÖLF festgelegten Biotopmanagementzielen.[849]

Diese Vorgehensweise bedeutete, dass die beteiligten Behörden vor dem Verordnungsverfahren in vielen Gesprächen mit den Betroffenen die Arbeitsergebnisse der Kernarbeitsgruppe verkaufen mussten. Dies erforderte einen großen Arbeits- und Zeitaufwand. Zudem mussten die Bedenken, die sowohl auf Seiten der Landwirtschaft als auch auf Seiten des ehrenamtlichen Naturschutzes existierten, ausgeräumt werden.[850] In den Diskussionen im Ernährungsausschuss des Landtages und bei den Landwirten hielten sich dennoch die Vorwürfe, das Land habe es manchmal in den Verhandlungen an der „notwendigen Sensibilität“[851] mangeln lassen. Diese Verständnisschwierigkeiten verdeutlichten gleichzeitig die herrschende Verunsicherung und das fehlende Vertrauen zwischen den künftigen Vertragspartnern. Viele Landwirte waren zunächst skeptisch, lehnten ein hoheitliches Vorgehen des Staates ab und wollten Naturschutz lediglich auf freiwilliger Basis praktizieren. Nicht alle Landwirte waren zudem von der Idee des Feuchtwiesenschutzes überzeugt. „Gehaltsempfänger als Landschaftspfleger“ zu werden erschien für die Inhaber von Betrieben, die größtenteils seit Generationen in Familienbesitz standen,

849 Henrich, Neue Dimensionen, S. 46–49, Zitat S. 47.

850 Ibid., S. 49.

851 Dies beklagte der CDU-Abgeordnete und Landwirt Heinrich Kruse im Ernährungsausschuss des Landtages, *Landtag intern*, 19.11.1985, S. 17.

keine erstrebenswerte Zukunftsaussicht.[852] Viele wollten sich nicht „durch staatliche Subventionen die Handlungsfreiheit für ihre Feuchtwiesen abkaufen lassen“[853] und sich damit fern von ihrem Kerngeschäft der Nahrungsmittelproduktion abhängig machen. Manche wehrten sich über den Petitionsausschuss des Landtages gegen das Vorgehen der Landesregierung, weiter hauptsächlich auf Schutzgebietsverordnungen statt auf ausschließlich vertragliche Vereinbarungen zu setzen, da sie dies als unbotmäßigen Zwang empfanden.[854]

Trotz des Abkommens kam es daher in der Folgezeit zu weiteren Umbrüchen und Drainagen von Feuchtwiesen, da viele Landwirte sich nicht an die Vereinbarung gebunden fühlten. Dies stellte für die noch auf wackeligen Füßen stehende Vertrauensbasis einen ersten Belastungstest dar. Erst nachdem die Gebiete für das Feuchtwiesenschutzprogramm in ihrem Umfang etwas verringert und Überbrückungshilfen bis zur endgültigen Unterschutzstellung zugesichert wurden, schwand der Widerstand unter den münsterländischen Bauern. Das veröffentlichte Handlungsmodell nebst Grundsätzen konnte Bedenken zerstreuen, da es dezidiert auf die kooperative Mitwirkung der Betroffenen ausgerichtet war. Auch die finanziellen Anreize sorgten dafür, dass mit der Zeit immer mehr Landwirte den Antrag stellten, in das Feuchtwiesenschutzprogramm aufgenommen zu werden.[855]

Die Vorbehalte im ehrenamtlichen Naturschutz erwiesen sich als sehr stark. Die Verbände sahen zunächst im Feuchtwiesenschutzprogramm kein geeignetes Instrument zur Durchsetzung der Ziele im Naturschutz, da sie die Ausgestaltung der Schutzverordnungen und Bewirtschaftungsverträge als nicht weitgehend

852 ANONYM: Heubach-Bauern: Kritik am Vorgehen der Regierung. Dennoch: Verständnis für den Naturschutz. In: *Mitteilungen der LÖLF* 8.3 (1983), S. 19–20, hier S. 19.

853 Albert Schmidt in *Die Welt*, 12.12.1985.

854 *Landtag intern*, 17.3.1987, S. 14.

855 HENRICH, Neue Dimensionen, S. 49–50.

genug ansahen, da sich die Regelungen zunächst auf eine Grundschutzverordnung beschränkten. Sie kritisierten, dass das Land hiermit den Landwirten zu große Zugeständnisse mache. Zudem befürchteten sie Probleme bei der Überwachung der Einhaltung der freiwilligen Bewirtschaftungsverträge durch die Landwirtschaft. Erst mit den ersten Erfolgen der Vertragspolitik kam es zur verstärkten Akzeptanz durch die Naturschutzverbände. Der Aufbau des Pilotprojekts der Biologischen Station Zwillbrock e.V. im Kreis Borken institutionalisierte die ehrenamtliche Betreuung der Naturschutzflächen in Landesbesitz und legte den Grundstein für ein landesweites Netz solcher Stationen zur Einbindung des ehrenamtlichen Naturschutzes.[856]

3.3.4 Vertauschte Rollen: Die politische Debatte im Landtag

In der Debatte über den Naturschutzhaushalt 1985 nahm die Frage des Feuchtwiesenschutzes eine wichtige Rolle ein. Der CDU-Abgeordnete Walter Neuhaus machte sich für die Landwirte als erfolgreiche, freie und selbstverantwortliche mittelständische Unternehmer stark, die er als Opfer der sozialdemokratischen Agrarpolitik auf Landes- und insbesondere auf Bundesebene sah: „Der Bauer ist nicht der Empfänger mildtätiger Gaben aus der Hand des Staates – auch nach 13jähriger sozialdemokratischer Bundesregierung nicht", machte Neuhaus die bereits seit drei Jahren nicht mehr amtierende Bundesregierung verantwortlich. Stattdessen sei die Landwirtschaft „ein leistungsfähiger Wirtschaftszweig, der für seine Leistungen auch anständig bezahlt werden will". Die Landwirtschaft könne und wolle nicht „Befehlsempfänger" einer „allmächtigen Agrarbürokratie" werden. Das *Programm für eine umweltverträgliche und standortgerechte Landwirtschaft* habe zwar

856 Ibid., S. 51; Neiss, Thomas: Biologische Stationen in NRW. Gütesiegel der Naturschutzpolitik. In: *Mitteilungen der LÖBF* 26.3 (2001), S. 8–12, hier S. 8. Die Biologischen Stationen NRW werden im folgenden Kapitel ausführlicher behandelt.

einige gute Ansätze, entlasse die Landesregierung aber nicht aus ihrer Pflicht, ein eigenständiges Programm zur Sicherung der Existenz der bäuerlichen Familien aufzustellen. Dies solle sich daher auch nicht auf ökologisch wertvolle Gebiete beschränken, sondern auf das ganze Land beziehen.[857] Diese Grundsätze hatte die CDU in ihrem Entschließungsantrag formuliert, in dem sie weitgehende Ausgleichszahlungen für Bewirtschaftungseinschränkungen forderte und im Zuge der Haushaltsdebatte in den Landtag einbrachte.[858]

Die Mehrheitsfraktion der Sozialdemokraten lehnte das Ansinnen der CDU schon allein aufgrund der nach ihrer Ansicht zu hohen Kosten ab. Der Abgeordnete Johannes Gorlas vermutete, die Vereinbarung zwischen Regierung und Landwirtschaftsverbänden habe die Christdemokraten „schon hart getroffen". Daher, so Gorlas, folgten sie der Maxime, „immer das, was in Brüssel und Bonn falsch gemacht wird, aus der Landeskasse reparieren zu lassen".[859] Das Programm der Landesregierung verfolge dagegen moderatere Ziele:

> Wir können mit diesen Mitteln [4 Millionen DM für Milchquotenankauf, F.M.] des Landes weder die verhängnisvollen Folgen der EG-Agrarpolitik korrigieren noch die Auswirkungen der fatalen Landwirtschaftspolitik der Bundesregierung Kohl/Kiechle[860] auf die Bauern in unserem ganzen Land auffangen. Wir wollen aber mit bescheidenen Mitteln, die wir im Land haben, die Auswirkungen der CDU-Agrarpolitik auf die Landwirte mildern und dabei gleichzeitig ein Beispiel für den notwendig engen Zusammenhang zwischen Naturschutz und Landwirtschaft geben.[861]

857 Landtag Nordrhein-Westfalen, Plenarprotokoll 9/114, S. 7180 und 7182, Zitate S. 7180.

858 Landtag Nordrhein-Westfalen, Drucksache 9/4045.

859 Landtag Nordrhein-Westfalen, Plenarprotokoll 9/114, S. 7183.

860 Ignaz Kiechle (CSU), Bundeslandwirtschaftsminister von 1983 bis 1993.

861 Landtag Nordrhein-Westfalen, Plenarprotokoll 9/114, S. 7184.

Verabschiedet wurde schließlich der Entschließungsantrag der SPD-Fraktion. Der Landtag stellte darin fest, dass die Existenzkrise in Teilen der nordrhein-westfälischen Landwirtschaft auf die Auswirkungen der EG-Agrarpolitik und der Benachteiligung des Landes gegenüber den süddeutschen Bundesländern bei der Verteilung von Sondermitteln des Bundes zurückzuführen sei. Dagegen begrüßte das Parlament das Vorgehen der Landesregierung, gemeinsam mit den Betroffenen ein Maßnahmenprogramm verabschiedet zu haben und proklamierte, dass „die Sicherung des Naturhaushaltes nicht gegen, sondern wirkungsvoll von Land- und Forstwirtschaft, Gartenbau, Naturschutz und Landschaftspflege nur gemeinsam durchgesetzt werden kann".[862]

Der CDU-Abgeordnete Uhlenberg stellte zum Feuchtwiesenschutzprogramm der Landesregierung dagegen fest, es sei „schon eine Tragik", dass die Natur- und Landschaftsschutzpolitik in Nordrhein-Westfalen auch beim dritten sozialdemokratischen Landwirtschaftsminister nicht richtig aufgehoben sei. Das LG NW sei völlig ungeeignet, seinem Anspruch nachzukommen. „Es ist schlimmer gekommen, als es die CDU damals befürchtet hat." Der ehemalige Minister Bäumer habe auf Kommunen und Landwirte geschimpft, weil diese sich der Landschaftsplanung in den Weg stellten, und habe die Pläne schließlich vom Land zahlen lassen, weil sonst nichts gelaufen sei.[863] Der Dialog mit den Landwirten sei versäumt worden: „Wer Frieden mit der Natur will, darf vorher nicht Unfrieden mit der Landwirtschaft schaffen." Die Landwirtschaftsverbände hätten dem MELF alle Unterstützung zukommen lassen, aber der „riesige Bürokratieapparat" habe versagt, indem riesige Flächen geschützt werden sollten – „ohne Sinn".[864] Statt auf den individuellen Dialog zu setzen habe die Landesregierung nur Masseninformationsveranstaltungen veranstaltet. Es gehe aber um das Individuum, um den einzelnen Hof. Im Umweltprogramm

862 Landtag Nordrhein-Westfalen, Drucksache 9/4048, Zitat ebd.

863 Landtag Nordrhein-Westfalen, Plenarprotokoll 9/118, S. 7437.

864 Ibid., S. 7438.

werde von mehr entschädigungslosen Enteignungen geredet, den Landwirten dagegen das Gegenteil erzählt und damit Unsicherheit und Unzufriedenheit gesät. Die Landesregierung habe ihre Glaubwürdigkeit verspielt. MdL Wilde forderte, im Zuge der Novellierung des Landschaftsgesetzes klare Ausgleichszahlungsregelungen festzuschreiben, um den Landwirten die Unsicherheit zu nehmen.[865]

Matthiesen entgegnete Uhlenberg im Parlament, die Landesregierung *müsse* den Landwirten nicht helfen, *tue* es aber trotzdem. Die Bundesregierung habe nochmals die Auffassung des Landes Nordrhein-Westfalen bestätigt, dass die Sozialpflichtigkeit des Eigentums weitestgehend entschädigungslose Nutzungseinschränkungen zulasse. Daher sei das Vorgehen der Landesregierung den Landwirten gegenüber sehr entgegenkommend. Sobald sich die Gemüter beruhigt hätten, würden die Landwirte dies auch zu würdigen wissen. Das Land wisse, dass ein effizienter Naturschutz ohne die Mitwirkung der Bauern nicht möglich sei, und habe deshalb auch kein Interesse an einer wirtschaftlichen Schädigung der Landwirtschaft:

> Überlegungen, in einer ohnehin belasteten Industrielandschaft gegen eine vermeintlich zahlenmäßig nicht mehr ins Gewicht fallende Gruppe, nämlich die Landwirte, eine rücksichtslose Umweltpolitik betreiben zu können, sind nicht nur töricht, sondern auch zutiefst unmoralisch.[866]

Stattdessen formulierte Matthiesen erneut die neue Politik des fairen Interessenausgleichs. Der CDU-Vorschlag der „maßlosen Entschädigung" sei dagegen unmöglich. Es müsse ein Mittelweg gefunden werden.[867]

Matthiesen erteilte den Plänen der Opposition, konkrete Ausgleichszahlungsregelungen für zumutbare sozialpflichtige

865 *Landtag intern*, 19.3.1985, S. 11.

866 Landtag Nordrhein-Westfalen, Plenarprotokoll 9/118, S. 7445.

867 Ibid..

Maßnahmen zu schaffen, eine scharfe Absage: Die CDU verlasse damit „den Boden des Rechts". Im Gegenteil erlaube das Recht eine deutlich weitergehende und für die Landwirte deutlich nachteiligere Regelung, als eine solche, die die Landesregierung anbiete:[868]

> Durch oberste Rechtsprechung wird mittlerweile das Prinzip der Sozialpflichtigkeit soweit ausgelegt, daß, würden wir es politisch so administrieren, es sich zum Totschlaginstrument für viele Existenzen von Landwirten auswirken würde. Deshalb habe ich gesagt, es bleibt bei einer klaren Entschädigungsregel, und für den anderen Regelungstatbestand, also für das, was unter die Sozialpflichtigkeit fällt, entwickeln wir Förderprogramme.[869]

Matthiesen bezeichnete diesen Weg als „Kurs der Vernunft" zum „Schutz der Natur und zum Schutz der Existenzen unserer Landwirte". Alles andere führe in „unvernünftige, unvertretbare Richtungen", die untragbare finanzielle Größenordnungen nach sich ziehen würden, die auch die CDU bei Regierungsübernahme nicht tragen könnte.[870] Der Handlungsspielraum sei begrenzt, was ausschließlich an Brüssel liege, verdeutlichte der Minister und stellte, an die Opposition gerichtet, die aufgrund der Rahmenbedingungen vorherrschende Alternativlosigkeit seines Weges heraus:

> Wissen Sie, daß ich keine Handlungsfreiheit habe, daß diese gleich Null ist, und daß ich den Landwirten dieses Überbrückungsgeld nur dadurch geben kann, daß ich mit ihnen Verträge abschließe, wonach sie naturschützerische Dienstleistungen erbringen, was auch Sinn macht?[871]

Die vom Landtag zwei Tage zuvor beschlossene Resolution erteile der Landesregierung dagegen einen klaren Handlungsauftrag im

868 Landtag Nordrhein-Westfalen, Plenarprotokoll 9/120, S. 7647.

869 Ibid.

870 Ibid., S. 7648, Zitate ebd.

871 Landtag Nordrhein-Westfalen, Plenarprotokoll 9/120, S. 7648.

Sinne eines angemessenen Ausgleichs für benachteiligte Landwirte, im Gegensatz zu „Gummiparagraphen“ zu Entschädigungsfragen, wie sie es etwa in Bayern gebe und die CDU für Nordrhein-Westfalen fordere, so Matthiesen.[872]

Nach den Beratungen im Ernährungsausschuss und dem Beschluss des Landtages standen dem MELF 10 Millionen DM für das Feuchtwiesenschutzprogramm zunächst für das Haushaltsjahr 1985 zur Verfügung. Von diesen waren 6 Millionen für direkte Naturschutzzwecke und 4 Millionen DM zum Ankauf von Milchquoten für die betroffenen Landwirte vorgesehen. Das Land zahlte bis zu 500 DM pro Hektar für den Verzicht auf den Umbruch von Grünflächen und für die Durchführung von naturschützerischen Dienstleistungen auf insgesamt fast 18 500 Hektar Fläche. „Ein solches Modell in dieser Größenordnung gibt es bisher nirgendwo in der Bundesrepublik Deutschland“, ließ das MELF verlauten.[873]

Matthiesen war „stolz“, dass es gelungen war, zusammen mit den Vorsitzenden der Landwirtschaftsverbände das *Programm für eine umweltverträgliche und standortgerechte Landwirtschaft* geschaffen zu haben. Damit habe man in Nordrhein-Westfalen etwas geleistet, was es in keinem anderen Bundesland gebe. Daran hätten viele mitgewirkt, die sonst eher nicht auf der politischen Seite der Sozialdemokraten stünden. Selbst von der Opposition könne ein solches Papier nicht „zerredet“ werden, auch wenn es ihr natürlich acht Wochen vor der Landtagswahl nicht gefallen könne.[874] Matthiesen erklärte mit „Nachdruck“, weder „der Lebensraum bedrohter Tier- und Pflanzenarten unserer Heimat noch die schwierige Lage zumal kleiner und mittlerer landwirtschaftlicher

872 Landtag Nordrhein-Westfalen, Plenarprotokoll 9/120, S. 7657, Zitat ebd.; Matthiesen zitierte des bayerische Naturschutzgesetz, dass bei Erschwerung de r bisherigen land-, forst- oder fischereiwirtschaftlichen Nutzung eine Entschädigung „nach Maßgabe der verfügbaren Haushaltsmittel“ vorsah und damit nach Ansicht des Ministers allzu leicht auszuhebeln war.

873 Pressekonferenz des MELF, 14.1.1985, LAV Abt. Rhld. NW 596 Nr. 1253.

874 Landtag Nordrhein-Westfalen, Plenarprotokoll 9/118, S. 7443–7444.

Betriebe" vertrügen derzeit „billige Polemik und das Anheizen von Konflikten". Die Landesregierung werde ihren „Kurs der Vernunft" auch in Zukunft fortsetzen.[875]

Auch nach der Landtagswahl blieb das Thema umstritten. Die erneuerte Kritik der Opposition basierte auf dem Vorwurf, die Landesregierung versuche abermals, Naturschutz durch Verordnungen und Zwang durchzusetzen, statt auf freiwilliger Basis mit den Landwirten effektive und konsensorientierte Instrumente zu schaffen. Die CDU forderte stattdessen ein „freiwilliges Ökologieprogramm auf Vertragsbasis" zwischen Land und Landwirten, das sie medienwirksam im Landtag vorstellte. Die bisherige Politik des Landes habe dazu geführt, dass die „ländlichen Räume [...] zunehmend [mit] Auflagen im Bereich des Natur-, Umwelt- und Wasserschutzes belegt" würden, deren Einschränkungen viele Betriebe in ihrer Existenz gefährdeten. Ein freiwilliges Ökologieprogramm biete dagegen die Möglichkeit, „anspruchsvolleren Umweltschutz in Nordrhein-Westfalen zu verfolgen, ohne gleichzeitig die wirtschaftlichen Grundlagen der landwirtschaftlichen Familienbetriebe in Frage zu stellen". Im Rahmen dieses Programms sollten Landwirten für Leistungen im Bereich des Naturschutzes Verträge über mindestens sechs Jahre angeboten werden. Längerfristige Abkommen seien zu begrüßen. Für ökologisch begründete Bewirtschaftungseinschränkungen und Naturschutzleistungen sollten Landwirte Ausgleichszahlungen bekommen, die jährlich neu bemessen und aus dem Vergleich mit dem durchschnittlichen Einkommens von Betrieben ohne Produktionseinschränkungen errechnet werden sollten. Die „gegenwärtigen Eigentumsstrukturen an Grund und Boden" dürften dagegen „durch die Naturschutzpolitik nicht beeinträchtigt" werden. Der Ankauf von Flächen durch das Land sei daher auf Einzelfälle zu begrenzen.[876]

In einem Schreiben an die Vorsitzenden der Oppositionsfraktionen verteidigte Matthiesen die vom Land getroffene Strate-

875 Ibid., S. 7445.

876 Landtag Nordrhein-Westfalen, Drucksache 10/1117.

gie als einen „in Abwägung aller Belange [tragfähigen] Kompromiß zwischen den Zielen des Naturschutzes und den berechtigten Belangen der Landwirtschaft", der „beispielhaft im Rahmen der Naturschutzpolitik einzelner Bundesländer" einen Interessenausgleich geschaffen habe. Matthiesen verwahrte sich gegen die nach seinem Empfinden unsachliche Kritik von Seiten der Opposition:[877]

> Ich möchte Sie bitten, aus Ihrer gesamtstaatlichen Verantwortung zu überdenken, wo die Grenze zwischen eingehenden Bürgerinteressen für eine Naturschutzpolitik im Interesse unseres ganzen Landes und künftigen Generationen liegt. Mit Ihrem Plädoyer für eine rein privatrechtliche Regelung von Naturschutzbelangen können Sie nach meiner Überzeugung diesem Abwägungsprozeß nicht gerecht werden.[878]

Die beiden Seiten blieben unversöhnlich, doch setzte sich schließlich die Mehrheitsfraktion in dieser Frage durch. Der Petitionsausschuss des Landtags schloss sich schließlich der Ansicht der Landesregierung an, wonach im Interesse großräumigen Naturschutzes die Fragen des Drainierens und des Umbrechens nicht durch öffentlich-rechtliche Verträge allein zu regeln, sondern diese durch Ausweisungen von Schutzgebieten abzusichern seien.[879]

Die Debatte um das Feuchtwiesenschutzprogramm war vor allem davon geprägt, dass der CDU in der Auseinandersetzung deutlich die Orientierung fehlte. Ihre eigentliche Klientel, die Landwirte und deren Verbände, hatten sich bereits mit der Landesregierung auf eine Lösung verständigt, gegen welche die CDU nun aber opponierte. Wie Deneke es im Landtag formulierte, konnte den Christdemokraten „diese Form eines rot-grünen Bündnisses nicht gefallen"[880]; in der Tat waren die Landwirte politisch bis

877 Schreiben Matthiesen an die Fraktionsvorsitzenden von CDU und FDP, Entwurf Juni 1986, LAV Abt. Rhld. NW 863 Nr. 118, Zitate ebd.

878 Ibid.

879 *Landtag intern*, 17.3.1987, S. 14.

880 Landtag Nordrhein-Westfalen, Drucksache 9/114, S. 7189.

dahin durchgängig eine sichere Basis für die CDU gewesen, die sie nun möglicherweise zu verlieren drohte – und dies zu einer Zeit des Wahlkampfes. Dazu ergab sich für die CDU die argumentative Schwierigkeit, dass sie für die gegenwärtigen Probleme der Landwirtschaft sowohl die Landesregierung als auch die ehemalige sozial-liberale Bundesregierung verantwortlich machen wollte und zwischen diesen beiden Schuldzuweisungen hin und her wechselte. In der Sache konnte sie jedoch wenig zur Diskussion beitragen, da die Landesregierung langjährige Forderungen aus der Opposition nach weniger ordnungspolitischen und mehr privatrechtlichen Instrumenten der Naturschutzpolitik aufgegriffen hatte, die Opposition jedoch aus politischen und wahltaktischen Gründen eine Zustimmung zu dieser Politik nicht leisten konnte und wollte.

3.3.5 Vom Feuchtwiesenschutzprogramm zu den Kulturlandschaftsprogrammen

Der Naturschutz in Nordrhein-Westfalen begab sich mit der Einführung des Feuchtwiesenschutzprogramms auf „neue Wege", wie es LÖLF-Präsident Schmidt formulierte. „Die Dimensionen des Feuchtwiesenschutzprogramms sprengen alle bisherigen Maßstäbe." Sie umfassten eine Fläche, die halb so groß war wie alle bisherigen Naturschutzgebiete in NRW – eine Größenordnung, die mit den bisherigen Instrumenten des Naturschutzes nicht zu erreichen gewesen wäre, da eine so weitreichende Anzahl von Sicherstellungs- und Naturschutzverordnungen die Möglichkeiten der Naturschutzverwaltung mit Sicherheit überfordert hätte. Für die Akzeptanz des Sofortprogramms des Landes bei den Landwirten stellte Schmidt ein positives Zwischenfazit aus: 90 Prozent der Landwirte am Niederrhein, 78 Prozent im Kreis Steinfurt und 50 Prozent im Kreis Borken hatten das Angebot Ende 1985 angenommen.[881]

881 Albert Schmidt in *Die Welt*, 12.12.1985, Zitate ebd.

Das Feuchtwiesenschutzprogramm und seine Umsetzung waren eher aus der unmittelbaren Konstellation heraus geboren, denn Ergebnis eines langfristigen naturschutzpolitischen Programms. „Hätte man damals in den Ministeretagen in Düsseldorf [sich ausreichend informiert]", mutmaßte der damalige Gruppenleiter Naturschutz im MELF/MURL, Thomas Neiss, 15 Jahre später, „die folgenschwere Entscheidung, rund 15 000 Hektar [...] zu schützen oder einstweilig sicherzustellen, wäre in Kenntnis der Probleme [...] sicher nicht gefallen." In diesem Fall sei aber „Unkenntnis ein Gewinn" gewesen: „Aus der zugespitzten Krise entwickelte sich eine neue Naturschutzpolitik."[882]

Der „neue Weg" des Naturschutzes fußte in besonderem Maße auf dem Gewinn des Vertrauens der betroffenen Landwirte, deren freiwillige Mitarbeit die unverzichtbare Grundlage für den Erfolg der Maßnahmen des Feuchtwiesenschutzprogramms darstellte. „Der Staat rückt mit seinen Gesetzen und Verordnungen in das zweite Glied", kommentierte Schmidt die künftige Prioritätensetzung – und stellte damit die bisherige Grundhaltung im nordrhein-westfälischen Naturschutz auf den Kopf. Die Strategie der finanziellen Anreize für Naturschutzmaßnahmen für eine enge Kooperation mit der Landwirtschaft setzte voraus, dass auch künftig der Naturschutzetat mit den entsprechenden Mitteln ausgestattet würde. „Naturschutz zum Nulltarif" ließ der neue Weg nicht mehr zu.[883]

In ihrer ersten Zwischenbilanz zum *Programm für eine umweltverträgliche und standortgerechte Landwirtschaft* konnte die Landesregierung 1989 zufrieden darauf hinweisen, dass der beschrittene Weg der Kooperation sich bewährt habe und über die Ziele des Programms weiterhin Konsens bestehe. „Die bisherigen Erfolge sprechen eindeutig für eine konsequente Fortsetzung." Im Rahmen des Feuchtwiesenschutzprogramms konnten zum Beispiel bis zu diesem Zeitpunkt 18 673 Hektar Grünland unter Naturschutz

882 Neiss, 25 Jahre, S. 14, Zitate ebd.

883 Albert Schmidt in *Die Welt*, 12.12.1985, Zitate ebd.

gestellt werden. Damit nahm die Fläche der Naturschutzgebiete in NRW auf einen Schlag um nahezu 50 Prozent zu.[884] Nun gelte es, das neue Modell möglichst auf relevante schutzwürdige Flächen im ganzen Land auszudehnen. Das neue Motto sei: „Vom neuen Denken und neuem Wissen zu neuem Handeln."[885]

Der Erfolg des Feuchtwiesenschutzprogramms führte dazu, dass schnell Forderungen aufkamen, ähnliche Programme für andere benachteiligte Gebiete aufzulegen. Bereits im Dezember 1985 forderte die Landwirtschaftskammer Westfalen-Lippe für die Landwirte im Sauer- und Siegerland Hilfen von Seiten des Landes. Die Kammer befürchtete eine vermehrte Aufgabe von landwirtschaftlichen Betrieben in diesen bergigen Gebieten, da die aufgrund der Hanglagen vieler Flächen ohnehin unter schweren Bedingungen betriebene Landwirtschaft in Verbindung mit den Bedingungen der EG-Agrarpolitik gänzlich unwirtschaftlich zu werden drohte. Die Landwirtschaftskammer argumentierte, dass für die Offenhaltung der Landschaft die Erhaltung der Betriebe auch aus landschaftspflegerischen Gründen wünschenswert sei. Sollte aus Gründen des Landschaftsbildes, der Erhaltung der Erholungslandschaft und der ökologischen Vielfalt in den waldreichen Gebieten eine Aufforstung nicht in Frage kommen, seien spezifische Landschaftspflegemaßnahmen notwendig. Da die in der Regel hierzu erforderliche extensive Grünlandnutzung nicht wirtschaftlich sei, müssten Förderungen von Seiten des Landes gewährt werden.[886]

Im MURL wurden diese Forderungen schnell aufgegriffen. Im März 1986 erteilte Minister Matthiesen den Auftrag, die ver-

884 Ministerium für Umwelt, Raumordnung und Landwirtschaft: *Programm für eine umweltverträgliche und standortgerechte Landwirtschaft. Zwischenbilanz 1988/89*. Düsseldorf 1989 (Schriftenreihe des Ministers für Umwelt, Raumordnung und Landwirtschaft des Landes Nordrhein-Westfalen, 8), S. 14–15 und 18.

885 Matthiesen im Vorwort, MURL, *Zwischenbilanz*, S. 2.

886 Landwirtschaftskammer Westfalen-Lippe an MELF, 19.12.1985, LAV Abt. Rhld. NW 831 Nr. 159.

schiedene Maßnahmen zur gezielten Förderung der Landwirtschaft in Mittelgebirgsregionen zu einem integrierten Förderkonzept zusammenzufassen, unter der Zielvorgabe, landwirtschaftliche Existenzen zu sichern, Naturschutz zu verwirklichen und die Wirtschaftskraft der Dörfer und Gemeinden in aufgrund der Geographie benachteiligten Gebieten zu fördern.[887]

Im Sommer 1986 veröffentlichte das MURL schließlich das „Mittelgebirgsprogramm NRW" der Landesregierung unter dem Motto: „Schutzprogramm für Wiesentäler – Hilfe für bäuerliche Betriebe". Neben weiteren Mitteln aus dem Landeshaushalt konnte das MURL insbesondere die 1984/85 von 4 auf 21 Millionen DM deutlich gestiegene Ausgleichszulage für benachteiligte Gebiete[888] einsetzen. Das MURL sah folgende Maßnahmen vor, um ein weiteres „Bauernsterben" in den Mittelgebirgslagen zu verhindern:

- den Abschluss von Pflegeverträgen mit Landwirten für Feuchtwiesen und Halbtrockenrasen an Hanglagen,
- ein neues Programm zum Ankauf von Milchquoten durch das Land zur Erhaltung der Wirtschaftlichkeit von extensiver Milchviehwirtschaft,
- Sonderkonditionen für waldbauliche Maßnahmen (Förderung von Laubholzaufforstung) und die Verstärkung der Förderung der Dorferneuerung.[889]

Der Weg, dieses Programm zunächst mit den Landwirtschaftsverbänden abzusprechen, wurde beim Mittelgebirgsprogramm allerdings nicht beschritten, worüber sich WLV und RLV prompt beschwerten. Für sie fehlte im Programm zudem der klare Bezug zur Landwirtschaft, das sie eher als Naturschutzprogramm

887 Matthiesen an Abteilungsleiter II, MURL, betr. Mittelgebirgsprogramm, 10.3.1986, LAV Abt. Rhld. NW 831, Nr. 159.

888 Durch Lockerung der Kriterien erhöhte sich der Umfang der als benachteiligt geltenden Gebiete in Nordrhein-Westfalen von 94 548 auf 356 198 Hektar, was 23 Prozent der Landesfläche entsprach.

889 Mittelgebirgsprogramm NRW, Juli 1986, LAV Abt. Rhld. NW 831 Nr. 159.

einstuften. In der offiziellen Stellungnahme der beiden Landwirtschaftsverbände sparten diese daher nicht mit Kritik am Vorhaben der Landesregierung, auch wenn sie es grundsätzlich begrüßten:

> Das vorgelegte Programm wird seiner anspruchsvollen Bezeichnung als ‚Mittelgebirgsprogramm' nicht gerecht. Tatsächlich handelt es sich um ein Naturschutzprogramm für Mittelgebirgslagen, ergänzt um die Landesbestimmungen zur Ausführung des bundesweit erhebich [*sic!*] verbesserten Bergbauernprogramms sowie um die Vergabe von Milchquoten an einen vergleichsweise kleinen Kreis von Betrieben.[890]

Hier zeigte sich deutlich die immer noch sehr unterschiedlichen Prioritätensetzungen von Landwirtschaftsverbänden und Landesregierung. Während für das MURL der Naturschutzgedanke im Mittelpunkt stand, forderten RLV und WLV ihrem Auftrag entsprechend, einen größeren Akzent auf die Förderung der Landwirte zu legen. Die freiwilligen Pflegevereinbarungen zwischen Land und Landwirten wurden dagegen hervorgehoben; RLV und WLV forderten, die Möglichkeit solcher Vereinbarungen überall zu prüfen.[891] Trotz solcher Unstimmigkeiten hatte sich das Verhältnis zwischen MURL und den Vertretern der Landwirtschaft deutlich verbessert. Die Gefährdung der Feuchtwiesenbiotope durch Umbrüche bestand in der Folgezeit kaum noch. Im Regierungsbezirk Münster zum Beispiel mussten in den Jahren 1985 bis 1987 lediglich fünf weitere Gebiete durch Schutzverordnungen einstweilig sichergestellt werden.[892]

In den Folgejahren kamen daher noch weitere, im Umfang etwas kleinere Sonderprogramme und das Programm zur Erhal-

890 Gemeinsame Stellungnahme vom Rheinischen Landwirtschaftsverband und Westfälisch-lippischen Landwirtschaftsverband zum Mittelgebirgsprogramm der Landesregierung, 19.9.1986, LAV Abt. Rhld. NW 831, Nr. 159.

891 Ibid.

892 Henrich, Neue Dimensionen, S. 46.

tung historischer Landnutzungsformen hinzu. Insgesamt wurden bis 1989 folgende Sonderprogramme aufgelegt:

- Das Feuchtwiesenschutz-Programm,
- das Mittelgebirgsprogramm,
- das Ackerrandstreifenprogramm,
- das Programm „Landwirte pflegen Naturschutzgebiete“,
- das Programm Renaturierung von Fließgewässern (Gewässerauenprogramm),
- das Programm zur Wiedereinführung historischer Landnutzungsformen sowie
- das Programm zur Erhaltung und Wiederbegründung von Streuobstwiesen (ab 1990).[893]

Diese „Kulturlandschaftsprogramme“, wie sie gebündelt bezeichnet wurden, hatten in den Jahren 1985 bis 1988 einen Umfang von insgesamt circa 180 Millionen DM. Hinzu kamen zwischen 1986 und 1992 auch Naturschutzprogramme für Ballungs- und Industrieregionen wie das Naturschutzprogramm Ruhrgebiet (NSPR), das Naturschutzprogramm Aachener Revier (NSPAR) und das Ökologieprogramm Emscher-Lippe (ÖPEL).[894]

Auch auf andere Bereiche hatte der Feuchtwiesenschutz bedeutende Auswirkungen. Der im Landesentwicklungsplan IV für den Orsoyer Rheinbogen, einem von fünf Wildgänserastplätzen am Niederrhein, vorgesehene Standort für die Großpetrochemie wurde auf Industriebrachen im Ruhrgebiet umgeleitet. Die Landesregierung verteidigte diesen Schritt als im Sinne des neuen Leitmotivs „Versöhnung von Ökologie und Ökonomie“. Gebaut wurde lediglich ein Wetterschacht, dessen Belastung des Natur-

893 Dietz, Hans-Joachim: Obstwiesen-Förderung durch das Land NRW. Programm zur Erhaltung und Wiederbegründung von Streuobstwiesen in Nordrhein-Westfalen. In: *Mitteilungen der LÖLF* 18.3 (1993), S. 30–32, hier S. 30.

894 Hübner-Misiak, Thomas; Michels, Carla et al.: Aktueller Stand der NRW-Naturschutzprogramme. In: *Mitteilungen der LÖLF* 19.1 (1994), S. 28–34, hier S. 31. Siehe hierzu Kapitel 4.1.

haushalts als gering angesehen wurde, jedoch den Bergbau und damit die Sicherung von Arbeitsplätzen in der Region möglich machte. Die SPD pries Orsoy als ein typisches Beispiel für das „geordnete Nebeneinander" von Industrie- und Naturschutzpolitik an. Die Opposition beklagte dagegen das einseitige Handeln der Landesregierung, die sich damit über bestehende Planungen und Vereinbarungen hinwegsetze, ohne Zustimmung von Gemeinden und Betroffenen. Die Landesregierung habe „das Vertrauen in politische und planerische Zusagen zerstört" um Wählerstimmen bei den Grünen zu gewinnen, ereiferte sich der FDP-Abgeordnete Hans-Joachim Kühn noch Jahre nach dieser Entscheidung. Die „in Jahrhunderten zusammengewachsene Struktur [...] zwischen Kohle und Korn, Industrie und Landwirtschaft" werde durch „ideologische Borniertheit und Unvernunft" zerstört.[895] Anhand dieser Episode zeigte sich eindeutig der gewachsene Stellenwert der Belange des Naturschutzes, der sich in diesem Fall gegen die Interessen der Industrie durchsetzen konnte.

Dennoch musste weiterhin ein großer Aufwand betrieben werden. Neiss rechnete bei der Vorstellung einer Zwischenbilanz 1989 vor, in Nordrhein-Westfalen seien in den vorangegangenen drei Jahren insgesamt 240 Millionen DM an Landesmitteln für den Naturschutz aufgewandt worden. Dass im gleichen Zeitraum in der Bundesrepublik insgesamt 667 Millionen DM ausgegeben wurden, in NRW also circa 35 Prozent aller Naturschutzmittel verausgabt worden waren, verdeutlichte die „erheblichen materiellen und organisatorischen Anstrengungen" der Landesregierung in diesem Bereich. Neiss bekräftigte, dass Nordrhein-Westfalen hiermit einen „eigenständigen Weg" in der Naturschutzpolitik im Vergleich mit anderen Bundesländern eingeleitet habe. Man habe bei hohem finanziellen Einsatz damit erreicht, „die derzeitigen Nutzungsverhältnisse gegen den eigentlichen Trend wirtschaftlicher Entwicklung als Status quo" festzuschreiben.[896] Im Jahre 1990 belief sich die

895 *Landtag intern*, 11.11.1986.

896 Neiss, Naturschutzpolitik, S. 29–30, Zitat S. 29.

Mittelaufwendung im nordrhein-westfälischen Naturschutz inzwischen auf insgesamt 99,7 Millionen DM, womit NRW weiterhin deutlich die Spitzenposition im Bundesvergleich innehatte.[897] Die Landesregierung sah sich damit in NRW einmal mehr verglichen mit den anderen Flächenländern der Bundesrepublik auf einem „Sonderweg“ im Naturschutz.[898] Auf europäischer Ebene wurde dieser Weg unterstützt. Ab 1992 übernahm die Europäische Union bis zu 50 Prozent der Vertragsentgelte im Zuge der EU-Agrarreform, die angesichts der großen Kosten und zweifelhaften Wirkung der bisherigen Agrarpolitik der unbedingten Preisstützung die bisherige GAP in eine Politik zur direkten Einkommensstützung der Landwirte umwandeln sollte.[899]

15 Jahre später wurde der mit dem Feuchtwiesenschutzprogramm beschrittene neue Weg im nordrhein-westfälischen Naturschutz weiterhin positiv bewertet. Staatssekretär Thomas Griese bilanzierte 1999, „weit über 200 Millionen DM“ seien seit 1985 allein in das Feuchtwiesenschutzprogramm geflossen. Die Anzahl der teilnehmenden Landwirte sei kontinuierlich angestiegen. Das Feuchtwiesenschutzprogramm habe sich damit „uneingeschränkt“ zu einer wichtigen Säule der Kooperation zwischen Landwirtschaft und Naturschutz entwickelt.[900] Der Erfolg des durch die Kulturlandschaftsprogramme realisierten Angebotsnaturschutzes und

897 Neiss, Thomas: 20 Jahre Naturschutz in NRW. Eine Bilanz zur Naturschutzpolitik 1970–1990. In: *Mitteilungen der LÖLF* 16.1 (1991), S. 26–29, hier S. 27.

898 Matthiesen, Ökologische Reformpolitik, S. 47.

899 Scheele, Martin: Perspektiven der Agrarumweltpolitik im Rahmen der Agenda 2000. In: Deutscher Rat für Landespflege (Hrsg.): *Honorierung von Leistungen der Landwirtschaft für Naturschutz und Landschaftspflege. Ergebnisse eines Symposiums vom 9. bis 10. November 1998 in Bonn*. Bonn-Bad Godesberg 2000 (Schriftenreihe des Deutschen Rates für Landespflege, 71), S. 14–18, hier S. 14.

900 Griese, Thomas: Das Feuchtwiesenschutzprogramm. Herausforderung an Landwirtschaft und Naturschutz. In: *Mitteilungen der LÖBF* 24.3 (1999), S. 11.

der Vorreiterrolle Nordrhein-Westfalens in diesem Fall lässt sich unter anderem auch daran belegen, dass die in NRW teilweise in Pionierarbeit eingeführten Programme und Maßnahmen sich auch mit einigen Jahren Abstand als maßgeblich erwiesen. Die Empfehlungen einer Untersuchung von DVL und NABU im Auftrag des BfN zu Angebots- und Vertragsnaturschutz in Deutschland und Europa aus dem Jahr 2005 griffen in vieler Hinsicht in NRW bereits bestehende Maßnahmen auf oder stellten eine Weiterentwicklung der bestehenden Programme dar.[901]

Die anreizorientierte Strategie der nordrhein-westfälischen Naturschutzprogramme ermöglichte es, Naturschutz in Zusammenarbeit mit der Landwirtschaft relativ konfliktfreier umzusetzen. Problematisch war allerdings die schwierige Überwachung der Einhaltung der Programme, die einen hohen Kosten- und Personalaufwand erforderte. Aufgrund der sehr hohen Kosten der Vertragsnaturschutzprogramme war die räumliche Ausdehnung auf Gebiete mit besonderer Bedeutung begrenzt. Die Programme wurden dementsprechend in Düsseldorf nicht als Ersatz, sondern als Ergänzung zum flächendeckenden Instrument der Landschaftsplanung verstanden und in diesem Sinne erarbeitet.

Die Kritik an den Kulturlandschaftsprogrammen äußerte sich insbesondere darin, dass auch „der Vertragsnaturschutz ein typisches Kind des *end of pipe* Denkens" sei, das mit hohem Aufwand die ökologischen Schäden einer Politik nachträglich zu beheben suche, die jedoch auf anderer Ebene unverändert weiter fortgeführt werde. Die Intensivierungsprozesse und der zunehmende Flächenverbrauch hielten weiter an.[902] Mit Berücksichtigung auf die realen Gestaltungsmöglichkeiten der Landesregierung in Sachen europäischer Agrarpolitik ist jedoch fraglich, inwiefern eine andere Politik als die der Schadensbegrenzung auf Landesebene

901 Güthler, Wolfram; Oppermann, Rainer: *Agrarumweltprogramme und Vertragsnaturschutz weiter entwickeln. Mit der Landwirtschaft zu mehr Natur. Ergebnisse des F+E-Projektes „Angebotsnaturschutz"*. Bonn-Bad Godesberg (Naturschutz und Biologische Vielfalt, 13), S. 183–186.

902 Bauer, *Naturschutz und Landwirtschaft*, S. 73, Zitat ebd.

möglich gewesen wäre. Wie Minister Matthiesen es formulierte, war „Düsseldorf [...] weder der Reparaturbetrieb für Brüssel und Bonn, noch kann Düsseldorf das ausgleichen, was anderswo nicht geleistet wird".[903]

Die Entwicklung der Kulturlandschaftsprogramme war ein wichtiger Baustein für die Erreichung der naturschutzpolitischen Ziele, die sich die Landesregierung im Umweltprogramm gesetzt hatte. Darüber hinaus sorgten sie für eine Entkrampfung des Verhältnisses zwischen Naturschutz und Landwirtschaft. Es ist schwer vorstellbar, wie ein wirksamer Naturschutz ohne die positive Mitwirkung der Landwirtschaft möglich gewesen wäre, da aufgrund der fehlenden Kontrollmöglichkeiten eine anderweitige Umsetzung der naturschutzpolitischen Ziele nur schwer durchzusetzen gewesen wäre. Dennoch blieben Unstimmigkeiten bestehen, was insbesondere der Doppelstrategie der Landesregierung geschuldet war, die auf dem Grundsatz der Sozialpflichtigkeit des Eigentums als Eckpfeiler der nordrhein-westfälischen Naturschutzpolitik beharrte und diesen außerhalb der Kulturlandschaftsprogramme, zum Beispiel in der Landschaftsplanung, weiterhin verfolgte. Gleichzeitig hielten CDU und Landwirte an einer Position fest, die politisch nicht zu gewinnen und wirtschaftlich nicht zu halten war: Die Landwirtschaft saß aufgrund ihrer finanziellen Lage hier am kürzeren Hebel. Für die Landesregierung war dagegen der Faktor Zeit entscheidend, wollte man einen endgültigen Verlust der wertvollen Feuchtgebiete rechtzeitig verhindern. Diese Umstände machten beide Seiten schließlich kompromissbereit, sodass es zu einer Vereinbarung kommen konnte, die den Grundstein für eine vertrauensbasierte Zusammenarbeit zwischen Naturschutz und Landwirtschaft legte. „Verordnungen bilden nicht das Ende, sondern den Beginn einer Kooperation von Naturschutz und

903 Landtag Nordrhein-Westfalen, Plenarprotokoll 9/118, S. 7443.

Landwirtschaft", waren für Minister Matthiesen die Schutzverordnungen die Grundlage für darauf aufbauende Vereinbarungen.[904]

> Wir wollen und werden die Kulturlandschaft des Münsterlandes erhalten. Für uns Menschen und für die Tier- und Pflanzenwelt, für Bauer und Brachvogel. Der Friede mit der Natur hat keinen Bestand ohne den Frieden mit den Menschen. Und eine friedliche Zukunft hat nur Bestand im Einklang mit der Natur.[905]

Das vielbeschworene Schlagwort der „Vernunft" stellte erneut das Leitbild im Naturschutz dar – nun nach Planung und „Malochern und Waldläufern" mit dem Kooperationsprinzip in seiner dritten Ausgestaltung.

Das MURL sah die Kulturlandschaftsprogramme insbesondere als Ergänzung zum eigentlichen Ziel der Landesregierung, einen flächendeckenden Naturschutz durch verbindliche Landschaftsplanung zu schaffen. Die Sonderprogramme sollten den Landschaftsplan nicht ersetzen, sondern „ihn insbesondere in den Räumen [vorbereiten], in denen sich die Gebietskörperschaften selbst noch nicht zu einer wirklichen Anstrengung zu Gunsten des Naturschutzes bereitfinden".[906] Die Landesregierung reagierte damit auf das Vollzugsdefizit in der Landschaftsplanung, ohne jedoch von ihr abrücken zu wollen. Diese Position bedingte die Doppelstrategie, weiterhin unbedingt am Sozialpflichtigkeitsprinzip festzuhalten, gleichzeitig jedoch flexibel auf die Landwirte zuzugehen und durch die Sonderprogramme finanzielle Zuwendungen im Austausch mit Naturschutzdienstleistungen anzubieten. Diese Strategie wurde möglich durch drei Vorbedingungen:

---

904 Matthiesen, Klaus: Feuchtwiesenschutzprogramm in Nordrhein-Westfalen. Ein Modell partnerschaftlicher Vernunft. In: *Mitteilungen der LÖLF* 17.3 (1992), S. 10–11, hier S. 11.

905 Matthiesen, Feuchtwiesenschutzprogramm, S. 11.

906 Neiss, Naturschutzpolitik, S. 30.

1. Der deutlich gestiegene Naturschutzetat schuf die nötigen finanziellen Grundlagen. Außerdem machte Matthiesens politisches Gewicht innerhalb des Kabinetts vieles möglich, was unter seinen Vorgängern undenkbar schien.
2. Die Dominanz ordnungspolitischer Instrumente im MURL schwand in dem Maße, in der das Vollzugsdefizit in der Landschaftsplanung deutlicher wurde. Dies führte zu einer Öffnung für privatwirtschaftliche Lösungsmöglichkeiten.
3. Die Kombination der Feuchtwiesenproblematik und der wirtschaftlichen Probleme in der Landwirtschaft durch die EG-Agrarpolitik schuf den nötigen Handlungsdruck für die Akteure und erhöhte damit die Kompromissbereitschaft auf beiden Seiten.

Die Kulturlandschaftsprogramme wurden als Erfolg angesehen. Allein durch das Feuchtwiesenschutzprogramm wurden bis 1999 insgesamt 175 Naturschutzgebiete mit 33 000 Hektar Gesamtfläche gewonnen.[907] Die Statistik blieb insgesamt jedoch ernüchternd, da der Freiflächenverlust nur gebremst, aber nicht aufgehalten werden konnte: Allein im westfälischen Landesteil war seit Beginn der 1980er Jahre mindestens dreimal so viel Kulturlandschaft verloren gegangen wie über Naturschutzgebiete gesichert werden konnte. Gleichzeitig hielt der Artenrückgang weiter an, sodass zunehmend auch frühere „Allerweltsarten" als gefährdet eingestuft wurden.[908]

Ende der 1990er Jahre konnte die LÖBF jedoch „richtungsweisende Teilerfolge" feststellen, die zum Beispiel durch das Feuchtwiesenschutzprogramm erzielt wurden. Innerhalb der

907 Woike, Martin: Feuchtwiesenschutz in Nordrhein-Westfalen. Standortbestimmung und Perspektiven. In: *Mitteilungen der LÖBF* 24.3 (1999), S. 83–90, hier S. 90.

908 Schulte, Gerd: Wiesen- und Weidenschutzprogramme in NRW: Retten, was zu retten ist! In: *Mitteilungen der LÖLF* 14.4 (1989), S. 12–17, hier S. 12. Zwischen 1982 und 1988 gingen 43 470 Hektar Kulturlandschaft verloren, demgegenüber wurden 15 769 Hektar unter Naturschutz gestellt.

Schutzgebiete ließen sich die Bestandsrückgänge vieler Arten aufhalten. In manchen Fällen kam es auch zu deutlichen Bestandszunahmen. Die Population zum Beispiel des Brachvogels hatte sogar landesweit zugenommen. Die Bedeutung der Schutzgebiete stufte die LÖBF für die Zukunft als weiter steigend ein, da die Lebensraumqualität der Normallandschaft weiterhin als abnehmend eingeschätzt wurde. Aufgrund dessen müsse die Situation auch in den Schutzgebieten weiter verbessert werden.[909] Ohne Feuchtwiesenschutzprogramm, so die Deutung der LÖBF anhand der tatsächlichen Landschaftsveränderung in den letzten 30 Jahren, gäbe es im Münsterland kaum noch Grünland und überhaupt keine extensiv bewirtschafteten Flächen mehr.[910]

3.4 Ehrenamtlicher Naturschutz in Nordrhein-Westfalen: Eine Bestandsaufnahme

3.4.1 Nordrhein-Westfalens Naturschutzverbände nach dem Landschaftsgesetz

Almut Leh hat in ihrer Studie zur Geschichte des nordrhein-westfälischen Naturschutzes von 1945 bis 1975 die herausragende Bedeutung des Ehrenamtes für die Organisation des Naturschutzes in diesem Land herausgestellt. Das System der Beauftragten für Naturschutz sah ausdrücklich die Ehrenamtlichkeit vor, bis 1961 auf Bezirksebene mit der Einführung der Hauptamtlichkeit der erste Schritt zur Professionalisierung des Naturschutzes getan wurde.

Mit dem Inkrafttreten des Landschaftsgesetzes am 1. April 1975 wurde die Institution der Beauftragten gänzlich abgeschafft. Naturschutz sollte künftig professionell von den zuständigen Beamten der Landschaftsbehörden betrieben werden.

909 Weiss, Joachim; Michels, Carla et al.: Zum Erfolg im Feuchtwiesenschutzprogramm NRW. Das Beispiel Wiesenvögel. In: *Mitteilungen der LÖBF* 24.3 (1999), S. 14–26, hier S. 22–23.

910 Woike, Feuchtwiesenschutz, S. 84.

> Die zunehmende Verlagerung wichtiger Verwaltungsentscheidungen in den planerischen Bereich, die damit in Zusammenhang stehende Notwendigkeit eigener lang- oder mittelfristiger Zukunftsprojektionen und den vielberedeten Übergang zum konservierenden Naturschutz alter Art zur aktiven Landschaftspflege, zum Biotopmanagement, zur planvollen Landschaftsentwicklung, [911]

führte Pielow als Begründungen für die Entfernung des Ehrenamtes aus der unmittelbaren Naturschutzverwaltung an. Das 1970 in der *Süddeutschen Zeitung* geäußerte Postulat, nachdem Naturschutz eine zu wichtige Aufgabe sei, um sie den Naturfreunden zu überlassen,[912] fand sich auch in den Überlegungen des MELF wieder. Pielow kritisierte im Zuge der Erneuerungen die Emotionalität und den häufigen „Alles-oder-nichts"-Standpunkt der ehrenamtlichen Naturschützer, der den Zielen von Natur- und Landschaftspflege häufig entgegenstünde.[913]
Dennoch wollten Pielow und das MELF dies auf keinen Fall verstanden wissen, dass „das ehrenamtliche Element in Naturschutz und Landschaftspflege überhaupt entbehrlich wäre."[914] Im Gegenteil, der ehrenamtliche Naturschutz sollte auch weiterhin eine wichtige Rolle bei der Durchsetzung der Naturschutzanliegen spielen und ein dringend benötigtes Gegengewicht zu den Lobbys anderer Nutzungsinteressen bilden:

> Entscheidend ist jedoch, daß sich der gesellschaftliche Stellenwert von Naturschutz und Landschaftspflege sich noch nicht durchgreifend geändert hat. […] Solange die öffentliche Daseinsvorsorge für Natur und Landschaft nicht einem selbstverständlichen gesellschaftlichen Anspruch entspricht, wie beispielsweise öffentliche Sicherheit, brauchen wir vor allem die bürgerliche Unterstützung, die Unterstützung der

911 Pielow, Naturschutz und Verwaltung, S. 33, Zitat ebd.

912 *Süddeutsche Zeitung*, 20.8.1970.

913 Pielow, Naturschutz und Verwaltung, S. 40.

914 Ibid., S. 36.

> engagierten Minderheiten auf diesem Gebiet. Dies gilt zu einem Zeitpunkt, in dem wir versuchen, zu einem professionellen, rationalen, planmäßigen Naturschutz überzugehen, mehr denn je.[915]

Das LG NW sah daher insbesondere zwei neue ehrenamtliche Elemente vor: den Landschaftsbeirat, der die bisherigen Beauftragten ersetzte, und die Landschaftswacht, deren Funktion irgendwo zwischen verlängertem Arm der Behörde und unabhängigem Sachkundigem vor Ort einzuordnen war, auch wenn sie nach Willen des Gesetzgebers ausdrücklich nicht als Hilfspolizei verstanden werden sollte.[916] Ziel war es, das ehrenamtliche Element im Naturschutz zu erhalten und auf neue Aufgaben umzuleiten beziehungsweise diese neu zu definieren. Dazu zählte auch das Recht auf Beteiligung in den Planungsverfahren für die nach § 29 BNatSchG anerkannten Naturschutzverbände. Um diese Verbände besser zu koordinieren, finanzierte das Land ab 1982 eine gemeinsame Geschäftsstelle mit Sitz in Essen.[917] Doch gerade in den Beteiligungsverfahren schienen die Behörden nach Ansicht der Naturschutzverbände häufig deren Stellungnahmen als lästige Pflichtübungen anzusehen und die dort zur Verfügung gestellte Expertise ungenügend zu würdigen.[918]

---

915 Referat Dr. Pielow vor Vertretern des bürgerlichen Naturschutzes, Das neue Naturschutzrecht in seiner Anwendung für Landschaftsbeiräte und Bürgerinitiativen, undatiert (1977), LAV Abt. Rhld. NW 863 Nr. 86.

916 Begründungen zum Referententwurf zum Landschaftsgesetz, 20.08.1973, LAV Abt. Rhld. NW 481 Nr. 12.

917 Zu den anerkannten Naturschutzverbänden zählten zunächst der Deutsche Vogelschutzbund (später NABU) und die LNU als Dachverband für die kleineren Naturschutzvereine. Später kamen noch der BUND und die Schutzgemeinschaft Deutscher Wald (SDW) hinzu. Die gegenwärtige Form des BNatSchG vom 25.3.2002 regelt die Anerkennung von Naturschutzverbänden in den §§ 58–60. Vgl. hierzu auch Schmidt, Naturschutz und Landschaftspflege heute, S. 47.

918 Gerss, Wolfgang: Die Effizienz der Naturschutzverwaltung als Funktion ihrer Organisation und ihrer Bereitschaft zur Kooperation mit dem

Auf der anderen Seite herrschte auf Seiten des ehrenamtlichen Naturschutzes den beamteten Naturschützern gegenüber „unübersehbares Misstrauen [...] häufig gepaart mit Engstirnigkeit oder zumindest selbstgefälliger Überheblichkeit" vor, wie der Vorsitzende der LNU, der Dortmunder Raumplanungsprofessor Lothar Finke, einräumte, hervorgerufen jedoch durch gelegentlich „offenkundig mangelhaftes Engagement" seitens der Naturschutzverwaltung. Das „primadonnenhafte Gehabe" der Kollegen, so Finke, verhindere oft eine bessere Zusammenarbeit und eine bessere Eingliederung der Naturschutzverbände in die Verwaltungsprozesse.[919] In der Praxis wirkten sich nach Ansicht der Naturschutzverbände die Überforderung und die häufig mangelhafte Kooperationsbereitschaft der Behörden sowohl auf die teilweise katastrophale Bilanz in der Landschaftsplanung als auch insgesamt auf die besorgniserregenden Zustand der Natur im Land aus.[920]

Es stellte sich jedoch beiderseits die Frage, inwiefern eine effektive Eingliederung überhaupt möglich war. Wie Joachim Radkau zur Geschichte des BUND bemerkte, fand mit den Veränderungen des Themenkomplexes Natur- und Umweltschutz im Zuge der Professionalisierungstendenzen der 1970er und 1980er Jahre auch eine Verschiebung von Aufgaben- und Selbstverständnis statt, der die Naturschutzverbände vor eine ganz grundlegende Problematik stellte. „Die Erarbeitung von Emissionsgrenzwerten, von Öko-Bilanzen und Öko-Steuernovellen beschert nicht den emotionalen Lustgewinn wie das frühmorgendliche Beobachten von Vögeln", analysierte Radkau die Problematik des Professionalisierungsprozesses und der steigenden Komplexität; oder wie es der langjährige nordrhein-westfälische BUND-Vorsitzende Schmalz im Gespräch

nichtamtlichen Naturschutz. In: *Mitteilungen der LÖLF* 15.1 (1990), S. 28–32, hier S. 29–30.

919 Finke, Lothar: Gedanken zur Effizienzsteigerung des Naturschutzes. In: *Mitteilungen der LÖLF* 15.1 (1990), S. 33–36, hier S. 34, Zitate ebd.

920 Harengerd, Michael: Zur behördlichen Organisation des Naturschutzes in Nordrhein-Westfalen. In: *Mitteilungen der LÖLF* 15.1 (1990), S. 36–39, hier S. 37.

mit Radkau ausgedrückt hatte: „Naturschutz macht Spaß; Umweltschutz macht keinen Spaß.“[921] Die Naturschutzverbände standen vor der Aufgabe, ihrem Selbstverständnis als Sachverständige und Experten weiterhin gerecht zu werden, gleichzeitig aber auch den „Spaß“ an der Sache weiterzuverfolgen und auf die Veränderungen in Mitgliederstruktur und Verhaltensstil innerhalb der Umwelt- und Naturschutzbewegung einzugehen.[922] Die Verbände reagierten ihrerseits dabei auf die neuen Anforderungen und auf die Mobilisierungsschwierigkeiten mit eigenen Professionalisierungsprozessen. So verfünffachte sich die Zahl der professionellen Mitarbeiter des DBV/NABU von 1985 bis 1995, auch der BUND verdreifachte die Anzahl der Stellen in seiner Bundesgeschäftsstelle.[923]

3.4.2 Neue Beteiligungsmöglichkeiten mit Problemen: Landschaftsbeiräte und Landschaftswacht

Die Landschaftsbeiräte sollten die bisherigen Landes-, Bezirks- und Kreisbeauftragten ersetzen, doch nach Willen des Gesetzgebers mit

921 Radkau, Joachim: Vom Naturschutzverein über die Bürgerinitiativen zum anerkannten Umweltverband. Der BUND-NRW vor dem Hintergrund der deutschen Umwelt- und Naturschutzbewegung. In: Stiftung Naturschutzgeschichte (Hrsg.): *„Keine Berufsprotestiere und Schornsteinkletterer“. 25 Jahre BUND in Nordrhein-Westfalen*. Essen 2003 (Veröffentlichungen der Stiftung Naturschutzgeschichte, 3), S. 11–22, hier S. 15, Zitate ebd.

922 Vgl. hierzu auch Engels, Jens Ivo: Von der Heimat-Connection zur Fraktion der Ökopolemiker. Personale Netzwerke und Verhaltensstil im westdeutschen Naturschutz. In: Karsten, Arne (Hrsg.): *Nützliche Netzwerke und korrupte Seilschaften*. Göttingen 2006, S. 18–45, hier S. 30–31 und 39–40.

923 Bammerlin, Ralf: *Umweltverbände in Deutschland. Herausforderung zum Wandel!* Landau 1998 (Flora und Fauna in Rheinland-Pfalz, Beiheft 24), S. 92–95. Die Zahlen beziehen sich auf die Bundesorganisationen der jeweiligen Verbände. Für NRW kann jedoch eine zumindest ähnliche Entwicklung angenommen werden.

dem Unterschied, „daß der Hauptakzent bei der Aufgabenstellung nicht mehr in der fachlichen Beratung der [...] Landschaftbehörden liegt, sondern in der unabhängigen Vertretung der Belange von Natur und Landschaft". Die Landschaftswacht sollte dagegen ein ehrenamtliches Gremium „zur Anregung, Vermittlung, aber auch Kontrolle" mit beschränktem Anfrage- und Widerspruchsrecht (das nicht näher konkretisiert wurde) sein und als „Sprecher und Vertreter bürgerschaftlicher Elemente" fungieren.[924] Der § 7 LG NW definierte die Aufgaben der Landschaftsbeiräte wie folgend:

1. Unterbreitung von Vorschläge und Anregungen an die zuständigen Behörden.
2. Vermittlung der Absichten und Ziele von Naturschutz und Landschaftspflege an die Öffentlichkeit.
3. Fehlentwicklungen in der Landschaft entgegenwirken.[925]

Die Formulierung des Aufgabenspektrums der Beiräte schuf Raum für Missverständnisse. Wie Gerß in seiner Analyse der Landschaftsbeiräte bemerkte, war das „mangelnde Verständnis offensichtlich vieler Landtagsabgeordneter für den Begriff der im Landschaftsgesetz gemeinten Interessenvertretung" die Quelle der folgenden politischen Auseinandersetzungen, „die zu manchen gesetzgeberischen Irrwegen führten"[926]:

> Das Missverständnis ergab sich daraus, dass nach Darlegung der CDU erfahrungsgemäß Naturschutz gegen die Interessen der Landwirtschaft nicht möglich sei. Dem hielt die SPD entgegen, dass es im Landschaftsbeirat nicht um irgendeine Interessenvertretung gehe; vielmehr müsse der Beirat ein

924 Begründungen zum Referentenentwurf zum Landschaftsgesetz, 20.08.1973, LAV Abt. Rhld. NW 481 Nr. 12.

925 Landtag Nordrhein-Westfalen, Drucksache 7/4644, S 29–30.

926 Gerss, Wolfgang: *Missverständnisse und umstrittene Experimente in der Entwicklung des Rechts der nordrhein-westfälischen Landschaftsbeiräte. Ein Beispiel zur (Un)Logik demokratischer Entscheidungen*. Duisburg 2006 (Duisburger Beiträge zur soziologischen Forschung, 1/2006), S. 12.

> Sachverständigengremium sein. Diese Missinterpretation des Regierungsentwurfs [...] verkannte, dass der Beirat als Hauptaufgabe nicht mehr nur sachverständig beraten, sondern gerade Interessen vertreten sollte, aber nicht irgendwelche Interessen, sondern ausschließlich diejenigen von Natur und Landschaft.[927]

Das Aufgabenverständnis des Landschaftsgesetzes geriet bei den Beratungen um die Zusammensetzung der Landschaftsbeiräte in den Hintergrund. Die Beiräte waren aus Vertretern von Naturschutzverbänden, Vertretern der Landwirtschaft, Forstwirtschaft, Jagd, Fischerei und Imkerei sowie Sachverständigen für Naturschutz und Landschaftspflege zu besetzen und von den entsprechenden Körperschaften zu ernennen, beziehungsweise im Falle der Vertretungskörperschaften der Kreise und kreisfreien Städte zu wählen. Die Obergrenze der Mitglieder wurde auf fünfzehn festgelegt.[928] Doch blieb die Frage der Zusammensetzung dieser Beiräte umstritten, da die konkrete Ausgestaltung des Gesetzestextes viel Spielraum ließ. Auch hielt sich der Vorwurf, seit Inkrafttreten des Landschaftsgesetzes sei es vielerorts zur Gründung von Naturschutzorganisationen gekommen, die die Belange von Natur und Landschaft nur dem Namen nach vertraten und vielmehr eindeutig den Interessenverbänden der Landwirtschaft zuzuordnen waren. Eine Untersuchung der LÖLF aus dem Jahr 1982 ergab, dass im Mittel 53 Prozent aller Beiräte von den Landschaftsnutzern gestellt wurden, im Extremfall bis zu 67 Prozent.[929] Die Kritik aus den Naturschutzverbänden war deutlich. Insbesondere bei den unteren Landschaftsbehörden seien die Beiräte aufgrund der Dominanz

927 Ibid.

928 Landtag Nordrhein-Westfalen, Drucksache 7/4644, S. 30.

929 Berger, Martin; Feldmann, Reiner: Erfüllen die Landschaftsbeiräte ihre Aufgaben? Umfrage nahm Arbeitsweide und Wirksamkeit dieser Gremien unter die Lupe. In: *Mitteilungen der LÖLF* 7.3 (1982), S. 41–43, hier S. 41.

der Vertreter der Landnutzer zu reinen „Landwirtschaftsbeiräten“ degradiert worden.[930]

Schon drei Jahre nach der Einführung der neuen Institutionen zeigte man sich im MELF angesichts der Bilanz vieler Beiräte besorgt. Im Zuge der Novellierung des Landschaftsgesetzes wurde daher diskutiert, die Sachverständigen ebenfalls wie die anderen Beiratsmitglieder auf Vorschlag einer sachkundigen Organisation, zum Beispiel der LÖLF, zu wählen.[931] Überlegungen im MELF, dieser Problematik mit einer anachronistisch anmutenden, sogenannten „Ehrenordnung“ Herr zu werden, wurden aufgrund des zu erwartenden Widerstandes aus den Interessenvertretungen nicht in die Tat umgesetzt.[932]

Das Urteil der Landesregierung fiel nach einer Bestandsaufnahme in Sachen Landschaftsbeiräte deutlich aus: „[Die] Beiräte als Organe bürgerschaftlicher Mitwirkung erfüllen, namentlich auf der unteren Stufe, nicht die in sie gesetzten Hoffnungen“, hieß es im Zuge der Vorbereitung der Novellierung des Landschaftsgesetzes aus Düsseldorf. Die Zusammensetzung der Beiräte müsse geändert werden, um ihre „Funktion als Naturschutzorgane deutlicher“ zu machen. Der sich im Änderungsgesetz nun mit den Beiräten befassende § 11 LG NW sah daher eine neue Zusammensetzung vor. Fünf Vertreter sollten von den anerkannten Naturschutzverbänden benannt werden, je ein Beiratsmitglied sollte die Interessen der Verbände von Landwirtschaft, Forstwirtschaft, Gartenbau, Jagd,

930 Diese häufig benutzte Formulierung lässt sich beispielsweise bei der Deutschen Sektion des Internationalen Vogelschutzrates finden, siehe: Deutsche Sektion des Internationalen Rates für Vogelschutz (DS/IRV) an Landesregierung NW, 17.8.1983, LAV Abt. Rhld. NW 596 Nr. 1253.

931 Vorlage für den Minister, betr. Änderung des Landschaftsgesetzes, 30.1.1978, LAV Abt. Rhld. NW 481 Nr. 9.

932 Entwurf einer „Ehrenordnung“ für den Landschaftsbeirat, 10.9.1981, Bez. Weisung vom 3.9 1981, LAV Abt. Rhld. NW 863 Nr. 86.

Fischerei und Imkerei vertreten. Hinzu traten vier von der LÖLF berufene Sachverständige.[933]

Nach Anhörung der Verbände nahm das MELF jedoch erhebliche Änderungen am Entwurf vor. Die Sachverständigen wurden als eigene Gruppe vollständig gestrichen, da man nach Worten des SPD-Abgeordneten Horst Steinkühler davon ausging, dass „alle 15 Mitglieder eines Beirates sachverständig im Sinne von Natur und Landschaft und auch sachverständig in ihrem jeweiligen Bereich“[934] seien. Die Zahl der Vertreter des Naturschutzes wurde auf acht erhöht, sodass sie gegenüber den sieben Vertretern der Wirtschaftsverbände, zwei aus der Landwirtschaft und jeweils einem aus Forstwirtschaft, Jagd, Fischerei und Imkerei, nominell in der Mehrheit waren. Vorschlagberechtigte Naturschutzverbände waren nur noch BUND, DBV und LNU. Die Verbände der Landnutzer waren nicht namentlich genannt. Sollten manche Plätze nicht besetzt werden, so konnten die übrigen Verbände diese ausfüllen. Dies galt allerdings nur für die zweite Gruppe der Landschaftsnutzer, da der Gesetzgeber davon ausging, dass die Naturschutzverbände auf keinen Fall auf ihr Vorschlagsrecht verzichten würden. Dies war jedoch häufiger der Fall: Da die Verbände laut Durchführungsverordnung veranlasst waren, mehr Kandidaten als verfügbare Plätze zu benennen, um das Auswahlrecht der demokratisch legitimierten Gebietskörperschaften nicht unrechtmäßig zu beschränken, schlugen sie nicht mehr als neun Kandidaten vor, um ihre bevorzugten Kandidaten durchzusetzen. Als Begründung führten sie an, mehr geeignete Kandidaten seien nicht vorhanden.[935] Gegen diese Praxis protestierten die Parlamente der Kreise und kreisfreien Städte, die sie als Aushöhlung ihrer demokratischen Rechte empfanden, und weigerten sich vielerorts, die Beiräte auf dieser Grundlage zu wählen. Aufgrund dessen wurde die DVO erneut geändert, sodass die

933 Gesetzesentwurf der Landesregierung, Zweites Gesetz zur Änderung des Landschaftsgesetzes, 28.12.1983, LAV Abt. Rhld. NW 481 Nr. 8.

934 Landtag Nordrhein-Westfalen, Plenarprotokoll 9/120, S. 7651.

935 Gerss, *Missverständnisse*, S. 18–19.

Verbände verpflichtet wurden, die Auswahlmöglichkeiten für die kommunalen Vertretungskörperschaften deutlich zu verbreitern.[936]

Doch auch weiterhin wurde die Zusammensetzung debattiert. Die CDU-Fraktion brachte 1987 einen Gesetzesentwurf zum LG NW in den Landtag ein, der die Landschaftsbeiräte wieder auf die Regelung von 1975 zurückführen wollte und lediglich die Gesamtzahl der Mitglieder auf nicht mehr als 15 konkretisierte. Die CDU begründete dies damit, dass die Beiräte als Sachverständigengremien und nicht als Bühne für politische Auseinandersetzungen gedacht seien. Dieser Vorschlag wurde von der Landtagsmehrheit jedoch erwartungsgemäß abgelehnt.[937]

Auch von den Naturschutzverbänden gab es immer wieder Vorbehalte gegenüber der Zusammensetzung der Beiräte, die ihrer Ansicht nach – und nach dem Aufgabenverständnis des LG NW – reine Naturschutzinteressenvertretung sein sollte. Der BUND weigerte sich beispielsweise, überhaupt Kandidaten zu benennen. Diese „Blockadepolitik“[938] war Anlass für die Landesregierung, die Beiratszusammensetzung im Zuge des Novellierungsentwurfs 1993 nochmals zu verändern. Als „Disziplinierungsmaßnahme“ sah die Landesregierung vor, bei nicht ausreichenden Vorschlägen den Körperschaften das Recht zuzugestehen, die freien Plätze nach ihrem Gusto zu besetzen.[939] In ihrer Begründung zur Änderung des Landschaftsgesetzes stellte die Landesregierung angesichts der Ergebnisse der Beratungen im Ausschuss fest:

> Aus der Anhörung wurde deutlich, daß Änderungsbedarf hinsichtlich der Zusammensetzung der Landschaftsbeiräte besteht. Dabei soll der Grundsatz erhalten bleiben, daß ihre Aufgabe ausschließlich die unabhängige Vertretung der

936 Landtag Nordrhein-Westfalen, Drucksache 10/718.

937 Landtag Nordrhein-Westfalen, Drucksache 10/2415, siehe hierzu auch Gerss, *Missverständnisse*, S. 21.

938 Vorlage für den Minister, Eckpunkte des Landschaftsgesetzes (Referentenentwurf), 2.9 1992, LAV Abt. Rhld. NRW 1151 Nr. 19.

939 Gerss, *Missverständnisse*, S. 24.

> Belange von Natur und Landschaft ist. Die politische Entscheidung über die Abwägung verschiedener Belange muß Aufgabe der gewählten Körperschaften bzw. der zuständigen Landschaftsbehörden bleiben. Eine Erweiterung des Kreises der an den Landschaftsbeiräten beteiligten Organisationen soll daher nicht erfolgen. Vielmehr soll die Arbeit der Beiräte durch eine weitere Einschränkung des Beteiligtenkreises gestrafft und durch die Einführung einer Parität zwischen den Naturschutzverbänden einerseits und Landwirtschaft, Forst, Gartenbau, Jagd und Fischerei andererseits die Notwendigkeit einer internen Einigung verdeutlicht werden. Diese Zusammensetzung entspricht den Vorschlägen der Naturschutzverbände und der Landwirtschaft.[940]

Der verkleinerte Beirat wies nun ein Verhältnis von 6:6 zwischen Naturschutzverbänden und Wirtschaftsverbänden auf. In der Begründung zum Gesetzesentwurf hieß es hierzu, diese Maßnahme fördere „die Bereitschaft aller, im Sinne des Natur- und Landschaftsschutzes zu handeln".[941] Gerß nennt die Entscheidung der Landesregierung „in dreifacher Hinsicht nahezu grotesk". Erstens sei das Ungleichgewicht ursprünglich zur Sicherung der Interessen von Natur und Landschaft eingeführt worden, zweitens bestehe ein Widerspruch zwischen der postulierten Notwendigkeit der Einigkeit und der gleichzeitig bestärkten letztendlichen Verantwortlichkeit der gewählten Körperschaften und Behörden, und drittens sei die Behauptung, die Naturschutzverbände hätten die Parität selbst angestrebt, „schlicht falsch und absurd".[942] Gerß konstatiert, die Abgeordneten hätten bei den Stellungnahmen der Naturschutzvertreter – „sicherlich nicht aus Unkenntnis" – zwischen der „Parität für den Belang des Naturschutzes im engeren Sinn gegenüber allen anderen im Beirat vertretenen Schützer- und Nutzerbelangen" und

940 Landtag Nordrhein-Westfalen, Drucksache 11/7316, S. 101.

941 Ibid., S. 111.

942 Gerss, *Missverständnisse*, S. 26, Zitate ebd.

„Parität der Naturschutzverbände gegenüber den Wirtschaftsverbänden" nicht unterscheiden können oder wollen. Nach Aussage des von Gerß zitierten Sprechers der SPD-Fraktion seien dagegen zwei Gruppen prädestiniert dafür, die Belange der Natur paritätisch zu vertreten, und zwar die Naturbewirtschafter und die ideell motivierten Naturschützer.[943]

Die 1995 immer noch nicht abschließend geklärte Zusammensetzung und Funktion der Beiräte zeigte auf, dass hier die Zusammenarbeit zwischen ehrenamtlichem und amtlichem Naturschutz nicht reibungslos funktionierte. Die missverständliche Aufgabendefinition der Landschaftsbeiräte im LG NW führte zu erheblichen Konflikten, an deren Ende eine für die Interessen des Naturschutzes nicht gewollte Parität der Interessenvertreter stand. Die Naturschutzverbände fühlten sich von der amtlichen Seite nicht ausreichend unterstützt, während diese versuchte, die Interessen von Naturschützern und Naturnutzern zu vereinen, was nur schwerlich gelang. Die Landnutzer sahen dabei die Beiräte meist als Interessenvertretung ihrer Belange, während der Gesetzgeber ursprünglich ausschließlich die Belange von Natur und Landschaft vertreten sehen wollte. Dies war die Position der Naturschutzverbände, die von dieser Maximalforderung nicht abgehen wollten, wie zum Beispiel die Blockadepolitik des BUND zeigte.

Auch mit dem Gremium der Landschaftswacht zur Unterstützung der unteren Landschaftsbehörden gab es Schwierigkeiten. Das LG NW hatte zunächst die Bildung von Landschaftswachten den Kreisen freigestellt; dieser Einrichtungspassus wurde jedoch mit der Novellierung 1980 von einer „Kann-" in eine „Soll-Bestimmung" umgewandelt. Die untere Landschaftsbehörde ernannte die Landschaftswarte auf Vorschlag des Landschaftsbeirates. Bis 1986 waren schließlich in 85 Prozent der Kreise und kreisfreien Städte Landschaftswachten gebildet worden, jedoch in unterschiedlicher

943 Ibid., S. 25–26, Zitate ebd.

Ausprägung, was die Stärke des Personals anging.[944] Manche Kreise und kreisfreien Städte versäumten es jedoch, eine Landschaftswacht überhaupt einzurichten. Extrembeispiel hierfür war der Kreis Höxter, der sich weigerte, eine Landschaftswacht zu bilden, mit dem Hinweis, die 300 Mitarbeiterinnen und Mitarbeiter des Kreises seien Landschaftswächter in ausreichender Qualität, weshalb die LNU 1991 einen Zwang zur Bildung der Landschaftswacht forderte.[945]

Der Gesetzgeber hatte insbesondere die Überwachungsfunktion der Landschaftswacht konkretisiert. In § 8(1) LG NW hieß es zur Aufgabenstellung der neuen Einrichtung: „Die Landschaftswacht soll die zuständigen Behörden über nachteilige Veränderungen in der Landschaft benachrichtigen und darauf hinwirken, dass Schäden von Natur- und Landschaft abgewendet werden."[946] Als Hilfsorgan der Landschaftsbehörden wurde die Landschaftswacht mit hoheitlichen Funktionen, wie zum Beispiel einem Betretungsrecht, jedoch nicht mit Vollzugsgewalt ausgestattet. Die Übertragung von Vollzugsgewalt auf die Landschaftswacht wurde vom Gesetzgeber bewusst ausgeschlossen. Neben einer in diesem Falle deutlich höheren Aus- und Fortbildungsnotwendigkeit der Landschaftswarte wäre die vorgesehene Rolle der Landschaftswacht als Ansprechpartner für die Bevölkerung in Sachen des Naturschutzes und der Landschaftspflege schwierig zu vermitteln gewesen.[947] Der jeweilige Landschaftswart war dennoch verpflichtet, Missstände

944 Weiss, Joachim: NRW: Stand der Landschaftswacht. In: *Mitteilungen der LÖLF* 12.3 (1987), S. 37–39, hier S. 37–38. Der empfohlene Arbeitskreis von 20 km² pro Landschaftswachsbezirk wurde nur in sieben Kreisen erreicht.

945 Vorstellungen LNU zur Novellierung des Landschaftsgesetzes, 27.3.91, LAV Abt. Rhld. NW 1151 Nr. 20.

946 Landtag Nordrhein-Westfalen, Drucksache 7/4644, S. 31–32.

947 Trienekens, Herbert: Landschaftswacht in Nordrhein-Westfalen. In: *NuL* 58 (1983), S. 376–379, hier S. 377.

in der Landschaft den Behörden zu melden.[948] In der Praxis sahen sich die Landschaftswarte jedoch nicht als „Hilfspolizisten", sondern als Partner und Vermittler vor Ort.[949] Die Mittlerfunktion zwischen Behörden und Landschaft sowie zwischen Behörden und Bevölkerung wurde als Hauptaufgabe angesehen.[950] Der einzelne Landschaftswart sollte „nicht überwachen, sondern sich intensiv mit den Gegebenheiten seines Dienstbezirks vertraut machen und seine Erkenntnisse der amtlichen Naturschutzarbeit zur Verfügung stellen".[951] Die Landschaftswacht entwickelte sich zu einem wichtigen Instrument für den Naturschutz. In einer Untersuchung zu ehrenamtlichen Tätigkeiten im deutschen Naturschutz zum Ende der 1990er Jahre wurden die Landschaftswacht und ähnliche Einrichtungen in anderen Bundesländern als „die einzige realisierbare Möglichkeit, die notwendige flächendeckende Landschaftsüberwachung zu gewährleisten" ausgezeichnet.[952]

3.4.3 „Lackmustest" Verbandsklage

Die Frage nach der Einführung einer Verbandsklage in das Naturschutzrecht stand spätestens seit ihrer Aufnahme in den Forderungskatalog des DRL 1967, seit der Veröffentlichung des Steinschen Entwurfs zum Bundesnaturschutzgesetz 1971 und seit

948 Weiss, Joachim: Landschaftswacht – Mittler für die Belange der Natur vor Ort. Aufgabenstellung und Fortbildung der Mitarbeiter in Nordrhein-Westfalen. In: *Mitteilungen der LÖLF* 11.4 (1986), S. 12–21, hier S. 13.

949 Loos, Wilfried: Kein „Hilfspolizist" – Partner und Vermittler. In *Mitteilungen der LÖLF* 11.4 (1986), S. 28–30, hier S. 28–29.

950 Weiss, Landschaftswacht, S. 13.

951 Weiss, Stand der Landschaftswacht, S. 37.

952 Gerss, Wolfgang: Ehrenamtliche Naturschützer als Landschaftsüberwacher. Hauptamtliche „Ranger" zuständig für großräumige Nationalparke. In: *Mitteilungen der LÖBF* 26.3 (2001), S. 125–132, hier S. 132.

ihrer Befürwortung durch den SRU auf der Tagesordnung.[953] Die Verbandsklage schloss das Recht für die anerkannten Naturschutzverbände ein, im Namen der Allgemeinheit gegen Verwaltungsentscheidungen, die Eingriffe in den Naturhaushalt bedeuteten, Klage zu erheben; die sogenannte „altruistische Verbandsklage", durch die ein Verband die „durch die Klage subjektivierten objektivrechtlichen Begünstigungen von Natur und Landschaft [...] treuhänderisch geltend"[954] mache, wie es in der juristischen Diskussion hieß.[955] Bis dahin griff die Verwaltungsgerichtsbarkeit der Bundesrepublik nur, wenn sie durch ein Individuum angerufen wurde, das sich durch einen Verwaltungsakt in seinen subjektiven Rechten verletzt fühlt. Klagen „im Namen der Natur" waren bisher nicht möglich.[956]

Die Befürworter der Verbandsklage waren vorwiegend auf der Seite des ehrenamtlichen Naturschutzes und der Landespflege zu finden. Im Zuge der Diskussion um das BNatSchG erklärten unter anderem neben dem SRU der Beirat für Naturschutz und Landschaftspflege beim BML, DRL, DNR und BBU sowie die Arbeitsgemeinschaft der Verbraucherschutzverbände ihre Unterstützung für die Einführung der Verbandsklage. Die Gruppe der Gegner umfasste unter anderem den Deutschen Bauernverband, den Zentralausschuss der deutschen Landwirtschaft, den deut-

---

953 Zschiesche, Michael: Zur Lage der Verbandsklage in Deutschland. In: Ökologisches Jahrbuch 2000, S. 287–290, hier S. 287; vgl. zu den Forderungen des DRL und zum Steinschen Entwurf die Kapitel 2.2.4 bzw. 2.3.3.

954 Gassner, Erich: *Treuhandklage zugunsten von Natur und Landschaft. Eine rechtsdogmatische Untersuchung der Verbandsklage.* Berlin 1984 (Beiträge zur Umweltgestaltung, A 94), S. 99.

955 Zur juristischen Diskussion der Verbandsklage, die hier nicht in ihrer Gänze wiedergegeben werden kann, vgl. Schomerus, Thomas: *Defizite im Naturschutzrecht.* Diss. Univ. Göttingen 1987, hier S. 184–221.

956 Jäger, Wolfgang: Recht und Politik. Demokratietheoretische Probleme am Beispiel der Verbandsklage. In: Ders.; Mühleisen, Hans-Otto (Hrsg.): *Umweltschutz als politischer Prozess.* München 1976 (Politik und Politische Bildung), S. 99–110, hier S. 99–100.

schen Forstwirtschaftsrat, BDI, DIHT, DGB und die Bundesvereinigung der kommunalen Spitzenverbände. Die Naturschutzverbände sahen in der Verbandsklage ein Mittel der „flankierenden Vollzugsgarantie"[957] mit der die Naturschutzbehörden effektiv den ehrenamtlichen Naturschutz unterstützen könnten. Mit der Einführung der Verbandsklage werde endlich „Waffengleichheit" im Umweltrecht hergestellt, Projektbetreiber und Verwaltungen aufgrund der Einklagbarkeit von Umwelt- und Naturschutzinteressen zu deren frühzeitiger Berücksichtigung gezwungen.[958]

Auf der anderen Seite wurde dagegen befürchtet, dass mit der Verbandsklage im Naturschutzrecht ein Präzedenzfall für die gesamte Verwaltung geschaffen werden könne, die im schlimmsten Falle die gesamte Verwaltungstätigkeit des Staates zum Stillstand bringen könnte. Hinzu traten Fragen nach der Legitimation der Verbandsklage. War es demokratietheoretisch rechtens, dass Entscheidungen gewählter Vertreter und deren Verwaltungen durch Gerichtsentscheide blockiert wurden, herbeigeführt durch Klagen demokratisch nicht legitimierter Naturschutzverbände, die sich auf ein wie auch immer definiertes Allgemeinwohl beriefen?[959] Im BML sah man diese Problematiken ähnlich, weshalb der Gesetzesentwurf aus diesem Ministerium keine Verbandsklage enthielt.[960]

957 Schreiben BML an MELF betr. Einführung der Verbandsklage beim Entwurf eines Gesetzes über Naturschutz und Landschaftspflege, 21.1.1975, LAV Abt. Rhld. NW 453 Nr. 720.

958 Engelhardt, Wolfgang: *Beharrlich in kleinen Schritten. 50 Jahre Natur- und Umweltschutz in Deutschland.* Berlin (Initiativen zum Umweltschutz, 50), S. 73–74, Zitat S. 74.

959 Vgl. Jäger, Demokratietheoretische Probleme, S. 109–110. Für eine umfassende Darstellung der Argumente für und wider der Verbandsklage, siehe Anonym (Hrsg.): *Contra und Pro Verbandsklage. Anhörung des Arbeitskreises für Umweltrecht.* Berlin 1976 (Beiträge zur Umweltgestaltung, A 47).

960 Schreiben BML an MELF betr. Einführung der Verbandsklage beim Entwurf eines Gesetzes über Naturschutz und Landschaftspflege, 21.1.1975, LAV Abt. Rhld. NW 453 Nr. 720.

In einem Schreiben an das nordrhein-westfälische MELF hieß es dazu aus Bonn:

> Es steht zur Befürchtung, daß die Verbandsklage einer Lähmung der Verwaltung, zur Erschwerung einer umfassenden Planung und zu einer unzumutbaren Verzögerung ihrer Realisierung sowie zu einer Überlastung der Verwaltungsgerichtsbarkeit als Folge einer Prozeßflut führen wird.[961]

Die Kompromissformel einer abgeschwächten Verbandsklage, die nur gegen die Naturschutzbehörden selbst zugelassen wurde, scheiterte am Votum der Länder, die bis auf Niedersachsen geschlossen gegen eine solche Lösung stimmten. Pielow erklärte das Verhalten Nordrhein-Westfalens damit, dass die teilweise Einführung der Verbandsklage „als halbgar abzulehnen" war, da die „Naturschutzbehörden den Aufwand ausbaden [müssten], ohne Eingriffe in die Natur verhindern zu können".[962] In der Tat schien die Beschränkung auf die Klagemöglichkeit gegen Entscheidungen der *Naturschutz*verwaltung angesichts der weitaus schwerwiegenderen Eingriffe seitens anderer Behörden wie ein Muster ohne Wert. Wie Pielow auf dem Deutschen Naturschutztag 1978 ausführte, wäre dies als Test für die Verbandsklage nicht geeignet gewesen und hätte dem Instrument deutlich geschadet.[963]

---

961 Ibid.

962 Vorlage für den Herrn Minister, Betr. Bundesgesetz für Naturschutz und Landschaftspflege, Einführung der Verbandsklage, 18.7.1975, LAV Abt. Rhld. NW 453 Nr. 720.

963 Pielow, Ludger: Beteiligung der Verbände am Planungsverfahren. Korreferat zum Vortrag von Hubert Weiger auf dem Deutschen Naturschutztag 1978. In: Arbeitsgemeinschaft Deutscher Beauftragter für Naturschutz und Landschaftspflege (Hrsg.): *Bürgerbeteiligung an Naturschutz und Landschaftspflege. Referate und Ergebnisse des Deutschen Naturschutztages vom 18.-22. Mai 1978 in Lüneburg*. Bonn 1978 (Jahrbuch für Naturschutz und Landschaftspflege, 28), S. 63–68, hier S. 63.

Als Kompromiss wurde den Naturschutzverbänden das Recht auf Mitwirkung an den die Natur betreffenden Planungsverfahren zugestanden. Damit sei eine demokratische Kontrollfunktion durch die Naturschutzverbände gegeben. Dieses Recht beschränkte sich auf die nach § 25 BNatSchG anerkannten Verbände. Die Naturschutzverbände begrüßten das Mitwirkungsrecht, stellten jedoch auf dem Deutschen Naturschutztag fest, dass die Beteiligung „weder rechtlich noch umweltpolitisch" die Verbandsklage ersetze.[964]

Das MELF beziehungsweise MURL vertrat eine indifferente Haltung zur Verbandsklage, beharrte jedoch auf einer bundeseinheitlichen Lösung, um mögliche Standortnachteile zu verhindern. Auch nachdem die Verbandsklage in unterschiedlichen Ausführungen in anderen Bundesländern (Bremen, Hamburg, Hessen, Berlin und Saarland) und im Ausland (u.a. Schweiz, Frankreich, Niederlande, Italien, USA[965]) eingeführt worden war und sich dort die befürchtete Prozessflut nicht eingestellt hatte,[966] kam es zu keiner Veränderung der nordrhein-westfälischen Haltung. Auch gab es verfassungsrechtliche Zweifel, ob die Einführung einer Verbandsklage in die Gesetzgebungskompetenz der Länder fiele. Die Interpretation, dass der Bund durch das Offenlassen der Frage im Bundesnaturschutzgesetz eine Regelung auf Landesebene freistelle,

964 Deutscher Naturschutztag: Empfehlungen des Deutschen Naturschutztages 1978. In: ABN (Hrsg.): *Bürgerbeteiligung*, S. 99–102, hier S. 100.

965 Vgl. hierzu für eine Übersicht der verschiedenen Ausgestaltungen im internationalen Recht in Bizer, Johann; Ormond, Thomas; Riedel, Ulrike: *Die Verbandsklage im Naturschutzrecht*. Taunusstein 1990 (Schriften des Instituts für Umweltrecht Bremen), S. 31–54.

966 Zur Bilanz der Verbandsklage in Deutschland vgl. Balzer, Susanne: Rechtliche Ausgestaltung und Rechtswirklichkeit der Verbandsklage von Naturschutzverbänden in der Bundesrepublik Deutschland. In: *NuL* 64 (1989), S. 26–28.

schien zumindest fraglich.[967] Diese Ansicht wurde jedoch im Laufe der 1980er Jahre verworfen, nachdem zunächst der Bund Deutscher Verwaltungsrichter sich für die Einführung der Verbandsklage ausgesprochen hatte und auch die Verwaltungsgerichtsbarkeit in höchster Instanz entschieden hatte, dass der Verbandsklage keine verfassungsrechtlichen Bedenken entgegenstünden.[968]

Die anerkannten Naturschutzverbände Nordrhein-Westfalens forderten daher 1985 für die Novellierung des LG NW die Einführung der Verbandsklage zur Verbesserung der Verbandsbeteiligung. Die Beteiligung müsse frühzeitig und „sinnvoll" erfolgen und dürfe nicht zur „Pflichtübung" für Behörden und „Beschäftigungstherapie" für die Verbände verkommen. Die Erfahrungen in anderen Bundesländern und der Schweiz belegten einen maßvollen Umgang mit der Verbandsklage.[969] Das MURL bekräftigte jedoch erneut, dass die Verbandsklage zwar grundsätzlich zu begrüßen, eine bundeseinheitliche Regelung jedoch vorrangig zu betrachten sei. Die Beteiligung der Naturschutzverbände sah das Ministerium „ausreichend geregelt".[970]

1991 antwortete das Ministerium auf eine erneute Anfrage seitens des BUND, NRW habe immer den Standpunkt vertreten, dass die Verbandsklage bundesweit eingeführt werden müsse.

---

967 Vgl. Lässig, Curt Lutz: Keine Landeskompetenz für Verbandsklage im Naturschutzrecht. In: *Neue Zeitschrift für Verwaltungsrecht* 8 (1989), S. 97–101, hier S. 97. Hier heißt es: „Die Regelungen in Bremen, Hamburg, Hessen, Berlin und Saarland sind nichtig". Zitat a.a.O.

968 Philipp, Burkhard: Verbandsklage. Die Entwicklung der Verbandsklage in der Bundesrepublik Deutschland. In: *UfU: Themen und Informationen. Zeitschrift des Unabhängigen Instituts für Umweltfragen e.V. Berlin/Halle* 2 (2002), S. 4–13, hier S. 7.

969 Landesbüro der Naturschutzverbände NW Sept. 85: Forderungen zur Verbesserung der Verbandsbeteiligung in NRW, LAV Abt. Rhld. NW 863 Nr. 118.

970 Schreiben MURL an Landesbüro der Naturschutzverbände NW, 6.1 1986, LAV Abt. Rhld. NW 863 Nr. 118.

„Dabei bleibt es."[971] Zu einer bundeseinheitlichen Lösung kam es jedoch nicht. Die von der sozial-liberalen Koalition 1980 im Koalitionsvertrag vereinbarte Einführung der Verbandsklage kam aufgrund des Regierungswechsels 1982 nicht zustande, obwohl die FDP hier die treibende Kraft gewesen war.[972] Die neue Regierungskoalition zeigte kein Interesse an einer Einführung, obwohl eine von BMI und BML (allerdings noch unter der alten Regierung) eingesetzte interdisziplinäre Forschungsgruppe ausdrücklich die Einführung der Verbandsklage für eine verbesserte Verbandsbeteiligung forderte.[973] Ein von Bündnis 90/Die Grünen und SPD 1994 eingebrachter Antrag wurde im Bundestag mehrheitlich abgelehnt; die von CDU/FDP 1996 schließlich verabschiedete Novelle enthielt keine Verbandsklageregelung und scheiterte zunächst im Bundesrat und schließlich auch im Vermittlungsausschuss. Der 1998 zwischen SPD und Bündnis 90/Die Grünen geschlossene Koalitionsvertrag enthielt dann folgerichtig einen Entschluss zur Verbandsklage, dennoch dauerte es bis zur Novellierung des Bundesnaturschutzgesetzes 2002, bis die Verbandsklage in das Bundesrecht Einzug hielt.[974]

In Nordrhein-Westfalen blieb die SPD-Regierung auf ihrem Standpunkt zur Verbandsklage bis zum Eintritt der Grünen in die Landesregierung nach der Landtagswahl 1995 und der Übernahme des MURL durch die neue Ministerin Bärbel Höhn. Die Grünen hatten die Einführung der Verbandsklage seit langem gefordert und in den Koalitionsverhandlungen die Vereinbarung erzielt, dass, sollte es bis dahin keine Bundeslösung geben, bis Ende 1996

971 Schreiben MURL an Landes-AK Stadtökologie (BUND), 23.4.1991, LAV Abt. Rhld. NW 1151 Nr. 3.

972 *Frankfurt Allgemeine Zeitung*, 3.1.1981.

973 Abschlussbericht Aktionsprogramm Ökologie, herausgegeben vom BMI am 26.5.1983, LAV Abt. Rhld. NW 596 Nr. 1247.

974 Engelhardt, *Beharrlich*, S. 76–77; Philipp, Verbandsklage, S. 10; Zschiesche, Verbandsklage, S. 287–288.

die Verbandsklage im Landschaftsgesetz verankert werden sollte.[975] Bis zur Novellierung des LG NW dauerte es letztendlich bis zur Verabschiedung am 15. Juni 2000, mit der Nordrhein-Westfalen als inzwischen dreizehntes Bundesland die Verbandsklage in sein Naturschutzrecht aufnahm.[976] Die Diskussion um die Verbandsklage in NRW zeigte auf, dass die Landesregierung in diesem Fall nicht gewillt war, hier einen Alleingang zu gehen, wozu sie andernorts durchaus bereit gewesen war. Im MURL war man der Ansicht, dass die durch BNatSchG und LG NW gegebenen Beteiligungsmöglichkeiten für den ehrenamtlichen Naturschutz ausreichend waren und so kein Bedürfnis nach einer Verbandsklageregelung bestand. Hier überwog die Befürchtung, durch die Einführung der Verbandsklage eine lähmende Rechtsunsicherheit im Verwaltungsvollzug hinnehmen zu müssen. Die Bereitschaft, den ehrenamtlichen Naturschutz einzubeziehen, stieß hier deutlich an ihre Grenzen. Erst mit dem Regierungseintritt der Grünen änderten sich die Grunddispositionen, dennoch dauerte es bis zur zweiten Legislaturperiode der rot-grünen Regierung, bis die Verbandsklage in das Landesrecht aufgenommen wurde.

3.4.4 Die Biologischen Stationen NRW als flächendeckendes naturräumliches Fachkonzept: „Gütesiegel der Naturschutzpolitik"

Die Gründung von biologischen Stationen ging auf eine Entwicklung Ende der 1960er Jahre zurück, als sich 1968, ausgelöst durch Planungen der Stadt Münster, die Rieselfelder Münster durch eine mechanisch-biologische Kläranlage zu ersetzen, die *Ornithologische Arbeitsgemeinschaft Rieselfelder Münster* zusammenfand, um ein in einem breit angelegten Forschungsprojekt zur Erforschung der Rieselfelder Vogelwelt ihre Bemühungen zum Schutz dieses

975 Kabinettvorlage, 15.6.1996, LAV Abt. Rhld. NW 1151 Nr. 54.

976 Bärbel Höhn, Rede zum „Neuen LG", Entwurf Juni 2000, LAV Abt. Rhld. NW 1151 Nr. 59.

Reservates fachlich zu unterstützen. 1974 erfolgte aus dieser AG die Gründung des Vereins *Biologische Station Rieselfelder Münster*. 1977 schloss der Verein mit der Landesregierung einen Betreuungsvertrag über das 233 Hektar große Gebiet ab, das von der Stadt Münster langfristig angepachtet worden war. Nach dem 1980 abgeschlossenen, aus Bundesfördermitteln finanzierten Bau eines Stationsgebäudes nahm die Biologische Station ihre Arbeit auf.[977]

Angesichts der positiven Erfahrungen, die mit dieser ersten Biologischen Station gemacht wurden, übertrug das Land 1986 die Überwachung der Einhaltung des Feuchtwiesenschutzprogramms und Betreuung der in Landesbesitz (oder Pacht) stehenden Gebiete im Pilotprojekt Heubachwiesen der 1980 durch eine private Initiative gegründeten Biologischen Station Zwillbrock, die seitdem durch Zuschüsse des Landes finanziert wurde.[978] 1985 wurde darüber hinaus im Kreis Minden-Lübbecke nach dem Vorbild der beiden anderen Stationen ebenfalls auf Initiative eines ornithologischen Arbeitskreises eine Biologische Station gegründet. Aus den Erfahrungen dieser Projekte wurden folgende Aufgabenstellungen für die Biologischen Stationen erarbeitet:[979]

- Erhebung und jährliche Fortschreibung von wissenschaftlichen Grundlagen über Flora und Fauna in konkreten Schutzgebieten.
- Empfehlungen für Pflege und Entwicklung der Schutzgebiete. Umsetzung der Pflege- und Entwicklungspläne im Auftrag der Naturschutzbehörden.
- Durchführung praxisbezogener wissenschaftlicher Forschungsarbeit, um biologisch gesicherte Erkenntnisse als Grundlage künftiger Schutzpolitik zu gewinnen.

---

977 Der Minister für Umwelt, Raumordnung und Landwirtschaft des Landes Nordrhein-Westfalen: Biologische Stationen in NRW – Naturräumliches Fachkonzept. In: *Mitteilungen der LÖLF* 15.1 (1990), S. 14–24, hier S. 15.

978 Siehe Kapitel 3.3.3.

979 Im Folgenden: MURL, Biologische Stationen, S. 15.

- Fachliche Beratung der Naturschutzbehörden bei gebietsbezogenen Planungen, insbesondere in Hinblick auf Auswirkungen bei Eingriffen Dritter auf das Schutzgebiet.
- Informationsvermittlung über das Schutzgebiet, Anlage von störungsfreien Beobachtungsmöglichkeiten, Anlage gezielter Wegführung für Besucher, Ausstellungen, Führungen und Durchführung von Fachtagungen zum Naturschutz.

Ausgehend von dieser Aufgabenstellung formulierte die Landesregierung 1990 das Ziel, ein flächendeckendes landesweites Netz von insgesamt 22 Biologischen Stationen aufzubauen und mit Landesmitteln zu fördern. Grund waren die „völlig veränderten Herausforderungen" vor denen amtlicher und ehrenamtlicher Naturschutz seit der neuen Naturschutzpolitik von 1985 stünden. Der neue Rahmen für staatliches und privates Handeln, die Kulturlandschaftsprogramme, erforderten einen bisher nicht dagewesenen Aufwand, den der Staat alleine nicht zu bewältigen können schien. Allein die vom Land für Naturschutzzwecke angeworbenen Flächen waren zwischen 1971 und 1989 von 3 auf 5 713 Hektar angestiegen, für deren Pflege kein Personal zur Verfügung stand. Der Aufgabenkomplex, Pacht- und Extensivierungsverträge einzuwerben, deren Einhaltung zu kontrollieren und ihre Inhalte dem Realverlauf der Vegetationsperiode anzupassen sowie die biologische Erfolgskontrolle zu übernehmen, konnte nach Ansicht des Landes von den Biologischen Stationen übernommen werden.[980]

Der Aufbau des Stationsnetzes sollte bis 1995 erfolgen. Das MURL sah vor, dass die Einrichtung der Biologischen Stationen in enger Kooperation und gemeinsamer Finanzierung mit den kommunalen Gebietskörperschaften betrieben werden sollten. Dabei übernahm das Land bei Fördervolumen von bis zu 350 000 DM Anteile zu 80 Prozent, bis 500 000 DM zu 70 Prozent und darüber hinaus zu gleichen Teilen.[981] Die unteren Landschaftsbehörden

980 MURL, Biologische Stationen, S. 17–19.

981 Ibid., S. 21.

befanden sich zu diesem Zeitpunkt bereits in Verhandlungen mit an einer Übernahme einer Biologischen Station interessierten Naturschutzvereinen. So sollte ein Netz entstehen, in dem jeweils eine Station für bis zu drei Kreise beziehungsweise kreisfreie Städte zuständig war.[982]

Zehn Jahre später (Stand: 31.12.2000) war das Konzept mit insgesamt 19 institutionell und 15 projektbezogen realisierten Biologischen Stationen im Kern umgesetzt worden. Seit 1988 hatte das Land 87,7 Millionen DM in Aufbau und Förderung der Stationen investiert. Insgesamt waren 85,25 Stellen für wissenschaftliches Personal geschaffen worden – ein Zeichen, dass die Biologischen Stationen nicht nur Beschäftigungsprogramm für den ehrenamtlichen Naturschutz sein sollten, sondern in ein wissenschaftliches Gesamtkonzept der Naturschutzpolitik integriert waren. Zwischen den verschiedenen Biologischen Stationen bestanden allerdings Unterschiede hinsichtlich des Aufgabenspektrums und des Standes der Umsetzung des 1990 ausgegebenen naturraumbezogenen Fachkonzeptes. Während knapp 90 Prozent der Stationen Aufgaben der Erhebung wissenschaftlicher Grunddaten, des Biotopmanagements und der Informationsvermittlung über ihre jeweiligen Schutzgebiete übernahmen, gaben nur drei Viertel Empfehlungen für die Pflege- und Entwicklungsplanung ab und leisteten nur gut die Hälfte praxisbezogene wissenschaftliche Forschung, Beratung der Naturschutzbehörden und Betreuung der Land- und Forstwirtschaft im Vertragsnaturschutz. Dementsprechend sah das Ministerium das Fachkonzept nur zu 60 Prozent umgesetzt, auch wenn es diese Bilanz durchaus als zufriedenstellend ansah und die Biologischen Stationen gar als „Gütesiegel der Naturschutzpolitik" bezeichnete.[983]

982 Ibid., S. 22–25.

983 Neiss, Thomas: Biologische Stationen in NRW: Gütesiegel der Naturschutzpolitik. In: *Mitteilungen der LÖBF* 26.3 (2001), S. 8–12, hier S. 8–9.

Auch die Naturschutzverbände zogen nach zehn Jahren eine positive Bilanz. Die Akzeptanz der Stationen bei der Bevölkerung sei sehr hoch, sodass die Biologischen Stationen nach Ansicht des Dachverbandes eine wichtige Rolle bei der Vermittlung der Naturschutzanliegen spielen konnten. Die Unterschiede zwischen den Stationen lägen daran, dass es keine „Retortengründungen" seien, sondern mit einem hohen Maß an Eigeninitiative und Unabhängigkeit in den letzten zwei bis drei Jahrzehnten aufgebaut worden seien. Hierin sah der Dachverband auch die Hauptstärke der Biologischen Stationen, die man durch die Bestrebungen aus Düsseldorf, die Stationen in „weisungsgebundene ‚quasi-Behörden'" umzuwandeln, gefährdet sah.[984] An diesem – wenn auch marginalen – Disput zeigte sich, dass die Biologischen Stationen sinnbildlich für die Beziehungen zwischen ehrenamtlichen und hauptamtlichen Naturschutz standen. Zum Einen verdeutlichte der Erfolg des Netzwerkes die Fruchtbarkeit der Zusammenarbeit zwischen den beiden Armen des Naturschutzes, doch blieb ein nicht auflösbarer Konflikt zwischen Selbständigkeit und Kontrolle, der immer wieder zu Reibungsverlusten führen konnte.

3.5 Zwischenfazit

In Nordrhein-Westfalen vollzog sich zum Jahreswechsel 1984/85 eine „Wende" des Naturschutzes zu neuen Wegen. Die Landesregierung gab im Umweltprogramm 1983 das Ziel aus, mittelfristig drei Prozent der Landesfläche unter Naturschutz zu stellen, sowie eine Pufferzone von zehn Prozent zu schaffen, die weitestgehend unter Schutz gestellt werden sollte. Diese Zahlen ergaben sich aus der 1983 abgeschlossenen Biotopkartierung (für die freie Landschaft, nicht den besiedelten Bereich), die eben jene drei Prozent als noch

984 Harengerd, Michael: Die Gemeinnützigkeit muss auch in Zukunft erhalten bleiben. In: *Mitteilungen der LÖBF* 26.3 (2001), S. 14–15, hier S. 15, Zitat ebd.

schützenswerte Gebiete feststellte. Der Status quo zu diesem Zeitpunkt lag bei etwa 0,6 Prozent.

Gleichzeitig ließ sich nicht mehr übersehen, dass mit dem Instrument der Landschaftsplanung zumindest kurz- bis mittelfristig dieses Ziel nicht zu realisieren war. Die im LG NW angelegte Problematik, dass die weitgehenden Regelugen des Gesetzes nur schwer gegen den Widerstand der Kreise und kreisfreien Städte, Konkurrenzplanungen und anderen Interessen durchzusetzen waren, wurden als „Vollzugsdefizit" deklariert und in mehreren Novellierungen des Gesetzes zu beheben versucht. Die Behörden behalfen sich derweil meist mit dem (alten) Instrument der einstweiligen Sicherstellung, mit dem Gebiete für vier Jahre einer Veränderungssperre unterlagen. Dies brachte die Bauern gegen diese Naturschutzmaßnahmen auf, die, zusätzlich bedrängt durch die Auswirkungen der EG-Agrarpolitik, protestierten oder Naturschutzmaßnahmen bewusst sabotierten.

Die Ohnmacht des behördlichen Naturschutzes erwies sich darin, dass umfassende Kontrollmaßnahmen aufgrund fehlenden Personals nicht möglich waren. Man war auf das Mitwirken der Landwirtschaft angewiesen. Gleichzeitig brachte die agrarwirtschaftliche Situation viele Landwirte an den Verhandlungstisch. In dieser Situation übernahm der neue Minister Matthiesen die Initiative, indem er im Dialog mit den Bauernverbänden ein Programm zum Feuchtwiesenschutz auflegte. Das Programm umfasste unter anderem Pachtverträge, Grundstückstausch, Ankauf von Milchquoten und Ausgleichszahlungen für Nutzungseinschränkungen. Schnell folgten die sogenannten Kulturlandschaftsprogramme. Hinzu trat 1986 das Naturschutzprogramm Ruhrgebiet, das erstmals gezielt die Industrielandschaft zum Objekt hatte. Insgesamt wandte das Land zwischen 1985 und 1990 circa 180 Millionen DM für Sonderprogramme auf. Im Ergebnis stieg die Fläche „klassisch" ausgewiesener Naturschutzgebiete von 1983 bis 1987 von 28 000 auf 33 000 Hektar an, gleichzeitig wurden durch Sonderprogramme circa 45 000 Hektar entweder unter Naturschutz gestellt oder durch aktive Pflege gesichert. Die Sonderprogramme waren somit zu einem existenziellen Teil des Drei-Prozent-Ziels geworden, auch wenn die Landesregierung weiterhin betonte, dass diese Programme nur die Landschaftsplanung vorbereiteten, wo eine solche (schnelle) Vorarbeit notwendig sei.

Die Entwicklung des Naturschutzes in Nordrhein-Westfalen orientierte sich dabei an den seit Ende der 1970er Jahre aufgekommenen Forderungen, durch finanzielle Anreize für Landnutzer und die Einbindung von Naturschutzorganisationen und unabhängiger Instanzen die Basis für den Naturschutz zu verbreitern. Hier gab es zudem Anknüpfungspunkte an die gesellschaftlichen Trends von Individualisierung, Pluralisierung und Privatisierung, die so an den hauptamtlichen Naturschutz des Landes herangetragen wurden.

Die Entwicklung des Vertrags- und Angebotsnaturschutzes fällt eindeutig in diesen Trend. Bei der Einbindung der Naturschutzorganisationen ergibt sich ein gemischtes Bild. Der Aufbau eines landesweiten Netzes von biologischen Stationen, die vom Land finanziell gefördert und vom ehrenamtlichen Naturschutz betrieben wurden, institutionalisierte dessen Anteil an der Naturschutzpolitik des Landes. Sie dienen bis heute sowohl zur praktischen Naturschutzarbeit, als Schulungs- und Bildungszentren und auch als Überwachungsstationen von Naturschutzmaßnahmen. Auf der anderen Seite steht die Frage der Verbandsklage, einer zentralen Forderung der Naturschützer seit den 1970er Jahren. Vom Umweltministerium vordergründig befürwortet, dauerte es jedoch bis zur Novellierung im Jahre 2000, ehe die Verbandsklage in das Landschaftsgesetz aufgenommen wurde. Eine ebenfalls ambivalente Bilanz muss den Landschaftsbeiräten beigemessen werden, deren Wirken und Zusammensetzung konstant Anlass zur Kritik waren. Von den Naturschützern zunächst als „Landwirtschaftsbeiräte" kritisiert, übertrug das Land in der Novellierung 1985 das alleinige Vorschlagsrecht der LÖLF, also einer Einrichtung des Landes. Dies rief naturgemäß Kritiker auf den Plan, die hierin eine Aushöhlung der Unabhängigkeit der Landschaftsbeiräte sah. Es fällt relativ schwer, hier ein Fazit zu ziehen, da die Einzelfälle auf Kreisebene doch sehr stark variierten. Für die Beiräte bei den

Regierungspräsidenten gilt dagegen, dass hier die Zusammenarbeit relativ gut funktionierte, jedenfalls aus Sicht der Naturschützer. Insgesamt blieben die Beiräte ein Streitpunkt zwischen Naturschützern, Kommunen und anderen Interessenvertretern.

Zusammenfassend lässt sich feststellen, dass es im NRW-Naturschutz in den 1980er Jahren einen Wandel hin zu kleinmaßstäbigeren Lösungsansätzen gegeben hat, auch wenn die Gesamtstrategie eines flächendeckenden Verbundnaturschutzes nicht aufgegeben wurde. Vielmehr lässt sich eine Veränderung der Methoden feststellen, die deutlicher am Dialog mit den Betroffenen vor Ort, sowohl Verursachern als auch Naturschützern, ausgerichtet waren. Damit erhöhten sich auch die Spielräume, pragmatischere Ansätze zum Schutz der Natur zu finden. Möglich wurde dies durch die deutlich erhöhten Mittel, die für den Naturschutz zur Verfügung standen. Diese waren insbesondere durch die besondere Situation der Krise 1983, in der das Phänomen des Waldsterbens, der Rücktritt Bäumers und die angeschlagene Position von Ministerpräsident Rau eine spezielle Konstellation erzeugten, die Vorbedingung für die Neuausrichtung im nordrhein-westfälischen Naturschutz war. Die These von Brüggemeier, dass das Waldsterben den Durchbruch in der Umweltpolitik in NRW darstellte,[985] kann daher mit Blick auf den Naturschutz bestärkt werden. Matthiesen nutzte diese Begleitumstände und die Rückendeckung aus dem Kabinett, um neue Wege einzuschlagen, die ohne den deutlich vergrößerten Etat nicht möglich gewesen wären.

985 Brüggemeier, Erfolg ohne Väter, S. 193.

4 – Grundzüge des nordrhein-westfälischen Naturschutzes in den 1990er Jahren

> Auch in der begrenzten Verantwortung eines Bundeslandes können neue Weichenstellungen ökologischer Reformpolitik vorgenommen werden. [...] Dabei brauchen wir nicht auf den neuen Menschen zu warten. Was wir vielmehr brauchen, ist die Bereitschaft zu zielstrebigem reformerischem Handeln.[986]

Dieses Kapitel soll dazu dienen, die Entwicklungen im nordrhein-westfälischen Naturschutz in den 1990er Jahren zu illustrieren und einen Ausblick auf die Situation zum Ende des Jahrzehnts zu geben. Die „Weichenstellungen ökologischer Reformpolitik" der 1980er Jahre, wie sie die Landesregierung anpries, bildeten die Grundlage für das naturschützerische Handeln des MURL in diesem Zeitraum. Dabei soll untersucht werden, wie die Veränderungen in Methoden und Konzeptionen sich in der Praxis der veränderten Rahmenbedingungen der 1990er Jahre bewährten.

Erster Punkt der Analyse ist die Entdeckung des städtischen Raums für den Naturschutz. Diese Entwicklung nahm Ende der 1970er Jahre ihren Ausgang und wurde Mitte der 1980er Jahre

986 Ministerium für Umwelt, Raumordnung und Landwirtschaft: *Natur 2000 in Nordrhein-Westfalen. Leitlinien und Leitbilder für Natur und Landschaft im Jahr 2000*. 2. Auflage, Düsseldorf 1990, S. 62.

durch die Einführung des Naturschutzprogramms Ruhrgebiet (NSPR) zu einer zentralen Komponente der Landesnaturschutzpolitik Nordrhein-Westfalens. Den Anstoß gab der Kommunalverband Ruhrgebiet (KVR), der im Zuge der Gestaltung des Strukturwandels in Deutschlands größtem Ballungsgebiet erkannt hatte, dass die ökologische Erneuerung der Städte hierfür von zentraler Bedeutung war. Das NSPR war von den Kulturlandschaftsprogrammen inspiriert und seiner Natur nach ein klassisches Vertragsnaturschutzprogramm, das sich zumeist auf die Flächen der Kulturlandschaft zwischen den städtischen Räumen konzentrierte. Mit der IBA Emscher Park und dem Konzept des Emscher Landschaftsparks wurde der Naturschutz aktiv in die Gestaltung des Strukturwandels eingebunden. Das Ökologieprogramm Emscher-Lippe (ÖPEL) schuf mit der Renaturierung der Emscher die Grundlage für die Entstehung eines Grüngürtels von Ost nach West, der die bestehenden Grünzüge und Naturbereiche miteinander vernetzte.

Zu Beginn der 1990er Jahre galt es im MURL, die im Vorjahrzehnt auf den Weg gebrachten Teile des Strategiewechsels im nordrhein-westfälischen Naturschutz zu einem Gesamtkonzept zu verdichten und somit den Weg hin zu einem flächendeckenden, das ganze Land umspannenden Natur- und Landschaftsschutz vollenden. Dieser Anspruch wurde im 1990 veröffentlichten Programm „Natur 2000" verdeutlicht. Derweil hatten sich die Anforderungen und Erwartungen an Landschaft und Natur verändert. Die Auseinandersetzungen mit Natur-, Freizeit- und Sportfreunden, Windkraftbetreibern und den Grünen zeugten von neuen Herausforderungen und Konfliktstrategien, die den amtlichen Naturschutz bis 1995 beschäftigten.

Hier knüpfte auch die weiterhin geführte Diskussion um das Für und Wider des nordrhein-westfälischen Sonderwegs der flächendeckenden, verbindlichen Landschaftsplanung an, die auch in den 1990er Jahren Parlament, Verwaltung und ehrenamtlichen Naturschutz beschäftigte. Die Landschaftsplanung war erneut Gegenstand zweier Landschaftsgesetznovellierungen, in der das

Verfahren einmal mehr vereinfacht wurde. Trotz aller Kritik wuchs bei den Kreisen und kreisfreien Städten dagegen die Akzeptanz dieses Instrumentes, sodass von einer Etablierung der Landschaftsplanung zum neuen Jahrzehnt hin gesprochen werden kann.

Die deutsche Wiedervereinigung 1990 veränderte jedoch auch die Rahmenbedingungen des amtlichen Naturschutzes in Nordrhein-Westfalen. Die nach einem kurzen Wiedervereinigungsboom einsetzende Wirtschaftskrise und die Kosten von Wiederaufbau und Sanierung der Neuen Bundesländer verbanden sich mit der hohen Schuldenquote von Bund und Ländern zu einer Haushaltskrise, die eine Rückführung der Ausgabenseite bei der Verwaltung zwingend erforderlich zu machen schien.[987] Der Staat war „[...] auf allen Ebenen (Bund, Länder, Kommunen) an die Grenze seiner Leistungsfähigkeit gestoßen."[988] Von den Budgetkürzungen und Personalreduzierungen war auch die Naturschutzabteilung des MURL betroffen. Es ging nun vermehrt darum, bei geringerem Mittelaufwand das erreichte Niveau im nordrhein-westfälischen Naturschutz zu erhalten.

In diesem Rahmen gewann für NRW die europäische Naturschutzpolitik an Bedeutung. Insbesondere die europäischen Fördermittel waren eine Möglichkeit, die fehlenden Mittel aus dem Landeshaushalt zu ersetzen. Darüber hinaus schufen Vogelschutz- und FFH-Richtlinie die Instrumente, das anvisierte Flächenverbundnetzwerk zu verwirklichen.

---

987 Vgl. Gros, Jürgen: Wirtschaft. In: Weidenfeld, Werner; Korte, Karl Rudolf (Hrsg.): *Handbuch zur deutschen Einheit 1949–1989–1999.* Lizenzausgabe der Bundeszentrale für politische Bildung, aktualisierte und erweiterte Neuausgabe 1999, S. 847–862, insb. 850–861.

988 Ibid., S. 861.

4.1 Naturschutz als Beitrag zum Strukturwandel: Vom Naturschutzprogramm Ruhrgebiet zum Emscher Landschaftspark

4.1.1 Die Entdeckung des städtischen Raumes für den Naturschutz

Für das Land Nordrhein-Westfalen war das Ruhrgebiet als urbaner Raum von besonderer Bedeutung als Deutschlands bekannteste und größte Industrieregion und Siedlungsagglomeration. Das Ruhrgebiet stand jedoch als „dreckigste Region Deutschlands" häufig sinnbildlich für Umweltverschmutzungen und für die negativen Folgen der Industrialisierung. Nach Beginn des Strukturwandels – dem Niedergang zunächst des Bergbaus, dann der Stahlindustrie – galt das Ruhrgebiet als Innbegriff der Krise und war sowohl in wirtschaftlicher als auch in gesundheitlicher und ästhetischer Sicht negativ behaftet.[989] Eine häufig verbreitete Forschungsmeinung ist heute, dass sich die regionale Identität der Bevölkerung des Ruhrgebiets erst herausbildete, als der Niedergang der Montanindustrie die strukturelle Homogenität auflöste.[990] Dies wirkte sich auch auf die Herausbildung einer spezifischen Industriekulturlandschaft aus, die erst mit dem Strukturwandel als erhaltenswert angesehen wurde: „Erst die Deindustrialisierung führte zum Wunsch des Bewahrens und der Aufwertung des bis dahin Alltäglichen."[991] Zunehmend wurde in den 1970er und 1980er Jahren dazu übergegangen, industrielle Bauwerke, aber auch in der freien Landschaft liegende Spuren der Industrialisierung wie Kanäle oder Eisenbahntrassen als Kulturdenkmale auszuweisen.[992] Dies

---

989 Mittag, Jürgen; Seidel, Hans-Christoph: Das Ruhrgebiet – Bürde oder Chance für Nordrhein-Westfalen? Zuschreibungen und Raumbilder im Wandel der Zeit. In: Brautmeier, Jürgen; Heinemann, Ulrich (Hrsg.): *Mythen – Möglichkeiten – Wirklichkeiten. 60 Jahre Nordrhein-Westfalen.* Essen 2007, S. 71–105, hier S. 96–98.

990 Vgl. Ibid., S. 83.

991 Bolenz, Eckhard: Industriedenkmalpflege, Industriearchäologie. In: Reinicke/Romeyk (Red.): *Land in seiner Geschichte*, S. 595–598, hier S. 595.

992 Deutscher Rat für Landespflege: Landschaft und Heimat. Ein Resümee. In: Ders. (Hrsg.): *Landschaft und Heimat*, S. 5–16, hier S. 11.

verband sich mit einer zunehmend vom KVR betriebenen Imagekampagne, mit der der Strukturwandel vorangetrieben und gestaltet und gleichzeitig der Mythos vom Ruhrgebiet als Industrieregion aufrechterhalten werden sollte.[993] Sie fiel zeitlich zusammen mit der 1984 im Landtagswahlkampf ins Leben gerufenen Kampagne der Landesregierung mit dem Slogan „Wir in Nordrhein-Westfalen", die dem größten deutschen Bundesland ein neues Selbstwertgefühl jenseits des Verlierer- und „Schmuddelkind"-Images geben sollte und schnell zum Marken- und Erkennungszeichen sowohl des Landes als auch der Regierungspartei avancierte.[994] Dem Bestreben, den Menschen in NRW Anknüpfungspunkte für Identifikation und Heimatverbundenheit näherzubringen, entsprang auch die Gründung der NRW-Stiftung Natur, Heimat und Kultur anlässlich des 50-jährigen Bestehens des Landes 1986, deren erster Vorstandspräsident Diether Deneke wurde. Ausgestattet mit einem Startkapital von 10 Millionen DM aus Landesmitteln, finanzierte sie sich danach aus Lotterieeinnahmen.[995]

Der Strukturwandel hinterließ teilweise riesige brachliegende Areale früherer Großindustrieanlagen, die gleichzeitig Bürde und Chance darstellten, da sie einerseits teils große Belastungen durch Schwermetalle und andere Gifte aufwiesen, anderseits plötzlich

993 Noll, Wulf: Nach dem Ende der industriellen Massenproduktion. Das Ruhrgebiet im globalen Strukturwandel. In: Brautmeier, Jürgen et al. (Hrsg.): *Heimat Nordrhein-Westfalen. Identitäten und Regionalität im Wandel.* Essen 2010 (Düsseldorfer Schriften zur Neueren Landesgeschichte und zur Geschichte Nordrhein-Westfalens, 83), S. 263–276, hier S. 274–275.

994 Hitze, Guido: Von „Wir in NRW" bis „Nordrhein-Westfalen kommt wieder". Landesbewusstsein und Landesidentität in den landespolitischen Integrationsstrategien von Regierungen, Parteien und Parlament. In: Brautmeier et al. (Hrsg.): *Heimat Nordrhein-Westfalen*, S. 89–117, hier S. 98–100.

995 Matthiesen, Klaus: Die Bilanz der Naturschutzarbeit des Landes kann sich sehen lassen. 80 Millionen DM im Etatentwurf 1987/Sonderprogramm Ruhrgebiet. In: *Mitteilungen der LÖLF* 11.4 (1986), S. 42–47, hier S. 47; siehe hierzu auch Neiss, Kairos nicht chronos, S. 28.

große Flächen innerhalb der Städte wieder nutzbar wurden – auch für den Naturschutz?

Natur und Großstadt wurden lange Zeit als zwei sich ausschließende Entitäten betrachtet. Ihren Ursprung hatte dies in der seit der Entstehungsphase der Naturschutzbewegung in ihr verbreitete Modernisierungs- und Technikfeindlichkeit,[996] die das Ballungsgebiet der modernen Großstadt als lebensfeindlichen Moloch betrachtete, den es entweder zu bekämpfen, oder, weit häufiger, vor dem es „in die Natur" zu flüchten galt. Das zuvor bereits zitierte Bild Konrad Buchwalds vom „Ausbruch des grünhungrigen Menschen aus den ungesunden und oft menschenunwürdigen Lebensverhältnissen der Ballungsräume"[997] war sinnbildlich für dieses Denken. In diesem war die „harmonische" Landschaft als Idealbild der Mensch-Natur-Beziehung verankert, sodass Industrie- und Stadtlandschaft als unnatürlich abgelehnt wurden.[998] Der Naturbedarf der Stadtbewohner, die keinen direkten Zugang zur freien Landschaft hatten, wurde durch die Anlage großer Grünanlagen gedeckt. Von äußerster Priorität war dabei die Trennung von den Industrieanlagen und den Auswüchsen der Großstadt, von Lärm und den Zwängen des Arbeitslebens.[999] Exponent dieser Politik war der SVR und dessen Nachfolgeeinrichtung KVR, der im Ruhrgebiet seit den 1920er Jahren großflächige Grünflächen und

996 Bayerl, Günter: Die „Verdrahtung" und „Verspargelung" der Landschaft. In: Deutscher Rat für Landespflege (Hrsg.): *Landschaft und Heimat. Ergebnisse der Tagung „Landschaft und Heimat" vom 18. bis 19. November 2004 in Freiburg im Breisgau.* Bonn 2005 (Schriftenreihe des Deutschen Rates für Landespflege, 77), S. 38–49, hier S. 38.

997 Siehe Kapitel 2.2.2; Zitat Buchwald, Industriegesellschaft, S. 28.

998 Höfer, Wolfram: *Natur als Gestaltungsfrage. Zum Einfluss aktueller gesellschaftlicher Veränderungen auf die Idee von Natur und Landschaft als Gegenstand der Landschaftsarchitektur.* München 2001 (Kunstwissenschaften, 4), S. 149.

999 Höfer, Wolfram: Die Konversion der Idee von Landschaft. In: Brüggemeier/Engels (Hrsg.): *Natur- und Umweltschutz nach 1945*, S. 342–355, hier S. 345–346.

Spielplätze anlegte, um den Menschen in diesem Industrie- und Ballungsgebiet die nötigen Rückzugsgebiete vor den Auswirkungen der Industrialisierung zu bieten.[1000]

Letztlich hatte in der Arbeit des SVR/KVR der Gedanke der Erhöhung der Lebens- und Erholungsqualität absoluten Vorrang. Dies galt auch für die Rekultivierung von Industriebrachen wie zum Beispiel den Emscherbruch, gelegen zwischen Wattenscheid, Gelsenkirchen, Bochum und Wanne-Eickel, in dem der SVR nach der Stilllegung der Zeche „Graf Bismarck" 1967 ein 282 Hektar großes Gebiet einer früheren Mülldeponie erwarb. „[Die] Landespflege [...]", stellte der SVR seine Prioritäten heraus, „kann sich nicht allein auf die Sicherung der Grünsubstanz beschränken. Wesentlich ist der mit der Forderung voll sympathisierende Aspekt, den Erholungswert der Freiflächen für die Bevölkerung zu verbessern und zu sichern."[1001] Diese Grünflächenpolitik und die Idealvorstellungen der Stadtplaner von den 1920er bis in die 1970er Jahre waren nur schwer in die klassischen naturschützerischen Vorstellungen von „Natur" zu integrieren:

> Grün in Kübeln, Blumenmeere in Rechteckbeeten beim dichten Rasenteppich vor modernen Hochhäusern, ordentlich angezogene Familien bei ihrem Sonntagsspaziergang im Westfalenpark und brave Kinder auf den Rutschbahnen. Diese Industriestadt war grün.[1002]

„Natur" und „Grün", „Landschaft" und „Stadt" schienen sich insbesondere im Ruhrgebiet den althergebrachten Begriffsdefinitionen

---

1000 Vgl. Petsch, Gerhard: Landschaftspflege und Forstwirtschaft. In: Siedlungsverband Ruhrkohlenbezirk (Hrsg.): *Ruhrgebiet. Pläne, Programme, Projekte.* Essen 1972, S. 46–48.

1001 Siedlungsverband Ruhrkohlenbezirk: *Der Emscherbruch. Modellversuch einer Landschaftsveränderung im industriellen Verdichtungsraum des Ruhrgebietes durch planmäßige Landschaftspflege und -gestaltung.* Essen 1975, S. 10–11, Zitat S. 10.

1002 Kastorff-Viehmann, Renate: Das Ruhrgebiet eine „grüne Stadt"? In: Dies. (Hrsg.): *Grüne Stadt*, S. 7–15, hier S. 8.

entziehen, auch aufgrund der Dynamik der Veränderung, der sie unterlagen:

> Der Gegensatz von Land und Stadt, von Industrie und Landwirtschaft oder Freiflächen und Bebauung, der scheint hier auf eine spezifische Art aufgehoben. Alles ist verzahnt; aber diese vielen unbebauten Flächen sind weder alle begrünt noch sind diejenigen, die grün aussehen, regelmäßig Feld, Wald, Wiese, Garten oder Park. Es kann sich auch um aufgegebene Gleisanlagen, um Abstandflächen, um Randgrün von Straßen und Abwasserkanälen, um brachliegende Zechen- oder sonstiges Industriegelände, um ein ‚vergessenes' Baugrundstück wie auch um ein zukünftiges Technologiezentrum handeln.[1003]

Die eher ablehnende Haltung der Phänomene städtischer Natur im Naturschutz ließ sich im Endeffekt auch in der Fokussierung auf die freie Landschaft wiederfinden, die ihren Ausdruck in der Beschränkung der Landschaftsplanung im nordrhein-westfälischen Landschaftsgesetz auf außerhalb des Bebauungsbereichs fand. Auch wenn sich durchaus Argumente für den Ausschluss des bebauten Innenbereichs aus der Landschaftsplanung finden lassen – hier insbesondere das Topos der Verbindlichkeit der Landschaftsplanung, das mit dem Baurecht nicht vereinbar war[1004] – so deutete diese Grundsatzentscheidung durchaus darauf hin, dass das MELF der Landschaftsentwicklung in den Städten zunächst nur eine geringe Relevanz für den Naturschutz beimaß. Es war jedoch darüber hinaus auch durchaus verständlich, dass sich die Landschaftsplanung zunächst auf den Außenbereich beschränkte, da es deutlich schwieriger war, im bebauten Innenbereich, der weitaus stärker von Konkurrenzplanungen in Anspruch genommen wurde, Naturschutzanliegen durchzusetzen. Derweil räumte

1003 Ibid., S. 9.

1004 Siehe Kapitel 2.4.4.

das MELF dem Schutz der ländlichen Kulturlandschaft eine höhere Priorität ein.[1005]

„Natur aus zweiter Hand", also Flora und Fauna mit Habitaten auf wild überwuchernden Industriebrachen, an Braunkohlerestseen oder ehemaligen Kiesabbauflächen – viele Naturschützer taten sich zunächst schwer, diese „neuen" Erscheinungsformen von Natur als schützenswert zu akzeptieren, wie der DRL in der Rückschau feststellte.[1006] Ende der 1970er Jahre wurde das Thema Stadtökologie angestoßen. Ein bedeutender Protagonist dieser Forschungsausrichtung war der Berliner Ökologe Herbert Sukopp. Berlin war nicht zufällig Zentrum der Stadtökologieforschung, musste doch für den vom direkten Umland abgetrennten Westteil der Stadt die innerstädtische Natur eine besondere Bedeutung haben. Sukopp forderte früh, stadtökologische Untersuchungen mit in die Stadtplanung aufzunehmen, um insbesondere die lufthygienischen Probleme von Ballungsgebieten zu verbessern.[1007] 1983 veröffentlichte Sukopp gemeinsam mit Axel Auhagen eine Definition von Stadtnaturschutzzielen, die insbesondere auf den Arten- und Biotopschutz abzielten.[1008] In den Folgejahren differenzierte das neue Fachgebiet seinen Forderungskatalog und entwickelte schließlich fünf Grundprinzipien, die vom Schutz aller Lebensmedien über die Reduzierung des Energieeinsatzes, Vermeidung von Stoff-Flüssen, kleinräumiger Strukturierung und

---

1005 Schmidt, Naturschutz und Landschaftspflege heute, S. 51.

1006 Deutscher Rat für Landespflege : Naturschutz in Deutschland – eine Erfolgsstory? In: Ders. (Hrsg.): *Naturschutz in Deutschland – eine Erfolgsstory? Gutachtliche Stellungnahme und Ergebnisse eines Symposiums vom 20. bis 21. Mai 2003 in Königswinter*. Bonn 2003 (Schriftenreihe des Deutschen Rates für Landespflege, 75), S. 5–28, hier S. 20.

1007 Sukopp, Herbert: Ökosystem Stadt. In: *Mitteilungen der LÖLF* 5 (1980), S. 44–48, hier S. 47.

1008 Auhagen, Axel; Sukopp, Herbert: Ziel, Begründungen und Methoden des Naturschutzes im Rahmen der Stadtentwicklungspolitik von Berlin. In: *NuL* 58 (1983), S. 9–15.

der Erhaltung und Förderung von Natur reichten und damit einen umfassenderen Ansatz für die Stadtökologie anboten.[1009]

Die Diskussion um die Stadtökologie spielte sich vor dem Hintergrund einer Neudefinition des Ökosystembegriffs ab, indem zunehmend gefordert wurde, auch die technischen Elemente der Landschaft – Gebäude, Straßen, Industrieanlagen, etc. – einzubeziehen. „Das Ergebnis einer naturökologisch engen Begriffsfassung ist, daß beim Thema Stadtökologie in der Bundesrepublik bisher eher an Ratten, Türkentauben und Buddleien [*sic!*] auf brachliegenden Grundstücken gedacht wird",[1010] kritisierte beispielsweise der Verfasser des Landschaftsplanes für die Stadt Köln und sah für eine Großstadt wie Köln nur in der Verbindung aller Bestandteile der Landschaft einen sinnvollen Ökosystemansatz. Diese Erkenntnis hatte Folgen für die Planungsdisziplinen: „[Ein] in sich vernetztes Planungsobjekt verlangt eine ebenso aufgebaute Planung", analysierte Klaus Adam, einer der Protagonisten der stadtökologischen Forschung, ansonsten entspreche diese nicht der Realität der vernetzten städtischen Ökosysteme.[1011]

Hinzu traten Fragen der Erholung, der Ästhetik und – im Rahmen der Identitätskampagnen im Ruhrgebiet und anderswo in immer stärkerem Maße – der Bedeutung der Natur für das Entstehen eines Heimatgefühls.[1012]

1009 Vgl. Reidl, Konrad: Naturschutzleitbilder für Stadt- und Industrielandschaften. In: Erdmann, Karl-Heinz; Mager, Thomas J. (Hrsg.): *Innovative Ansätze zum Schutz der Natur. Visionen für die Zukunft.* Heidelberg 2000, S. 31–53, hier S. 36–38.

1010 Tomasek, Wolfgang: Die Stadt als Ökosystem – Überlegungen zum Vorentwurf Landschaftsplan Köln. In: *Landschaft und Stadt* 11 (1979), S. 51–60, hier S. 52.

1011 Adam, Klaus: Die Stadt als Ökosystem. In: *Geographische Rundschau* 37 (1985), S. 214–226, hier S. 225, Zitat ebd.

1012 Auhagen, Axel; Sukopp, Herbert: Ziel, Begründungen und Methoden des Naturschutzes im Rahmen der Stadtentwicklungspolitik von Berlin. In: *NuL* 58 (1983), S. 9–15, hier S. 10–11.

Der zunehmende Freiflächenverbrauch, ausgelöst durch „Stadtflucht" in das stadtnahe Umland und den daraus folgenden Anstieg im Individualverkehr in den inner und außerstädtischen Gebieten, führte zudem zur Forderung nach einer erhöhten naturschutzplanerischen Aktivität. Durch Freiflächenrecycling einerseits und Freiraumsicherung andererseits sollten Grünflächen auch im Stadtbereich weiträumig vernetzt werden.[1013] Die Einsicht, dass der zunehmende Verlust von Bevölkerung aufgrund fehlender Arbeits-, Lebens- und Wohnqualität eine Neuorientierung sowohl im ökonomischen als auch im ökologischen Bereich erforderte,[1014] erzeugte bei den Kommunen des Ruhrgebiets eine zunehmende Bereitschaft zum Aufgreifen stadtökologischer Konzepte.

> In den Städten wird am klarsten deutlich, wie schnell durch Überlastung und Zerstörung einzelner Elemente ein komplexes System zusammenbrechen kann und wie die Belastungen im ökologischen Bereich bald auch Auswirkungen auf den ökonomischen Bereich nach sich ziehen.[1015]

1013 Grebe, Reinhard: Stadtflucht oder Stadterneuerung. In: Deutscher Rat für Landespflege (Hrsg.): *Geschieht genug für die natürliche Umwelt? 20 Jahre „Grüne Charta von der Mainau". Bestandsaufnahme und Strategie des Deutschen Rates für Landespflege.* Bonn 1980 (Schriftenreihe des Deutschen Rates für Landespflege, 34), S. 330–338, hier S. 330–331; Kaerkes, Wolfgang M.: Stadtökologie – Flächeninanspruchnahme und Freiflächen in der Stadt. In: *NuL* 61 (1986), S. 18–19, hier S. 19.

1014 Zwischen 1960 und 1980 gingen netto 330 000 Arbeitsplätze (14%) im Ruhrgebiet verloren, die Bevölkerungszahl ging im selben Zeitraum um etwa 355 000 zurück (6%). Betroffen waren insbesondere die Kernballungsgebiete, vgl. Gryczan, Wilhelm: Ökonomische und ökologische Modernisierung für das Ruhrgebiet. Szenario zur ökologischen Raumentwicklung, oder: Vom Kohlenpott zum grünen Revier. In: Ders. et al. (Hrsg.): *Zukünfte für alte Industrieregionen. Raumentwicklungsstrategien in der Diskussion.* Dortmund 1984 (Dortmunder Beiträge zur Raumplanung, 38), S. 69–88, hier S. 71–72.

1015 Grebe, Stadtflucht, S. 330.

Das bisherige Prinzip der räumlichen Funktionstrennung zwischen Lebens- und Arbeitsräumen auf der einen und Erholungsräumen auf der anderen Seite wurde zunehmend in Frage gestellt. Wie der städtische Beigeordnete der Stadt Essen, Karl Gabriel, wenige Jahre später anführte, seien Stadt und Natur kein Widerspruch – im Gegenteil, die Qualität der Umwelt sei ein Hauptkriterium für die Wohnqualität und damit unerlässlich für die Prosperität einer (Groß)Stadt.[1016] Die Frage nach der Vereinbarkeit der multiplen Flächennutzungsansprüche stelle sich dagegen nur theoretisch und sei eine der politischen Prioritätensetzung:

> Ob überhaupt Konflikte zwischen Zielen der Umweltvorsorge und Nutzungsansprüchen gesehen werden und welche Bedeutung Umwelt-Belangen in der politischen Abwägung beigemessen wird, hängt ganz wesentlich vom Leitbild und von den Wertsetzungen ab.[1017]

„Lange Zeit sind Stadt und Stadtstruktur aus ökologischen Betrachtungen ausgeklammert worden", stellte der Geograph Wolfgang Kaerkes 1984 fest. Ziel müsse dagegen sein, Aussagen über Belastbarkeit, Belastung und ökologische Ausgleichfunktion vorhandener Freiflächen zu machen und diese für die Aufstellung einer ökologisch orientierten Planung unter Berücksichtigung der Naturstruktur für die Ballungsräume nutzbar zu machen.[1018]

Die Problematik beschäftigte die Ministerien in Düsseldorf spätestens seit Ende der 1970er Jahre. Das MELF beurteilte die Entwicklung jedoch aus Sicht des Naturschutzes. Hier bot insbesondere der Freiflächenverbrauch an den Rändern der Ballungsgebiete Anlass zur Sorge, sodass zunächst noch die Auswirkungen

---

1016 Gabriel, Karl: Naturschutz in der Großstadt – durchaus kein Widerspruch. In: *Mitteilungen der LÖLF* 12.1 (1987), S. 20–34, hier S. 20–21.

1017 Ibid., S. 21.

1018 Schreiben Wolfgang Kaerkes, Geographisches Institut der Ruhr-Universität Bochum, an MLS, 3.4. 1984, LAV Abt. Rhld. NW 596 Nr. 1248, Zitat ebd.

des Flächenverbrauchs in der freien Landschaft im Mittelpunkt standen.[1019] Zuständig für den städtischen Bereich war ohnehin das nordrhein-westfälische Ministerium für Landes- und Stadtentwicklung (MLS). Konkrete Überlegungen wurden hier jedoch erst in den Arbeiten zur Erstellung des Umweltprogramms angestellt, für das die Landesregierung eine intensivere Verzahnung des Umweltschutzes mit anderen Politikbereichen gefordert hatte.[1020]

Eine Maßnahme war im Frühjahr 1984 die Ausrichtung eines Wettbewerbes „Mehr Grün in der Stadt“, mit dem das MLS dazu beitragen wollte, „daß in Planung sowie Verwaltung das Verständnis für das Bedürfnis und die Sehnsucht der Bevölkerung nach mehr Grün in der Stadt zunimmt“. Durch den Wettbewerb sollten Straßen und Plätze, Höfe, Blockinnenbereiche, Fassaden, Dächer und brachliegende Flächen begrünt werden und dafür sorgen, dass den Menschen der Aufenthalt im Freien „wieder erträglicher“ gemacht wurde. Ebenfalls, so das Bulletin des MLS, stelle die Begrünung einen ersten Schritt zur ökologischen Erneuerung des Stadtgebietes dar. Mit dem Wettbewerb wollte das MLS Verwaltung und Bürgerinitiativen gleichermaßen ansprechen und zur Zusammenarbeit animieren. Siegreiche Projekte und Maßnahmen sollten mit einer Urkunde sowie bei bürgerschaftlicher Beteiligung mit einem in der Ausschreibung nicht näher genannten Geldbetrag ausgezeichnet werden.[1021]

Das MLS hatte inzwischen die Arbeiten zu einem Konzept für die Stadtökologie begonnen. Zentraler Punkt war die Erkenntnis, dass „Freiraumschutz und Landschaftspflege wirksamer als bisher und vor allem stadtnah betrieben werden [müssen]“. Ein Verzicht auf landschaftspflegerische Maßnahmen würde die Standortattrak-

1019 LÖLF-Präsident Albert Schmidt an den Minister für Ernährung, Landwirtschaft und Forsten, 18.10.1978, LAV Abt. Rhld. NW 863 Nr. 60.

1020 Landtag Nordrhein-Westfalen, Drucksache 9/1452, S. 3.

1021 Ministerialblatt für das Land Nordrhein-Westfalen Nr. 12 vom 29.2.1984, S. 152, Archiv der Stiftung Naturschutzgeschichte, Sign. 611.40.12.00, Zitate ebd.

tivität noch weiter und schneller verringern.[1022] Dementsprechend gestaltete sich das Stadtökologieprogramm, das schließlich im Februar 1985 dem Kabinett vorlag und endgültig die Verbindung zwischen der Verbesserung der Umweltbedingungen und aktiver Strukturpolitik vollzog:

> Vor allem in dichtbesiedelten Gebieten bestehen enge Beziehungen zwischen städtebaulichen Mängeln, Umweltbelastungen, wirtschaftsstrukturellen Problemen und sozialpolitischen Problemen. Die Revitalisierung der Gebiete hängt davon ab, daß städtebauliche Erneuerung und Verbesserung der Umweltbedingungen Hand in Hand gehen.[1023]

Das stadtökologische Konzept des MLS gliederte sich in acht Handlungsfelder, von denen die ersten zwei Maßnahmen der Natur- und Landschaftspflege umfassten. Der Punkt „Verbesserung des Wohnumfeldes und der Stadtbegrünung“ mit den Schwerpunkten Begrünung öffentlicher und privater Flächen, Sicherung kleinteiliger Freiräume und größerer Grünanlagen (Friedhöfe), Natur- und Artenschutz in der Stadt und ökologisches Bauen atmete noch deutlich den Geist der klassischen Erholungsplanung des SVR. Das Handlungsfeld „Freiraumschutz und Landschaftspflege“ sah dagegen die Aktivierung des vorhanden Baulandpotenzials einschließlich der Wiederaufbereitung von Industriebrachen und der Rekultivierung von Halden und Abgrabungen ausdrücklich die Wiedernutzbarmachung des industriellen Erbes für die Stadtökologie vor.[1024]

Auch das MELF orientierte sich ab Mitte der 1980er Jahre vorsichtig zurück in Richtung Stadtnatur. Ein erstes öffentliches

---

1022 MLS, III A 1 an Referenten II B, Gruppenleiter IV B, V A, V B, VI A, Betr. Konzeption zur Stadtökologie, 31.1.1985, LAV Abt. Rhld. NW 596 Nr. 1248.

1023 Kabinettsvorlage, Entwurf Konzeption Stadtökologie, LAV Abt. Rhld. NW 596 Nr. 1248.

1024 Ibid.

Anzeichen war die Förderung von Kleingärten durch das Land in Höhe von 5 Millionen DM und die Veranstaltung eines 1984 erstmals abgehaltenen Landeswettbewerbs „Gärten im Städtebau". Minister Matthiesen drückte bei der Preisverleihung seine Hochachtung vor dieser häufig eher belächelten Erscheinungsform großstädtischer Natur als „Park des kleinen Mannes" aus.[1025] Bei einer Pressekonferenz zur Naturschutzpolitik kündigte Matthiesen schließlich nach Abschluss der Biotopkartierung für den Außenbereich die Biotopkartierung der städtischen Räume an.[1026] Am 22. April 1985 eröffnete Matthiesen in Unna ein Symposium zum Thema „Ökologische Planung im Ruhrgebiet".[1027] Mit der Restrukturierung des Kabinetts nach der Landtagswahl 1985 und der Ressortierung der Raumplanung zum neuen MURL unter Matthiesen erfolgte die weitere Bearbeitung des Stadtökologieprogramms unter dessen Federführung.

Die Stadtökologie blieb zunächst jedoch ein untergeordnetes Thema: Sie führte ein „stiefmütterliches Dasein", wie die LÖLF in einem Entwurf für ein Konzept für einen stadtökologischen Beitrag im Rahmen der Regionalplanung im April 1987 feststellte. Dem urbanen Ökosystem sollte jedoch die gleiche Beachtung zukommen, wie den naturnahen Systemen der freien Landschaft.[1028] Für die Behebung der schlechten Verhältnisse in den Ballungsgebieten setzte die LÖLF als Ziel der stadtökologischen Bestrebungen fest, „in den Städten wieder naturnahe Strukturen zu schaffen, die in sich stabil sind bzw. zu einem ökologisch-funktionalen Ausgleich zwischen unterschiedlich belasteten Stadträumen beitragen".

1025 *Westdeutsche Allgemeine*, 18.6.1984, *Neue Westfälische*, 26.6 1984, Zitat ebd.

1026 Pressekonferenz des MELF, 14.1.1985, LAV Abt. Rhld. NW 596 Nr. 1253.

1027 Einladung Symposium „Ökologische Planung im Ruhrgebiet" am 22.4.1985 in Unna, LAV Abt. Rhld. NW 596 Nr. 1248.

1028 LÖLF, Überlegungen für ein Konzept zur Erhebung, Bewertung und Umsetzung ökologischer Grundlagen in einen stadtökologischen Beitrag, 6.4 1987, Archiv der Stiftung Naturschutzgeschichte, Sign. 611.40.12.00, S. 1.

Wertmaßstab für die ökologische Stabilität müsse der „Grad der Naturnähe" sein.[1029]

Dass das Thema Stadtökologie langsam aus dem Schatten trat, jedoch methodisch noch mit Schwierigkeiten zu kämpfen hatte, belegten die Ergebnisse des Bundeswettbewerbs „Bürger, es geht um Deine Gemeinde". Dieser Wettbewerb wurde alle drei Jahre vom Bundesminister für Raumordnung, Bauwesen und Städtebau ausgelobt und richtete sich an Gemeinden mit mehr als 3 000 Einwohnern. Der 1987 zum sechsten Mal ausgerichtete Wettbewerb setzte erstmals den Schwerpunkt auf die Themen „Naturräumliches Bezüge und Verbesserung der Stadtgestalt" sowie „Umweltorientiertes Bauen". Auch stellte sich heraus, dass erstmals vermehrt auch Großstädte an diesem Wettbewerb teilnahmen, und teilweise bewusst Problemfälle und dort eingeschlagene stadtplanerische Lösungen in den Wettbewerb geschickt wurden. Das Fazit aus dem Wettbewerb fiel nach Ansicht der BFANL gemischt aus. Es stellte sich heraus, so ihr Beobachter des Wettbewerbs, dass bereits viele Beiträge zu einem ökologisch richtigeren Städtebau geleistet würden, ohne dass „expressis verbis dabei von Naturschutz und Landschaftspflege die Rede" sei. Es sei den Fachleuten jedoch nicht gelungen, tragfähige und einsetzbare stadtökologische Konzepte zu erstellen. Grünplaner, Landschaftspfleger und Naturschützer seien noch damit beschäftigt, den Konflikt zwischen Gestaltung und Ökologie zu lösen, der im urbanen Bereich nach wie vor bestehe.[1030]

Auch im ehrenamtlichen Naturschutz erfolgte eine langsame Orientierung hin zur städtischen Natur. Der 4. nordrhein-westfälische Naturschutztag in Unna 1986 unter dem Motto „Stop dem Landschaftsverbrauch" befasste sich mit dem Thema Ballungsgebieten, jedoch bezeichnenderweise mit dem Untertitel „Mehr Natur *um* unsere Städte". Der nordrhein-westfälische Vorsitzende des

1029 Ibid., S. 17.

1030 Bürger, Klaus: Stadtökologie und Städtebau – Erfahrungen aus dem Bundeswettbewerb „Bürger, es geht um Deine Gemeinde". In: *NuL* 63 (1988), S. 3–4, hier S. 3–4, Zitat S. 4.

DBV, Hans Scholten, zeichnete ein Bild der Zustände in der Stadt, das nach Inhalt und Wortwahl sehr an die zivilisationskritischen Äußerungen der Nachkriegszeit erinnerte:

> Die meisten unserer Städte sind nicht menschenfreundlich, sie sind nicht tierfreundlich, sie sind nicht pflanzenfreundlich, kurz, sie sind naturfeindlich. Sie sind vollgestopft mit Qualburgen, in denen psychisches Elend grassiert. Die grüne Umgebung der Städte ist zertrampelt, zerschnitten, zersägt [...][1031]

Dennoch wurde auf dem Naturschutztag von den Naturschutzverbänden die Forderung nach einem vermehrten Fokus auf den städtischen Bereich aufgestellt. Der Vorsitzende der LNU, Lothar Finke, verlangte, dass die Naturschutzverbände sich nicht nur auf die Flächen außerhalb der Ballungsgebiete konzentrieren sollten, sondern das Augenmerk auch auf den innerstädtischen Bereich zu legen. Dem Bemühen, ein kosten- und flächensparendes Bauen, insbesondere eine ökonomischere und damit ökologisch sinnvollere Bebauung in den Siedlungsgebieten, vorzunehmen, sei zwar zuzustimmen, doch müsse auch die Qualität der Natur in der Stadt verbessert werden. Im Einzelfall könne es nämlich deutlich sinnvoller sein, eine Baulücke oder Brache eben nicht zu bebauen, sondern als Biotop oder Erholungsfläche zu kultivieren.[1032] Finke forderte eine Umkehr der Strategie des Naturschutzes, von der reinen Reaktion hin zur Aktion mit eigenen städtebaulichen Forderungen: „Ich persönlich habe keinerlei Schwierigkeiten, mit vorzustellen, den erforderlichen Abriß [...] bestehender Bebauung zu begründen und zu fordern."[1033] Finke schwebte vor, dass die

1031 Scholten, Hans: „Wir sind auf dem falschen Weg". Umdenken dringend notwendig. In: *Mitteilungen der LÖLF* 11.4 (1986), S. 53–55, hier S. 53.

1032 Finke, Lothar: Mehr Natur für unsere Städte – Stop dem Freiflächenverbrauch! In: *Mitteilungen der LÖLF* 11.4 (1986), S. 48–52, hier S. 51.

1033 Ibid., S. 52.

Naturschützer künftig die Teilhabe an den entscheidenden Gremien suchten und dort die Anliegen der Natur vertraten. Bedarfe nach Wohnbau-, Industrie- und Gewerbeflächen basierten häufig auf allenfalls vagen Annahmen, die kaum wissenschaftlich belegbar seien, würden aber politisch durchgesetzt. Dies müsse auch für den Naturschutz verstärkt angestrebt werden.[1034]

Trotz der angeführten Tendenzen eines Umdenkens blieb der städtische Bereich den meisten Naturschützern fremd und der Natur- und Freiflächenschutz gleichsam in vielen Städten vernachlässigt. Noch 1988 beabsichtigte zum Beispiel die Stadt Bonn wegen der „drastische[n] Zunahme von Grünflächen", die vom städtischen Garten- und Friedhofsamt nicht zu bewältigen sei, aufgrund wachsenden Bürgerunmuts über zu viel Wildwuchs, unwirtschaftliche Flächen in Pflaster oder Platten umzuwandeln, um auf eine Pflege verzichten zu können. Nach Protest seitens der BFANL, die sich aufgrund ihres Sitzes offensichtlich für die Grünflächen der Bundeshauptstadt zuständig fühlte, erklärte die Stadt, den Vorschlag seitens der BFANL, mit Erläuterungstafeln den Wert naturbelassener Freiflächen in der Stadt der Bevölkerung verständlich zu machen, zu prüfen, wollte jedoch die weitere Rücknahme von Freiflächen nicht ausschließen – mit den Hinweis, dies sei gängige Praxis in anderen Kommunen.[1035] Hier zeigte sich, wie wenig Akzeptanz Bürger und Kommunen der städtischen Natur entgegenbrachten, ebenso jedoch, wie wenig sich Naturschützer vor Ort für die Verteidigung der Stadtnatur interessierten, sodass schließlich eine Bundeseinrichtung intervenieren musste. Wolfgang Erz schrieb 1995:

> Abgesehen davon, daß vieles an Natur in Städten und Industriegebieten gar nicht wahrgenommen oder anders wahrgenommen wird als in der freien Landschaft, scheint es [...]

1034 Ibid.

1035 SCHULTE, Wolfgang: Bodenschutz und Freiraumplanung in der Bundesrepublik Deutschland. Freiflächen aufgeben, verkleinern oder zupflastern? In: *NuL* 63 (1988), S. 122–123, Zitat S. 122.

> Probleme mit der Bewertung von Natur durch Naturschützer und in der Akzeptanz durch die (Stadt-)Bevölkerung zu geben.[1036]

Erz folgerte, dass Natur in der Stadt immer einen funktionalen Wert für die Menschen haben müsse. „Natur wird als solche wohl nur außerhalb von Städten und Industriegebieten wahrgenommen und ohne Nutzwert nicht geschätzt", schloss er, sodass ohne konkreten Nutzen Naturschutz nur schwer vermittelbar sei.[1037] Der mögliche Nutzen von Natur in der Stadt wurde jedoch angesichts der Umweltprobleme und des Flächenverbrauchs insbesondere im Ruhrgebiet Mitte der 1980er Jahre in den Mittelpunkt gestellt.

4.1.2 Das Naturschutzprogramm Ruhrgebiet (NSPR)

Für das Ruhrgebiet galt, dass sich trotz des Bevölkerungsrückgangs der überbaute Flächenanteil erhöht hatte. In den meisten Städten des Ballungsgebietes Rhein-Ruhr betrug der Anteil der Siedlungsfläche zu Beginn der 1980er bereits über 50 Prozent. In Nordrhein-Westfalen waren 1987 erst in vier kreisfreien Städten, davon nur eine im Ruhrgebiet, Landschaftspläne verabschiedet worden. Zudem ergab sich aus der starken Stellung des Bundesbaugesetzes, das dem Landschaftsverbrauch in den Städten bislang kaum Hürden entgegengestellt waren.[1038]

Die weitere Zerschneidung der Naturräume im Ruhrgebiet führte zu einem „relative[n] Defizit an Biotopen und naturnahen

1036 Erz, Wolfgang: Zur urban-industriellen Naturwahrnehmung. In: *NuL* 70 (1995), S. 447.

1037 Ibid.

1038 Schmidt, Albert: Ökologischer Umbau der Städte: Erhöhung der Umweltqualität muß in den Mittelpunkt der Planungen. Wünsche an das Baugesetzbuch und das Bundesnaturschutzgesetz. In: *Mitteilungen der LÖLF* 12.3 (1987), S. 18–20, 29–31, hier S. 19.

Flächen gerade im Kern des Ruhrgebietes".[1039] Dabei waren die Grünflächen für die klimatischen Bedingungen im Ballungsraum Ruhrgebiet von großer Bedeutung. Möglichst vernetzte Grüngürtel oder Grünzonen mit einer reichhaltigen und vielfältigen Vegetationsstruktur waren nach Stand der Forschung als Belüftungsbahnen unerlässlich.[1040] Ausgehend von den sieben regionalen Grünzügen, die sich in nordsüdlicher Richtung von Duisburg bis Dortmund erstreckten, wollten MURL und KVR entlang der südöstlich von Dortmund bei Holzwickede entspringenden und bei Dinslaken in den Rhein mündenden Emscher die bestehenden Grünzüge vernetzen. Die Emscher war schon seit Beginn der Industrialisierung des Ruhrgebiets als Abwasserkanal genutzt worden. Für den größten Teil ihres Verlaufs tiefer gelegt, begradigt und befestigt war sie auch optisch zu einer Abwasserrinne geworden.[1041]

> Die Emscher ist in ihrer Art ein einmaliger Fluß. Auf der Gewässergütekarte fällt sie durch ihre kräftige rote Farbe ins Auge. Dabei ist diese Einstufung [...] noch viel zu günstig. Tatsächlich ist die Emscher ein offener Abwasserkanal, der jenseits dieser Güteskala liegt.[1042]

Die Belastungen des Gewässers waren so hoch, dass die Emscher Mitte der 1980er Jahre als „klinisch tot, nur noch Kloake"[1043] galt. Eine ähnliche Zustandsbeschreibung erhielten die an der Emscher liegenden Städte. „Zerschunden, zersiedelt, zerpflügt", urteilte die

1039 Gramke, Jürgen: Naturschutzprogramm Ruhrgebiet. Emscherzone im Mittelpunkt. KVR entwickelte aktuelles Sonderprogramm des Landes – Großer Zuspruch. In: *Mitteilungen der LÖLF* 12.1 (1987), S. 14–19, hier S. 14.

1040 Adam, Stadt als Ökosystem, S. 222.

1041 Der Autor, der 1982 in Gelsenkirchen geboren wurde und seine ersten Kindheitsjahre dort verbracht hat, kann sich noch gut an den speziellen, sehr unangenehmen Geruch der „Köttelbecke" Emscher erinnern.

1042 Londong, Dieter: Der große Umbau im Emschergebiet. In: *Wasser und Boden* 45 (1993), S. 144–147, hier S. 144.

1043 Koch/Vahrer, *Lage der Nation*, S. 225.

Süddeutsche Zeitung über den „schmuddeligen, tristen Hinterhof des Ruhrgebiets“ und seinen „Kellerkinder[n] des Fortschritts Bottrop, Gelsenkirchen [und] Castrop-Rauxel“.[1044] Der sogenannten Emscherzone galt daher das Gros der Bemühungen des Naturschutzprogramms Ruhrgebiet (NSPR). Über eine Verbesserung der ökologischen Verhältnisse überhaupt nachdenken zu können war erst durch die Nordwanderung des Steinkohlebergbaus hin zur Lippe möglich geworden. Weitere durch den Bergbau verursachte Bodensenkungen um bis zu 20 Meter, die bis dahin eine überirdische Abwasserabführung erforderlich gemacht hatten, waren nun nicht mehr zu befürchten.[1045]

Der KVR entwickelte ab Mitte 1986 das NSPR im Auftrag des MURL.[1046] Vorgesehen war zunächst ein Zeitraum bis 1990, der später bis 1995 verlängert wurde. Das mit dem NSPR verbundene Ziel des MURL war es, in Zusammenarbeit mit der Landschaftsplanung verbleibende Freiräume durch Pacht oder Ankauf zu sichern, intensiv genutzte Flächen in „naturnahen Zustand“ rückzuführen und die Landschaft mit „naturnahen Lebensräumen“ anzureichern und zu vernetzen. Damit war es ähnlich angelegt wie die Kulturlandschaftsprogramme des Landes.[1047] Die Ziele des NSPR waren dementsprechend formuliert:

1. Sicherung verbliebener Freiflächen, sowohl durch Ankauf und Pacht als auch durch planungsrechtliche Festsetzungen,
2. Rückführung von intensiv genutzten Flächen zu grünen Freiräumen,
3. Einbringung und Ergänzung von gliedernden und belebenden Elementen in die Landschaft für Zwecke des

1044 *Süddeutsche Zeitung*, 31.3.1989.

1045 LONDONG, Der große Umbaum S. 144.

1046 GRAMKE, Naturschutzprogramm Ruhrgebiet, S. 14.

1047 MURL, Landwirtschaftliche Förderungsprogramme zum Schutz der Natur, Stand 31.12.1989, Archiv der Stiftung Naturschutzgeschichte Sign. 941.01.00.0

Immissionsschutzes und zur Verbesserung des Lokalklimas sowie
4. Durchführung von ökologisch orientierten Einzelmaßnahmen in Zusammenarbeit mit Bürgern und Verbänden.[1048]

Der KVR sah das NSPR als ergänzendes Instrument seiner bisherigen Politik. Neu war die Verbindung von Strukturmaßnahmen und Umwelt- beziehungsweise Naturschutz, die für die Zusammenarbeit von MURL und KVR ausschlaggebend war. Dahinter stand die Erkenntnis, dass eine verbesserte Umwelt positive Impulse für die wirtschaftliche Entwicklung bieten konnte. KVR-Direktor Jürgen Gramke erklärte:

> Sicherlich geht es um den Schutz der natürlichen Umwelt um ihrer selbst willen. Aber gleichzeitig mehren sich neuere Anzeichen und Erfahrungen aus dem wirtschaftlichen Bereich, daß eine hohe Umweltqualität der Produktionsstandorte und ihrer Umgebung, zum Beispiel für High-Tech-Industrien, nicht nur für die Mitarbeiter, sondern besonders für die Produktionsbedingungen unerläßlich ist![1049]

In diesem Sinne gestalteten sich die Maßnahmen, die das NSPR vorsah. Die naturnahe Umnutzung von Flächen und Strukturen enthielt die Renaturierung von Industriebrachen und Bebauungsflächen, aber auch die Umwidmung bebauter Bereiche, um potenziell wertvolle Gebiete für die Tier- und Pflanzenwelt zu schaffen. Mit der Renaturierung von Straßenrändern, Gleisanlagen und Kanälen sollte das NSPR die Schaffung ökologischer Vernetzungsstrukturen und in ökologischen Einzelprogrammen die Entwicklung von Feuchtgebieten verwirklichen, wie zum Beispiel in Bergsenkungsbereichen oder an Bachlaufrändern.[1050]

1048 Gramke, Naturschutzprogramm Ruhrgebiet, S. 16.

1049 Ibid., S. 15.

1050 Ibid., S. 16.

Ein zentraler Baustein war die breit angelegte „Mitmachmöglichkeit", die es neben den Gemeinden und Gemeindeverbänden sowie sonstigen juristischen Personen öffentlichen Rechts auch natürlichen Personen erlaubte, Anträge für Maßnahmen im Rahmen des NSPR zu stellen. Dies ging auf die Überlegung zurück, dass eine übergeordnete Flächenauswahl eine aufwändige und zeitraubende Analyse erfordert hätte, sodass KVR und MURL auf die Expertise vor Ort setzten.[1051] Darüber hinaus waren auch kleinmaßstäbige „Mitmach-Aktionen" in Zusammenarbeit mit den anerkannten Naturschutzverbänden voll förderungsfähig. Bis zu 80 Prozent der zuwendungsfähigen Ausgaben wurden aus Fördermitteln des Landes bestritten, in den acht Kernstädten der Emscherzone bis zu 100 Prozent.[1052] Alle Anträge liefen zunächst beim KVR zur Beratung und Abstimmung zusammen, bevor er diese an einen Arbeitskreis weiterleitete, der aus Vertretern von MURL, MSWV, LÖLF, KVR und den für das Ruhrgebiet zuständigen Regierungspräsidenten Arnsberg, Düsseldorf und Münster sowie je nach Notwendigkeit dem Antragsteller bestand. Das MURL traf nach Beratung mit dem Arbeitskreis seine Entscheidung und stellte die notwenigen Mittel für die Regierungspräsidenten bereit, die die Antragssteller über Bewilligung oder Ablehnung informierten. Ein Jahr nach Beginn des NSPR waren bereits über 160 Anträge allein in der engeren Emscherzone eingegangen und etwa 7 Millionen DM an Fördermitteln vom MURL bewilligt worden.[1053] 1989 gab das MURL an, bislang Maßnahmen mit Mitteln in Höhe von 20 Millionen DM gefördert zu haben. Bis zum Abschluss des Programms, kündigte das Ministerium an, seien weitere 30 Millionen DM vorhanden.[1054]

1051 Ibid.

1052 MURL, Landwirtschaftliche Förderungsprogramme zum Schutz der Natur, Stand 31.12.1989, Archiv der Stiftung Naturschutzgeschichte Sign. 941.01.00.00.

1053 Gramke, Naturschutzprogramm Ruhrgebiet, S. 17–19.

1054 MURL, Landwirtschaftliche Förderungsprogramme zum Schutz der Natur, Stand 31.12.1989, Archiv der Stiftung Naturschutzgeschichte Sign. 941.01.00.00.

Die Landschaft der Emscherzone wurde in fünf Kategorien eingeteilt. Im Kern unterteilten sich diese in Kategorien, die nach Einschätzung des ökologischen Nutzens und des Potenzials für Wertschätzung seitens der Bevölkerung gebildet wurden:

1. Naturnahe Biotope und ökologische Strukturen (zum Beispiel Sümpfe, Moore, Quellgebiete), die jedoch nur noch rudimentär in der Emscherzone vorkamen. Diese sollten wenn möglich unter strengen Naturschutz kommen. Aufgrund dessen wurden jedoch der Nutzen und damit die Wertschätzung seitens der Bevölkerung besonders niedrig eingeschätzt.
2. Agrarische Kulturbiotope, also durch agrarische Nutzung entstandene Kulturlandschaft. Als klassische, bekannte Natur des agrarischen Raumes schätzte der KVR die Erholungswirkung und Akzeptanz seitens der Bevölkerung als relativ hoch ein. Auch seitens des Naturschutzes hatte es hier bislang die größte Aktivität gegeben.
3. Park- und Gartenbiotope, also durch den Menschen geschaffene Grünanlagen. Ihr Wert für den Naturschutz ist unterschiedlich, für Zwecke der Erholung und das Stadtklima jedoch unumstritten. Diese Flächen waren in der Regel planungsrechtlich durch das Baurecht geschützt.
4. Industrielle Kulturbiotope, die durch direkte Auswirkung durch die Industrie entstanden waren, wie zum Beispiel durch Bergsenkungen entstandene Feuchtwiesen oder Flachwasserbiotope. Der KVR schätzte ihren Wert für den Natur- und Umweltschutz als sehr hoch ein. Der Freizeit- und Erholungswert war jedoch vergleichsweise gering. Der KVR sah jedoch in ihrer naturnahen Entwicklung eine Grundlage für eine künftig höhere Wertschätzung.
5. Industriebiotope auf und in Industrieanlagen. Dies waren unter anderem Biotope auf Bahndämmen, Seitenstreifen von Straßen und Wasserwegen oder

Aufschüttungen. Als typische Ruderalvegetationen fiel die Wertschätzung bei Naturschützern wie Bevölkerung relativ niedrig aus. „Sie sind relativ häufig vorhanden, in ihrer speziellen Ausprägung allerdings in der Regel ‚einmalig'", bemerkten Geisler und Verholte vom KVR, sahen sie jedoch aufgrund ihrer jahrelangen Unzugänglichkeit für die Bevölkerung nicht als Natur in deren Bewusstsein verankert.[1055]

Das Naturschutzprogramm Ruhrgebiet war wie die Kulturlandschaftsprogramme als Ergänzung zu den anderen Instrumenten des Naturschutzes gedacht, um das „gewaltige Handlungs- und Umsetzungsdefizit", das auch 1995 noch beklagt wurde, auszugleichen.[1056] Mit dem NSPR beschäftigten sich MURL und KVR erstmals grundsätzlich mit der Verbindung von Naturschutz, Umweltschutz und Freiflächenpolitik mit der Natur in der Stadt. Damit legten sie die Grundlage für die weitere Entwicklung in diesem Bereich, auf denen die weiteren Maßnahmen aufbauten. Der grundsätzliche Erfolg des NSPR lässt sich an seiner Verlängerung bis 1995 ableiten sowie an der Implementierung ähnlicher Programme für das Aachener Braunkohlerevier und die Rheinterrasse zwischen Duisburg und Bonn, die im Zuge der Vorstellung des Programms „Natur 2000 in NRW" angekündigt wurden.[1057]

1055 Geisler, Eberhard; Verholte, Heinz-Hermann: Naturschutz in einer Industrieregion – dargestellt am Beispiel des Naturschutzprogramms Ruhrgebiet. In: *NuL* 70 (1995), S. 458–461, hier S. 458–460, Zitat S. 460.

1056 Ibid., S. 461, Zitat ebd.

1057 MURL, Natur 2000 in NRW: Leitlinien und Leitbilder für Natur und Landschaft in Nordrhein-Westfalen, 22.3.1990, Archiv der Stiftung Naturschutzgeschichte, Sign. 606.40.00.00. Für „Natur 2000" siehe Kapitel 4.2.1.

4.1.3 Das „Wunder an der Ruhr"[1058]: Die IBA Emscher-Park

Im Zuge der Internationalen Bauausstellung (IBA) Emscher-Park wurden die Belange von Naturschutz und Stadtentwicklung zu einem integrierten Konzept zusammengefügt. Hier konnte das MURL seine bisherigen Erfahrungen mit dem NSPR einbringen. Der Anstoß für die IBA kam jedoch aus dem Stadtentwicklungsministerium.

Der Legende nach hatten Christoph Zöpel, nordrhein-westfälischer Minister für Stadtentwicklung, Wohnen und Verkehr, sein Abteilungsleiter Städtebau, Karl Ganser und dessen Mitarbeiter Wolfgang Roters die Grundidee für die IBA am Karnevalsdienstag 1987 bei einer Wanderung im Allgäu gehabt. Ausschlaggebend war die Erkenntnis, dass man der Probleme des nördlichen Ruhrgebietes mit dem gegebenen Instrumentarium des Städtebaus nicht Herr werden könne. Man brauche dort, „wo es keine Stadtbildung, nur Landschaftszerstörung" gegeben hatte, einen neuen strategischen Ansatz. Vorbild war die Internationale Bauausstellung in West-Berlin, die in diesen Tagen zu Ende ging. Dort hatte der Senat Mitte der siebziger Jahre die Aufgabe der Entwicklung einiger Problemstadtteile der internationalen Architektenschaft aufgegeben, die schließlich in einer Ausstellung zehn Jahre später die Ergebnisse ihrer Arbeit vorstellten. Erfolg und Öffentlichkeitswirksamkeit der einstigen „Verlegenheitshandlung" bewegten die Protagonisten im MSWV, ein ähnliches Projekt, angepasst auf die speziellen Bedingungen des nördlichen Ruhrgebiets, ins Auge zu fassen. Zöpel legte schließlich das von Ganser erarbeitete Konzept Ministerpräsident Rau vor, doch schien das Thema in der Staatskanzlei keine besondere Priorität zu besitzen. Die Idee einer IBA für das Ruhrgebiet wurde zunächst zu den Akten gelegt.[1059]

1058 *Frankfurter Allgemeine Zeitung*, 21.6.1990.

1059 Sack, Manfred: *Siebzig Kilometer Hoffnung. Die IBA Emscher-Park – Erneuerung eines Industriegebietes.* Stuttgart 1999, S. 17–18 und 21, Zitat S. 21.

Die hartnäckige Argumentation von Zöpel und Ganser führte schließlich doch zum Erfolg. Am 4. Mai 1988 beschloss das Kabinett, die Internationale Bauausstellung mit der Bezeichnung Emscher Park für zehn Jahre durchzuführen. Am selben Tag stellte die Landesregierung das Konzept auf einer Landespressekonferenz der Öffentlichkeit vor. Im November wurde die IBA Gesellschaft gegründet, deren einziger Gesellschafter das Land Nordrhein-Westfalen war. Das Startkapital der neuen Gesellschaft betrug 35 Millionen DM. Am 5. Mai 1989, ein Jahr nach Vorstellung der IBA, begannen die ersten Arbeiten.[1060]

Das Konzept der IBA Emscher Park sah vor, die Anstrengungen auf die Emscherregion als Härtefall des Ruhrgebietes bündeln. Die Erneuerung dieser Region sollte in Gang gesetzt werden durch

- ein Strukturprogramm für die ökologische und ökonomische Erneuerung der Industrieregion mit zehn Jahren Laufzeit,
- eine Politik der „symbolischen Überhöhung" der Stadtentwicklungspolitik, um weitreichende Akzeptanz in der Bevölkerung zu finden sowie
- die Vision der grünsten Industrieregion Europas.[1061]

Die IBA war als Impulsgeber für die Landesbehörden, den Kommunalverband, Unternehmen und Privatleute konzipiert, insbesondere allerdings für die siebzehn teilnehmenden Kommunen des Ruhrgebiets. Die IBA solle motivieren, antreiben und Vorbild sein; das war das Ziel, das die Landesregierung mit der Ausstellungs-GmbH verfolgte. Die Maßnahmen, die in der IBA zur Anwendung kamen, wären alle bereits im nordrhein-westfälischen Planungs- und Städtebaurecht vorhanden, doch gehe es nun darum, die poli-

1060 Ibid., S. 26–27.

1061 Blase, Dieter: Stadtentwicklung im Ruhrgebiet. Von den 60er Jahren bis zur IBA Emscher Park. In: Barbian, Jan-Pieter; Heid, Ludger (Hrsg.): *Die Entdeckung des Ruhrgebiets. Das Ruhrgebiet in Nordrhein-Westfalen 1946–1996*. Essen 1997, S. 221–245, hier S. 237.

tischen, finanziellen und emotionalen Ressourcen zu mobilisieren und kanalisieren.[1062]

Zurückgreifen konnte IBA-Geschäftsführer Ganser auf den 1979 gegründeten Grundstücksfonds, in dem das Land NRW die nicht verwerteten Restflächen stillgelegter Zechen- und Industriegelände verwaltete. Ursprünglich geplant, um die Grundstücke wiederaufzubereiten und weiter zu veräußern, waren allerdings über die Hälfte der Flächen nicht wieder besiedelt worden. Diese Flächensammlung, bis dahin von manchen als „Grundstücks-Lumpensammlerei" abgetan, bildete schließlich das Rückgrat und den Ausgangspunkt für den geplanten Emscher Landschaftspark.[1063]

Der Begriff „Park" war dabei in den Worten Johannes Raus als „Symbol für die ökologische und ästhetische Gestaltung der Umwelt" zu verstehen. Dabei sollten die Ideen der Freiraumgestaltung des SVR aus den 1920er Jahren übernommen und durch die Erkenntnisse der modernen Umweltforschung angereichert werden:[1064]

> Wir werden die weitsichtigen Ideen aus der Gründungszeit des Siedlungsverbands Ruhrkohlenbezirk ernster nehmen als bisher, die noch vorhandene Landschaft wirkungsvoller schützen und darüber hinaus schutzwürdige Landschaft wieder aufbauen. Wir wollen die Landschaft attraktiv und erlebnisreich machen und das in einem zusammenhängenden Emscher Park von Duisburg bis Kamen.[1065]

Das Konzept der IBA drehte schließlich die bisherige Lesart der industriellen Vergangenheit der Ruhrgebietes, die bis dahin die negativen Merkmale herausgestellt hatte, ins Gegenteil um. „[Die IBA] rückt das industrielle Erbe des Ruhrgebietes in den Vordergrund

1062 Sack, *Hoffnung*, S. 24–25.

1063 Ibid., S. 23, Zitat ebd.

1064 Rau, Johannes: Werkstatt für eine Industrieregion. In: *Stadtbauwelt* 110 (1991), S. 1216–1217, hier S. 1217.

1065 Ibid.

und will diesen als Teil der Vergangenheit als Gunstfaktor für die Zukunft nutzen.“[1066]

Der KVR legte im Herbst 1989 eine Machbarkeitsstudie zum Emscher Landschaftspark vor und erhielt nach Beschluss des Lenkungsausschusses der IBA die Leitplanung für das gesamte Projekt. In Zusammenarbeit mit den interkommunalen Arbeitsgemeinschaften erarbeitete er die Konzepte für die Stadtgrenzen übergreifenden Projekte.[1067] Wichtigster Punkt war die Schaffung des „größten Grünzug[es] der Welt“[1068], des Emscher Landschaftsparks. Als „zentrales Anliegen und verbindendes Thema“ der IBA sollte der Landschaftspark auf einer Planfläche von etwa 320 km² der Region mehr landschaftliche Attraktivität und zugleich eine ordnende Grundstruktur geben.[1069] Entlang von Emscher und Rhein-Herne-Kanal wurden die sieben bestehenden, von Norden nach Süden reichenden regionalen Grünzüge vernetzt. Die einzelnen Grünzüge sollten dabei

- die Siedlungsgebiet gliedern und dabei Freiraumzersiedlung verhindern,
- Klimafunktionen des Freiraums sichern,
- Naherholungsmöglichkeiten bieten,
- zum Schutz und zur Neubildung von Grundwasser beitragen,
- Beiträge zum aktiven Bodenschutz leisten,

1066 Rossé, Francis: Das Ruhrgebiet zwischen Industriekultur und Ökologie: die IBA Emscher Park wird konkret. In: *Dokumente und Informationen zur Schweizerischen Orts-, Regional- und Landesplanung* 112 (1993), S. 18–22, hier S. 18.

1067 Arbeitskreis Emscher Landschaftspark (Hrsg.): *Leitlinien Emscher Landschaftspark*. Essen 1991, S. 1.

1068 *Westdeutsche Allgemeine Zeitung*, 14.8.1990.

1069 Schwarze-Rodrian, Michael: Emscher Landschaftspark – Konzept einer regionalen Entwicklungsstrategie. In: *Stadtbauwelt* 110 (1991), S. 1230–1237, hier S. 1230, Zitat ebd.

- und dem Arten- und Biotopschutz dienen.[1070]

Ziel war es dabei, „die naturschutzwürdigen Flächen unter Berücksichtigung natürlicher und künstlicher Potentiale des Raumes deutlich zu vermehren, sie mindestens zu verdoppeln".[1071]

Dies wollte der Arbeitskreis Emscher Landschaftspark durch ein abgestuftes System „ökologischer Sorgfaltszonen" verwirklichen. Dabei wurde bewusst auf den Kanon der Schutzgebietsbezeichnungen verzichtet, um die Neuartigkeit des Ansatzes zu unterstreichen.[1072] Die Kernzonen des Naturschutzes, „Naturzellen" genannt, sollten durch klassische Schutzgebietsausweisung zur Bestandssicherung und ungestörten Entwicklung der Natur gebildet werden. Um diese Kernzonen wurden Pufferzonen, „Naturvorrangbereiche", geschaffen, wie zum Beispiel extensiv genutzte Landwirtschaftsflächen, naturnahe Waldbauareale und Brachflächen. Diese wurden daraufhin mit „Naturentwicklungsbereichen" miteinander vernetzt.[1073] Die ökologische Erneuerung war zu verbinden mit den ästhetischen und sozialen Funktionen, die der Landschaftspark ebenfalls leisten sollte. Es gelte „vielmehr die vorhandene, gewachsene Stadt- und Industrielandschaft mit ihrer unterschiedlichen ästhetischen Qualität und unterschiedlich starkem Bezug zum Freiraum, zur Siedlungsfläche und industriellen Produktion" zu entwickeln, hieß es hierzu in den *Leitlinien Emscher Landschaftspark*.[1074]

1070 Bürklein, Klaus Dieter: Freiraumsicherung im Ballungsraum. Vernetzung des Außen- und Innenbereichs unserer Städte. In: *Mitteilungen der LÖLF* 19.2 (1994), S. 10–13, hier S. 12.

1071 *Leitlinien Emscher Landschaftspark*, S. 5.

1072 Neiss, Thomas: Wertvolle Kulturlandschaft neues Emschertal? Naturschutzgebiete in urban-industrieller Landschaft. In: *NuL* 70 (1995), S. 454–457, hier S. 456–457.

1073 Ibid., S. 7.

1074 Ibid., S. 10–12 und 14

Insgesamt rechnete das Land mit Ausgaben in Höhe von 2 Milliarden DM für den Emscher Landschaftspark, die größtenteils aus Haushaltsmitteln bestritten werden sollten. Wie die einzelnen Ministerien dies leisten sollten, blieb zunächst unklar. Für das MURL bedeutete dies, dass der IBA ab sofort höchste Priorität beigemessen wurde. Der Anspruch der IBA war klar:

> Am Ende der internationalen Bauausstellung soll entlang der Emscher Zone von Duisburg bis Dortmund ein System von Naturparks, Freizeitparks, Kulturparks, Industrieparks und Wissenschaftsparks entstanden sein. Diese sollen glaubhaft machen, daß es innerhalb einer Generation mit dem konzentrierten Einsatz der gestalterischen, technischen, politischen und finanziellen Kräfte gelingen kann, die Schäden der Industrialisierung zurückzubauen und eine attraktive Natur- und Kulturlandschaft entstehen zu lassen.[1075]

Der das MURL betreffende Haushaltsplan 10 wurde für drei Bereiche zuständig: Den ökologischen Umbau des Emschersystems, Natur- und Landschaftsschutz in der Emscherzohne sowie Gefährdungsabschätzung und Altlastensanierung für alte Industrieanlagen. Insgesamt wurden für den Umbau des Emschersystems mehr als 8 Milliarden DM veranschlagt. Nach den Berechnungen des MURL war lediglich die Finanzierung des abwassertechnischen Bereichs, der Errichtung neuer, dezentraler Klärwerke im Emschersystem, aufgrund der Strukturhilfemittel des Bundes gesichert. Für die ökologische Renaturierung des Flusses standen bis dahin keine Mittel bereit. Auch die Aufgaben des Natur- und Landschaftsschutzes erforderten eine starke Zurückführung von Grundstücksankäufen und Naturschutzmaßnahmen im Rest des Landes zugunsten des Emscherraumes. Die Altlastensanierung könne nur bei deutlicher Aufstockung der Strukturhilfemittel des

1075 MURL, Internationale Bauausstellung Emscher-Park, Kurzbeschreibung, undatiert (1988), LAV Abt. Rhld. NW 817 Nr. 625.

Bundes erfolgen, da die erforderlichen Mittel nicht aus dem Haushalt bestritten werden könnten, klagte das MURL.[1076]

Aufgrund des engen Finanzrahmens konzentrierte sich das MURL zunächst auf zwei Pilot- beziehungsweise Demonstrationsvorhaben, die möglichst bis zur Zwischenbilanzvorstellung 1995 abgeschlossen sein sollten. Die Renaturierung des Dorneberger Mühlenbachs in Herne/Bochum und des Deininghauser Bachs in Castrop-Rauxel, zwei kleine Zuflüsse der Emscher, sollten als „Vorwegmaßnahmen“ mit „Bordmitteln“ finanziert und durchgeführt werden.[1077]

Angesichts des ökologischen Zustandes des Emschersystems waren die Fortschritte minimal und sichtbare Erfolge zunächst auf scheinbar unspektakuläre Renaturierungsmaßnahmen begrenzt, wie Sack sie anhand des Deininghauser Baches beschrieb:

> Den Erfolg zu betrachten, hat ja etwas Anrührendes, und manch einer [...] fragt nach dem ersten Blick, ob das denn alles sei: ein Bächlein, das sich seinen krummen Weg durch die Wiesen und Äcker sucht, der ihm in Wirklichkeit gebahnt worden ist. [...] Nur muß man wissen, wie es sich vorher dargestellt hatte: als ein Schmutzwasserkanal in festem Betonbett.[1078]

Beobachter von außerhalb vermochten daher oftmals keine wegweisenden Maßnahmen zu erkennen. Der Schweizer Francis Rossé urteilte über die Beispielhaftigkeit der Emscher-Renaturierung:

> Bei genauer Prüfung vermag dieses Projekt kaum als international vorbildliches Ökologieprojekt zu bestehen. Viel eher geht es darum, die als einer der übelsten Abwasserkanäle Europas bekannte Emscher endlich nach minimalen Kriterien zu sanieren. Gestalterische Maßnahmen werden punktuell

1076 I B 2, MURL Programm für den Emscher-Lippe-Raum, 5.1 1990, LAV Abt. Rhld. NW 817 Nr. 625.

1077 Ibid.

1078 Sack, *Hoffnung*, S. 81.

> bleiben. Internationale Vorbildlichkeit, wie sie der Name ‚Internationale Bauausstellung' suggeriert, schrumpft damit auf eine längst überfällige Sanierungsarbeit zusammen, die nur beschränkt wegweisend sein kann.[1079]

Diese erste kleine Zwischenbilanz verdeutlichte jedoch auch, dass die Entwicklung des Emscher Landschaftsparks bei aller medialen Stilisierung teils in mühevoller Kleinarbeit geleistet werden musste.

Mit dem landespolitischen Entschluss, ein Ökologieprogramm Emscher-Lippe (ÖPEL) einzurichten, konnte das MURL nun mehr Geld in die Hand nehmen, um die Kommunen bei den erforderlichen Investitionen zu unterstützen. Für das Jahr 1991 allein stellte das Land 75 Millionen DM bereit, sodass die ersten über die Pilotprojekte hinausgehenden Maßnahmen anlaufen konnten.[1080] Hier konnte das Ministerium auf die aus dem NSPR gewonnenen Erfahrungen mit solchen Instrumenten aufbauen.[1081] Die zeitgleich sich im Abschluss befindende Biotopkartierung des Ruhrgebiets ergab, dass circa 2 800 schutzwürdige Biotope mit einer Gesamtfläche von 60 000 Hektar (13,5 Prozent der Gesamtfläche) existierten.[1082] Zu den wichtigsten Zielen des Programms gehörte neben der Sanierung der Emscher die Vernetzung dieser Biotope.[1083]

Darüber hinaus erfreuten sich die circa 6 000 Hektar Industriebrachen im Ruhrgebiet im Zuge der IBA als Lebensräume für Pflanzen und Tiere sowie als potenzielle Erholungslandschaften für die Bevölkerung erneuter Aufmerksamkeit. Vom 26. bis 28.

1079 Rossé, Ruhrgebiet, S. 20–21.

1080 Schwarze-Rodrian, Emscher Landschaftspark, S. 1233.

1081 IV B 3 Ökologieprogramm Emscher-Lippe-Raum, 21.8.1990, LAV Abt. Rhld. NW 817 Nr. 625.

1082 Brocksieper, Rolf; Muehlenberg, Alexa: Naturraum und Biotopkataster Ruhrgebiet. In: *NuL* 70 (1995), S. 462–466, hier S. 466.

1083 Ministerium für Umwelt, Raumordnung und Landwirtschaft: Lage des Naturschutzes in NRW. In: *Mitteilungen der LÖLF* 17.2 (1992), S. 56–57, hier S. 56.

August 1991 trafen sich auf dem Gelände des künftigen Landschaftsparks Duisburg-Nord insgesamt 45 Wissenschaftler aus ganz Europa, den USA und Japan, um unter dem Titel „Neue Natur auf Industrieflächen" die Ergebnisse ihrer Forschungen zu diskutieren. Die Industriebrachen zeichneten sich dabei nach dem Tenor der Vorträge des Symposiums insbesondere dadurch aus, dass sie gemeinsam mit genutzten Industrieflächen ein relativ gut vernetztes Biotopverbundsystem bildeten. Diese Systeme bildeten durch Handel und Verkehr ein Einfallstor für Neophyten, aber auch Ersatzräume für seltene einheimische Pflanzen.[1084] Nach den Kriterien Artenvielfalt und Vorkommen seltener oder gefährdeter Arten gehörten Industriebrachen zu den ökologisch wertvollsten Gebieten im Stadtbereich. Kein urbaner Flächentyp weise so hohe Anteile brachliegender oder extensiv genutzter Fläche sowie eine solch hohe Standortheterogenität auf.[1085] Angesichts der Vorkommen seltener Arten löse sich die Dichotomie zwischen gesunder, intakter Kulturlandschaft und schädlicher, naturzerstörerischer Siedlungs- und Industrielandschaft auf.[1086]

Die Frage war, wie diese Flächen im Rahmen der IBA zu sichern und zu pflegen waren. Eine Wiedernutzung durch Industrie oder öffentliche Hand war aufgrund der wirtschaftlichen Situation für den Großteil der Flächen unwahrscheinlich. Bislang waren die Flächen vom NRW-Grundstücksfonds angekauft, dekontaminiert und aufbereitet, der Weiterverkauf aber meist nicht realisiert worden. Dies war aufgrund der finanziellen Situation der Kommunen auch in Zukunft nicht zu erwarten. Es ging also darum, so das Ergebnis eines 1994 vom inzwischen unter dem Kürzel

1084 Jedicke, Eckhard: Industriebrachen – eine Chance für den Naturschutz. In: *Naturschutz und Landschaftsplanung*, 23 (1991), S. 207–209, hier S. 207.

1085 Dettmar, Jörg: Vegetation auf Industrieflächen. Die Bedeutung von Industrieflächen für den Naturschutz aus floristischer und vegetationskundlicher Sicht. In: *Mitteilungen der LÖLF* 17.2 (1992), S. 20–26, hier S. 20 und 24–25.

1086 Neiss, Wertvolle Kulturlandschaft, S. 456.

MSV firmierenden Stadtentwicklungsministerium veranstalteten Ideenseminars auf der IBA, die Flächen einer neuen Nutzung zuzuführen. Leitgedanke war, dass der Mensch nicht als „Störenfried“ aus der Natur ausgeschlossen werden dürfe. Natur müsse darüber hinaus zu einem Erlebnis werden, statt reines Konsumgut zu sein.[1087] „Industriebrachen haben spezielle ökologische, industriehistorische und soziale Qualitäten“, stellten die Teilnehmer des Seminars fest. Die „Sekundär-Natur“ der Industriebrachen stelle eine Bereicherung der Artenvielfalt dar, die industriehistorischen Spuren besäßen Identifikationspotenzial und die Eigenart der Flächen vermittele einen Hauch von „Wildnis“ und „Freiheit“, der ein Gegenmodell zum überplanten Alltag biete. Diese Potenziale gelte es zu aktivieren.[1088] Dies erforderte für den Zugang ihre Anbindung an das Radwanderwegenetz, das den Emscher Landschaftspark durchzog. Das Wegenetz wurde so zum zentralen Leitfaden für die Aneignung der Brachflächennatur durch die Bevölkerung.[1089]

Zur Zwischenbilanz der IBA 1994/95 konnte ein erstes positives Fazit gezogen werden. Der Emscher Landschaftspark stellte einen planungspolitischen Faktor dar, nachdem sich andere Flächennutzungsplanungen richten mussten. Über 100 Flächen wurden bis 1994 im GEP in Freiraum umgeschrieben. „Wichtigster Erfolg ist aber, daß die Vision mittlerweile auf die Baustelle gegangen ist und in vielen kleinen Schritten Gestalt annimmt“, konnte die IBA erste sichtbare Fortschritte melden. Bedeutend sei darüber hinaus, auch weiterhin die Bevölkerung verstärkt einzubinden und zum Mitmachen einzuladen.[1090]

1087 MURL, Ideen-Seminar „Restflächen in der Industrielandschaft“ vom 5. bis 9. August 1994. Memorandum zur Nutzung und Bewirtschaftung, Archiv der Stiftung Naturschutzgeschichte, Sign. 944.80.01.00, S. 5–6 und 10.

1088 Ibid., S. 10–11, Zitate S. 10–11 und 11.

1089 Vermerk Leitplanung Emscher Landschaftspark, 3.3.1994, Archiv der Stiftung Naturschutzgeschichte 944.80.01.00.

1090 Reiss-Schmidt, Stephan: Eine Vision geht auf die Baustelle. Eine Zwischenbilanz zum informellen Planungssystem für den Emscher

Ein Großteil der Untersuchungen zeichnete in der Bewertung der Ergebnisse der IBA Emscher Park, die Akzeptanz seitens der Bevölkerung betreffend, ein positives Bild. Die Bevölkerung habe sich bis dahin nie mit der Landschaft als solches im Ruhrgebiet identifizieren können, befand der Duisburger Sozial- und Wirtschaftsgeograph, Hans Blotevogel. Die Ruhrgebietslandschaft sei immer Teil und häufig auch Ergebnis der Fabrikstruktur des Industriegebiets gewesen. Die IBA Emscher-Park habe dagegen ihre Projekte vielmehr auf den Aufbau „einer unter den Bedingungen der Gegenwart identifikationsfähigen Landschaft [ausgerichtet], die die industrielle Prägung nicht verleugnet, sondern bewusst an das Erbe der Industrielandschaft anknüpft, indem sie eine neuartige Verbindung von Industriekultur und Industrienatur herzustellen versucht".[1091] Dies habe zu einem radikalen Wandel des Verhältnisses zu den Zeugnissen der Industrie geführt: „Fördertürme, Industrieanlagen, Verkehrsbauten, Werkssiedlungen [...] waren noch [...] in den frühen 1970er Jahren Symbole des hässlichen, rückständigen, ja bedrohlichen Ruhrgebiets."[1092]

Zu diesem Schluss kam auch Andreas Keil, der zum Ende der IBA einheimische Besucher und langjährige Residenten des Ruhrgebietes befragt hatte:

> Zu Beginn der 1990er Jahre waren sie als übriggebliebene Symbole der Montanindustrie aufgrund der negativen Entwicklung fast ausschließlich negativ besetzt, durch IBA und KVR werden sie seither aber wieder als raumprägen-

Landschaftspark im Rahmen der IBA Emscher Park. In: *Garten + Landschaft* 104 (1994), S. 9–15, hier S. 12–13, Zitat ebd.

1091 Blotevogel, Hans: Industrielle Kulturlandschaft im Ruhrgebiet. Die Geschichte einer schwierigen Annäherung. In: Deutsche Gesellschaft für Industriekultur (Hrsg.): *Industriekultur und Technikgeschichte in Nordrhein-Westfalen. Initiativen und Vereine.* Essen 2001, S. 43–62, hier S. 56.

1092 Ibid., S. 57.

> de, Einmaligkeit symbolisierende Monumente der Region gestärkt.[1093]

Die Ergebnisse der Befragung ließen auf einen hohen Zustimmungsgrad in der Bevölkerung schließen sowie auf ein gewandeltes Verhältnis zur heimischen Natur im Ruhrgebiet. Keil stellte es insbesondere als Leistung der IBA heraus, die Stadt- und Industrienatur „in den Wahrnehmungsbereich der Menschen" gerückt zu haben.[1094]

Doch auch im Naturschutz waren im Zuge der IBA Stadt- und Industrienatur nicht nur in den Fokus gerückt, sondern bekamen auch erstmals eine identitätsstiftende Komponente mit der sich der Naturschutz bis dahin sehr schwer getan hatte. Eine Erklärung Matthiesens sei hier sinnbildlich für den Bewusstseinswandel zitiert: „Landschaft stiftet seelische Identität zwischen dem Menschen und der ihn umgebenen Natur. Von daher ist auch die ‚Natur aus zweiter Hand', sind auch die Ballungsräume Erfahrungsräume für den Menschen mit seiner Umwelt."[1095]

Der MURL-Abteilungsleiter Naturschutz, Neiss, schrieb 1995 in *Natur und Landschaft* zur Zwischenbilanz der IBA, der „Kontrast von Halden, riesigen Industriebrachen, aufgelassenen Bahntrassen als neue Straßen der Natur" entfalte eine eigene Schönheit, erfülle für diese Landschaft biologisch die gleiche Aufgabe wie Feuchtwiesen und Gewässerauen im westfälischen Tiefland und spiegele eine historische Landnutzungsform genauso wieder wie die Müns-

1093 Keil, Andreas: *Industriebrachen. Innerstädtische Freiräume für die Bevölkerung. Mikrogeographische Studien zur Ermittlung der Nutzung und Wahrnehmung der neuen Industrienatur in der Emscherregion.* Dortmund 2002 (Duisburger Geographische Arbeiten, 24), S. 82.

1094 Ibid., S. 208, Zitat ebd.

1095 Ansprache des Ministers anlässlich der Fachtagung des Sauerländischen Gebirgsvereins am 16.9.1991 in Hagen, Archiv der Stiftung Naturschutzgeschichte, Sign. 606.40.00.00.

terländer Parklandschaft.[1096] Die Frage, die der Naturschutz sich stellen müsse, sei für alle Regionen gleich:

> Welche Qualitäten für Wasser, Boden und Atmosphäre müssen regional erreicht sein, um eine dauerhafte und nachhaltige Nutzung aller, d.h. urbaner, forst- und landwirtschaftlich geprägter oder naturbelassener Ökosysteme zu gewährleisten? [...] Wie bleiben geschichtlich der Umgang des Menschen mit seiner Landschaft und die dabei entwickelte Tier- und Pflanzenwelt bei neuen Landnutzungen lebendig erfahrbar, ohne Landschaften in ein Museum zurückzuverwandeln?[1097]

Neiss verkündete am Beispiel des Emscherraumes ein neues Leitbild des nordrhein-westfälischen Naturschutzes, eine Abkehr vom Kulturlandschaftsschutz und eine Hinwendung zum Prozessschutz: Das Leitbild wolle nicht zurück zur agrarischen Kulturlandschaft, „sondern zu einer sich mit ihrer neuen Natur entwickelnden Industrieregion nach der nur [...] kurzen 100- bis 150jährigen Industriegeschichte".[1098] Damit vollzog Neiss den Bruch mit dem naturschützerischen Idealbild der vorindustriellen Kulturlandschaft, das den Naturschutz seit seiner Konstituierungsphase im 19. Jahrhundert ausgezeichnet hatte.

Das MURL leistete im Zuge der IBA einen wichtigen Beitrag zum Strukturwandel, der so ohne den Modernisierungsprozess der 1960er und 1970er Jahre die in den 1980er Jahren vorgenommenen Weichenstellungen nicht möglich gewesen wäre. Das „Wunder von der Ruhr"[1099], wie es die *FAZ* – wenn auch geographisch leicht inkorrekt – nannte, hatte zum Ende der IBA zumindest Gestalt angenommen. Der ökologische, ökonomische und soziale Umbau des Gebietes entlang der Emscher war entscheidend angestoßen worden.

1096 Neiss, Wertvolle Kulturlandschaft, S. 457, Zitate ebd.

1097 Ibid.

1098 Ibid.

1099 *Frankfurter Allgemeine Zeitung*, 21.6.1990.

4.2 Auf dem Weg in das Jahr 2000: Nordrhein-Westfalens Naturschutz in den 1990er Jahren

4.2.1 Das Programm „Natur 2000 in Nordrhein-Westfalen"

Das Programm „Natur 2000 in Nordrhein-Westfalen" war der Versuch der Landesregierung, den in den 1980er Jahren vollzogenen Paradigmenwandel zu einem allgemeingültigen Naturschutzleitbild zu verdichten und damit einen Leitfaden für die weitere Arbeit bis zum Jahr 2000 zu kreieren.

Die ersten Arbeiten am Programm „Natur 2000" begannen im März 1989, als sich Vertreter von MURL und LÖLF sowie der ehrenamtlichen Naturschutzverbände in Haltern-Flaesheim zu einer ersten Arbeitsgruppensitzung trafen.[1100] Das Schreiben zur Einladung verdeutlichte die Vorstellungen des Gruppenleiter Naturschutzes für die angestrebten Ergebnisse des Treffens:

> Mit dem Programm ‚Natur 2000 in Nordrhein-Westfalen' verfolge ich das Ziel, sowohl für die eingeleiteten Fachprogramme des Landes als auch für die Landschaftsplanung ein einheitliches Leitbild für die künftige landschaftliche Entwicklung Nordrhein-Westfalens bezogen auf die unterschiedlichen Funktionen seiner Teilräume und ihre Beziehungen untereinander aufzustellen, und daraus abgeleitet ein konkretes längerfristiges Maßnahmenkonzept mit entsprechenden Finanzierungsvorstellungen vorzulegen.[1101]

Der direkte Anlass war die Beantwortung der Großen Anfrage der SPD-Landtagsfraktion unter der Überschrift „Landwirtschaft und Landschaft" vom 20.12.1986, in der ein umfangreicher Fragenkatalog zur Situation der Landwirtschaft in NRW und der Natur-

---

1100 IV B 1, Ergebnisvermerk, Programm „Natur 2000 in Nordrhein-Westfalen". Erste Arbeitsgruppensitzung am 3./4.3 1989 in Haltern-Flaesheim, 31.3.1989, Archiv der Stiftung Naturschutzgeschichte, Sign. 606.40.00.00.

1101 Einladung zur ersten Arbeitsgruppensitzung am 3./4.3 1989 in Haltern-Flaesheim, Archiv der Stiftung Naturschutzgeschichte Sign. 606.40.00.00.

schutzpolitik des Landes aufgestellt wurde.[1102] Nach eineinhalb Jahren veröffentlichte das MURL im Parlament die Antworten. In ihrem Resümee der Naturschutzpolitik seit der Präsentation des Umweltprogrammes 1983 erklärte die Landesregierung:

> Mit der in den letzten 5 Jahren von der Landesregierung neueingeleiteten Naturschutzpolitik hat die Landesregierung versucht, auf das bestehende rechtliche, fachliche, materielle und organisatorische Vollzugsdefizit des Naturschutzes zu reagieren.
> Fachlich wünschenswert wäre neben der durch die Landesanstalt für Ökologie, Landschaftsentwicklung und Forstplanung landeseinheitlich fachlich koordinierte Landschaftsplanung und ihren fachlichen Konzeptionen für die Sonderprogramme des Landes die Festlegung von *landesweiten, biotopumfassende* [*sic!*] *Zielsetzungen* des Naturschutzes.[1103]

Die Landesregierung kündigte an, noch in der laufenden Legislaturperiode ein solches Leitbild der künftigen Landschaftsentwicklung vorzulegen und damit die konzeptionellen Lücken zwischen Landschaftsplanung und Sonderprogrammen zu schließen.[1104] Es sollte dementsprechend auch kein Förderprogramm des Landes sein, sondern eine fachliche Vorgabe für Gebietsentwicklungsplanung, Landschaftsplanung, die Sonderprogramme und die in den Naturhaushalt eingreifenden Fachplanungen darstellen.[1105]

Bei dem Treffen in Flaesheim im März 1989 verständigten sich die Teilnehmer darauf, ein Zielkonzept zu erstellen, das in einen kurzfristigen (bis 1994) und einen mittelfristigen Part

1102 Landtag Nordrhein-Westfalen, Drucksache 10/1549.

1103 Landtag Nordrhein-Westfalen, Drucksache 10/3611, S. 80, Hervorhebung F.M.

1104 Ibid.

1105 IV B 1, Ergebnisvermerk, Programm „Natur 2000 in Nordrhein-Westfalen". Erste Arbeitsgruppensitzung am 3./4.3 1989 in Haltern-Flaesheim, 31.3.1989, Archiv der Stiftung Naturschutzgeschichte, Sign. 606.40.00.00, S. 1.

(1995–2000) unterteilt wurde. Sie beschlossen, das Konzept bis Februar 1990 fertigzustellen, sodass es vor den Landtagswahlen im Mai 1990 von Minister Matthiesen der Öffentlichkeit vorgestellt werden konnte.[1106]

Einstieg in die weiterführende Diskussion war ein Beitrag von Professor Gerd Schulte, Lehrstuhlinhaber an der Universität Münster und Abteilungsleiter in der LÖLF, der analog zum Modell der verschiedenen Stufen eines Hausbaus angelegt war. Die erste Ebene bildeten dabei überregional bedeutsame Schutzgebiete oder Schutzkorridore mit einer Größe von über 1 000 Hektar. Diese umfassten Vorrangflächen für Wald, Wiese, Weide, Wasserflächen und Wehen. Auf der zweiten Ebene befanden sich die regionalen Biotopverbindungen (zum Beispiel Wiesen- oder Bachtäler) sowie Siedlungen und Kulturlandschaften (zum Beispiel Äcker, Wälder, etc.). Dritte Ebene war schließlich die lokale Ebene. Auf der Grundlage einer umweltverträglichen Nutzung und verbindlichen Vorgaben zu Natur und Landschaft sollten die verschiedenen Ebenen von unten nach oben entwickelt und die Programme schließlich vor Ort umgesetzt werden.[1107]

Die Instrumente des Natur- und Landschaftsschutzes boten drei Möglichkeiten der Landschaftsentwicklung:

- Erhaltung und Entwicklung von Lebensräumen durch natürliche Entwicklung.
- Erhaltung und Entwicklung von Kulturbiotopen bei gleichzeitiger, möglichst extensiver Nutzung.
- Erhaltung von „musealen Biotopen“ durch gezielte Pflege.

Ausgehend von diesen Prämissen sollten natur- beziehungsweise kulturraumbezogene sogenannte „Eckwerte“ für die Entwicklungsmöglichkeiten aufgestellt werden, nach denen die verschiedenen Planungsinstanzen vorzugehen hatten.[1108]

1106 Ibid.

1107 Ibid., S. 2–3.

1108 Ibid., S. 4.

Das Fachkonzept wurde schließlich als Diskussionsansatz im Frühjahr 1990 der Öffentlichkeit vorgestellt. Einleitend stellte der Entwurf des MURL fest, dass es zwar in Sachen Naturschutz große Erfolge zu verzeichnen gegeben habe, es jedoch nicht versäumt werden dürfe, die „Weichenstellung für den Naturschutz im nächsten Jahrtausend" vorzunehmen. Daher war das präsentierte Konzept auf zwanzig Jahre ausgelegt. „Natur 2000" teilte das Landesgebiet in acht Großlandschaften ein, die entsprechend ihrer Eigenarten Vorgaben für die künftige Regional- und Fachplanungen erhielten. Als Maßstäbe sollten gelten, Flächen mit großer ökologischer Bedeutung „zu sichern, zu erweitern und zu entwickeln" und diese Vorranggebiete zu einem „landesweiten funktionsfähigen Biotopverbund" zusammenzufügen. Das MURL plante, mit der neuen Kategorie Naturreservate der Erkenntnis Rechnung zu tragen, dass ein wirksamer Arten- und Biotopschutz nur in ausreichend großflächigen, vernetzten und naturnahen Lebensräumen zu erreichen war. Insgesamt sollten in NRW vierzehn Naturreservate mit einer Fläche von 170 000 Hektar, fünf Prozent der Landesfläche, als Vorranggebiete für den Naturschutz geschaffen werden.[1109] Kernstück dieser Naturreservate sollten jeweils größere Naturschutzgebiete oder zusammenhängende kleinere Naturschutzgebiete mit einer Größe von 1 000 bis 10 000 Hektar sein. Zur Vernetzung dieser Flächen waren Schutzgebietskorridore vorgesehen. Die Sicherung dieser Korridore stellte den Schwerpunkt für den Zeitraum bis 1995 dar. Instrumente hierfür waren die im Schutzprogramm für die bäuerliche Kulturlandschaft zusammengefassten Sonder-

1109 Diese vierzehn Naturreservate waren: Moore und Feuchtwiesen des nordwestlichen Münsterlandes, Südliches Münsterland, Altes Storchenland der Weser, Senne mit Ems- und Lippebächen, Weserbergland, Triften und Wälder des oberen Weserberglandes, Waldlandschaft zwischen Alme und Dinkel (Westfälische Bucht und Westfälisches Tiefland), Kamm- und Rothaargebirge, Wälder und Bergwiesen im südlichen Siegerland (Sauer- und Siegerland), Kottenforst, Siebengebirge und Wahner Heide, Eifel, Hohes Venn und nördliche Kalkeifel (Bergisches Land und Kölner Bucht), Feuchtwaldlandschaften an Schwalm und Nette, Feuchtgebiet Unterer Niederrhein (Niederrhein).

programme des Landes, das Schutzprogramm für Laubwälder und das neue Schutzprogramm für Gewässerauen, das die Landesregierung aufgelegt hatte, um die insgesamt 60 000 Kilometer der Gewässer NRWs als „verbindende biologische Lebensadern" zwischen den flächenbezogenen Schutzprogrammen zu erhalten oder zu reaktivieren. Ein weiterer Schwerpunkt für die künftige Naturschutzarbeit waren die Ballungsgebiete an Rhein und Ruhr, in denen Naturreservate zwar nicht abgegrenzt werden konnten, deren Grünzüge und Gewässer dennoch wichtige Funktionen für die Vernetzungsstrukturen innehatten.[1110]

Wie die Landesregierung in ihrer Regierungserklärung nach der Landtagswahl feststellte, war „Natur 2000" der erste offizielle Entwurf in der Bundesrepublik Deutschland, „Leitbilder und Leitlinien für die großräumige Entwicklung unserer Landschaft in einer Generation vorzustellen". Gleichzeitig forderte die Landesregierung eine Leitbilddiskussion auf Bundesebene und die Schaffung einer „Gemeinschaftsaufgabe Naturschutz", womit sie indirekt die Sinnhaftigkeit der Zuständigkeit der Länder für den Naturschutz infrage stellte:[1111]

> Es darf nicht weiter sein, daß in Nordrhein-Westfalen an der Weser erhebliche Anstrengungen zur Rettung der Weißstörche durch Verbesserung der Lebensräume gemacht, Flußläufe renaturiert, Überschwemmungsgebiete wiederhergestellt werden und gleichzeitig jenseits der Landesgrenze in Niedersachsen im natürlichen Überschwemmungsbereich der Weser Eindeichungsverfahren und agrarstrukturelle Maßnahmen laufen, um aus noch vorhandenen Grünland

1110 MURL, Natur 2000 in NRW: Leitlinien und Leitbilder für Natur und Landschaft in Nordrhein-Westfalen, 22.3.1990, Archiv der Stiftung Naturschutzgeschichte, Sign. 606.40.00.00, Zitat ebd.

1111 IV B 1 Bausteine zu einer Regierungserklärung für die Legislaturperiode 1990 bis 1995, 12.6.1990, Archiv der Stiftung Naturschutzgeschichte, 606.40.00.00., S. 9–10.

> Ackerland zu machen. Hier kehrt sich Länderzuständigkeit in einem perversen Ausmaß um.[1112]

Nach Ansicht der Landesregierung war die Erhaltung der Landschaften Nordwestdeutschlands ebenso Gemeinschaftsaufgabe wie sie andernorts die Erhaltung der norddeutschen Küstenlandschaft oder im Süden der Alpenlandschaft sei. Anstelle einer „ökologisch wie sozial bedenklichen" Dauersubvention der Landwirtschaft, mit gegenwärtig 16 Milliarden DM jährlich durch Bund und Länder, sei es an der Zeit, über eine Gemeinschaftsaufgabe als „Marshallplan für die Natur" nachzudenken.[1113] Damit eine solche Gemeinschaftsaufgabe nicht nur ein Mittelumverteilungskonstrukt zulasten des Bundes werde, sei es sinnvoll, die Verwendung dieser Mittel direkt an die Umsetzung solcher Leitlinien zu koppeln. Nordrhein-Westfalen habe daher mit dem „Natur 2000"-Konzept einen ersten Diskussionsbeitrag präsentiert, der die Grundlage für eine weitergehende Erörterung überterritorialer Zusammenarbeit im Naturschutz auch im europäischen Rahmen darstellen könnte.[1114]

Für die weitere Arbeit im eigenen Land sah die Landesregierung „Natur 2000" als einen Leitfaden, den zukünftige Regierungen zur Basis ihrer Naturschutzpolitik machen sollten. Es sei zudem ein Mittel „gegen das entmutigende ‚immer etwas mehr und etwas besser', aber nie grundlegend richtig", das die Naturschutzpolitik leider so häufig auszeichne. Es sei daher Aufgabe für die kommende Legislaturperiode, das Rahmenkonzept „Natur 2000" in einem

1112 Ibid., S. 9.

1113 Neiss, Thomas: Kulturlandschaftspflege im landesweiten Biotopverbund – Naturschutz in Nordrhein-Westfalen. In: *Mitteilungen der LÖLF* 19.1 (1994), S. 12–15, hier S. 15, Zitate ebd.

1114 IV B 1 Bausteine zu einer Regierungserklärung für die Legislaturperiode 1990 bis 1995, 12.6.1990, Archiv der Stiftung Naturschutzgeschichte, 606.40.00.00, S. 9–10.

Landschaftsprogramm landesplanerisch verbindlich zu machen.[1115] Im veröffentlichten Programm hieß es zu diesem Punkt:

> Die bisherige unmittelbare Integration der Belange des Naturschutzes und der Landschaftspflege in die Instrumente der Landesplanung sowie in die allgemeinen politischen Programme der Landesregierung wird diesen Anforderungen [der planerischen Umsetzung der Inhalte von ‚Natur 2000', F.M.] nicht mehr gerecht.[1116]

Als Diskussionsgrundlage gedacht, schien „Natur 2000" zunächst auf reges Interesse zu stoßen. Bereits nach kurzer Zeit war die erste Auflage des Entwurfes vergriffen, sodass das Programm neu aufgelegt werden musste, um die Nachfrage zu befriedigen. Es sei bereits „ein breiter Dialog" in Gange gekommen, freute sich Matthiesen im Vorwort zur Neuausgabe. Bei der Veröffentlichung der überarbeiteten Fassung von „Natur 2000" im Jahr 1994 erklärte Matthiesen, kaum ein Konzeptentwurf habe die fachliche Debatte im Naturschutz in solchem Maße angeregt wie dieser.[1117] Es ist jedoch nicht mehr nachzuvollziehen, wie Matthiesen zu dieser Meinung kam. Nach Angaben der Landesregierung fanden die gedruckten Broschüren einen relativ guten Absatz. Die sonst sehr umfangreiche Datenbank des Bundesamts für Naturschutz gibt jedoch zu „Natur 2000" nur einige wenige Artikel in den einschlägigen Fachzeitschriften an, die darüber hinaus meist aus den offiziellen nordrhein-westfälischen Einrichtungen stammen (MURL, LÖLF). Es scheint daher zumindest fragwürdig, dass das Konzept explizit weiträumig in Deutschland diskutiert wurde.

1115 Ibid., S. 11.

1116 MURL, *Natur 2000*, S. 60.

1117 Ministerium für Umwelt, Raumordnung und Landwirtschaft: *Natur 2000 in Nordrhein-Westfalen. Leitlinien und Leitbilder für Natur und Landschaft. Überarbeitete Fassung März 1994.* Düsseldorf 1994, S. 3.

Umsetzung und Planung des Konzeptes sah Matthiesen im März 1994 dagegen aufgrund der Entwicklungen in der Landespolitik und auf europäischer Ebene weit fortgeschritten:

- NRW realisiere als erstes Bundesland mit dem neuen Landesentwicklungsplan planerisch einen landesweiten Biotopverbund,
- die naturschutzorientierte Landnutzung und umweltverträgliche Bewirtschaftung würden mit Hilfe neuer Ansätze der EG-Agrarpolitik in einem neuen Kulturlandschaftsprogramm NRW zusammengeführt,
- ein Regelwerk über die Umsetzung des materiellen Interessenausgleichs im Wald könne in NRW als erstem Bundesland vereinbart werden,
- das Gewässerauenprogramm werde an Rhein, Ems, Lippe und Ruhr bereits umgesetzt und
- mit 200 Millionen DM und 170 Projekten seien das Ökologieprogramm Emscher-Lippe und das Naturschutzprogramm Aachener Revier bereits mitten in der Realisierung.[1118]

Insbesondere die Verankerung der Ziele des Natur- und Umweltschutzes in der Freiraumplanung im Landesentwicklungsplan stellte einen wesentlichen Erfolg für den Naturschutz dar. Der LEP formulierte Ziele zur Freiraumsicherung, die bei der Regional-, Bauleit- und Fachplanung zu berücksichtigen waren. Darüber hinaus legte der LEP zeichnerisch Gebiete über 75 Hektar fest, die entweder als Naturschutzgebiete oder für den Aufbau des landesweiten Biotopverbundes geeignet waren. Somit legte der LEP nicht nur die bestehenden Naturschutzgebiete fest, sondern wies auch Gebiete aus, die lediglich zur Vernetzung dieser Gebiete dienten. Insgesamt wurden 3 200 km^2 oder rund zehn Prozent der Landesfläche über den LEP gesichert.[1119] Der LEP regelte die auf örtlicher

1118 Ibid.

1119 Neiss, Kulturlandschaftspflege, S. 15.

Ebene bestehenden Zielkonflikte jedoch nicht abschließend. So waren insbesondere für den Bau von Verkehrswegen, von Anlagen, die aus Umweltschutzgesichtspunkten notwendig waren (Kläranlagen, Kanalanlagen, Windräder, usw.) oder für die Rohstoffgewinnung Ausnahmeregelungen vorgesehen. Darüber hinaus sah der LEP jedoch umfangreiche Möglichkeiten für die naturverträgliche Erholung in Naturschutz- und Landschaftsschutzgebieten vor.[1120]

Das Konzept „Natur 2000" stellte den Versuch dar, endgültig mit dem punktuellen, selektiven Naturschutz zu brechen und den ganzheitlichen Naturschutzgedanken durchzusetzen. „Natur 2000" war die Strategie einer fachlich und räumlich integrierten Umweltpolitik, die Naturschutz-, Landwirtschafts-, Forst-, Stadtökologie- und Gewässerpolitik umfasste.[1121]

Im Kern bedeutete es eine Zusammenfassung der bisherigen Reformpolitik im Naturschutz zu einem Leitbild für die künftige Naturschutzarbeit, getrieben von der Erkenntnis, dass sich Gesetze und rechtliche Bestimmungen schnell ändern ließen, weshalb es notwendig sei, Konzepte und Strategien aufzustellen, die Politiker und Entscheidungsträger von der Notwendigkeit der Finanzierung überzeugen konnten.[1122] Insgesamt fielen die Erwartungen zu „Natur 2000" bei LÖLF-Präsident Schmidt ob der sich zu Beginn der 1990er Jahre verschlechternden Lage in Wirtschaft und den öffentlichen Haushalten skeptisch aus. Auf dem Deutschen Naturschutztag 1994 in Aachen äußerte er die Befürchtung, dass der Naturschutz aufgrund der Haushaltslage Einschnitte zu verkraften haben werde:

> Ob sich das Handlungskonzept ‚Natur 2000 in NRW' in einer Zeit umsetzen läßt, in der einige Bundespolitiker fordern,

1120 *Gesetzes- und Verordnungsblatt für das Land Nordrhein-Westfalen* Nr. 50 vom 29.6.1995, S. 541 und 543–544.

1121 Ibid., S. 7.

1122 Schmidt, Albert: Vom Reichsnaturschutzgesetz zu „Natur 2000 in NRW". Die Entwicklung der Instrumente des Naturschutzes. In: *Mitteilungen der LÖLF* 19.1 (1994), S. 16–19, hier S. 19.

> die Berücksichtigung von Naturschutzbelangen zumindest für einige Jahre auszusetzen, da der Naturschutz zu stark geworden sei und zu viele Erfolge gehabt habe, bleibt abzuwarten.[1123]

In der Tat verlor „Natur 2000 in NRW" ab Mitte der 1990er Jahre zunehmend an Dynamik. Das Landschaftsprogramm (LaPro), das die Landesregierung in ihrer Regierungserklärung für die Legislaturperiode 1990–1995 angekündigt hatte, wurde zwar durch eine Änderung des Landschaftsgesetzes, das bis dahin ein solches landesweites Programm nicht vorgesehen hatte, rechtlich ermöglicht, doch blieb das von der LÖLF/LÖBF erarbeitete Konzept zum LaPro in den Schubladen des Ministeriums. Matthiesen wollte mitten im Landtagswahlkampf 1995 diesen nicht mit Fragen des Naturschutzes belasten, wie MURL-Referatsleiter Enno Heidtmann in der Rückschau berichtete.[1124] Auch Abteilungsleiter Neiss konstatierte:

> Der Umweltminister hielt diese Vorlage eines so zusammenfassenden Leitbildes einer den Naturschutz in die gesamte Entwicklung des Landes integrierenden, aber nicht einzuordnenden Entwicklungsperspektive für noch nicht oder schon nicht mehr gekommen.[1125]

Auch nach dem Führungswechsel im MURL fehlte der politische Durchsetzungswille in der Landesregierung. Ministerin Höhn zog den erneuten Entwurf eines LaPro 2000, ebenfalls im Jahr einer Landtagswahl, kurz vor der öffentlichen Anhörung auf Landesebene zurück, obwohl bereits 10 000 gedruckte Exemplare zur Ansicht vorlagen. Damit waren die Bemühungen um ein Landschaftspro-

1123 Ibid.

1124 Heidtmann, Enno: Wissenschaftlich gestützte Regelungen des Naturschutzes und der Landschaftspflege am Beispiel der Naturschutzpolitik Nordrhein-Westfalens. Vortrag auf der 8. Winterakademie zur Naturschutzgeschichte, 14. bis 17. März 2011 des Bundesamts für Naturschutz auf der Insel Vilm (i.V.), S. 23.

1125 Neiss, 25 Jahre, S. 15.

gramm auf Landesebene als Richtlinie für GEP und Landschaftsplanung ohne Ergebnis geblieben. In der Folgezeit wurden sie nicht wieder aufgenommen.[1126]

Das ambitionierte Konzept „Natur 2000 in Nordrhein-Westfalen" blieb somit eine Episode, aus der letztlich wenige Konsequenzen erwuchsen. Hier verdeutlichten sich exemplarisch die traditionell hohen Ambitionen der nordrhein-westfälischen Naturschützer, eine zugleich wegweisende und großräumige Naturschutzpolitik anzustreben, und gleichzeitig das geringe Gewicht, das ihnen in Zeiten von wirtschaftlicher Rezession und leeren öffentlichen Kassen beigemessen wurde.

4.2.2 Naturschutz in Nordrhein-Westfalen in den 1990er Jahren: Themen und Streitpunkte

In diesem Kapitel werden Themen und Streitpunkte im nordrhein-westfälischen Naturschutz in den 1990er Jahren an drei Beispielen aufgegriffen. Diese zeichneten sich dadurch aus, dass es sich bei ihnen um Zielkonflikte handelte, die grundsätzlich schwierige Abwägungsentscheidungen vom MURL verlangten. In den aufeinandertreffenden Zielkonflikten spiegelten sich jeweils verschiedene Interessen des Ministeriums wieder: Die Konflikte um Freizeit, Sport und Erholung in der Natur, um die Einführung von Ökokonten und um die Aufstellung von Windkraftanlagen. In allen diesen Fällen ging es um die Eingriffsregelung, die zum Streitpunkt avancierte.

Der Freizeit- und Erholungsaspekt hatte im Naturschutz immer eine große Rolle gespielt, doch war seine Bedeutung in den 1980er Jahren gegenüber den funktionalen Ökosystemansätzen zurückgetreten. Zu Beginn der 1990er Jahre kam dieses Thema insbesondere bei der Behandlung freizeitlicher Naturnutzung wie

1126 Heidtmann, Wissenschaftlich gestützte Regelungen, S. 23.

des Sporttreibens wieder auf.[1127] Der Trend im Freizeitsport ging deutlich in Richtung Individualsportarten in der Natur wie Jogging, Wandern, Radfahren, Nordic Walking, Skifahren, Klettern, Surfen, Drachenfliegen etc.[1128] Der hierdurch gesteigerte Nutzungsdruck auf die Natur barg Konfliktpotenzial. Während Naturschützer forderten, „eine ausschließlich anthropozentrische Sichtweise des Naturschutzes zugunsten eines Schutzes der Mitwelt auch um ihrer selbst willen [aufzugeben]“[1129], lautete die immer häufiger auftretende Kritik zum Beispiel der Wander- und Erholungsbewegung, Naturschutz bedeute zunehmend, den Menschen gänzlich aus der Natur auszuschließen. Für das MURL war dies hauptsächlich eine Frage des individuellen und gemeinschaftlichen Verhaltens des freizeitlichen Naturnutzers. „Wanderverein, Sport- und Erholungsbewegung entscheiden deshalb *selbst*, ob man die Natur *vor* ihnen oder *mit* ihnen schützen muß“, erklärte Matthiesen auf der Jubiläumsfeier des Sauerländischen Gebirgsvereins.[1130]

Auf der anderen Seite schalteten die „klassischen“ Freizeitnaturnutzervereinigungen das MURL und den ehrenamtlichen Naturschutz ein, wenn es darum ging, nach ihrer Meinung schädliche

1127 Hammerich, Kurt; Müller, Ralf; Schaffrath, Bettina: *Natur: Zwischen Schutz und Nutzung*. St. Augustin 1995 (Naturschutz und Freizeitgesellschaft, 1), S. 46–47.

1128 Job-Hoben, Beate; Pütsch, Michael; Erdmann, Karl-Heinz: Naturschutz und Freizeitnutzung – Trends und Perspektiven. In: Frohn, Hans-Werner. et al. (Hrsg.): *„Wenn sich alle in der Natur erholen, wo erholt sich dann die Natur?“ Naturschutz, Freizeitnutzung, Erholungsvorsorge und Sport – gestern, heute, morgen. Tagungsband zum gleichnamigen Symposium veranstaltet von der Stiftung Naturschutzgeschichte am 5. und 6. November 2008*. Bonn-Bad Godesberg 2009 (Naturschutz und biologische Vielfalt, 75), S. 305–316, hier S. 307–308.

1129 Vorstellungen der LNU zur Novellierung des Landschaftsgesetzes NW, 27.3.1991, LAV Abt. Rhld. NW 1151 Nr. 20.

1130 Vortrag des Ministers für Umwelt, Raumordnung und Landwirtschaft, Klaus Matthiesen, anlässlich der Fachtagung des Sauerländischen Gebirgsvereins am 19.6.1991 in Hagen, Archiv der Stiftung Naturschutzgeschichte, Sign. 606.40.00.00, S. 3, Zitat ebd.

oder störende neue Nutzungsformen einzudämmen. In den Jahren 1990/91 waren es vor allem die Mountainbike-Fahrer, die aufgrund ihres vermeintlich rücksichtslosen Verhaltens Wanderern und Naturschützern gleichermaßen ein Dorn im Auge waren. DBV und der Verband Deutscher Gebirgs- und Wandervereine forderten, mit Versicherungspflicht und Wegeverbot für Mountainbiker dieser Problematik Herr zu werden.[1131] Auch der *Spiegel* stimmte hier mit ein: „Deutschlands letzte Natur-Areale [...] sind nicht nur durch Sauren Regen oder von Zersiedlung bedroht, sondern mehr und mehr auch durch Sportler und Touristen."[1132] Das MURL sicherte zu, im Zuge der Novellierung des LG NW das Betretungsrecht für Radfahrer zu überprüfen, lehnte aber eine „Verbannung" der Mountainbiker aus Gründen des Gebots der Gleichbehandlung aller Radfahrer entschieden ab.[1133]

Die Sportverbände verlangten dagegen zunehmend ein Mitspracherecht, insbesondere da nach Ansicht des MURL künftig die Anlage von Sportanlagen einen Eingriff in den Naturhaushalt darstellte und damit ausgleichspflichtig wurde. Das Kultusministerium als zuständiges Ressort für den Sport verfolgte dagegen das Ziel, die Sportverbände als gleichberechtigte Naturnutzer in die Landschaftsbeiräte mit aufzunehmen, was jedoch vom MURL abgelehnt wurde, da man damit ein Übergewicht der Landnutzer in den Beiräten befürchtete.[1134] Am Ende stand in der Ressortabstimmung ein Kompromiss: Das Kultusministerium gab die Forderung nach Aufnahme der Sportverbände in die Beiräte auf, das MURL sicherte im Gegenzug zu, in die neu zu fassende DVO zum Landschaftsgesetz aufzunehmen, dass die Sportverbände in Zukunft wie Träger öffentlicher Belange behandelt würden, wenn

1131 Briefwechsel MURL mit u.a. DBV, Verband Deutscher Gebirgs- und Wandervereine, Bürgermeister Stadt Neuss, u.a. in den Jahren 1990 und 1991, LAV Abt. Rhld. NW 1151 Nr. 3.

1132 *Der Spiegel*, 15.4.1991.

1133 MURL an DBV, 17.2.1991, LAV Abt. Rhld. NW 1151 Nr. 3, Zitat ebd.

1134 Vgl. Gerss, *Missverständnisse*, S. 21–23.

ihre Belange durch Festsetzungen der Landschaftsplanung oder Schutzgebietsausweisungen berührt würden.[1135]

Im Entwurf für die Landschaftsgesetznovelle wurde das Betretungsrecht für Reiter und Radfahrer schließlich modifiziert. Radfahren wurde auf private Straßen und Wege beschränkt, das Reiten und Radfahren in Naturschutzgebieten, Landschaftsschutzgebieten und Naturparken außerhalb der Wege gänzlich verboten, Einzelfallregelungen ausgenommen.[1136]

Insgesamt erschwerte sich der Dialog mit den Sporttreibenden zunächst, da nicht nur die neuen Individualsportarten, sondern auch Freizeitaktivitäten wie zum Beispiel das Wandern zunehmend nicht mehr in den Gebirgs-, Wander- und Sportverbänden organisiert betrieben wurden. Dem amtlichen Naturschutz fehlte damit ein Ansprechpartner. Auf der anderen Seite erhöhte der zunehmend in der Natur betriebene Freizeitsport das Bewusstsein für die Notwendigkeit von Naturschutz, da diese Sportarten von einer intakten Natur abhängig waren. Andererseits schwand die Akzeptanz von Naturschutzmaßnahmen, die den Menschen aus der Natur ausschlossen.[1137] Der amtliche Naturschutz suchte seither nach Strategien des Umgangs mit den Natursportlern, die je nach Art des Sports, der beteiligten Verbände und des Verhaltens der Sporttreibenden in unterschiedlicher Weise von ordnungspolitischen Maßnahmen Gebrauch machten. Insgesamt lässt sich ein Trend hin zu einer verstärkten Dialogbereitschaft und dem Streben nach sport- und tourismuskompatiblen Lösungen des Naturschutzes verzeichnen, wie die Beiträge einer Tagung der Stiftung Naturschutzgeschichte aus dem Jahr 2008 vermuten lassen. Der grundsätzliche Konflikt zwischen dem Schutz der Natur *vor* dem

1135 MURL, Ergebnisprotokoll Abstimmungsgespräch mit dem Kultusministerium, 16.6.1993, LAV Abt. Rhld. NW 1151 Nr. 37.

1136 Vorlage für den Minister, Eckpunkte des Landschaftsgesetzes (Referentenentwurf), 2.9 1992, LAV Abt. Rhld. NRW 1151 Nr. 19.

1137 Job-Hoben/Pütsch/Erdmann, Naturschutz und Freizeitnutzung, S. 307–308 und 312–313.

Menschen und *für* den Menschen war jedoch auch 2008 noch nicht gelöst.[1138]

In zwei Punkten der Anwendung der Eingriffsregelung gerieten Landesregierung und die Fraktion der Grünen aneinander. Nach dem Kabinettsbeschluss vom 23.6.1992 sah die Landesregierung vor, Kompensationsverpflichtungen bei Eingriffen stärker als bisher durch Geldleistungen abzugelten. Im Gespräch waren 25 DM pro Quadratmeter versiegelter Fläche. Die Grünen befürchteten, dass in Zeiten knapper Kassen bei den Kommunen diese dazu verleitet werden könnten, ihre Freiflächen zur Generierung von Einnahmen auszuverkaufen. Der Abgeordnete der Grünen Siegfried Martsch erklärte im Landtag, die Landesregierung gestehe mit dieser Maßnahme ein, dass ihre „hochgelobte Naturschutzpolitik" gescheitert sei. Damit werde die Eingriffsregelung „von der Legitimation der Zerstörung zum Schmieröl der Zerstörungsmaschine".[1139]

Matthiesen entgegnete, es werde zu diesem Thema „sehr viel dummes Zeug geredet", die Landesregierung strebe allenfalls an, Baurecht und Naturschutzrecht miteinander zu harmonisieren und bei gleichzeitiger Berücksichtigung der Belange von Natur und Landschaft der Wohnungsnot in NRW in Rechnung zu tragen:[1140]

> Es muß ein landeseinheitliches Verfahren her, das dem Ausgleichsprinzip Rechnung trägt, bei dem Bebauungspläne eine Minimierung der Beeinträchtigung von Natur und Landschaft herbeiführen und darüber hinaus für unvermeidbare Eingriffe zu Behebung der Wohnraumnot neue

---

1138 Vgl. den Beitrag von Wolfgang Haber im Tagungsband. HABER, Wolfgang: Natur vor den Menschen oder für die Menschen schützen? In: FROHN, Hans-Werner. et al. (Hrsg.): *„Wenn sich alle in der Natur erholen, wo erholt sich dann die Natur?" Naturschutz, Freizeitnutzung, Erholungsvorsorge und Sport – gestern, heute, morgen. Tagungsband zum gleichnamigen Symposium veranstaltet von der Stiftung Naturschutzgeschichte am 5. und 6. November 2008*. Bonn-Bad Godesberg 2009 (Naturschutz und biologische Vielfalt, 75), S. 365–392.

1139 Landtag Nordrhein-Westfalen, Plenarprotokoll 11/82, S. 10329.

1140 Ibid., S. 10331.

> Möglichkeiten treten, die anstelle vom Ausgleich und Ersatz treten. Dabei ist auch an Geldleistungen zu denken.[1141]

Der Vorwurf von Seiten der Grünen, Ersatzgeldleistungen der Eingriffsregelung sollten anstelle der bisherigen Finanzierung des Naturschutzes treten, treffe weder rechtlich noch fachlich den Kern der Sache, so der Minister, der diesen mit aller Energie zurückweisen müsse.[1142]

CDU und FDP sprachen sich gegen die Pläne des MURL für eine Versiegelungsabgabe aus, da es ihrer Meinung nach zu einer nicht statthaften Benachteiligung der Bauherren in Nordrhein-Westfalen führen würde.[1143] Dieser Ansicht entsprach schließlich auch die Landesregierung, da sich das Vorhaben NRWs bei den anderen Bundesländern nicht durchsetzen konnte und somit ein Standortnachteil für das Land befürchtet wurde.[1144]

Der Konflikt zwischen Grünen und Landesregierung in der Frage der Eingriffsregelung erneuerte sich an der Frage der sogenannten Ökokonten, die Matthiesen einführen wollte. Wirtschaftsunternehmen sollten sich positive Leistungen für den Naturhaushalt anrechnen lassen können, sodass sie bei späteren Eingriffen berücksichtigt und verrechnet werden könnten. Matthiesen und der Vorstandsvorsitzende der Gelsenwasser AG hatten am 6. Oktober 1994 in Haltern einen Vertrag unterzeichnet, nach deren sich die Gelsenwasser AG verpflichtete, ohne Hinzunahme von Mitteln der öffentlichen Hand nach den fachlichen Anforderungen des Landes Naturschutzmaßnahmen durchzuführen. Matthiesen erklärte, mit

1141 Ibid., S. 10329.

1142 Ibid., S. 10332.

1143 Siehe hierzu die Änderungsanträge der Koalitionen von CDU und FDP, Landtag Nordrhein-Westfalen, Drucksachen 11/7095 und 11/7097.

1144 Landtag Nordrhein-Westfalen, Plenarprotokoll 11/131, S. 16519.

diesem ersten Vertrag zwischen einem Wirtschaftsunternehmen und dem Land betrete man „Neuland" im Naturschutz.[1145]

Die Bedenken der Grünen ob dieser Regelung, die sie ähnlich wie den Immissionshandel ansahen und als staatliche Legitimierung der Naturzerstörung ablehnten, wollte Matthiesen im Landtag zerstreuen. Die Vereinbarung unternehme den Versuch, unter Beachtung der gegebenen rechtlichen Vorhaben sowohl die planmäßige Verwirklichung der Entwicklungsziele für Natur und Landschaft als auch die Beachtung der Eingriffsregelung als Instrument der Erhaltung des jeweiligen Status quo miteinander zu verbinden. Die Gelsenwasser AG helfe dabei, das Gewässerauenprogramm des Landes zu realisieren und trete dabei an die Stelle der sonst notwendigen öffentlichen Förderung. Das MURL erkenne dafür als Gegenleistung diese Leistungen als Ausgleichsmaßnahmen an, sollte es in Zukunft Eingriffe seitens des Unternehmens auf diesem Grundstück geben. Das Unternehmen sollte also nicht für seine vorherigen Maßnahmen für den Naturschutz bestraft werden.[1146] *Für die Landesregierung war diese Vorgehensweise die logische Schlussfolgerung aus ihrer bisherigen Politik, mit den Betroffenen und Verursachern Abkommen zu treffen, die zumindest eine vorläufige Entlastung des Naturhaushaltes bei Sicherung des Status quo bedeuteten. Nach dem Motto* „retten, was zu retten ist" suchte die Landesregierung zunächst nach Verbesserungen, auch wenn sie unter Umständen keinen Bestand haben würden. Hier verdeutlichte sich jedoch ein fundamental anderes Verständnis bezüglich der Eingriffsregelung gegenüber der Partei der Grünen, die die Eingriffsregelung häufig als Instrument zur Legitimation der Naturzerstörung ansah, während die Landesregierung darauf setzte, Eingriffe in die Landschaft zumindest auszugleichen, um

1145 *Recklinghäuser Zeitung*, 7.10.1994, Zitat ebd. Dieser Vorgang war Gegenstand der Kleinen Anfrage 2829 des Grünen-MdL Siegfried Martsch, Landtag Nordrhein-Westfalen, Drucksache 11/8059.

1146 Antwort der Landesregierung auf die Kleine Anfrage des Abgeordneten Martsch (Grüne), Landtag Nordrhein-Westfalen, Drucksache 11/8059.

angesichts des Flächenverbrauchs zumindest den Status quo zu erhalten.

Ein kontroverses Thema zu Beginn der 1990er Jahre war die Frage der Windkraftanlagen (WKA), an der sich exemplarisch die Zielkonflikte zwischen Natur- und Umweltschutz verdeutlichten, die in diesem Falle insbesondere von Umweltschützern und Windkraftbetreibern mit großer Polemik geführt wurden. Das Wirtschaftsministerium hatte ab 1988 mit dem REN-Programm[1147] die Anlage von unter anderem Wärmegewinnungs-, Windkraft-, Photovoltaik- und Biogasanlagen gefördert; insgesamt 7 565 Anlagen im Wert von 400 Millionen DM, davon 40 WKA. Aufgrund der großen Nachfrage des Programms wurde es bald zu teuer, sodass Wirtschaftsminister Günther Einert (SPD) „kurzerhand die Sonne wieder aus[knipste]".[1148] Hinzu kam die Entscheidung des MURL, insbesondere WKA künftig als „Beeinträchtigung des Landschaftsbildes durch mastenartige Eingriffe" kompensationspflichtig im Sinne der Eingriffsregelung anzusehen.[1149] Diese Entscheidungen machten die umweltfreundliche Energieerzeugung schlagartig finanziell weniger lukrativ.

Die Vorzüge und Nachteile der Windenergie waren Thema des 2. Windenergietages in Aachen, der treffend unter dem Motto „Windräder in NRW – Fluch oder Segen für die Natur" veranstaltet wurde.[1150] Wie Staatssekretär Bentrup für das MURL ausführte, bestanden bei den WKA grundsätzliche Probleme:

1147 Rationale Energieverwendung und Nutzung unerschöpflicher Energiequellen (REN).

1148 *Kölnische Rundschau*, 24.11.1992.

1149 III B 4, Schreiben an die Landwirtschaftskammer Rheinland, 24.8.1993, Archiv der Stiftung Naturschutzgeschichte, Sign. 605.17.00.00.

1150 III B 4, Vortragsveranstaltung am 10.10.1992 in Aachen, 2. Windenergietag „Windräder in NRW – Fluch oder Segen für die Natur". Gesamtökologische Sicht des MURL; hier: Stichworte aus Sicht von Natur- und Landschaftspflege, 6.10 1992, Archiv der Stiftung Naturschutzgeschichte, Sign. 605.17.10.00

> Eine das Landschaftsbild beachtende Standortwahl ist bei Windkraftanlagen nur selten gegeben, weil sie auf windexponierte Standorte angewiesen sind. Diese Flächen sind in der Regel nicht nur gut einsehbare Flächen, sie werden in der Regel auch durch Schutzgebietsausweisungen geschützt, z.B. als Landschaftsschutzgebiet. In Naturschutzgebieten werden Windkraftanlagen nicht zugelassen. Die Anlagen wirken wegen ihrer Höhe häufig landschaftsbildbeeinträchtigend.[1151]

Die Bilanz, so das MURL, müsse nach der Eingriffsregelung von BNatSchG und LG NW am Ende des Eingriffs ausgeglichen sein. „Ausgleichs- und Ersatzflächen müssen also zweckgerichtet ökologisch und/oder *landschaftsästhetisch* aufgewertet werden.“[1152] Die Gesetzeskonstruktion erlaube dabei nicht, die Beeinträchtigung des Landschaftsbildes durch vorwiegend ökologische Ersatzmaßnahmen zu korrigieren. „Eine Kompensation ist deshalb in solchen Fällen nur durch kausal abgeleitete Ersatzmaßnahmen zur Kompensation der Landschaftsbildbeeinträchtigung möglich“, hieß es dazu aus dem MURL.[1153] Die gesteigerte Berücksichtigung ästhetischer Komponenten des Landschaftssystem war Ergebnis einer Entwicklung, die durch ein Gutachten ausgelöst wurde, das Mitte der 1980er Jahre im Auftrag des MURL erstellt wurde. Die Autoren, unter anderem Klaus Adam und Werner Nohl, stellten

1151 III B 4, Informationen für Staatssekretär Bentrup mit aktualisierter Sachstandsdarstellung. Betr. Kompensationsmaßnahmen bei der Genehmigung von Windkraftanlagen, 26.8.1993, Archiv der Stiftung Naturschutzgeschichte, Sign. 605.17.10.00.

1152 III B 4, Vortragsveranstaltung am 10.10.1992 in Aachen, 2. Windenergietag „Windräder in NRW – Fluch oder Segen für die Natur“. Gesamtökologische Sicht des MURL; hier: Stichworte aus Sicht von Natur- und Landschaftspflege, 6.10.1992, Archiv der Stiftung Naturschutzgeschichte, Sign. 605.17.10.00.

1153 MURL, Umsetzung der Landschaftsbilderfassung und -bewertung bei der Eingriffsregelung aus Sicht der Naturschutzbehörde, 12.9.1990, Archiv der Stiftung Naturschutzgeschichte, Sign. 605.00.00 00.

die Beeinträchtigung des Landschaftsbildes dabei gesondert als zu kompensierenden Eingriffstatbestand heraus.[1154]

Die ästhetische Komponente wurde von den Gegnern der Windenergie, insbesondere der Anwohner, aber auch Naturschützer, aufgegriffen und neben der Lärmbelästigung als eines der Hauptargumente verwendet. „Wenn Umweltschutz die Umwelt verschandelt", titelte zum Beispiel *BILD am Sonntag*. „Wie weißer Spargel ragen sie in den Himmel. Ihre Rotoren machen klack-klack, bei Nebel klingt es gedämpft wusch-wusch."[1155] Die Naturschützer waren dabei insbesondere gegen den unkontrollierten Ausbau der Windenergie. Sie befürchteten chaotische Zustände von wild wuchernden Anlagen, die Landschaftsbild beeinträchtigen und die Tierwelt, insbesondere Vögel und Fledermäuse, gefährden könnten.[1156] Hinzu kamen wirtschafts- und energiepolitische Argumente. Deutschland leiste sich mit der Windkraft einen „energiepolitischen Irrweg", so die Argumentation der Windkraftgegner.[1157] Neben Kosten- und Effizienzrechnungen wurden dabei die Bedenken von Anwohnern und Naturschützern gerne aufgegriffen. Otfried Wolfrum, Professor für Geodäsie an der TH Darmstadt, schrieb in der *Frankfurter Allgemeinen Zeitung*:

> Bislang bestand bei uns gesellschaftlicher Konsens, unsere von Natur und Landwirtschaft geprägten Landschaften zu schützen, um sie in ihrer Schönheit und Eigenart für die Allgemeinheit zu bewahren. Es geht hierbei um mehr als um Fragen der Landschaftsästhetik […], es geht um den Erhalt

1154 Vgl. Adam, Klaus et al.: *Bewertungsgrundlagen für Kompensationsmaßnahmen bei Eingriffen in die Landschaft. Forschungsauftrag des Ministers für Umwelt, Raumordnung und Landwirtschaft des Landes Nordrhein-Westfalen.* Düsseldorf 1986.

1155 *BILD am Sonntag*, 11.9.1994.

1156 *Süddeutsche Zeitung*, 25.10.1995.

1157 *Frankfurter Allgemeine Zeitung*, 24.10.1996.

> von lebender Natur, auf die der Mensch nicht verzichten kann, ohne auf Dauer Schaden zu nehmen.[1158]

Diese Argumentation überzeugte nicht jeden. Der baden-württembergische SPD-Bundestagsabgeordnete und bekannte Verfechter der erneuerbaren Energien Hermann Scheer fragte angesichts der Diskussion in der *FAZ*:

> In welchem geistigen Zustand befinden wir uns eigentlich, wenn wir – bei voller Information über die Umweltschäden durch herkömmlichen Energieverbrauch – uns nun schon Jahre eine Dauerdiskussion darüber leisten, als würden da Tausende von Quadratkilometern Landschaft mit Beton versiegelt? [...] Ist es wirklich so schwer zu begreifen, daß der Landschaftsverbrauch einer Windkraftanlage der geringste aller Energieträger ist [...]? Das herkömmliche Energiesystem hat die Landschaft geprägt und zeichnet sie in vielfacher Weise. Auch ein Energiesystem mit erneuerbaren Energien wird die Landschaft prägen und damit das Stadt- oder Landschaftsbild verändern, aber es wird uns von den vielfältigen Emissionsfolgen befreien.[1159]

Die Grünen forderten im Landtag die Landesregierung auf, die beiden Entscheidungen zurückzunehmen. Stattdessen forderten sie eine Ausweitung des REN-Programmes und vom MURL, bei der Bewertung der WKA „eine gesamtökologische Betrachtungsweise zugrundezulegen" und sich an den „vorrangingen Zielen des Naturschutzes" zu orientieren, statt mit der Erhaltung des Landschaftsbildes ausschließlich ästhetische Ziele zu verfolgen.[1160] Auch die Landwirtschaftskammern schlossen sich der Kritik an der Landesregierung an, da zunehmend Landwirte Windkraftanlagen auf ihren Grundstücken als Investitionsmöglichkeiten ansahen. Es

1158 Ibid.

1159 *Frankfurter Allgemeine Zeitung*, 5.11.1996.

1160 Landtag Nordrhein-Westfalen, Drucksache 11/4727.

sei dringlich, unnötige Kosten im Zusammenhang mit der Errichtung von WKA zu vermeiden, forderte die Landwirtschaftskammer Rheinland.[1161]

Deutlicher wurde die Interessengemeinschaft Windkraft Binnenland (IWB), die in einem offenen Brief an Ministerpräsident Rau die Vorgehensweise des MURL anklagte. Unter Hinweis auf den sechsten Jahrestag der nuklearen Katastrophe von Tschernobyl beklagte die IWB, dass in Nordrhein-Westfalen die erneuerbaren Energien immer noch durch „[so] [genannte] amtliche Naturschützer, denen gesamtökologisches Denken fremd ist", durch kostenträchtige Auflagen, Gutachten und Ausgleichsmaßnahmen be- und verhindert würden. Der Ausstiegsverpflichtung aus der Atomenergie, die die SPD nach dem Super-GAU beschlossen habe, sei nur glaubwürdig zu erreichen, wenn „die Verhinderungsstrategie Ihrer amtlichen Naturschützer aufgegeben wird". Insbesondere die Ausgleichsmaßnahmen waren für die WKA-Betreiber „unverständlich", da sie die Auffassung vertraten, mit der Erzeugung schadstofffreier Energie den Eingriff bereits in vielfacher Weise auszugleichen.[1162]

Auch weitere Zuschriften an das MURL bekundeten ihr Unverständnis über das Vorgehen des Umweltministeriums. Der Verein „Umweltfreundliche Energien Ennepe-Ruhr" schrieb an Matthiesen, er sei „sehr enttäuscht, daß ein sozialdemokratischer Umweltminister den scheinbaren Konflikt zwischen Natur- und Umweltschutz […] nicht effektiv und pragmatisch lösen" könne.[1163] In Anspielung auf den Wohnort von Professor Nohl bemerkte ein Windkraftbefürworter aus Herzogenrath in einem Brief an

1161 Der Präsident der Landwirtschaftskammer Rheinland an Matthiesen, 2.12 1992, Archiv der Stiftung Naturschutzgeschichte, Sign. 605.17.00.00.

1162 Interessenverband Windkraft Binnenland, Offener Brief an den Ministerpräsidenten Johannes Rau, 24.4.1992, Archiv der Stiftung Naturschutzgeschichte, Sign. 605.17.10.00.

1163 Umweltfreundliche Energien Ennepe-Ruhr e.V. an Matthiesen, 19.11.1992, Archiv der Stiftung Naturschutzgeschichte, Sign. 605.17.10.00.

das MURL, dass vielleicht aus „bayerischer Sicht [...] sich die Gegenwartsprobleme des Naturschutzes so darstellen“ mögen, in Nordrhein-Westfalen jedoch eine Reduzierung des Natur- und Umweltschutzes auf das Landschaftsbild und eine Frage der Ästhetik nicht mehrheitsfähig sei. Er unterstellte dem MURL, „nur einen unvollkommenen Überblick über das katastrophale Ausmaß an Rechtsunsicherheit, Behördenwillkür und Ungleichbehandlung bei der Genehmigung von Windkraftanlagen in NRW“ zu besitzen. „Das wohlwollende Schulterklopfen [...] täuscht doch nur unvollkommen darüber hinweg, daß wir noch weitgehend in der Spinner- und Phantasten-Ecke angesiedelt werden“, illustrierte er das Empfinden vieler Windkraftbetreiber, die sich vom Umweltschutzministerium nicht ernst genommen fühlten.[1164]

Das MURL blieb jedoch bei seiner Sicht der Dinge. Die Errichtung von Windkraftanlagen sei trotz ihrer energie- und umweltpolitischen positiven Bewertung als Eingriff in Natur und Landschaft zu bewerten. Die Eingriffsregelung ziele allein darauf ab, direkte Schäden an Natur und Landschaft abzuwenden und könne daher den gesamtökologischen Aspekt der WKA nicht berücksichtigen, hieß es zu den Forderungen der Grünen-Fraktion aus dem Ministerium.[1165]

Das Anliegen, einen Bonus für Maßnahmen, die dem Umweltschutz dienen, einzuführen, sei berechtigt, hieß es intern im MURL, doch sei ein solcher Bonus nicht ohne Änderung des BNatSchG möglich. Eine Ausnahmeregelung stelle eine einengende Vorschrift dar, die nicht durch das Recht der Länder, weitergehende Vorschriften zu erlassen, berührt würden. Es müsste also das Rah-

1164 Brief an Staatssekretär Hans-Hermann Bentrup, 11.10.1992, Archiv der Stiftung Naturschutzgeschichte, Sign. 605.17.10.00, Zitate ebd.

1165 III B 4, MURL an MWMT, 3.12 1992, Archiv der Stiftung Naturschutzgeschichte, Sign. 605.17.10.00.

mengesetz geändert werden, etwa durch eine Klausel analog zu den Landwirtschaftsklauseln.[1166]

In einer Podiumsdiskussion in Radevormwald am 30. August 1993 erläuterte Staatssekretär Bentrup den Standpunkt des Ministeriums. Die durchschnittlichen Kosten für die Kompensationsmaßnahmen betrügen je Anlage lediglich rund 2 500 DM, die bei Investitionskosten zwischen 300 000 und 1,4 Millionen DM kaum ins Gewicht fallen könnten. Dies lasse sich nicht als Investitionshemmnis bezeichnen. Die Genehmigungspraxis in NRW entspreche der aller anderen Bundesländer. Eine Freistellung umweltfreundlicher Energieanlagen sei aus rechtlichen Gründen nach dem BNatSchG nicht möglich. Die Landesregierung habe jedoch im Zuge der Beratungen zum Investitionserleichterungs- und Wohnlandbaugesetzes einen Entschließungsantrag in den Bundesrat eingebracht, wonach umweltentlastende Investitionen künftig begünstigt werden könnten. Dieser wurde im Bundesrat angenommen, von der Bundesregierung jedoch abgelehnt.[1167] Gleichwohl beabsichtigte die Landesregierung, den bereits vorhandenen rechtlichen Rahmen zur Verminderung der Belastungen auszunutzen.[1168]

Zur Vereinfachung des Verfahrens habe das MURL dagegen ein Fachgutachten erarbeiten lassen, das die Ermittlung von Beeinträchtigung des Landschaftsbildes behandelte und die Berechnung von Ausgleichsmaßnahmen erleichtern sollte. In einem Schreiben an die Regierungspräsidenten des Landes bat das MURL, in einer Testphase bei Genehmigungsverfahren für WKA die Ermittlung von Kompensationsmaßnahmen mit Hilfe

1166 MURL, Ministervorlage, 8.12.1992, Archiv der Stiftung Naturschutzgeschichte, Sign. 605.17.10.00.

1167 III B 4, Informationen für Staatssekretär Bentrup mit aktualisierter Sachstandsdarstellung. Betr. Kompensationsmaßnahmen bei der Genehmigung von Windkraftanlagen, 26.8.1993, Archiv der Stiftung Naturschutzgeschichte, Sign. 605.17.10.00.

1168 Marginalie von Matthiesen in MURL, Ministervorlage, 8.12.1992, Archiv der Stiftung Naturschutzgeschichte, Sign. 605.17.10.00.

des Gutachtens vorzunehmen. Darüber hinaus ersuchte es bei den Regierungspräsidenten, unter „dem Gesichtspunkt des positiven Beitrages von Windenergieanlagen zur ökologischen Gesamtbilanz", bei Genehmigung von Einzelanlagen auf die Forderung nach einem landschaftspflegerischen Begleitplan zu verzichten, bei der Errichtung von ein bis drei WKA mit Höhen bis zu 75 Metern einschließlich Rotorblättern eine Kurzfassung zur Ermittlung des Kompensationsflächenumfangs und bei Höhen von 75 bis 100 Metern die verkürzte Fassung zu verwenden. Bei der Errichtung von Windparks (mehr als drei WKA) blieb weiterhin der landschaftspflegerische Begleitplan erforderlich. Das MURL erwartete, dass Kosten- und Zeitaufwand durch diese Maßnahmen erheblich reduziert sowie das Genehmigungsverfahren insgesamt vereinfacht und beschleunigt werden könnten.[1169]

Am Abschluss der Testphase im Frühjahr 1994 stand für das MURL ein positives Fazit. „Von den Landschaftsbehörden, die das Gutachten angewandt haben, hat sich eine große Anzahl positiv zu der standardisierten Bewertungsmethode geäußert", konnte das MURL vermelden. Es sei zu einer erheblichen Kostenverringerung gekommen, zudem sei das Verfahren landeseinheitlich und somit auch für den Antragsteller transparent und nachvollziehbar. Darüber hinaus konnte das Ministerium eine Gesetzesänderung bestätigen. Um „der Tatsache Rechnung zu tragen, daß umweltfreundliche Energien den Naturhaushalt auch entlasten können", waren seit der Änderung des LG NW vom 20.7.1994 die Errichtung von bis zu zwei nahe beieinanderliegenden WKA nicht mehr als Eingriff in den Naturhaushalt angesehen.[1170] Mit dieser vorerst abschließenden Regelung endete der Konflikt um die Errichtung von WKA zunächst. Ausgetragen wurde er weiterhin auf Bundesebene. Das MURL hatte seinen Rahmen, den das BNatSchG vorgab, ausge-

1169 MURL, Schreiben an die Regierungspräsidenten Arnsberg, Detmold, Düsseldorf, Köln, Münster, 19.8.1993, Archiv der Stiftung Naturschutzgeschichte, Sign. 605.17.10.00.

1170 III B 4 an das Referat I C 1, 12.9.1994, Archiv der Stiftung Naturschutzgeschichte, Sign. 605.17.10.00.

nutzt, um den WKA-Betreibern entgegenzukommen, ohne jedoch seine Grundposition aufzugeben, wonach diese Anlagen durchaus grundsätzlich einen Eingriff in Natur und Landschaft darstellten.

An diesen drei Episoden zeigt sich beispielhaft, wie das Konfliktmanagement des MURL in den 1990er Jahren aussah. In allen drei Fällen handelte es sich um teilweise widersprechende Anliegen von eigentlichen Verbündeten in Sachen Naturschutz, den Wander- und Sportvereinen, den Grünen oder den Windkraftanlagenbetreibern. Der amtliche Naturschutz zeigte sich hier deutlich konfliktfähiger als bei ähnlichen Auseinandersetzungen zu früheren Zeitpunkten und konnte in allen Fällen tragfähige Kompromisse erzielen, ohne grundsätzliche Standpunkte aufzugeben. Grundsätzlich ließ sich das MURL dabei von der Prämisse leiten, nach dem Motto „retten, was zu retten ist" pragmatische Bündnisse, unter anderem auch mit der Industrie, zu schließen, die zumindest den Status quo sichern sollten. Auch wenn es auch Misserfolge zu verzeichnen gab, wie zum Beispiel in der Frage der Versiegelungsabgabe, lässt sich für die 1990er Jahre festhalten, dass der amtliche Naturschutz in die politischen Aushandlungsprozesse integriert worden war.

4.2.3 „Die Zeit des Aufbruchs war vorüber"[1171]: Naturschutz in NRW zur Mitte der 1990er Jahre

„Die Zeit des Aufbruchs war vorüber." So charakterisierte Abteilungsleiter Neiss die Bilanz des amtlichen Naturschutzes in NRW nach 1995. Es scheint, dass mit Beginn der 1990er Jahre die „große Zeit" des Naturschutzes in Nordrhein-Westfalen zu Ende ging. Die Leere in den öffentlichen Kassen machte sich zur Mitte der 1990er Jahre hin auch im Naturschutz deutlich bemerkbar. Der in den Haushaltsberatungen von Landesregierung und SPD-Fraktion beschlossene Haushalt 1995 sah für den Bereich Naturschutz und

1171 Neiss, 25 Jahre, S. 15.

Landschaftspflege eine Reduzierung des Etats von 85 Millionen DM auf 68 Millionen DM vor. Auch die Personalentwicklung im MURL war aufgrund der Finanzlage stark rückläufig: Von 1994 bis 1998 wurden insgesamt 725 Stellen abgebaut, der Personalstand sank von 7 107 Beamtinnen und Beamten sowie Angestellten auf 6 382.[1172] Hinzu kam, dass der Einfluss von Minister Matthiesen innerhalb der Regierung schwand. Matthiesen geriet zu Beginn der 1990er Jahre durch einige Skandale wie den Dioxin-Skandal oder die Werbekampagne des MURL zur Müllverbrennung unter Druck. Zudem wurde seine Stellung als bekennendem Gegner eines rot-grünen Bündnisses mit der zunehmenden Wahrscheinlichkeit einer solchen Regierungskonstellation in Düsseldorf ab 1995 schwächer. Bei einer Regierungsbeteiligung der Grünen schien ausgemacht, dass diese das MURL übernehmen würden.[1173]

In diesem Umfeld geriet die Landschaftsplanung erneut ins Zentrum der Kritik. Im Zuge der Novellierung des Landschaftsgesetzes stand erneut eine Neuausrichtung der Landschaftsplanung zur Disposition. Zehn Jahre nach Matthiesens Amtsantritt war die Bilanz weiterhin unbefriedigend. 1993 waren bislang 88 Landschaftspläne rechtskräftig geworden.[1174] Im Zuge des Novellierungsverfahrens rief der Ausschuss für Landwirtschaft, Forsten und Naturschutz des Landtages die verschiedenen Verbände dazu auf, zur Bilanz des Landschaftsgesetzes nach 20 Jahren Stellung zu nehmen. Insgesamt zeigte sich ein deutliches Bild. Während die Naturschutzverbände das Land aufforderten, die durch das LG NW festgelegten Ziele weiter zu verfolgen, sprachen sich Kommunen und Nutzerverbände für eine teilweise Aufhebung des Konzepts der flächendeckenden Landschaftsplanung aus. Die aussagekräftigsten Stellungnahmen seien hier kurz wiedergegeben.

1172 Personalentwicklungskonzept MURL, 28.1.1998, LAV Abt. Rhld. NW 1151 Nr. 72.

1173 Haunfelder, *Land und Leute*, S. 308.

1174 Vorlage für den Minister bzgl. Situation und Fortentwicklung der Landschaftsplanung in NRW, 2.9 1993, LAV Abt. Rhld. NW 1151 Nr. 37.

Der BUND sah die Verantwortung für die Defizite in der Landschaftsplanung hauptsächlich bei den Kreisen und kreisfreien Städten verortet. Es sei in den nächsten Jahren zu erwarten, dass das Rheinland zu 100 Prozent überplant sei. Das Vollzugsdefizit gebe es daher offenkundig nur in einigen Teilen Westfalens. Hier zeige sich die wahre Wertschätzung, die Natur und Landschaft von Seiten der Träger der Landschaftsplanung beigemessen werde. Der BUND forderte daher, den Kreisen und kreisfreien Städten eine Frist zur Aufstellung der Landschaftspläne zu setzen. Eine ähnliche Regelung habe es bereits im Zuge der Kommunalreform der 1970er Jahre gegeben, als den kommunalen Neugliederungen auferlegt wurde, innerhalb von zwei Jahren Flächennutzungspläne aufzustellen. Das Argument der fehlenden finanziellen Mittel gelte hier nicht: „Geld war und ist zu allen Zeiten knapp – es kommt immer darauf an, Prioritäten zu setzen."[1175]

Die kommunalen Spitzenverbände stellten in ihrer Stellungnahme zunächst etwas überraschend fest, dass sich „die Landschaftsplanung als Instrument des Naturschutzes trotz der [...] Vollzugsdefizite bewährt" habe. Die Vollzugsdefizite sahen sie vor allem in der mangelnden Personalausstattung der Landschaftsbehörden und der Finanzierung der Landschaftsplanung, die immer weniger Kreise in Zeiten schlechter Haushaltslage leisten könnten. Den besonderen Vorteil der Landschaftsplanung sahen die Spitzenverbände in der Eigenschaft, „nicht allein konservierende Zielsetzungen zu verfolgen, sondern zugleich auch zu einer Verbesserung der Situation von Natur und Landschaft [...] beizutragen". Die Zahl der Naturschutz- und Landschaftsschutzgebiete habe durch die Landschaftsplanung erheblich ausgeweitet werden können.[1176]

Dennoch stellten die Verbände schließlich aufgrund der angesprochenen Vollzugsdefizite und der teils sehr starken Widerstände

1175 Landtag Nordrhein-Westfalen, Drucksache 11/7316, S. 76–77, Zitat S. 77.

1176 Ibid., S. 64–65, Zitate ebd.

gegen die Landschaftsplanung vor Ort fest, die Zielsetzung einer flächendeckenden Landschaftsplanung sei zu überdenken. Land und Bezirksregierungen hätten durch Schutzgebietsfestsetzungen und Sonderprogramme bereits vielerorts die Landschaftsplanung vorweggenommen, sodass die Motivation fehle, das Verfahren einzuleiten.

> Können Ziele der Landschaftsplanung über andere Instrumente, wie Schutzfestsetzungen in Verbindung mit dem Einsatz von finanziellen Förderprogrammen des Naturschutzes erreicht werden, sollte an der Forderung nach einer flächendeckenden Landschaftsplanung nicht festgehalten werden. Wichtig erscheint es, das Ziel, das mit der Landschaftsplanung verfolgt wird, zu erreichen. Ob dies mit dem Instrument der Landschaftsplanung geschieht, ist dabei eine zweitrangige Frage.[1177]

Die Spitzenverbände erkannten allerdings grundsätzlich die Konzeption der Landschaftsplanung an. Sie sei aufgrund der vielfach ausgeräumten Landschaften und den daraus bedingten negativen Auswirkungen zwingend geboten.[1178]

Die Landwirtschaftsverbände blieben in ihrer Kritik moderat. Sie bemängelten insbesondere die schlechte finanzielle Ausstattung der Landschaftsbehörden und die übermäßige Konzentration auf den Außenbereich, der die Situation in den Siedlungsbereichen lange vernachlässigt habe. Der Landschaftsplanung hielten sie mangelnde Flexibilität und Verhältnismäßigkeit vor. Verklausuliert forderten sie ebenfalls die Abkehr von der flächendeckenden Landschaftsplanung:

> Zur Behebung des Vollzugsdefizits ist es erforderlich, daß eine differenzierte Beurteilung der Erforderlichkeit der Landschaftsplanung bereits vom Gesetzgeber erkannt wird. Diese bereits vom Gesetzgeber vollzogene Abwägung der

1177 Ibid., S. 73.

1178 Ibid.

> Erforderlichkeit der Landschaftsplanung bedarf der entsprechenden Umsetzung und damit differenzierten Beurteilung der Situation durch die Landschaftsbehörden. Dadurch entsteht Akzeptanz und Vertrauen bei den Betroffenen.[1179]

Deutlicher war die Aussage des Waldbauernverbandes, der aus forstwirtschaftlicher Sicht erklärte, eine flächendeckende Landschaftsplanung sei in Hinblick auf den Wald „nicht sinnvoll, nicht erforderlich und aus Kostengründen nicht [...] verantwortbar". Die von der Landesregierung bei der Verabschiedung des LG NW 1975 veranschlagten Kosten entsprächen keineswegs der Realität. Stattdessen seien Zahlen von insgesamt 192 Millionen DM für die Erstellung der 383 notwendigen Landschaftspläne und circa 1,5 Milliarden DM für ihre Umsetzung zu erwarten, die volkswirtschaftlichen Folgekosten ihrer Festsetzungen nicht eingerechnet.[1180]

Für die Opposition im Landtag war diese Bilanz Anlass zu einer Generalabrechnung mit der Politik der Landesregierung. Uhlenberg zog im Plenum ein vernichtendes Fazit zum zwanzigjährigen Bestehen der nordrhein-westfälischen Landschaftsplanung:

> Der Anspruch der SPD und der Landesregierung, Nordrhein-Westfalen flächendeckend zu überplanen, war immer falsch, ist von der CDU-Fraktion immer abgelehnt worden [...] Die SPD hält vor dem Hintergrund dieser Politik offensichtlich an ihrem Ziel fest, im Jahre 2100 die Landschaftsplanung in Nordrhein-Westfalen vollendet zu haben. Nur, dieser Zeitplan ist dadurch gefährdet, daß die Landesregierung und die SPD-Mehrheit [...] die Mittel für den Natur- und Landschaftsschutz in Nordrhein-Westfalen von 85 Millionen DM auf 68 Millionen DM gekürzt haben, die Mittel aus der Versiegelungsabgabe nun nicht mehr zur Verfügung stehen und die Kommunen [...] pleite sind.[1181]

1179 Ibid., S. 74.

1180 Ibid., S. 67–68, Zitat S. 67.

1181 Landtag Nordrhein-Westfalen, Plenarprotokoll 11/135, S. 16971–16972.

In der Etatreduzierung des Bereichs Naturschutz und Landschaftspflege sah Uhlenberg den Beleg für eine unseriöse Politik Matthiesens. Nach seiner Ansicht wäre es aufgrund der Mittelkürzungen bereits 1994 zum Zusammenbruch der Naturschutzpolitik in NRW gekommen, hätte nicht die EU ihre Mitfinanzierung von Naturschutzmaßnahmen deutlich aufgestockt.[1182]

Der SPD-Abgeordnete Gunther Sieg erklärte in einer Umkehr der Argumente die Reduzierung des Naturschutzetats für 1995 auf 66,15 Millionen DM dagegen mit dem großen Erfolg der Naturschutzpolitik des Landes seit Verkündigung des Umweltprogramms 1983, der Mittelzuweisungen in der bisherigen Höhe nun nicht mehr nötig mache. „Wir sind froh, daß diese Entwicklung hier so positiv verlaufen ist", verkündete Sieg und stellte fest, „daß am Ende dieser Legislaturperiode alle Flächen, die für den Naturschutz gesichert werden können, auch gesichert werden".[1183]

Deutlich kontroverser wurden allerdings die Kürzungen im Bereich Landwirtschaft und die Mittelzuweisungen zur Öffentlichkeitsarbeit des MURL diskutiert. Die Opposition monierte insbesondere die hohen Ausgaben für die Informationspolitik seitens des MURL, die sie als verdeckte Wahlkampffinanzierung ansah. „Auch dieser Haushalt ist nämlich im Grunde nichts anderes als ein Ausgabenposten für die Selbstdarstellung von Matthiesen", hielt die FDP dem Umweltminister vor.[1184] Diese Diskussionen überschatteten die Kürzungen im Naturschutzetat und ließen diesen nahezu unbeachtet passieren.

Die Landesregierung wies darauf hin, dass der Fortschritt der Landschaftsplanung nicht allein an der landesweiten Statistik festgemacht werden könne. In der Tat gab es wie schon in den 1980er Jahren einen eklatanten Unterschied zwischen dem rheinischen und dem westfälisch-lippischen Landesteil. Während im Regierungsbezirk Düsseldorf für 52 Prozent der zu überplanenden

1182 Landtag Nordrhein-Westfalen, Plenarprotokoll 11/149, S. 18750.

1183 Ibid., S. 18752.

1184 Landtag Nordrhein-Westfalen, Plenarprotokoll 11/149, S. 18734.

Fläche Landschaftspläne aufgestellt und für weitere 32 Prozent die Planentwürfe fertiggestellt worden waren und für den Regierungsbezirk Köln ähnliche Zahlen vorlagen, waren es im Regierungsbezirk Detmold nur 9 beziehungsweise 25 Prozent. Auch die Bezirke Münster und Arnsberg lagen deutlich unter dem Landesschnitt. Die Landesregierung konnte aufgrund dieser Zahlen daher durchaus argumentieren, dass die Schwierigkeiten bei der Umsetzung der Landschaftsplanung nicht dem Instrument per se zuzurechnen waren, sondern lokale Ursachen eine Rolle spielten. Sie sah deshalb keine Veranlassung, das Konzept der Landschaftsplanung als Kernstück der Naturschutzpolitik Nordrhein-Westfalens infrage zu stellen oder auch nur im Sinn einer „Angebots- und Prioritätenplanung" abzuändern. Ungeachtet dessen versuchte das MURL, in einer erneuten Novellierung die Kosten zu senken und das Verfahren nochmals zu vereinfachen. Die Konsequenz aus diesem Vorhaben war die Abschaffung der forstlichen und landwirtschaftlichen Fachbeiträge zum Landschaftsplan. Alleinige zukünftige Grundlage stellte damit der Fachbeitrag der LÖLF dar.[1185]

Die Opposition in Person Uhlenbergs bezweifelte, dass die Streichung der landwirtschaftlichen und forstlichen Fachbeiträge die Akzeptanz der Landschaftsplanung erhöhen würde.[1186] Auch die FDP befürchtete, „daß die ökologische Seite gegenüber den land- und forstwirtschaftlichen Stellungnahmen Priorität besitzt", so der Abgeordnete Friedel Meyer bei der 2. Lesung im Landtag. Ein ausgewogener Abwägungsprozess sei so nicht möglich.[1187] Beide Parteien forderten, Landschaftspläne auf Gebiete zu begrenzen, wo sie aufgrund der Besonderheit oder Schönheit der Natur notwendig seien, und andernorts mit den Kulturlandschaftsprogrammen und vertraglichen Vereinbarungen vor Ort vorzugehen. Lediglich die Grünen befürworteten die flächendeckende Landschaftsplanung,

1185 Vorlage für den Minister bzgl. Situation und Fortentwicklung der Landschaftsplanung in NRW, 2.9 1993, LAV Abt. Rhld. NW 1151 Nr. 37.

1186 Landtag Nordrhein-Westfalen, Plenarprotokoll 11/135, S. 16972.

1187 Ibid., S. 16974.

auch wenn sie insgesamt die Naturschutzpolitik der Landesregierung heftig kritisierten.[1188]

Diesem widersprach Matthiesen: „Die Lösung kann nicht sein, die Flächendeckung der Landschaftsplanung aufzugeben", erklärte der Minister. Wer nicht erkenne, dass die Landschaft im gesamten Außenbereich der Pflege und Entwicklung bedürfe, der habe „die Aufgaben und Ziele des Naturschutzes nicht verstanden". Die Flächendeckung bleibe, nur würden die teuren forstlichen Festsetzungen künftig auf Naturschutzgebiete und geschützte Landschaftsbestandteile beschränkt werden, was Einsparungen in Millionenhöhe bedeute und das Verfahren nochmals vereinfache.[1189] Deutlicher wurde der Abgeordnete Gorlas, der insbesondere der CDU eine zwanzigjährige ideologische Verbohrtheit vorwarf. Nur in der Begründung habe sich die Partei inzwischen um 180 Grad gedreht:

> Ich habe sie [die CDU, F.M.] seit Jahren, wenn nicht seit Jahrzehnten in Erinnerung, daß sie gesagt hat: Landschaftsplanung ist nur da erforderlich, wo Defizite sind und die Landschaft entwickelt werden muß. Heute begründen Sie Ihren Antrag damit, daß Landschaftsplanung vorrangig da betrieben werden soll, wo Gebiete schützenswert, also wertvoll sind. Ich frage Sie: Was gilt nun? Wahrscheinlich gilt beides. [...] Wir meinen: Landschaftsplanung im ganzen Land ist zum Schutz und zur Entwicklung erforderlich.[1190]

Die Diskussion um die Landschaftsplanung zog sich bis weit in die 1990er Jahre hinein. Noch 1996 forderte Uhlenberg die Abkehr vom Zwang zur flächendeckenden Landschaftsplanung.[1191] Unverändert blieb auch die Haltung der Landesregierung, die das Konzept maßgebend für das „hohe Niveau des nordrhein-westfälischen

1188 Ibid., S. 16970–16977.

1189 Ibid., S. 16978, Zitate ebd.

1190 Ibid., S. 16968–16969.

1191 *Landtag intern*, 3.9.1996, LAV Abt. Rhld. NW 1151 Nr. 54.

Naturschutzes" ansah und daher jegliche Forderungen nach einer Kurskorrektur abblockte.[1192]

1999/2000 wurde das Landschaftsgesetz und mit ihm die Bestimmungen der Landschaftsplanung erneut geändert. Ziel der Novellierung war laut MURL erneut eine „Vereinfachung" des Verfahrens. In der Neuregelung von § 26 (2) wurde auf die bis dahin verlangte parzellenscharfe Festsetzung der Entwicklungs-, Pflege- und Erschließungsmaßnahmen verzichtet. An die Stelle dieser Regelung trat eine für den einzelnen Grundstückseigentümer nicht rechtsverbindliche Festlegung von Entwicklungszielen für die jeweiligen landschaftlichen Teilräume. Das MURL begründete diese Änderung damit, dass sie dem „Kooperationsgedanken" entsprechen würde, der laut Koalitionsvereinbarung zwischen SPD und Grünen im Naturschutzrecht verstärkt angewendet werden sollte". Das Verfahren werde vereinfacht, kostengünstiger gestaltet und besser auf Einzelfälle anwendbar gemacht.[1193]

Der Versuch, ein abschließendes Urteil über die Landschaftsplanung in NRW zu fällen, gestaltet sich schwierig. Auf Bundesebene und in den anderen Ländern fand das Konzept schließlich keine Nachahmer. Beispielhaft für den geringen Wirkungsgrad des nordrhein-westfälischen Konzeptes in der Bundesrepublik war eine vom Bundesumweltministerium veröffentlichte Broschüre zum Thema Landschaftsplanung, in dem das nordrhein-westfälische Konzept der flächendeckenden, verbindlichen Landschaftsplanung nur am Rande erwähnt wurde.[1194] Das MURL beschwerte sich in einem Schreiben an das BMU prompt über diese Broschüre, da Ansicht des Ministeriums „trotz der immer wieder gemachten Beteuerung, auch die Modelle der Stadtstaaten sowie des Landes

1192 Kabinettsvorlage, 15.6.1996, LAV Abt. Rhld. NW 1151 Nr. 54.

1193 MURL, Eckpunkte der geplanten Novelle zum Landschaftsgesetz, LAV Abt. Rhld. NW 1151 Nr. 66.

1194 Bundesministerium für Umwelt, Naturschutz und Reaktorsicherheit: *Landschaftsplanung. Inhalte und Verfahrensweisen*. Bonn 1992.

Nordrhein-Westfalens als alternative, richtungsweisende Ansätze mit zu vertreten, auf diese nur in einem Klammerzusatz und dazu noch mit einer Fehlinformation hingewiesen wurden".[1195]

Diese Episode veranschaulicht die für den Beobachter widersprüchliche Bilanz der Landschaftsplanung in NRW. Von den Verantwortlichen stets als beispielhaftes, wegweisendes und ambitioniertes Konzept angepriesen, fand es bei den anderen Flächenländern keine Nachahmer. Ob dies den unterschiedlichen politischen Rahmenbedingungen oder der durchwachsenen Bilanz der Landschaftsplanung in NRW geschuldet war, muss offen bleiben. Ein Indikator für den letztendlich doch verwirklichten Erfolg der Landschaftsplanung kann die im Laufe der Jahre stetig wachsende Akzeptanz seitens der Kreise sein. So ist die Anzahl der verabschiedeten Landschaftspläne stetig angestiegen, sodass gegenwärtig die Verwirklichung der flächendeckenden Landschaftsplanung in erreichbare Nähe gerückt ist. Ein weiterer Indikator kann die Haltung der CDU-geführten Rüttgers-Regierung sein, die nach einer dreißigjährigen Daueropposition gegen die Landschaftsplanung in der Regierungsverantwortung schließlich im Grunde an ihr festhielt. Inzwischen war durch die Zahl der verabschiedeten Landschaftspläne ein Status quo erreicht worden, der nur schwer wieder rückgängig gemacht werden konnte und auch positive Ergebnisse aufwies.[1196]

4.3 Europäisierung des Naturschutzes: Von der EG-Vogelschutz-Richtlinie zum NATURA 2000 Schutzgebietskonzept

4.3.1 Die EG-Vogelschutzrichtlinie als Beginn europäischer Naturschutzpolitik

In der politikwissenschaftlichen Europäisierungsforschung lassen sich nach Jachtenfuchs/Kohler-Koch drei verschiedene Sichtwei-

1195 MURL, Schreiben an BMU, 8.2.1993, LAV Abt. Rhld. NW 1151 Nr. 173.

1196 Heidtmann, Wissenschaftlich gestützte Regelungen, S. 23.

sen des Europäisierungsprozesses festhalten. Die am weitesten verbreitete Variante definiert Europäisierung als den Einfluss, den die Politik der europäischen Institutionen auf die Politik und politischen Strukturen der Mitgliedstaaten haben. Die zweite Sichtweise wertet die Europäisierung als Ausdruck allgemeiner Transformation staatlich organisierter Systeme hin zu einer Denationalisierung. Forschungsschwerpunkt ist hier die Verschiebung von Grenzen oder die Zukunft der repräsentativen Demokratie. Die dritte Forschungsperspektive untersucht die Dynamik der gesellschaftlichen Prozesse, wie etwa die Entstehung einer europäischen Protestbewegung, oder die Entstehung neuer transnationaler Konflikte.[1197] In der Forschung zur Umweltpolitik der EU sind insbesondere die erste und dritte Perspektive von Interesse, im Falle des nordrhein-westfälischen Naturschutzes mit Blick auf die Auswirkungen europäischer Naturschutzpolitik die erste.

Die Umwelt- und Naturschutzpolitik wird als ein Politikbereich genannt, für den die Prozesse der Europäisierung einen positiven Effekt besitzen. Umwelt- und Naturschutz haben hauptsächlich die Korrektur der Auswirkungen der marktwirtschaftlichen Nutzung der Umwelt zur Aufgabe und sind theoretisch nicht an Staatsgrenzen gebunden:

> As environmental policy is aimed at correcting market failure and providing common goods, centralization of decision making at the EU level will help to mitigate external effects and free riding behaviour. Moreover, it is widely believed that most environmental problems extend accross national frontiers and therefore transcend the problem-solving capacity of individual nation states.[1198]

1197 Jachtenfuchs, Markus; Kohler-Koch, Beate: Regieren und Institutionenbildung. In: Dies. (Hrsg.): *Europäische Integration*. 2. Auflage. Opladen 2003, S. 11–46, hier, S. 35.

1198 Haverland, Markus: The Impact of the European Union on Environmental Politics. In: Featherstone, Kevin; Radaelli, Claudio M. (Hrsg.): *The Politics of Europeanization*. Oxford 2003, S. 203–221, hier S. 205.

Die Auswirkungen der Entscheidungen auf EG/EU-Ebene auf die Landespolitik im Bereich Umwelt- und Naturschutz ist Thema dieses Kapitels, und es wird gezeigt werden, dass hier die Prozesse einen klaren *top-down* Charakter hatten. Die nordrhein-westfälische Landespolitik reagierte dabei meist auf die Initiativen aus Brüssel, die sie allerdings zunächst als unterhalb der selbst gesetzten Standards angesiedelt empfand.

Von der Zunahme der Bedeutung der Institutionen und Richtlinien der Europäischen Gemeinschaft, ab 1992 nach den Maastrichter Verträgen Europäische Union, war auch der Bereich Umwelt- und Naturschutz nicht ausgenommen. Zunächst war die Umweltpolitik kein Thema der wirtschaftlichen und politischen Integration Westeuropas gewesen. Mit dem Bedeutungszuwachs des Themas ab 1970 etablierte sich die Umweltpolitik auch auf europäischer Ebene. Die Staats- und Regierungschefs der Mitglieder der Europäischen Gemeinschaft erklärten im November 1972, dass die in den Römischen Verträgen verankerten ökonomischen Ziele auch den Schutz der Umwelt miteinschlossen. Sie beauftragten die Kommission mit der Ausarbeitung eines Umweltaktionsprogramms (UAP), das im November 1973 vom Rat der EG angenommen wurde.[1199] Die Aktionsprogramme, von denen es nach dem ersten bis heute insgesamt sechs gab, legten die Vorhaben und Grundsätze der europäischen Umweltpolitik für den jeweiligen Zeitraum fest.[1200] Die eigentliche Naturschutzpolitik der EG „begann eher bescheiden", wie Bader/May in ihrer Untersuchung feststellten. Der

1199 Roth-Berendt, Dagmar; Nowak, Annika: Die Umweltpolitik der Europäischen Union. In: Weidenfeld, Werner (Hrsg.): *Die Europäische Union. Politisches System und Politikbereiche.* Lizenzausgabe der Bundeszentrale für politische Bildung, Bonn 2006, S. 305–322, hier S. 305–306; Kromarek, Pascale: Die Institutionen der EG und das Umweltrecht. In: *Mitteilungen der LÖLF* 16.1 (1991), S. 11–12, hier S. 11.

1200 Dem ersten UAP (1974–1975) folgten das 2. UAP (1977–1981), 3. UAP (1982–1986), 4. UAP (1987–1992), 5. UAP (1992–2000) und 6. UAP (seit 2002, endet voraussichtlich 2012).

Rat sprach 1974 die Empfehlung an die Mitglieder aus, der Ramsar-Konvention beizutreten. Im europäischen Rahmen dominierten die Fragen des technischen Umweltschutzes.[1201]

Die EG-Vogelschutzrichtlinie war zunächst die einzige umweltpolitische Richtlinie, die sich direkt auf den Naturschutz bezog. Die Vogelschutzrichtlinie begründete sich daraus, dass der Schutz der Zugvögel eine besondere grenzüberschreitende Verantwortung der EG-Länder darstellte.[1202] Wie der Rat der EG in der Präambel erklärte, stellten die Zugvogelarten „ein gemeinsames Erbe dar". Der Rückgang dieser Arten stelle eine ernsthafte Gefahr für die Erhaltung der natürlichen Umwelt dar, da durch diese Entwicklung das biologische Gleichgewicht bedroht werde. Daher sei der wirksame Schutz dieser Vogelarten ein „typisch grenzübergreifendes Umweltproblem, das gemeinsame Verantwortlichkeit" mit sich bringe.[1203]

Den Anlass zu dieser Initiative sollen zahlreiche Briefe und Eingaben gegeben haben, in denen Vogelschützer und Ornithologen gegen die Praxis der Singvogeljagd protestierten, die insbesondere in Südeuropa noch häufig betrieben wurde. Ab 1976 beschäftigten sich Regierungsvertreter und Fachleute aus allen EWG-Staaten mit der Ausarbeitung der Vogelschutzrichtlinie, die schließlich am 19. Dezember 1978 vom EG-Umweltministerrat angenommen wurde. Am 2. April 1979 wurde die Richtlinie veröffentlicht.[1204]

1201 Bader/May: *EG und Naturschutz*, S. 38–40, Zitat S. 40.

1202 Mitlacher, Günter; Herkenrath, Günter: Die EG-Vogelschutzrichtlinie. In: *Mitteilungen der* LÖLF 16.1 (1991), S. 24–25.

1203 VogelSchRL in: Anonym: *Naturschutzrecht. Bundesnaturschutzgesetz, FFH-Richtlinie, Vogelschutzrichtlinie, Washingtoner Artenschutzabkommen, EG-Artenschutzabkommen, Bundesartenschutzabkommen, Landes-Naturschutzgesetze.* Textausgabe mit Einführung und Sachverzeichnis, 10., neu bearbeitete Auflage, München 2006, S. 86.

1204 Nowak, Eugeniusz: Die Vogelschutzrichtlinie – ein Bericht über die Geburtsjahre eines erfolgreichen Instruments des Vogelschutzes. In: Bundesamt für Naturschutz (Hrsg.): *Drei Jahrzehnte Vogelschutz im Herzen Europas: Rückblick, Bilanz und Herausforderung. Referate und*

Die Richtlinie betraf sämtliche wildlebende Vogelarten, die auf dem Gebiet der Mitgliedsstaaten heimisch waren. Die Mitgliedsstaaten waren verpflichtet, die Vogelarten „auf einem Stand zu halten oder auf einen Stand zu bringen, der insbesondere den ökologischen, wissenschaftlichen und kulturellen Erfordernissen entspricht, wobei den wirtschaftlichen und freizeitbedingten Erfordernissen Rechnung getragen" werden müsse.[1205] In der Vogelschutzrichtlinie dominierten jedoch die Jagd- und Handelsverbote. Der NABU verdeutlichte in seiner Bilanz 1991, die „wichtigsten Umsetzungsprobleme" der Richtlinie lägen eindeutig im Flächenschutz, der von der Vogelschutz-RL nicht ausreichend geregelt werde.[1206]

In der Bundesrepublik vereinfachte die Vogelschutzrichtlinie den rechtlichen Vogelschutz, da das bisherige Recht zwischen Jagd- und Naturschutzrecht sowie zwischen Bundes- und den verschiedenen Landesrechten aufgeteilt war. Die Diskussionen in Deutschland betrafen jedoch hauptsächlich den Anhang II der Richtlinie, der die Liste der jagdbaren Vögel enthielt, welche den Naturschutzverbänden deutlich zu umfangreich erschien und den Jagdverbänden als deutlich zu kurz. Insgesamt setzten sich die Bestimmungen der EG-Vogelschutzrichtlinie aber nur langsam durch, wie die verschiedenen Vertragsverletzungsverfahren gegen einzelne Mitgliedsstaaten zeigten. Die Bundesrepublik wurde 1987 vom Europäischen Gerichtshof verurteilt, weil die Landwirtschaftsklauseln des Bundesnaturschutzgesetzes gegen die Bestimmungen der VogelSchRL verstießen. Ebenso dauerte die Meldung der Gebiete, der sogenannten *Important Bird Areas* (IBA), sehr lange. Die in der Richtlinie vereinbarte zweijährige Frist bis 1981 verstrich nahezu untätig. 1983 waren bundesweit

Ergebnisse der Fachtagung „30 Jahre Vogelschutzrichtlinie" am 5. und 6. November 2009 in Bonn. Bonn-Bad Godesberg 2010 (Naturschutz und biologische Vielfalt, 95), S. 231–235, hier S. 231–232.

1205 VogelSchRL Art. 2.

1206 Mitlacher/Herkenrath, EG-Vogelschutzrichtlinie, S. 25.

401 Vogelschutzgebiete mit 445 000 Hektar Fläche angemeldet oder 0,8 Prozent der Fläche der Bundesrepublik. Eine vollständige Auflistung der infrage kommenden Gebiete wurde abschließend erst 2002 durch den IRV erstellt und umfasste 15,3 Prozent der Fläche, von denen allerdings erst 5,1 Prozent angemeldet waren.[1207] Nordrhein-Westfalen tat sich hier nach Ansicht des NABU durch besondere Tatenlosigkeit hervor. Der IRV hatte 6,2 Prozent als IBA vorgeschlagen, das Land NRW jedoch 2000 erst 0,78 Prozent der Landesfläche angemeldet.[1208]

Insgesamt zog der NABU jedoch eine positive Bilanz für die Vogelschutzrichtlinie: „Die VogelSchRL zeigt an einer Tiergruppe beispielhaft auf, wie ein wirksamer Naturschutz angesichts der europäischen Einigung aussehen müßte. Sie bedarf dringend der Ergänzung für die anderen Tiergruppen und Pflanzen", forderten die Naturschützer ähnliche Regelungen für die übrigen gefährdeten Arten.[1209]

Bader/May kamen dagegen 1992 zu einem anderen Schluss. Es gebe kaum eine Regelung in der Vogelschutzrichtlinie, gegen die die Mitgliedsstaaten nicht verstoßen würden, lautete ihr Resümee und führten darüber hinaus die mangelhafte Umsetzung der Richtlinie in nationales Recht an. Gegen sämtliche Mitgliedsstaaten seien Vertragsverletzungsverfahren eingeleitet worden. Die Bundesrepublik habe die Richtlinie weder fristgerecht noch vollständig umgesetzt.[1210] Bei allen Umsetzungsschwierigkeiten sei es dennoch bemerkenswert, dass die EG überhaupt einen ersten Schritt zu einer gemeinschaftsweiten Naturschutzpolitik getan habe, was in

1207 Ssymank, Axel; Vischer-Leopold, Mareike; Boye, Peter: Historische und aktuelle Entwicklungen der Vogelschutzrichtlinie in Deutschland und der Europäischen Union. In: BfN (Hrsg.): *Drei Jahrzehnte*, S. 9–38, hier S. 11–12.

1208 Mayr, Claus: Bilanz der Umsetzung der Vogelschutzrichtlinie und Forderungen zur Verbesserung des Vogelschutzes aus Sicht des NABU. In: BfN (Hrsg.): *Drei Jahrzehnte*, S. 39–53, hier S. 44–45.

1209 Mitlacher/Herkenrath, EG-Vogelschutzrichtlinie, S. 25, Zitat ebd,

1210 Bader/May, *EG und Naturschutz*, S. 54–55, Zitat S. 54.

vielen Ländern eine wichtige Anstoßfunktion innegehabt habe. Zudem werde kein Staat in seiner Naturschutzarbeit beschränkt.[1211]

4.3.2 „Keine deutsche Umweltpolitik mehr?"[1212] Europäische Umwelt- und Naturschutzpolitik von der Einheitlichen Europäische Akte zur FFH-Richtlinie

Machte die Europäisierung die nationale und regionale Umweltpolitik überflüssig? Darum wurde unter anderem auf dem 4. umweltpolitischen Gespräch der Deutschen Stiftung für Umweltpolitik unter dem bewusst provokanten Titel „Keine deutsche Umweltpolitik mehr?" diskutiert.[1213] Die Bilanz der EG-Naturschutzpolitik schien zunächst nicht dafür zu sprechen.

Zwar hatte die EG-Umweltpolitik ab 1972 eingesetzt, doch war die rechtliche Position des Umweltschutzes in der EG nicht abgesichert, gerade gegenüber der fest im EWG-Vertrag verankerten Agrarpolitik. Die Vogelschutzrichtlinie blieb zunächst die einzige naturschutzpolitische Maßnahme der EG, auch wenn in Veröffentlichungen Maßnahmen zum Umwelt- und insbesondere Tierschutz häufig zum Naturschutz gezählt wurden. Anfang der 1980er Jahre trat die EG drei völkerrechtlichen Übereinkommen bei, der Bonner Konvention, der Berner Konvention und dem Washingtoner Artenschutzabkommen.[1214] Das Washingtoner Abkommen reglementierte den Handel mit gefährdeten und wildlebenden Tieren und Pflanzen, während die Bonner Konvention begrenzte Regelungen zum Schutz wandernder Tierarten enthielt. Weitergehender war das Berner Übereinkommen, mit dem sich die

1211 Ibid., S. 66.

1212 Anonym: *Keine deutsche Umweltpolitik mehr? Viertes Umweltpolitisches Gespräch. Zur Verteilung der Landes-, Bundes- und Europakompetenzen.* Berlin 1986 (Beiträge zur Umweltgestaltung, A 102).

1213 Ibid., S. 6.

1214 Bader/May, *EG und Naturschutz*, S. 40.

Unterzeichner verpflichteten, „die geeigneten und erforderlichen gesetzgeberischen und Verwaltungsmaßnahmen" zu treffen, um „die Erhaltung der Lebensräume wildlebender Pflanzen- und Tierarten" und die „Erhaltung gefährdeter natürlicher Lebensräume" sicherzustellen.[1215]

Die Richtlinie über die Umweltverträglichkeitsprüfung (UVP), die 1980 von der Kommission vorgelegt wurde, aber erst 1985 vom Rat verabschiedet wurde, war „eine der wichtigsten und meistdiskutierten EG-Umweltmaßnahmen und [hatte] auch für den Naturschutz weitreichende Bedeutung".[1216] Ihre Umsetzung verzögerte sich aufgrund der langsamen Umsetzung in den Mitgliedsstaaten. Erst zum 1.8 1990 wurde die UVP zum Beispiel in das Bundesrecht integriert.[1217] Die UVP war im Kern ein Verfahren zur Entscheidungsvorbereitung für Behörden, Projektträger und Bürger. Ziel der UVP war es, im Vorfeld eines Genehmigungsverfahrens unter Beteiligung der Öffentlichkeit alle möglichen Umweltauswirkungen zu untersuchen und festzustellen, um sie dann im Planungsprozess zu berücksichtigen und nach Möglichkeit zu verhindern. Für den Naturschutz ergab sich der Vorteil, dass die verfahrensrechtlichen Anforderungen der UVP die Entscheidungssicherheit der Naturschutzbehörden erhöhte, da sich diese auf eine breitere Datengrundlage stützen konnte. Insbesondere im Zusammenhang mit der Eingriffsregelung ergaben sich für den Naturschutz hier Verzahnungsmöglichkeiten, die eine verbesserte Effizienz und Umsetzung dieser Instrumente ermöglichen sollte. Die UVP maß dabei dem Instrument der Landschaftsplanung eine neue Rolle zu, da diese die nötigen Daten für Schutz-, Pflege- und

---

1215 Übereinkommen über die Erhaltung der europäischen wildlebenden Pflanzen und Tiere und ihrer natürlichen Lebensräume, Bern 19.9.1979, Artikel 4. http://conventions.coe.int/Treaty/ger/Treaties/Html/104.htm, eingesehen zuletzt am 25.6.2011; für einen Überblick über die Abkommen siehe Bader/May, *EG und Naturschutz*. S. 78–83.

1216 Bader/May, *EG und Naturschutz*, S. 83.

1217 Wessel, Elisabeth: UVP und Naturschutzbelange. In: *Mitteilungen der LÖLF* 16.1 (1991), S. 22–23, hier S. 22.

Entwicklungsmaßnahmen im Zuge von UVP und Eingriffsregelung erforderlicher Maßnahmen liefern konnte.[1218]

Ein weiteres Anzeichen für eine künftig größere Rolle der Gemeinschaft in der Naturschutz- und Umweltpolitik war die Verabschiedung der Einheitlichen Europäischen Akte (EEA), die zum 1. Juli 1987 in Kraft trat. Die Mitgliedsstaaten führten mit der EEA einen neuen Titel VII „Umwelt" in den EWG-Vertrag ein. In diesem verpflichteten sich die Mitglieder der Gemeinschaft auf folgende Ziele:

- die Umwelt zu erhalten, zu schützen und in ihrer Qualität zu verbessern,
- zum Schutz der menschlichen Gesundheit beizutragen,
- eine umsichtige und rationale Verwendung der natürlichen Ressourcen zu gewährleisten.[1219]

In Abschnitt 2 des Artikels 130 r erläuterten die EG-Mitglieder, mit welchen Instrumenten sie beabsichtigten, diese Ziele der Umweltpolitik in die Tat umzusetzen: Vorsorgeprinzip, Verursacherprinzip und Integrationsprinzip.[1220] Von besonderer Bedeutung war dabei das Integrationsprinzip. „Die Erfordernisse des Umweltschutzes sind Bestandteil der anderen Politiken der Gemeinschaft."[1221] Dies bedeutete, dass künftig Belange des Natur- und Umweltschutzes nicht mehr aus der europäischen Politik ausgegrenzt werden konnten und nicht mehr grundsätzlich den wirtschaftlichen Interessen untergeordnet waren.[1222]

1218 Ibid., S. 23.

1219 *Amtsblatt der Europäischen Gemeinschaft*, L 169 Art. 130 r (1).

1220 Ibid., Art. 130 r (2).

1221 Ibid.

1222 Bader/May, *EG und Naturschutz*, S. 47–48; Meyer, Heinc von: Natur und EG-Agrarpolitik. In: *Mitteilungen der LÖLF* 16.1 (1991), S. 15–21, hier S. 19; Scheuing, Dieter H.: Die Einheitliche Europäische Akte als Grundlage umweltrechtlicher Aktivitäten der Europäischen Gemeinschaft. Regelungsgewinne und Reformnotwendigkeiten. In: Behrens, Peter; Koch, Hans-Joachim: *Umweltschutz in der Europäischen Gemein-*

Die Gemeinschaft hatte in der Finanzierung von Naturschutzpolitik bis dahin ebenfalls eine untergeordnete Rolle gespielt. 1984 beschloss die EG die „Gemeinschaftliche Umweltaktion" als erstes Finanzinstrument zur Durchsetzung der Ziele im Umwelt- und Naturschutz, unter anderem auch der Vogelschutzrichtlinie. Zunächst auf einen Zeitraum von drei Jahren ausgerichtet, wurde es mit einem Gesamtetat von 13 Millionen ECU ausgestattet. 1987 verlängerte die EG das Programm um weitere drei Jahre und erhöhte die Mittelausstattung auf 24 Millionen ECU. Von diesem Etat war die Hälfte für Maßnahmen des Naturschutzes innerhalb der Vogelschutzrichtlinie vorgesehen. Da die Eigenbeteiligung für die Antragsteller sich auf 50 Prozent belief, kamen meist nur Länder, die ohnehin über einen relativ hohen Naturschutzetat verfügten, für eine Projektförderung infrage. Dennoch war die Nachfrage groß. Den zusätzlichen Finanzbedarf für alle beantragten Projekte bezifferte die *Maison Européenne de l'Environnement* 1990 auf über 60 Millionen ECU.[1223] Hinzu kamen Mittel aus dem Agrarhaushalt. In der EG-Agrarpolitik sahen Naturschützer den ausbaufähigsten Beitrag zur Finanzierung der Naturschutzpolitik.

> Naturschutzbelange haben in der EG-Agrarpolitik bislang kaum Beachtung gefunden, obwohl ihre Marktordnungen und Investitionsprogramme in hohem Maße umweltwirksam sind. Zwar sind seit 1985 Ansätze einer Neuorientierung erkennbar, doch handelt es sich dabei bislang allenfalls um erste Schritte hin zu einer umweltverträglichen Entwicklung von Landwirtschaft und ländlichen Räumen in Europa. [...] Gezielte Maßnahmen der EG-Naturschutzpolitik – wie etwa die Vogelschutzrichtlinie [...] oder die geplante Habitatsrichtlinie (FFH) [...] – sind sicher wichtige Beiträge zu einem wirksameren Schutz von Natur und Umwelt in

---

schaft. Spannungsfelder zwischen nationalem Recht und europäischem Gemeinschaftsrecht. Baden-Baden 1991 (Forum Umweltrecht, 6), S. 46–74, hier S. 48–49.

1223 Taschner, Karola: Finanzielle Instrumente der EG-Naturschutzpolitik. In: *Mitteilungen der LÖLF* 16.1 (1991), S. 13–14, hier S. 13.

> Europa. Sie vermögen jedoch in keiner Weise jene Schäden zu begrenzen, die der Vollzug der EG-Agrarpolitik täglich wieder neu hervorbringt.[1224]

Artikel 19 der landwirtschaftlichen Effizienzverordnung bot Beihilfen in Gebieten mit besonderer Notwendigkeit des Schutzes der Umwelt und der natürlichen Ressourcen. Diese verstanden sich als Kompensationen für Landwirte, die aufgrund der Bestimmungen des Naturschutzes Einkommenseinbußen erlitten. 1987 setzte die EG ihren Beitrag hierzu auf maximal 100 ECU und 25 Prozent der gezahlten Beihilfe fest. Darüber hinaus konnten ab 1988 Mittel zur Flächenstilllegung für Zwecke des Naturschutzes verwendet werden.[1225] Die Flächenstilllegungsprogramme hatten 1989 insgesamt einen Umfang von 40 Millionen ECU, 1990 waren es 140 Millionen ECU. Die nach Artikel 19 der Effizienzverordnung für Umwelt- und Naturschutz eingesetzten Mittel des Agrarhaushaltes betrugen dagegen 1989 nur circa 3,3 Millionen ECU. Die einzigen Mitgliedsstaaten, die Artikel 19-Gelder beantragten, waren dabei die Bundesrepublik und Großbritannien.[1226] Darüber hinaus förderte die EG in Pilotprojekten bis 1990 auch Extensivierungsprogramme mit bis zu 25 Prozent Anteil. Für Nordrhein-Westfalen und andere Bundesländer waren hier Möglichkeiten gegeben, ihre Extensivierungsstrategien mit europäischen Geldern anzureichern, doch war europaweit kein Erfolg zu verzeichnen. Im Rahmen der EG-Agrarpolitik wurde der ökologisch schlechter zu bewertenden Stilllegung eine höhere Priorität eingeräumt und mehr Finanzmittel bereitgestellt. „Im Grunde genommen", analysierten Bader/May, war „die Extensivierung momentan nicht mehr als eine auf deutsche Wünsche gemünzte Spezialregelung".[1227] Insgesamt waren alle

1224 Meyer, Natur und EG-Agrarpolitik. S. 15.

1225 Taschner, Finanzielle Instrumente, S. 14.

1226 Ibid.

1227 Bader/May, *EG und Naturschutz*, S. 132–133.

diese Beträge bei einem Agrarhaushalt von insgesamt ungefähr 45 Milliarden ECU vernachlässigbar.[1228]

Anhand dieser Zahlen wird deutlich, welch geringen Stellenwert die von der EG bereitgestellten Finanzmittel für den Haushalt eines Landes wie Nordrhein-Westfalen zu diesem Zeitpunkt noch hatten. Auch wenn die Förderungsrichtlinien die Länder mit hohem Naturschutzetat bevorzugten, blieb bei einem Förderungsbetrag von umgerechnet circa 8,7 Millionen DM pro Jahr (1989) für die gesamten EG-Mitgliedsstaaten für ein einzelnes Bundesland mit einem jährlichen Naturschutzetat von knapp 100 Millionen DM[1229] der Anteil an europäischen Fördermitteln für den Naturschutz sehr gering.

Der voraussichtliche Finanzbedarf für die geplante Habitatsschutz-Richtlinie stellte dagegen neue Dimensionen dar, auch wenn Naturschützer diese noch als deutlich unzureichend empfanden. Die Kommission ging von einem Umfang von 150 Millionen ECU für fünf Jahre aus. Naturschützer berechneten, dass ungefähr 10 Prozent der landwirtschaftlichen Fläche unter Naturschutz gestellt werden sollten. Dies entspräche ungefähr 20 Millionen Hektar. Bei einer sehr niedrig geschätzten Entschädigungssumme von 25 ECU je Hektar – zum Vergleich, das Land NRW zahlte im Feuchtwiesenschutzprogramm Ausgleichszahlungen zwischen 240 und 500 DM (umgerechnet circa 123 beziehungsweise 256 ECU) – entstand hierdurch ein geschätzter Finanzbedarf von 500 Millionen ECU jährlich, um „einen wirkungsvollen Habitatsschutz halbwegs [zu] gewährleisten".[1230]

1228 Meyer, Natur und EG-Agrarpolitik, S. 20.

1229 Neiss, 20 Jahre, S. 27.

1230 Taschner, Finanzielle Instrumente, S. 13.

4.3.3 Die FFH-Richtlinie zur Schaffung eines europaweiten Biotopverbundsystems NATURA 2000

Der erste Entwurf zur Habitatsrichtlinie wurde in einem Alleingang ohne Konsultation der nationalen Behörden innerhalb von drei Monaten „aus den Schubladen der Kommission gezaubert", mit der die Bestimmungen aus dem Berner Übereinkommen umgesetzt werden sollten, wozu die EG sich mit ihrem Beitritt verpflichtet hatte. Das Hauptmotiv war jedoch eher ökonomisch bedingt: Die nördlichen Mitgliedsstaaten fürchteten nach dem Beitritt Spaniens und Portugals Standortnachteile aufgrund geringerer Standards im Süden und forderten einen einheitlichen hohen Schutzstandard.[1231] Dementsprechend zogen sich die Verhandlungen langwierig über nahezu vier Jahre hinweg, bis der Rat die Fauna-Flora-Habitatsrichtlinie (FFH-RL) erließ. Sie trat am 21. Mai 1992 in Kraft.[1232]

Im November 1988 erreichte der Vorschlag der Kommission Düsseldorf. In einer internen Einschätzung der beabsichtigten Richtlinie stellte das MURL fest, die grundlegenden Ziele seien in jedem Fall zu begrüßen. Allerdings lasse sich die Tragweite der Regelung nur schwer einschätzen. In Düsseldorf sah man zunächst nur wenig direkten Nutzen, vielmehr erwartete das MURL, dass die geplante Richtlinie das Niveau der übrigen Mitgliedsstaaten auf das in NRW erreichte anheben werde. „Für das Land Nordrhein-Westfalen liegt der Wert der Richtlinie vor allem darin begründet, daß die eigenen Naturschutzbemühungen durch die Autorität der Europäischen Gemeinschaft abgestützt werden", sah man die Pläne der Kommission eher als flankierende Maßnahme zur bestehenden Naturschutzpolitik in NRW.[1233]

„Viele dieser EG-Vorschriften sind den Zielgruppen des amtlichen und ehrenamtlichen Naturschutzes noch recht wenig bekannt", stellte die LÖLF fest, weshalb das Naturschutzzentrum

1231 Bader/May, *EG und Naturschutz*, S. 72–73, Zitat S. 72.

1232 Vgl. Bader/May, *EG und Naturschutz*, S. 72–78.

1233 MURL, Ministervorlage, betr. Bundesratssache, 10.11.1988, LAV NRW Abt. Rhld. NW 596 Nr. 1253, Zitat ebd.

NRW gemeinsam mit dem Institut für Europäische Umweltpolitik in Bonn eine Tagung zum Thema „EG-Recht im Naturschutz" veranstaltete, deren Beiträge im Frühjahr 1991 in den *LÖLF-Mitteilungen* veröffentlicht wurden.[1234] Die Notwendigkeit einer solchen Veranstaltung zeigte die bisherige Bedeutung der europäischen Ebene für den Naturschutz.

Die FFH-Richtlinie sollte Teil der Strategie eines sogenannten Zwei-Säulen-Programms der Gemeinschaft sein, das sich zum einen auf das europäische Naturschutzrecht und zum anderen auf eine umweltverträgliche Landwirtschaft stützte.[1235] Sie bezog sich im Gegensatz zur EG-Vogelschutzrichtlinie nicht nur auf Vögel, sondern auf Lebensräume und Arten von „gemeinschaftlichem Interesse". Als solche wurden bedrohte, potenziell bedrohte und seltene Arten und Lebensräume sowie Regionen mit besonderen biogeografischen Merkmalen (zum Beispiel alpine oder mediterrane Regionen) definiert.[1236]

> Zur Wiederherstellung oder Wahrung eines günstigen Erhaltungszustandes der natürlichen Lebensräume und der Arten von gemeinschaftlichem Interesse sind besondere Schutzgebiete auszuweisen, um nach einem genau festgelegten Zeitplan ein zusammenhängendes europäisches ökologisches Netz zu schaffen.[1237]

Dieses zusammenhängende Netz mit dem Namen „Natura 2000" bestand neben den bereits für die EG-Vogelschutzrichtlinie gemeldeten Flächen aus Gebieten, die die definierten natürlichen Lebensraumtypen sowie die Habitate der zu schützenden Arten

---

1234 Anonym: EG-Recht und Naturschutz. Ein Vorwort. In: *Mitteilungen der LÖLF* 16.1 (1991), S. 10.

1235 Gellermann, Martin: *Natura 2000. Europäisches Habitatsschutzrecht und seine Durchführung in der Bundesrepublik Deutschland.* 2., neubearbeitete und erweiterte Auflage, Berlin; Wien 2001 (Schriftenreihe Natur und Recht, 4), S. 9.

1236 Fauna-Flora-Habitatsrichtlinie (FFH-RL), in: *Naturschutzrecht*, S. 46.

1237 FFH-RL Art. 1 c) und g).

umfassten. Die Mitgliedsstaaten verpflichteten sich, diese Gebiete zu schützen, zu pflegen und gegebenenfalls weiterzuentwickeln.[1238]

Die EG/EU weitete in der Folgezeit auch die Finanzierung von Umweltschutzmaßnahmen aus. Das Umweltfinanzierungsinstrument LIFE (L'Instrument Financier pour l'Environnement), das ab 1992 einsetzte, sollte die bisherigen verschiedenen Einzelfinanzierungsmaßnahmen in einem vereinigten Umweltfonds bündeln. LIFE besaß in seiner ersten Installation für den Zeitraum 1992 bis 1995 einen Umfang von 400 Millionen ECU, von denen 45 Prozent für den Naturschutz vorgesehen waren. In den Folgejahren wurde das Programm immer wieder mit höheren Summen neu aufgelegt. Die Europäische Kommission berechnete für den Zeitraum 1992 bis 2006, dass im Zuge des LIFE-Programms insgesamt 1,36 Milliarden Euro in 2 750 Projekte geflossen waren, die einen Gesamtumfang von 4 Milliarden Euro hatten. Die EU förderte somit 38 Prozent der Natur- und Umweltschutzprojekte in den Mitgliedsstaaten in diesem Zeitraum.[1239] Erstmals wurden Mittel eingesetzt, die einen merklichen Beitrag zur Naturschutzpolitik in NRW leisten konnten.

Die Bestimmungen der FFH-Richtlinie mussten zunächst in Bundesrecht umgewandelt werden. Das BNatSchG blieb in manchen Teilen hinter den Vorgaben aus der FFH-RL zurück und die Bestimmungen zu Auswahl, Meldung und Aufbau der Natura 2000-Gebiete mussten übernommen werden. Bundesregierung und Bundestag taten sich einmal mehr schwer, die gesetzten Fristen einzuhalten. Erst nach Ablauf der in der Richtlinie vorgesehenen zweijährigen Umsetzungsfrist im Juni 1994 kam der Gesetzgebungsprozess langsam voran. Die Bundesregierung wollte im Zuge einer grundlegenden Novellierung des BNatSchG die Bestimmungen der Richtlinie in das deutsche Recht einführen, doch scheiterte

1238 FFH-RL Art. 2.

1239 Europäische Kommission: The LIFE Programme. http://ec.europa.eu/environment/life/about/index.htm#history, eingesehen zuletzt am 26.6.2011.

die Novelle am Veto des Bundesrates. Aufgrund der schleppenden Entwicklung stellte der EuGH im Dezember 1997 fest, dass die Bundesrepublik Deutschland ihrer Verpflichtung zur Umsetzung nicht nachgekommen war. Eine weitere Verurteilung hätte Zwangsgelder in Millionenhöhe nach sich ziehen können, doch schien das die deutschen Parlamentarier nicht zu beeindrucken. Diesmal war es der Bundestag – vor dem Hintergrund nahender Kommunal- und Landtagswahlen und heftigem Widerstand seitens der Bauernverbände gegen den Gesetzesentwurf – der den Vorschlag des Vermittlungsausschusses ablehnte und diesen erneut anrief. Da der Vermittlungsausschuss jedoch bei seiner Haltung blieb, gab der Bundestag seinen Widerstand auf und verabschiedete das Zweite Gesetz zur Änderung des BNatSchG, das schließlich auch den Bundesrat passierte und am 9. Mai 1998 in Kraft trat.[1240]

NRW setzte die Bestimmungen der FFH-Richtlinie nach der Änderung des BNatSchG mit der Novellierung des Landschaftsgesetzes um. Der Entwurf der Novelle wurde im Frühjahr 1999 erstellt und am 21. Juli 2000 schließlich verabschiedet.[1241] Im Herbst 2001 meldete das Land 527 Natura 2000-Gebiete an, die eine Fläche von circa 279 000 Hektar umfassten, was 8,2 Prozent der Landesfläche entsprach. 515 dieser Gebiete (183 000 Hektar, 5,4 Prozent) wurden auf Grundlage der FFH-Richtlinie ausgewiesen. Bei vielen FFH-Gebieten handelte es sich um bereits bestehende Naturschutzgebiete, weshalb zum Zeitpunkt der Meldung bereits ungefähr für 200 Gebiete Managementplanungen existierten. Den flächenmäßig größten Anteil der Natura 2000-Gebiete machten jedoch mit etwa 144 000 Hektar die Waldflächen aus, was 16 Prozent der Landeswaldflächen entsprach. Für diese gab es bis dahin nur wenige Managementplanungen.[1242]

1240 Gellermann, *Natura 2000*, S. 138–139.

1241 MURL, Eckpunkte der geplanten Novelle zum Landschaftsgesetz, 12.1.1999, LAV NRW Abt. Rhld. NW 1151 Nr. 66.

1242 Schäpers, Josef: Management in Natura 2000 Gebieten – Vorgehen in Nordrhein-Westfalen. In: Bundesamt für Naturschutz (Hrsg.):

Die Landesregierung entschied sich, die beiden Kernaufgaben des Gebietsmanagements, der rechtlichen Sicherung der Gebiete und der Durchführung von Entwicklungsmaßnahmen, aus pragmatischen und vor allem finanziellen Gründen zeitlich voneinander zu trennen. Die Maßnahmen für die FFH-RL wurden zwar aus dem LIFE-Fonds gefördert, jedoch nur anteilsmäßig, sodass eine erhebliche Mehrbelastung zu erwarten war. Es ging in NRW also zunächst darum, die gemeldeten FFH-Gebiete rechtlich abzusichern. Dabei sollte der Verordnungsweg nur auf das notwendige Mindestmaß beschränkt werden, im Kern also die Durchsetzung des Verschlechterungsverbots, nach dem nur der Status quo erhalten werden musste. Weitergehende Pflege- und Entwicklungsmaßnahmen, die also der Verbesserung der Gebiete dienten, wurden auf freiwilliger Basis über den Vertragsnaturschutz umgesetzt.[1243] Die bisher in NRW praktizierten Instrumente waren also die Basis, auf der die Umsetzung der FFH-Richtlinie erfolgte:

> Mit [dem NRW-Verfahren zur landesweiten Biotopkartierung] erfolgte im Rahmen der Gebietsmeldung mit Schwerpunkt zwischen 1999 und 2002 in allen FFH-Gebieten die Ersterfassung der relevanten Parameter. Auf der Basis der biologischen Grunddaten war es möglich, die Schutzgebiete fachlich begründet abzugrenzen und die gebietsspezifischen Schutzziele zu formulieren und die Sicherung des Status Quo notwendigen Ver- und Gebote zu benennen. Mit diesem fachlichen Hintergrund wurden die nordrhein-westfälischen FFH-Gebiete bis Mitte 2004 fast vollständig als Naturschutzgebiete rechtlich gesichert.[1244]

Management von Natura 2000-Gebieten. Erfahrungen aus Deutschland und ausgewählten anderen Mitgliedsstaaten der Europäischen Union. Bonn-Bad Godesberg 2006 (Naturschutz und biologische Vielfalt, 26), S. 107–124, hier S. 107–108.

1243 Ibid.

1244 Ibid., S. 108.

Die FFH- und EG-Vogelschutzgebiete bildeten „das künftige Rückgrat eines landesweiten Biotopschutzes".[1245] Das von der Landesregierung im Umweltprogramm 1983 ausgegebene ehrgeizige Ziel, zehn Prozent der Landesfläche unter Naturschutz zu stellen, war zu Beginn des neuen Jahrtausends auch durch die auf europäischer Ebene eingeführten Instrumente in den Bereich des Möglichen gerückt.

Insgesamt bietet der Rückblick auf die Bilanz der europäischen Naturschutzpolitik der 1990er Jahre ein widersprüchliches Bild. Die naturschutzpolitische Initiative der EG wurde in Nordrhein-Westfalen zunächst skeptisch beurteilt, da das MURL sich hier keine entscheidenden Verbesserungen für NRW versprach. Auch war das Budget der Fördermittel für Naturschutzmaßnahmen auf europäischer Ebene zunächst viel zu gering, um einen signifikanten Beitrag zum nordrhein-westfälischen Naturschutzetat zu leisten. Erst mit dem Rückgang des Naturschutzetats ab Mitte der 1990er Jahre und der Ausweitung der EU-Naturschutzprogramme wuchs das Interesse an Brüssel. Dennoch erfolgte die konkrete Umsetzung von Vogelschutz- oder FFH-Richtlinie eher schleppend, was unter anderem jedoch auch am Vorgehen von Bundesregierung und Bundestag lag, die sich mit der Übertragung des EU-Rechts in das Bundesrecht viel Zeit ließen. Dennoch fällt der fehlende europapolitische Enthusiasmus im MURL in den 1990er Jahren auf. Es lassen sich auch keine Hinweise auf eigene Initiativen in diesem Bereich finden. Zur Jahrtausendwende wurde jedoch deutlich, dass die Rolle der europäischen Instrumente für die Erreichung der naturschutzpolitischen Ziele in NRW deutlich gewachsen war.

4.4 Zwischenfazit

Der Versuch einer Bilanzziehung für die 1990er Jahre im nordrhein-westfälischen Naturschutz gestaltet sich schwierig. Viele der

1245 Neiss, 25 Jahre, S. 15.

Zeitgenossen beklagten, dass mit Beginn des Jahrzehnts die „große Zeit“ des Naturschutzes in NRW vorbei oder zumindest der Zenit überschritten gewesen sei. In der Tat scheint es, dass die Zeit der großen strukturellen Veränderungen vorüber war. Der Stellenwert des Naturschutzes innerhalb der Landesregierung ging zunächst zurück, auch weil Matthiesen nicht mehr die dominierende Position wie in den 1980er Jahren innehatte. Dem allgemeinen Sparzwang fiel auch der Naturschutz zum Opfer, dessen Etat von knapp 100 Millionen DM in 1990 auf 68 Millionen DM in 1995 zurückgefahren wurde. Das bisher erreichte Niveau ließ sich nur halten, da die Europäische Union in diesem Zeitraum ihre Fördergelder für den Naturschutz deutlich erhöhte.

Das Schicksal des öffentlichkeitswirksam inszenierten Programms Natur 2000 scheint sinnbildlich für einen Niedergang des amtlichen Naturschutzes zu stehen. Als Naturschutzmanifest mit Signalwirkung über die Grenzen des Landes hinaus verstanden, geriet es schnell in Vergessenheit. Einer seiner zentralen Punkte, die Einführung eines Landschaftsprogramms für Nordrhein-Westfalen, wurde schließlich nicht umgesetzt.

Gleichzeitig zeigte die Bilanz des Naturschutzes, dass sich die im Vorjahrzehnt auf den Weg gebrachten Veränderungen und Maßnahmen langsam bewährten. Das nordrhein-westfälische Planungsinstrumentarium etablierte sich langsam bei den Kreisen und kreisfreien Städten und spielte eine wichtige Rolle bei der Durchführung des in der FFH-Richtlinie vorgesehenen Natura 2000-Gebietsmanagements.

Auch auf anderen Gebieten bewährten sich die Instrumente des Naturschutzes. Insbesondere im Zuge des Ökologieprogramms Emscher-Lippe und der IBA Emscher Park konnte der amtliche Naturschutz auf den Erfahrungen mit dem Vertragsnaturschutz aufbauen und dessen Elemente den Bedingungen angepasst einsetzen. Die Auseinandersetzungen der 1990er Jahre, mit Freizeittreibenden, Windkraftanlagenbetreibern oder Umweltschützern zeigte, dass der amtliche Naturschutz seinen Platz im politischen Prozess gefunden hatte, durchsetzungsstark aber auch kompromissbereit im Dialog mit den Betroffenen sein konnte. Insgesamt ist festzustellen, dass sich Methoden und Handlungsmöglichkeiten seit Beginn der 1980er Jahre vervielfacht hatten, sodass verschiedene Problemstellungen angegangen werden konnten.

Die Bewertung Umsetzung der europäischen Richtlinien in Nordrhein-Westfalen ist ebenfalls ambivalent. Zu Beginn der europäischen Initiativen war das MURL fest davon überzeugt, dass die Bestimmungen der Richtlinien lediglich das Niveau des Naturschutzes in der Gemeinschaft auf dasjenige Nordrhein-Westfalens anhöben. Dementsprechend zögerlich erfolgte die Umsetzung der Bestimmungen, die Kosten und wenig qualitative Verbesserung versprachen. Hinzu kam die gleichgültige Haltung der Bundesregierung, die die nötige Änderung des Rahmengesetzes, die in NRW abgewartet wurde, bis zum Ende der 1990er Jahre hinauszögerte. Sobald die FFH-Richtlinie in das nordrhein-westfälische Landschaftsgesetz integriert worden war, erfolgte die schrittweise Umsetzung relativ schnell. Zunächst auf die Sicherung der FFH-Gebiete bedacht, konnte das Land diesen Prozess im Jahr 2004 abschließen. Die Meldung der FFH-Gebiete ermöglichte, der Verwirklichung der ehrgeizigen Zielsetzung aus dem Umweltprogramm von 1983, mittelfristig bis zu zehn Prozent der Landesfläche unter Naturschutz zu stellen, ein großes Stück näher zu kommen. Auch der zentrale Streitpunkt von nahezu 40 Jahren Naturschutzgeschichte in Nordrhein-Westfalen, die flächendeckende, verbindliche Landschaftsplanung auf Kreisebene, machte einen entscheidenden Schritt zu einer breiteren Akzeptanz. Ihre weiter bestehende Existenz nach fünf Jahren CDU/FDP-geführter Landesregierung ist als Beleg dafür anzusehen, dass zumindest ein Status quo erreicht worden war, der sich nicht mehr einfach rückgängig machen ließ.

Da dieses Kapitel der Untersuchung an vielen Stellen den Charakter eines Ausblicks von der Mitte der 1990er Jahre her hat, können manche Fragen nicht abschließend geklärt werden. Hier bieten sich Anknüpfungspunkte für die weitere Forschungstätigkeit. Insbesondere die Veränderungen, die der Führungswechsel im MURL von der SPD zu den Grünen mit sich brachte, sowie die Rahmenbedingungen des amtlichen Naturschutzes zur Jahrtausendwende hin, insbesondere die veränderte Rolle der Europäischen Union in der Naturschutzpolitik, bieten hier Raum für neue Interpretationen.

5 – Fazit

Eine Konstante in der Selbstreflexion des deutschen Naturschutzes ist die Frage nach seinem Erfolg. Bei der Beantwortung dieser Frage werden in einer für Naturschützer typischen Weise die großen Erfolge herausgestellt, die jedoch durch die noch weitaus größeren Misserfolge übertroffen werden. Erfolg wie Misserfolg werden meist an Statistiken festgemacht, die zur Unterstützung der einen oder der anderen, meist aber in einem Doppelschluss beider Ansichten herangezogen werden. Die Zunahme der Zahl der Naturschutzgebiete, des Flächenanteils oder der eingesetzten Finanzmittel wird der Zunahme des Flächenverbrauchs, der gefährdeten oder gar ausgestorbenen Arten und der Naturzerstörung gegenübergestellt. Im Ergebnis steht eine ambivalente Bilanz des Widerspruchs.

Auch in dieser Untersuchung ist viel von Statistiken die Rede. Gleich, ob es sich um Flächenanteile, Naturschutzetats oder verabschiedete Landschaftspläne handelt; anhand der Aussagen dieser Statistiken wird über Erfolg oder Misserfolg beschieden und Bilanz gezogen. Andere Fragen und Blickwinkel geraten dabei leicht aus dem Fokus. An dieser Stelle wird daher auf die erneute Wiedergabe von Statistiken verzichtet und stattdessen der Frage nachgegangen, welche Entwicklungen sich im nordrhein-westfälischen amtlichen Naturschutz jenseits der reinen Zahlen im untersuchten Zeitraum vollzogen. Dabei wird deutlich, dass der zentrale Prozess im nordrhein-westfälischen Naturschutz derjenige der Integration in das politische System des Landes war. Dieser nahm mit der Verabschiedung des Landschaftsgesetzes 1975 erst seinen Anfang. Die Verarbeitung des wahrgenommenen „Vollzugsdefizits" führte zu einem Methodenwechsel im Naturschutz und erforderte eine deutlich differenziertere Strategie, in der verschiedene Ansätze und Methoden verarbeitet wurden. Die neuen Ansätze waren weitaus mehr auf Dialog, Kooperation und Aushandlung ausgerichtet als die planerisch und ordnungspolitisch ausgerichteten Methoden des landespflegerischen Konzepts. Die Handlungsoptionen für den amtlichen Naturschutz weiteten sich damit deutlich aus, stellten jedoch neue Herausforderungen an die Naturschutzverwaltung. Diese Entwicklung wurde in den vorangegangenen Kapiteln aufgezeigt.

Der Zeitraum seit den Anfängen von Raum- und Landschaftsplanung in den 1920er und 1930er Jahren bis zur Verabschiedung des Landschaftsgesetzes bildete dabei eine Einheit. Die im LG NW verankerten Methoden und Instrumente des Naturschutzes stellten den Abschluss des Modernisierungsprozesses im deutschen Naturschutz dar, der durch Krieg und Niederlage nur kurzzeitig unterbrochen worden war. Zentrale Figur bei der Wiederaufnahme des Modernisierungsprozesses war Konrad Buchwald. Dieser verband die politisch belasteten Arbeiten unter anderem Meyers, Wiepkings und Mädings mit der Zivilisationskritik des völkisch-konservativen Milieus, dem er und ein Großteil der Basis der Naturschützer entstammten, mit seinen eigenen Vorstellungen zur Volksgesundung in der Natur und dem in den 1960er Jahren vorherrschenden planungs- und modernisierungseuphorischen Zeitgeist zu einer Theorie der Landespflege, die den Diskurs im westdeutschen Naturschutz der 1960er Jahre dominierte.

Der öffentliche Planungs- und Modernisierungsdiskurs in der Bundesrepublik bot für die Landespflege den optimalen Rahmen, ihre Zielvorstellungen mit denen des gesellschaftlichen Trends zu verknüpfen und somit auf eine breitere Basis zu stellen. Die komplexen ökologischen Systeme schienen am besten durch einen rationalen, wissenschaftlichen und umfassenden Planungsansatz zu schützen und entwickeln, den nur die Fachrichtung der Landespflege bieten konnte. Mit diesem Programm nahm die landespflegerische Ausrichtung des Naturschutzes eine entscheidende Rolle in den Modernisierungs- und Professionalisierungsprozessen im westdeutschen Naturschutz ein.

Spätestens mit der Veröffentlichung der „Grünen Charta von der Mainau" und der Gründung des Deutschen Rates für Landespflege war diese Ausrichtung des Naturschutzes institutionalisiert und tonangebend. Der DRL baute sein politisches Programm in Anlehnung an den gesellschaftlichen Trend auf zwei Säulen auf. Die Landschaftsplanung fungierte als wissensbasiertes, rationales und in die bestehenden Planungselemente der Bundesrepublik integriertes Modernisierungsprogramm, das durch die soziale Funktion der Landschaft begründet wurde. Dem entgegengesetzt fußte das Programm jedoch auf einem relativ autoritären Staats- und elitären Gesellschaftsbild. Deutlich wurde dies am Anspruch des Vorranges der Landschaftsplanung vor den anderen Flächennutzungsplanungen, der demokratietheoretisch höchst problematisch war. Zudem war dieser Ansatz aufgrund seiner Kompromisslosigkeit für die politischen Aushandlungsprozesse wenig geeignet.

Die geplante Umsetzung des Programms auf Bundesebene scheiterte jedoch. Der vom Naturschutzbeauftragten der Bundesregierung, Grzimek, und vom DRL präferierte sogenannte Steinsche Entwurf fand im Bundeskabinett nicht die notwendigen Fürsprecher. Der schließlich eher halbherzig vom Bundeslandwirtschaftsministerium eingebrachte Entwurf für ein Bundesnaturschutzgesetz mit konkurrierender Gesetzgebung fiel aufgrund des Widerstandes der Länder, die ihre Kompetenzen im Naturschutz nicht aufgeben wollten, im Bundesrat durch.

In Nordrhein-Westfalen hatte die Landesregierung die Reformnotwendigkeit im Naturschutzrecht erkannt, aus praktischen und parteitaktischen Beweggründen jedoch eine Lösung auf Bundesebene unterstützt. Daher begannen die Arbeiten zu einem eigenen Gesetz erst 1973. Die Konstrukteure des nordrhein-westfälischen Landschaftsgesetzes hatten sich zwar von den ideologischen Wurzeln des Buchwaldschen Ansatzes gelöst, doch den auf sie zurückgehenden Konstruktionsfehler des landespflegerischen Konzepts übernommen. Die Bestimmungen des Landschaftsgesetzes sahen mit der flächendeckenden und verbindlichen Landschaftsplanung die weitgehendste und ambitionierteste Konzeption dieses Instrumentes in der Bundesrepublik vor. Diese gingen zurück auf einen Referentenentwurf aus dem MELF, der mit dem Ziel, alle rechtlichen Möglichkeiten, die der Artikel 14 des Grundgesetzes, der die Sozialpflichtigkeit des Eigentums festschrieb, zum Zweck des Schutzes und der Entwicklung der Natur auszureizen, erarbeitet wurde. Aufgrund der Unterstützung durch Landwirtschaftsminister Deneke und der politischen Konstellation im Landtag konnte dieser Referentenentwurf mit überraschend wenigen Änderungen als Gesetz verabschiedet werden. Die zentralen Punkte des Landschaftsgesetzes, das progressive Image der Landschaftsplanung, die Heranziehung der Sozialpflichtigkeit des Eigentums und die Verankerung der sozialen Funktion der Landschaft knüpften an die Reformpolitik der sozial-liberalen Koalition an, sodass es der SPD-Fraktion leicht fiel, sich den Entwurf zu eigen zu machen. Diese besonderen Umstände erlaubten es den amtlichen Naturschützern, sich gegen die bis dahin fast ständig einflussreichere Lobby aus Agrar- und Forstwirtschaft sowie den Widerstand eines Teils der Kommunen und Kreise durchzusetzen und ihre Vorstellungen von einem modernen Naturschutzgesetz zu verwirklichen. Die letztendliche Durchsetzung des Anspruches, der in den Bestimmungen des Landschaftsgesetzes zum Ausdruck kam, war jedoch unklar. Insbesondere mit der Übertragung der Landschaftsplanung auf die Kreise und kreisfreien Städte – wenn auch aus demokratietheoretischen und verfassungsrechtlichen Gründen durchaus folgerichtig – gab die oberste Landschaftsbehörde die Kontrolle über ihre Umsetzung wieder aus der Hand, da das LG NW hierfür keine Instrumente vorsah.

Diese Schwäche des Landschaftsgesetzes offenbarte sich relativ schnell. Das Ende der 1970er Jahre sah eine Krise der

Planungsinstrumente, deren Legitimation in vielen Teilen der Gesellschaft schwand. Viele Kreise und kreisfreie Städte sahen in der Landschaftsplanung eine teure Einschränkung ihrer Handlungsfreiheit und verschleppten daher das Verfahren oder verweigerten sich gänzlich. Das MELF deklarierte diese in den Bestimmungen des Landschaftsgesetzes angelegte Problematik als „Vollzugsdefizit" und versuchte, die Mängel in mehreren Novellierungen zu beheben. Der obersten Naturschutzbehörde fehlten die Mittel, die Träger der Landschaftsplanung zu dieser zu zwingen, auch wenn zu Beginn der 1980er Jahre durchaus Bestrebungen innerhalb des MELF bestanden, durch eine Radikalreform den Kreisen und kreisfreien Städten die Landschaftsplanung wieder zu entziehen und ihnen diese durch die Regierungspräsidenten verordnen zu lassen. Eine solch harte Lösung war jedoch in den 1980er Jahren politisch nicht durchzusetzen. Mit der Aussicht, die gerade erst erreichte, theoretisch starke rechtliche Position wieder ein Stück weit aufzugeben und andere Instrumente zu entwickeln, taten sich die Naturschützer zunächst noch schwer.

In diesem Rahmen brachten zwei Entwicklungen den Durchbruch für eine neue Naturschutzstrategie, den Vertragsnaturschutz. Das „Waldsterben" brachte 1983 das seit Mitte der 1970er Jahre vernachlässigte Thema Umweltschutz erneut auf die Tagesordnung und löste in Kombination mit dem Rücktritt von Landwirtschaftsminister Bäumer eine Regierungskrise in Düsseldorf aus. Der durch die Waldschäden ausgelöste Handlungsdruck und die eigene geschwächte Position veranlassten Ministerpräsident Rau, dem neuen Minister Matthiesen einen großen Handlungsspielraum inklusive deutlich erhöhtem Etat zuzugestehen, den dieser auch im Sinne des Naturschutzes zu nutzen wusste. Die Landesregierung deklarierte im Umweltprogramm 1983 mit der Zielsetzung, mittelfristig drei Prozent der Landesfläche unter Naturschutz zu stellen und weitere zehn Prozent anderweitig zu schützen, öffentlichkeitswirksam erstmals konkrete Ziele für den Naturschutz.

Durch die Verzögerungen in der Landschaftsplanung waren die Verantwortlichen in vielen Teilen des Landes gezwungen, weiterhin auf das alte Instrument der einstweiligen Sicherstellung mit anschließender Schutzverordnung zurückzugreifen. Dieses Vorgehen stieß bei den betroffenen Grundstücksbesitzern häufig auf Widerstand. Dier Konflikt spitzte sich beim Feuchtwiesenschutz zu. Feuchtwiesen waren aufgrund der Bestimmungen der Ramsar-Konvention als Lebensräume für Zugvögel vermehrt zu schützen, durch die Auswirkungen der landwirtschaftlichen Praxis jedoch gefährdeter denn je. Die Bauern, durch die Bestimmungen der EG-Agrarpolitik ohnehin finanziell bedrängt, lehnten sich gegen die Schutzverordnungen auf und sabotierten sie teilweise ganz bewusst. Die Naturschutzbehörden waren gegen dieses Vorgehen meist machtlos, da ihnen das Personal zu umfassenden Kontrollmaßnahmen fehlte. Sie waren auf das Mitwirken der Landwirtschaft angewiesen. Gleichzeitig veranlasste die Landwirte ihre eigene wirtschaftliche Situation, sich mit den Naturschutzbehörden an den Verhandlungstisch zu setzen.

In dieser Situation übernahm Matthiesen die Initiative und schaffte es, mit den Landwirten nach vielen Verhandlungen eine weitgehende Übereinkunft zu erreichen. Am Ende unterzeichneten die Parteien die Vereinbarung über eine umweltverträgliche und standortgerechte Landwirtschaft, die das Verhältnis zwischen Landwirtschaft und Naturschutz auf eine neue Grundlage stellte. Daneben trat das Feuchtwiesenschutzprogramm, das Pachtverträge, Grundstückstausch, Ankauf von Milchquoten und Ausgleichszahlungen für Nutzungseinschränkungen vorsah und somit den Landwirten einen Ausgleich für Maßnahmen des Feuchtwiesen- und Artenschutzes auf ihren Grundstücken einbrachte. In der Folgezeit traten zum Feuchtwiesenschutzprogramm noch ähnliche Programme in anderen Regionen hinzu, die schließlich zu den Kulturlandschaftsprogrammen in NRW zusammengefügt wurden. Die Sonderprogramme wurden zu einem existenziellen Teil des Drei-Prozent-Ziels der Landesregierung, da sie den Bestand von wertvollen Flächen und ihre Pflege kurzfristig dort sicherten, wo die Landschaftsplanung viel Zeit für ihre Umsetzung benötigte.

Die positiven Erfahrungen, die mit den Kulturlandschaftsprogrammen gemacht worden waren, setzte das MURL ab 1986 im Naturschutzprogramm Ruhrgebiet um, das erste Programm, das sich explizit mit Naturschutz in den Industrie- und Ballungsräumen befasste. Voraussetzungen hierfür waren die größere Aufmerksamkeit, die die ökologische Forschung diesen Gebieten ab Ende der 1970er Jahre zuteilwerden ließ, und ein gesteigertes Problembewusstsein bei den Kommunen des Ruhrgebietes aufgrund der wirtschaftlichen und ökologischen Situation insbesondere im nördlichen Teil des Ballungsraumes. Hier verbanden sich die traditionelle Freiraum- und Erholungspolitik des Kommunalverbandes Ruhrgebiet mit den ökologischen Zielsetzungen des MURL zu einer produktiven Zusammenarbeit, die im Zuge der IBA Emscher Park noch ausgeweitet wurde. Die Aufgaben des MURL im Rahmen der IBA bezogen auch erstmals dezidiert die durch die Industrialisierung entstandene Landschaft ein, deren Identifikationspotenzial bei der Erneuerung des Ruhrgebietes herausgestellt werden sollte. Das Ökologieprogramm Emscher-Lippe, zentraler Beitrag des Naturschutzes zur IBA, verband die Aufgaben, die Folgen jahrzehntelanger Umweltbelastungen zu beseitigen, gleichzeitig aber das industrielle Erbe der Region zu erhalten und für Bewohner wie Besucher des Ruhrgebietes zugänglich und erlebbar zu machen. Die Arbeiten zur IBA zeigten die Flexibilität der neuen Instrumente des Naturschutzes auf, die es ermöglichten, in relativ kurzer Zeit Konzepte mit anderen Behörden und Grundstücksbesitzern zu erarbeiten und die verfügbaren Mittel gezielt für Maßnahmen des Naturschutzes einzusetzen. Dabei offenbarte sich ein neues Verständnis für die Begründung, Vermittlung und Vermarktung des Naturschutzes, der mit Kultur- und Erlebnisprojekten verbunden wurde und gleichzeitig das übergeordnete Ziel des MURL, die Schaffung eines Biotopverbundsystems, verfolgte. Die ökologische Erneuerung der Emscherzone gehört angesichts der außerordentlichen Umweltbelastungen in diesem Gebiet zu den großen Erfolgen im nordrhein-westfälischen Naturschutz.

Die Naturschutzpolitik in Nordrhein-Westfalen hatte in den 1980er Jahren eine angebotsorientierte, auf Dialog und Zusammenarbeit ausgerichtete Strategie entwickelt. Hierzu gehörte auch eine verstärkte Einbindung der ehrenamtlichen Naturschutzverbände, deren Rolle seit dem Abschluss des Professionalisierungsprozesses im nordrhein-westfälischen Naturschutz mit dem Landschaftsgesetz marginalisiert worden war. Das Landschaftsgesetz hatte vorgesehen, die Teilhabe der Verbände an der Naturschutzpolitik des Landes durch deren Beteiligung an den Planungsverfahren und der Schaffung der Landschaftsbeiräte und der Landschaftswacht sicherzustellen. Die genaue Ausgestaltung insbesondere der Beiräte blieb jedoch ein konstanter Streitpunkt zwischen Verbänden, Naturschutzbehörden, Kreisen und Wirtschaftsvertretern, der auch nach mehreren Novellierungen des Landschaftsgesetzes in diesem Punkt nicht zufriedenstellend gelöst wurde. Dies führte dazu, dass zum Beispiel der BUND die Beiräte eine Zeit lang aus Protest boykottierte. Ein weiterer Konfliktpunkt war die Einführung der Verbandsklage, die zwar vom MURL grundsätzlich positiv eingeschätzt wurde, die es aber im Alleingang nicht einführen wollte, da es Standortnachteile im Wettbewerb mit den anderen Bundesländern befürchtete. In dieser Frage traute das MURL den ehrenamtlichen Naturschutzverbänden offenbar nicht zu, verantwortungs- und maßvoll mit dem Instrument umzugehen. Die Verbandsklage wurde erst nach der Übernahme des MURL durch die Grünen weiter verfolgt und schließlich im Jahr 2000 in das Landesrecht aufgenommen.

Erfolgreicher war die Einbindung der Naturschutzverbände im Fall der Biologischen Stationen. Die Gründung der biologischen Stationen institutionalisierte die praktische Naturschutzarbeit vor Ort und bot den Verbänden eine Infrastruktur, auf deren Basis sie ihre Tätigkeiten durchführen konnten. Zunächst vereinzelt auf privater Initiative entstanden, wurde den biologischen Stationen in Pilotprojekten die Beratung und Überwachung des Vertragsnaturschutzes übertragen. Aufgrund des Erfolges dieser Maßnahme baute das MURL gemeinsam mit den Verbänden ein landesweites

Netz von biologischen Stationen auf, die teils institutionell, teils projektbezogen mit Landesmitteln finanziert wurden. Sie dienen bis heute der praktischen Naturschutzarbeit, als Schulungs- und Bildungszentren und als Überwachungsstationen für Naturschutzmaßnahmen.

Zu Beginn der 1990er Jahre bot sich so dem Betrachter ein deutlich verändertes Bild des nordrhein-westfälischen Naturschutzes, der sich in Methoden und Kommunikationsstil seit 1975 deutlich gewandelt hatte. Dieses zeigte sich auch in verschiedenen Auseinandersetzungen zu Beginn der 1990er Jahre, als mit verschiedenen Naturnutzern, deren Nutzungsinteressen den Zielen des Naturschutzes eigentlich nicht prinzipiell entgegenstanden, jeweils ein *modus vivendi* gefunden werden musste. Hier fanden die Beteiligten Kompromisslösungen, die mit dem übergeordneten Ziel des Natur- und Landschaftsschutzes vereinbar waren. Der Naturschutz war fähig zum Kompromiss geworden, ohne dabei Standpunkte zwangsläufig aufgeben zu müssen.

Ausdruck des Selbstverständnisses des amtlichen Naturschutzes in Nordrhein-Westfalen zu Beginn der 1990er Jahre war das 1990 veröffentlichte Programm „Natur 2000 in NRW“, das nach Willen der Landesregierung die vorangegangenen Reformen und Entwicklungen öffentlichkeitswirksam anpreisen, methodisch verdichten und für das kommende Jahrzehnt zukunftsweisend ausrichten sollte. „Natur 2000“ war dazu gedacht, landesweit verbindliche und regional angepasste Leitlinien für die Naturschutzarbeit festzulegen und die künftige Politik an ihnen auszurichten. Darüber hinaus verfolgte die Landesregierung das ambitionierte Ziel, mit „Natur 2000“ einen bundes- beziehungsweise sogar europaweiten Diskurs über Leitbilder im Naturschutz auszulösen. „Natur 2000“ blieb jedoch im Endeffekt ohne konkrete Auswirkungen. Die zentrale Neuerung des Programms, das Landschaftsprogramm, das die Grundlage für die weitere Planung auf Regional- und Kreisebene bilden sollte, wurde nie umgesetzt. Aufgrund dessen wird „Natur 2000“ als Sinnbild für den Zenit des nordrhein-westfälischen amtlichen Naturschutzes gesehen, der in der Folgezeit im Zuge der allgemeinen Haushaltsreduzierung deutliche finanzielle Einschnitte hinnehmen musste. Hier fehlte das politische Gewicht, um von diesen Kürzungen verschont zu bleiben.

Ein etwas überraschendes Ergebnis der Untersuchung ist die zunächst sehr zurückhaltende Umsetzung der Initiativen auf europäischer Ebene, denen zunächst keine entscheidende Verbesserung der Situation in Nordrhein-Westfalen zugetraut wurde. Dies änderte sich erst mit der deutlichen Reduzierung des Naturschutzetats, sodass die EU-Fördermittel deutlich wichtiger wurden. Der Aufbau des europäischen Habitatsnetzwerks Natura 2000 im Zuge der FFH-Richtlinie folgte dem gleichen Muster. Nachdem die FFH-Richtlinie in das nordrhein-westfälische Landschaftsgesetz integriert wurde, erfolgte die schrittweise Umsetzung jedoch relativ schnell. Zunächst auf die Sicherung der FFH-Gebiete bedacht, konnte das Land diesen Prozess im Jahr 2004 abschließen. Die Bestimmungen der FFH-Richtlinie knüpften an das Programm des MURL an, einen landesweiten vernetzten Biotopverbund zu schaffen, und stellten dieses damit auf eine verbreiterte Grundlage.

Die Ausweitung der Methoden und Handlungsmöglichkeiten bedeutete, dass der konstante Streitfall in der Landespolitik, der flächendeckende verbindliche Landschaftsplan auf Kreisebene, erstmals in den Hintergrund trat. Die Durchsetzung der naturschützerischen Ziele auf anderen Wegen nahm den Druck von diesem Instrument, unmittelbar auf schnellstmöglichem Wege umgesetzt werden zu müssen. Die praktischen Erfahrungen mit der Landschaftsplanung erhöhte langsam die Akzeptanz in den Kreisen und kreisfreien Städten. Für die Umsetzung der FFH-Richtlinie hatten Biotopkartierung und Landschaftsplanung wichtige Grundlagen geschaffen. Schließlich scheint über dreißig Jahre seit Verabschiedung des Landschaftsgesetzes das Ziel der flächendeckenden Landschaftsplanung in Reichweite. Fast alle Kreise haben inzwischen die Landschaftsplanung abgeschlossen.

Naturschutz in Nordrhein-Westfalen, eine Erfolgsgeschichte? Diese Frage lässt am Ende doch nicht los. Rückblickend auf den Zeitraum 1970 bis 1995 und die Jahre davor und danach lässt sich ohne Zweifel feststellen, dass der amtliche Naturschutz im Umweltministerium sich etabliert hat. Mit Landschaftsplanung, Biotopkartierung, Kulturlandschaftsprogrammen, Ökologieprogrammen, Biologischen Stationen und FFH-Gebieten hat der amtliche Naturschutz in diesem Zeitraum ein Biotopnetz aufgebaut, das es ermöglicht hat, den Flächen- und Naturverbrauch zumindest aufzuhalten und zu verlangsamen, den Rückgang einiger Arten zu verhindern, ihre Population zu vergrößern oder sogar neu wiederanzusiedeln. Ob dies eine im Vergleich eine besonders herauszuhebende Bilanz gemessen an den Möglichkeiten ist, lässt sich in dieser Einzelstudie nur schwerlich feststellen. Nordrhein-westfälische Naturschützer und Landespolitiker haben in der Vergangenheit es nie versäumt zu betonen, NRW sei einen „Sonderweg“ gegangen, der im Bundesgebiet kaum einen Vergleich habe, stets „am weitesten“ ging und „am umfassendsten“ war. Inwiefern dieser Weg erfolgreicher, aufgrund der besonderen Situation des Industrie- und bevölkerungsreichsten Landes Nordrhein-Westfalen zwingend notwendig oder aber einfach nur teurer war als die Lösungen, die in anderen Bundes- oder europäischen Nachbarländern gefunden wurden, werden künftige Vergleichsstudien zeigen, für die diese Untersuchung hoffentlich eine Grundlage gelegt hat.

„Zu retten, was zu retten ist!“ – der Titel dieser Studie legt nahe, dass sich Naturschutz in Nordrhein-Westfalen immer am Rahmen des Machbaren orientiert hat. 1975, nach Verabschiedung des Landschaftsgesetzes, stellte sich dies noch anders dar. Dass sich Naturschutz auch auf der Grundlage eines sehr weitgehenden Gesetzes an den Grenzen des Machbaren orientieren, in letzter Linie Verhandlungssache war und mit anderen Nutzungsinteressen in Einklang gebracht werden musste, war die Grunderkenntnis der zwanzig Jahre Naturschutzpolitik in Nordrhein-Westfalen. Eingeleitet wurde dieser Prozess durch den Paradigmenwechsel vom Winter 1983/84, als die Wildgänse Naturschutz und Landwirtschaft zusammen an den Verhandlungstisch brachten. Das hier erarbeitete Kooperationsprinzip, das einen hohen Vertrauensvorschuss von beiden Seiten erforderte, bildete die Grundlage für ein neues

Verständnis von Naturschutzpolitik, das deutlich mit den Prinzipien des von Buchwald konzipierten Nachkriegsnaturschutzes brach. Dieser Paradigmenwechsel im Staats- und Aufgabenverständnis des amtlichen Naturschutzes ist dabei aus der Perspektive der 1980er und 1990er Jahre eine markantere Zäsur, als es das auf den ersten Blick entscheidendere Jahr 1970 für die Naturschutzgeschichte Nordrhein-Westfalens ist.

6 – Abkürzungsverzeichnis

ABN	Arbeitsgemeinschaft Deutscher Beauftragter für Naturschutz und Landschafspflege
AGL	Arbeitsgemeinschaft für Landschaftsentwicklung
AKW	Atomkraftwerk
APuZ	Aus Politik und Zeitgeschichte
ASG	Agrarsoziale Gesellschaft
BANL	Bundesanstalt für Naturschutz und Landschaftspflege
BAVNL	Bundesanstalt für Vegetationskunde, Naturschutz und Landschaftspflege
BBauG	Bundesbaugesetz
BBN	Bundesverband Beruflicher Naturschutz
BBU	Bundesverband Bürgerinitiativen Umweltschutz
BFANL	Bundesforschungsanstalt für Naturschutz und Landschaftsökologie
BfN	Bundesamt für Naturschutz
BGH	Bundesgerichtshof
BMI	Bundesministerium des Inneren
BML	Bundesministerium für Ernährung, Landwirtschaft und Forsten
BMU	Bundesministerium für Umwelt, Naturschutz und Reaktorsicherheit
BNatSchG	Bundesnaturschutzgesetz

BRD	Bundesrepublik Deutschland
BUND	Bund für Umwelt und Naturschutz Deutschland
BVerfG	Bundesverfassungsgericht
CDU	Christlich Demokratische Union Deutschlands
CSU	Christlich-Soziale Union in Bayern
DBV	Deutscher Bauernverband
DBV	Deutscher Bund für Vogelschutz
DDR	Deutsche Demokratische Republik
DGG	Deutsche Gartenbaugesellschaft
DIHT	Deutscher Industrie- und Handelskammertag
DLF	Deutschlandfunk
DM	Deutsche Mark
DNR	Deutscher Naturschutzring
DRL	Deutscher Rat für Landespflege
DS/IRV	Deutsche Sektion des Internationalen Rates für Vogelschutz
DVL	Deutscher Verband für Landespflege
DVO	Durchführungsverordnung
DWB	Deutscher Werkbund
ECU	European Currency Unit
EEA	Einheitliche Europäische Akte
EG	Europäische Gemeinschaft
ENJ	Europäisches Naturschutzjahr
EU	Europäische Union
EuGH	Europäischer Gerichtshof
EWG	Europäische Wirtschaftsgemeinschaft
FAZ	Frankfurter Allgemeine Zeitung
FDP	Frei Demokratische Partei Deutschlands
FFH-RL	Fauna-Flora-Habitats-Richtlinie
FIB	Feuchtgebiete internationaler Bedeutung
FR	Frankfurter Rundschau
FRKU	Fachreferentenkonferenz für Umweltfragen
GAP	Gemeinsame Agrarpolitik der Europäischen Gemeinschaft
GEP	Gebietsentwicklungsplan

GG	Grundgesetz
GuG	Geschichte und Gesellschaft
IBA	Important Bird Areas
IBA	Internationale Bauausstellung
IG	Industriegewerkschaft
IHK	Industrie- und Handelskammer
IPA	Interparlamentarische Arbeitsgemeinschaft für Nachhaltiges Wirtschaften
IWB	Interessengemeinschaft der Windkraftanlagenbetreiber Binnenland
KVR	Kommunalverband Ruhr
LAfAO	Landesamt für Agrarordnung
LANa	Länderarbeitsgemeinschaft für Naturschutz
LANUV	Landesamt für Natur, Umwelt und Verbraucherschutz Nordrhein-Westfalen
LaPro	Landschaftsprogramm
LAV NRW	Landesarchiv Nordrhein-Westfalen
LEB	Landesentwicklungsbericht
LEP	Landesentwicklungsplan
LIFE	L'Instrument Financier pour l'Environnement
LG NW	Gesetz zur Sicherung des Naturhaushaltes und zur Entwicklung der Landschaft (Landschaftsgesetz Nordrhein-Westfalen)
LINFOS	Landschaftsinformationssystem
LNU	Landesgemeinschaft Naturschutz und Umwelt Nordrhein-Westfalen
LÖBF	Landesanstalt für Ökologie, Bodenordnung und Forsten Nordrhein-Westfalen
LÖLF	Landesanstalt für Ökologie, Landschaftsentwicklung und Forstplanung Nordrhein-Westfalen
LVR	Landschaftsverband Rheinland
LWL	Landschaftsverband Westfalen-Lippe
MAGS	Ministerium für Arbeit, Gesundheit und Soziales Nordrhein-Westfalen
MdB	Mitglied des Bundestages

MdL	Mitglied des Landtages
MELF	Ministerium für Ernährung, Landwirtschaft und Forsten Nordrhein-Westfalen
MLS	Ministerium für Landes- und Stadtentwicklung Nordrhein-Westfalen
MSV	Ministerium für Stadtentwicklung und Verkehr Nordrhein-Westfalen
MSWV	Ministerium für Stadtentwicklung, Wohnen und Verkehr Nordrhein-Westfalen
MUNLV	Ministerium für Umwelt, Naturschutz, Landwirtschaft und Verbraucherschutz Nordrhein-Westfalen
MURL	Ministerium für Umwelt, Raumordnung und Landwirtschaft Nordrhein-Westfalen
MWMT	Ministerium für Wirtschaft, Mittelstand und Technik Nordrhein-Westfalen
MWMV	Ministerium für Wirtschaft, Mittelstand und Verkehr Nordrhein-Westfalen
NABU	Naturschutzbund Deutschland
NATO	Nordatlantikpakt
NRW	Nordrhein-Westfalen
NS	nationalsozialistisch
NSDAP	Nationalsozialistische Deutsche Arbeiterpartei
NSG	Naturschutzgebiet
NSPAR	Naturschutzprogramm Aachener Revier
NSPR	Naturschutzprogramm Ruhrgebiet
NUA	Natur- und Umweltschutzakademie Nordrhein-Westfalen
NuL	Natur und Landschaft
NW	Nordrhein-Westfalen (veraltet)
NWP75	Nordrhein-Westfalen-Programm 1975
NZ NRW	Naturschutzzentrum Nordrhein-Westfalen
ÖPEL	Ökologieprogramm Emscher-Lippe
RKF	Reichskommissariat zur Festigung des deutschen Volkstums

RNG	Reichsnaturschutzgesetz
SDW	Schutzgemeinschaft Deutscher Wald
SED	Sozialistische Einheitspartei Deutschlands
SPD	Sozialdemokratische Partei Deutschlands
SRU	Sachverständigenrat für Umweltfragen
SS	Schutzstaffel
SVR	Siedlungsverband Ruhrkohlenbezirk
UAP	Umweltaktionsprogramm der Europäischen Gemeinschaft
USA	Vereinigte Staaten von Amerika
USL	Umweltverträgliche und standortgerechte Landwirtschaft
UVP	Umweltverträglichkeitsprüfung
VogelSchRL	Vogelschutzrichtlinie
WAZ	Westdeutsche Allgemeine Zeitung
WDR	Westdeutscher Rundfunk
WKA	Windkraftanlage
ZDF	Zweites Deutsches Fernsehen

7 – Quellen- und Literaturverzeichnis

7.1 Archivalische Quellen

Archiv der Stiftung Naturschutzgeschichte. Sign. 605.00.00.00, 605.17.00.00, 605.17.10.00, 606.00.20.00, 606.40.00.00, 611.40.12.00, 941.01.00.00, 944.80.01.00.

Landesarchiv NRW, Abteilung Rheinland. NW 453: Nr. 9, Nr. 10, Nr. 24, Nr. 25, Nr. 26, Nr. 29, Nr. 528, Nr. 571, Nr. 572, Nr. 649, Nr. 674, Nr. 675, Nr. 712, Nr. 714, Nr. 717, Nr. 720.

Landesarchiv NRW, Abteilung Rheinland. NW 481: Nr. 8, Nr. 9, Nr. 10, Nr. 11, Nr. 12, Nr. 14.

Landesarchiv NRW, Abteilung Rheinland. NW 491: Nr. 1, Nr. 3, Nr. 15, Nr. 19, Nr. 20.

Landesarchiv NRW, Abteilung Rheinland. NW 596: Nr. 96, Nr. 104, Nr. 1198, Nr. 1199, Nr. 1215, Nr. 1247, Nr. 1248, Nr. 1252, Nr. 1253.

Landesarchiv NRW, Abteilung Rheinland. NW 610: Nr. 24, Nr. 41.

Landesarchiv NRW, Abteilung Rheinland. NW 817: Nr. 625.

Landesarchiv NRW, Abteilung Rheinland. NW 831: Nr. 159, Nr. 235.

Landesarchiv NRW, Abteilung Rheinland. NW 863: Nr. 24, Nr. 60, Nr. 64, Nr. 86, Nr. 115, Nr. 118.

Landesarchiv NRW, Abteilung Rheinland. NW 1151: Nr. 3, Nr. 19, Nr. 20, Nr. 37, Nr. 54, Nr. 59, Nr. 66, Nr. 72, Nr. 173.

7.2 Editierte Quellen

Archiv der Gegenwart. Deutschland 1949 bis 1999. 10 Bde. St. Augustin 2000.

Die Kabinettsprotokolle der Landesregierung Nordrhein-Westfalen 1970 bis 1975. 2 Bde. Düsseldorf 2009 (Veröffentlichungen des Landesarchivs Nordrhein-Westfalen, 27).

7.3 Parlamentsdokumente

Deutscher Bundestag, Drucksachen: 8/1938, 11/1568.

Gesetzes- und Verordnungsblatt für das Land Nordrhein-Westfalen Nr. 50 vom 29.6.1995.

Landtag Nordrhein-Westfalen, Ausschussprotokolle: 7/1362, 7/1364, 9/1449.

Landtag Nordrhein-Westfalen, Drucksachen: 7/2725, 7/3263, 7/4644, 7/4662, 7/4663, 7/4664, 7/4665, 7/4666, 7/4668, 7/4670, 9/1451, 9/1452, 9/2602, 9/2940, 9/3698, 9/3719, 9/4045, 9/4048, 9/4118, 10/718, 10/1117, 10/1549, 10/2415, 10/3611, 11/4727, 11/7095, 11/7097, 11/7316, 11/8059.

Landtag Nordrhein-Westfalen, Plenarprotokolle: 7/90, 7/121, 9/74, 9/114, 9/118, 9/120, 10/3, 11/82, 11/131, 11/135, 11/149.

7.4 Tages- und Wochenzeitungen

Aachener Nachrichten: 18.12.1973, 7.2 1974, 18.1.1984, 26.6.1984.

BILD: 18.6.1983.

BILD am Sonntag: 11.9.1994.

Der Spiegel: 3.11 1969, 20.6.1970, 5.10 1970, 3.4 1972, 5.2 1973, 19.9.1977, 4.12 1978, 7.5 1979, 4.6 1979, 20.6.1983, 27.6.1983, 22.4.1985, 15.4.1991.

Die Welt: 8.10 1983, 27.10.1983, 11.11.1985.

Die ZEIT: 19.7.1963.

Düsseldorfer Nachrichten: 6.3 1974.

Frankfurter Allgemeine Zeitung: 30.6.1962, 30.11.1974, 3.1 1981, 21.6.1983, 5.10 1983, 21.6.1990, 24.10.1996, 5.11 1996.

Frankfurter Rundschau: 13.5.1974.

Handelsblatt: 21.12.1962.

Kölner Stadt-Anzeiger: 18.6.1983, 10.11.1983.

Kölnische Rundschau: 4.11 1983, 24.11.1992.

Landtag intern: 19.3.1985, 19.11.1985, 16.11.1986, 17.3.1987.

Münstersche Zeitung: 21.10.1983.

Neue Rhein/Ruhr Zeitung: 20.6.1983.

Neue Westfälische: 14.1.1984, 26.6.1984, 1.8 1984.

Recklinghäuser Zeitung: 7.10 1994

Rheinische Post: 9.11 1983.

Ruhrnachrichten: 10.11.1983.

Süddeutsche Zeitung: 20.8.1970, 11.2.1975, 4.2 1983, 31.3.1989, 25.10.1995.

Vorwärts: 23.6.1983, 13.10.1983.

Westdeutsche Allgemeine Zeitung: 20.6.1983, 25.10.1983, 10.11.1983, 18.6.1984, 26.9.1984, 14.8.1990.

Westfälische Nachrichten: 10.11.1983.

7.5 Vertrags- und Gesetzestexte

Übereinkommen über die Erhaltung der europäischen wildlebenden Pflanzen und Tiere und ihrer natürlichen Lebensräume, Bern 19.9.1979. http://conventions.coe.int/Treaty/ger/Treaties/Html/104.htm, eingesehen zuletzt am 25.6.2011.

Naturschutzrecht. Bundesnaturschutzgesetz, FFH-Richtlinie, Vogelschutzrichtlinie, Washingtoner Artenschutzabkommen, EG-Artenschutzabkommen, Bundesartenschutzabkommen, Landes-Naturschutzgesetze. Textausgabe mit Einführung und Sachverzeichnis, 10., neu bearbeitete Auflage, München 2006.

Naturschutzrecht in Nordrhein-Westfalen. Landschaftsgesetz, Landesbodenschutzgesetz, Landeswassergesetz u.a. Textsammlung. Dresden 2008.

7.6 Primär- und Sekundärliteratur

Adam, Klaus: Die Stadt als Ökosystem. In: *Geographische Rundschau* 37 (1985), S. 214–226.

Adam, Klaus et al.: *Bewertungsgrundlagen für Kompensationsmaßnahmen bei Eingriffen in die Landschaft. Forschungsauftrag des Ministers für Umwelt, Raumordnung und Landwirtschaft des Landes Nordrhein-Westfalen.* Düsseldorf 1986.

Agrarsoziale Gesellschaft (Hrsg.): *Landwirtschaft und Umweltschutz – Sozialpflichtigkeit oder Entschädigung?* Göttingen 1987 (Schriftenreihe für ländliche Sozialfragen, 96).

Alemann, Ulrich von; Brandenburg, Patrick: *Nordrhein-Westfalen. Ein Land entdeckt sich neu.* Köln 2000 (Schriften zur politischen Landeskunde Nordrhein-Westfalen, 13).

Altmann, Georg: Planung in der Marktwirtschaft? Zur Neuausrichtung der westdeutschen Wirtschaftspolitik durch das Stabilitätsgesetz von 1967. In: Haupt, Heinz-Gerhard; Requate, Jörg (Hrsg.): *Aufbruch in die Zukunft. Die 1960er Jahre zwischen Planungseuphorie und kulturellem Wandel. DDR, ČSSR und Bundesrepublik Deutschland im Vergleich.* Göttingen 2004, S. 31–42.

Anders, Günther: Was ist Planung? In: Jungk, Robert; Mundt, Hans Josef (Hrsg.): *Der Griff nach der Zukunft. Planen und Freiheit. Neunzehn Beiträge internationaler Wissenschaftler, Schriftsteller und Publizisten.* München; Wien; Basel 1964 (Modelle für eine neue Welt, 1), S. 47–50.

Anonym: Berichte aus den Arbeitsgruppen. In: Landesbüro der Naturschutzverbände Nordrhein-Westfalen (Hrsg.): *Naturschutztag Nordrhein-Westfalen 1988. Landschaftsplanung – Chance oder Fessel für den Naturschutz? Tagungsbericht.* Essen 1988, S. 48–51.

Anonym: *Contra und Pro zur Verbandsklage. Anhörung des Arbeitskreises für Umweltrecht.* Berlin 1976 (Beiträge zur Umweltgestaltung, A 47).

Anonym (Hrsg.): *Der Kraftakt. Kommunale Gebietsreform in Nordrhein-Westfalen.* Düsseldorf 2005 (Schriften des Landtags NRW, 16).

Anonym: EG-Recht und Naturschutz. Ein Vorwort. In: *Mitteilungen der LÖLF* 16.1 (1991), S. 10.

Anonym: Heubach-Bauern: Kritik am Vorgehen der Regierung. Dennoch: Verständnis für den Naturschutz. In: *Mitteilungen der LÖLF* 8.3 (1983), S. 19–20.

Anonym: Johannes Rau: Europa kleinster Nenner für globalen Umweltschutz. Ministerpräsident kritisiert falsche EG-Agrarpolitik. In: *Mitteilungen der LÖLF* 9.3 (1984), S. 3.

Anonym: *Keine deutsche Umweltpolitik mehr? Viertes Umweltpolitisches Gespräch. Zur Verteilung der Landes-, Bundes- und Europakompetenzen*. Berlin 1986 (Beiträge zur Umweltgestaltung, A 102).

Anonym (Hrsg.): *Landschaftsplanung. Belastete Landschaft – verdrängte Natur*. Fellbach 1980 (Öko-Magazin, 3).

Anonym: Mustervertrag blieb bis jetzt in der Schublade. MELF: Sicherstellungen im Rahmen der Sozialpflichtigkeit. In: *Mitteilungen der LÖLF* 8.3 (1983), S. 38–39.

Arbeitsgemeinschaft Deutscher Beauftragter für Naturschutz und Landschaftspflege (Hrsg.): *Aktuelle Rechtsprobleme in Umweltschutz, Landschaftspflege und Naturschutz. Jahresfachtagung der deutschen Beauftragten für Naturschutz und Landschaftspflege vom 12.-14. Mai 1971 in Wuppertal*. Bonn-Bad Godesberg 1971 (Jahrbuch für Naturschutz und Landschaftpflege, 20).

Arbeitsgemeinschaft Deutscher Beauftragter für Naturschutz und Landschaftspflege (Hrsg.): *Bürgerbeteiligung an Naturschutz und Landschaftspflege. Referate und Ergebnisse des Deutschen Naturschutztages vom 18.-22. Mai 1978 in Lüneburg*. Bonn 1978 (Jahrbuch für Naturschutz und Landschaftspflege, 28).

Arbeitsgemeinschaft Deutscher Beauftragter für Naturschutz und Landschaftspflege (Hrsg.): *Die neue Rechtsentwicklung im Naturschutz und Probleme der Landschaftsplanung. Referate des Deutschen Naturschutztages 1976 (24.-27. Mai) in Essen und des Seminars „Naturschutz – Landschaftsplanung/Bauleitplanung – Umweltverträglichkeitsprüfung (26.-28. September 1976) in Bremen*. Bonn-Bad Godesberg 1976 (Jahrbuch für Naturschutz und Landschaftspflege, 25).

Arbeitsgemeinschaft Deutscher Beauftragter für Naturschutz und Landschaftspflege (Hrsg.): *Erholung im Nahbereich von Verdichtungsräumen*. Bonn-Bad Godesberg 1970 (Jahrbuch für Naturschutz und Landschaftspflege, 19).

Arbeitsgemeinschaft Deutscher Beauftragter für Naturschutz und Landschaftspflege (Hrsg.): *Naturschutz, Erholung, Landentwicklung*. Bonn-Bad Godesberg 1972 (Jahrbuch für Naturschutz und Landschaftspflege, 21).

Arbeitsgemeinschaft Deutscher Beauftragter für Naturschutz und Landschaftspflege (Hrsg.): *Naturschutz und Landwirtschaft*. Bonn-Bad Godesberg 1977 (Jahrbuch für Naturschutz und Landschaftspflege, 27).

Arbeitskreis Emscher Landschaftspark (Hrsg.): *Leitlinien Emscher Landschaftspark.* Essen 1991.

Auhagen, Axel; Sukopp, Herbert: Ziel, Begründungen und Methoden des Naturschutzes im Rahmen der Stadtentwicklungspolitik von Berlin. In: *Natur und Landschaft* 58 (1983), S. 9–15.

Bachmann, Günther: Landwirtschaft und Naturschutz. In: *Natur und Landschaft* 57 (1982), S. 325.

Bader, Dorothee; May, Helge: *EG und Naturschutz. Institutionalisierung, Regelungslage und Verknüpfung zu anderen Politikbereichen.* Bonn 1992.

Bäumer, Hans Otto: Agrarpolitik in einem Industrieland. In: *Die neue Gesellschaft* 27 (1980), S. 396–380.

Bäumer, Hans Otto: Nordrhein-westfälischer Naturschutztag 1980 in Mülheim-Ruhr am 2. März 1980. In: *Mitteilungen der LÖLF* 5.2 (1980), S. 35–39.

Bahner, Titus: *Landwirtschaft und Naturschutz – vom Konflikt zur Kooperation. Eine institutionenökonomische Analyse.* Zugl. Witten-Herdecke Privatuniv. Diss. 1996, Frankfurt a.M. u.a. 1996 (Europäische Hochschulschriften, Reihe 5: Volks- und Betriebswirtschaft, 2005).

Balzer, Susanne: Rechtliche Ausgestaltung und Rechtswirklichkeit der Verbandsklage von Naturschutzverbänden in der Bundesrepublik Deutschland. In: *Natur und Landschaft* 64 (1989), S. 26–28.

Bammerlin, Ralf: *Umweltverbände in Deutschland. Herausforderung zum Wandel!* Landau 1998 (Flora und Fauna in Rheinland-Pfalz, Beiheft 24).

Barbian, Jan-Pieter; Heid, Ludger (Hrsg.): *Die Entdeckung des Ruhrgebiets. Das Ruhrgebiet in Nordrhein-Westfalen 1946–1996.* Essen 1997.

Bartelheimer, Doris; Coprak, Ilse: *Landschaftsplanung als Instrument der Umweltpolitik. Anspruch und Wirklichkeit am Beispiel der Landschaftspläne von Nordrhein-Westfalen.* Taunusstein 1989.

Bauer, Hermann Josef; Olschowy, Gerhard: Zum Umweltprogramm der Bundesregierung. In: Arbeitsgemeinschaft Deutscher Beauftragter für Naturschutz und Landschaftspflege (Hrsg.): *Naturschutz, Erholung, Landentwicklung.* Bonn-Bad Godesberg 1972 (Jahrbuch für Naturschutz und Landschaftspflege, 21), S. 96–101.

Bauer, Siegfried: *Naturschutz und Landwirtschaft. Konturen einer integrierten Agrar- und Naturschutzpolitik.* Bonn-Bad Godesberg 1994 (Angewandte Landschaftsökologie, 3).

Bayerl, Günter: Die „Verdrahtung" und „Verspargelung" der Landschaft. In: Deutscher Rat für Landespflege (Hrsg.): *Landschaft und Heimat. Ergebnisse der Tagung „Landschaft und Heimat" vom 18. bis 19. November 2004 in Freiburg im Breisgau*. Bonn 2005 (Schriftenreihe des Deutschen Rates für Landespflege, 77), S. 38–49.

Bechmann, Arnim: *Grundlagen der Planungstheorie und Planungsmethodik. Eine Darstellung mit Beispielen aus dem Arbeitsfeld der Landschaftsplanung*. Bern 1981.

Bechmann, Arnim: *Umweltpolitik in der Bundesrepublik. Die Skizze einer Bilanz*. Berlin 1984 (Werkstattberichte des Instituts für Landschaftsökonomie der TU Berlin, 5).

Beck, Ulrich: Ökologischer Machiavellismus? Wie die ökologische zur politischen Frage wird. In: *Jahrbuch Ökologie* 1994, S. 9–20.

Beck, Ulrich: *Risikogesellschaft. Auf dem Weg in eine andere Moderne*. 1. Ausgabe, Frankfurt a.M. 1986.

Behrens, Peter; Koch, Hans-Joachim: *Umweltschutz in der Europäischen Gemeinschaft. Spannungsfelder zwischen nationalem Recht und europäischem Gemeinschaftsrecht*. Baden-Baden 1991 (Forum Umweltrecht, 6), S. 46–74.

Benedict, Andreas: *80 Jahre im Dienst des Ruhrgebiets. Siedlungsverband Ruhrkohlenbezirk (SVR) und Kommunalverband Ruhrgebiet (KVR) im historischen Überblick 1920–2000*. Essen 2000.

Bentrup, Hans-Hermann: Agrarpolitische Rahmenbedingungen für Naturschutzkonzeption in der Agrarlandschaft. Referat auf der Landestagung 1984 der LÖLF in Hamm. In: *Mitteilungen der LÖLF* 9.3 (1984), S. 14–16.

Bentrup, Hans-Hermann: Landschaftsplanung in Nordrhein-Westfalen. In: Landesbüro der Naturschutzverbände Nordrhein-Westfalen (Hrsg.): *Naturschutztag Nordrhein-Westfalen 1988. Landschaftsplanung – Chance oder Fessel für den Naturschutz? Tagungsbericht*. Essen 1988, S. 4–10.

Berger, Martin; Feldmann, Reiner: Erfüllen die Landschaftsbeiräte ihre Aufgaben? Umfrage nahm Arbeitsweide und Wirksamkeit dieser Gremien unter die Lupe. In: *Mitteilungen der LÖLF* 7.3 (1982), S. 41–43.

Bierbach, Wolf: Machtwechsel in Düsseldorf. Der Beginn der zweiten sozialliberalen Koalition 1966. In: *Geschichte im Westen* 2 (1987), S. 59–70.

Bizer, Johann; Ormond, Thomas; Riedel, Ulrike: *Die Verbandsklage im Naturschutzrecht*. Taunusstein 1990 (Schriften des Instituts für Umweltrecht Bremen).

Blab, Josef u.a.: *Rote Liste der gefährdeten Tiere in der Bundesrepublik Deutschland.* 2., unveränderte Auflage, Greven 1978 (Naturschutz aktuell, 1).

Blase, Dieter: Stadtentwicklung im Ruhrgebiet. Von den 60er Jahren bis zur IBA Emscher Park. In: Barbian, Jan-Pieter; Heid, Ludger (Hrsg.): *Die Entdeckung des Ruhrgebiets. Das Ruhrgebiet in Nordrhein-Westfalen 1946–1996.* Essen 1997, S. 221–245.

Blotevogel, Hans: Industrielle Kulturlandschaft im Ruhrgebiet. Die Geschichte einer schwierigen Annäherung. In: Deutsche Gesellschaft für Industriekultur (Hrsg.): *Industriekultur und Technikgeschichte in Nordrhein-Westfalen. Initiativen und Vereine.* Essen 2001, S. 43–62.

Bodamer, Joachim: *Gesundheit und technische Welt.* Stuttgart 1955.

Boettger, Alfred C. (Hrsg.): *Stadt und Landschaft, Raum und Zeit. Festschrift für Heinrich Kühn zur Vollendung seines 65. Lebensjahres.* Köln 1969, S. 237–280.

Bolenz, Eckhard: Industriedenkmalpflege, Industriearchäologie. In: Reinicke, Christian; Romeyk, Horst (Red.): *Nordrhein-Westfalen. Ein Land in seiner Geschichte. Aspekte und Konturen 1946–1996.* Münster 1996 (Veröffentlichungen der staatlichen Archive des Landes Nordrhein-Westfalen, C 36), S. 595–598.

Bopp, Eberhard: Kritische Bemerkungen zum Landschaftsgesetz vom 18.2.1975 in Nordrhein-Westfalen. In: *Natur und Landschaft* 50 (1975), S. 245.

Bopp, Eberhard: Wünsche an ein kommendes Bundesgesetz für Naturschutz und Landschaftspflege. In: *Natur und Landschaft* 47 (1972), S. 215–217.

Bracher, Karl Dietrich (Hrsg.): *Republik im Wandel, 1969–1974: Die Ära Brandt.* Stuttgart 1986 (Geschichte der Bundesrepublik Deutschland, 5.I).

Bracher, Karl Dietrich (Hrsg.): *Republik im Wandel, 1974–1982: Die Ära Schmidt.* Mannheim 1987 (Geschichte der Bundesrepublik Deutschland, 5.II).

Brahms, Margret; Haaren, Christina von; Schomerus, Thomas: Vollzugsdefizite im Naturschutz und Strategien zur Durchsetzung von Naturschutzansprüchen. In: *Landschaft + Stadt* 20 (1988), S. 145–150, hier S. 147.

Brandt, Willy: Gesellschaftspolitische Bedeutung eines wirksamen Umweltschutzes. Abschluss des Europäischen Naturschutzjahres. In: *Natur und Landschaft* 46 (1971), S. 3–5.

Brautmeier, Jürgen et al. (Hrsg.): *Heimat Nordrhein-Westfalen. Identitäten und Regionalität im Wandel.* Essen 2010 (Düsseldorfer Schriften zur Neueren Landesgeschichte und zur Geschichte Nordrhein-Westfalens, 83).

BRAUTMEIER, Jürgen; HEINEMANN, Ulrich (Hrsg.): *Mythen – Möglichkeiten – Wirklichkeiten. 60 Jahre Nordrhein-Westfalen*. Essen 2007 (Düsseldorfer Schriften zur Neueren Landesgeschichte und zur Geschichte Nordrhein-Westfalens, 77).

BROCKSIEPER, Rolf; MUEHLENBERG, Alexa: Naturraum und Biotopkataster Ruhrgebiet. In: *Natur und Landschaft* 70 (1995), S. 462–466.

BRÜGGEMEIER, Franz-Josef: Erfolg ohne Väter? Die Umweltpolitik in der Ära Rau. In: MITTAG, Jürgen; TENFELDE, Klaus (Hrsg.): *Versöhnen statt spalten Johannes Rau: Sozialdemokratie, Landespolitik und Zeitgeschichte*. Oberhausen 2007, S. 193–204.

BRÜGGEMEIER, Franz-Josef: *Tschernobyl, 26. April 1986. Die ökologische Herausforderung*. 2. Auflage, München 1999 (20 Tage im 20. Jahrhundert).

BRÜGGEMEIER, Franz-Josef; CIOC, Mark et al. (Hrsg.): *How Green Were the Nazis? Nature, Environment and Nation in the Third Reich*. Athens, OH 2005.

BRÜGGEMEIER, Franz-Josef; ENGELS, Jens Ivo: Den Kinderschuhen entwachsen. Einleitende Worte zur Umweltgeschichte der zweiten Hälfte des 20. Jahrhunderts. In: DIES. (Hrsg.): *Natur- und Umweltschutz nach 1945. Konzepte, Konflikte, Kompetenzen*. Frankfurt a.M. 2005 (Geschichte des Natur- und Umweltschutzes, 4), S. 10–19.

BRÜGGEMEIER, Franz-Josef; ENGELS, Jens Ivo (Hrsg.): *Natur- und Umweltschutz nach 1945. Konzepte, Konflikte, Kompetenzen*. Frankfurt a.M. 2005 (Geschichte des Natur- und Umweltschutzes, 4).

BRÜGGEMEIER, Franz-Josef; ROMMELSPACHER, Thomas: *Blauer Himmel über der Ruhr. Geschichte der Umwelt im Ruhrgebiet 1840–1990*. Essen 1992.

BRUNN, Gerhard: „Jungtürken" an die Macht. Die sozialliberalen Koalitionen von 1956 und 1966 in Düsseldorf. Vorspiel für die Bundespolitik? In: DERS. (Hrsg.): *Neuland. Nordrhein-Westfalen und seine Anfänge nach 1945/46*. Essen 1986, S. 123–136.

BRUNN, Gerhard (Hrsg.): *Neuland. Nordrhein-Westfalen und seine Anfänge nach 1945/46*. Essen 1986.

BRUNS, Klaus Peter: Gemeinsamer Agrarmarkt in der Klemme – wie geht es weiter? In: *Die neue Gesellschaft* 27 (1980), S. 553–556.

BUCHWALD, Konrad: Arbeitsmethodik der Landschaftspflege. In: DERS.; ENGELHARDT, Wolfgang (Hrsg.): *Landschaftspflege und Naturschutz in der Praxis. Schutz, Pflege und Entwicklung unserer Wirtschafts- und Erholungslandschaften auf ökologischer Grundlage*. München 1973, S. 418–427.

BUCHWALD, Konrad: Begriff und Stellung von Landschaftspflege. In: DERS.; ENGELHARDT, Wolfgang (Hrsg.): *Landschaftspflege und Naturschutz in der Praxis. Schutz, Pflege und Entwicklung unserer Wirtschafts- und Erholungslandschaften auf ökologischer Grundlage*. München 1973, S. 41–47.

BUCHWALD, Konrad: Der Landschaftspflegeplan in der Praxis einer Landesstelle. In: KRAGH, Gert (Hrsg.): *Ordnung der Landschaft, Ordnung des Raumes. Bericht über den Deutschen Naturschutztag 1959*. Bonn-Bad Godesberg 1959 (Verhandlungen Deutscher Beauftragter für Naturschutz und Landschaftspflege), S. 33–36.

BUCHWALD, Konrad: Die Industriegesellschaft und die Landschaft. In: DERS.; LENDHOLT, Werner; MEYER, Konrad (Hrsg.): *Festschrift für Heinrich Friedrich Wiepking*. Stuttgart 1963 (Beiträge zur Landespflege, 1), S. 23–41.

BUCHWALD, Konrad: Die Stadt in der Natur. In: KÜHN, Erich (Hrsg.): *Die Grüne Charta von der Mainau. Mit Kommentar*. Bonn 1961, S. 21–32.

BUCHWALD, Konrad (Hrsg.): *Festschrift für Hans Schwenkel zum 70. Geburtstag*. Ludwigsburg 1956 (Veröffentlichungen der Landesstelle für Naturschutz und Landschaftspflege Baden-Württemberg, 24).

BUCHWALD, Konrad: Gesundes Land – gesundes Volk. In: DERS. (Hrsg.): *Festschrift für Hans Schwenkel zum 70. Geburtstag*. Ludwigsburg 1956 (Veröffentlichungen der Landesstelle für Naturschutz und Landschaftspflege Baden-Württemberg, 24), S. 56–71.

BUCHWALD, Konrad: Landschaftsplan und Raumordnungsplan. In: *Garten+Landschaft* 74 (1964), S. 228–229.

BUCHWALD, Konrad: Wird die heutige Arbeit für Naturschutz und Landschaftspflege den Anforderungen unserer Zeit gerecht? Eine notwendige Antwort. In: *Natur und Landschaft* 44 (1969), S. 43–48.

BUCHWALD, Konrad: Zusammenfassung und Folgerung aus den Referaten zum Thema „Landschaftspflegeplan". In: KRAGH, Gert (Hrsg.): *Ordnung der Landschaft, Ordnung des Raumes. Bericht über den Deutschen Naturschutztag 1959*. Bonn-Bad Godesberg 1959 (Verhandlungen Deutscher Beauftragter für Naturschutz und Landschaftspflege), S. 90–92.

BUCHWALD, Konrad; ENGELHARDT, Wolfgang (Hrsg.): *Landschaftspflege und Naturschutz in der Praxis. Schutz, Pflege und Entwicklung unserer Wirtschafts- und Erholungslandschaften auf ökologischer Grundlage*. München 1973.

Buchwald, Konrad; Kragh, Gert; Meusel, Hermann (Hrsg.): *Beiträge zur Frage der Beziehungen zwischen Landschaftsgestaltung und Naturschutz*. Leipzig 1956 (Sitzungsberichte der Deutschen Akademie der Landwirtschaftswissenschaften, 5.4).

Buchwald, Konrad; Lendholt, Werner et al.: Was ist Landschaftspflege? In: *Garten+Landschaft* 74 (1964), S. 229–231.

Buchwald, Konrad; Lendholt, Werner; Meyer, Konrad (Hrsg.): *Festschrift für Heinrich Friedrich Wiepking*. Stuttgart 1963 (Beiträge zur Landespflege, 1).

Buchwald, Konrad: Pflug, Wolfram: Wer soll in Zukunft Landschaftspflege und Naturschutz betreiben? Zur künftigen Organisation der Landschaftspflege und des Naturschutzes sowie über die erforderliche Ausbildung auf diesen Fachgebieten. In: *Natur und Landschaft* 43 (1968), S. 207–208.

Bürger, Klaus: Stadtökologie und Städtebau – Erfahrungen aus dem Bundeswettbewerb „Bürger, es geht um Deine Gemeinde". In: *Natur und Landschaft* 63 (1988), S. 3–4.

Bürklein, Klaus Dieter: Freiraumsicherung im Ballungsraum. Vernetzung des Außen- und Innenbereichs unserer Städte. In: *Mitteilungen der LÖLF* 19.2 (1994), S. 10–13.

Bundesamt für Naturschutz (Hrsg.): *Drei Jahrzehnte Vogelschutz im Herzen Europas: Rückblick, Bilanz und Herausforderung. Referate und Ergebnisse der Fachtagung „30 Jahre Vogelschutzrichtlinie" am 5. und 6. November 2009 in Bonn*. Bonn-Bad Godesberg 2010 (Naturschutz und biologische Vielfalt, 95).

Bundesamt für Naturschutz (Hrsg.): *Management von Natura 2000-Gebieten. Erfahrungen aus Deutschland und ausgewählten anderen Mitgliedsstaaten der Europäischen Union*. Bonn-Bad Godesberg 2006 (Naturschutz und biologische Vielfalt, 26).

Bundesministerium des Innern: *Materialien zum Umweltprogramm der Bundesregierung 1971 (Zu Bundestags-Drucksache VI/2710)*. Stuttgart 1971 (Schriftenreihe des Bundesministeriums des Innern, 1).

Bundesministerium des Innern: Umweltprogramm der Bundesregierung. In: *betrifft:* 9 (1971).

Bundesministerium des Innern: Umweltschutz. Sofortprogramm der Bundesregierung. In: *betrifft:* 3 (1970).

Bundesministerium für Umwelt, Naturschutz und Reaktorsicherheit: *Landschaftsplanung. Inhalte und Verfahrensweisen*. Bonn 1992.

CLOSMANN, Charles E.: Legalizing a ‚Volksgemeinschaft'. Nazi Germany's Reich Nature Protection Law of 1935. In: BRÜGGEMEIER, Franz-Josef; CIOC, Mark et al. (Hrsg.): *How Green Were the Nazis? Nature, Environment and Nation in the Third Reich*. Athens, OH 2005, S. 18–42.

DENEKE, Diether: Naturschutz und Landschaftspflege müssen mit der Land- und Forstwirtschaft zusammen betrieben werden. In: *Natur und Landschaft* 48 (1973), S. 226–227.

DER MINISTER FÜR UMWELT, RAUMORDNUNG UND LANDWIRTSCHAFT DES LANDES NORDRHEIN-WESTFALEN: Biologische Stationen in NRW – Naturräumliches Fachkonzept. In: *Mitteilungen der LÖLF* 15.1 (1990), S. 14–24.

DETTEN, Roderich von: Umweltpolitik und Unsicherheit. Zum Zusammenspiel von Wissenschaft und Umweltpolitik in der Debatte um das Waldsterben der 1980er Jahre. In: *Archiv für Sozialgeschichte* 50 (2010), S. 217–269.

DETTMAR, Jörg: Vegetation auf Industrieflächen. Die Bedeutung von Industrieflächen für den Naturschuz aus floristischer und vegetationskundlicher Sicht. In: *Mitteilungen der LÖLF* 17.2 (1992), S. 20–26.

DEUTSCHE GESELLSCHAFT FÜR INDUSTRIEKULTUR (Hrsg.): *Industriekultur und Technikgeschichte in Nordrhein-Westfalen. Initiativen und Vereine*. Essen 2001.

DEUTSCHER NATURSCHUTZTAG: Empfehlungen des Deutschen Naturschutztages 1978. In: ARBEITSGEMEINSCHAFT DEUTSCHER BEAUFTRAGTER FÜR NATURSCHUTZ UND LANDSCHAFTSPFLEGE (Hrsg.): *Bürgerbeteiligung an Naturschutz und Landschaftspflege. Referate und Ergebnisse des Deutschen Naturschutztages vom 18.-22. Mai 1978 in Lüneburg*. Bonn 1978 (Jahrbuch für Naturschutz und Landschaftspflege, 28), S. 99–102.

DEUTSCHER NATURSCHUTZTAG: Resolution. In: KRAGH, Gert (Hrsg.): *Ordnung der Landschaft, Ordnung des Raumes. Bericht über den Deutschen Naturschutztag 1959*. Bonn-Bad Godesberg 1959 (Verhandlungen Deutscher Beauftragter für Naturschutz und Landschaftspflege), S. 92.

DEUTSCHER RAT FÜR LANDESPFLEGE (Hrsg.): *Analyse und Fortentwicklung des neuen Naturschutzrechts in der Bundesrepublik Deutschland. Ergebnisse eines Symposiums des Deutschen Rates für Landespflege*. Bonn 1981 (Schriftenreihe des Deutschen Rates für Landespflege, 36).

Deutscher Rat für Landespflege: Analyse und Fortentwicklung des neuen Naturschutzrechts in der Bundesrepublik Deutschland – Studie. In: Ders. (Hrsg.): *Analyse und Fortentwicklung des neuen Naturschutzrechts in der Bundesrepublik Deutschland. Ergebnisse eines Symposiums des Deutschen Rates für Landespflege.* Bonn 1981 (Schriftenreihe des Deutschen Rates für Landespflege, 36), S. 457–469.

Deutscher Rat für Landespflege (Hrsg.): *Geschieht genug für die natürliche Umwelt? 20 Jahre „Grüne Charta von der Mainau". Bestandsaufnahme und Strategie des Deutschen Rates für Landespflege.* Bonn 1980 (Schriftenreihe des Deutschen Rates für Landespflege, 34).

Deutscher Rat für Landespflege (Hrsg.): *Honorierung von Leistungen der Landwirtschaft für Naturschutz und Landschaftspflege. Ergebnisse eines Symposiums vom 9. bis 10. November 1998 in Bonn.* Bonn-Bad Godesberg 2000 (Schriftenreihe des Deutschen Rates für Landespflege, 71).

Deutscher Rat für Landespflege: Landschaft und Heimat. Ein Resümee. In: Ders. (Hrsg.): *Landschaft und Heimat. Ergebnisse der Tagung „Landschaft und Heimat" vom 18. bis 19. November 2004 in Freiburg im Breisgau.* Bonn 2005 (Schriftenreihe des Deutschen Rates für Landespflege, 77), S. 5–16.

Deutscher Rat für Landespflege (Hrsg.): *Landschaft und Heimat. Ergebnisse der Tagung „Landschaft und Heimat" vom 18. bis 19. November 2004 in Freiburg im Breisgau.* Bonn 2005 (Schriftenreihe des Deutschen Rates für Landespflege, 77).

Deutscher Rat für Landespflege (Hrsg.): *Landschaftsplanung – Erfahrungen mit dem neuen Naturschutzrecht. Gutachtliche Stellungnahme und Ergebnisse eines Kolloquiums des Deutschen Rates für Landespflege.* Bonn 1984 (Schriftenreihe des Deutschen Rates für Landespflege, 45).

Deutscher Rat für Landespflege: Naturschutz in Deutschland – eine Erfolgsstory? In: Ders. (Hrsg.): *Naturschutz in Deutschland – eine Erfolgsstory? Gutachtliche Stellungnahme und Ergebnisse eines Symposiums vom 20. bis 21. Mai 2003 in Königswinter.* Bonn 2003 (Schriftenreihe des Deutschen Rates für Landespflege, 75), S. 5–28.

Deutscher Rat für Landespflege (Hrsg.): *Naturschutz in Deutschland – eine Erfolgsstory? Gutachtliche Stellungnahme und Ergebnisse eines Symposiums vom 20. bis 21. Mai 2003 in Königswinter.* Bonn 2003 (Schriftenreihe des Deutschen Rates für Landespflege, 75).

Deutscher Rat für Landespflege (Hrsg.): *Recht der Landespflege.* Bonn-Bad Godesberg 1971 (Schriftenreihe des Deutschen Rates für Landespflege, 17).

Deutscher Rat für Landespflege: *Rechtsfragen der Landespflege. Leitsätze für gesetzliche Maßnahmen auf dem Gebiet der Landespflege mit Begründungen.* Bonn-Bad Godesberg 1967 (Schriftenreihe des Deutschen Rates für Landespflege, 8).

Dietz, Hans-Joachim: Obstwiesen-Förderung durch das Land NRW. Programm zur Erhaltung und Wiederbegründung von Streuobstwiesen in Nordrhein-Westfalen. In: *Mitteilungen der LÖLF* 18.3 (1993), S. 30–32.

Ditt, Karl: Die Anfänge der Umweltpolitik in der Bundesrepublik während der 1960er und frühen 1970er Jahre. In: Frese, Matthias et al. (Hrsg.): *Demokratischer und gesellschaftlicher Aufbruch. Die sechziger Jahre als Wendezeit der Bundesrepublik.* Paderborn 2003 (Forschungen zur Regionalgeschichte, 44), S. 305–348.

Dittberner, Jürgen: *Die FDP. Geschichte, Personen, Organisation, Perspektiven. Eine Einführung.* 2., überarbeite und aktualisierte Ausgabe, Wiesbaden 2010.

Dittrich, Erich: Der Ordnungsgedanke der Landschaft und die Wirklichkeit. In: Kragh, Gert (Hrsg.): *Ordnung der Landschaft, Ordnung des Raumes. Bericht über den Deutschen Naturschutztag 1959.* Bonn-Bad Godesberg 1959 (Verhandlungen Deutscher Beauftragter für Naturschutz und Landschaftspflege), S. 111–134.

Doering-Manteuffel, Anselm: Langfristige Ursprünge und dauerhafte Auswirkungen. Zur historischen Einordnung der siebziger Jahre. In: Jarausch, Konrad H. (Hrsg.): *Das Ende der Zuversicht? Die siebziger Jahre als Geschichte.* Göttingen 2008, S. 313–329.

Doering-Manteuffel, Anselm: Ordnung jenseits politischer Systeme. Planung im 20. Jahrhundert. Ein Kommentar. In: *Geschichte und Gesellschaft* 34 (2008), S. 398–406.

Doering-Manteuffel, Anselm; Raphael, Lutz: *Nach dem Boom. Perspektiven auf die Zeitgeschichte seit 1970.* Göttingen 2008.

Dohnanyi, Klaus von: Grundlagen des Wählerverständnisses für Planungsaufgaben. In: Jungk, Robert; Mundt, Hans Josef (Hrsg.): *Der Griff nach der Zukunft. Planen und Freiheit. Neunzehn Beiträge internationaler Wissenschaftler, Schriftsteller und Publizisten.* München; Wien; Basel 1964 (Modelle für eine neue Welt, 1), S. 497–504.

Düding, Dieter: *Heinz Kühn 1912–1992. Eine politische Biographie.* Essen 2002 (Düsseldorfer Schriften zur Neueren Landesgeschichte und zur Geschichte Nordrhein-Westfalens, 61).

DÜDING, Dieter: *Parlamentarismus in Nordrhein-Westfalen 1946–1980. Vom Fünfparteien- zum Zweiparteienlandtag*. Düsseldorf 2008 (Handbuch zur Geschichte des deutschen Parlamentarismus).

DÜDING, Dieter: *Volkspartei im Landtag. Die sozialdemokratische Landtagsfraktion in Nordrhein-Westfalen als Regierungsfraktion 1966–1990*. Bonn 1998 (Politik und Gesellschaftsgeschichte, 49).

DÜDING, Dieter: *Zwischen Tradition und Innovation. Die sozialdemokratische Landtagsfraktion in Nordrhein-Westfalen 1946–1966*. Bonn 1995 (Politik und Gesellschaftsgeschichte, 37).

ELLWEIN, Thomas: *Krisen und Reformen. Die Bundesrepublik seit den sechziger Jahren*. 2. Auflage, München 1993 (dtv Deutsche Geschichte der neuesten Zeit vom 19. Jahrhundert bis zur Gegenwart, 4529).

ELLWEIN, Thomas; HOLTMANN, Everhard (Hrsg.): *50 Jahre Bundesrepublik Deutschland. Rahmenbedingungen – Entwicklungen – Perspektiven*. Wiesbaden 1999 (Politische Vierteljahresschrift, 30/1999).

ENGELHARDT, Wolfgang: *Beharrlich in kleinen Schritten. 50 Jahre Natur- und Umweltschutz in Deutschland*. Berlin (Initiativen zum Umweltschutz, 50).

ENGELS, Jens Ivo: „Inkorporierung" und „Normalisierung" einer Protestbewegung am Beispiel der westdeutschen Umweltprotestbewegung in den 1980er Jahren. In: *Mitteilungsblatt des Instituts für soziale Bewegungen* 40 (2008), S. 81–100.

ENGELS, Jens Ivo: *Naturpolitik in der Bundesrepublik. Ideenwelt und Verhaltensstile in Naturschutz und Umweltbewegung 1950–1980*. Zugl. Freiburg i.Br. Univ. Habil. 2005, Paderborn 2006.

ENGELS, Jens Ivo: „Politischer Verhaltensstil". Vorschläge für ein Instrumentarium zur Beschreibung politischen Verhaltens am Beispiel des Natur- und Umweltschutzes. In: BRÜGGEMEIER, Franz-Josef; DERS. (Hrsg.): *Natur- und Umweltschutz nach 1945. Konzepte, Konflikte, Kompetenzen*. Frankfurt a.M. 2005 (Geschichte des Natur- und Umweltschutzes, 4), S. 184–202.

ENGELS, Jens Ivo: Umweltgeschichte als Zeitgeschichte. In: *Aus Politik und Zeitgeschichte*, 56 (2006), S. 32–38.

ENGELS, Jens Ivo: Umweltprotest und Verhaltensstile. Bausteine zu einer vergleichenden Untersuchung von Protestbewegungen. In: *Zeitschrift für Bürgerrechte und Gesellschaftspolitik* 42 (2003), S. 50–58.

ENGELS, Jens Ivo: Von der Heimat-Connection zur Fraktion der Ökopolemiker. Personale Netzwerke und Verhaltensstil im westdeutschen Naturschutz. In: KARSTEN, Arne (Hrsg.): *Nützliche Netzwerke und korrupte Seilschaften*. Göttingen 2006, S. 18–45.

ERDMANN, Karl-Heinz; MAGER, Thomas J. (Hrsg.): *Innovative Ansätze zum Schutz der Natur. Visionen für die Zukunft*. Heidelberg 2000.

ERZ, Wolfgang: Deutscher Naturschutztag 1970 – eine Klausurtagung? In: *Natur und Landschaft* 45 (1970), S. 215–216.

ERZ, Wolfgang: Europäisches Naturschutzjahr 1970 – und was wurde erreicht? In: *Natur und Landschaft* 45 (1970), S. 409–411.

ERZ, Wolfgang: Naturschutz im Wandel der Zeit. Eine Bewertung. In: *Geographische Rundschau*, 39 (1987), S. 307–315.

ERZ, Wolfgang: Zur urban-industriellen Naturwahrnehmung. In: *Natur und Landschaft* 70 (1995), S. 447.

ESER, Uta; POTTHAST, Thomas: *Naturschutzethik. Eine Einführung in die Praxis*. Baden-Baden 1999.

EUROPÄISCHE KOMMISSION: The LIFE Programme. http://ec.europa.eu/environment/life/about/index.htm#history, eingesehen zuletzt am 26.6.2011.

EUROPARAT: 1970 – Naturschutzjahr des Europarates. In: *Nachrichtenblatt für Naturschutz und Landschaftspflege* 39 (1968), S. 44.

FEATHERSTONE, Kevin; RADAELLI, Claudio M. (Hrsg.): *The Politics of Europeanization*. Oxford 2003.

FEIST, Ursula; KRIEGER, Hubert: Die nordrhein-westfälische Landtagswahl vom 12. Mai 1985. Stimmungstrend überrollt soziale Strukturen oder: Die Wende ist keine Kaffeefahrt. In: *Zeitschrift für Parlamentsfragen* 16 (1985), S. 355–372.

FEIST, Ursula; LIEPELT, Klaus: Die nordrhein-westfälische Landtagswahl vom 11. Mai 1980. Ein politischer Erdrutsch? In: *Zeitschrift für Parlamentsfragen* 11 (1980), S. 237–249.

FINKE, Lothar: Gedanken zur Effizienzsteigerung des Naturschutzes. In: *Mitteilungen der LÖLF* 15.1 (1990), S. 33–36.

FINKE, Lothar: Mehr Natur für unsere Städte – Stop dem Freiflächenverbrauch! In: *Mitteilungen der LÖLF* 11.4 (1986), S. 48–52.

FINKE, Lothar: Probleme der Landschaftsplanung aus der Sicht des ehrenamtlichen Naturschutzes. In: LANDESBÜRO DER NATURSCHUTZVERBÄNDE NORDRHEIN-WESTFALEN (Hrsg.): *Naturschutztag Nordrhein-Westfalen 1988. Landschaftsplanung – Chance oder Fessel für den Naturschutz? Tagungsbericht*. Essen 1988, S. 29–34.

FRESE, Horst: Erfahrung lehrt: Nur Geld kann Feuchtgebiete retten. Interessenausgleich durch Kauf, Tausch, Pacht, Entschädigung, Nachbarschaftsverträge. In: *Mitteilungen der LÖLF* 7.1 (1982), S. 1–6.

FRESE, Matthias et al. (Hrsg.): *Demokratischer und gesellschaftlicher Aufbruch. Die sechziger Jahre als Wendezeit der Bundesrepublik*. Paderborn 2003 (Forschungen zur Regionalgeschichte, 44).

FRESE, Matthias; PAULUS, Julia: Geschwindigkeiten und Faktoren des Wandels. Die 1960er Jahre in der Bundesrepublik. In: FRESE, Matthias et al. (Hrsg.): *Demokratischer und gesellschaftlicher Aufbruch. Die sechziger Jahre als Wendezeit der Bundesrepublik*. Paderborn 2003 (Forschungen zur Regionalgeschichte, 44), S. 1–23.

FROHN, Hans-Werner: Das Stiefkind der Bewegung. Sozialpolitischer Naturschutz und die Bemühungen um Erholungsvorsorge 1880 bis 1969. In: DERS. et al. (Hrsg.): *„Wenn sich alle in der Natur erholen, wo erholt sich dann die Natur?" Naturschutz, Freizeitnutzung, Erholungsvorsorge und Sport – gestern, heute, morgen. Tagungsband zum gleichnamigen Symposium veranstaltet von der Stiftung Naturschutzgeschichte am 5. und 6. November 2008*. Bonn-Bad Godesberg 2009 (Naturschutz und biologische Vielfalt, 75), S. 31–116.

FROHN, Hans-Werner: Naturschutz macht Staat – Staat macht Naturschutz. Von der staatlichen Stelle für Naturdenkmalpflege in Preußen bis zum Bundesamt für Naturschutz. Eine Institutionengeschichte. In: STIFTUNG NATURSCHUTZGESCHICHTE (Hrsg.): *Natur und Staat. Staatlicher Naturschutz in Deutschland 1906–2006*. Bonn-Bad Godesberg 2006 (Naturschutz und biologische Vielfalt, 35), S. 85–313.

FROHN, Hans-Werner et al. (Hrsg.): *„Wenn sich alle in der Natur erholen, wo erholt sich dann die Natur?" Naturschutz, Freizeitnutzung, Erholungsvorsorge und Sport – gestern, heute, morgen. Tagungsband zum gleichnamigen Symposium veranstaltet von der Stiftung Naturschutzgeschichte am 5. und 6. November 2008*. Bonn-Bad Godesberg 2009 (Naturschutz und biologische Vielfalt, 75).

GAEDE, Kurt-Alexander: Entwicklung des Naturschutzrechts. In: ARBEITSGEMEINSCHAFT DEUTSCHER BEAUFTRAGTER FÜR NATURSCHUTZ UND LANDSCHAFTSPFLEGE (Hrsg.): *Naturschutz, Erholung, Landentwicklung*. Bonn-Bad Godesberg 1972 (Jahrbuch für Naturschutz und Landschaftspflege, 21), S. 90–95.

GÄRTNER, Wolfgang: Der Landtag NRW und die kommunale Neugliederung in den sechziger und siebziger Jahren des 20. Jahrhunderts. In: ANONYM (Hrsg.): *Der Kraftakt. Kommunale Gebietsreform in Nordrhein-Westfalen*. Düsseldorf 2005 (Schriften des Landtags NRW, 16), S. 15–53.

GALONSKE, Dieter: Abgrabungszonen als Entscheidungshilfe zur Handhabung des Abgrabungsgesetzes in Nordrhein-Westfalen. In: *Natur und Landschaft* 48 (1973), S. 302–305.

GANSER, Karl: 14 Milliarden für die Landwirtschaft. In: *Die neue Gesellschaft* 27 (1980), S. 548–553.

GASSNER, Erich: *Treuhandklage zugunsten von Natur und Landschaft. Eine rechtsdogmatische Untersuchung der Verbandsklage.* Berlin 1984 (Beiträge zur Umweltgestaltung, A 94).

GEISLER, Eberhard; VERHOLTE, Heinz-Hermann: Naturschutz in einer Industrieregion – dargestellt am Beispiel des Naturschutzprogramms Ruhrgebiet. In: *Natur und Landschaft* 70 (1995), S. 458–461.

GELLERMANN, Martin: *Natura 2000. Europäisches Habitatsschutzrecht und seine Durchführung in der Bundesrepublik Deutschland.* 2., neubearbeitete und erweiterte Auflage, Berlin; Wien 2001 (Schriftenreihe Natur und Recht, 4).

GENSSLER, Horst: Jeder dritte Baum im Land zeigt Krankheitssymptome. Ergebnisse der Waldschadenserhebung 1983 in Nordrhein-Westfalen. In: *Mitteilungen der LÖLF* 8.4 (1983), S. 4–14.

GEPPERT, Dominik; HACKE, Jens (Hrsg.): *Streit um den Staat. Intellektuelle Debatten in der Bundesrepublik 1960–1980.* Göttingen 2008.

GERSS, Wolfgang: Die Effizienz der Naturschutzverwaltung als Funktion ihrer Organisation und ihrer Bereitschaft zur Kooperation mit dem nichtamtlichen Naturschutz. In: *Mitteilungen der LÖLF* 15.1 (1990), S. 28–32.

GERSS, Wolfgang: Ehrenamtliche Naturschützer als Landschaftsüberwacher. Hauptamtliche „Ranger" zuständig für großräumige Nationalparke. In: *Mitteilungen der LÖBF* 26.3 (2001), S. 125–132.

GERSS, Wolfgang: *Missverständnisse und umstrittene Experimente in der Entwicklung des Rechts der nordrhein-westfälischen Landschaftsbeiräte. Ein Beispiel zur (Un)Logik demokratischer Entscheidungen.* Duisburg 2006 (Duisburger Beiträge zur soziologischen Forschung, 1/2006).

GEYER, Martin H.: Auf der Suche nach der Gegenwart. Neue Arbeiten zur Geschichte der 1970er und 1980er Jahre. In: *Archiv für Sozialgeschichte* 50 (2010), S. 643–669.

GOERTZ, Hans-Jürgen (Hrsg.): *Geschichte. Ein Grundkurs.* Reinbek 1998.

GRAMKE, Jürgen: Naturschutzprogramm Ruhrgebiet. Emscherzone im Mittelpunkt. KVR entwickelte aktuelles Sonderprogramm des Landes – Großer Zuspruch. In: *Mitteilungen der LÖLF* 12.1 (1987), S. 14–18.

GREBE, Reinhard: Stadtflucht oder Stadterneuerung. In: DEUTSCHER RAT FÜR LANDESPFLEGE (Hrsg.): *Geschieht genug für die natürliche Umwelt? 20 Jahre „Grüne Charta von der Mainau". Bestandsaufnahme und Strategie des Deutschen Rates für Landespflege.* Bonn 1980 (Schriftenreihe des Deutschen Rates für Landespflege, 34), S. 330–338.

GREIFFENHAGEN, Martin. (Hrsg.): *Der neue Konservatismus der siebziger Jahre.* Reinbek 1974.

GREIFFENHAGEN, Martin (Hrsg.): *Kampf um Wörter? Politische Begriffe im Meinungsstreit.* München; Wien 1980.

GREIFFENHAGEN, Martin: Neokonservatismus in der Bundesrepublik. In: DERS. (Hrsg.): *Der neue Konservatismus der siebziger Jahre.* Reinbek 1974, S. 7–22.

GRIESAU, Hans Dieter: Naturschutz und Landschaftspflege im Sofortprogramm der Bundesregierung für den Umweltschutz. In: *Natur und Landschaft* 45 (1970), S. 418–419.

GRIESE, Thomas: Das Feuchtwiesenschutzprogramm. Herausforderung an Landwirtschaft und Naturschutz. In: *Mitteilungen der LÖBF* 24.3 (1999), S. 11.

GRÖNING, Gert; WOLSCHKE-BULMAHN, Joachim: *Aus Liebe zur Landschaft. Teil III: Der Drang nach Osten. Zur Entwicklung der Landespflege im Nationalsozialismus und während des Zweiten Weltkrieges in den „eingegliederten Ostgebieten.* München 1987 (Arbeiten zur sozialwissenschaftlich orientierten Freiraumplanung, 9).

GRÖNING, Gert; WOLSCHKE-BULMAHN (Hrsg.): *Naturschutz und Demokratie!? Dokumentation der Beiträge zur Veranstaltung der Stiftung Naturschutzgeschichte und des Zentrums für Gartenkunst und Landschaftsarchitektur (CGL) der Leibniz-Universität Hannover in Kooperation mit dem Institut für Geschichte und Theorie der Gestaltung (GTG) der Universität der Künste Berlin.* München 2006.

GROS, Jürgen: Wirtschaft. In: WEIDENFELD, Werner; KORTE, Karl Rudolf (Hrsg.): *Handbuch zur deutschen Einheit 1949–1989–1999.* Lizenzausgabe der Bundeszentrale für politische Bildung, aktualisierte und erweiterte Neuausgabe 1999, S. 847–862.

GRUBER, Ludger: *Die CDU-Landtagsfraktion in Nordrhein-Westfalen 1946–1980. Eine parlamentshistorische Untersuchung.* Zugl. Köln Univ. Diss. 1997. Düsseldorf 1998 (Forschungen und Quellen zur Zeitgeschichte 31).

GRYCZAN, Wilhelm: Ökonomische und ökologische Modernisierung für das Ruhrgebiet. Szenario zur ökologischen Raumentwicklung, oder: Vom Kohlenpott zum grünen Revier. In: DERS. et al. (Hrsg.): *Zukünfte für alte Industrieregionen. Raumentwicklungsstrategien in der Diskussion.* Dortmund 1984 (Dortmunder Beiträge zur Raumplanung, 38), S. 69–88.

GRYCZAN, Wilhelm et al. (Hrsg.): *Zukünfte für alte Industrieregionen. Raumentwicklungsstrategien in der Diskussion.* Dortmund 1984 (Dortmunder Beiträge zur Raumplanung, 38).

GRZIMEK, Bernhard: Bessere Rechte für den Naturschutz. In: ARBEITSGEMEINSCHAFT DEUTSCHER BEAUFTRAGTER FÜR NATURSCHUTZ UND LANDSCHAFTSPFLEGE (Hrsg.): *Naturschutz, Erholung, Landentwicklung.* Bonn-Bad Godesberg 1972 (Jahrbuch für Naturschutz und Landschaftspflege, 21), S. 20–22.

GRZIMEK, Bernhard: Europäisches Naturschutzjahr 1970 – ein Anfang. In: *Natur und Landschaft* 45 (1970), S. 407–409.

GÜTHLER, Wolfram; OPPERMANN, Rainer: *Agrarumweltprogramme und Vertragsnaturschutz weiter entwickeln. Mit der Landwirtschaft zu mehr Natur. Ergebnisse des F+E-Projektes „Angebotsnaturschutz".* Bonn-Bad Godesberg (Naturschutz und Biologische Vielfalt, 13).

HABER, Wolfgang: Natur vor den Menschen oder für die Menschen schützen? In: FROHN, Hans-Werner. et al. (Hrsg.): *„Wenn sich alle in der Natur erholen, wo erholt sich dann die Natur?" Naturschutz, Freizeitnutzung, Erholungsvorsorge und Sport – gestern, heute, morgen. Tagungsband zum gleichnamigen Symposium veranstaltet von der Stiftung Naturschutzgeschichte am 5. und 6. November 2008.* Bonn-Bad Godesberg 2009 (Naturschutz und biologische Vielfalt, 75), S. 365–392.

HACHENBERG, Friedrich: Probleme der Landespflege im Zusammenhang mit dem Strukturwandel in der Landwirtschaft. In: *Natur und Landschaft* 46 (1971), S. 130–132.

HACKE, Jens: Der Staat in Gefahr. Die Bundesrepublik der 1970er Jahre zwischen Legitimationskrise und Unregierbarkeit. In: GEPPERT, Dominik; DERS. (Hrsg.): *Streit um den Staat. Intellektuelle Debatten in der Bundesrepublik 1960–1980.* Göttingen 2008, S. 188–206.

HAHN, Friedemann: *Von Unsinn bis Untergang: Rezeption des Club of Rome und der Grenzen des Wachstums in der Bundesrepublik der frühen 1970er Jahre.* Diss. Freiburg i.Br. 2006.

HALSTENBERG, Friedrich: Ein Land plant seine Zukunft. In: SCHMACKE, Ernst (Hrsg.): *Nordrhein-Westfalen auf dem Weg in das Jahr 2000. Sechzehn Prognosen.* 2. Auflage, Düsseldorf 1970, S. 24–42.

HAMMERICH, Kurt; MÜLLER, Ralf; SCHAFFRATH, Bettina: *Natur: Zwischen Schutz und Nutzung*. St. Augustin 1995 (Naturschutz und Freizeitgesellschaft, 1).

HANISCH, Jochen: Umweltveränderung, Raumentwicklung und staatliche Planungspolitik. In: ANONYM (Hrsg.): *Landschaftsplanung. Belastete Landschaft – verdrängte Natur*. Fellbach 1980 (Öko-Magazin, 3), S. 34–55.

HARENGERD, Michael: Die Gemeinnützigkeit muss auch in Zukunft erhalten bleiben. In: *Mitteilungen der LÖBF* 26.3 (2001), S. 14–15.

HARENGERD, Michael: Naturschutz und Landschaftsplanung in NRW – eine Zwischenbilanz. In: LANDESBÜRO DER NATURSCHUTZVERBÄNDE NORDRHEIN-WESTFALEN (Hrsg.): *Naturschutztag Nordrhein-Westfalen 1988. Landschaftsplanung – Chance oder Fessel für den Naturschutz? Tagungsbericht*. Essen 1988, S. 46–48.

HARENGERD, Michael: Zur behördlichen Organisation des Naturschutzes in Nordrhein-Westfalen. In: *Mitteilungen der LÖLF* 15.1 (1990), S. 36–39.

HASELOFF, Otto Walter: Strategie und Planung. In: JUNGK, Robert; MUNDT, Hans Josef (Hrsg.): *Der Griff nach der Zukunft. Planen und Freiheit. Neunzehn Beiträge internationaler Wissenschaftler, Schriftsteller und Publizisten*. München; Wien; Basel 1964 (Modelle für eine neue Welt, 1), S. 122–156.

HASS, Ernst: *Des Menschen Thron wankt. Eine naturwissenschaftliche Kritik des modernen Lebens*. München 1955.

HAUNFELDER, Bernd: *Nordrhein-Westfalen. Land und Leute 1946–2006. Ein biographisches Handbuch*. Münster 2006.

HAUPT, Heinz-Gerhard; REQUATE, Jörg (Hrsg.): *Aufbruch in die Zukunft. Die 1960er Jahre zwischen Planungseuphorie und kulturellem Wandel. DDR, ČSSR und Bundesrepublik Deutschland im Vergleich*. Göttingen 2004.

HAVERLAND, Markus: The Impact of the European Union on Environmental Politics. In: FEATHERSTONE, Kevin; RADAELLI, Claudio M. (Hrsg.): *The Politics of Europeanization*. Oxford 2003, S. 203–221.

HEIDTMANN, Enno: Wissenschaftlich gestützte Regelungen des Naturschutzes und der Landschaftspflege am Beispiel der Naturschutzpolitik Nordrhein-Westfalens. Vortrag auf der 8. Winterakademie zur Naturschutzgeschichte, 14. bis 17. März 2011 auf des Bundesamts für Naturschutz auf der Insel Vilm (i.V.).

Hennecke, Hans-Günter: *Landwirtschaft und Naturschutz. Normative Regelungen eines ambivalenten Verhältnisses im Verfassungs-, Naturschutz-, Flurbereinigungs-, Raumordnungs- und Bauplanungsrecht unter besonderer Berücksichtigung der Landwirtschaftsklauseln im Naturschutzrecht.* Heidelberg 1986 (Schriftenreihe des Lorenz-von-Stein-Instituts für Verwaltungswissenschaften Kiel, 8).

Henrich, Hans-Jürgen: Neue Dimensionen. Feuchtwiesenschutz-Programm im Münsterland. In: *Mitteilungen der LÖLF* 14.1 (1989), S. 40–51.

Herbert, Ulrich: Liberalisierung als Lernprozess. Die Bundesrepublik in der deutschen Geschichte – eine Skizze. In: Ders. (Hrsg.): *Wandlungsprozesse in Westdeutschland. Belastung, Integration, Liberalisierung 1945–1980.* Göttingen 2002 (Moderne Zeit, 1), S. 7–49.

Herbert, Ulrich (Hrsg.): *Wandlungsprozesse in Westdeutschland. Belastung, Integration, Liberalisierung 1945–1980.* Göttingen 2002 (Moderne Zeit, 1).

Hildebrand, Klaus: *Von Erhard bis zur Großen Koalition, 1963–1969.* Mannheim 1984 (Geschichte der Bundesrepublik Deutschland, 4).

Hitze, Guido: Anatomie eines Niedergangs. Eine Untersuchung über die nordrhein-westfälische CDU in den Jahren 1980–1995. In: *Geschichte im Westen* 17 (2002), S. 202–235.

Hitze, Guido: *Verlorene Jahre? Die nordrhein-westfälische CDU in der Opposition 1975–1995.* 3 Bde. Düsseldorf 2010 (Forschungen und Quellen zur Zeitgeschichte, 45).

Hitze, Guido: Von „Wir in NRW" bis „Nordrhein-Westfalen kommt wieder". Landesbewusstsein und Landesidentität in den landespolitischen Integrationsstrategien von Regierungen, Parteien und Parlament. In: Brautmeier, Jürgen et al. (Hrsg.): *Heimat Nordrhein-Westfalen. Identitäten und Regionalität im Wandel.* Essen 2010 (Düsseldorfer Schriften zur Neueren Landesgeschichte und zur Geschichte Nordrhein-Westfalens, 83), S. 89–117.

Hobsbawm, Eric J.: *Das Zeitalter der Extreme. Weltgeschichte des 20. Jahrhunderts.* 4. Auflage, München 2000.

Hockerts, Hans Günter: Einführung. Planung als Reformprinzip. In: Frese, Matthias et al. (Hrsg.): *Demokratischer und gesellschaftlicher Aufbruch. Die sechziger Jahre als Wendezeit der Bundesrepublik.* Paderborn 2003 (Forschungen zur Regionalgeschichte, 44), S. 249–257.

Hockerts, Hans Günter: Zeitgeschichte in Deutschland. Begriff, Methoden, Themenfelder. In: *Historisches Jahrbuch* 113 (1993), S. 98–127.

Höfer, Wolfram: Die Konversion der Idee von Landschaft. In: Brüggemeier, Franz-Josef; Engels, Jens Ivo (Hrsg.): *Natur- und Umweltschutz nach 1945. Konzepte, Konflikte, Kompetenzen*. Frankfurt a.M. 2005 (Geschichte des Natur- und Umweltschutzes, 4), S. 342–355.

Höfer, Wolfram: *Natur als Gestaltungsfrage. Zum Einfluss aktueller gesellschaftlicher Veränderungen auf die Idee von Natur und Landschaft als Gegenstand der Landschaftsarchitektur*. München 2001 (Kunstwissenschaften, 4).

Hoffacker, Heinz W.: *Entstehung der Raumplanung. Konservative Gesellschaftsreform und das Ruhrgebiet 1918–1933*. Zugl. Bochum Univ. Diss., Essen 1989.

Hohensee, Jens: *Der erste Ölpreisschock 1973/74. Die politischen und gesellschaftlichen Auswirkungen der arabischen Erdölpolitik auf die Bundesrepublik Deutschland und Westeuropa*. Stuttgart 1996 (Historische Mitteilungen der Ranke-Gesellschaft Beihefte, 17).

Hornsmann, Erich: *...sonst Untergang. Die Antwort der Erde auf die Missachtung ihrer Gesetze*. Rheinhausen 1951.

Hübler, Karl-Hermann: Ein Plädoyer gegen „Opas Landschaftsplanung". In: *Garten + Landschaft* 98 (1988), S. 47–49.

Hübner-Misiak, Thomas; Michels, Carla et al.: Aktueller Stand der NRW-Naturschutzprogramme. In: *Mitteilungen der LÖLF* 19.1 (1994), S. 28–34.

Hünemörder, Kai F.: *Die Frühgeschichte der globalen Umweltkrise und die Formierung der deutschen Umweltpolitik (1950–1973)*. Zugl. Univ. Diss. Kiel 2002. Stuttgart 2004 (Historische Mitteilungen Beihefte, 53).

Inglehart, Ronald: *Kultureller Umbruch. Wertewandel in der westlichen Welt*. Frankfurt a.M. 1989.

Jachtenfuchs, Markus; Kohler-Koch, Beate (Hrsg.): *Europäische Integration*. 2. Auflage. Opladen 2003.

Jachtenfuchs, Markus; Kohler-Koch, Beate: Regieren und Institutionenbildung. In: Dies. (Hrsg.): *Europäische Integration*. 2. Auflage. Opladen 2003, S. 11–46.

Jäger., Wolfgang: Die Innenpolitik der sozialliberalen Koalition 1969–1974. In: Bracher, Karl Dietrich (Hrsg.): *Republik im Wandel, 1969–1974: Die Ära Brandt*. Stuttgart 1986 (Geschichte der Bundesrepublik Deutschland, 5.I), S. 15–155.

Jäger, Wolfgang: Die Innenpolitik der sozial-liberal Koalition 1974–1982. In: Bracher, Karl Dietrich (Hrsg.): *Republik im Wandel, 1974–1982: Die Ära Schmidt*. Mannheim 1987 (Geschichte der Bundesrepublik Deutschland, 5.II), S. 9–272.

JÄGER, Wolfgang: Recht und Politik. Demokratietheoretische Probleme am Beispiel der Verbandsklage. In: DERS.; MÜHLEISEN, Hans-Otto (Hrsg.): *Umweltschutz als politischer Prozess*. München 1976 (Politik und Politische Bildung), S. 99–110.

JÄGER, Wolfgang; MÜHLEISEN, Hans-Otto (Hrsg.): *Umweltschutz als politischer Prozess*. München 1976 (Politik und Politische Bildung).

JARAUSCH, Konrad H. (Hrsg.): *Das Ende der Zuversicht? Die siebziger Jahre als Geschichte*. Göttingen 2008.

JARAUSCH, Konrad H.: Verkannter Strukturwandel. Die siebziger Jahre als Vorgeschichte der Probleme der Gegenwart. In: DERS. (Hrsg.): *Das Ende der Zuversicht? Die siebziger Jahre als Geschichte*. Göttingen 2008, S. 9–26.

JEDICKE, Eckhard: Industriebrachen – eine Chance für den Naturschutz. In: *Naturschutz und Landschaftsplanung*, 23 (1991), S. 207–209.

JOB-HOBEN, Beate; PÜTSCH, Michael; ERDMANN, Karl-Heinz: Naturschutz und Freizeitnutzung – Trends und Perspektiven. In: FROHN, Hans-Werner. et al. (Hrsg.): *„Wenn sich alle in der Natur erholen, wo erholt sich dann die Natur?" Naturschutz, Freizeitnutzung, Erholungsvorsorge und Sport – gestern, heute, morgen. Tagungsband zum gleichnamigen Symposium veranstaltet von der Stiftung Naturschutzgeschichte am 5. und 6. November 2008*. Bonn-Bad Godesberg 2009 (Naturschutz und biologische Vielfalt, 75), S. 305–316.

JOCHIMSEN, Reimut; TREUNER, Peter: Staatliche Planung in der Bundesrepublik Deutschland. In: LÖWENTHAL, Richard; SCHWARZ, Hans-Peter (Hrsg.): *Die Zweite Republik. 25 Jahre Bundesrepublik – eine Bilanz*. Stuttgart 1974, S. 843–864.

JUDT, Tony: *Die Geschichte Europas seit dem Zweiten Weltkrieg*. Lizenzausgabe, Bonn 2006.

JUNGK, Robert: Gesucht: Ein neuer Mensch. Skizze zu einem Modell des Planers. In: DERS.; MUNDT, Hans Josef (Hrsg.): *Der Griff nach der Zukunft. Planen und Freiheit. Neunzehn Beiträge internationaler Wissenschaftler, Schriftsteller und Publizisten*. München; Wien; Basel 1964 (Modelle für eine neue Welt, 1), S. 505–516.

JUNGK, Robert; MUNDT, Hans Josef (Hrsg.): *Der Griff nach der Zukunft. Planen und Freiheit. Neunzehn Beiträge internationaler Wissenschaftler, Schriftsteller und Publizisten*. München; Wien; Basel 1964 (Modelle für eine neue Welt, 1).

KAERKES, Wolfgang M.: Stadtökologie – Flächeninanspruchnahme und Freiflächen in der Stadt. In: *Natur und Landschaft* 61 (1986), S. 18–19.

KAISER, Joseph A. (Hrsg.): *Planung I. Recht und Politik der Planung in Wirtschaft und Gesellschaft*. Baden-Baden 1965.

KAISER, Joseph A.: Vorwort. In: DERS. (Hrsg.): *Planung I. Recht und Politik der Planung in Wirtschaft und Gesellschaft*. Baden-Baden 1965, S. 7–9.

KAISER, Reinhard (Hrsg.): *Global 2000. Der Bericht an den Präsidenten*. 10. Auflage, Frankfurt a.M. 1981.

KARSTEN, Arne (Hrsg.): *Nützliche Netzwerke und korrupte Seilschaften*. Göttingen 2006.

KASTORFF-VIEHMANN, Renate: Das Ruhrgebiet eine „grüne Stadt"? In: DIES. (Hrsg.): *Die grüne Stadt. Siedlungen, Parks, Wälder, Grünflächen 1860–1960 im Ruhrgebiet*. Essen 1998, S. 7–15.

KASTORFF-VIEHMANN, Renate (Hrsg.): *Die grüne Stadt. Siedlungen, Parks, Wälder, Grünflächen 1860–1960 im Ruhrgebiet*. Essen 1998.

KEIL, Andreas: *Industriebrachen. Innerstädtische Freiräume für die Bevölkerung. Mikrogeographische Studien zur Ermittlung der Nutzung und Wahrnehmung der neuen Industrienatur in der Emscherregion*. Dortmund 2002 (Duisburger Geographische Arbeiten, 24).

KLEIN, Helmut; SENNERT, Georg: Planung und Umsetzung von Landschaftsplänen im Kreis Viersen. In: LANDESBÜRO DER NATURSCHUTZVERBÄNDE NORDRHEIN-WESTFALEN (Hrsg.): *Naturschutztag Nordrhein-Westfalen 1988. Landschaftsplanung – Chance oder Fessel für den Naturschutz? Tagungsbericht*. Essen 1988, S. 41–45.

KLETT, Ernst: Vorwort. In: PODEWILS, Clemens Graf (Hrsg.): *Tendenzwende? Zur geistigen Situation der Bundesrepublik*. Stuttgart 1975, S. 5–6.

KOCH, Egmont R.; VAHRENHOLT, Fritz: *Die Lage der Nation. Umwelt-Atlas der Bundesrepublik. Daten, Analysen, Konsequenzen*. Hamburg 1983.

KÖNIG, Wolfgang: Die siebziger Jahre als konsumgeschichtliche Wende in der Bundesrepublik. In: JARAUSCH, Konrad H. (Hrsg.): *Das Ende der Zuversicht? Die siebziger Jahre als Geschichte*. Göttingen 2008, S. 84–99.

KÖRNER, Stefan: Die Entwicklung des Naturschutzes und der Landschaftsplanung nach dem Zweiten Weltkrieg. In: BRÜGGEMEIER, Franz-Josef; ENGELS, Jens Ivo (Hrsg.): *Natur- und Umweltschutz nach 1945. Konzepte, Konflikte, Kompetenzen*. Frankfurt a.M. 2005 (Geschichte des Natur- und Umweltschutzes, 4), S. 87–104.

Körner, Stefan: *Theorie und Methodologie der Landschaftsplanung, Landschaftsarchitektur und sozialwissenschaftlichen Freiraumplanung vom Nationalsozialismus bis zur Gegenwart*. Zugl. Berlin Techn. Univ. Diss. 2000, Berlin 2001 (Landesentwicklung und Umweltforschung, 119).

Körner, Stefan; Eisel, Ulrich: Naturschutz als kulturelle Aufgabe. Theoretische Konstruktion und Anregung für eine inhaltliche Erweiterung. In: Körner, Stefan; Nagel, Annemarie (Hrsg.): *Naturschutzbegründungen*. Münster-Hiltrup 2003, S. 5–49.

Körner, Stefan; Nagel, Annemarie (Hrsg.): *Naturschutzbegründungen*. Münster-Hiltrup 2003.

Kolodziejcok, Karl-Günther: Das neue Naturschutzrecht des Bundes. In: Arbeitsgemeinschaft Deutscher Beauftragter für Naturschutz und Landschaftspflege (Hrsg.): *Die neue Rechtsentwicklung im Naturschutz und Probleme der Landschaftsplanung. Referate des Deutschen Naturschutztages 1976 (24.-27. Mai) in Essen und des Seminars „Naturschutz – Landschaftsplanung/Bauleitplanung – Umweltverträglichkeitsprüfung (26.-28. September 1976) in Bremen*. Bonn-Bad Godesberg 1976 (Jahrbuch für Naturschutz und Landschaftspflege, 25), S. 10–20.

Koschnitzke, Rudolf; Plieg, Ernst-Albrecht: *Auch Demokratie ist Herrschaft*. Bochum 1978 (RUB-Winter, 5).

Kragh, Gert: Einführung. In: Ders. (Hrsg.): *Ordnung der Landschaft, Ordnung des Raumes. Bericht über den Deutschen Naturschutztag 1959*. Bonn-Bad Godesberg 1959 (Verhandlungen Deutscher Beauftragter für Naturschutz und Landschaftspflege), S. 31–33.

Kragh, Gert: Naturschutz und Landschaftsgestaltung. In: Buchwald, Konrad; Ders.; Meusel, Hermann (Hrsg.): *Beiträge zur Frage der Beziehungen zwischen Landschaftsgestaltung und Naturschutz*. Leipzig 1956 (Sitzungsberichte der Deutschen Akademie der Landwirtschaftswissenschaften, 5.4), S. 21–27.

Kragh, Gert: Naturschutz und Landschaftspflege in unserer Zeit. Buchwald, Konrad; Lendholt, Werner; Meyer, Konrad (Hrsg.): *Festschrift für Heinrich Friedrich Wiepking*. Stuttgart 1963 (Beiträge zur Landespflege, 1), S. 57–67.

Kragh, Gert (Hrsg.): *Ordnung der Landschaft, Ordnung des Raumes. Bericht über den Deutschen Naturschutztag 1959*. Bonn-Bad Godesberg 1959 (Verhandlungen Deutscher Beauftragter für Naturschutz und Landschaftspflege).

KRAGH, Gert: Vom Naturschutz zum Landschaftspflegeplan. In: DERS. (Hrsg.): *Ordnung der Landschaft, Ordnung des Raumes. Bericht über den Deutschen Naturschutztag 1959*. Bonn-Bad Godesberg 1959 (Verhandlungen Deutscher Beauftragter für Naturschutz und Landschaftspflege), S. 134–140.

KROMAREK, Pascale: Die Institutionen der EG und das Umweltrecht. In: *Mitteilungen der LÖLF* 16.1 (1991), S. 11–12.

KROPP, Hartmut: Landschaftsplanung aus Sicht einer Kreisverwaltung. In: LANDESBÜRO DER NATURSCHUTZVERBÄNDE NORDRHEIN-WESTFALEN (Hrsg.): *Naturschutztag Nordrhein-Westfalen 1988. Landschaftsplanung – Chance oder Fessel für den Naturschutz? Tagungsbericht*. Essen 1988, S. 25–29.

KRUSEWITZ, Knut: Landschaftsplanung – Staat – Gesellschaft. Zum Selbstverständnis einer ökologischen Planungsdisziplin. In: ANONYM (Hrsg.): *Landschaftsplanung. Belastete Landschaft – verdrängte Natur*. Fellbach 1980 (Öko-Magazin, 3), S. 85–104.

KÜHN, Erich (Hrsg.): *Die Grüne Charta von der Mainau. Mit Kommentar*. Bonn 1961.

KÜHN, Erich: Kommentar zur Grünen Charta. In: DERS. (Hrsg.): *Die Grüne Charta von der Mainau. Mit Kommentar*. Bonn 1961, S. 7–13.

KÜHN, Heinz: *Aufbau und Bewährung. Die Jahre 1945–1978*. Hamburg 1981.

KÜHN, Heinz: Vorwort. In: LANDESREGIERUNG NORDRHEIN-WESTFALEN (Hrsg.): *Nordrhein-Westfalen-Programm 1975*. Düsseldorf 1970, ohne Seitenzahl.

KÜHN, Hermann; HOLZMANN, Paul: Feuchtwiesenschutz und Einkommen der Landwirte. Situation der Einzelbetriebe ist zu berücksichtigen. In: *Mitteilungen der LÖLF* 8.3 (1983), S. 16–18.

KÜLZ, Helmut R.: Umweltschutz und Sozialdemokratie. In: *Die neue Gesellschaft* 22 (1975), S. 331–334.

KUPPER, Patrick: Die „1970er Diagnose". Grundsätzliche Überlegungen zu einem Wendepunkt der Umweltgeschichte. In: *Archiv für Sozialgeschichte*, 43 (2003), S. 325–348.

LAAK, Dirk van: Planung. Geschichte und Gegenwart des Vorgriffs auf die Zukunft. In: *Geschichte und Gesellschaft* 34 (2008), S. 305–326.

LÄSSIG, Curt Lutz: Keine Landeskompetenz für Verbandsklage im Naturschutzrecht. In: *Neue Zeitschrift für Verwaltungsrecht* 8 (1989), S. 97–101.

LANDESANSTALT FÜR ÖKOLOGIE, LANDSCHAFTSENTWICKLUNG UND FORSTEN: Kampf gegen Waldsterben führt Prioritätenliste an. Landesregierung stellt ihr Umweltschutzprogramm vor. In: *Mitteilungen der LÖLF* 8.4 (1983), S. 3.

LANDESBÜRO DER NATURSCHUTZVERBÄNDE NORDRHEIN-WESTFALEN (Hrsg.): *Naturschutztag Nordrhein-Westfalen 1988. Landschaftsplanung – Chance oder Fessel für den Naturschutz? Tagungsbericht*. Essen 1988.

LANDESREGIERUNG NORDRHEIN-WESTFALEN (Hrsg.): *Nordrhein-Westfalen-Programm 1975*. Düsseldorf 1970.

LATTEN, Reiner: Berufsständige Forderungen an die Umweltpolitik. In: AGRARSOZIALE GESELLSCHAFT (Hrsg.): *Landwirtschaft und Umweltschutz – Sozialpflichtigkeit oder Entschädigung?* Göttingen 1987 (Schriftenreihe für ländliche Sozialfragen, 96), S. 32–45.

LATTEN, Reiner: Naturschutz und Landwirtschaft aus der Sicht des landwirtschaftlichen Berufsstandes. Referat auf der Landestagung 1984 der LÖLF in Hamm. In: *Mitteilungen der LÖLF* 9.3 (1984), S. 20–23

LAUSCHKE, Karl: Von der Krisenbewältigung zur Planungseuphorie. Regionale Strukturpolitik und Landesplanung in Nordrhein-Westfalen. In: FRESE, Matthias et al. (Hrsg.): *Demokratischer und gesellschaftlicher Aufbruch. Die sechziger Jahre als Wendezeit der Bundesrepublik*. Paderborn 2003 (Forschungen zur Regionalgeschichte, 44), S. 451–471.

LEENDERTZ, Ariane: *Ordnung schaffen. Deutsche Raumplanung im 20. Jahrhundert*. Göttingen 2008 (Beiträge zur Geschichte des 20. Jahrhunderts, 7).

LEH, Almut: *Zwischen Heimatschutz und Umweltbewegung. Die Professionalisierung des Naturschutzes in Nordrhein-Westfalen 1945–1975*. Zugl. Hagen Fernuniv. Diss. 2005, Frankfurt a.M. 2006 (Geschichte des Natur- und Umweltschutzes, 5).

LEH, Almut; DIETZ, Hans-Joachim: *Im Dienst der Natur. Biographisches Lese- und Handbuch zur Naturschutzgeschichte in Nordrhein-Westfalen* (1908–1975). Essen 2009.

LÖSCHE, Peter; WALTER, Franz: *Die FDP. Richtungsstreit und Zukunftszweifel*. Darmstadt 1996.

LÖWENTHAL, Richard; SCHWARZ, Hans-Peter (Hrsg.): *Die Zweite Republik. 25 Jahre Bundesrepublik – eine Bilanz*. Stuttgart 1974.

LOHMAR, Ulrich (Hrsg.): *Deutschland 1975. Analysen-Prognosen-Perspektiven*. München 1965 (Gesprächskreis Wissenschaft und Politik der Friedrich-Ebert-Stiftung).

LOHMAR, Ulrich: Politik und Planung. In: DERS. (Hrsg.): *Deutschland 1975. Analysen-Prognosen-Perspektiven*. München 1965 (Gesprächskreis Wissenschaft und Politik der Friedrich-Ebert-Stiftung), S. 232–241.

LONDONG, Dieter: Der große Umbau im Emschergebiet. In: *Wasser und Boden* 45 (1993), S. 144–147.

LOOS, Wilfried: Kein „Hilfspolizist" – Partner und Vermittler. In: *Mitteilungen der LÖLF* 11.4 (1986), S. 28–30.

LÜBBE, Hermann: Herrschaft und Planung. Die veränderte Rolle der Zukunft in der Gegenwart. In: ROMBACH, Heinrich (Hrsg.): *Die Frage nach dem Menschen. Aufriss einer philosophischen Anthropologie. Festschrift für Max Müller zum 60. Geburtstag*. Freiburg i.Br.; München 1966, S. 188–211.

LÜBBE, Hermann: Fortschritt als Orientierungsproblem im Spiegel politischer Gegenwartssprache. In: PODEWILS, Clemens Graf (Hrsg.): *Tendenzwende? Zur geistigen Situation der Bundesrepublik*. Stuttgart 1975, S. 9–24.

LÜBBE, Hermann: Konservatismus. In: GREIFFENHAGEN, Martin (Hrsg.): *Kampf um Wörter? Politische Begriffe im Meinungsstreit*. München; Wien 1980, S. 311–316.

MÄDING, Erhard; TIGGES, Hans; HACK, Hans: *Entwicklung der öffentlichen Aufgaben*. St. Augustin 1980.

MAIER, Hans: Fortschrittsoptimismus oder Kulturpessimismus? Die Bundesrepublik Deutschland in den 70er und 80er Jahren. In: *Vierteljahreshefte für Zeitgeschichte* 56 (2008), S. 1–17.

MARSCHALL, Ilke: *Der Landschaftsplan. Geschichte und Perspektiven eines Planungsinstruments*. Zugl. Kassel Univ. Habil. 2006, Saarbrücken 2007.

MARX, Stefan: *Heinrich Köppler. Politik aus christlicher Verantwortung*. Düsseldorf 2006 (Forschungen und Quellen zur Zeitgeschichte, 51).

MATTHIESEN, Klaus: Bündnis der Vernunft zwischen Naturschutz und Landwirtschaft. Referat auf dem 3. Naturschutztag NRW in Wesel. Extreme Positionen können Probleme nicht lösen. In: *Mitteilungen der LÖLF* 9.3 (1984), S. 7–8.

MATTHIESEN, Klaus: Die Bilanz der Naturschutzarbeit des Landes kann sich sehen lassen. 80 Millionen DM im Etatentwurf 1987/Sonderprogramm Ruhrgebiet. In: *Mitteilungen der LÖLF* 11.4 (1986), S. 42–47.

MATTHIESEN, Klaus: Feuchtwiesenschutzprogramm in Nordrhein-Westfalen. Ein Modell partnerschaftlicher Vernunft. In: *Mitteilungen der LÖLF* 17.3 (1992), S. 10–11.

MATTHIESEN, Klaus: Ltd. Ministerialrat Dr. Ludger Pielow im Ruhestand. In: *Mitteilungen der LÖLF* 9.3 (1984), S. 46.

MATTHIESEN, Klaus: Naturschutz in NRW als Teil einer ökologischen Reformpolitik. In: *Mitteilungen der LÖLF* 13.3 (1988), S. 44–47.

Mayntz, Renate et al.: *Vollzugsprobleme der Umweltpolitik. Empirische Untersuchung der Implementation von Gesetzen im Bereich der Luftreinhaltung und des Gewässerschutzes.* Stuttgart 1978 (Materialien zur Umweltforschung, 4).

Mayr, Claus: Bilanz der Umsetzung der Vogelschutzrichtlinie und Forderungen zur Verbesserung des Vogelschutzes aus Sicht des NABU. In: Bundesamt für Naturschutz (Hrsg.): *Drei Jahrzehnte Vogelschutz im Herzen Europas: Rückblick, Bilanz und Herausforderung. Referate und Ergebnisse der Fachtagung „30 Jahre Vogelschutzrichtlinie" am 5. und 6. November 2009 in Bonn.* Bonn-Bad Godesberg 2010 (Naturschutz und biologische Vielfalt, 95), S. 39–53.

Meadows, Dennis L. et al.: *Die Grenzen des Wachstums. Bericht des Club of Rome zur Lage der Menschheit.* Stuttgart 1972.

Menke-Glückert, Peter: Langfristplanung. Versäumnisse der Forschungspolitik? In: Koschnitzke, Rudolf; Plieg, Ernst-Albrecht: *Auch Demokratie ist Herrschaft.* Bochum 1978 (RUB-Winter, 5), S. 9–22.

Metzger, Birgit: *German Angst oder ökologische Modernisierung? Das „Waldsterben" in der Umweltpolitik der BRD der 1980er Jahre.* Diss., Freiburg (i.V.).

Metzler, Gabriele: *Konzeptionen politischen Handelns von Adenauer bis Brandt. Politische Planung in der pluralistischen Gesellschaft.* Paderborn 2005.

Metzler, Gabriele: Staatsversagen und Unregierbarkeit in den siebziger Jahren? In: Jarausch, Konrad H. (Hrsg.): *Das Ende der Zuversicht? Die siebziger Jahre als Geschichte.* Göttingen 2008, S. 243–260.

Meyer, Heino von: Natur und EG-Agrarpolitik. In: *Mitteilungen der LÖLF* 16.1 (1991), S. 15–21.

Meyer, Konrad: Über den Bauern im Leitbild der Raumordnung. In: Buchwald, Konrad; Lendholt, Werner; Ders. (Hrsg.): *Festschrift für Heinrich Friedrich Wiepking.* Stuttgart 1963 (Beiträge zur Landespflege, 1), S. 119–140.

Milnik, Albrecht: Hugo Conwentz – Zur Geschichte der Staatlichen Stelle für Naturdenkmalpflege in Preußen. In: Stiftung Naturschutzgeschichte (Hrsg.): *Naturschutz hat Geschichte. Grußworte und Festrede des Bundespräsidenten anlässlich der Eröffnung des Museums zur Geschichte des Naturschutzes am 12. März 2002; Beiträge der Fachtagung Naturschutz hat Geschichte am 13. März 2002.* Essen 2003 (Veröffentlichungen der Stiftung Naturschutzgeschichte, 4), S. 131–143.

Ministerium für Ernährung, Landwirtschaft und Forsten Nordrhein-Westfalen: Minister Klaus Matthiesen: Gänserastplätze und Existenzen der Landwirte am Niederrhein langfristig sichern. In: *Mitteilungen der LÖLF* 9.3 (1984), S. 36.

Ministerium für Umwelt, Raumordnung und Landwirtschaft: Lage des Naturschutzes in NRW. In: *Mitteilungen der LÖLF* 17.2 (1992), S. 56–57.

Ministerium für Umwelt, Raumordnung und Landwirtschaft: *Natur 2000 in Nordrhein-Westfalen. Leitlinien und Leitbilder für Natur und Landschaft im Jahr 2000.* Düsseldorf 1990.

Ministerium für Umwelt, Raumordnung und Landwirtschaft: *Natur 2000 in Nordrhein-Westfalen. Leitlinien und Leitbilder für Natur und Landschaft. Überarbeitete Fassung März 1994.* Düsseldorf 1994.

Ministerium für Umwelt, Raumordnung und Landwirtschaft: *Programm für eine umweltverträgliche und standortgerechte Landwirtschaft.* Düsseldorf 1985 (Schriftenreihe des Ministers für Umwelt, Raumordnung und Landwirtschaft des Landes Nordrhein-Westfalen, 1).

Ministerium für Umwelt, Raumordnung und Landwirtschaft: *Programm für eine umweltverträgliche und standortgerechte Landwirtschaft. Zwischenbilanz 1988/89.* Düsseldorf 1989 (Schriftenreihe des Ministers für Umwelt, Raumordnung und Landwirtschaft des Landes Nordrhein-Westfalen, 8).

Mitlacher, Günter: *Ramsar-Bericht Deutschland. Bericht zur Umsetzung und Wirkung des „Übereinkommens über Feuchtgebiete, insbesondere als Lebensraum für Wasser- und Watvögel, von internationaler Bedeutung" in der DDR und der Bundesrepublik Deutschland anlässlich der 20jährigen Mitgliedschaft Deutschlands.* Bonn-Bad Godesberg 1997 (Schriftenreihe für Landschaftspflege und Naturschutz, 51).

Mitlacher, Günter; Herkenrath, Günter: Die EG-Vogelschutzrichtlinie. In: *Mitteilungen der LÖLF* 16.1 (1991), S. 24–25.

Mittag, Jürgen; Seidel, Hans-Christoph: Das Ruhrgebiet – Bürde oder Chance für Nordrhein-Westfalen? Zuschreibungen und Raumbilder im Wandel der Zeit. In: Brautmeier, Jürgen; Heinemann, Ulrich (Hrsg.): *Mythen – Möglichkeiten – Wirklichkeiten. 60 Jahre Nordrhein-Westfalen.* Essen 2007, S. 71–105.

Mittag, Jürgen; Tenfelde, Klaus (Hrsg.): *Versöhnen statt spalten. Johannes Rau: Sozialdemokratie, Landespolitik und Zeitgeschichte.* Oberhausen 2007.

Mrass, Walter: *Die Organisation des staatlichen Naturschutzes und der Landschaftspflege im Deutschen Reich und in der Bundesrepublik Deutschland seit 1935, gemessen an der Aufgabenstellung in einer modernen Industriegesellschaft.* Stuttgart 1970 (Landschaft+Stadt Beihefte, 1).

MRASS, Walter: Empfehlungen für eine Organisation auf dem Gebiete Naturschutz und Landschaftspflege. In: ARBEITSGEMEINSCHAFT DEUTSCHER BEAUFTRAGTER FÜR NATURSCHUTZ UND LANDSCHAFTSPFLEGE (Hrsg.): *Aktuelle Rechtsprobleme in Umweltschutz, Landschaftspflege und Naturschutz. Jahresfachtagung der deutschen Beauftragten für Naturschutz und Landschaftspflege vom 12.-14. Mai 1971 in Wuppertal.* Bonn-Bad Godesberg 1971 (Jahrbuch für Naturschutz und Landschaftpflege, 20), S. 42–48.

MÜLLER, Edda: *Innenwelt der Umweltpolitik. Sozial-liberale Umweltpolitik – (Ohn) macht durch Organisation?* Opladen 1986.

MUNDT, Hans Josef: Die besiegte Zeit. Absicht und Methode der neuen Sammlung. In: JUNGK, Robert; DERS. (Hrsg.): *Der Griff nach der Zukunft. Planen und Freiheit. Neunzehn Beiträge internationaler Wissenschaftler, Schriftsteller und Publizisten.* München; Wien; Basel 1964 (Modelle für eine neue Welt, 1), S. 37–44.

NATURSCHUTZVERBÄNDE NORDRHEIN-WESTFALEN: Entschließung. In: LANDESBÜRO DER NATURSCHUTZVERBÄNDE NORDRHEIN-WESTFALEN (Hrsg.): *Naturschutztag Nordrhein-Westfalen 1988. Landschaftsplanung – Chance oder Fessel für den Naturschutz? Tagungsbericht.* Essen 1988, S. 52.

NEISS, Thomas: Kulturlandschaftspflege im landesweiten Biotopverbund – Naturschutz in Nordrhein-Westfalen. In: *Mitteilungen der LÖLF* 19.1 (1994), S. 12–15.

NEISS, Thomas: 20 Jahre Naturschutz in NRW. Eine Bilanz zur Naturschutzpolitik 1970–1990. In: *Mitteilungen der LÖLF* 16.1 (1991), S. 26–29.

NEISS, Thomas: 25 Jahre LÖBF-Mitteilungen – 25 Jahre Geschichte des Naturschutzes in NRW. In: *Mitteilungen der LÖBF* 26.1 (2001), S. 10–15.

NEISS, Thomas: Biologische Stationen in NRW: Gütesiegel der Naturschutzpolitik. In: *Mitteilungen der LÖBF* 26.3 (2001), S. 8–12.

NEISS, Thomas: Kairos nicht Chronos. Zur Geschichte der Stiftung Naturschutzgeschichte. In: STIFTUNG NATURSCHUTZGESCHICHTE (Hrsg.): *Naturschutz hat Geschichte. Grußworte und Festrede des Bundespräsidenten anlässlich der Eröffnung des Museums zur Geschichte des Naturschutzes am 12. März 2002; Beiträge der Fachtagung Naturschutz hat Geschichte am 13. März 2002.* Essen 2003 (Veröffentlichungen der Stiftung Naturschutzgeschichte, 4), S. 28–54.

NEISS, Thomas: Naturschutzpolitik in Nordrhein-Westfalen. In: *Natur und Landschaftskunde* 25 (1989), S. 25–30.

Neiss, Thomas: Wertvolle Kulturlandschaft neues Emschertal? Naturschutzgebiete in urban-industrieller Landschaft. In: *Natur und Landschaft* 70 (1995), S. 454–457.

Niemeier, Hans-Gerhart: Recht und Not in der Landschaftspflege und der Landesplanung. In: Boettger, Alfred C. (Hrsg.): *Stadt und Landschaft, Raum und Zeit. Festschrift für Heinrich Kühn zur Vollendung seines 65. Lebensjahres*. Köln 1969, S. 337–343.

Niesslein, Erwin: Engpässe der Naturschutzpolitik. In: Wittkämper, Gerhard W. et al. (Hrsg.): *Vollzugsdefizite im Naturschutz. Analyse von Vollzugsdefiziten und Verwaltungspraxis der Aufgabe Landschaftspflege und Naturschutz*. Münster 1984 (Schriftenreihe des Bundesministers für Ernährung, Landwirtschaft und Forsten, Reihe A: Angewandte Wissenschaft, 300), S. 127–230.

Noelle-Neumann, Elisabeth; Petersen, Thomas: Zeitenwende. Der Wertewandel 30 Jahre später. In: *Aus Politik und Zeitgeschichte* 29 (2001), S. 15–22.

Noll, Wulf: Nach dem Ende der industriellen Massenproduktion. Das Ruhrgebiet im globalen Strukturwandel. In: Brautmeier, Jürgen et al. (Hrsg.): *Heimat Nordrhein-Westfalen. Identitäten und Regionalität im Wandel*. Essen 2010 (Düsseldorfer Schriften zur Neueren Landesgeschichte und zur Geschichte Nordrhein-Westfalens, 83), S. 263–276.

Nonn, Christoph: *Die Ruhrbergbaukrise. Entindustrialisierung und Politik 1958–1959*. Göttingen 2001 (Kritische Studien zur Geschichtswissenschaft, 149).

Nonn, Christoph: Politische Planung während der 1960er Jahre und ihre Vorgeschichte. Kurzer Sommer der Utopie und langer Schatten. In: Anonym (Hrsg.): *Der Kraftakt. Kommunale Gebietsreform in Nordrhein-Westfalen*. Düsseldorf 2005 (Schriften des Landtags Nordrhein-Westfalen, 16), S. 55–76.

Nowak, Eugeniusz: Die Vogelschutzrichtlinie – ein Bericht über die Geburtsjahre eines erfolgreichen Instruments des Vogelschutzes. In: Bundesamt für Naturschutz (Hrsg.): *Drei Jahrzehnte Vogelschutz im Herzen Europas: Rückblick, Bilanz und Herausforderung. Referate und Ergebnisse der Fachtagung „30 Jahre Vogelschutzrichtlinie" am 5. und 6. November 2009 in Bonn*. Bonn-Bad Godesberg 2010 (Naturschutz und biologische Vielfalt, 95), S. 231–235.

OBERKROME, Willi: *„Deutsche Heimat". Nationale Konzeption und regionale Praxis von Naturschutz, Landschaftsgestaltung und Kulturpolitik in Westfalen-Lippe und Thüringen (1900–1960)*. Zugl. Freiburg i.Br. Univ. Habil. 2002, Paderborn 2004 (Forschungen zur Regionalgeschichte, 47).

OBERKROME, Willi: Hans Klose, Walther Schoenichen und der Erlass des Reichsnaturschutzgesetzes. In: STIFTUNG NATURSCHUTZGESCHICHTE (Hrsg.): *Naturschutz hat Geschichte. Grußworte und Festrede des Bundespräsidenten anlässlich der Eröffnung des Museums zur Geschichte des Naturschutzes am 12. März 2002; Beiträge der Fachtagung Naturschutz hat Geschichte am 13. März 2002*. Essen 2003 (Veröffentlichungen der Stiftung Naturschutzgeschichte, 4), S. 145–162.

OBERKROME, Willi: Kontinuität und Wandel im deutschen Naturschutz 1930–1970. Bemerkungen und Thesen. In: BRÜGGEMEIER, Franz-Josef; ENGELS, Jens Ivo (Hrsg.): *Natur- und Umweltschutz nach 1945. Konzepte, Konflikte, Kompetenzen*. Frankfurt a.M. 2005 (Geschichte des Natur- und Umweltschutzes, 4), S. 23–37.

OFFNER, Herbert: Naturschutzjahr 1970 aus Sicht des dafür eingesetzten Komitees. In: *Natur und Landschaft* 45 (1970), S. 412–413.

OLSCHOWY, Gerhard: Gedanken zu einem neuen Bundesgesetz für Landschaftspflege und Naturschutz (Landespflegegesetz). In: *Natur und Landschaft* 46 (1971), S. 14–15.

OLSCHOWY, Gerhard: Landschaftsplanung – Erfahrungen mit dem neuen Naturschutzrecht. Einführung in das gleichlautende Kolloquium des Deutschen Rates für Landespflege am 14./15. Dezember 1983 in Bonn-Bad Godesberg. In: DEUTSCHER RAT FÜR LANDESPFLEGE (Hrsg.): *Landschaftsplanung – Erfahrungen mit dem neuen Naturschutzrecht. Gutachtliche Stellungnahme und Ergebnisse eines Kolloquiums des Deutschen Rates für Landespflege*. Bonn 1984 (Schriftenreihe des Deutschen Rates für Landespflege, 45), S. 443–446.

OLSCHOWY, Gerhard: Naturschutz und Landwirtschaft. Zusammenfassung der Tagungsergebnisse. In: ARBEITSGEMEINSCHAFT DEUTSCHER BEAUFTRAGTER FÜR NATURSCHUTZ UND LANDSCHAFTSPFLEGE (Hrsg.): *Naturschutz und Landwirtschaft*. Bonn-Bad Godesberg 1977 (Jahrbuch für Naturschutz und Landschaftspflege, 27), S. 9–17.

OLSCHOWY, Gerhard: Zur angestrebten gesetzlichen Regelungen und zur Gesetzeskonferenz. In: DEUTSCHER RAT FÜR LANDESPFLEGE (Hrsg.): *Recht der Landespflege*. Bonn-Bad Godesberg 1971 (Schriftenreihe des Deutschen Rates für Landespflege, 17), S. 27–30.

PAPKE, Gerhard: *Liberale Ordnungskraft, nationale Sammlungsbewegung oder Mittelstandspartei? Die FDP-Landtagsfraktion in Nordrhein-Westfalen 1946–1966*. Düsseldorf 1998.

PATEL, Kiran Klaus: *Europäisierung wider Willen. Die Bundesrepublik Deutschland in der Agrarintegration der EWG 1955–1973*. München 2009 (Studien zur Internationalen Geschichte, 23).

PETSCH, Gerhard: Landschaftspflege und Forstwirtschaft. In: SIEDLUNGSVERBAND RUHRKOHLENBEZIRK (Hrsg.): *Ruhrgebiet. Pläne, Programme, Projekte*. Essen 1972, S. 46–48.

PETZ, Ursula: Robert Schmidt und die Grünflächen-Politik im Ruhrgebiet (1900–1930). In: KASTORFF-VIEHMANN , Renate (Hrsg.): *Die grüne Stadt. Siedlungen, Parks, Wälder, Grünflächen 1860–1960 im Ruhrgebiet*. Essen 1998, S. 25–38.

PFLUG, Wolfram: 200 Jahre Landespflege in Deutschland. Eine Übersicht. In: BOETTGER, Alfred C. (Hrsg.): *Stadt und Landschaft, Raum und Zeit. Festschrift für Heinrich Kühn zur Vollendung seines 65. Lebensjahres*. Köln 1969, S. 237–280.

PFLUG, Wolfram: Kommt der ökologische Umweltschutz im Umweltprogramm der Bundesregierung zu kurz? In: *Natur und Landschaft* 47 (1972), S. 186–189.

PFLUG, Wolfram: Streit um Naturschutz und Landschaftspflege. In: *Natur und Landschaft* 44 (1969), S. 46–50.

PHILIPP, Burkhard: Verbandsklage. Die Entwicklung der Verbandsklage in der Bundesrepublik Deutschland. In: *UfU:Themen und Informationen. Zeitschrift des Unabhängigen Instituts für Umweltfragen e.V. Berlin/Halle* 2 (2002), S. 4–13.

PICHT, Georg: *Prognose-Utopie-Planung. Die Situation des Menschen in der Zukunft der technischen Welt*. Stuttgart 1967.

PIELOW, Ludger: Beteiligung der Verbände am Planungsverfahren. Korreferat zum Vortrag von Hubert Weiger auf dem Deutschen Naturschutztag 1978. In: ARBEITSGEMEINSCHAFT DEUTSCHER BEAUFTRAGTER FÜR NATURSCHUTZ UND LANDSCHAFTSPFLEGE (Hrsg.): *Bürgerbeteiligung an Naturschutz und Landschaftspflege. Referate und Ergebnisse des Deutschen Naturschutztages vom 18.-22. Mai 1978 in Lüneburg*. Bonn 1978 (Jahrbuch für Naturschutz und Landschaftspflege, 28), S. 63–68.

PIELOW, Ludger: Naturschutz und Verwaltung – aus Sicht der Verwaltungspraxis. In: ARBEITSGEMEINSCHAFT DEUTSCHER BEAUFTRAGTER FÜR NATURSCHUTZ UND LANDSCHAFTSPFLEGE (Hrsg.): *Die neue Rechtsentwicklung im Naturschutz und Probleme der Landschaftsplanung. Referate des Deutschen Naturschutztages 1976 (24.-27. Mai) in Essen und des Seminars „Naturschutz – Landschaftsplanung/Bauleitplanung – Umweltverträglichkeitsprüfung (26.-28. September 1976) in Bremen*. Bonn-Bad Godesberg 1976 (Jahrbuch für Naturschutz und Landschaftspflege, 25), S. 31–42.

PIELOW, Ludger: Neues Landschaftsgesetz in Nordrhein-Westfalen. In: *Recht der Landwirtschaft. Zeitschrift für Landwirtschaftsrecht* 27 (1975), S. 281–284.

PILGER, Andreas: Die Entdeckung der politischen Planung in Nordrhein-Westfalen. Entwicklung und Erprobung neuer Sichtweisen und Steuerungskonzepte durch die nordrhein-westfälische Landesregierung in den 1960er Jahren. In: *Geschichte im Westen* 21 (2006), S. 63–79.

PLITZKO, Alfred (Hrsg.): *Planung ohne Planwirtschaft. Frankfurter Gespräch der List-Gesellschaft, 7.-9. Juni 1963*. Tübingen 1964 (Veröffentlichungen der List-Gesellschaft, 34).

PLITZKO, Alfred: Vorwort des Herausgebers. In: DERS. (Hrsg.): *Planung ohne Planwirtschaft. Frankfurter Gespräch der List-Gesellschaft, 7.-9. Juni 1963*. Tübingen 1964 (Veröffentlichungen der List-Gesellschaft, 34), S. I-VIII.

PODEWILS, Clemens Graf (Hrsg.): *Tendenzwende? Zur geistigen Situation der Bundesrepublik*. Stuttgart 1975.

POTTHOFF, Heinrich; MILLER, Susanne: *Kleine Geschichte der SPD 1848–2002*. 8., aktualisierte Auflage, Bonn 2002.

RADKAU, Joachim: Vom Naturschutzverein über die Bürgerinitiativen zum anerkannten Umweltverband. Der BUND-NRW vor dem Hintergrund der deutschen Umwelt- und Naturschutzbewegung. In: STIFTUNG NATURSCHUTZGESCHICHTE (Hrsg.): *„Keine Berufsprotestiere und Schornsteinkletterer". 25 Jahre BUND in Nordrhein-Westfalen*. Essen 2003 (Veröffentlichungen der Stiftung Naturschutzgeschichte, 3), S. 11–22.

RAKDAU, Joachim; UEKÖTTER, Frank (Hrsg.): *Naturschutz und Nationalsozialismus*. Frankfurt a.M. 2002 (Geschichte des Natur- und Umweltschutzes, 1).

RAU, Johannes: Werkstatt für eine Industrieregion. In: *Stadtbauwelt* 110 (1991), S. 1216–1217.

REIDL, Konrad: Naturschutzleitbilder für Stadt- und Industrielandschaften. In: ERDMANN, Karl-Heinz; MAGER, Thomas J. (Hrsg.): *Innovative Ansätze zum Schutz der Natur. Visionen für die Zukunft*. Heidelberg 2000, S. 31–53.

REINICKE, Christian; ROMEYK, Horst (Red.): *Nordrhein-Westfalen. Ein Land in seiner Geschichte. Aspekte und Konturen 1946–1996.* Münster 1996 (Veröffentlichungen der staatlichen Archive des Landes Nordrhein-Westfalen, C 36).

REISS-SCHMIDT, Stephan: Eine Vision geht auf die Baustelle. Eine Zwischenbilanz zum informellen Planungssystem für den Emscher Landschaftspark im Rahmen der IBA Emscher Park. In: *Garten + Landschaft* 104 (1994), S. 9–15.

REUSSWIG, Fritz: Lebensstile und Naturorientierung. Gesellschaftliche Naturbilder und Einstellungen zum Naturschutz. In: RINK, Dieter (Hrsg.): *Lebensstile und Nachhaltigkeit. Konzepte, Befunde und Potentiale.* Opladen 2002 (Reihe Soziologie und Ökologie, 7), S. 156–180.

RINK, Dieter (Hrsg.): *Lebensstile und Nachhaltigkeit. Konzepte, Befunde und Potentiale.* Opladen 2002 (Reihe Soziologie und Ökologie, 7).

ROLLER, Edeltraud: Staatsbezug und Individualismus: Dimensionen des sozialkulturellen Wertewandels. In: ELLWEIN, Thomas; HOLTMANN, Everhard (Hrsg.): *50 Jahre Bundesrepublik Deutschland. Rahmenbedingungen – Entwicklungen – Perspektiven.* Wiesbaden 1999 (Politische Vierteljahresschrift, 30/1999), S. 229–246.

ROMBACH, Heinrich (Hrsg.): *Die Frage nach dem Menschen. Aufriss einer philosophischen Anthropologie. Festschrift für Max Müller zum 60. Geburtstag.* Freiburg im Breisgau; München 1966.

ROMEYK, Horst: *Kleine Verwaltungsgeschichte Nordrhein-Westfalen.* Siegburg 1988 (Veröffentlichungen der staatlichen Archive des Landes Nordrhein-Westfalen, C 25).

ROSSÉ, Francis: Das Ruhrgebiet zwischen Industriekultur und Ökologie: die IBA Emscher Park wird konkret. In: *Dokumente und Informationen zur Schweizerischen Orts-, Regional- und Landesplanung* 112 (1993), S. 18–22.

ROTH-BERENDT, Dagmar; NOWAK, Annika: Die Umweltpolitik der Europäischen Union. In: WEIDENFELD, Werner (Hrsg.): *Die Europäische Union. Politisches System und Politikbereiche.* Lizenzausgabe der Bundeszentrale für politische Bildung, Bonn 2006, S. 305–322.

RUCK, Michael: Ein kurzer Sommer der konkreten Utopie. Zur westdeutschen Planungsgeschichte der langen 60er Jahre. In: SCHILDT, Axel et al. (Hrsg.): *Dynamische Zeiten. Die 60er Jahre in beiden deutschen Gesellschaften.* Hamburg 2000 (Hamburger Beiträge zur Sozial- und Zeitgeschichte, 37), S. 362–401.

Ruck, Michael: Planung als Utopie. Gesellschaftsutopien der 68er und gesellschaftliche Planungseuphorie in den sechziger Jahren. In: *Vorgänge* 47 (2008), S. 13–23.

Ruck, Michael: Westdeutsche Planungsdiskurse und Planungspraxis der 1960er Jahre im internationalen Kontext. In: Haupt, Heinz-Gerhard; Requate, Jörg (Hrsg.): *Aufbruch in die Zukunft. Die 1960er Jahre zwischen Planungseuphorie und kulturellem Wandel. DDR, ČSSR und Bundesrepublik Deutschland im Vergleich*. Göttingen 2004, S. 289–325.

Runge, Karsten: *Entwicklungstendenzen der Landschaftsplanung. Vom frühen Naturschutz bis zur ökologisch nachhaltigen Flächennutzung*. Techn. Univ. Diss. unter dem Titel „Die Entwicklung der Landschaftsplanung in ihrer Konstitutionsphase 1935–1973 (Berlin 1990), Berlin 1998.

Sachverständigenrat für Umweltfragen: *Umweltgutachten 1974*. Stuttgart 1974.

Sachverständigenrat für Umweltfragen: *Umweltprobleme der Landwirtschaft. Sondergutachten 1985*. Stuttgart 1985.

Sack, Manfred: *Siebzig Kilometer Hoffnung. Die IBA Emscher-Park – Erneuerung eines Industriegebietes*. Stuttgart 1999.

Schäpers, Josef: Management in Natura 2000 Gebieten – Vorgehen in Nordrhein-Westfalen. In: Bundesamt für Naturschutz (Hrsg.): *Management von Natura 2000-Gebieten. Erfahrungen aus Deutschland und ausgewählten anderen Mitgliedsstaaten der Europäischen Union*. Bonn-Bad Godesberg 2006 (Naturschutz und biologische Vielfalt, 26), S. 107–124.

Scheele, Martin: Perspektiven der Agrarumweltpolitik im Rahmen der Agenda 2000. In: Deutscher Rat für Landespflege (Hrsg.): *Honorierung von Leistungen der Landwirtschaft für Naturschutz und Landschaftspflege. Ergebnisse eines Symposiums vom 9. bis 10. November 1998 in Bonn*. Bonn-Bad Godesberg 2000 (Schriftenreihe des Deutschen Rates für Landespflege, 71), S. 14–18.

Schelsky, Helmut: Planung in der Zukunft. Die rationale Utopie und die Ideologie der Rationalität. In: *Soziale Welt* 17 (1966), S. 155–172.

Scheuing, Dieter H.: Die Einheitliche Europäische Akte als Grundlage umweltrechtlicher Aktivitäten der Europäischen Gemeinschaft. Regelungsgewinne und Reformnotwendigkeiten. In: Behrens, Peter; Koch, Hans-Joachim: *Umweltschutz in der Europäischen Gemeinschaft. Spannungsfelder zwischen nationalem Recht und europäischem Gemeinschaftsrecht*. Baden-Baden 1991 (Forum Umweltrecht, 6), S. 46–74.

Schildt, Axel: „Die Kräfte der Gegenreform sind auf breiter Front angetreten". Zur konservativen Tendenzwende in den Siebzigerjahren. In: *Archiv für Sozialgeschichte* 44 (2004), S. 449–478.

Schildt, Axel et al. (Hrsg.): *Dynamische Zeiten. Die 60er Jahre in beiden deutschen Gesellschaften*. Hamburg 2000 (Hamburger Beiträge zur Sozial- und Zeitgeschichte, 37).

Schildt, Axel: Materieller Wohlstand – pragmatische Politik – kulturelle Umbrüche. Die 60er Jahre in der Bundesrepublik. In. Ders. et al. (Hrsg.): *Dynamische Zeiten. Die 60er Jahre in beiden deutschen Gesellschaften*. Hamburg 2000 (Hamburger Beiträge zur Sozial- und Zeitgeschichte, 37), S. 21–53.

Schildt, Axel: Zeitgeschichte. In: Goertz, Hans-Jürgen (Hrsg.): *Geschichte. Ein Grundkurs*. Reinbek 1998, S. 318–330.

Schildt, Axel; Siegfried, Detlef: *Deutsche Kulturgeschichte. Die Bundesrepublik – 1945 bis zur Gegenwart*. München 2009.

Schink, Alexander: Die Landschaftsplanung vor dem Hintergrund der Eigentumsgarantie. Beispiel: Unterschutzstellung von Feuchtwiesen. In: *Mitteilingen der LÖLF* 8.3 (1983), S. 20–28.

Schink, Alexander: Naturschutz, Eigentumsgarantie, Entschädigung und Härteausgleich (Feuchtwiesen). Beispiel: Überplanung landwirtschaftlicher Nutzflächen. Referat auf der Landestagung 1984 der LÖLF in Hamm. In: *Mitteilungen der LÖLF* 9.3 (1984), S. 28–33.

Schmacke, Ernst (Hrsg.): *Nordrhein-Westfalen auf dem Weg in das Jahr 2000. Sechzehn Prognosen*. 2. Auflage, Düsseldorf 1970.

Schmalz, Dieter: BUND fordert staatliches Feuchtwiesenschutzprogramm. Finanzieller Interessenausgleich als einziges Mittel. In: *Mitteilungen der LÖLF* 8.3 (1983), S. 29.

Schmalz, Dieter: Naturschutzpolitische Perspektiven. Referat auf dem 3. Naturschutztag NRW in Wesel. In: *Mitteilungen der LÖLF* 9.3 (1984), S. 4–6.

Schmidt, Albert: Antrittsrede des 1. Präsidenten der Landesanstalt für Ökologie, Landschaftsentwicklung und Forstplanung. In: *Mitteilungen der LÖLF* 3 (1978), S. 238–240.

Schmidt, Albert: Aufgaben der Landesanstalt für Ökologie, Landschaftsentwicklung und Forstplanung Nordrhein-Westfalen unter besonderer Berücksichtigung des Landschaftsgesetzes NW. In: *Mitteilungen der LÖLF* 4 (1979), S. 31–35.

Schmidt, Albert: Biotopschutzprogramm NRW. Vom isolierten Schutzgebiet zum Biotopverbundsystem. Teil I: Schutzgebietssysteme. In: *Mitteilungen der LÖLF* 9.1 (1984), S. 3–9.

Schmidt, Albert: Biotopschutzprogramm NRW. Vom isolierten Schutzgebiet zum Biotopverbundsystem. Teil II: Instrumente, Bündelungen, Prioritäten. In: *Mitteilungen der LÖLF* 9.2 (1984), S. 3–8.

Schmidt, Albert: Gesetz zur Sicherung des Naturhaushalts und zur Entwicklung der Landschaft (Landschaftsgesetz) für Nordrhein-Westfalen. In: *Natur und Landschaft* 50 (1975), S. 127–132.

Schmidt, Albert: Landschafts-Informationssystem für Nordrhein-Westfalen. In: *Natur und Landschaft* 57 (1982), S. 413–414.

Schmidt, Albert: Naturschutz und Landschaftspflege heute – aus Sicht der alten Bundesländer. In: Stiftung Naturschutzgeschichte (Hrsg.): *Der Neubeginn im Naturschutz nach 1945. Zeitzeugenberichte von Naturschutzbeauftragten aus Nordrhein-Westfalen und Brandenburg*. Landau 1998, S. 45–56.

Schmidt, Albert: Neuer LÖBF-Schwerpunkt – Landesweite Effizienzkontrolle im Naturschutz. In: *Mitteilungen der LÖBF* 21.2 (1996), S. 10.

Schmidt, Albert: Nordrhein-Westfalen. Arbeitsbericht 1982. In: *Natur und Landschaft* 58 (1983), S. 172–174.

Schmidt, Albert: Ökologischer Umbau der Städte: Erhöhung der Umweltqualität muß in den Mittelpunkt der Planungen. Wünsche an das Baugesetzbuch und das Bundesnaturschutzgesetz. In: *Mitteilungen der LÖLF* 12.3 (1987), S. 18–20, 29–31.

Schmidt, Albert: Vom Reichsnaturschutzgesetz zu „Natur 2000 in NRW". Die Entwicklung der Instrumente des Naturschutzes. In: *Mitteilungen der LÖLF* 19.1 (1994), S. 16–19.

Schmidt, Albert; Bauer, Hermann Josef: Nordrhein-Westfalen. Arbeitsbericht 1985. In: *Natur und Landschaft* 60 (1985), S. 186–189

Scholten, Hans: „Wir sind auf dem falschen Weg". Umdenken dringend notwendig. In: *Mitteilungen der LÖLF* 11.4 (1986), S. 53–55.

Schomerus, Thomas: *Defizite im Naturschutzrecht*. Diss. Univ. Göttingen 1987.

Schütte, Leopold: Umweltschutz und Straßenbau – Die Autobahn durch das Rothaargebirge. In: Reinicke, Christian; Romeyk, Horst (Red.): *Nordrhein-Westfalen. Ein Land in seiner Geschichte. Aspekte und Konturen 1946–1996*. Münster 1996 (Veröffentlichungen der staatlichen Archive des Landes Nordrhein-Westfalen, C 36), S. 581–585.

SCHÜTZ, Klaus: Naturschutz ist kein Luxus. Begrüßungsansprache des Regierenden Bürgermeisters von Berlin. In: ARBEITSGEMEINSCHAFT DEUTSCHER BEAUFTRAGTER FÜR NATURSCHUTZ UND LANDSCHAFTSPFLEGE (Hrsg.): *Erholung im Nahbereich von Verdichtungsräumen*. Bonn-Bad Godesberg 1970 (Jahrbuch für Naturschutz und Landschaftspflege, 19). S. 13–14.

SCHULTE, Gerd: Wiesen- und Weidenschutzprogramme in NRW: Retten, was zu retten ist! In: *Mitteilungen der LÖLF* 14.4 (1989), S. 12–17.

SCHULTE, Wolfgang: Bodenschutz und Freiraumplanung in der Bundesrepublik Deutschland. Freiflächen aufgeben, verkleinern oder zupflastern? In: *Natur und Landschaft* 63 (1988), S. 122–123.

SCHULZ, Thorsten: *Das „Europäische Naturschutzjahr 1970". Versuch einer europaweiten Umweltkampagne*. Berlin 2006 (WZB Discussion Papers, 2006–007).

SCHULZKE, Henning: Nordrhein-Westfalen. Erfahrungen mit der Landschaftsplanung aus rechtlich-administrativer Sicht. In: DEUTSCHER RAT FÜR LANDESPFLEGE (Hrsg.): *Landschaftsplanung – Erfahrungen mit dem neuen Naturschutzrecht. Gutachtliche Stellungnahme und Ergebnisse eines Kolloquiums des Deutschen Rates für Landespflege*. Bonn 1984 (Schriftenreihe des Deutschen Rates für Landespflege, 45), S. 482–485.

SCHUMACHER, Ernst Friedrich: Betrachtungen zur Wirtschaftslenkung in Großbritannien. In: PLITZKO, Alfred (Hrsg.): *Planung ohne Planwirtschaft. Frankfurter Gespräch der List-Gesellschaft, 7.-9. Juni 1963*. Tübingen 1964 (Veröffentlichungen der List-Gesellschaft, 34), S. 22–29.

SCHWAB, Günther: *Der Tanz mit dem Teufel. Ein abenteuerliches Interview*. Hannover 1958.

SCHWARZ, Christoph; HINTZ, Uwe; RÖHL, Sabine: *Landschaftsplanung und Raumordnung in Nordrhein-Westfalen. Eine Zwischenbilanz d. ökolog.-raumwirksamen Planung*. Köln 1984 (Geostudien, 9).

SCHWARZE-RODRIAN, Michael: Emscher Landschaftspark – Konzept einer regionalen Entwicklungsstrategie. In: *Stadtbauwelt* 110 (1991), S. 1230–1237.

SIEDLUNGSVERBAND RUHRKOHLENBEZIRK: *Der Emscherbruch. Modellversuch einer Landschaftsveränderung im industriellen Verdichtungsraum des Ruhrgebietes durch planmäßige Landschaftspflege und -gestaltung*. Essen 1975.

SIEDLUNGSVERBAND RUHRKOHLENBEZIRK (Hrsg.): *Ruhrgebiet. Pläne, Programme, Projekte*. Essen 1972.

Soell, Herrmann: Kritische Gesamtwürdigung des Bundesnaturschutzgesetzes und der Ländernaturschutzgesetze. In: Deutscher Rat für Landespflege (Hrsg.): *Analyse und Fortentwicklung des neuen Naturschutzrechts in der Bundesrepublik Deutschland. Ergebnisse eines Symposiums des Deutschen Rates für Landespflege*. Bonn 1981 (Schriftenreihe des Deutschen Rates für Landespflege, 36), S. 555–558.

SPD Schleswig-Holstein: *Schwerpunkt Umweltschutz*. Kiel 1979.

Ssymank, Axel; Vischer-Leopold, Mareike; Boye, Peter: Historische und aktuelle Entwicklungen der Vogelschutzrichtlinie in Deutschland und der Europäischen Union. In: Bundesamt für Naturschutz (Hrsg.): *Drei Jahrzehnte Vogelschutz im Herzen Europas: Rückblick, Bilanz und Herausforderung. Referate und Ergebnisse der Fachtagung „30 Jahre Vogelschutzrichtlinie" am 5. und 6. November 2009 in Bonn*. Bonn-Bad Godesberg 2010 (Naturschutz und biologische Vielfalt, 95), S. 9–38.

Stein, Erwin: Die neue Situation im Naturschutzrecht in Bund und Ländern. In: Arbeitsgemeinschaft Deutscher Beauftragter für Naturschutz und Landschaftspflege (Hrsg.): *Die neue Rechtsentwicklung im Naturschutz und Probleme der Landschaftsplanung. Referate des Deutschen Naturschutztages 1976 (24.-27. Mai) in Essen und des Seminars „Naturschutz – Landschaftsplanung/Bauleitplanung – Umweltverträglichkeitsprüfung (26.-28. September 1976) in Bremen*. Bonn-Bad Godesberg 1976 (Jahrbuch für Naturschutz und Landschaftspflege, 25), S. 21–30.

Stein, Erwin: Grundfragen des Umweltschutzrechts. In: Arbeitsgemeinschaft Deutscher Beauftragter für Naturschutz und Landschaftspflege (Hrsg.): *Aktuelle Rechtsprobleme in Umweltschutz, Landschaftspflege und Naturschutz. Jahresfachtagung der deutschen Beauftragten für Naturschutz und Landschaftspflege vom 12.-14. Mai 1971 in Wuppertal*. Bonn-Bad Godesberg 1971 (Jahrbuch für Naturschutz und Landschaftpflege, 20), S. 16–34.

Stein, Erwin: Vorwort zu dem Entwurf eines Gesetzes über Landschaftspflege und Naturschutz (Landespflegegesetz). In: Deutscher Rat für Landespflege (Hrsg.): *Recht der Landespflege*. Bonn-Bad Godesberg 1971 (Schriftenreihe des Deutschen Rates für Landespflege, 17), S. 6–13.

Stichmann, Wilfried: Naturschutz und Landwirtschaft. Beurteilung aus Sicht der Naturschutzverbände NRW. Referat auf der Landestagung 1984 der LÖLF in Hamm. In: *Mitteilungen der LÖLF* 9.3 (1984), S. 17–19.

Stiftung Naturschutzgeschichte (Hrsg.): *Der Neubeginn im Naturschutz nach 1945. Zeitzeugenberichte von Naturschutzbeauftragten aus Nordrhein-Westfalen und Brandenburg*. Landau 1998.

STIFTUNG NATURSCHUTZGESCHICHTE (Hrsg.): *„Keine Berufsprotestierer und Schornsteinkletterer". 25 Jahre BUND in Nordrhein-Westfalen*. Essen 2003 (Veröffentlichungen der Stiftung Naturschutzgeschichte, 3).

STIFTUNG NATURSCHUTZGESCHICHTE (Hrsg.): *Natur und Staat. Staatlicher Naturschutz in Deutschland 1906–2006*. Bonn-Bad Godesberg 2006 (Naturschutz und biologische Vielfalt, 35).

STIFTUNG NATURSCHUTZGESCHICHTE (Hrsg.): *Naturschutz hat Geschichte. Grußworte und Festrede des Bundespräsidenten anlässlich der Eröffnung des Museums zur Geschichte des Naturschutzes am 12. März 2002; Beiträge der Fachtagung Naturschutz hat Geschichte am 13. März 2002*. Essen 2003 (Veröffentlichungen der Stiftung Naturschutzgeschichte, 4).

SUKOPP, Herbert: Ökosystem Stadt. In: *Mitteilungen der LÖLF* 5 (1980), S. 44–48.

TASCHNER, Karola: Finanzielle Instrumente der EG-Naturschutzpolitik. In: *Mitteilungen der LÖLF* 16.1 (1991), S. 13–14.

TOMASEK, Wolfgang: Die Stadt als Ökosystem – Überlegungen zum Vorentwurf Landschaftsplan Köln. In: *Landschaft und Stadt* 11 (1979), S. 51–60.

TRIENEKENS, Herbert: Landschaftswacht in Nordrhein-Westfalen. In: *Natur und Landschaft* 58 (1983), S. 376–379.

UEKÖTTER, Frank: *Die Wahrheit ist auf dem Feld. Eine Wissensgeschichte der deutschen Landwirtschaft*. Göttingen 2010 (Umwelt und Gesellschaft, 1).

UEKÖTTER, Frank: *Naturschutz im Aufbruch. Eine Geschichte des Natur- und Umweltschutzes in Nordrhein-Westfalen 1945–1980*. Frankfurt a.M. 2004 (Geschichte des Natur- und Umweltschutzes, 3).

UEKÖTTER, Frank: Sieger der Geschichte? Überlegungen zum merkwürdigen Verhältnis des Naturschutzes zu seinem eigenen Erfolg. In: DEUTSCHER RAT FÜR LANDESPFLEGE (Hrsg.): *Naturschutz in Deutschland. Eine Erfolgsstory? Gutachtliche Stellungnahme und Ergebnisse eines Symposiums vom 20. bis 21. Mai 2003 in Königswinter*. Bonn 2003 (Schriftenreihe des Deutschen Rates für Landespflege, 75), S. 34–38.

UEKÖTTER, Frank: *The Green and the Brown. A History of Nature Conservation in Nazi Germany*. Cambridge 2006.

UEKÖTTER, Frank: *Umweltgeschichte im 19. und 20. Jahrhundert*. München 2007 (Enzyklopädie deutscher Geschichte, 81).

VOGEL, Alois: *60 Jahre Landtag Nordrhein-Westfalen. Das Land und seine Abgeordneten*. Düsseldorf 2006 (Schriftenreihe des Landtags Nordrhein-Westfalen, 17).

Volgmann, Werner: Naturschutz eine hauptamtliche berufsständige Aufgabe? Stellungnahme zu Beiträgen im Heft 9/68 von *Natur und Landschaft*. In: *Natur und Landschaft* 44 (1969), S. 41–43.

Weidenfeld, Werner (Hrsg.): *Die Europäische Union. Politisches System und Politikbereiche*. Lizenzausgabe der Bundeszentrale für politische Bildung, Bonn 2006.

Weidenfeld, Werner; Korte, Karl Rudolf (Hrsg.): *Handbuch zur deutschen Einheit 1949–1989–1999*. Lizenzausgabe der Bundeszentrale für politische Bildung, aktualisierte und erweiterte Neuausgabe 1999.

Weiger, Hubert: Naturschutz und Landwirtschaft. Referat auf dem 3. Naturschutztag NRW in Wesel. In: *Mitteilungen der LÖLF* 9.3 (1984), S. 9–13.

Weingarten, Peter: Agrarpolitik in Deutschland. In: *Aus Politik und Zeitgeschichte* 38.5/6 (2010), S. 6–17.

Weinzierl, Hubert: *Die große Wende im Naturschutz*. Donauwörth 1970.

Weiss, Joachim: Landschaftswacht – Mittler für die Belange der Natur vor Ort. Aufgabenstellung und Fortbildung der Mitarbeiter in Nordrhein-Westfalen. In: *Mitteilungen der LÖLF* 11.4 (1986), S. 12–21.

Weiss, Joachim: NRW: Stand der Landschaftswacht. In: *Mitteilungen der LÖLF* 12.3 (1987), S. 37–39.

Weiss, Joachim; Michels, Carla et al.: Zum Erfolg im Feuchtwiesenschutzprogramm NRW. Das Beispiel Wiesenvögel. In: *Mitteilungen der LÖBF* 24.3 (1999), S. 14–26.

Wessel, Elisabeth: UVP und Naturschutzbelange. In: *Mitteilungen der LÖLF* 16.1 (1991), S. 22–23.

Wirsching, Andreas: *Abschied vom Provisorium, 1982–1990*. München 2006 (Geschichte der Bundesrepublik Deutschland, 6).

Wittkämper, Gerhard W.: Landschaftspflege und Naturschutz in Nordrhein-Westfalen. In: Ders. et al. (Hrsg.): *Vollzugsdefizite im Naturschutz. Analyse von Vollzugsdefiziten und Verwaltungspraxis der Aufgabe Landschaftspflege und Naturschutz*. Münster 1984 (Schriftenreihe des Bundesministers für Ernährung, Landwirtschaft und Forsten, Reihe A: Angewandte Wissenschaft, 300), S. 1–126.

Wittkämper, Gerhard W. et al. (Hrsg.): *Vollzugsdefizite im Naturschutz. Analyse von Vollzugsdefiziten und Verwaltungspraxis der Aufgabe Landschaftspflege und Naturschutz*. Münster 1984 (Schriftenreihe des Bundesministers für Ernährung, Landwirtschaft und Forsten, Reihe A: Angewandte Wissenschaft, 300).

Woike, Martin: Bedeutung von feuchten Wiesen und Weiden für den Artenschutz. Artenreiche Tier- und Pflanzenwelt in Gefahr. In: *Mitteilungen der LÖLF* 8.3 (1983), S. 5–15.

Woike, Martin: Feuchtwiesenschutz in Nordrhein-Westfalen. Standortbestimmung und Perspektiven. In: *Mitteilungen der LÖBF* 24.3 (1999), S. 83–90.

Wolschke-Bulmahn, Joachim: Violence as the Basis of National Socialist Landscape Planning. In: Brüggemeier, Franz-Josef; Cioc, Mark et al. (Hrsg.): *How Green Were the Nazis? Nature, Environment and Nation in the Third Reich*. Athens, OH 2005, S. 243–256.

Zschiesche, Michael: Zur Lage der Verbandsklage in Deutschland. In: Ökologisches Jahrbuch 2000, S. 287–290.

FSC
www.fsc.org
MIX
Papier | Fördert gute Waldnutzung
FSC® C083411

Kolibri 360 GmbH
Ferdinand-Jühlke-Straße 7
99095 Erfurt, Deutschland
produktsicherheit@kolibri360.de